国家出版基金项目
NATIONAL PUBLICATION FOUNDATION

宿 白 集

中国石窟寺研究

生活·讀書·新知 三联书店

图书在版编目（CIP）数据

中国石窟寺研究／宿白著．—北京：生活·读书·新知三联书店，2019.1 （2023.8 重印）
（宿白集）
ISBN 978－7－108－06193－5

Ⅰ．①中… Ⅱ．①宿… Ⅲ．①石窟－研究－中国
Ⅳ．① K879.204

中国版本图书馆 CIP 数据核字（2018）第 016900 号

鸣谢：敦煌研究院为本书提供了莫高窟部分的图片，其中部分拍摄者为宋利良、孙志军、吴健、张时铭、张伟文，另外一部分由文物数字化研究所、敦煌研究院数字化研究所制作。特此感谢。

责任编辑 钟 韵 杨 乐
做　　图 白 朴 杨 华 铭 园 之 亚
　　　　 裕 巽 默 之 治 生 成 基
特约做图 李青淼
图版制作 陈志安
翻译／索引 李崇峰
装帧设计 蔡立国
责任印制 董 欢
出版发行 生活·讀書·新知 三联书店
　　　　（北京市东城区美术馆东街 22 号 100010）
网　　址 www.sdxjpc.com
经　　销 新华书店
排　　版 北京金舵手世纪图文设计有限公司
印　　刷 天津图文方嘉印刷有限公司
版　　次 2019 年 1 月北京第 1 版
　　　　 2023 年 8 月北京第 6 次印刷
开　　本 720 毫米 × 1020 毫米 1/16 印张 41.25
字　　数 550 千字 图 322 幅
印　　数 18,001－21,000 册
定　　价 165.00 元
（印装查询：01064002715；邮购查询：01084010542）

出版说明

宿白，1922 年生，字季庚，辽宁沈阳人。1944 年毕业于北京大学史学系。1948 年北京大学文科研究所攻读研究生肄业，1951 年主持河南禹县白沙水库墓群的发掘，1952 年起先后在北京大学历史系和考古系任教。1983 年任北京大学考古系主任，兼校学术委员，同年任文化部国家文物委员会委员。1999 年起当选中国考古学会荣誉理事长至今。2016 年获中国考古学会终身成就奖。

宿白从事考古研究和教学工作逾一甲子，被誉为“百科全书式”的学者，尤其是在历史时期考古学、佛教考古、建筑考古以及古籍版本诸领域，卓有成就。著名考古学家徐苹芳在《中国大百科全书·考古卷》中如此评价宿白：“其主要学术成果是，运用类型学方法，对魏晋南北朝隋唐墓葬做过全面的分区分期研究，从而为研究这一时期墓葬制度的演变、等级制度和社会生活的变化奠定了基础；他结合文献记载，对这个时期城市遗址做了系统的研究，对当时都城格局的发展、演变，提出了创见。对宋元考古做过若干专题研究，其中《白沙宋墓》一书，体现了在研究方法上将文献考据与考古实物相结合，是宋元考古学的重要著作。在佛教考古方面，用考古学的方法来研究中国石窟寺遗迹。”宿白的治学方法是“小处着手，大处着眼”，在踏实收集田野与文献材料的基础上，从中国历史发展与社会变革的大方向上考虑，终成一代大家。宿白集六种，收入了田野考古报告、论著、讲稿等作者的所有代表性著述，分别可从不同侧面体现宿白的学术贡献。

《白沙宋墓》《藏传佛教寺院考古》《中国石窟寺研究》《唐宋时期

的雕版印刷》《魏晋南北朝唐宋考古文稿辑丛》和《宿白讲稿》系列，曾先后由文物出版社出版，皆是相关专业学者和学生的必读经典。三联书店此次以“宿白集”的形式将它们整合出版，旨在向更广泛的人文知识界读者推介这些相对精专的研究，因为它们不仅在专业领域内有着开创范例、建立体系的意义，更能见出作者对历史大问题的综合把握能力，希望更多的学者可以从中受益。此次新刊，以文物出版社版为底本，在维持内容基本不变的基础上，统一了开本版式，更新了部分图版，并由北京大学考古文博学院的多位师生对初版的排印错误进行了校订修正。所收著述在语言词句方面尽量保留初版时的原貌，体例不一或讹脱倒衍文字皆作改正。引文一般依现行点校本校核。尚无点校本行世之史籍史料，大多依通行本校核。全集一般采用通行字，保留少数异体字。引文中凡为阅读之便而补入被略去的内容时，补入文字加〔 〕，异文及作者的说明性文字则加（ ），缺文及不易辨识的文字以□示之。」表示碑文、抄本等原始文献的每行截止处。

宿白集的出版，得到了杨泓、孙机、杭侃等诸先生的大力支持，并得到北京大学考古文博学院的鼎力相助。在此，谨向所有关心、帮助和参与了此项工作的朋友表示衷心的感谢，并诚恳地希望广大读者批评指正。

生活·讀書·新知三联书店

2017 年 8 月

目　录

前言

中国石窟寺考古 ………… 1

新疆拜城克孜尔石窟部分洞窟的类型与年代 ………… 7

凉州石窟遗迹与“凉州模式” ………… 33

《大金西京武州山重修大石窟寺碑》校注 ………… 51

——新发现的大同云冈石窟寺历史材料的初步整理

云冈石窟分期试论 ………… 79

《大金西京武州山重修大石窟寺碑》的发现与研究 ………… 96

——与日本长广敏雄教授讨论有关云冈石窟的某些问题

平城实力的集聚和“云冈模式”的形成与发展 ………… 130

恒安镇与恒安石窟 ………… 168

——隋唐时期的大同和云冈

洛阳地区北朝石窟的初步考察 ………… 181

南朝龛像遗迹初探 ………… 212

《莫高窟记》跋 ············ 248
参观敦煌莫高窟第 285 号窟札记 ············ 257
敦煌莫高窟早期洞窟杂考 ············ 269
两汉魏晋南北朝时期的敦煌 ············ 286
东阳王与建平公（二稿）············ 305
建平公于义续考 ············ 327
《武周圣历李君莫高窟佛龛碑》合校 ············ 330
莫高窟现存早期洞窟的年代问题 ············ 343
敦煌莫高窟密教遗迹札记 ············ 356

记西藏拉萨札拉鲁浦石窟寺 ············ 404
元代杭州的藏传密教及其有关遗迹 ············ 407

附录一　北魏石窟与禅 ············ 435
附录二　北朝造型艺术中人物形象的变化 ············ 462
附录三　《李君莫高窟佛龛碑》三种拓本与两种录文合抄 ············ 472

图版 ············ 474
图版说明 ············ 539
图版目录 ············ 555
插图目录 ············ 559
索引 ············ 569
后记 ············ 652

前　言

《中国石窟寺研究》共搜集文章二十三篇。

第一篇《中国石窟寺考古》原是《中国大百科全书·考古学》卷的一个条目，现经增补，作为本书一篇概论中国石窟寺的文章，编于卷首。后面的文章大体可分六组：

第一组两篇。探讨我国现存两处最早的石窟遗迹，即新疆拜城克孜尔石窟和以甘肃武威天梯山石窟为中心的凉州石窟。前者着重部分洞窟类型和年代的探讨，后者着重特征的分析。

第二组五篇。都是关于5世纪后期开始开凿的武州山石窟，即今山西大同云冈石窟的讨论文章。根据40年代发现的文字资料，我们对云冈石窟的排年分期做了调整，引出了与日本长广敏雄教授的一番讨论。这个讨论，现在似乎还没有完全结束。该组最后的两篇文章，试图较全面地研讨云冈石窟的历史问题，是近期撰写的。

第三组两篇。一是研讨沿袭云冈石窟的河南洛阳地区的北朝石窟，一是研讨两处南朝龛像，即江苏南京栖霞山千佛岩和浙江新昌剡溪宝相寺龛像。两处南朝遗迹，都比云冈开凿的年代为晚，大抵与洛阳龙门北魏窟龛同时。在研讨南朝遗迹之末，附带论述了与南朝龛像颇为类似的两处北齐龛像。

第四组九篇。主要是研讨甘肃敦煌莫高窟现存早期和晚期的部分洞窟。文章的大部分论点，虽然在50迄60年代之初即已大体形成，但较系统探讨的文章，也是近期写出的，即本组的最后两篇。新写的《建平公于义续考》内容虽与莫高窟无直接关系，但于义本人是北周时期莫高窟的重要建窟者，故安排于旧稿《东阳王与建平公（二稿）》之后。

第五组两篇。一篇是研讨西藏文物管理委员会首先注意的拉萨药王山札拉鲁浦石窟寺，它是西藏唯一的一处塔庙窟。一篇是研讨浙江杭州市文物管理委员会近年清理出的吴山宝成寺藏传密教龛像，此处龛像与分布在灵隐寺前飞来峰附近的零散龛像不同，而是原处于佛殿内的一组龛像。

第六组附录文章二篇。第一篇是已故刘慧达女士探讨北朝石窟与禅观的关系的论著。从60年代初这篇文章还未正式发表时，我即一再引用过。该文最早研讨了北朝石窟的性质，文章的主要论点曾给之后各地讨论北朝石窟作用的研究者较为重要的影响。第二篇是《北朝造型艺术中人物形象的变化》，刊于台湾出版的《中国古佛雕》一书中。原是写《洛阳地区北朝石窟的初步考察》时考虑到的一条注释，后因文字较多，抽出另刊。现以该文涉及整个北朝石窟，故附录于此。附录三是据拓本和录文复原《李君莫高窟佛龛碑》的两张图纸（碑阳、碑阴各一张）。两图原为《合校》制作，但对进一步研讨碑文亦有裨益，因录附篇末。

第二、四两组文章，撰写的时间前后都延续了三十年，有的因为便于开展讨论，有的为了突出某些问题，所以后期的论述颇有与前期文字重复处。

以上六组文章，这次结集重刊大都作了补正，并在每篇之末简述了补正的情况。补正主要是资料的变动，各篇文章的论点大体照旧。此外，本集在编排中，考虑到读者的方便，还增补了一幅《中国佛教石窟寺分布图》，供参考。

* * *

光阴荏苒，三十年过去了。包括石窟寺在内的中国佛教考古的整理研究工作，由于众所周知的原因，50年代末迄70年代中断了一大段。70年代末开始恢复。有了可以对石窟遗迹进行较全面考察的各种条件时，已进入80年代。所以，直到80年代才能真正做些较踏实的工作。回顾上述历程，我们在总结前人工作的基础上，从历史考古学角度，考虑了石窟寺的基本工作方法，也考虑了一些具体石窟的类型及其演变，还考虑了晚期石窟与寺院的联系。本论集论述到的较重要的问题，有以下几项：

一、石窟寺考古首先要探讨排年、分期和性质，然后才能进一步研讨它的社会意义。因此，既要注意窟室形制、布局、分组和各种形象的题材、组合与造型特征，又要注意各种有关的文献记载和历史背景的研究。

二、石窟寺考古尽管有它共同的宗教特点，但由于各地区经济状况不同，人们的文化传统、生活习俗有异，因而，佛教传播的情况也有差别，所以，石窟寺也和其他考古资料同样呈现出鲜明的地方特征。如以古龟兹区域为中心的新疆中部石窟寺为例，它的发生、发展既不同于葱岭以西的中亚和南亚，也有别于自敦煌以东的内地，它形象地反映了高度发展的古龟兹文化。

三、5 世纪前半期，凉州一带的窟龛造像，大约是自敦煌以东最早形成的重要的佛教遗迹地点。它可能是承袭了魏晋以来洛阳及其以西的佛教传统，并结合新疆中部南北两地区的影响而出现的。

四、主要由于拓跋鲜卑上层的提倡，自 5 世纪后半迄 6 世纪初，在代魏平城开凿的武州山石窟，即今云冈石窟，是东方规模最壮伟的石窟群。该窟群虽然受到早于它的凉州的影响，但在窟室形制、组合和形象布局、特征等方面，都有自己的特点，并显现出一系列的新的发展趋势。这种趋势是与北魏汉化的不断深入相关联的，但它直接的借鉴可能是当时平城兴建的寺院，而平城寺院可以见出越来越多中原和南方的因素。公元 494 年以前，平城一直是北魏的政治、文化中心，所以，武州山石窟的创新，很快成了当时北魏境内各地兴凿窟龛仿效的典型。

五、北魏迁洛后二十多年间，平城技艺不断南徙，因此，洛阳附近出现的石窟大都可视作武州山工程的继续。6 世纪 20 年代以来，洛阳地区石窟呈现的一些新因素，它的渊源大抵和武州山先此出现的新趋势情况相似，即可能源于洛都佛寺。而这时的洛都寺院，特别是形象的造型、装饰，应该更多受到江南影响。值得注意的是，洛阳地区的塔庙窟与佛殿窟出现了分地开凿的现象。这种现象，在此后的东魏、北齐得到了承袭：接近邺都的鼓山石窟（包括南、北响堂山石窟和水浴寺石窟）

皆是塔庙窟，而晋阳西山的崖壁俱凿佛殿窟。西魏、北周似乎也有这种情况：秦州麦积崖都是佛殿窟，而原州须弥山却多塔庙窟。

六、敦煌莫高窟虽然邻近新疆，但就现存早期窟室言，更接近于内地云冈石窟和洛阳地区的北朝石窟。如果再进行具体比较，莫高窟现存最早窟室似乎还不早于云冈第二期早期，而接近于第二期中期阶段，这大约和5世纪80年代以来迄6世纪初期，北魏逐渐巩固了对敦煌的控制的历史背景有密切关系。

七、敦煌的地理环境属绿洲类型，各种资源并不丰富，但却当东西交通要冲，那里保存的古代遗迹，特别是辉煌的艺术巨制，主要应转手自当时东方的某些政治、经济、文化中心。事过境迁，曾是东方政治、经济、文化中心的古代遗迹早已湮灭或大部无存，而当时或接近当时较完整的临摹副本尚在人间，此敦煌遗迹之所以至为重要的原因，莫高窟所存大量的并有系统的密教遗迹，应是说明这类问题的一个佳例。

八、两处南朝龛像表现了它与中原更早一个阶段的联系；也反映了它对北朝晚期龛像的影响。

九、西藏窟龛形制和性质的研讨，是近年中国石窟考古工作中新开拓的项目，它的详细情况还有待进一步调查。13世纪末叶以来，随着藏传密教的东传，藏式龛像也出现于内地，杭州飞来峰和吴山的遗迹，应是了解萨迦教派所奉尊像的重要实例。

十、15世纪以前的藏传密迹，西藏地区保存甚少，现知保存较多且具系统的地点是莫高、榆林两窟。两窟藏传密迹又直接与所存唐密遗迹相衔接，因而又是探索唐密、藏密关系的极为难得的形象资料。

以上列举的还只是一些初步看法，现在把这些看法汇集起来，目的是便于国内外同好的审阅，期望得到各方面的批评指正。

《中国石窟寺研究》是列入国家“六五”社会科学规划的重点项目之一。本书内所收1980年以降撰写的文章其调查研究的经费和全书最后的修改、清抄费用都得到国家社会科学基金的资助。

1989年10月

中国石窟寺考古

在河畔山崖开凿的佛教寺庙，简称石窟。许多石窟寺洞窟密集，故常有千佛洞之称。佛教石窟渊源于印度，中国开凿石窟约始于3世纪，盛于5～8世纪，最晚的可到16世纪。

分布于中国各地的石窟寺遗迹，大都见录于明清地方志和游记中。20世纪初一些外国人即根据上述著录调查了一部分重要石窟，如日本人伊东忠太调查山西大同云冈石窟（1902），法国人E.沙畹调查河南洛阳龙门石窟（1907）。不少外国人的调查，往往伴随着掠夺和破坏，德国人A. von勒科克在新疆拜城、库车、吐鲁番诸石窟盗掘遗物、剥离壁画（1904、1913）；英国人A.斯坦因（1907、1914）、法国人伯希和（1908）和日本大谷考察队（1911～1914）等对甘肃敦煌莫高窟发现的重要经卷、文书和工艺品的骗取劫夺；日本人对山西太原天龙山石窟（1933）和美国人对龙门石窟（1934）的肢解石雕、凿毁造像等，以上是其中最突出的几起。抗日战争期间，日本京都帝国大学组织的云冈调查班，对云冈石窟强行调查、摄影、测绘长达六年之久（1941～1946）。中国有组织的调查工作始于30年代，1930～1933年西北科学考察团调查新疆石窟，1935～1936年北平研究院和中国营造学社都对响堂山石窟作了记录。40年代不少学者和学术机构注意到甘肃、四川、云南和新疆境内的石窟，特别是对敦煌石窟的调查、实测和临摹，取得了可喜的成绩。中华人民共和国建立后，石窟遗迹得到应有的重视，各地对现存石窟都开展了调查和记录工作，并发现了许多湮没已久的重要窟龛。50年代以来，石窟寺的考古研究工作逐渐展开：对一些石窟用考古类型学的方法进行排年分期；发掘了重要石窟的窟前遗址，为恢复某些石窟的历史面貌增加了新资料；对石窟组合关系的探索也开始提到日程上来。

中国的石窟可分七类：一、窟内立中心塔柱的塔庙窟；二、无中心塔柱的佛殿窟；三、主要为僧人生活起居和禅行的僧房窟；四、塔庙窟和佛殿窟中雕塑大型佛像的大像窟；五、佛殿窟内设坛置像的佛坛窟；六、僧房窟中专为禅行的小型禅窟（罗汉窟）；七、小型禅窟成组的禅窟群。根据洞窟形制和主要造像的差异可分为新疆地区、中原北方地区、南方地区和西藏地区四大地区（参见《中国佛教石窟寺分布图》）。

新疆地区　分布在自喀什向东的塔里木盆地北沿路线上，集中的地点有三区：一、古龟兹区。在今库车、拜城一带。主要石窟有拜城境内的克孜尔石窟、库车境内的克孜尔尕哈石窟、库木吐喇石窟和森木赛姆石窟。其中克孜尔石窟规模最大，开凿最早，大约开凿于 3 世纪，4～5 世纪是其盛期，最晚的洞窟大约属于 8 世纪。其他三处，开凿的时间都比克孜尔晚，衰落的时间可能迟到 11 世纪。二、古焉耆区。在今焉耆回族自治县七格星一带。开凿时间约在 5 世纪以后。三、古高昌区。在今吐鲁番附近。主要石窟有吐峪沟石窟和柏孜克里克石窟。吐峪沟早期石窟约开凿在 5 世纪。柏孜克里克主要石窟是 9 世纪以后回鹘高昌时期的遗迹，最晚的洞窟有可能迟到 13 世纪。

新疆石窟多塔庙窟、大像窟、僧房窟、禅窟以及不同形制洞窟组成的洞窟组合，也有少量的禅窟群。5 世纪以后，方形佛殿窟数量增多，出现了佛坛窟。焉耆、吐鲁番一带还有洞窟前面接砌土坯前堂和径用土坯砌建的洞窟。这些不同形制的洞窟，除一般僧房窟外，窟内都绘壁画，绝大部分原来还置有塑像。绘塑内容，6 世纪以前，主要有释迦、交脚弥勒和表现释迦的本生、佛传、因缘等图像。6 世纪出现了千佛。8 世纪以来，中原北方地区盛行的阿弥陀和阿弥陀净土以及其他净土，还有一些密教形象，都逐渐传播到这里，壁画布局和绘画技法也较显著地受到中原北方石窟的影响。

中原北方地区　指新疆以东、淮河流域以北，以迄长城内外的广大地区。这个地区石窟数量多，内容复杂，是中国石窟遗迹中的主要部分。可细分为四区：一、河西区。甘肃黄河以西各县沿南山的地段，大都分布有数量不等的石窟。其中敦煌莫高窟延续时间长、洞窟数量多。莫高窟现存最早的洞窟，开凿于5世纪，陆续兴建到14世纪。莫高窟以东的重要石窟有安西榆林窟和东千佛洞、玉门昌马石窟、酒泉文殊山石窟、肃南金塔寺石窟和武威天梯山石窟等。这几处石窟除榆林窟、东千佛洞外，都还保存5～6世纪的遗迹。武威天梯山石窟有可能是历史上有名的凉州石窟的遗迹。二、甘宁黄河以东区。主要石窟有永靖炳灵寺石窟、天水麦积山石窟、固原须弥山石窟、庆阳平定川石窟、庆阳南北石窟寺。固原、庆阳石窟始凿于6世纪；永靖、天水石窟始凿于5世纪，其中炳灵寺石窟第169窟无量寿佛龛有420年题记，是中国现存窟龛有明确纪年的最早的一处。三、陕西区。少数窟龛开凿于6世纪，主要石窟都开凿于6世纪以后，如7世纪开凿的彬县大佛寺石窟、耀县药王山石窟；8世纪开凿的富县石泓寺石窟；11～12世纪开凿的黄陵万佛寺石窟、延安万佛洞石窟和志丹城台石窟等。陕西区石窟是中原北方地区晚期石窟较集中的一处。四、晋豫及其以东区。以5～6世纪北魏皇室显要开凿的大同云冈石窟和洛阳龙门石窟、巩县石窟为主流，延续此主流的重要石窟有6世纪中期开凿的邯郸响堂山石窟和6～7世纪开凿的太原天龙山石窟。此外，5～6世纪开凿的义县万佛堂石窟、渑池鸿庆寺石窟、济南黄花崖石窟和7世纪初开凿的安阳宝山石窟，也都与上述这批主流石窟有密切关系。晋豫及其以东地区石窟的承袭关系比较清楚，充分表现了佛教石窟逐步东方化的具体过程，因此，这个地区石窟在全国石窟中占有重要地位。此区开凿较晚的石窟，还有6～8世纪开凿的益都云门山石窟、驼山石窟；11世纪开凿的内蒙古巴林左旗洞山石窟、前后昭庙石窟；13～14世纪开凿的内蒙古鄂托克旗百眼窑石窟和15～16世纪开凿的平顺宝岩寺石窟等。

中原北方石窟中，河西和甘宁黄河以东两区多塑像壁画，陕晋豫及其以东两区多雕刻。四区除个别石窟外，多杂有摩崖龛像。

中原北方窟龛的发展演变，大体可区分为四大期：

第一期即 5～6 世纪，是这个地区开凿石窟的盛期。多大像窟、佛殿窟、塔庙窟，也有少数禅窟和禅窟群。主要造像有三世佛、释迦、交脚弥勒、释迦多宝对坐像、千佛和思惟像，其次有本生、佛传和维摩文殊对坐像。七佛、无量寿（阿弥陀）、倚坐弥勒和观世音、骑象的普贤等出现较晚。第二期即 7～8 世纪，主要盛行佛殿窟、大像窟，较晚出现佛坛窟。除释迦造像外，阿弥陀、弥勒、药师等净土图像和观世音像逐渐复杂起来，出现了地藏像，密教形象也开始盛行。第三期即 9～10 世纪，石窟开凿渐趋衰落，石窟形制模拟地上佛殿的情况日益显著，佛坛后面凿出了背屏，窟前接建木构堂阁的做法开始流行。窟内壁画盛行排列多种经变的新形式。佛龛两侧流行文殊、普贤相对的布局。文殊似乎受到更多的重视，敦煌莫高窟和富县石泓寺石窟都出现了“文殊窟”。对观世音的崇奉更为普遍，许多地点出现了观世音的各种变相。天王的形象也在这个阶段逐渐盛行。第四期即自 11 世纪以后，开凿石窟的地点愈来愈少。造像题材除前期习见者外，罗汉群像逐渐盛行，还出现了罗汉群像与佛传结合的场面。出现了布袋和尚。儒释道合流的形象也在石窟中出现，庆阳平定川石窟中 1095 年雕造的“三教诸佛”，是现知中原北方地区这类题材的最早实例。13 世纪太原龙山开凿了全真道教石窟。13～14 世纪莫高窟、榆林窟开凿了藏传佛教的“秘密堂”。16 世纪初开凿的平顺宝岩寺石窟出现了水陆道场的连续浮雕，这里有的洞窟内外全部雕出了仿木结构，石窟模拟地上佛殿的做法，年代愈晚愈突出。

南方地区 指淮河以南地区。这个地区石窟数量不多，布局分散，除个别地点外，摩崖龛像多于洞窟。凿于 5～6 世纪之际的南京栖霞山龛像和新昌剡溪大佛，原都前接木构殿阁。广元一带 6 世纪的石窟，形制多属佛殿窟，有少量的塔庙窟。这时期的主要造像除释迦外，多无量寿（阿弥陀）和弥勒倚坐像，还有释迦多宝对坐像。自 8 世纪以后，四川岷江、嘉陵江流域诸窟龛盛行倚坐弥勒、净土变相和各种观世音造像。10～11 世纪多雕地藏和罗汉群像。11 世纪大足石篆山出现了最早的儒释道三教石窟。12 世纪大足大佛湾造像内容更为庞杂，除佛传、经变、观世音等形象外，还有祖师像和藏传佛教形象。杭州西湖沿岸的窟龛开凿于10～14世纪，13世纪末以前多雕阿弥陀、观世音和罗汉像，13世纪以后多雕藏传密教形象。开凿于9～13世纪的大理剑川石钟山石窟都是佛殿窟，9世纪造像主要有弥勒和阿弥陀，10世纪以后主要造像有观世音、毗沙门天王和密教的八大明王，最具地方特色的是以南诏王及其眷属为主像的窟龛。

西藏地区 该地区石窟多不具造像的禅窟和僧房窟。摩崖龛像分布较广，题材多释迦、弥勒、千佛、十一面观音和各种护法形象；并多附刻六字真言。以上窟像的雕凿时间，大都在10世纪以后，即藏传佛教所谓的后弘期。拉萨药王山是西藏窟龛较集中的一处：山南侧密布摩崖龛像；东麓的札拉鲁浦石窟，是现知西藏唯一的一座吐蕃时期开凿的塔庙窟，塔柱四面各开一坐佛龛，窟壁雕像多后世补镌；该窟右上方凿出附有石床的僧房窟。山南扎囊、乃东等地的天然溶洞，有不少相传是吐蕃时期高僧的禅窟。扎囊查央宗山溶洞内，后世建有经堂和附有左转礼拜道的佛殿，殿内奉莲花生塑像，传说该洞原是莲花生的禅窟。后弘期这类禅窟窟前有的还接建木结构，如萨迦北寺夏尔拉康。窟形规整，四壁满绘佛像的佛殿窟，似多见于西部的阿里地区。

上述四个地区的石窟寺，虽各具特点，但又互相影响。5世纪60年代云冈最初开凿的大像窟——昙曜五窟应和新疆古龟兹石窟有一定的关系；河西现存的早期洞窟的塑绘，也受到了新疆的影响。5世纪晚期，南方造像明显地影响了中原北方，江南无量寿佛的崇奉传播到中原西部的时间，可能更早。6世纪中期以后，中原西部的石窟龛像又影响到四川北部。7～8世纪的隋唐盛世，中原窟龛典型所在——各种净土变和密教形象已南遍四川，西及新疆。11世纪以后，罗汉群像既盛于中原北方，也流行于江南。13～14世纪西藏藏传佛教形象不仅出现在中原北方，还出现在南方。在以上各地区相互影响的复杂现象中，可看出：5世纪晚期以前中原北方受到新疆的影响，这显然是和佛教艺术自西向东传播的情况有关；5世纪晚期以来，佛教窟龛在新疆以东逐渐形成自己的特点后，中国各地石窟龛像的发展演变，尽管都还具有地方特征，但却都程度不同地受到全国主要的政治中心或文化中心所盛行的内容的影响。这一点，与中国考古学其他方面的资料所反映的情况，是大体一致的。

本文原刊《中国大百科全书·考古学》(1986)。此次重刊除改动个别字句外，还增补了西藏地区一节。

新疆拜城克孜尔石窟部分洞窟的类型与年代

中国石窟的调查与研究，近年来比较多的力量投入到了新疆维吾尔自治区拜城县的克孜尔石窟[1]。这是由于：1. 佛教东渐，自中亚首及我国新疆地区。在新疆天山南麓塔里木盆地北沿一线，历史上佛教最盛的地点是古龟兹，即今库车、拜城一带。克孜尔石窟分布于拜城县克孜尔镇东南 7 公里木札提河北岸的悬崖间，其地东南距库车县城 67 公里，西距拜城县城 60 公里，位置适在库车、拜城两县城之间。2. 克孜尔石窟是古龟兹境内规模最大的石窟群，已编号的窟数达 236 窟[2]，类型齐备，延续的时间较久。克孜尔石窟内容丰富，位置重要，既可作为龟兹石窟的典型代表，又是联系中亚和东方佛教遗迹的纽带。因此，石窟研究者瞩目于此，是非常自然的[3]。

对石窟的研究，首先要解决分期与年代的问题，但克孜尔石窟迄今没有发现同修建石窟有关的纪年铭记和文献记载，较系统的可以直接对比的资料也极为罕见。因此，考虑它的分期与年代问题是颇为困难的。20 世纪 30 年代以前，德国人从新疆各地攫去了大量的石窟资料。他们根据印度犍陀罗和西亚方面的艺术特点，以分析壁画的风格为重点，参考克孜尔石窟有关的供养人题名、壁画中的婆罗谜字体以及在克孜尔第 67 窟（Rotkuppel Höhle A 红穹顶窟——德人拟名，以下略）发现的龟兹文古文书和据说是 13～14 世纪西藏佛教徒的记录等，拟定了新疆地区石窟壁画的分期与年代至少有三种[4]。这三种分期与年代的共同点是：既未细致地考察新疆各地的历史包括佛教流传的历史背景，又没有参照新疆以东一些主要石窟的情况。其推论之可议，是毫不足怪的。1946～1947 年，我国朝鲜族画家韩乐然先生两次到克孜尔临摹壁画，工作之余，也进行了克孜尔石窟壁画分期对比的探讨。遗憾的是，他的文稿、画本和他本人都在解放前夕遭到了意外的灾难〔5〕。解放后，参加1953年西北文化局新疆文物调查组的常书鸿先生和1961年参加中国佛教协会与敦煌文物研究所合组的新疆石窟调查组的阎文儒先生，全面考察了新疆各地石窟，并各自提出了新的克孜尔石窟分期与年代的推测〔6〕。常、阎两先生的工作，都是在多年研究敦煌石窟和敦煌以东各重要石窟的丰富经验基础上进行的，所以得出了与德国人不同的论断。1979～1981年，在原国家文物事业管理局、新疆维吾尔自治区文化局和自治区文管会的支持下，北京大学历史系石窟考古实习组与拜城县克孜尔千佛洞文物保管所合作，开始了对克孜尔石窟的考古调查。在记录、清理部分洞窟遗迹的同时，进行了龟兹地区石窟类型与阶段划分的初步探索。这一时期中，北京大学历史系考古教研室实验室承担了C^{14}同位素年代测定工作，其结果与上述类型和阶段划分的初步小结基本一致。

一　类型与阶段划分的初步探索

我们从洞窟形制、组合和壁画内容、风格，特别是洞窟本身的改建和相互的打破关系，初步考虑了克孜尔石窟的类型和部分洞窟的阶段划分问题。

克孜尔石窟的类型，目前大体可分为中心柱窟、大像窟、僧房窟和方形窟四种。这些不同类型的洞窟，在某些阶段出现了组合情况，还出现了后期改变前期洞窟类型的情况。

克孜尔石窟可以较为明显地划分出三个阶段。现以阶段为纲，分类型举例叙述我们考虑的初步结果。

第一阶段（参看图版1～6）

这一阶段的洞窟大部分分布在克孜尔石窟的谷西区。其类型以中心柱窟、大像窟和僧房窟为主，而以僧房窟数量较多，大像窟数量较少。各类型窟多单独存在，组合情况不甚显著。

1. 中心柱窟　中心柱窟一般分主室、后室和中心柱三部分。个别有前室，但大都已崩毁。中心柱位于后室前部正中。现选两个典型洞窟即第 38 窟（Höhle mit dem Musikerchor 伎乐窟）、第 13 窟为例（插图 1、2），表解其具体情况如下：

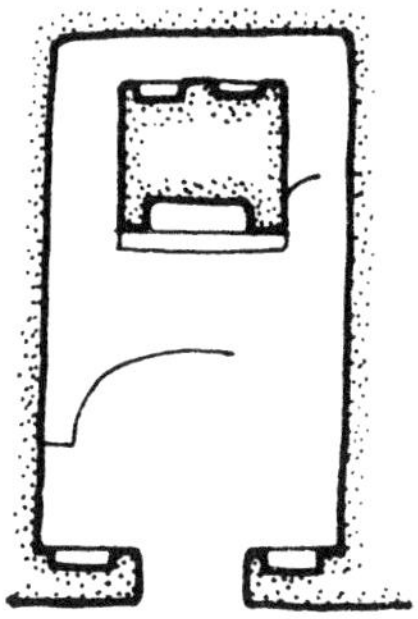

1　第 38 窟平面

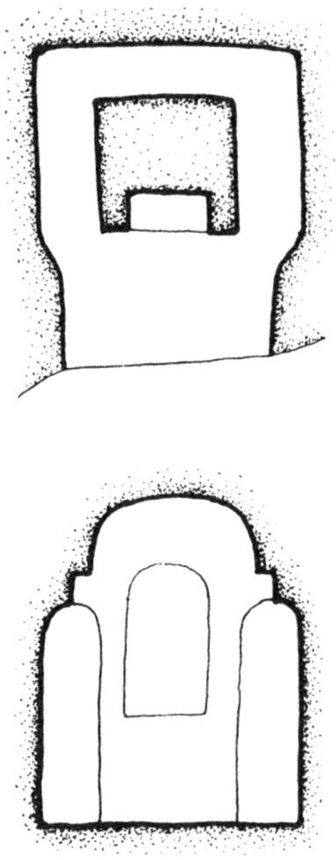

2　第 13 窟平面及主室正壁立面

		主室	后室	中心柱
形制		有主室与后室同宽和主室窄于后室两型。前、左、右壁与顶部相接处，界以简单的叠涩出檐。券顶，曲线较平缓。 38 窟前壁两侧各开一龛。	低窄。券顶。左右通道券口无装饰。 38 窟前壁即中心柱后壁中部开二龛。	中心柱平面近方形。前壁即主室后壁，正中开大龛。
塑像和壁画	后壁	即中心柱前壁，大龛内原塑坐佛一，大龛上原影塑出菱形山峦。	38 窟绘涅槃。	
	前壁	前壁正中窟口上方画兜率天说法，窟口左、右侧各绘供养人行列。 38 窟窟口两侧龛内原各塑立佛一。	绘焚棺或绘舍利塔。 38 窟中部两龛内原各塑坐佛一。	
	左右壁	不分栏，或分上下栏。各栏绘二或三铺因缘佛传。铺间无界。壁上端叠涩檐下多绘流水。 38 窟左、右壁上端绘天宫伎乐。	绘舍利塔。	绘舍利塔。
	顶部	正中一行绘天空，其表现内容，由日神、风神、立佛、双首金翅鸟、月等组成。左右绘以菱格山峦为背景的本生或本生、因缘佛传相间布置。 13 窟正中一行只存立佛，余俱残毁。	绘菱格山峦。	
	地面		13 窟绘莲花纹地衣。	

2. 大像窟 一般无前室，只有主室、后室和中心柱三部分。大像立于中心柱前壁正中。这一类型窟实际也属中心柱窟的一种。它在形制布置上稍异于中心柱窟者，主要是突出地安排了大立像，并扩大了后室。大立像早已全部无存，但可据排列在壁面上的有规律的凿孔予以推测。现以第 47 窟为例（插图 3），表解其具体情况如下：

		主室	后室	中心柱与大像
形制		主室窄于后室。券顶。后壁即中心柱前壁，壁面遗有凿孔多处。前壁崩毁。顶部大部崩毁。后壁前有半圆形大像台。左、右壁前砌列像台。	券顶。左、右通道券口无装饰。后壁前有涅槃台。左、右壁前砌列像台。	中心柱平面近方形，位置偏前，两侧的通道前端低窄。前壁即主室后壁，未开龛。左、右、后壁各开大龛一。后壁龛上和两侧各有凿孔。
塑像和壁画	后壁	据凿孔分布情况，知正中原立高约十米左右的大塑佛一。佛上部原似塑有供养天人。	涅槃台上塑大涅槃像。上层壁画后绘，下层内容不明。	后壁大龛原塑坐佛一。龛上原塑涅槃像，龛侧原塑立像。
	左右壁	据遗迹知原分六栏绘塑佛像。自下第一栏原于列像台上塑立像七，二栏不明，三栏绘坐像七，四栏似绘坐像两列，五栏绘坐像一列，六栏即最上栏绘供养天人。	上层壁画后绘，下层不明，左右像台上原各塑立像七。	左、右壁大龛内原壁各塑坐佛一。右壁外侧下层壁画露出一头像，其画风与德人所谓的第一种画风[7]相似。
	顶部		壁画似后绘。	

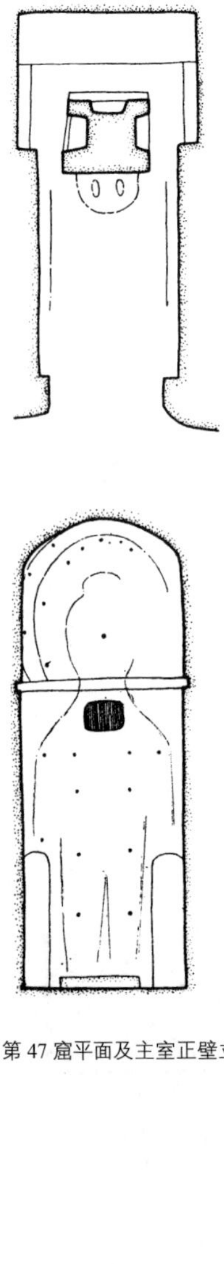

3 第 47 窟平面及主室正壁立面

3. 僧房窟 一般入口为长条形平顶或券顶的门道。门道后壁有的设置略呈方形的券顶小室，小室口原装木门。门道后方的左或右侧开短甬道，甬道内为主室，主室券顶，顶壁相接处界以简单的叠涩出檐。主室口原装木门，主室口一侧的侧壁于近室口处设灶。灶对面壁前多砌矮炕。主室前壁中部开窗。此类窟无塑像、壁画，但窟内壁面涂饰的墙皮，往往层次较多。这阶段僧房窟的实例，我们选择了第6窟（插图4）；比第6窟为晚的第80窟（Höllentopf Höhle 地狱油锅窟）（插图5），其原来类型也是僧房窟，入口后端的小室的左侧壁上另开了一个小窗，是颇特殊的一例。

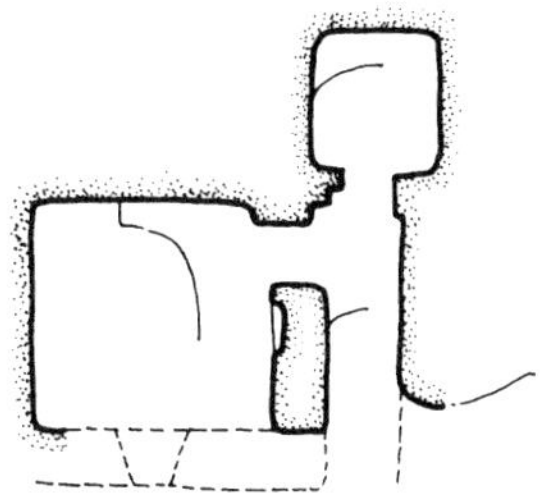

4 第6窟平面

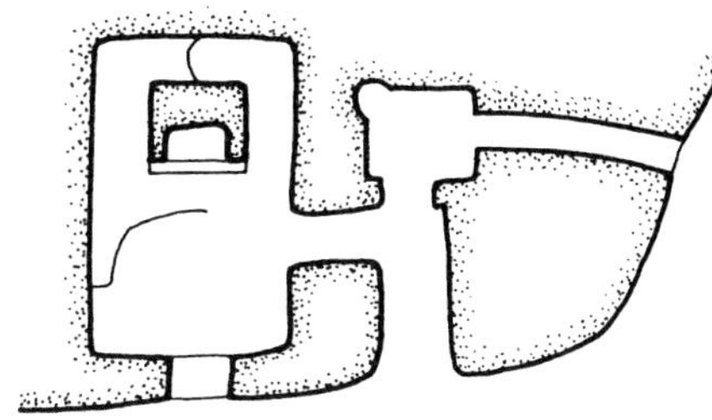

5 第80窟平面

第一阶段各类型的共同特征：在形制上，壁、顶接连处的结构线脚简洁；塑绘中作为主要礼拜对象的有释迦坐像、倚坐像、立像和弥勒交脚坐像（兜率天说法），其次有坐或立的列像；在画风方面，第47窟下层壁画与过去德国人所谓的第一种画风近似，第38窟则是典型的第二种画风，两种画风的先后关系，看来第二种画风的发展可能比第一种画风为早[8]。大约在第一阶段后段，克孜尔出现了改变旧有洞窟类型的情况，上述第80窟僧房窟被改建为中心柱窟即是一例。这个事例，一方面说明克孜尔石窟中单独存在的僧房窟，有的很可能比我们现在划分的第一阶段还要早些；另一方面这种改变洞窟类型的做法，也给我们探索克孜尔石窟阶段的划分问题提供了重要的实证。

第二阶段（参看图版7～9）

这一阶段的洞窟，较普遍地分布在克孜尔石窟所属各区。其类型除了与第一阶段情况相似外，方形窟发展很快。不同类型窟的成组情况似是这个阶段流行起来的。

1. 中心柱窟　窟内布局略同于第一阶段，有的后室采用了第一阶段第47窟那样的大像窟的后室布局；还有主室宽于后室的。现选三座典型洞窟即第171、104、17窟（Höhle mit dem Bodhisattvagewölbe菩萨顶窟）为例（插图6～8），表解其具体情况如下：

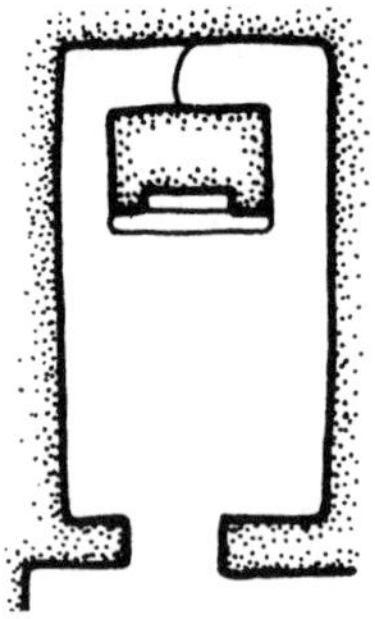

6　第171窟平面

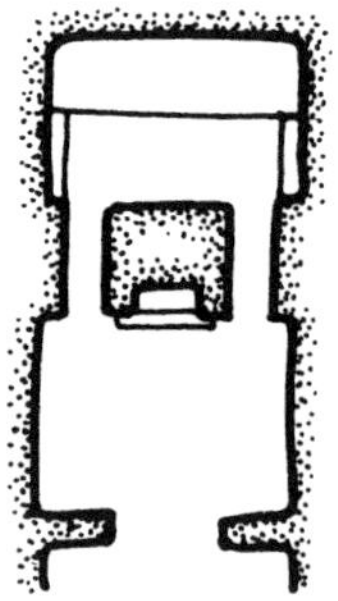

7　第104窟平面及主室正壁立面

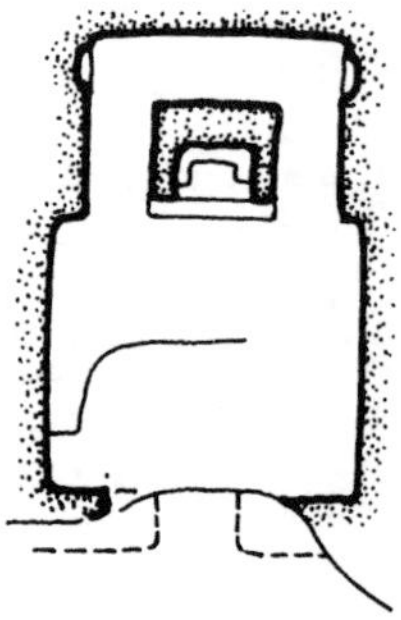

8　第17窟平面

		前室	主室	后室	中心柱
形制		现已大部崩毁，仅104窟尚存残迹。	除与第一阶段相近者外，较多地使用了主室宽于后室的形式。前、左、右壁与顶部相接处的出檐线：有的同于第一阶段，但更多的是在叠涩之外，还使用了枭混线脚。券顶，曲线较凸起。104窟左、右壁上部各凿椽孔一排，应是立像台的遗迹。	壁上端和顶部情况与主室相似，其左、右通道口有的做出装饰线脚。104窟后部置涅槃台，台前两侧各置立像台。17窟左、右壁后端各开一龛。	中心柱平面多扁方形。前壁正中开大龛。
塑像和壁画	后壁		即中心柱前壁，大龛内原塑坐佛一。	绘或塑涅槃。	
	前壁		窟口上方绘兜率天说法，左、右侧各绘供养人行列。	绘舍利塔。	
	左右壁		分上下两栏，各栏又分绘二或三铺因缘佛传。铺间多有界格。壁顶相接处的叠涩、枭混部分绘图案边饰。104窟上栏上方原立像台，上原塑立像一列。	绘舍利塔或立佛。17窟后端左、右龛内原塑坐佛一，左壁绘立佛（卢舍那）。104窟左、右立像台上原塑立像，左、右壁绘供养人行列。	绘舍利塔或立佛。
	顶部		正中一行绘天空，左、右绘以菱格山峦为背景的本生、因缘佛传，略同第一阶段。菱格边线渐趋整齐。	绘菱格。	

2. 大像窟 形制略同于第一阶段，和上述中心柱窟中采用的第一阶段大像窟的布局更为近似。其例如第 77 窟（Höhle der Statuen 塑像窟）（插图 9）；出现了后室低窄的大像窟，如第 139 窟（插图 10）。两窟具体情况如下表：

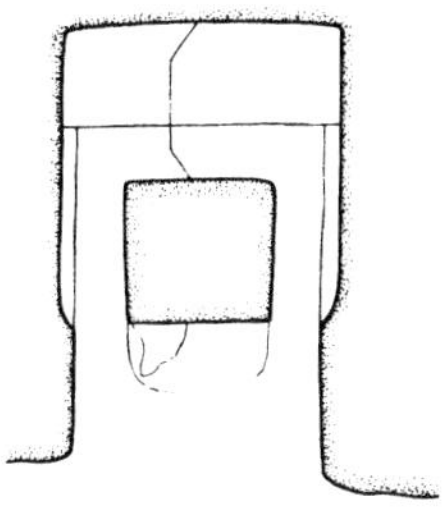

9 第 77 窟平面

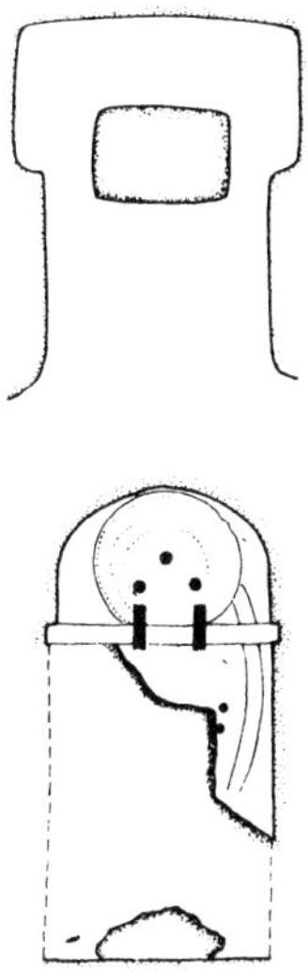

10 第 139 窟平面及主室正壁立面

		主室	后室	中心柱与大像
形制		主室略窄于后室，进深较上阶段缩短。后壁即中心柱前壁，壁前有大立像遗迹。左、右壁前部、顶部和前壁皆崩毁。	77 窟后室宽高。梯形顶。后壁前砌涅槃台。左、右壁前端砌列像台。 139 窟低窄，无涅槃台和列像台。	中心柱平面方形或扁方形。柱四壁皆未开龛。
塑像和壁画	后壁	中部原立大塑佛一。	77 窟涅槃台上塑大涅槃像，像上部后方绘伎乐。壁上端边饰中有列椽图案。 139 窟绘涅槃。	
	左右壁	据遗迹知原皆分多栏绘塑列像。 77 窟原分三栏，下二栏原各塑立像一列，上栏原似塑出供养天人。 139 窟原分五栏，自下第一栏不明，二栏原塑立像一列。三、四栏皆绘坐像一列。五栏即最上栏绘供养天人。	77 窟列像台上原塑立像七，像间原绘菩萨。	77 窟左右壁上部边饰中有列椽，其下绘伎乐。右壁伎乐中有交脚菩萨，似为兜率天说法。
	顶部	139 窟后部，即大立像顶上尚存供养天人壁画。	77 窟正中部分分格绘伎乐，左、右侧格内原影塑伎乐。通道顶正中一行残存画面有蛇、鸟、风神，象天空，左右绘菱格本生。	

3. 僧房窟 一般僧房窟形制略同第一阶段，唯门道后壁无小室者增多，还有较多的凿出了前室。壁顶相接处出檐线脚的复杂情况与中心柱窟同。出现了比一般僧房窟主室大得多的大型僧房窟，如第 119 窟（插图 11）；还出现了上下两层的僧房窟，如第 35（下）、36 窟（上）（插图 12）。

4. 方形窟 一般有前室，多崩毁。主室方形或矩形。前壁正中开门，或前壁一侧开门，另一侧开窗；正中开门的有的无窗，如第 92 窟（Höhle mit der Äffin 母猴窟）（插图 13）。有的在门两侧各开一窗，如第 118 窟（Hippokampen Höhle 鱼尾飞马窟）（插图 14）。顶部和壁顶相接处的出檐曲线与中心柱窟、僧房窟相似，但也有更繁缛者，如第 39 窟（插图 15）。这类方形窟，主室正中有的砌佛坛，坛上原置塑像，壁面多分栏分格绘连续的佛传，前壁上部绘兜率天说法，其性质应与中心柱窟相近，如第 76 窟（插图 36）。另一种主室正中不置坛，后壁多绘以菩萨或高僧为中心的壁画，其性质与前者有异，可能是高僧宣讲的所在——讲堂窟，如第 49 窟（插图 16）。还有一种不置坛的方形窟，后壁开龛原置坐像，左、右壁绘因缘佛传，与中心柱窟主室相类者，如第 14 窟（插图 17）。

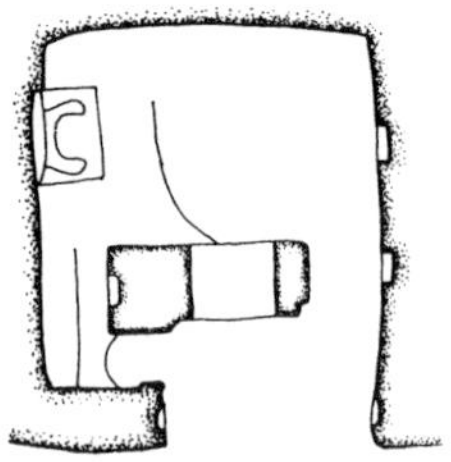

11 第 119 窟平面

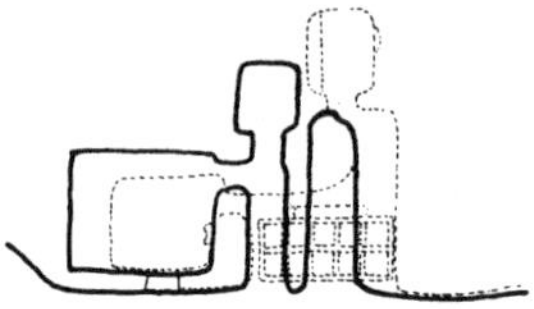

12 第 35 窟（实线）与第 36 窟（虚线）平面

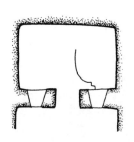

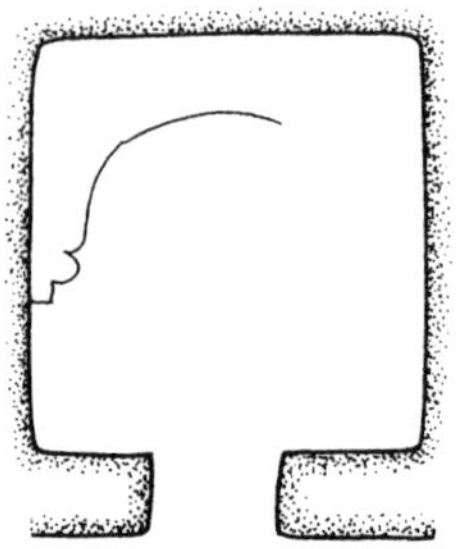

13 第 92 窟平面

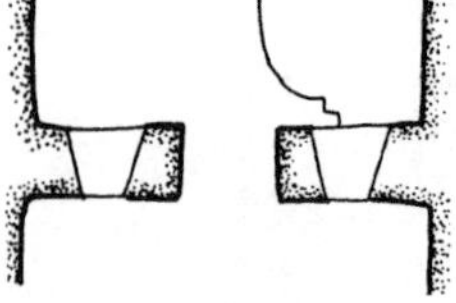

14 第 118 窟平面

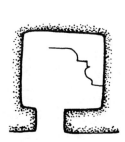

15 第 39 窟平面

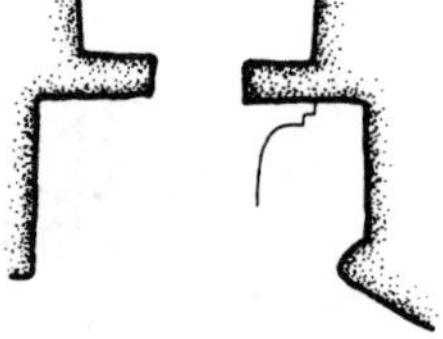

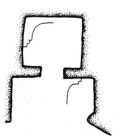

16 第 49 窟平面

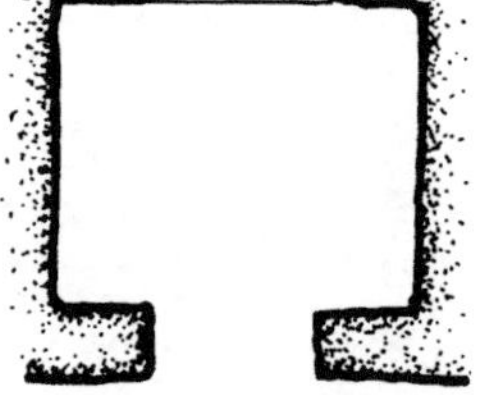

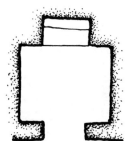

17 第 14 窟平面

5. 洞窟组合

这阶段出现的洞窟组合，就现存遗迹观察，类型较多：

序列	组合内容	例窟	例窟组合过程
Ⅰ	中心柱窟+僧房窟	171～172 窟	171 中心柱窟与 172 僧房窟为一新建组合（插图 18）。172 窟僧房窟后又被改造为中心柱窟。
Ⅱ	中心柱窟+方形窟+僧房窟	2～4 窟	新建 2 僧房窟、3 方形窟与第一阶段的 4 中心柱窟连接成一组合（插图 19）。
		103～105 窟	103 僧房窟与 104 中心柱窟、105 方形窟为一新建组合（插图 22）。
		38～40 窟	窟外遗迹表明新建 39 方形窟与第一阶段 38 中心柱窟、40 僧房窟连接成一组合（插图 20）。
Ⅲ	方形窟+僧房窟	222～223 窟	222 方形窟与 223 僧房窟为新建组合，两窟共一前室。223 窟左侧有 224 中心柱窟（Māyā höhle der 3 Anlage 三区佛母窟）（插图 21）。
Ⅳ	双中心柱窟+方形窟	96～98 窟	改建原僧房窟 98 为中心柱窟与新建的 97 中心柱窟、96 方形窟连接成一组合（插图 22）。
Ⅴ	多中心柱窟+方形窟	96～101 窟	窟外遗迹表明 96 方形窟、97～101 中心柱窟，在本阶段内曾连接成一组合（插图 22）。
Ⅵ	多中心柱窟+方形窟+僧房窟	96～105 窟	在本阶段的后段，上一型组合（Ⅴ）又增加了窟形不明的 102 窟、103 僧房窟、104 中心柱窟、105 方形窟，成为一更复杂的新型组合（Ⅵ）（插图 22）。

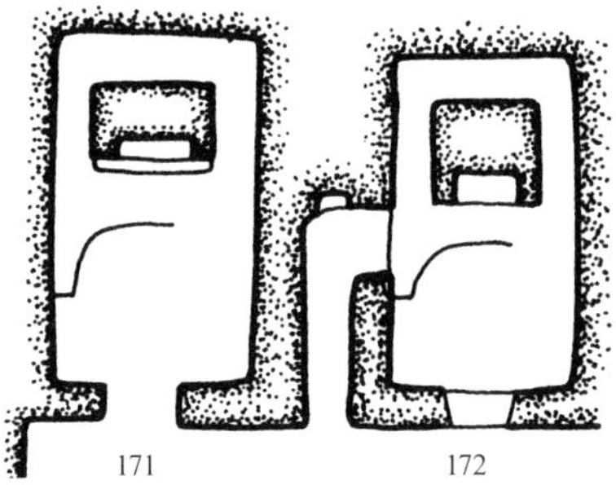

18 第 171、172 窟平面

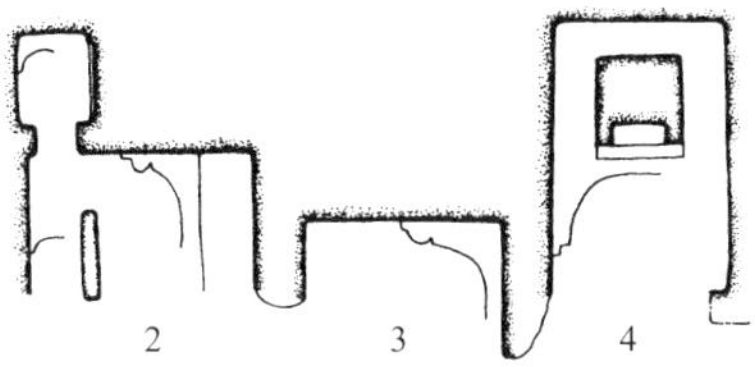

19 第 2～4 窟平面

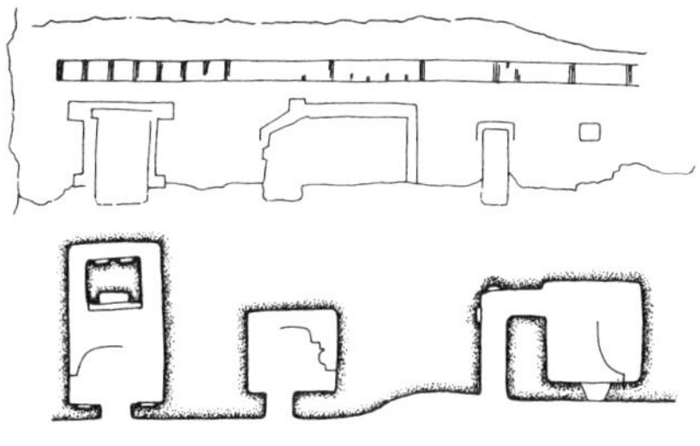
20 第 38～40 窟平面及外崖立面

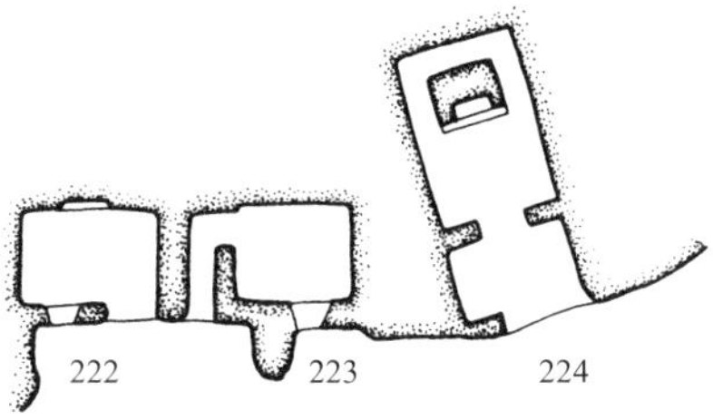

21 第 222～224 窟平面

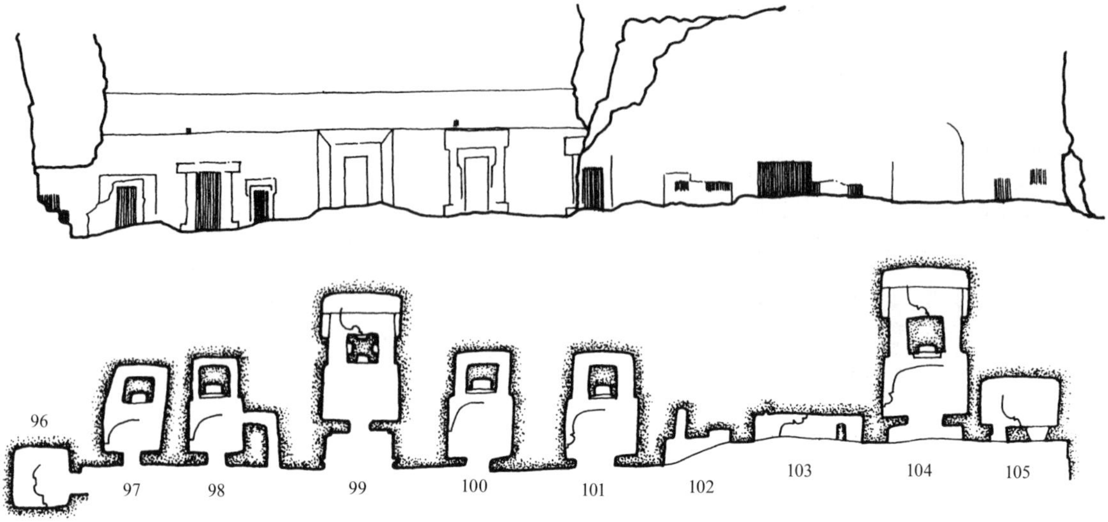

22　第96～105窟平面及外崖立面

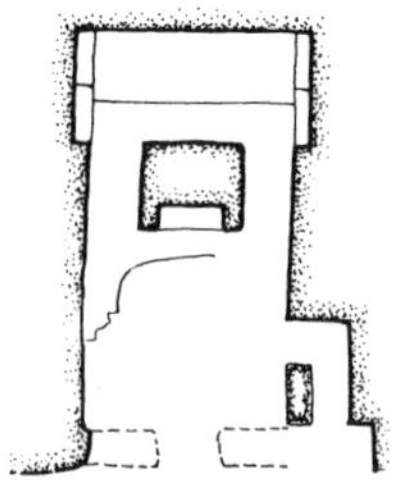

23　第34窟平面

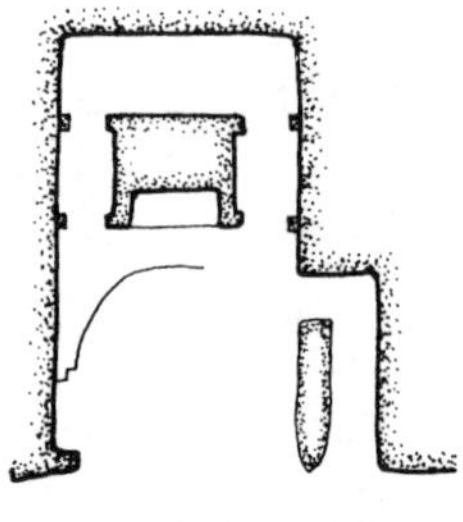

24　第198窟平面

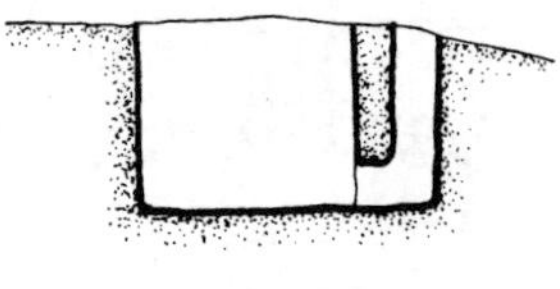

25　第135窟平面

从上表看出，这些不同类型的洞窟组合，有一个共同点，即都包括一座或多座中心柱窟。洞窟组合的发展顺序，有可能是Ⅰ→Ⅱ，Ⅲ→Ⅳ、Ⅴ、Ⅵ。Ⅳ、Ⅴ不保留僧房窟和Ⅵ这大组合中只有一座僧房窟，似可说明这类传统的僧房窟，已不像过去那样盛行，而谷内区那座宽约5.3米、深约7.6米的第119特大僧房窟（参看插图11），或许就是在这种情况下出现的。传统的僧房窟不被重视，较多地被改造为中心柱窟，是更直接的证明。其例除上述第98窟外，迹象显著的还有第34窟和198窟（Teufelshöhle mit Annexen C 妖魔窟C）（插图23、24）。第198窟其前身僧房窟主室部分被改造为中心柱窟后，其门道部分并没有废弃，同样也绘制了壁画——菱格本生和因缘佛传（此窟即第198窟的门道部分，未编号，德人拟名Teufelshöhle mit Annexen B 妖魔窟B）。以前的僧房窟除被改造为中心柱窟外，也有被改造为方形窟的，如第135窟（插图25）。

第二阶段各类型窟的共同特征：在形制上，壁、顶接连处的结构线脚逐渐复杂，通道口出现了龛面装饰（插图 26），顶部形式逐渐多样。除上述者外，中心柱窟的主室还有抹角叠砌式的斗四顶、圆顶、平棋顶，还有左、右、后壁上端向外雕出列椽，做挑出屋檐的样式（插图 27～30）；僧房窟主室还出现了高券顶、盝顶（插图 31、32），第 36 窟的上层外室还做出了平棋顶（参见插图 12）；方形窟也有斗四顶、圆顶、盝顶、列椽顶等形式的窟顶（插图 33～35）。塑绘内容虽变动不大，但某些细部趋向图案化。德人所谓的两种画风，其并存的情况极为显著，如第 77 窟属第一种画风，第 17 窟属第二种画风。第二种画风着重了浓重的渲染，这可能是颜色变了色所造成的。正因为它变了色，才使我们可以更确切地了解当时对人物哪些部位使用了高光画法。这种渲染法和变色的情况，值得我们进一步分析研究，因为它与新疆以东的河西地区现存早期洞窟壁画的渲染和变色很相似。这阶段的另一重要标志是发展了洞窟组合。据对洞窟组合的初步分析，不仅反映了第二阶段本身发展演变的重要情况，而且反映了划分第二、三阶段的一些线索。在反映第二阶段洞窟本身发展演变的过程中，除了洞窟组合之外，我们还看到了另外一种形式，即本阶段较晚开凿的洞窟，破坏了比它略早开凿的较小的洞窟。如第 76 窟方形窟（Pfauen Höhle 孔雀窟），从它左壁遗留的残迹上考察，知道它开凿时，破坏了一座盝顶小型洞窟（插图 36）。洞窟组合的发展和破坏较小洞窟开凿较大洞窟的做法，应是开凿洞窟兴盛时期出现的现象。

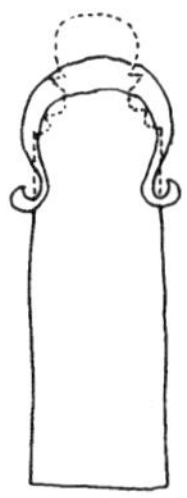

26 通道入口上部龛面装饰（实线）及断面（虚线）

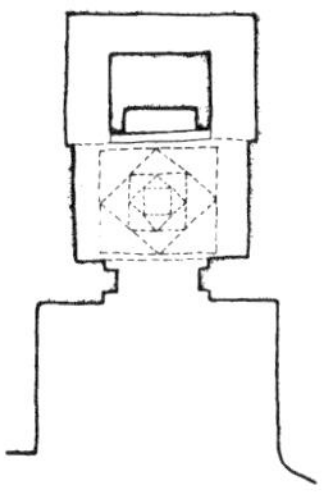

27 第 207 窟主室窟顶平面

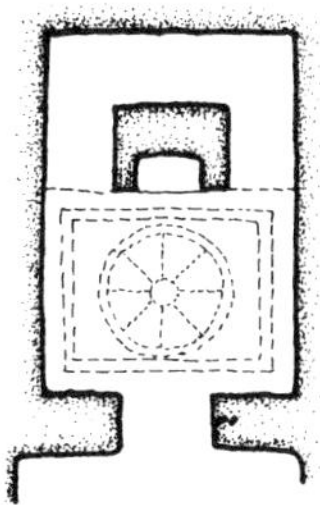

28 第 123 窟主室窟顶平面

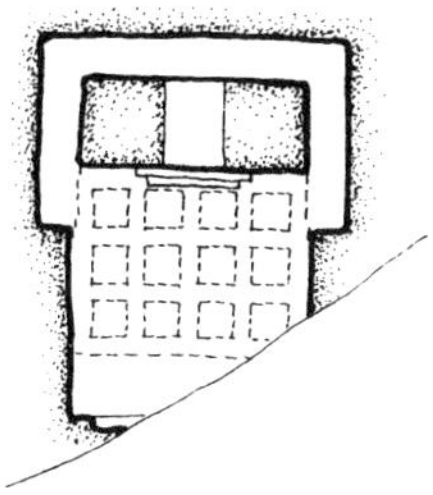

29 第 27 窟主室窟顶平面

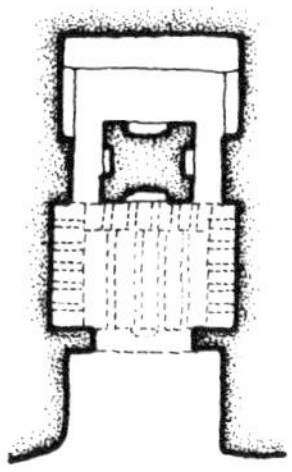

30 第 99 窟主室窟顶平面

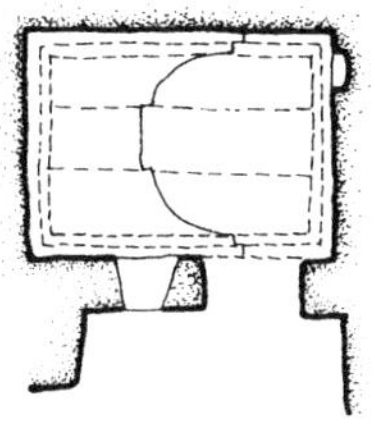

31 第 116 窟主室窟顶平面

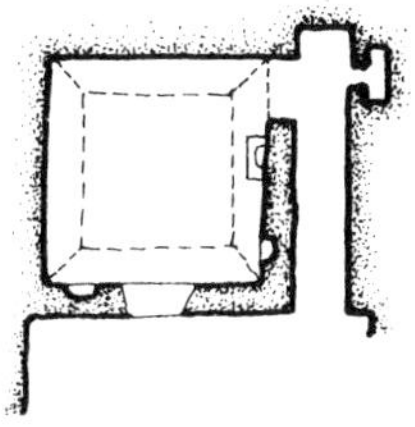

32 第 225 窟主室窟顶平面

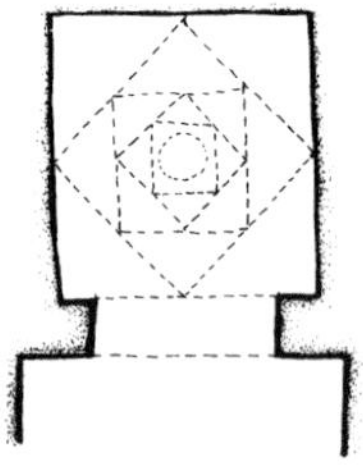

33 第 132 窟主室窟顶平面

34 第 9 窟主室窟顶平面及立面

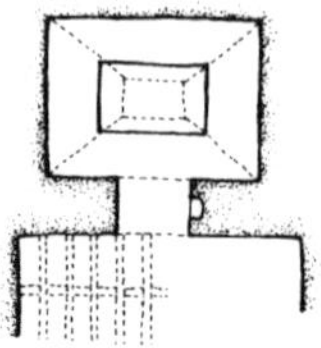

35 第 117 窟主室窟顶平面

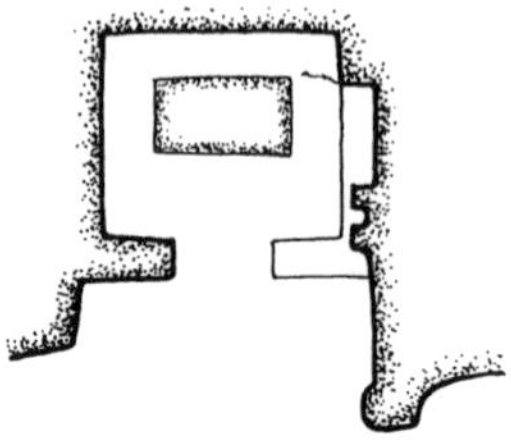

36 第 76 窟平面

第三阶段（参看图版 10～12）

这阶段克孜尔新开和改建的洞窟，多分布在谷东区，其类型略同第二阶段，洞窟形制和绘塑内容都有简化的趋势，但也有少数的较大的洞窟。出现了一种第一、二阶段未见的小型窟。

1. 中心柱窟 第二阶段的三种中心柱窟，都继续存在：主室与后室同宽者，例如第 180 窟和第 107B 窟（插图 37、38）；主室窄于备有涅槃台的后室者，例如第 197 窟和第 8 窟（Höhle der sechzehn Schwertträger 十六佩剑者窟）（插图 39、40）；主室宽于后室者，例如第 107A 窟和第 201 窟（插图 38、41）。现将以上诸例窟的具体情况表解如下：

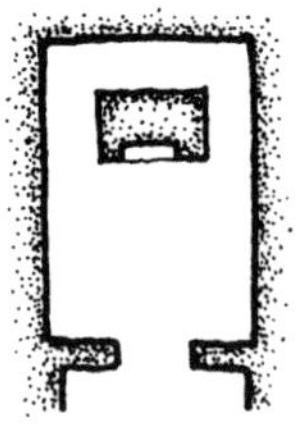

37 第 180 窟平面

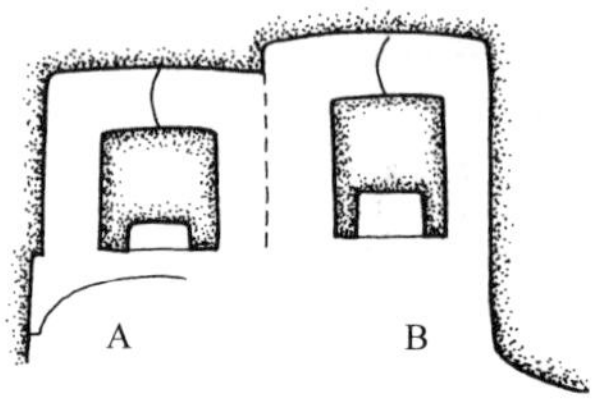

38 第 107A、B 窟平面

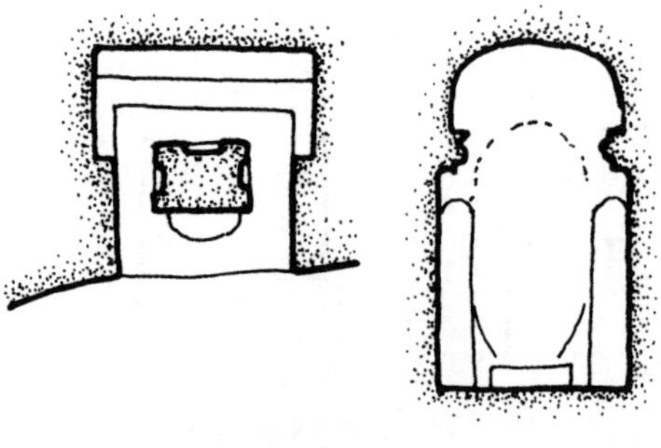

39 第 197 窟平面及主室正壁立面

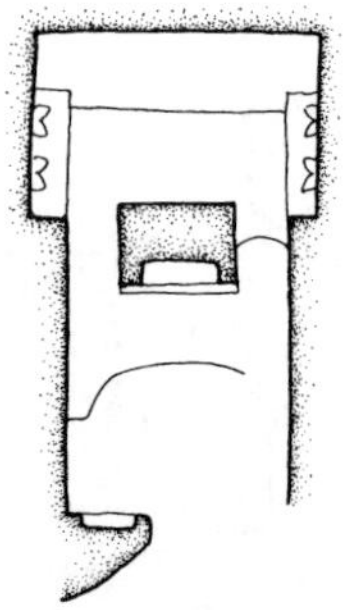

40 第 8 窟平面

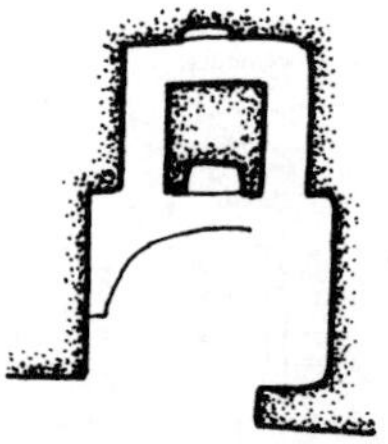

41 第 201 窟平面

		前室	主室	后室	中心柱
形制		除180窟，皆无前室痕迹。	壁顶连接处，多用简单的叠涩出檐做法，但也有少数在叠涩上加枭混线脚的。券顶。 8窟左、右、前壁上部各凿椽孔一排，应是像台的遗迹。前壁两侧各开一龛，现只存左侧龛。	壁顶连接处和顶部情况与主室相似。左、右通道券口无装饰。 197窟、8窟后室宽敞，后部凿出涅槃台。8窟涅槃台前两侧各置立像台。 197窟平顶。 201窟后壁正中开龛	中心柱平面多扁方形。前壁正中开龛。 197窟前壁前砌像台，左、右后壁各开一龛。
塑像和壁画	后壁		即中心柱前壁。107A窟、8窟、107B窟龛内原塑坐佛一。 180窟龛内原塑立佛一，龛外和内侧绘千佛。 197窟贴壁原塑立佛一。 201窟龛高窄，原应置立佛一。	107A窟绘涅槃。 180窟、107B窟绘千佛；107B窟千佛服装为双领下垂式，与以前的通肩服饰的千佛不同。 197窟、8窟涅槃台上原塑涅槃像。197窟涅槃像上方绘千佛。 201窟尚未绘制壁画。	107A窟绘舍利塔。 180窟、197窟、107B窟绘千佛。 201窟尚未绘制壁画。
	前壁		180窟绘千佛。 8窟窟口上方绘兜率天说法（？），其上方像台上原置塑像一列。左侧龛内原置塑像。 201窟尚未绘制壁画。	107A窟绘舍利塔。 180窟、197窟、107B窟绘千佛。 201窟尚未绘制壁画。	
	左右壁		180窟、197窟、107B窟绘千佛。 8窟各绘说法图三铺，其上方像台上原置塑像一列。 201窟尚未绘制壁画。	107A窟、180窟、197窟、107B窟、201窟同前壁。 8窟左右立像台上，原各置塑像两身。像间绘散花、宝珠，其上绘飞天。左右壁绘供养人行列，供养人服装上饰以联珠圈纹，圈中或绘野猪头，或绘团花（插图42）。	同后壁。
	顶部		107A、B窟绘菱格。 180窟绘千佛。 8窟正中一行绘天空，左右绘以菱格山峦为背景的因缘佛传和本生。 201窟尚未绘制壁画。	107A窟绘千佛。 180窟、107B窟绘直线菱格。 197窟绘持钵立佛五。 201窟尚未绘制壁画。	

42 第8窟后室东端壁供养人联珠纹服饰

2. 大像窟　主室已大部崩毁，中心柱已废除。据遗迹观察，知原来大立佛中部以上系贴崖面塑造、崖面下部向内凿出横长方形低窄的后室，原大立佛塑像的腿脚部位成为主、后室的分界。这样的大像窟，显然与一、二阶段不同，佛教徒进入窟内，不再是右绕中心柱礼拜，而是右绕大像礼拜了。这种新式的大像窟，也见于克孜尔石窟以外的龟兹石窟，如库车库木吐喇石窟沟口区第2窟和窟群区第52窟。值得我们注意的是，它和阿富汗巴米安东、西两大立佛窟的布置极为相似。现以第70窟和第148窟（插图43、44）为例，表解其具体情况如下：

		主室	后室	大像
形制		大部崩毁，从毗邻的洞窟推测，主室的进深较第二阶段又缩短了。	低窄。券顶。壁、顶连接处有的还做出装饰线脚。	现只存上部凿孔。
塑像和壁画	后壁	即大像正面，从上部保存的凿孔，知正中原塑大立佛一。	绘涅槃。	
	左右壁	70窟左、右壁各存一龛，龛内原塑立像一。	70窟左、右端各开一龛，龛内原塑坐佛一。	
	顶部		70窟壁、顶连接处，存有鳞纹边饰。	

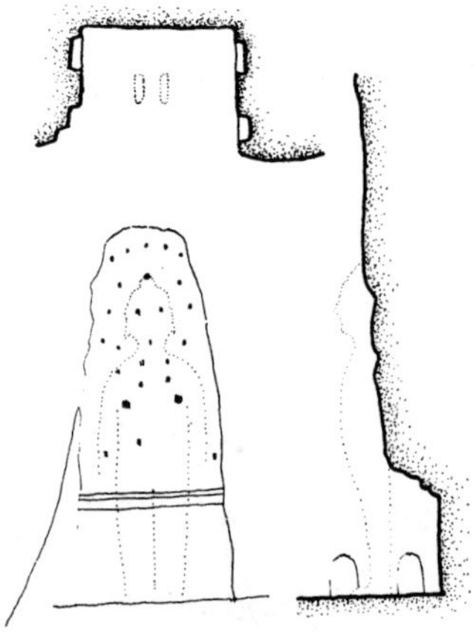
43　第70窟平面、侧面及主室正壁立面

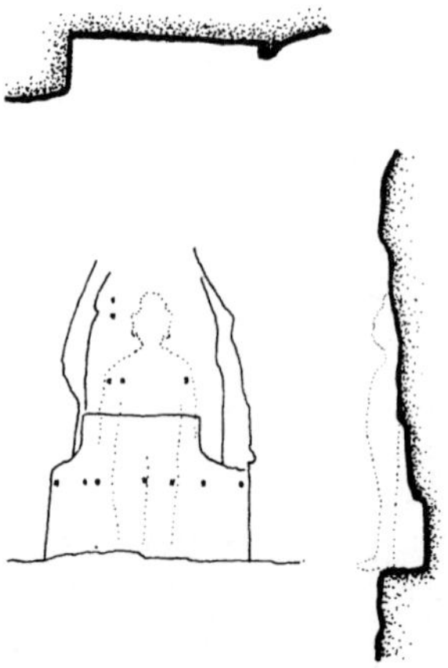
44　第148窟平面、侧面及主室正壁立面

45 第234窟平面

3. **僧房窟** 略同第二阶段，但壁顶相接处没有了复杂的线脚装饰。主室出现了平顶和少数的纵券顶。有的废除了长条形门道，只剩了主室，如第234窟（插图45）。

4. **小型窟** 小型窟有的利用以前改建僧房窟后，所遗留下来的门道部分，如原是第189～190这座僧房窟的门道部分，即第190窟；又如第172原僧房窟的门道部分。这些长条形小型窟不开龛塑像，壁画内容主要是千佛。另外第189窟右侧的一些小型窟，如第187、185窟（Kleiner Tempel nebenan 附窟），前部崩毁，形制不明；还有具有较小的前室的小型窟，如第182窟（Hochliegende Höhle 小河谷高处窟）、第183窟（在第182窟左下方）；还有的很类似方形窟如第181窟（插图46）。

5. **洞窟组合** 多上述的小型窟，是这阶段洞窟组合的特点。自第181窟开始，迄于第191窟这一组合，是较清楚的一例（插图46）。

第三阶段克孜尔开凿的洞窟，形制虽然多种，但以较简单、较小的为多，大像窟出现了一种值得注意的新形式，洞窟组合的内容也发生了变化。主像立佛逐渐多于坐佛，壁画流行了千佛题材，出现了具有断代意义的联珠纹饰[9]。伴随着这些新的情况，克孜尔石窟逐步进入了衰落时期。

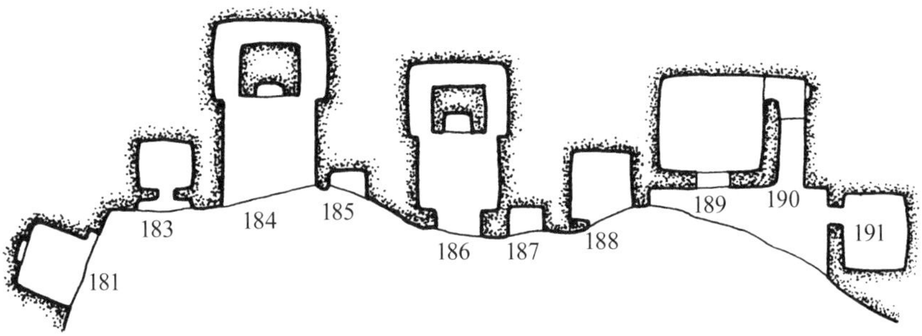

46 第181、183～191窟平面

以上我们从洞窟的形制、壁画和洞窟组合等方面，初步将克孜尔石窟部分洞窟划分为三个阶段。对这个尝试，我们认为：中心柱窟、方形窟改造僧房窟的现象，洞窟组合的发展和洞窟之间打破关系等，给我们提供了有力依据。为了突出这些依据，我们依阶段顺序，再重复一下有关各例：

（1）第一阶段晚期第80中心柱窟，是改造更早的僧房窟后出现的。

（2）第二阶段的第34、98、198等中心柱窟都是改造早于它的僧房窟后出现的。

（3）第二阶段的第135方形窟，是改造早于它的僧房窟后出现的。第135窟南侧尚存有以前僧房窟门道部分的残迹。

（4）第二阶段中第96～105窟组合的出现，较第96～101窟组合为晚；第96～101窟组合的出现，又较第96～98窟为晚。

（5）第二阶段的第76方形窟的开凿，破坏了一座略早于它的盝顶小窟。

（6）第172中心柱窟，是改造第二阶段的僧房窟后出现的。

（7）第171和172两中心柱窟之间的第三阶段的长条形小型窟，是利用第二阶段的原僧房窟的门道部分改建的。

（8）第三阶段的第189～190僧房窟，后被改造成为第189方形窟和第190长条形小型窟。

二 各阶段年代的讨论

上面排出的克孜尔石窟部分洞窟的三个阶段，只是大致的相对次序。至于各阶段较为具体的年代问题，目前只有依靠C^{14}同位素测定的数据进行讨论。

60年代开始在我国考古学界应用的C^{14}同位素测定技术，经过70年代比较普遍的使用之后，70年代后期被引进新疆石窟年代学研究的领域〔10〕。最初，从新疆石窟采取的标本多选用遗留在窟内原来为了安置塑像于壁面上开凿的孔鏄中的木橛和其他木块，甚至朽木。这些木件大约斫截自较古老的木料或是较粗大木料靠近边缘的部分，所以测得的年代一般偏早〔11〕。1979～1981 年，在北京大学历史系考古教研室实验室同志的建议下，克孜尔保管所同志从典型洞窟内的凿孔中选取直径不超过 2 厘米的树枝，又从采集的窟内下层墙皮中筛出麦秸，以此作为测定标本，测定的过程是在以 C^{14} 测得的数据的基础上，再进行 C^{13} 和树轮的年代校正。现选一部分洞窟的测定结果列表如下〔12〕：

窟号	样品情况	C^{14} 测定年代距今	C^{13}%	同位素分溜校正年代	树轮校正年代距今（1950 年）	树轮校正年代折合公元
38	后室甬道南壁内侧下层墙皮内的麦秸	1665±70	−22.73	1701	1640±80	310±80
6	主室前壁墙皮内的麦秸	1640±70	−21.14	1690	1630±80	320±80
47	后室涅槃台下层墙皮内的麦秸	1615±46	−22.31	1658	1600±60	350±60
171	主室后壁凿孔内的小树枝	1620±50			1555±65	395±65
3	主室后壁中部墙皮内的麦秸	1595±60	−23.97	1610	1545±65	405±65
17	后室东甬道内侧壁下部墙皮内的麦秸	1540±50	−24.36	1551	1485±65	465±65
190	门道南壁下层墙皮内的麦秸	1430±70	−22.80	1463	1405±75	545±75
190	门道南壁上层墙皮内的麦秸	1345±70	−23.46	1360	1295±75	655±75
8	后室涅槃台右端墙皮内的麦秸	1315±60	−23.458	1330	1265±65	685±65

为了验证上述测定的可信程度，我们又请库车县文物保管所的同志在库车西南 30 公里的库木吐喇石窟选了一组壁面绘有大幅净土变壁画的洞窟中采集了样品，也做了 C^{14} 测定，其例如下：

14	主室 X 壁下部墙皮内的麦秸	1210±35	−21.68	1266	1200±40	750±40

库木吐喇第 14 窟壁画具有显著的盛唐—中唐风格，与敦煌莫高窟盛、中唐洞窟的壁画极为相近，而测得的年代也适在盛、中唐时期。因此，库木吐喇第 14 窟 C^{14} 同位素的测定结果是可信的。所以，我们认为使用同样方法和同类样品，对克孜尔石窟测得的数据也应是可以相信的。事实上，上表所列克孜尔诸窟测定的结果也符合我们初步排定的三个阶段的先后顺序。因此，上表所列各窟的测定年代，可以供我们参考。

下面，我们把表中所列各窟按上述的阶段顺序划开，即可得出三个阶段的大致年代：

第一阶段：大约接近于 310±80～350±60 年〔13〕。

第二阶段：大约接近于 395±65～465±65 年，以迄 6 世纪前期。

第三阶段：大约接近于 545±75～685±65 年及其以后。

看来，第一、二阶段应是克孜尔石窟的盛期。最盛时期可能在 4 世纪后期到 5 世纪这一时期之间。第一阶段之前，似乎还应有一个初期阶段。第三阶段虽然渐趋衰落，但它和库木吐喇石窟的盛、中唐画风的洞窟之间，在时间上还有一段距离。不过，根据克孜尔谷内区第 105 窟主室北壁发现刻画的开元十四年（726）和后山区第 220 窟北壁龛内发现刻画的天宝十三载（754）的游人汉文题记，可以估计大约在 8 世纪初、中期，克孜尔石窟至少已有部分洞窟荒废了。

三　克孜尔石窟的历史背景及其他

龟兹佛教之始，文献无征〔14〕。据可靠的汉文记载，3、4 世纪之际，已有较多的龟兹佛教徒来内地译经〔15〕，可见当时龟兹本土佛教已盛。4 世纪中期，“时龟兹僧众一万余人”（《出三藏记集》卷十四《鸠摩罗什传》)[16]，其小乘阿含学者佛图舌弥于西域称人师。《出三藏记集》卷二记："晋简文帝时（371～372），沙门释僧纯于西域拘夷（即龟兹）国（佛图舌弥处）得胡本《比丘尼大戒》。"同书卷十一《比丘尼戒本所出本末序》记岁在己卯（379）译此书，并述龟兹佛像和佛图舌弥统领龟兹僧尼寺以及僧尼远集其寺的情况云："拘夷国，寺其多，修饰至丽。王宫雕镂立佛形象，与寺无异。有寺名达慕蓝，百七十僧。北山寺名致隶蓝，五十僧。剑慕王新蓝，六十僧。温宿王蓝，七十僧。右四寺（即上述诸寺，下同——编者），佛图舌弥所统。寺僧皆三月一易屋、床、座，或易蓝者。未满五腊，一宿不得无依止。王新僧伽蓝九十僧，有年少沙门，字鸠摩罗，才大高，明大乘学，与舌弥是师徒，而舌弥阿含学者也。丽蓝百八十比丘尼。输若干蓝五十比丘尼。阿丽跋蓝三十尼道。右三寺，比丘尼统，依舌弥受法戒，比丘尼外国法不得独立也。此三寺尼，多是葱岭以东王侯妇女，为道远集斯寺。用法自整，大有检制。亦三月一易房，或易寺。出行非大尼三人不行。多持五百戒，亦无师一宿者，辄弹之。今所出《比丘尼大戒本》，此寺常所用者也。舌弥乃不肯令此戒东来，僧纯等求之至勤……乃得之。"[17]可见，龟兹当时已成为西域佛教一中心。公元385年吕光侵扰龟兹，公元446年魏太武帝废佛毁寺，似乎对龟兹佛教影响都不甚大。所以，《高僧传》卷三《宋上定林寺昙摩蜜多传》记罽宾僧昙摩蜜多（此云法秀）于5世纪初"适龟兹……王自出郊迎，乃请入宫，遂从禀戒，尽四事之礼"。同书卷十《宋高昌释法朗传》记："魏虏毁灭佛法，朗西适龟兹，龟兹王与彼国大禅师结约，若有得道者至，当为我说，我当供养。及朗至，乃以白王，王待以圣礼。"《比丘尼传》卷四《伪高昌郎中寺冯尼传》也记5世纪中期龟兹金华寺高僧直月有名西域事[18]。以上记录，适与克孜尔石窟盛于第一、二阶段的情况相契合。又所记龟兹僧尼三月一易房，或易寺之制，似乎也可引作克孜尔第二阶段以前，多开僧房窟的一种解释。

龟兹佛教向重小乘，但也有大乘。3、4世纪之际，龟兹佛教徒在内地所译经中，即有大乘经典[19]。前引《比丘尼戒本所出本末序》记僧纯在龟兹时，龟兹"王新僧伽蓝，有年少沙门字鸠摩罗，才大高，明大乘学"，此鸠摩罗即龟兹有名的高僧鸠摩罗什（此云童寿）。罗什于公元359～385年间，在龟兹宣扬大乘佛教。《高僧传》卷二《晋长安鸠摩罗什传》记：罗什“广诵大乘经论，洞其秘奥，龟兹王为造金师子座，以大秦锦褥铺之，令什升而说法”，受到龟兹王白纯的特殊礼遇。又记当时“西域诸国咸伏什神俊，每至讲说，诸王皆长跪座侧，令什践而登焉。其见重如此”。因此，我们可以推测，至少在罗什停留龟兹期间（公元385年罗什东来），龟兹的大乘佛教应占一定地位。事实上，我们从克孜尔第一、二两阶段洞窟中所反映的多佛情况，如第一阶段第38中心柱窟主室前壁两侧各置一立佛龛，第47大像窟中成列的佛像和第二阶段第27、99两中心柱窟主室左右壁面的千佛龛，第17中心柱窟后室左通道的卢舍那佛壁画等，说明罗什在龟兹宣扬大乘之前和罗什东行之后，克孜尔都有大乘佛教的图像。6世纪中期以后，龟兹大乘似更盛行。根据《续高僧传》卷二《隋东都雒滨上林园翻经馆南贤豆沙门达摩笈多传》所记，达摩笈多（此言法密）于公元584年前后，“又至龟兹国，亦停王寺，又住二年，仍为彼僧讲释前论（念破论、如实论）。其王笃好大乘，多所开悟，留引之心，旦夕相造”。可证克孜尔第三阶段洞窟壁画改重千佛题材，应该也是这种情况的反映〔20〕。克孜尔石窟的衰落，是伴随大乘佛教逐渐盛行而出现的。但龟兹都城即今库车附近，包括石窟在内的佛教寺院日益繁荣，恐怕是克孜尔石窟逐渐衰落的更重要的原因〔21〕。

克孜尔石窟位于佛教东渐的关键地点。就佛教石窟言，它正处在葱岭以西阿富汗巴米安石窟群和新疆以东诸石窟群之间。它所保存早期壁画的洞窟的数量，远远超过了巴米安，而其第一阶段的洞窟的具体年代至少要早于新疆以东现存最早的洞窟约一百年。因此，克孜尔石窟在中亚和东方的佛教石窟中，就占有极其重要的地位。克孜尔石窟是龟兹诸石窟中的代表。在古龟兹文化遗物存世稀少的今天，克孜尔石窟又是整理研讨久已沉没了的古龟兹文化的丰富宝藏。

最后，想就大像窟和大立佛问题，探索一下克孜尔石窟的重要地位和龟兹文化的一个片段。

大像窟主室后壁均塑大立佛。克孜尔第47窟大立佛据遗迹测得，

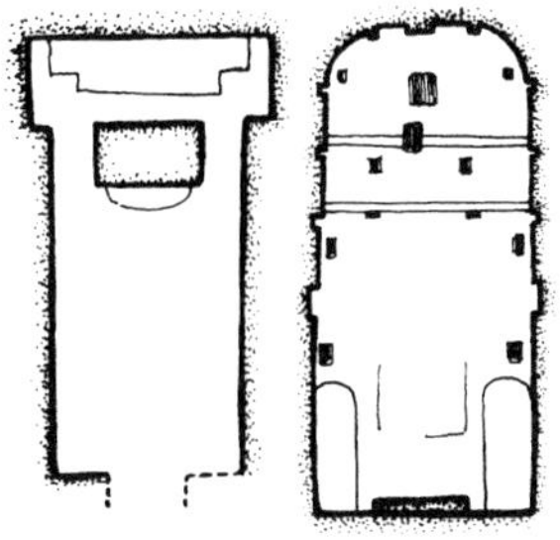

47 森木赛姆第11窟平面及主室正壁立面

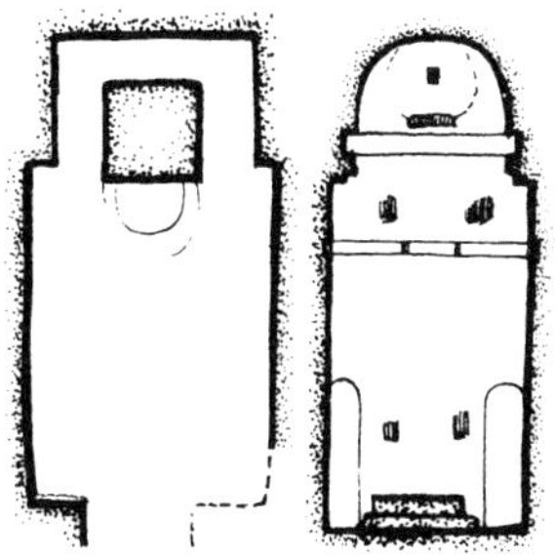

48 库木吐喇窟群区第63窟平面及主室正壁立面

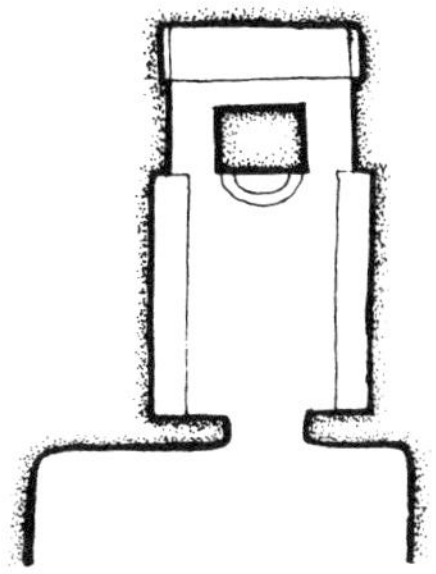

49 克孜尔尕哈第23窟平面

其身高在10米以上。除第47窟外，克孜尔大像窟尚有六处。按龟兹地区的石窟群中，都开凿有大像窟。库车东北40公里的森木赛姆石窟南北崖各有大像窟二处；北崖第11窟原塑的大立佛身高15米左右（插图47）。库车西南30公里的库木吐喇石窟有四处大像窟，窟群区第63窟是其中较晚的一座（插图48）。库车西北12公里的克孜尔尕哈石窟也有大像窟四处，其中的第23窟原塑的大立佛高近10米（插图49）。这种立佛像，据上引《比丘尼戒本所出本末序》记龟兹“寺甚多，修饰至丽，王宫雕镂立佛形象，与寺无异”，可知此为4世纪中期龟兹佛寺所习见。立佛兴建之盛，迄7世纪20年代末，玄奘路出龟兹时，仍然如此。《大唐西域记》卷一：“屈支（即龟兹）国……大城西门外，路左右各有立佛像，高九十余尺。于此像前建五年一大会处。”看来龟兹供奉大型立佛是有悠久的传统的[22]。现在我们再扩展一下视野，看看新疆以东和葱岭以西身高10米以上的大型立佛的情况。新疆以东的大型立佛，最早遗物是北魏和平初（460）在平城（今山西大同市）开凿的昙曜五窟中的第18窟立佛和第16窟立佛，前者身高15.5米，后者身高13.5米[23]。此两立佛晚于克孜尔最早的遗迹约1世纪。葱岭以西的大型立佛，以阿富汗巴米安高38米的东大佛和高53米的西大佛两处为最著名。此两大佛的年代，近年学人多估计在4～6世纪间[24]。如在4世纪，则或与克孜尔早期遗迹约略同时；如迟至5～6世纪，那就要晚于克孜尔早期遗迹了。即使两大佛或其中之一，属于4世纪，巴米安当时的大型立佛的数量也远逊于龟兹[25]。因此，我们推测开凿大像窟和雕塑大型立佛，或许是龟兹佛教艺术的一个特点。这个推测，如果可以成立，则龟兹型的佛教文化除了具其他类型的石窟形制和壁画之外，还有一个以大型立佛为中心的大像窟这个重要内容。这个重要内容，给予葱岭以西和新疆以东的影响，当比其他类型的石窟形制和壁画的影响更为重要。

1982年2月21日

本文原载《中国石窟·克孜尔石窟》一（1989）。此次重刊除删去最末一段和增补、变动注文各一处外，未做其他改动。

注释

〔1〕 库车、拜城地区的石窟遗迹，我国很早就有调查记录了。1726～1736年，谪居乌里雅苏台（今蒙古人民共和国扎布汗省会）的谢济世，曾奉大将军平郡王福彭之命，巡视库车地区。其《戎幕随笔》有云："丁谷山千佛洞（即库木吐喇石窟）白衣洞，即唐书所谓阿羯田山。山势自西北迤逦趋东南，天山所分一大干也。白衣洞有奇像十余，剥落不可识，洞高广如夏屋，屋隅有泉流出，洞中石壁上镌白衣大士像，相好端正，衣带当风，如吴道子笔。洞左复有一洞，如曲室，深窈不可穷，前临断崖，见西南诸峰，无名而秀异者甚众，西日照之，雪光耀晃，不能久视。上下山谷，佛洞以百数，皆元人所营，佛像亦喇嘛所为，丑怪百出，不堪寓目。壁镌楷书《轮回经》一部，字甚拙，亦元时物，或指唐人刻者，谬也。……自石浮屠至千佛洞可五、六十里，东南斩崖一带。横亘如城。城上复叠两重城，渐隘至顶，下层望上层呼之可应，然陡绝不可登，须绕出山背，盘道行回几十里，乃得到。有潭水亩许，不涸不盈，唐时有关隘以防御突骑施。塔下旧有两截碑，文字可辨者三之一；唐开元三年（715）安西都护吕休璟为监察御史张孝嵩平阿了达干纪功碑也。孝嵩以奉使至，愤吐蕃之跋扈，念拔汗那之式微，以便宜征兵戎落，出安西数千里，身当矢石，俘斩凶夷，故碑碣多以常惠、陈汤比之，今仆以大将军之命，奉使至此，其有愧于古人多矣。"（自俞浩《西域考古录》卷十二转引）其后，又有七十一（字椿圃，满洲正蓝旗人，1754年进士）在其所著《异域琐谈》卷三中记库车克孜尔尕哈石窟和库木吐喇石窟云："凿穴而绘佛像"，"凿洞四五百处，内皆金粉五彩，绘西蕃佛像庄严"，并有"西蕃字迹"。1816年，徐松自喀什噶尔（今喀什）经乌噜木齐（今乌鲁木齐）回伊犁时，既记录了克孜尔石窟，又记录了库木吐喇石窟。其所著《西域水道记》卷二云："赫色尔（即克孜尔）河又南流三十余里，经千佛洞西，缘山法像尚存金碧，壁有题字曰惠勤，盖僧名也。河流经岩下，雅尔干河来汇，是为渭干河。渭干河东流折而南，凡四十余里，经丁谷山西，山势陡绝，上有石室五所，高丈余，深二丈许，就壁凿佛像数十铺，璎珞香花，丹青斑驳……隶书梵字镂刻回环……又有一区是沙门题名。西崖有故城……"徐松以后，更不断有人前来参观调查。民国以来迄新疆解放前，较重要的记录，有谢晓钟的《新疆游记》（1922）和黄文弼《塔里木盆地考古记》（1958）。《新疆游记》云："民国六年（1917）六月六日，住库车。上午七时，偕（林）烈夫、（陈）绮园、（杨）庆明策马赴丁谷山，访千佛洞佛迹……托和拉旦达坂西南麓，俗

呼丁谷山，亦名千佛洞，沿河上下前后凿洞四五百处，极其壮丽，皆以五彩金粉绘西方佛像，高不盈寸，墙壁皆满，惜多为游历外人刨刭携去，莫窥全貌。最西石室五楹，高皆丈余，深二丈许，就壁凿佛，工颇细致，年久剥蚀，无有完佛。中间一室，就壁刻隶书梵文五方，螺旋斜行，莫说其义。余乃拓之。备质专家。闻有壁凿白衣大士像及汉楷《轮回经》，偏索未见，或在最高洞中……由此向西北行，逾山约三四十里，拜城辖境亦有佛地多处与汉字碑刻，视此间为完好。冬令河水冻结，可踏而赴，方今冻解，不能飞渡，须绕大道至拜城和色尔（即克孜尔），折南前往。又城东二十里有小佛洞，六十里苏巴什有大佛洞，皆有凿穴绘佛，惜无时间，未获逐一瞻仰。"《塔里木盆地考古记》系黄先生1928～1929年在塔里木盆地考古调查的报告。关于石窟遗迹，该书记录了焉耆锡科沁（七格星）明屋、库车库木吐拉千佛洞、克内什（即森木赛姆）佛洞、苏巴什克城（即雀梨大寺）佛洞、拜城特特尔（即台台尔）佛洞和克子尔明屋（即克孜尔石窟）、吉克地里克沟佛洞等。其中以克孜尔石窟的调查较为细致。计工作十六天，对克孜尔洞窟进行了分区编号，并测绘一部分洞窟立面、平面图和绘制了全部洞窟的分布简图；同时还清理了一批洞窟的积沙，发现不少重要遗迹；在第18窟发现的被推测是唐开元年间（713～741）书写的有"碛（西）行军押官杨思礼请取……（于）阗镇军库讫被问依……"字样的残文书，第105窟发现的有"贞元七年（791）西行牛二十一头"字样的残纸，第49窟发现的一枚"大历元宝"（769铸）和第220窟发现的"天宝十三载"（754）题记等，都是研讨克孜尔石窟衰微时期的旁证资料。

〔2〕 1953年，原西北文化局新疆文物调查组统计编号235窟。见《介绍新疆文物调查工作组发现的几件文物古迹》，刊《文物参考资料》1954年第3期。此次调查，武伯纶先生曾经撰有简报《新疆天山南路的文物调查》，刊《文物参考资料》1954年第10期。王子云先生撰有简介《新疆拜城克孜尔石窟》，刊《文物参考资料》1955年第2期。1973年克孜尔保管所于第69窟西侧又清理出一大型中心柱窟，编号为新1窟。

〔3〕 关于20世纪初外国人在克孜尔石窟的"调查"掠夺，我们将另有专文论述。现将许宛音未刊稿《克孜尔洞窟形制的研究》序章中《前人工作的回顾》一节内的有关部分，摘录如下，供注意此问题的研究者参考。19世纪末到20世纪初，新疆是外国列强探险家和考察队活动的舞台。1903年，日本第一次大谷探险队的渡边哲信和崛贤雄首先来到克孜尔，在4月15日到4月22日的七天中，进行了盗掘。从发表的材料看，工作十分粗疏，并且首开了割取壁画的恶劣先例，见渡边哲信《西域旅行日记》(《新西域记》卷上，1937)、崛贤雄《西域旅行日记》(《西域文化研究》第二、四、五，1959、1961、1962)。他们割走的壁画有第224窟八国国王争分舍利中的婆罗门独楼那像、第198窟的佛说法图等。第二次大谷队的野村荣三郎和第三次大谷队的吉川小一郎，分别于1909年和1913年到过克孜尔石窟，见熊谷宣夫《西域の美術》(《西域文化研究》第五)。日本人在克孜尔还盗掘了不少木简和文书残纸。残纸中有一件书有"建中伍年"（即兴元元年，784）字样。1906年和1913年，德国柏林民族学博物馆派出的普鲁士皇家吐鲁番考察队两次抵达克孜尔石窟。该队主要成员是格伦威德尔（A. Grünwedel）和勒考克（A. von Le Coq）。在总计约三个半月的时间里，他们根据壁画

特征，给许多洞窟拟了名字，并对八十一个洞窟做了工作。德人所绘的洞窟平面图较之日人的要精确细致得多，但仍存在不少错讹，特别是在主、后室外壁的连接处以及主龛和龛台等地方。洞窟的纵剖面图也几乎完全被忽视了。德人虽然画了几组洞窟的连络平面图，但从文字记录看，他们这样做并非已自觉地认识了洞窟的组合，而只是因为这些洞窟的位置彼此毗邻罢了。其最大的疏忽之处，是未注意石窟寺考古中至为重要的洞窟之间的打破关系与塑画重层问题。他们对克孜尔石窟所做的分期，是基于壁画的艺术风格和题记字体的早晚。列入分期序列的有三十三个窟，多为一般塔庙窟，其余是有壁画的少量方形窟；未包括大像窟，僧房窟也被排除在外。德国考察队虽然做了一些工作，但是他们割取了大量精美的壁画和塑像，盗掘了大批重要的龟兹文文书，劫往柏林，致使克孜尔这一珍贵的文化宝库遭到无法弥补的损失（A. Grü-nwedel: *Altbuddhistische Kultstätten in Chinesische-Turkistan*, Berlin,1912. A. von Le Coq: *Die Buddhistische Spätantike in Mittelasien*, 7 vols., 1922～1933）。继德人之后，俄人奥登堡（S. F. Oldenburg）在1909年初也到过克孜尔石窟，见加藤九祚《ロシアの東トルキスタン探險とオルデンブルグの仏教遺跡調査》（《続シルクロードと仏教文化》，1979）。随后法人伯希和（P. Pelliot）接踵而至，拍了一些照片，并记录了被割走的壁画在窟中的位置，見秋山光和《ペリオ調查團の中央アジア旅程とその考古學的成果》（《佛教艺术》第19、20期，1953）。1914年5月28日，英人斯坦因（A. Stein）对克孜尔石窟做了为时一天的短暂访问（A. Stein: *Innermost Asia*, 4 vols., Oxford, 1928）。

〔4〕　参看《中国石窟·克孜尔石窟》三所收《本世纪初德人对克孜尔石窟的考察与研究》一文。

〔5〕　韩乐然先生两次来克孜尔。第10窟主室后壁遗有他的题记：“余读德勒科克（A. von Le Coq）著之《新疆文化宝库》及英斯坦因（Sir Aurel Stein）著之《西域考古记》，知新疆蕴藏古代艺术品甚富，遂有入新之念，故于一九四六年六月五日，只身来此，观其壁画琳琅满目，并均有高尚艺术价值，为我国各地洞庙所不及，可惜大部墙皮被外国考古队剥走，实为文化上一大损失。余在此试临油画数幅，留居十四天即晋关做充实准备。翌年四月十九日携赵宝麟、陈天、樊国强、孙必栋二次来此。首先编号，计正附号洞七十五座，而后分别临摹研究、记录、摄影、挖掘，于六月十九日暂告段落。为使古代文化发扬光大，敬希参观诸君特别爱护保管！韩乐然　六·十。最后于十三号洞下，挖出一完整洞，计六天，六十工，壁画新奇，编为特一号。六·十六。”他对克孜尔石窟的对比排年和他的遇难，是50年代闻之于向达先生和画家赵望云先生的。

〔6〕　常先生的克孜尔石窟分期与年代，见所著《新疆石窟艺术》（未刊）。阎先生论文《新疆天山以南的石窟》，刊《文物》1962年第7、8合期。新疆石窟调查组在第220窟发现“大历□□□四月”题记，在第222窟发现“贞元十年”（794）题记，给克孜尔石窟衰微时期的具体年代又提供新的旁证。

〔7〕　参看注〔4〕。

〔8〕　德人主张第一种画风早于第二种画风，参看注〔4〕。这两种画风最大的不同处，在于人物面部：第一种画风面部眼鼻位置舒展，第二种画风面部眼鼻距离逼近，这应是以

不同民族的面型为蓝本的反映。在用色上，第二种画风比较强调对比，喜用冷调的蓝色；而第一种画风则喜用红赭色，这种红赭色，有的浓重，但较淡雅者为多。关于两种画风问题，我们将另文讨论。

〔9〕 第8窟供养人服装上的联珠野猪头纹和联珠团花纹，在吐鲁番阿斯塔那墓葬中都出有丝织品实物。59TAM325既出有联珠野猪头纹锦，又出有联珠团花纹锦。该墓出有显庆六年（661）墓志。59TAM317、302两墓也出联珠团花纹锦，前一墓出永徽四年（653）墓志，后一墓出龙朔二年（662）墓志（见武敏《新疆出土汉——唐丝织品初探》，刊《文物》1962年第7、8合期）。72TAM271也出有联珠团花纹锦（见新疆维吾尔自治区博物馆《新疆出土文物》图版147，1975），同出有永徽三年（650）、仪凰三年（678）两墓志。以上丝织品实物年代与C^{14}测定第8窟的年代极为相近。参看本文“二　各阶段年代的讨论”。又陕西三原开皇二年（582）李和墓石棺盖上雕有联珠野猪头纹，这是现知有明确纪年的联珠野猪头纹的最早之例（见陕西省文物管理委员会《陕西省三原县双盛村隋李和墓清理简报》，刊《文物》1966年第1期）。同属第三期的第60窟（Gröβstè Höhle最大窟）主室左右壁下部绘联珠立禽边饰，类似此图案的织锦，曾发现于吐鲁番阿斯塔那59TAM332中，该墓出有麟德二年（665）文书（见武敏《新疆出土汉——唐丝织品初探》和新疆维吾尔自治区博物馆《新疆出土文物》图版141）。

〔10〕 见文物保护科学技术研究所碳十四实验室《碳十四年代测定报告（二）》，刊《文物》1980年第2期；崔晓麟《碳十四测定年代的误差》，刊《文物与考古》1980年第4期。

〔11〕 参看中国科学院考古研究所实验室《碳十四年代的误差问题》，刊《考古》1974年第5期。《文物》1982年第4期所刊文物保护科学技术研究所碳十四实验室《碳十四年代测定报告（四）》中列举的克孜尔石窟年代较早诸例，我们认为亦属此类。

〔12〕 1979～1981年北京大学历史系考古教研室实验室所测数据，将正式发表在北京大学历史系石窟考古实习组与克孜尔千佛洞文物保管所等单位合编的《克孜尔石窟考古报告》中。

〔13〕 第一阶段的第13窟，据文物保护科学技术研究所碳十四实验室根据新疆博物馆采集的克孜尔13窟龛上泥塑木芯所测得的年代是350±85年，见注〔11〕所引该窟公布的《碳十四年代测定报告（四）》。

〔14〕 参看羽溪了谛《西域之佛教》第五章《龟兹国之佛教》，贺昌群译本，1956。

〔15〕 参看汤用彤《汉魏两晋南北朝佛教史》第七章《两晋之名僧与名士》，1955。

〔16〕《出三藏记集》卷十四《鸠摩罗什传》记罗什自沙勒“还龟兹，名盖诸国。时龟兹僧众一万余人，疑非凡夫，咸推而敬之，莫敢居上”。罗什返龟兹之年，据上引《佑录》和《高僧传》卷二《晋长安鸠摩罗什传》的记载，可推知在358年左右。时龟兹人口无记录，但据《汉书·西域传》所记，“龟兹……口八万一千三百一十七”估计，此时最多也不过十余万。

〔17〕 关于《比丘尼戒本所出本末序》，据汤先生考订，“当是道安亲闻纯所言，而记出者”。见《汉魏两晋南北朝佛教史》第十章《鸠摩罗什及其门下》。

〔18〕 宝唱另一著作《名僧传》卷二十五《法惠传》亦记此事。见日释宗性《名僧传抄》。

〔19〕参看注〔15〕。

〔20〕龟兹大乘佛教的流行，应受到罽宾、疏勒和塔里木盆地南沿如莎车、于阗诸国的影响。鸠摩罗什即因在沙勒遇罽宾僧佛陀耶舍和莎车僧须利耶苏摩而改奉大乘。在图像方面，克孜尔出现的大乘形象，如成列的立佛像、背光现千佛的壁画和千佛壁画以及卢舍那佛壁画等，都在于阗一带的寺院遗址中有所发现。参看 Gerd Gropp: *Archäologische Funde aus Khotan Chinesisch Ostturkestan*, Bremen, 1981。

〔21〕公元 630 年左右，玄奘曾于龟兹挂锡二月。《大唐西域记》卷一记龟兹佛教寺院云："伽蓝百余所，僧徒五千余人，习学小乘教说一切有部。经教律仪，取则印度，其习读者，即本文矣。尚拘渐教，食杂三净。"知当时龟兹小乘占绝对优势。但这种情况，在克孜尔第三阶段的洞窟中，反映并不强烈。

关于克孜尔石窟盛期以后的情况，参看拙著《调查新疆佛教遗迹应予注意的几个问题》，刊《新疆史学》1980 年第 1 期。

〔22〕《大唐西域记》卷十二记瞿萨旦那（即于阗）"王城西南十余里，有地迦婆缚那伽蓝，中有夹纻立佛像，本从屈支（即龟兹）国而来至止。昔此国中有臣被遣，寓居屈支，恒礼此像，后蒙还国，倾心遥敬，夜分之后，佛忽自至。其人舍宅建此伽蓝"。此为龟兹多立佛像又一例。

〔23〕参看山西省文物工作委员会、山西云冈石窟文物保管所《云冈石窟》图版 76、88（1977）。近年来，在大同城东和城北方山等北魏佛寺遗址中，发现了大批北魏塑像，其风格与古龟兹、焉耆地方发现的残塑极为相似。按 448 年，北魏太武帝遣万度归攻焉耆、龟兹之后，449 年龟兹即遣使朝献。孝文帝初，475～479 年，几乎年年有龟兹使者来奉马、驼、珍宝，足见在 5 世纪中期以后，龟兹与北魏都城平城（今大同）联系密切。因此，平城佛寺遗址发现与龟兹相似的塑像并非偶然，而云冈第 18、16 两窟的大立佛与龟兹有关，亦非完全出自推测。此事容另文详述。

〔24〕参看宫治昭《バーミヤーン研究史》上，刊《名古屋大学文学部研究论集》LXIX，1976。《バーミヤーン研究史》下，刊《弘前大学教养部文化纪要》，1978。樋口隆康《バーミヤーンの石窟》，1980。关于巴米安两大佛的雕造时间，最近又有均开凿于 6 世纪的议论。从克孜尔石窟进一步整理的初步结果看来，我们认为这个看法是值得重视的。

〔25〕巴米安以西、以南，不闻有高 10 米左右的大立佛遗迹。但《大唐西域记》卷五记羯若鞠阇国殑伽河伽蓝云："伽蓝东南不远，有大精舍，石基砖室，高二百余尺，中作如来立像，高三十余尺，铸以鍮石，饰诸妙宝。精舍四周石壁之上，雕画如来修菩萨行所经事迹，备尽镌镂。"此大立佛，玄奘未记兴建年代。

凉州石窟遗迹与“凉州模式”

一

佛教艺术从新疆向东传播，首及河西地区。河西的政治、经济、文化中心，魏晋以来在武威，即凉州。西晋译经大师竺法护往来河西、长安、洛阳间[1]，东晋中原地区的名僧道安（314～385）谓其译经“寝逸凉土”[2]。“凉州自张轨以来，世信佛教”[3]。4世纪中期，邺都有凉州博学沙门[4]。其时张氏在凉州东苑置铜像[5]。373年，前凉统治者张天锡延揽月支人、龟兹人组织凉州译场，并亲自参加译经工作[6]。374年，道安在襄阳撰《综理众经目录》时，其《凉土异经录》中，已收凉州译经五十九部、七十九卷[7]。376年，前秦陷凉州，所遣凉州刺史杨弘忠崇奉佛教[8]。之后，武威太守赵正亦崇仰大法，忘身为道[9]。379年至385年，道安在长安译经，译场的主力竺佛念是凉州沙门，佛念洞晓梵语，“苻姚二代为译人之宗”[10]。这时，凉州僧人多西行求法，明确见于记载的有：竺道曼之去龟兹[11]；智严随法显西行，后又泛海重到天竺[12]；又有宝云曾抵弗楼沙国，东归后南渡江，“江左练梵莫逾于云”，晋宋之际翻传诸经多云所刊定[13]。4世纪末，龟兹高僧鸠摩罗什居凉州十七年（385～401）[14]，长安僧肇远来受业[15]。其后，罽宾高僧佛陀耶舍亦来姑臧，后秦末，耶舍还国犹托贾客寄经与凉州诸僧[16]。凉州佛教渊源久远，412年，沮渠蒙逊入据之前，已大有根基了。

“沮渠蒙逊在凉州亦好佛法”[17]。刘宋何尚之《答宋文帝赞扬佛教事》记蒙逊“末节感悟，遂成善人”[18]。《高僧传》卷二《昙无谶传》亦记“沮渠蒙逊素奉大法，志在弘道”。蒙逊子牧犍（亦作茂虔）亦重佛教[19]。故《魏书·高崇传附子谦之传》谓“凉国盛事佛道”，高谦之撰《凉书》记沮渠：“圆寺极壮，穷海陆之财，造者弗吝金碧，殚生民之力。”[20]沮渠时期西去求法的北凉僧人，见于著录的多达十余人，其中有蒙逊徒弟沮渠京声[21]。在北凉译经的僧人，见于著录的亦多达十余人，有名的中天竺沙门昙无谶于421年到达姑臧，主持译场，道俗数百人，参与讨论[22]，沮渠时期的凉州，遂成为当时中国的译经中心之一。因此，沮渠藏经亦为时人所敬重。南齐竟陵文宣王萧子良撰《净住子净行法门》，其第二十六章《敬重正法门》所举敬礼对象中列有“沮渠国大乘十二部法藏[23]。重禅定，多禅僧，是北凉佛教的另一特点[24]，此后，南北习禅者多受北凉影响[25]。习禅多觅僻静之地，水边崖际开凿窟室更是禅行观影之佳处[26]，所以，佛教石窟之兴多与禅僧有关[27]。北凉既弘佛法，又聚禅僧，文献记载新疆以东最早的较具规模的开窟造像，始于沮渠蒙逊在凉州南山兴凿的凉州石窟，并非偶然之事。关于凉州窟像事迹，见录于7世纪道宣（596～667）撰《集神州三宝感通录》卷中[28]：

> 凉州石崖塑瑞像者，昔沮渠蒙逊以晋安帝隆安元年（397）据有凉土三十余载，陇西五凉，斯最久盛。专崇福业，以国城寺塔终非云固，古来帝宫终逢煨烬，若依立之，效尤斯及。又用金宝终被毁盗。乃顾眄山宇可以终天，于州南百里，连崖绵亘，东西不测，就而斫窟，安设尊仪，或石或塑，千变万化。有礼敬者惊眩心目。中有土圣僧可如人等，常自经行，初无宁舍，遥见便行，近瞩便止，视其颜面如行之状。或有罗土坌地，观其行不，人才远之，便即蹈地，足迹纳纳，来往不住。如此现相，经今百余年，彼人说之如此。

与道宣同时的道世在《法苑珠林·敬僧篇·感应缘》亦略记此事：

凉州南洪崖窟，沮渠蒙逊所造，碑寺见存。有素圣僧常自行道，人来便止，人去寻行，故旁侧足迹纳纳示现，然徒众不可见之。

蒙逊所斫窟，可能是以佛像为主的佛殿窟。6世纪慧皎《高僧传》卷二《昙无谶传》记蒙逊为母造丈六石像云：

伪承玄二年（429），蒙逊济河，伐乞伏暮末于枹罕，以世子兴国为前驱，为末军所败，兴国擒焉。后乞伏失守，暮末与兴国俱获于赫连勃勃，后为吐谷浑所破，兴国遂为乱兵所杀。逊大怒，谓事佛无应[29]，即遣斥沙门，五十已下皆令罢道。蒙逊为母造丈六石像，像遂泣涕流泪，（昙无）谶又格言致谏，逊乃改心而悔焉。

此事《法苑珠林·敬佛篇·观佛部感应缘》中，另有较详记录：

北凉河西王沮渠蒙逊为母造丈六石像于山寺，素所敬重。以宋元嘉六年（429）遣世子兴国攻枹罕大败，兴国遂死于佛氏。逊恚恨，以事佛无灵，下令毁塔寺，斥逐道人。逊后行至阳述山，诸僧候于路侧。望见发怒，立斩数人。尔时，将士入寺礼拜，此像涕泪横流，惊还说之。逊闻往视，至寺门，举体战悸，如有犯持之者，因唤左右扶翼而进，见像泪下若泉，即稽首礼谢，深自尤责，登设大会，信更精到，招集诸僧还复本业焉。

慧皎、道世所记的“丈六石像”，大约即是道宣所记斫窟安设的“凉州石崖佛像”。按蒙逊自张掖迁姑臧，《资治通鉴》系于东晋安帝义熙八年冬十月。义熙八年即412年。兴国大败于枹罕的宋元嘉六年即429年。因此，可推测蒙逊开窟造像在412年至429年之间。蒙逊窟像的所在，从道宣记录知“于州南百里”。可是7世纪以后，此处窟像即不再见于著录。直到本世纪40年代初，向达等先生才怀疑是武威东南45公里的张义堡天梯山大佛寺[30]。1952年，甘肃冯国瑞等先生曾去调查。1954年，经史岩先生较详细的勘查后，确定了那里即是沮渠蒙逊创凿的凉州石窟的地点，但蒙逊所斫窟已不存在，可能毁于大地震（据云：隋以来陇西一带平均每60年有一次大地震）。天梯山现存石窟13座，其中编号第1窟和第4窟是北朝式的塔庙窟[31]。50年代末，天梯兴建水库，甘肃省文管会对现存的石窟中几座重要洞窟进行拆迁保护。在拆迁过程中，发现上述两座塔庙窟最下层壁画比敦煌莫高窟现存早期洞窟的壁画为早，因此怀疑它是北凉的遗迹。这个怀疑是有道理的，这两座洞窟应予以特别重视。

两窟没有发表实测图，现依据史岩先生的记录试作第1窟的示意图（插图1）。第1窟宽4.78米、高5.15米。中央有方形塔柱，塔柱基每面宽2.27米。塔凿三层，每层各面各开一大龛，龛内各置后代补塑的坐佛一尊。塔柱前面和窟左右壁前端已崩毁，左壁残长4.48米，右壁残更甚，其全部长度已无法估计。该窟是否尚有前室亦不便推测。塔柱和窟右壁上方残存部分壁画。第4窟除塔柱凿出二层塔和壁画残存更少外，形制、布局均略同第1窟。此两窟的开凿时间，似应在蒙逊所创窟之后。第1、第4两窟的最下层壁画，据敦煌文物研究所保存的几幅摹本观察，供养菩萨的自由姿态和发髻、服饰的形式（参看图版15～17），与酒泉、敦煌、吐鲁番出土的北凉石塔基座所雕的供养菩萨有相似处。摹本中还有一幅两方连续的化生忍冬边饰，这是早期石窟纹样的罕见实例（插图2）。

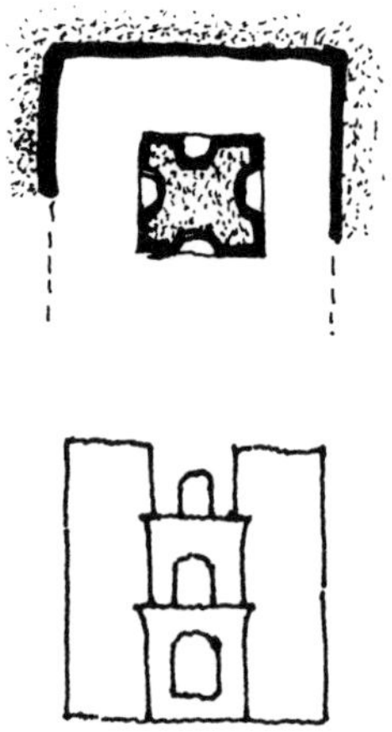

1 武威天梯山第1窟平、立面

2 武威天梯山第1窟下层边饰

二

酒泉、敦煌、吐鲁番所出北凉石塔，现知有十座[32]。其形制皆八角基座，圆形塔身；从其中保存较完整者可知塔身之上，尚雕有相轮和宝盖。细部情况记录如下：

酒泉高善穆石塔 承玄元年（428）造。高44.6厘米，基座底径15.2厘米。八画基座每面雕供养人一身，左上端刻八卦符号。圆形塔身下部刻发愿文与《增一阿含·结禁品》，共三十六行。塔身上部（覆钵）雕七龛佛像，一龛菩萨像。佛像皆着通肩服装，作禅定相，后有项光、身光。菩萨着有缯饰的宝冠，袒上身，有颈饰、臂钏，下着裙，交脚坐，后有项光和“靠背”。佛座为矮平莲座。圆拱龛，有龛柱，无龛楣。相轮之上有宝盖，盖顶刻北斗七星（插图3）。

3 酒泉高善穆石塔

酒泉田弘石塔 承玄二年（429）造。残高41厘米、基座底径21厘米。八面基座雕刻与高善穆石塔同。塔身下部所刻经文亦同，残存二十三行。塔身上部残存三龛，皆佛像，服饰、姿态和龛式俱同高善穆塔。无佛座。圆形塔身以上部分佚。

酒泉马德惠石塔 承阳二年（430）造。残高34厘米、基座底径16厘米。八面基座雕供养人物，中有武士装者；八卦符号刻在每面上端；供养人物右侧各刻有易卦象榜题。塔身下部刻经文同上两塔，共三十三行。塔身上部雕七龛佛像。其中四龛着通肩服装，作禅定相；三龛服装右袒，作说法相。七像皆只具项光。一龛菩萨，着宝冠，袒上身，垂帔帛，有颈饰、臂钏和璎珞，下着裙，交脚坐，背后只具项光。佛坐须弥座，菩萨坐藤座。尖拱龛，有龛柱、龛楣。自相轮以上佚。相轮下部的方柱上雕飞天八身。

敦煌南沙山石塔 建造年代不详。八面基座刻供养人物，中有武士装者；八卦符号刻在每面上端。塔身下部雕刻同以上诸塔。发愿文泐，行数不详。塔身上部残存龛中皆坐佛，服装姿态和龛式与马德惠塔同。无佛座。相轮三重以上佚。

酒泉白双且石塔 缘和三年（434）造。残高46厘米、基座底径

21 厘米。八面基座刻发愿文与《增一阿含·结禁品》，存十七行。塔身下部雕八龛，六龛禅定佛像，具项光、身光。一龛交脚菩萨，一龛思惟像，后两龛像后皆有“靠背”。塔身上部雕七龛禅定佛像，具项光、身光。一龛交脚菩萨，有项光和“靠背”。佛坐须弥座。火焰龛。圆形塔身以上佚。

酒泉程段儿石塔　太延二年（436）造，高 42.8 厘米、基座底径 12 厘米。八面基座刻供养人物八身，无八卦符号。塔身下部刻发愿文和《增一阿含·结禁品》，共二十六行。塔身上部雕八龛像，其中七像只具身光，通肩与垂领相间排列，皆作禅定相。另一龛情况不详。佛坐矮平座。火焰龛，有龛柱。相轮之上的宝盖较宽大。

吐鲁番宋庆石塔　建造年代不详。高 66 厘米。八面基座刻供养人物八身，上端各刻八卦符号。塔身下部刻经文同程段儿塔，但经文标题作《佛说十二因缘经》，共三十五行。塔身上部雕刻和龛式同程段儿塔。佛坐莲座。圆式塔身以上佚。

吐鲁番小石塔　建造年代不详。高 27.7 厘米，基座底径不详。八面基座雕刻和塔身下部经文均同宋庆塔，但经文行数不详。上部雕八龛，其中七龛佛像形式同宋庆塔。另一龛交脚菩萨亦作禅定相。佛坐莲座。火焰龛，有龛柱。圆形塔身以上佚。

敦煌三危山石塔　建造年代不详。高 40 厘米。八面基座刻供养人物八身，右上端各刻八卦符号。塔身下部刻发愿文与《增一阿含·结禁品》，存十八行。塔身上部与吐鲁番小石塔同。佛坐须弥座。火焰龛。宝盖顶刻覆莲。

敦煌岷州庙石塔　建造年代不详。残高 46 厘米、基座底径 48 厘米。塔身下部刻模糊的立像一列，其上为《增一阿含·结禁品》，再上为婆罗谜字经文。塔身上部存五龛，四龛为禅定佛像，服装通肩与垂领相间排列。一龛为交脚菩萨，有“靠背”。各龛间各雕一供养人像，现存三身，有比丘和着交领大衣的男供养人像。佛坐须弥座。圆形塔身以上佚。

这批北凉石塔，最重要处是可增补天梯山 1、4 两窟已不存在的主要形象。石塔列龛中的主像是过去七佛坐像与弥勒菩萨交脚坐像，434 年石塔出现思惟菩萨像。佛的姿态，428、429 年两石塔都作禅定相，430 年石塔出现说法相。佛的服装，通肩、右袒出现较早，436 年石塔出现双领下垂内着僧祇支的服装。较早的佛座是矮平的莲座，434年石塔出现须弥座。弥勒菩萨皆作着宝冠、袒上身的交脚坐式，430年石塔弥勒菩萨已装饰璎珞。428、429年石塔无龛面装饰（龛楣）。430年石塔出现了尖拱龛面，434年石塔出现了火焰龛面。绝大部分石塔基座上的供养人物附刻有八卦符号；430年石塔在供养人物右侧还刻出与易卦象结合起来的榜题，如“☰乾、父，☶艮、仲男”之类。最早的一座（428年）石塔，宝盖顶上还刻出北斗七星。这些东方传统的因素在北凉石塔上出现是值得注意的。它应与魏晋佛教形象杂有黄老道术的内容，有一定的联系[33]。

史岩先生在记录天梯山1、4两窟的中心塔柱时说它：“每层上宽下缩，此种样式和敦煌千佛洞略有不同，而在酒泉文殊山、民乐金塔寺则有同样的发现。”酒泉文殊山、肃南金塔寺，还有张掖马蹄寺共有十多处塔庙窟。这批塔庙窟中保存较好的早期洞窟，可以肃南金塔寺东窟、西窟和文殊山前山千佛洞为例[34]：

肃南金塔寺东窟 平面宽9.7米、高约6米。窟内正中凿方形的中心塔柱。现因前壁崩毁，塔柱已暴露在外。残深7.65米。原有无前室不详。中心塔柱每面宽约4.5米。基座之上，每面各三层，每层皆有龛像。下层每面各开一尖拱龛。龛楣尾塑反顾的龙头。龛内塑一右袒坐佛坐于矮莲座上。龛外两侧，除北面塑二比丘外，其余三面均为两菩萨。龛上部影塑大型飞天。中层每面开圆拱浅龛三，龛内塑一着通肩或右袒的坐佛。西面中龛坐佛为交脚式（参看图版24）。龛间各塑一菩萨，唯北面龛间塑千佛。上层东、南、北三面各塑一坐佛，佛后塑半身菩萨，间罅处塑千佛或菩萨，或飞天。西面只左右侧存飞天一身。前壁与窟口已崩毁。左、右、后壁残存壁画有三层，里面两层内容不详，最外层画千佛。

肃南金塔寺西窟 平面略同东窟，但规模较小。中心塔柱基座以上，每面各三层，每层皆有龛像。下层除龛外无比丘、有武士外，大略同东窟。中层东、南两面正中塑通肩坐佛，西面正中塑思惟菩萨。东、南、西三面两侧各塑菩萨坐像四身。北面正中塑右袒交脚坐佛，两侧上部各塑两菩萨，下部各塑两比丘坐像。上层每面塑千佛或菩萨。

前壁与窟口已崩毁。左、右、后壁残存壁画有三层，三层皆画千佛。窟顶绕中心塔柱画供养菩萨，外侧绘满飞天（参看图版 25）。

酒泉文殊山千佛洞 平面近方形，宽 3.94 米、深 3.8 米、高 3.6 米。窟内正中凿方形中心塔柱。有前室，宽略同于主室，深不详。中心塔柱每面宽 2 米。基座之上每面各两层，每层皆有龛像。下层每面各开尖拱龛一，龛内原塑坐佛一，龛外两侧各塑一菩萨。上层略同下层。前壁正中的窟口高 1.68 米、宽 0.53 米。西、南两壁尚存壁画。南壁分上下两部分，上部画着通肩服装的千佛，下部画通肩或右袒服装的立佛八身（十方佛）。西壁中部画作说法相的坐佛及左右胁侍菩萨。此组一佛两菩萨两侧画立佛，上部画千佛，下部画供养人行列。窟顶绕中心塔柱画飞天与伎乐天（参看图版 26）。

上述所列三窟皆无纪年题记。肃南金塔寺东西两窟，据董玉祥、岳邦湖等同志描述其窟顶壁画和窟内塑像云："菩萨与飞天均高鼻深目，体高肩宽，其画法是以朱色线条准确而又简练地勾出人物形体，衣饰部分施以石绿、浅黄或纯白等色，与敦煌早期壁画毫无共同之处。不仅壁画如此，其两窟内塑像，无论在人物形体或塑作手法上，也自成一格。在衣纹雕作上，多采用凹凸线条或圆线条，更增加了一种立体感和衣服的质感。另外，两窟造像大量采用高塑的方法，使一些造像贴壁而坐或凌云飞翔。""金塔寺东、西两窟内所造菩萨与飞天的装饰，就各有六七种之多，如东窟中心柱中层东、西、南三面各龛外之菩萨服饰，就很少有两个是相同的。这些新的形式出现，将为研究我国早期石窟艺术造像方面，提供了新的资料。"由此知与敦煌莫高窟现存早期洞窟的绘塑不同。他们描述酒泉文殊山前山千佛洞的壁画云："佛与菩萨其面像都体格魁梧，具有早期作品的特征。布局概括简练。用色以土红、赭石、石绿、纯白、蓝、黑等几种颜料为主。其画法的特点，先以土红或白色刷出人物基本形象，再用较深的宽线在颜面和肢体边缘勾出轮廓，然后以红线或黑线勾勒，使其定型之后，用鲜艳而又浓厚的色彩，涂其衣裙和帔巾等饰物，裙纹除用黑线勾画外，又在其边缘用一种比底色较深的颜色，晕染一道，使其明暗分明，增加了强烈的体积感。与新疆克孜尔千佛洞以及敦煌 272、275、254、259

等早期洞窟内之壁画，有着不可分割的渊源关系。”似乎也表示了文殊山前山千佛洞早于敦煌莫高窟现存早期洞窟的看法。敦煌莫高窟现存早期洞窟的年代，我个人认为还以维持北魏时期的旧说为妥[35]。因此，早于敦煌莫高窟现存早期洞窟的这三座塔庙窟的开凿，有可能出自北凉时期；或是北凉亡后，这里沿袭了凉州佛教艺术的系统而开凿的。无论前者，抑是后者，这三座塔庙窟是考虑凉州式样的重要参考对象，应该是无可怀疑的。

综合武威天梯山 1、4 两窟，酒泉、敦煌、吐鲁番所出北凉石塔和肃南金塔寺、酒泉文殊山前山这三座石窟的资料，我们初步考虑在我国新疆以东现存最早的佛教石窟模式——凉州模式，其内容大体可包括以下几项：

1. 有设置大像的佛殿窟，较多的是方形或长方形平面的塔庙窟。塔庙窟窟内的中心塔柱，每层上宽下窄，有的方形塔庙窟还设有前室，如酒泉文殊山前山千佛洞之例。

2. 主要佛像有释迦、交脚菩萨装的弥勒。其次有佛装弥勒、思惟菩萨和酒泉文殊山前山千佛洞出现的成组的十方佛。以上诸像，除成组的十方佛为立像外，皆是坐像。

3. 窟壁主要画千佛。酒泉文殊山前山千佛洞千佛中现说法图，壁下部出现了供养人行列。

4. 边饰花纹有两方连续式的化生忍冬。

5. 佛和菩萨的面相浑圆，眼多细长型，深目高鼻，身躯健壮。菩萨、飞天姿态多样，造型生动。飞天形体较大。

三

距离凉州较近的早期佛教遗迹，还有刘家峡市的炳灵寺石窟。炳灵寺第 169 窟第 6 龛发现西秦建弘元年（420）题记和“□国大禅师昙摩毗之像”的榜题[36]，知道这里最早的龛像始于西秦，西秦 411 年迁都枹罕，即今临夏，炳灵寺位于枹罕之北约 40 公里，其地古称唐述山，《水经注·河水》记其地云：

每时见神人往还矣，盖鸿衣羽裳之士，炼精饵食之夫耳，俗人不悟其仙者，乃谓之神鬼，彼羌目鬼曰唐述，复因名之为唐述山，指其密堂之居，谓之唐述窟。其怀道玄宗之士，皮冠净发之徒亦往托栖焉。

西秦禅师选此地造龛像，正是取其幽密，便于禅行。《高僧传》卷十一《玄高传》云：

（西秦乞伏）炽槃跨有陇西，西接凉土，有外国禅师昙无谶（或即上述之昙摩毗——引者）来入其国，领徒立众，训以禅道。

又记关中禅僧玄高也为乞伏炽槃所尊崇：

尊（玄高）为国师，河南（指西秦——引者）化毕，进游凉土，沮渠蒙逊深相敬事。

西秦高僧或从凉州来，或向凉州去，可见西秦佛教与凉州关系密切，而西秦于炳灵兴建龛像之时（420～431），也正与北凉沮渠蒙逊在凉州南山斫窟安置佛像的时间（412～428）相近，因此，参考炳灵西秦龛像，推测凉州石窟或许没有大误。

炳灵寺西秦龛像主要有1窟通肩立佛一身和169窟中的若干龛像[37]。两窟皆利用天然洞罅，并未斫崖开窟。现将上述两座西秦和较西秦为晚的重要龛像，试分两期，简记其内容如下：

一期（属于420年或稍后）（参看图版18～21）

窟龛号169:6 平面横长方形龛。龛内塑右袒禅定坐佛和二菩萨，有榜题："无量寿佛""□观世音菩萨""得大势志菩萨"。右壁上方画十方佛，其下画"弥勒菩萨"立像。弥勒之右画"释迦牟尼佛"立像，像下有供养人行列。释迦立像右上方为建弘元年（420）题记，共二十四行。题记下方列供养人两行，上行第一身榜题"□国大禅师昙摩毗之像”，其后供养人榜题中有“乞伏□罡集之像”。

窟龛号 1 贴崖罅处塑通肩立像一身。现存二菩萨为明代塑像。

窟龛号 169∶7,11—12 贴崖原塑二立佛，现存左侧通肩立佛一身。下方绘壁画八铺，自上：立佛二，通肩禅定坐佛及二菩萨，通肩禅定坐佛一，通肩说法坐佛及二菩萨，右袒说法“无量寿佛”坐像，“维摩诘之像”及“侍者之像”，通肩禅定坐佛一，以塔为背景的“释迦牟尼佛”“多宝佛”相对倚坐像。左下方绘壁画多铺。其中有右袒说法坐佛、二菩萨及胡人供养像一铺，该铺左上端有后来补绘的交脚菩萨坐像。

窟龛号 169∶9 贴崖塑三立佛，一右袒，二通肩。左下方绘壁画多铺，有右袒坐佛及菩萨、通肩禅定坐佛。

窟龛号 169∶17 西壁贴崖原塑一佛、二菩萨，现存右侧菩萨。右下方有思惟菩萨像一身。

窟龛号 169∶18 西壁贴崖塑右袒立佛一身。

二期（较一期为晚）（参看图版 22、23）

窟龛号 169∶22 贴崖原塑右袒立佛及二菩萨，现右侧菩萨佚。

窟龛号 169∶23 位第 22 龛上方，贴崖原塑通肩禅定坐佛七，现存五身。

窟龛号 169∶3 平面横长方形龛。龛内塑通肩禅定坐佛一，右塑菩萨，左塑天王。坐佛上端有飞天壁画。

从上述可见西秦在炳灵尚无凿窟的做法，除贴崖塑绘，即做横长方形平面开口形式的浅龛，龛像布局皆以一铺为单位，各铺间没有联系，这显然比若干单位有系统地组合在一起的洞窟设计为原始。第一期各单位的主要佛像有释迦坐像、立像，二立佛，三立佛和无量寿佛，其次有十方佛、弥勒菩萨立像和思惟菩萨像，还有与较晚的其他地点形式不同的维摩诘卧床和侍者像及释迦多宝相对倚坐像等。第二期出现了七佛、交脚菩萨坐像和一菩萨一天王组成的胁侍像。这后一种胁侍组合既见于肃南金塔寺东窟、西窟，又见于敦煌莫高窟现存早期洞窟之一的 257 窟。而这种胁侍组合在炳灵第二期最晚的一组龛像之中。看来，炳灵第一期龛像比肃南金塔寺、酒泉文殊山前山千佛洞为早，是无可置疑的。

因此，我们考虑凉州样式似可分为两个阶段：早期可参考天梯山残存的遗迹，酒泉等地出土的北凉石塔和炳灵第一期龛像；晚期可参考肃南金塔寺、酒泉文殊山前山千佛洞和炳灵第二期龛像。炳灵第二期龛像中最晚的如169窟第3龛的时间，大约已到了凉州式样的尾声阶段。

四

凉州系统的窟龛造像，大多来源于今新疆地区。凉州节制西域由来已久，西晋末，中原战乱，4世纪中期，位于塔里木盆地北沿的龟兹和南沿的于阗，这两个西域的重要佛教据点都诣姑臧朝贡[38]。384年，前秦吕光一度攻占龟兹后，经龟兹东来凉州和自凉州西去龟兹的僧人，日益增多，东来凉州的有名高僧有鸠摩罗什[39]、佛陀耶舍[40]、昙无谶[41]、昙摩蜜多[42]；西去龟兹的有僧纯、昙充[43]、竺道曼[44]。此时，凉州佛教也和于阗关系密切。约在3、4世纪之际，已有凉州道人在于阗城中写汉译的《时非时经》[45]。此后，昙无谶到凉州后又亲自去于阗求《涅槃中分》[46]，沮渠蒙逊从弟安阳侯京声亦去于阗取经[47]。此外，凉州僧宝云[48]、僧表[49]、惠榄[50]西去于阗，智猛、昙纂也西历龟兹、于阗后，东返凉州[51]。文献记录北凉僧人去于阗者，尚有昙学、威德等八人[52]。其时，龟兹盛小乘，于阗习大乘；龟兹多凿石窟，于阗盛建塔寺。这两个系统的佛教及其艺术，于新疆以东首先融汇于凉州地区。上述凉州式样的窟龛造像，正如实地反映了这个事实。沮渠蒙逊设置丈六大型佛像于石窟之中，炳灵贴塑大像于崖壁和天梯、肃南金塔寺、酒泉文殊山前山千佛洞等处的方形或长方形塔庙窟，应都与龟兹有关[53]，北凉石塔和凉州系统各窟龛所雕塑的释迦、交脚弥勒、思惟菩萨等，也都见于龟兹石窟[54]；文殊山前山千佛洞内壁面上下分栏的布局和中部以下壁画绘供养人行列的做法，也是龟兹石窟所习见[55]；值得注意的是凉州模式中保存较为完整的一处壁画——肃南金塔寺东窟中心塔柱西面的布局：下层为坐佛龛，上为交脚弥勒这一组形象，与拜城克孜尔石窟第80窟中心塔柱正面的设计极为相似[56]。文殊山前山千佛洞中心塔柱龛外与窟顶绘画或影塑大型飞天，前者多见于龟兹大像窟[57]，后者在塑像大部被毁的龟兹石窟中，虽然没有可以对比的资料，但在龟兹西南境外今巴楚东北的脱库孜萨来依发现的佛寺遗址中，出土了内容丰富的影塑，其中即有姿态类似的大型飞天形象[58]。炳灵寺和文殊山塑绘的立佛列像，既见于龟兹石窟[59]，又发现于时间略晚的和阗北拉瓦克塔院遗址中[60]。金塔寺、文殊山壁画满绘千佛。千佛在龟兹石窟流行较晚[61]，但为于阗寺院流行的形象[62]。此外，炳灵寺的无量寿、释迦多宝、维摩诘等形象，目前虽不闻于阗有相同的遗迹，但都出自大乘佛典，且都可在于阗找到有关情况。和阗东北丹丹乌里克和阿克特勒克等寺院遗址多出莲花化生形象[63]。按莲花化生，出于众生随九品行业，经过化生于莲花之中，始可往生极乐世界的信奉[64]，因知于阗曾流行《无量寿经》。3世纪末，于阗沙门祇多罗译《维摩诘经》[65]；约为8世纪祥公所辑的《法华经传记》卷一引《西域志》记“昔于阗王宫有《法华》梵本六千五百偈”，又记于阗“东南二千里有国名遮拘槃国[66]……王宫亦有……《法华》《大涅槃》等五部大经，并十大偈。……又东南二十余里，有山甚崄难，峰上有石窟，口狡（狭）内宽，其内……《法华》凡一十二部，皆十万偈。国法相传，防护守掌”[67]。看来，凉州系统的石窟中的大乘形象，应与于阗及其以东关系密切。凉州系统的大乘形象，以最东边的炳灵寺为最突出。这一点，我们考虑还可以和当时长安佛教联系起来。4世纪末5世纪初，即沮渠佛教兴隆之前，在东方，佛教盛行关中。402年，鸠摩罗什在长安译《无量寿经》《贤劫经》；406年，又重译《法华》《维摩》[68]，后又注解《维摩》。罗什译经时，广集四方义学参与研讨者，多至三千人[69]，其高弟道融[70]、昙影[71]、慧观[72]各疏解《法华》，僧肇[73]、道融[74]、道生[75]各注释《维摩》，因此，当时长安对《法华》《维摩》之研讨论述，影响广远。我们怀疑炳灵壁画中出现早期形式的释迦多宝和维摩形象，很可能和这样的历史背景有关。如果上述推测无大差误，那么，距长安较近的炳灵窟龛出现较多的大乘图像，除了西方于阗及其以东的影响外，很可能比凉州系统的其他石窟更多地受到来自东方长安的影响。关于迄5世纪前期的长安佛教及其造像，既有向西影响凉州的迹象，又有南下影响南方的文献记录，此饶有兴趣的问题，已超出本文研讨凉州模式的范围，容将另文讨论。

本文原刊《考古学报》1986年第4期。此文刊出后，甘肃文物考古研究所张宝玺同志来函见告：酒泉文殊山千佛洞壁画位置有误。因据以改正。又张同志对金塔寺、文殊山两石窟的年代提出异议。不同意见是推动学术研究发展的动力。因此，希望有关同志能进一步披露资料，开展讨论，以利于学术事业的繁荣。在此之前，这篇文字似乎还可以暂时保存原来面目。

甘肃省文物考古研究所《河西石窟》(1987)，收有董玉祥《河西走廊马蹄寺、文殊山、昌马诸石窟群》一文，内附金塔寺东窟和文殊山千佛洞平剖面图，并录有文殊山千佛洞窟顶伎乐天人图像（图版115～117、167～170）。两窟中心塔柱造型与天梯山石窟第1窟相似；千佛洞窟顶天人与新疆拜城克孜尔石窟第48窟后室顶部的天人形象、姿态有类似处，请参看《中国石窟·克孜尔石窟》一（图版158）。

又《中国美术全集·绘画编》17《麦积山等石窟壁画》卷(1987)刊载天梯山石窟第4窟中心柱下层壁画三幅（图21～23)，即前文所记敦煌文物研究所摹本所据的原画。现复制该书三图收入本集，即图版15～17。

1988年6月

注释

〔1〕参看《出三藏记集》(以下简作《祐录》)卷一三《竺法护传》、《高僧传》卷一《竺昙摩罗刹传》、汤用彤《汉魏两晋南北朝佛教史》(以下简作《佛教史》)第七章《两晋之名僧与名士》。

〔2〕见《祐录》卷七释道安《合放光光赞略解序》。

〔3〕见《魏书·释老志》。

〔4〕参看《祐录》卷九《渐备经十住胡名并书叙》。

〔5〕《太平御览》卷一二四引《十六国春秋·前凉录》：张天锡“三年(365)，姑臧北山杨树生松叶，西苑牝鹿生角，东苑铜佛生毛”。

〔6〕参看《祐录》卷七《首楞严后记》、《开元释教录》卷四《总括群经录·前凉录》。

〔7〕参看《祐录》卷三《新集安公凉土异经录》和《佛教史》第八章《释道安》。

〔8〕《高僧传》卷五《释道安传》：道安“既达襄阳，复宣佛法，……四方学士竞往师之。时征西将军桓朗子镇江陵，要安暂住。朱序西镇，复请还襄阳，安以白马寺狭，乃更立寺，名曰檀溪，即清河张殷宅也，大富长者并加赞助，……凉州刺史杨弘忠送铜万斤，拟为承露盘。安曰，露盘已托汰公营造，欲回此铜铸像，事可然乎。忠欣而敬诺”。按朱序西镇之年为377年，其前一年，前秦下凉州，379年道安离檀溪西人关，因知弘忠刺凉，即在376年以后不久。

〔9〕《高僧传》卷一《昙摩难提传附赵正传》：“正字文业。为伪秦著作郎，后迁至黄门侍郎、武威太守……后因关中佛法之盛，乃愿出家，（苻）坚惜而未许。及坚死后，方遂其志，更名道整。”《祐录》卷九道安《增一阿含序》：“外国沙门昙摩难提……以秦建元二十年（384）来诣长安……武威太守赵文业求令出焉，佛念译传。”同书卷一三《昙摩难提传》作赵政。同书卷十《僧伽罗刹集经后记》谓：“释（道安）赵（文业）为法之至。”《法苑珠林》卷一六记赵正晚年事迹云：“后遁迹商洛山，专精经律，晋雍州刺史都恢钦其风尚，逼共同游。终于襄阳，春秋六十余。”

〔10〕见《祐录》卷一五《佛念法师传》。

〔11〕《祐录》卷一一《比丘大戒二百六十事》：“卷后又记云，秦建元十五年（379）十一月五日，岁在鹑尾，比丘僧纯、昙充从丘慈高德沙门佛图舌弥许，得此授大比丘尼戒仪及二岁戒仪……凉州道人竺道曼于丘慈因此异事来与敦煌道人……”

〔12〕参看《高僧传》卷三《释智严传》。

〔13〕见《祐录》卷一五《宝云法师传》。

〔14〕参看《高僧传》卷二《鸠摩罗什传》。

〔15〕《高僧传》卷六《僧肇传》：“后罗什至姑臧，肇自远从之，什嗟无极。及什适长安，肇亦随入。”

〔16〕参看《祐录》卷一四《佛陀耶舍传》。

〔17〕见《魏书·释老志》。

〔18〕见《弘明集》卷一一。

〔19〕《太平御览》卷一二四引《十六国春秋·北凉录》记：“（沮渠茂）虔为酒泉太守，起浮图于中街，有石像在焉。”蒙逊卒，茂虔嗣位后，凉州闲豫宫中译事犹盛，事见《高僧传》卷三《浮陀跋摩传》：“浮陀跋摩，此云觉铠，西域人也……宋元嘉之中达于西凉。先有沙门道泰志用强惈，少游葱右，遍历诸国，得《毗婆沙》梵本十有万偈，还至姑臧，侧席虚襟，企待明匠，闻跋摩游心此论，请为翻译。时蒙逊已死，子牧犍袭位，以犍承和五年岁次丁丑四月八日，即宋元嘉十四年（437），于凉州城内闲豫宫中，请跋摩译焉，泰即笔受，沙门慧嵩、道朗与义学僧三百余人考正文义，再周方讫，凡一百卷。沙门道挺为之作序。”

〔20〕见《广弘明集》卷七《列代王臣滞惑解》。

〔21〕见于著录的北凉西去求法僧人有：沮渠京声，见《祐录》卷十四《沮渠安阳侯传》；道普，见《高僧传》卷二《昙无谶传》；道泰，见《祐录》卷二《新集经论录》和《高僧传》卷三《浮陀跋摩传》；僧表、法盛，见《名僧传》卷二六（据日释宗性《名僧传抄》，下同）；惠榄（览），见《名僧传》卷二十；法惠，见《名僧传》卷

二五；昙学（静泰《众经目录》卷一、《大唐内典录》卷三皆作昙觉）、威德等八人，见《祐录》卷八《贤愚经记》。

〔22〕见于著录的北凉译僧有：昙无谶，见《祐录》卷十四《昙无谶传》；浮陀跋摩、道泰，见《高僧传》卷三《浮陀跋摩传》；僧伽陁，见《历代三宝记》卷九；道龚、法众、昙学、威德，见《祐录》卷二《新集经论录》；智猛、昙纂，见《祐录》卷十四《智猛法师传》；法盛，见《开元释教录》卷四；慧嵩，见静泰《众经目录》卷一；沮渠京声，见《祐录》卷十四《沮渠安阳侯传》。此外，《祐录》卷二《新集经论录》另记有出于凉州敦煌的《决定毗尼经》，未审译经人名。又《开元释教录》卷四《总括群经录·北凉录》录北凉新旧诸失译经有五十三部合七十五卷之多。

〔23〕见《广弘明集》卷二七。

〔24〕参看《佛教史》第十九章《北方之禅法净土与戒律》。

〔25〕同上。

〔26〕参看佛陀跋陀罗译《佛说观佛三昧海经》卷三、卷七和沮渠京声译《治禅病秘要法》卷上。僧人习禅之窟或名定窟，定窟一词最早见于昙无谶译《大般涅槃经》卷三十。

〔27〕参看刘慧达《北魏石窟与禅》，刊《考古学报》1978年第3期及本书附录一。

〔28〕此事又见道宣《广弘明集》卷十五《列塔像神瑞迹》。

〔29〕兴国重佛事，见《祐录》卷九《优婆塞戒经记》："太岁在丙寅（426）夏四月二十三日，河西王世子抚军将军录尚书事大沮渠兴国与诸优婆塞等五百余人共于都城之内，请天竺法师昙摩谶译此在家菩萨戒，至秋七月二十三日都讫。秦沙门道养笔受。愿此功德令国祚无穷，将来之世值遇弥勒，初闻悟解，逮无生忍，十方有识，咸同斯誓。"

〔30〕参看向达《西征小记》，刊《国学季刊》七卷一期，1950。后收入《唐代长安与西域文明》论文集，1957。

〔31〕参看史岩《凉州天梯山石窟的现存情况和保存问题》，刊《文物参考资料》1955年第2期。

〔32〕其中酒泉、敦煌所出八座，见录于王毅《北凉石塔》，刊《文物资料丛刊》（一），1977。吐鲁番所出两座，本世纪初为德人勒柯克（A. von Le Coq）劫去宋庆石塔，见 *Chotscho*，图版60，1913。此塔与另一小石塔1982年曾运美国展览，见 *Along the Ancient Silk Routes*，图版7、8，1982。

〔33〕《太平御览》卷一二四引《十六国春秋·北凉录》记沮渠茂虔任酒泉太守时在酒泉中街起浮图，其形制可据上述诸石塔推测。茂虔任职酒泉在420年至433年之间，其建浮图时正与石塔年代相若。北凉诸石塔以高窄的基座和粗壮的相轮为其特征。此种塔式与英人斯坦因（A. Stein）从若羌、焉耆劫去的小木塔极为近似（前者参看 *Serindia* IV，图版32；后者见同书、卷，图版128），因知是当时新疆中部以东、以南流行的塔式。敦煌、酒泉靠近该区，再东即未见实例。

〔34〕参看甘肃省文物工作队《马蹄寺、文殊山、昌马诸石窟调查简报》（董玉祥、岳邦湖执笔），刊《文物》1965年第3期。史岩《酒泉文殊山的石窟寺院遗迹》，刊《文物参考资料》1956年第7期。

〔35〕参看拙著《两汉魏晋南北朝时期的敦煌》，此文已收入本论文集。

〔36〕参看《炳灵寺石窟》，图版17、24。

〔37〕参看《炳灵寺石窟》，图版5～7、13～32。

〔38〕《晋书·张轨传附孙骏传》：“至骏境内渐平，又使其将杨宣率众越流沙伐龟兹、鄯善，于是西域并降。……焉耆、前部、于阗王并遣使贡方物。”《通鉴》系此事于咸康元年（335）末。《晋书·四夷·龟兹传》：“惠怀时，以中国乱，遣使贡方物于张重华。”

〔39〕参看《高僧传》卷三《释智严传》。

〔40〕参看《祐录》卷十四《佛陀耶舍传》。

〔41〕参看《祐录》卷十四《昙无谶传》。

〔42〕参看《高僧传》卷三《昙摩蜜多传》。

〔43〕参看《祐录》卷十五《佛念法师传》。

〔44〕同上。

〔45〕《开元释教录》卷二《总括群经录·西晋录》：“沙门若罗严外国人也，译《时非时经》一部。经后记云：外国法师若罗严手执胡本，口自宣译。凉州道人于阗城中写记，房等皆云法矩译者，误也，既莫知于帝代，且附西晋录中。”

〔46〕参看《祐录》卷十四《昙无谶传》。

〔47〕参看《祐录》卷十四《沮渠安阳侯传》。

〔48〕参看《祐录》卷十五《宝云法师传》。

〔49〕参看《名僧传》卷二十六。

〔50〕参看《名僧传》卷二十。

〔51〕参看《祐录》卷十四《智猛法师传》。

〔52〕静泰见《众经目录》卷一。威德见《祐录》卷八《贤愚经记》。

〔53〕参看拙作《新疆拜城克孜尔石窟部分洞窟的类型与年代》，此文已收入本论文集。

〔54〕同上。

〔55〕如克孜尔石窟189窟主室左右壁，参看《中国石窟·克孜尔石窟》三，图版64、75，日文版，1985。

〔56〕参看《中国石窟·克孜尔石窟》二，图版43，日文版，1984。

〔57〕如克孜尔石窟47、48窟和新1窟窟顶壁画，参看《中国石窟·克孜尔石窟》一，图版152、158～160，日文版，1989。又《中国石窟·克孜尔石窟》三，图版171。

〔58〕此寺址，1906年曾被法人伯希和（P. Pelliot）盗掘，所出大型飞天影塑见法人韩伯诗（L. Hambis）编辑的 *Toumchouq* Ⅰ，图版68：170，74：180～181，1961。

〔59〕参看《中国石窟·克孜尔石窟》一，1989。

〔60〕此塔院遗址，1900年英人斯坦因（A. Stein）、1928年德人特灵克勒（E. Trinkler）等皆曾盗掘，所出列像参看斯坦因 *Ancient Khotan*（以下简称“斯坦因书”）Ⅱ，图版13～15、17、18、40，1907；德人格罗甫（G. Gropp）编辑的 *Archäologische Fundeaus Khotan Chinesische-Ostturkestan*, Bremen, 1974（以下简称“格罗甫书”），图93、99、105，塔院的年代，斯坦因推定为6世纪，时间虽晚，当源于该地区或其附近的早期形象。

〔61〕参看《中国石窟·克孜尔石窟》一。

〔62〕如1900年斯坦因在丹丹乌里克盗掘的寺址，参看斯坦因书Ⅰ，图29；同书Ⅱ，图版3。又如特灵克勒在达玛沟北巴拉瓦斯特盗掘的寺址，参看格罗甫书，图76。

〔63〕丹丹乌里克所出化生形象，参看斯坦因书Ⅱ，图版56、83、87。阿克特勒克所出化生形象，参看格罗甫书，图129。

〔64〕参看支娄迦谶译《无量清净平等觉经》卷三、康僧铠译《无量寿经》卷下、畺良耶舍译《观无量寿经》。

〔65〕《历代三宝记》卷七《东晋录》录西域沙门祇多蜜译经中有《维摩诘经》四卷。此祇多蜜即《祐录》卷七释道安《合放光光赞略解序》所记泰康七年（286）赍《放光经》来洛阳之于阗沙门祇多罗。参看日人羽溪了谛《西域之佛教》第四章《于阗国之佛教》，贺昌群译本，1956。

〔66〕遮拘槃又译作遮拘迦，羽溪《西域之佛教》谓即斫句迦。斫句迦，斯坦因考其位置当在今若羌一带，参看斯坦因书Ⅰ，89～92页。

〔67〕《法华经传记》引《西域志》所记遮句槃王宫事，应是442年鄯善王西奔且末以前的情况。参看冯承钧《高车之西徙与车师鄯善国人之分散》，《辅仁学志》十一卷一、二合期，1942，该文后辑入《西域南海史地考证论著汇辑》，1957。

〔68〕参看《历代三宝记》卷八《前后二秦苻姚世录》。

〔69〕参看《高僧传》卷二《鸠摩罗什传》。

〔70〕见《高僧传》卷六《道融传》。

〔71〕见《高僧传》卷六《昙影传》。

〔72〕见《高僧传》卷七《慧观传》。

〔73〕见《高僧传》卷六《僧肇传》。

〔74〕参看《高僧传》卷六《道融传》。

〔75〕见《高僧传》卷七《竺道生传》。

《大金西京武州山重修大石窟寺碑》校注

——新发现的大同云冈石窟寺历史材料的初步整理

大金西京武州山石窟，即今山西省大同市城西 15 公里的云冈石窟。这里“凿石开山，因岩结构，山堂水殿，烟寺相望”（戴校本《水经注》卷十三《㶟水》），“龛之大者，举高二十余丈，可受三千许人，面别镌像，穷诸巧丽，龛别异状，骇动人神，栉比相连三十余里”（《续高僧传》卷一《昙曜传》）。这伟大工程不仅是我国佛教艺术中的精华，同时也是世界文化史上的巨迹。石窟的营建，据《魏书》卷一一四《释老志》可知由北魏文成帝和平初年（460），昙曜请凿五窟开始。之后，《魏书》卷六《显祖纪》、卷七《高祖纪》皆记有“幸武州山石窟寺”之事，可以推知其时石窟工程尚在继续。孝文迁洛以后，关于云冈石窟文献记载极为稀少，而云冈又系砂岩，石刻铭记不易保存，因此，论北魏孝文迁洛以后的云冈历史即感困难。近年来，其地虽曾不断发现北魏和辽代的遗迹、遗物，但残基断瓦究无法说明当年盛况。1947 年，我参加整理北京大学图书馆所藏善本书籍时，无意中在缪荃孙传抄的《永乐大典》天字韵《顺天府》条*引《析津志》文内，发现《大金西京武州山重修大石窟寺碑》一篇。碑文二千一百余言，记述详细，征引宏博，所述自唐迄金一段云冈的兴修、设置，正好弥补了云冈历史的空白页，而引用现已佚亡的北魏铭刻和文献记录考订云冈石窟的时

---

* 该书题《顺天府志》，天津木犀轩李氏（盛铎）旧藏。据北京图书馆赵斐云先生考订，系缪荃孙修《畿辅通志》时，过录《永乐大典》天字韵《顺天府》条的全文。该书 1983 年 4 月已由北京大学出版社影印行世。书中录自《析津志》的《大金西京武州山重修大石窟寺碑》部分，已制版附本书所收《大金西京武州山重修大石窟寺碑的发现与研究》一文之末。

代，也正给今天研究云冈各个石窟开凿先后的问题提供了绝好的参考材料。此外以焦山东悬空寺来解释《续高僧传》所记的“栉比相连三十余里”和分析《大唐内典录》《法轸寺记》的错误，也都是极为精湛、正确的立论。可是碑文屡次传抄，脱讹颇多，而又别无他本勘对，因谨就能力所及略为校补。碑文后所附注释，系按碑文顺序，摘录有关文献和已知的遗迹、遗物与碑文参比疏正：一部分是说明碑文本身的问题；另一部分则为了推测碑文所记的寺院的位置和考订云冈兴废的历史。

录文附校字

大金西京武州山重修大石窟寺碑

昔如来出世，为利益一切众生，故分形化体于无边华藏庄严世界海，微尘刹土随缘赴，感应现前。当此之时，宝山相（“宝山相满月之容”和下文“狮子之吼，海潮之音”为对文，因知“宝山”下脱一“之”字），满月之容，有目者皆得见；狮子之吼，海潮之音，有耳者皆得听闻。而优填王暂离法会，已生渴仰，遂以旃檀刻为瑞相，何况示灭鹤林，潜辉鹫岭，真容莫睹，像教方兴，宜乎范金、合土、刻木、绘丝而广兴供养者也。然而虑不远不足以成大功，工不大不足以传永世，且物之坚者莫如石，石之大者莫如山，上摩高天，下蟠厚地，与天地而同久（“与天地而同久”六字疑为衍文），是以昔人留心佛法者，往往因山以为室，即石以成像，盖欲广其供养，与天地而同久，虑远而功大矣。与夫范金、合土（按上文例，“合土”下脱“刻木”二字）、绘丝者，岂可同日而语哉。西京大石窟寺者，后魏之所建也，凡有十名，一通示（下文作“通乐”，《续高僧传》《开元释教录》《古今译经图记》皆记“恒安石窟通乐寺”，因知此“示”系“乐”之讹），二灵岩，三鲸崇，四镇国，五护国，六天宫，七崇教（下文或作“崇福”），八童子，九华严，十兜率[注一]。按《北史》魏太祖道武皇帝拓跋珪以东晋武帝大元（“大”当为“太”之讹）十三（魏太祖登国元年即代王位，登国元年即东晋孝武帝太元十一年，此“三”系“一”之讹）年称王于定襄之盛乐，国号代，建元登国，后乃即真，迁都平城[注二]，号恒安都[注三]，今西京是也。二世曰明元帝。三世曰太武帝。四世曰文成帝。五世曰献文帝。六世曰孝文帝，始都洛阳，改姓元氏。七世曰宣武帝。八世曰孝明帝。孝明之后，权归藩镇，而魏祚衰矣。《魏纪》凡建寺皆书而不书此寺，唯《献文纪》书：皇兴元年八月幸武州山石窟寺[注四]。又按《云中图》云：文成和平八年（按《魏书·释老志》记和平初昙曜白帝开窟五所，因疑“八年”为“元年”之讹）、献文天安元年革兴造石窟寺。然未知有何所据[注五]。今寺中遗刻所存者二：一载在护国，大而不全，无年月可考[注六]；一在崇教，小而完，其略曰：安西大将军散骑常侍吏部内行尚书宕昌（《晖福寺碑》《水经注》《魏书》皆记太和中庆时爵宕昌公，因疑“宕昌”下脱“公”字）钳耳庆时镌也（“也”字疑为衍文）岩开寺，其铭曰：承借□（原阙，疑为“弘”字）福，遮邀冥庆，仰钟皇家，卜世惟永。盖庆时为国祈福之所建也[注七]。末云：大代太和八年建，十三年毕[注八]。按道武登国元年即代王位，四月改称魏王，皇始元年称帝，天兴元帝（“帝”当为“年”之讹）诏群臣议国号，咸谓国家启基云代，应以代为号，帝不从，诏国号魏。天兴至孝文太和至（“至”当为“十”之讹）三年，凡九十载，而碑仍称代何也[注九]。参稽内典，矛楯为文，《元氏录》云：道武皇帝改号神瑞，当东晋武帝大元元年，立恒安都，于郊西土（《大唐内典录》原文作“郊西大谷石壁”，此“土”当为“大”之讹）谷石壁皆劖凿为窟，东西三十里，栉比相连[注一〇]。按神瑞时（依上下文意，疑“时”为“系”之讹）明元所改，岁在癸丑，当东晋安帝隆安十七年（按隆安六年改元元兴，元兴四年改元义熙，隆安十七年即义熙九年），在太元后三十七年矣[注一一]，其舛误如此。《续高僧传》云：沙门昙曜于文成帝和平中住石窟通乐寺[注一二]。《大唐内典录》云：昙曜，帝礼为师，请帝开石窟五所，东为僧寺，名曰灵岩[注一三]，西为尼寺[注一四]，不言其名。僧法轸为《寺记》云：十寺，魏孝文帝之所建也[注一五]，护国东壁有拓国王骑从，《广弘明集》云：即孝文皇帝建寺之主也，帝王于天宫寺以金铜造释迦像[注一六]。众记参差如此，竟不知经始在于何帝，以竟（“竟”疑为“意”之讹）推之：道武迁都之后，终其世才十年，其间创立城郭、宫室、宗庙、社稷、百官制度，见于史笔，其事实繁，至于凿山为寺，理应未暇；道武（“道武”当为“太武”之讹）毁教，末帝（“帝”当为“年”之讹）虽感白足之言[注一七]，寻即殂落，亦非其所为也；献文即位之初幸其寺，则寺兴于前矣；其间唯明元、文成二帝，据《录》特标神瑞之号，明元实经其始[注一八]，《内典录》明载和平之事，则文成实继其后矣；彼《和明》（此系指上文所引《广弘明集》，因知

"和"为"弘"之讹）所记，以孝文为建寺之主者，盖指护国而言也；法轸云十寺皆孝文所建，非也。然则明元始兴通乐，文成继起灵岩，护国、天宫则创自孝文，崇福（上文作"崇教"）则成于钳耳，其余诸寺次第可知。复有上方一位石室数间[注一九]，按《高僧传》云：孝文时天竺僧陁番（"番"即"翻"）经[注二〇]之地也。十寺之外，西至悬空寺，在焦山之东，远及一舍，皆有龛像，所谓栉比相连者也[注二一]。验其遗刻，年号颇多，内有正光五年[注二二]，即孝明嗣位之九年也。然则此寺之建，肇于神瑞，终乎正光[注二三]，凡七帝，历百一十一年，虽辍于太武之世，计犹不减七八十年，何则崇福一寺五年而成，以此较之，不为多矣，《录》云魏成于一帝，何其谬欤。此即始终之大略也。自神瑞癸丑，迄今皇统丁卯，凡七百三十四年，此即历年之大略也。叠嶂峥嵘而西去，长沙（依上下文意，疑"沙"为"河"之讹）浩渺以东来，岚影相连，波声不断，势壮京邑，润分林薮，岂特国家之宝，抑亦仙圣之宅，此则形势之大略也。峰峦后拥，龛室前开，广者容三千人，高者至三十丈，三十二瑞相，巍乎当阳，千百亿化身，森然在目，烟霞供宝座之色，日月助玉毫之辉，神龙夭矫以飞逋，灵兽雍容而助武，色楯连延则天皇弥勒之宫，层檐竦峙则地通多宝之塔[注二四]，以至八部之眷属，诸经之因地，妙笔不能同其变，辩口不能谈其目，巧力不能计其数，况若神游（此句和下句为对文，因知"游"下脱一"于"字）鹫岭，宛如身诣于耆阇（"耆阇"之后疑有脱文）[注二五]，此则制（"此则制"三字疑有讹误，参看［注二五］），发响，闻者摄心，琢石则醴泉流出，饮之愈疾[注二六]，珍禽时聚，毒虫屏迹，此则灵感之大略也。唐贞观十五年守臣重建[注二七]，辽重熙十八年母后再修，天庆十年赐大字额，咸熙（辽无咸熙纪元，疑"熙"为"雍"之讹）五年禁山樵牧，又差军巡守，昌（"昌"前脱"寿"字）五年委转运使提点，清宁六年又委刘转运监修[注二八]，李唐已前虽无遗迹，以近推远从可知也，此则历年之大略也（按上文已述历年之大略，此处疑有讹误）。本朝天会二年度之□□□（此句有脱文，但应与下文"此则皇朝外护之大略也"一语有关）。《尔雅》云：石山戴土谓之崔嵬。此山是山外积黄壤，中含翠石，高卑莫测，厚薄难知，然而良工预为其制，群匠争奋其力，迄（"迄"下疑有脱字）隳坏，绩用有成，虽大禹之凿龙门，六丁之开蜀道，不过摧其顽险，务于通达而已，方之于此，未足为难，倘非诚心一发，圣力潜伏，安能至是哉。又护国二龛不加力而自开，以至扣地则神钟（此句疑与上文“发响，闻者摄心”相接，参看［注二五］）。大军平西京，故元帅晋国王到寺随喜赞叹，晓谕军兵，不令侵扰，并戒纲首，长切守护，又奏特赐提点僧禅紫衣并通慧大德号。九年（连接上文知是天会九年）元帅府以河流近寺，恐致侵啮，委烟火司差夫三千人改拨河道，此则皇朝外护之大略也。呜呼，青鸳肇于西域，徒见其名；白马兴于中土，景（“景”疑为“竟”之讹）隳其志。未如此寺殊功圣迹，亘古今而常存者也。先是亡辽季世，盗贼群起，寺遭焚劫，灵岩栋宇，扫地无遗［注二九］。皇统初，缁白命议，以为欲图修复，须仗当仁，乃请惠（按“惠”下文作“慧”）公法师住持。师既驻锡，即为化缘，富者乐施其财，贫者愿输其力，于是重修灵岩大阁九楹，门楼四所，香厨、客次之纲常住寺位（此句疑有脱误），凡三十楹，轮奂一新；又创石垣五百余步，屋之以瓦二百余楹，皇统三年二月起工，六年七月落成，约费钱二千万。自是山门气象，翕然复完矣。师又以灵岩古刹既为灰烬，护国大碑又复摧毁，胜概不传，居常叹息，欲表前踪，以垂后世，乃礲巨石，谒文于予。予既闻师名，又嘉其志，遂不复辞，为摭实而书之。师名禀慧，姓王氏，弘州永宁人，幼于天成县幽峰院出家受具，自十八岁讲《华严经》《摩诃衍论》，辩折（“折”疑为“析”之讹）疑微，听者常数百人，四十五散徒游方，即其所传（此句疑有讹误），天眷元年奉圣旨传菩萨戒，皇统三年转运司定充本寺提点，申行台尚书省继准唐堂帖。师性明悟，威仪端重，一方钦仰，建化之功颇多，至于石窟为最玄（“玄”当为“云”之讹）。皇统七年夷门曹衍记并书［注三〇］。传菩萨戒提点大石窟寺沙门禀慧助辩。经（“经”疑为“信”或“显”之讹）武将军前西京军器库使骑都尉太原县开国男食邑三百户王庆祐。前西京（“京”下当有脱文）［注三一］。

注　释

【注一】 十寺问题

“西京大石窟寺者，后魏之所建也，凡有十名……”，此十名中：通乐见《续高僧传》卷一《昙曜传》、《开元释教录》卷六、《古今译经图记》卷三、《贞元新定释教目录》卷九；灵岩见《魏书》卷一一四《释老志》、《续高僧传》卷一《昙曜传》、《开元释教录》卷六、《贞元新定释教目录》卷九；天宫见《魏书》卷一一四《释老志》。其余都不见宋以前记录。而上述见于宋以前记录的通乐、灵岩、天宫，又是否即碑文所记的通乐、灵岩、天宫，也尚成问题。因此，我们推测此十名之说，约自辽代开始（参看［注二八］）。金时十名尚存，皇统七年（1147）曹衍撰此碑文以后，十名曾有更改，北京图书馆藏《成化山西通志》卷五："石窟十寺，在大同府城西三十五里，后魏时建，始于神瑞，终于正光，凡七帝，历百十有一年。其寺，一同升，二灵光，三镇国，四护国，五崇福，六童子，七能仁，八华严，九天宫，十兜率。寺内有元载（'载'疑为'魏'之讹）所修石佛二十龛，金皇统间修"（阙文据北京图书馆藏《嘉靖大同府志》卷五补。《嘉靖志》文和湖南省图书馆藏《正德大同府志》卷四文字均与《成化志》略同，疑俱从《成化志》出。此后《顺治云中郡志》卷三、《康熙山西通志》卷二九、《雍正朔平府志》卷三、《古今图书集成·方舆汇编·职方典》卷三四六、《乾隆大清一统志》卷七八、《乾隆大同府志》卷二五等各种志书所记的云冈十寺，都是直接、间接因袭成化、正德、嘉靖三志）。至于十名的荒废以至无闻的时间，约在明中期以后（参看［注三一］）。

十名又作十寺，似不能简单理解作即是十处石窟，但根据碑文所记"西京大石窟寺者，后魏之所建也，凡有十名"，可知每寺的主要部分，则又都是北魏所建的石窟，因此我们推测这十寺大约和现存清初所建后接第 5 窟、第 6 窟的石佛古寺相同（插图 1、2）。事实上自第 1 窟迄第 20 窟上面的崖面，的确都分布着曾经容纳木结构的梁孔、椽眼和人字形沟槽等痕迹，这些痕迹高低错落，时断时续，由此可推测当时覆盖在石窟前面各个木建筑的分布情况：

一、第 1 窟和第 2 窟前曾建一木建筑。

二、第 3 窟前曾建一木建筑（插图 3）。

三、第 5 窟和第 6 窟前曾建一木建筑。

四、第 7 窟和第 8 窟前曾建一木建筑（插图 4）。

五、第 9 窟和第 10 窟前曾建一木建筑（插图 5）。

六、第 11 窟、第 12 窟和第 13 窟前曾建一木建筑。

七、第 15 窟、第 16 窟、第 17 窟和第 18 窟前曾建一或二木建筑。

八、第 19 窟前曾建一木建筑（插图 6）。

1 第5、6窟前石佛古寺

2 第6窟前清初所建木建筑外观

3 第3窟崖面梁孔

4 第7、8窟崖面上的椽眼和人字形沟槽

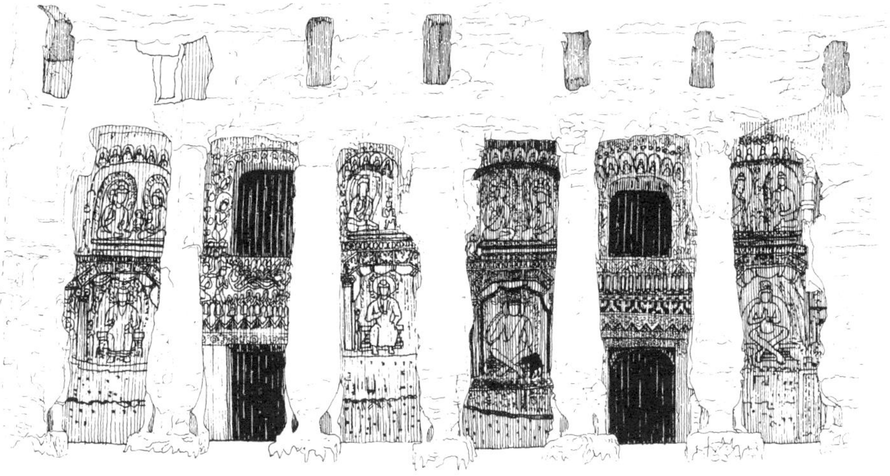

5 第9、10窟崖石上的梁孔

九、第20窟前曾建一木建筑（此外，还有几处较小的遗迹，分布在第2窟和第3窟之间的碧霞洞、第4窟和第5窟以东的小窟等处的崖面上）。上述这九或十处较大痕迹是否即碑文中的“十名”、志书的“十寺”，现虽不能遽下结论，但自第7窟以西迄于第20窟，沿窟口外侧又都曾掘出排列有序并向南延长的辽代敷地方砖（参看［注二八］），上下对照，迹象明显，似乎也只能这样推定。又，有的窟口外侧在辽代敷地方砖之下，发现北魏时代的建筑遗物，因此似又可推知“十名”或“十寺”中，有的部分更系上承北魏当时窟前建筑的旧基（参看水野清一《云冈石窟调查记》，刊京都《东方学报》，第九册、第十三册第一分、第十三册第四分、第十四册第四分、第十五册第二分）。

6　第19窟崖石上的人字形沟槽

【注二】 全部碑文考述北魏历史和北魏一代的云冈历史，未据《魏书》，这种情况正说明当时《魏书》流传极少，与《郡斋读书志》卷一下所记“治平中（1064～1067），曾巩校定《南齐》《梁》《陈》三书上之，刘恕等上《后魏书》，王安国上《周书》。政和中（1111～1118），始皆毕，颁之学官，民间传者尚少，未据，遭靖康丙午（1126）之乱，中原沦陷，此书几亡”完全符合。

【注三】“恒安都”不见《魏书》《北史》。按孝文太和十八年（494）迁洛后，置恒州，治平城，《魏书》卷一〇六《地形志》上：“恒州，天兴中（398～403）置司州，治代都平城。太和中改。”但当时民间却称作恒安，云冈第35窟窟口东壁铭记云：“维大代延昌四年（515）五月十五日，恒安□□□尉都统华造……弥勒并七佛立侍菩萨……”齐周时，于此设恒安镇，《元和郡县志》卷一五河东道云州记：“高齐文宣帝天保七年（556）置恒安镇，徙豪杰三千家以实之，今名东州城。其年废镇，又置恒州。周武平齐，州郡并废，又于其所置恒安镇，属朔州。自周迄隋，仍为镇也。隋乱陷贼。武德四年（621），平刘武周，置北恒州，七年（624）废。”至恒安都一辞，则以下文［注一〇］所引《大唐内典录》为最早。

【注四】《魏书》记幸武州山石窟凡五次，《北史》记幸武州山石窟寺凡两次。《魏书》卷六《显祖纪》：“［皇兴元年（467）秋八月］丁酉，行幸武州山石窟寺（《北史》卷二文同）。”《魏书》卷七《高祖纪》上：“［太和四年（474）八月］戊申，幸武州山石窟寺，庚戌还宫（《北史》无）……［六年（476）三月］辛巳，幸武州山石窟寺（《北史》卷三文同）……（七年，477）五月戊寅朔，幸武州山石窟佛寺（《北史》无）……（八年，478）秋七月乙未，行幸方山、石窟寺（《北史》无）。”又《魏书》《北史》记幸武州山凡二次，《魏书》卷七《高祖纪》上：“［延兴五年（475）五月］丁未，幸武州山……（太和元年，477）五月乙酉，祈雨武州山（《北史》卷三文同）。”碑文云：“《魏纪》……唯《献文纪》书皇兴元年八月”一事误（参看陈垣《记大同武州山石窟寺》，刊《东方杂志》第十六卷第二、三号）。

【注五】《云中图》一书不见著录。按文成帝卒于和平六年（465）五月，《图》云“文成和平八年……革兴造石窟寺”，约即指《魏书》卷一一四《释老志》所记“和平初，（道人统）师贤卒，昙曜代之，更名沙门统。初，昙曜以复佛法之明年（文成兴安元年初复佛法，其明年即公元455年），自中山被命赴京，值帝出，见于路，御马前衔曜衣，时以为马识善人。帝后奉以师礼。昙曜白帝于京城西武州塞凿山石壁，开窟五所，镌建佛像各一，高者七十尺，次六十尺，雕饰奇伟，冠于一世”而言。又《图》云“献文天安元年革兴石窟寺”，不知所据。

【注六】 护国问题

碑文记护国的情况，计有：

一、“护国二龛不加力而自开”；

二、“东壁有拓国王骑从”；

三、有“大而不全，无年月可考”的遗刻。

按云冈石窟中最为明显的“二龛”（双窟）有两处，一为第7窟和第8窟（插图7），一为第9窟和第10窟。第9窟和第10窟供养人行列雕在后室隧道（礼拜道）左右壁，而窟内外也没有可以镂刻需要面积较大的铭记的壁面。第7窟和第8窟则在前室东、西壁下面都雕有供养人行列（插图8），而二龛（双窟）中间石壁南端外面，即原雕斫下施龟趺的丰碑（插图9）（此碑经千余年来的自然剥蚀，不仅文字无存，即碑的形式也不易辨别了）。因此，我们推测碑文所记的护国，大约就是现在的第7窟和第8窟。

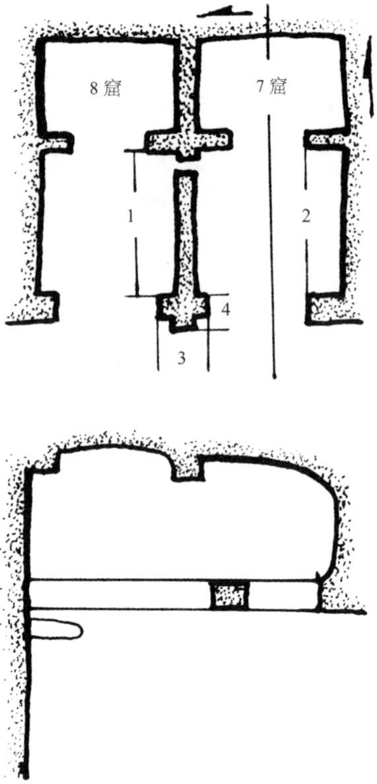

7　第7、8窟平面与第7窟剖面

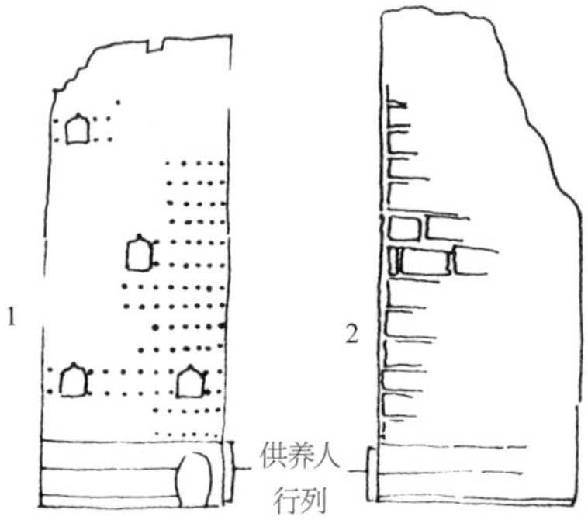

8　第7、8窟前室东壁壁面布局

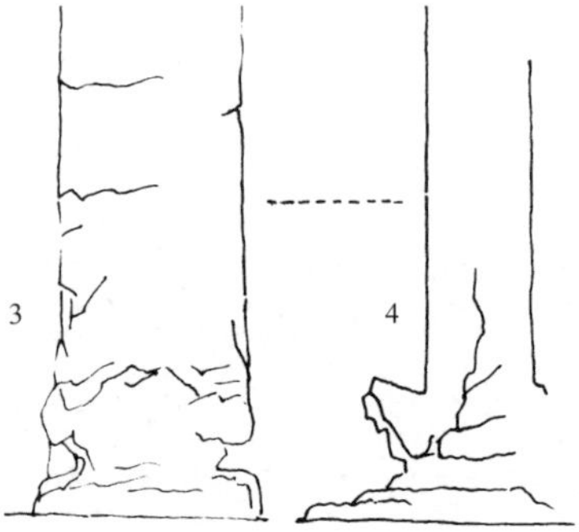

9　第7、8窟前室外丰碑残迹立面与侧面

【注七】钳耳庆时本姓王，名遇，《魏书》卷九四有传：“王遇，字庆时，本名他恶，冯翊李润镇羌也……自云其先姓王，后改氏钳耳，世宗时复改为王焉……坐事腐刑，为中散，迁内行令、中曹给事中，加员外散骑常侍、右将军，赐爵富平子，迁散骑常侍、安西将军，进爵宕昌公，拜尚书，转吏部尚书，仍常侍，例降为侯，出为安西将军、华州刺史。”庆时信佛教，太和中（477～499），修建很多僧寺，可考知者，除碑文所记崇教外，《水经注》卷一三《灅水记》他在平城东郊建祇洹舍：“（平城）东郭外，太和中，阉人宕昌公钳耳庆时立祇洹舍于东皋，椽瓦梁栋、台壁棂陛、尊容面像及床坐轩帐，悉青石也，图制可观，所恨惟列壁合石疏而不密。庭中有《祇洹碑》，碑题大篆非佳耳。然京邑帝里佛法丰盛，神图妙塔桀跱相望，法轮东转，兹为上矣。”清末，陕西澄城出《大代宕昌公晖福寺碑》，因又知他曾在乡里建晖福寺，《石交录》卷三录《辉福寺碑》文云：“我皇文明自天，超世高悟……太皇太后圣虑渊详，道心幽畅……散骑常侍、安西将军、吏部内行尚书、宕昌公王庆时资性明茂……于本乡南北宅上，为二圣造三级佛图各一区，规崇爽垲，择形胜之地，临沃衍，据条刚……伐良松于华畎之阴，掇文瑶于荆山之阳，旌功锐巧，穷妙极思，爰自经始，三载而就，崇基重构，层榈叠起，法堂禅室通阁连晖……太和十二年岁在戊辰（488）七月己卯朔一日建。”综上两处记载，知庆时所建都穷极巧思，与《魏书》本传所记“遇性巧，强于部分”相合。宣武初，庆时兼将作大匠，孝文以后北魏所兴造的巨大建筑，几乎皆出其手，《魏书》本传云：“世宗初，兼将作大匠……北都方山灵泉道俗居宇及文明太后陵庙、洛京东郊马射坛殿、修广文昭太后墓园、太极殿及东西两堂、内外诸门制度皆遇监作。虽年在耆老，朝夕不倦，跨鞍驱驰与少壮者均其劳逸。”

【注八】 崇教问题

此遗刻现已不存，但依据［注七］所述，可以推知钳耳庆时所开石窟一定具有相当规模，并且雕饰巧丽。按云冈大窟除第16窟、第17窟、第18窟、第19窟和第20窟为昙曜五窟，第7窟和第8窟有可能为护国，第3窟非一般石窟外，只剩下第5窟和第6窟、第9窟和第10窟。第5窟和第6窟规模过大，其中第5窟既未按原计划完成，后又无计划的补刻（如西壁布置零乱，释迦立像北侧刻千佛，南侧刻弥勒、释迦、多宝龛，而相应的东壁却又无千佛。又如南壁后刻的小龛错落无序，甚至剜平旧龛的一部分），而第9窟和第10窟（双窟）面积既不过大，也不狭小（插图10），并且它的雕镂在云冈石窟中又最称巧丽（如后室入口雕刻装饰繁缛的石门框或须弥山，见插图11、12；

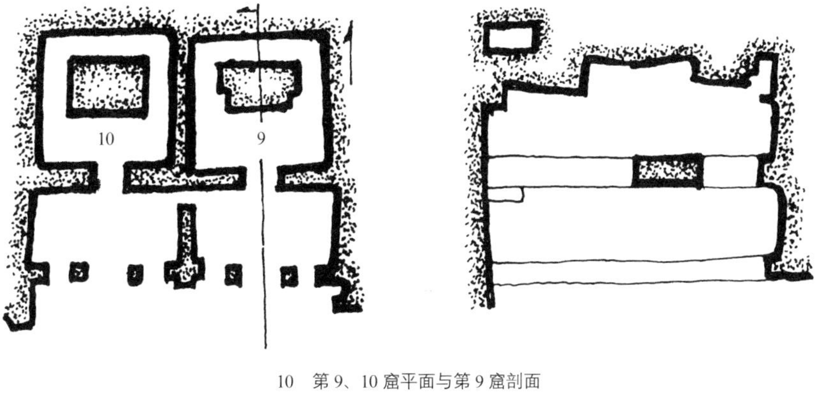

10　第9、10窟平面与第9窟剖面

前室地面雕饰莲花、龟背纹；楹柱下雕巨象座，座侧又雕对象、对狮；两端楹柱上方雕山岳，其上雕束莲柱和勾栏等，见插图13），这些似都和钳耳庆时的地位及其营造风格相符。在时间上，我们从造像服饰上观察，也和崇教铭记所记“太和八年（484）建，十三年（489）毕”一语吻合（第9窟和第10窟释迦多着右袒或通肩大衣，此种服饰在云冈最迟之例恰是太和十三年，即第17窟明窗东侧壁上雕有太和十三年纪年题记的释迦、多宝、弥勒三像龛），因此，我们推测碑文所记的崇教，大约即是第9窟和第10窟这对双窟。

【注九】《魏书》卷三五《崔浩传》：“浩曰：昔太祖道武皇帝应天受命，开拓洪业，诸所制置，无不循古，以始封代土，后称为魏，故代魏兼用，犹彼殷商。”在石刻中，《集古录跋尾》卷五、《金石录》卷二一即录有《大代华岳庙碑》，并详论魏代兼用之制。清乾隆间，河南孟县出《司马景和妻墓志》，题云“魏代扬州刺史、南梁郡太守、宜阳子司马景和妻”，又知有魏代连用之例。抗日战争前，洛阳发现《元鉴墓志》，题云“大代大魏正始四年（507）武昌王”，更知有大代大魏连用之例。此大代大魏连文西魏时还通用，如敦煌莫高窟第285窟北壁《滑黑奴发愿文》云：“夫从缘至果，非积集无以成功，是以佛弟子滑黑奴为识之类，敬造无量寿佛一区……大代大魏大统五年（539）五月廿日造讫。”

11　第9窟后室入口上部石门雕饰

12　第10窟后室入口上部须弥山雕饰

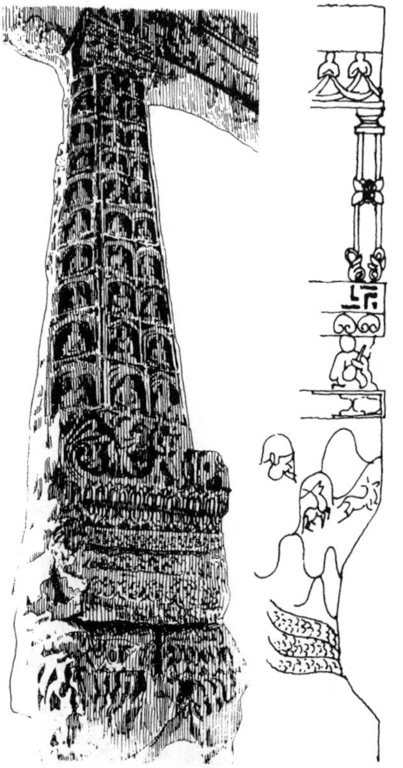

13　第9窟前室东端楹柱雕饰

【注一〇】《元氏录》即《大唐内典录》卷四《后魏元氏翻传佛经录》的简称。《内典录》原文云："道武皇帝魏之太祖也，改号神瑞元年，当晋孝武太元元年也。出据朔州东三百里筑城立邑，号恒安之都，为苻秦护军，坚败后，乃即真号，生知信佛，兴建大寺，恒安郊西大谷石壁皆凿为窟，高十余丈，东西三十里，栉比相连，其数众矣（所记改元事误，参看［注四］引陈垣文）。"

【注一一】 按神瑞改元岁在甲寅，即东晋安帝义熙十年（414），若以隆安纪元推算当为隆安十八年，以太元纪元推算当为太元三十九年（碑文所记误，参看［注四］引陈垣文）。

【注一二】 通乐问题

碑文记录通乐并无具体描述，《续高僧传》所记的通乐是否即碑文"十名"中的通乐，我们也无法肯定。《续高僧传》卷一《昙曜传》原文云："释昙曜……少出家，摄行坚贞，风鉴闲约，以元魏和平年任北台昭玄统，绥辑僧众，妙得其心，住恒安石窟通乐寺，即魏帝之所造也。"假如道宣所记确系北魏实况，即昙曜和平中住恒安通乐寺，则北魏通乐的位置疑不出"昙曜白帝凿山石壁开窟五所"的昙曜五窟附近，而抗日战争期间，日人也曾在昙曜五窟前的辽代敷地砖之下，掘出许多北魏筒瓦、板瓦、莲花瓦当和指文板瓦当等建筑遗物（参看［注一］引水野清一文）。

【注一三】 灵岩问题

碑文自"昙曜帝礼为师"以下至"西为尼寺"一段，不见《大唐内典录》，系引自《广弘明集》卷二所收《魏书·释老志》的道宣（？）注文，原文云："今时见者传云：谷深三十里，东为僧寺，名曰灵岩，西头尼寺，各凿石为龛，容千人。"因知灵岩的位置应在东端。但道宣的另一书《续高僧传》卷一《昙曜传》又记："去恒安西北三十里武周山谷北面石崖，就而镌之，建立佛寺，名曰灵岩，龛之大者，举高二十余丈，可受三千许人，面别镌像，穷诸巧丽，龛别异状，骇动人神，栉比相连三十余里，东头僧寺，恒共千人。”似乎灵岩寺又成为全部石窟的总寺名，可以包括东头僧寺。按《魏书》卷一一四《释老志》云：“景明初（500），世宗诏大长秋卿白整，准代京灵岩寺石窟，于洛南伊阙山为高祖、文昭皇太后营石窟二所。”这伊阙石窟即今洛阳龙门宾阳洞，而宾阳洞的形制和造像与云冈东头第1窟迄第4窟完全不同，相反却和今日云冈中部的第5窟、西端的昙曜五窟相似，因此可以推知北魏时的灵岩，大约如《续高僧传》所记是全部石窟的总名。至于《广弘明集》所云的灵岩在东头，约为自唐以来的情况，即如碑文所记“十名”中的灵岩，它的位置，俗传是第3窟，大约可信。因为第3窟在云冈石窟中面积最大、容人最多，并且还在东头（参看［注二七］）。

【注一四】 尼寺问题

［注一三］引《广弘明集》所记的“西头尼寺”，最早见于《水经注》卷一三漯水：“武州川水又东南流，水侧有石祇洹舍并诸窟室，比丘尼所居也。其水又东转径灵岩南，凿石开山，因岩结构，真容巨壮，世法所希，山堂水殿，烟寺相望。林渊锦镜，缀目新眺。川水又东南流出山。《魏土地记》曰：平城西三十里，武州塞口者也”。按云冈以西傍武州川水现存北魏石窟遗迹有：

一、云冈石窟西南，武州川南岸，即俗称鲁班窑处；

二、云冈西3.5公里吴官屯东，临武州川的崖壁上；

三、1950年，雁北文物勘查团所发现的焦山寺，在云冈西15公里高山镇北面焦山的南坡，与高山镇隔武州川相对，其地正当自云冈西来的山冈尽处（参看王逊《云冈一带勘查记》，刊《雁北文物勘查团报告》，1951）。

以上三地不仅都未发现“……西头尼寺，各凿石为龛，容千人”的大石窟，就是可以开凿那样大石窟的崖面也似乎都没有。因此，西头尼寺当与上述三处无关。1956年，云冈古迹保养所在整修第20窟前过去崩塌的窟石工程中，发现景明四年（503）比丘尼昙媚刻石一方。云冈古迹保养所据此推测：“现在的20窟附近，可能就是当年西头尼寺的地方（参看云冈古迹保养所《云冈新发现的一块北魏石刻》，刊《文物参考资料》1957年第9期）。”结合刻石发现所在的昙曜所开的五座大石窟和该处崖上西端及窟前都发现了北魏建筑遗址等情况（参看［注一九］），我们认为这个推断是颇有道理的。

【注一五】《法轸寺记》不见著录。按《记》云“十寺”，又似乎认为皆“魏孝文帝之所建”，因疑非唐以前著作。

【注一六】 天宫问题

天宫寺金铜释迦造像事，系《广弘明集》卷二引《魏书·释老志》文。《魏书》卷一一四《释老志》云：“其岁（皇兴元年，即公元 467 年），高祖诞载……又于天宫寺造释迦立像，高四十三尺，用赤金十万斤，黄金六百斤。皇兴中，又构三级石佛图，榱栋楣楹上下重结，大小皆石，高十丈，镇固巧密为京华壮观（《广弘明集》引文略同）。”按云冈石窟中皆造石像，没有可以容纳如此巨大金铜造像的石窟。因此，《魏书》所记的天宫寺，是否在云冈，是否即碑文所记“十名”中的天宫寺，都尚有问题。至于十名中的天宫，碑文无其他记录，现无法推测。

【注一七】《续高僧传》卷一《昙曜传》记：“先是，太武皇帝太平真君七年（446），司徒崔皓邪佞谀词，令帝崇重道士寇谦之，拜为天师，弥敬老氏，虔刘释种，焚毁寺塔，至庚寅年（太平真君十一年，即公元 450 年），太武感致疠疾，方始开悟，兼有白足禅师来相启发，帝既心悔，诛夷崔氏，事列诸传。至壬辰年（正平二年，即公元 452 年），太武云崩。”“事列诸传”指其事见《高僧传》。《高僧传》卷一〇《释昙始传》：“释昙始，关中人，自出家以后，多有异迹……始足白于面，虽跣涉泥水，未尝沾湿，天下咸称白足和上……拓跋焘复克长安……以伪太平七年，遂毁灭佛法……一境之内，无复沙门。始唯闭绝幽深，军兵所不能至。至太平之末，始知焘化时将及，以元会之日，忽杖锡到宫门。有司奏云：有一道人，足白于面，从门而入。焘令依军法，屡斩不伤。遽以白焘。焘大怒，自以所佩剑斫之，体无余异，唯剑所著处有痕，如布线焉。时北园养虎于槛，焘令以始馁之，虎皆潜伏，终不敢近。试以天师近槛，虎辄鸣吼。焘始知佛化尊高，黄老所不能及，即延始上殿，顶礼足下，悔其諐失。始为说法，明辩因果。焘大生愧惧，遂感疠疾。崔、寇二人次发恶病。焘以过由于彼，于是诛翦二家门族都尽，宣下国中兴复正教。俄而焘卒。”

【注一八】 云冈石窟开凿的时间问题

碑文所据《大唐内典录》文见［注一〇］。按明元改号神瑞，《魏书》卷三《太宗纪》云“神瑞元年（414）春正月辛酉，以祯瑞频集，大赦改元”，与云冈石窟无关，并且也和佛教无关，碑文云“明元实经其始”并无根据。石窟的开凿始于文成和平初（460）昙曜请开五窟，事详《魏书》卷一一四《释老志》（参看［注五］）。

【注一九】 上方石室问题

云冈冈上有二处北魏时期建筑遗址，一在第3窟上方，一在第39窟（即第20窟以西的塔洞）上方。1950年，雁北文物勘查团在这两处拾得“传祚无穷”瓦当、指文板瓦当和布文瓦等北魏遗物。抗日战争期间，日人曾挖掘此两处遗址：在第3窟上方掘出两堂宇遗址，一南向，一东向，石砌墙壁，壁上涂朱色，两堂宇间出石砌水沟、石狮首、“传祚无穷”瓦当、素面圆瓦当等；在第39窟上方也掘出了堂宇遗址，除出有石砌水沟、“传祚无穷”瓦当外，还有陶洗、陶壶等生活用具和莲瓣瓦当、指文板瓦当，板瓦当中有的还涂饰绿釉（参看［注一］所引水野清一文）。碑文所记“上方一位石室数间”，大约不出此二处。

【注二〇】《续高僧传》卷一《昙曜传》原文云：“曜慨前凌废，欣今重复，故于北台石窟集诸德僧，对天竺沙门，译《付法藏传》并《净土（度）经》。”当时和昙曜翻经的天竺沙门可考知者有常那邪舍，《魏书》卷一一四《释老志》云：“昙曜又与天竺沙门常那邪舍等，译出新经十四部。”其外还有西域沙门吉迦夜，《出三藏记集》卷二：“《杂宝藏经》十三卷，阙；《付法藏因缘经》六卷，阙；《方便心论》二卷，阙。右三部，凡二十一卷。宋明帝时，西域三藏吉迦夜于北国以伪延兴二年（472）共僧正释昙曜译出，刘孝标笔受。”又《古今译经图记》卷三：“沙门释昙曜，恒安石窟通乐寺僧……兴安元年（453），兴隆佛法，至和平三年，岁次壬寅（462），昙曜为昭玄统，慨前陵废，欣今再兴，自于北台石窟寺，对印度沙门集诸大德，译《净度三昧经》一卷、《付法传》四卷，凡二部，合五卷”。《图记》谓和平三年昙曜任昭玄统，不知所据（参看陈垣《云冈石窟寺之译经与刘孝标》，刊《燕京学报》第六期，1929）。《开元释教录》卷六亦记和平三年壬寅昙曜于北台石窟译经事，当是根据靖迈《图记》。

【注二一】 悬空寺在焦山之东和远及一舍问题

此焦山即［注一四］所记高山镇对面的焦山。悬空寺明清以来似尚存在，《顺治云中郡志》卷三云：“悬空寺，（大同）城西四十里，焦山东。”一舍即三十里。石窟连亘三十里，多见唐人著作，可参看［注二七］。

【注二二】 云冈石窟中的北魏铭记，截止目前已发现二十余处，其纪年较清楚的有：

	铭记	位置
1	太和七年（483）邑畿信士女等造石庿形象九十五区铭记	第 11 窟东壁。
2	太和十三年（489）比丘尼惠定造释迦、多宝、弥勒像铭记	第 17 窟明窗东壁。
3	太和十三年铭记	第 11 窟窟口左上方 11:14 的东壁。
4	太和十九年（495）周氏造释迦、弥勒铭记	第 11 窟明窗东壁。
5	太和十九年铭记	第 11 窟。
6	太和二十年（498）铭记	第 11 窟西壁。
7	太和二十年铭记	第 11 窟西壁。
8	太和廿年铭记	第 11 窟东壁。
9	景明四年（503）比丘尼昙媚刻石	第 20 窟前发现。
10	正始四年（507）铭记	第 28 窟窟口上方 28:2 东壁。
11	延昌三年（514）铭记	第 28 窟窟口上方 28:2 西壁。
12	延昌四年（515）造弥勒、七佛铭记	第 35 窟窟口东壁。
13	延昌四年铭记	第 19 窟西胁洞西壁。
14	正光□□（520～525）铭记	第 4 窟南壁。不知是否即碑文所记的正光五年（524）铭记。按此铭记抗日战争期间被拓毁。

【注二三】“终乎正光”问题

云冈石窟现存的纪年铭记中，如［注二二］所记，正光确是最晚的纪年，从云冈现存全部造像风格上观察（第3窟主要造像和自辽以后所修补的造像除外），最晚的雕刻的确也不能比正光再迟，而当时恒安已渐紊乱，正光四年（523）柔然入侵，围绕北都的六镇镇民相率起义，《资治通鉴》卷一四九：“普通四年（即正光四年）……及柔然入寇，（怀荒）镇民请粮，（武卫将军于）景不肯给，镇民不胜忿，遂反，执景杀之。未几，沃野镇民破六韩拔陵聚众反，杀镇将，改元真王。诸镇华夷之民往往响应。”后三年，即孝昌二年（526），朔州流民攻陷恒州，《通鉴》卷一五一：“普通七年（即孝昌二年）……秋七月……魏仆射元纂以行台镇恒州，鲜于阿胡拥朔州流民寇恒州，戊申陷平城，纂奔冀州。”此后，《魏书》卷一〇六《地形志》上记：“恒代而北，尽为丘墟”，云冈凿窟造像当然废止。因此，正光以后，云冈已走上由没落到荒废的境地，可以无疑，碑文推测“终乎正光”，实是的论。

14　第12窟入口上部交龙雕饰

15　第39窟多宝塔

【注二四】“神龙夭矫以飞逼，灵兽雍容而助武，色楯连延则天皇弥勒之宫，层檐竦峙则地通多宝之塔。”碑文中形容云冈石雕只此四句不是一般的描写。“神龙夭矫以飞逼”，大都雕在窟口顶部，如第1窟、第2窟；或前后室的过道顶部，如第12窟（插图14）；或雕在须弥山腰部，如第10窟（插图12）；也有的雕在窟顶的天花上，如第15窟等。“灵兽雍容而助武”，大约系指第7窟、第8窟后室入口两侧壁上所雕的骑有鸟、牛的护法像（鸠摩罗伽天、

16　第8窟后室入口西侧鸠摩罗伽天

摩醯湿伐罗）（插图16、17）和第9窟、第10窟承负楹柱的巨象，以及巨象座侧所雕的对狮等。“色楯连延则天皇弥勒之宫”，是形容第9窟、第10窟前室东、西、北壁上部一列勾片栏杆情况（插图18、19）。“层檐竦峙则地通多宝之塔”，即指如第1窟、第2窟和第39窟等塔窟内正中的多宝塔（插图15）。

【注二五】“宛如身诣于耆阇”句后，疑接下文“《尔雅》云：石山戴土谓之崔嵬。此山是山外积黄壤，中含翠石，高卑莫测，厚薄难知，然而良工预为其制，群匠争奋其力，讫（‘讫’下疑有脱字）隳坏，绩用有成，虽大禹之凿龙门，六丁之开蜀道，不过摧其顽险，务于通达而已，方之于此，未足为难，倘非诚心一发，圣力潜伏，安能至是哉。又护国二龛不加力而自开，以至扣地则神钟”一段。“则神钟”三字与“发响，闻者摄心”相连。“发响”之前，“此则制”三字或为“以至扣地则神钟”中之“地则”二字的衍讹。

【注二六】“琢石则醴泉流出，饮之愈疾”，即《嘉靖大同府志》卷一所记的“石窟寒泉，在府城西三十五里，石窟寺左”，亦即《雍正朔平府志》卷三所记的石窦喷水：“左云县石佛寺……道东数武有石窦喷水，清洌可饮，行道多藉焉。题曰‘石窟寒泉’，即左云县四景之‘寒泉灵境’也。”此寒泉在今俗称寒泉洞的第2窟后壁下，冬日不冻，俗

17 第8窟后室入口东侧摩醯湿伐罗

18 第9窟前室上部“弥勒之宫”

19 第9窟前室北壁上部“色楯连延”

传此水可以医目疾。

【注二七】 唐代云冈

北魏以后，北齐迄隋虽于平城置恒安镇或恒州（参看［注三］），但不闻有关云冈的记录，此种情况，直至初唐才有所改变。现据此碑文和文献记载，可以考知关于唐代云冈者有：

一、贞观移云中治恒安镇后的重建

贞观十四年（640）置云中，治恒安镇，《元和郡县志》卷一四河东道云州："贞观十四年，自朔州北界定襄城移云州及定襄县于此。"《新唐书》卷三九《地理志》三："云州云中郡，下都督府，贞观十四年自朔州北定襄城徙治定襄县。……云中，中，本马邑郡云内之恒安镇。武德元年（618）置北恒州，七年（624）废。贞观十四年复置，曰定襄县。"次年，即如碑文所记守臣重建石窟寺。

二、唐代云冈大约和今日相似，但东头尚存记有北魏对云冈经营的碑碣

贞观十五年守臣重建以后，似曾引起关中佛教徒的注意，所以当时著名的律师道宣一再著录云冈事迹。《广弘明集》卷二《魏书·释老志》道宣（？）附注云："今时见者传云：谷深三十余里……各凿石为龛，容千人（参看［注一三］），已还者相次栉比，石崖中七里，极高峻，佛龛相连，余处时有断续，佛像数量，孰测其计"，与今日情况相似。中七里，即指自第1窟以东以迄第39窟以西一段。又第5窟之东，崖上凿小窟颇多，俗云寄骨洞，传为封尸骨处，似也和道宣所记的"有一道人，年八十，礼像为业，一像一拜，至于中龛而死，尸僵伏地，以石封之，今见存焉，莫测时代"有关。《续高僧传》卷一《昙曜传》云："武周山谷北面石崖……（参看［注一三］）东头僧寺恒共千人。碑碣见存，未卒陈委。"此碑碣又见《大唐内典录》卷四："恒安郊西……（参看［注一〇］）谷东石碑见在，纪其功绩不可以算也。其碑略云：自魏国所统资赋，并成石龛，故其规度宏远，所以神功逾久而不朽也。"因知道宣三书所记除当时传闻外，尚根据魏时碑碣。此碑既云在东头僧寺，又说在谷东，可知与［注六］所记第7窟和第8窟前的残碑无关，疑当在第3窟——即推测是十寺中的灵岩附近。至于该碑的佚亡时间已不可考。《开元释教录》卷六和《贞元新定释教目录》卷九所记，皆照录《续高僧传》，并非另有新消息。

三、唐初修治云冈石像和第3窟后室造像的时间问题

关于云冈的唐初纪事，除上面所引者外，《古清凉传》卷上还有一段很重要的记载："中台南三十余里，在山之麓有通衢……傍有石室三间……近咸亨三年（672）俨禅师在此修立……俨本朔州人也，未详氏族，十七出家……其道业纯粹，精苦绝伦，景行所覃，并部以北一人而已。每在恒安修理孝文石窟故像……以咸亨四年（673）终于石室。"由此可知，石窟佛像唐初曾事修治。按云冈石窟造像从其形式、风格上考察，属于北魏以后、辽金以前所雕造的，只有第3窟的倚像和倚像两侧的胁侍菩萨，不过此组造像，近人多论为隋像（参看梁思成等《云冈石窟中所表现的北魏建筑》，刊《中国营造学社汇刊》第四卷第三、四合期，1933），可是隋在云冈并无重建记录，且当时恒安荒废已久，其地已沦为云内县属的一小镇（恒安镇，参看〔注三〕引《元和郡县志》），就一般情况推测，似乎没有修治如第3窟高三十余尺巨像的条件，因此，我们根据碑文所记唐初守臣重修和上引俨禅师故事两事，疑这第3窟造像时代与其推为隋，实不如假定初唐为宜（参看图版46）。

【注二八】 辽代云冈

根据近年来的调查、清理，以及抗日战争期间日人的挖掘，我们逐渐清楚辽代在云冈工程浩大，和碑文所记辽兴宗重熙十八年（1049）、道宗清宁六年（1060）、咸雍五年（1069）、寿昌五年（1099）和天祚帝天庆十年（1120）屡次重修符合。当时的工程由云冈以东的观音堂、佛字湾起，以迄于云冈西三十里的焦山寺。工程内容有：

一、寺院的营造

1. 观音堂、佛字湾一带的营造 《乾隆大同府志》卷一五："观音堂，府城西十五里佛字湾，辽重熙六年（1037）建。明宣德三年（1428）修，万历三十五年（1607）重修……国朝顺治六年（1649）姜瓖变焚毁，八年（1651）总督佟养量重建。"志云重熙六年建，系据观音堂所存明人碑记。又现在观音殿内尚存辽代所雕观音石立像一躯，而观音堂及其附近又散布着许多辽代的沟文砖。这些事迹，都可证实《府志》所记。观音堂西石崖上刻径丈余的双钩“佛”字，此佛字约也是辽代遗迹（参看［注一四］所引王逊文）。

2. 云冈石窟前的营造 ［注一］所述辽代十寺的位置，经近年的发现已大部分证实：

（甲） 1933年，兴建云冈别墅时在第5窟前面西侧发现辽代石础柸（参看［注二七］所引梁思成等人文）。

（乙） 抗日战争期间，日人在第8窟、第9窟、第11窟、第12窟、第13窟前和昙曜五窟前的地面之下，掘出辽代敷地方砖、沟文砖、兽面瓦当、迦陵频伽瓦当、指文板瓦当和陶瓷片等；又在第5窟和第4窟之间的龙神庙掘出辽代兽面瓦当、指文板瓦当（插图20）、瓷片和残铁器等（参看［注一］所引水野清一文）。

20 抗战时期日人在龙神庙附近掘出辽代瓦当、板瓦的堆积情况

（丙） 1953年，云冈古迹保养所清理自第16窟以西窟外地面，也曾发现辽代砖瓦，其中较重要的一件事，是在第20窟东侧已毁的石壁上发现残存的砖砌短垣一段，短垣用砖和第20窟顶所覆的辽代沟文砖相同，这样，这两处砖砌遗迹就可把第20窟释迦坐像背光上的梁孔联系起来（插图21），一方面约可估定这些梁孔是辽代安装木建筑时所凿；另一方面也似可指出第20窟窟顶的崩毁，是在辽人重修之前。

21 第20窟释迦坐像背光上部的梁孔

由于以上这些发现，我们已可推断辽代在这些石窟前都兴建了巨大的木建筑（其中有的可能是因袭了北魏时代的旧基，参看［注一］），而这些巨大木建筑又都是后接窟室的。

3. 鲁班窑前的营造 1952年，在鲁班窑（两座北魏开凿的石窟）前发现大量辽代砖瓦，这说明辽人在这里也营造了寺院。

22　第 37 窟东壁辽塑释迦坐像和辽彩绘背光

23　第 11 窟西壁七佛，最末二尊为辽塑

24　第 11 窟中心柱南壁辽刻胁侍像

4. 焦山寺的营造　1950 年，在焦山南坡和焦山寺东侧都发现了辽代沟文砖，辽人不仅在这里营造，并且还就北魏石窟中蚀毁的佛像重新泥塑，寺第二层东大窟中的释迦塑像上还残存有五代北宋时代常见的石绿彩色（参看［注一四］所引王逊文）。

二、造像的修整

辽代在云冈石窟中修整造像规模也很宏大，第 13 窟南壁下部佛龛座上的铭记有“契丹”“耶律”字样，并有“修大小一千八百七十六尊”句，末著“戊午”纪年，日人推定为公元 1078 年，即辽道宗太康四年（参看［注一］引水野清一文。按此铭记在抗日战争期间被拓毁）。就现存遗迹观察，知道辽时修整云冈造像，有的在剥蚀的石像外面泥塑，有的就空白石壁（？）补刻，前者数量较多，如第 37 窟东壁的释迦坐像（插图 22）和第 11 窟西壁七佛的最末二尊（插图 23，此二尊佛像，在抗日战争期间被捣毁）。后者较少，如第 11 窟中心柱南面的左右胁侍（插图 24）。

三、造像的彩饰

自第 14 窟以西的造像上，多有如前述焦山寺辽塑上的石绿彩绘。这种石绿，在第 37 窟东壁释迦坐像后面的石绿背光中，得到了直接的时代的证明（插图 22）。因为该背光花纹是辽代流行的网目纹和长型菱纹。这种花纹又见于大同城内下华严寺薄伽教藏中辽塑释迦的背光（参看［注二七］所引梁思成等人文）、辽宁义县奉国寺七佛殿梁枋上的辽代彩画（参看关野贞等《遼金時代の建築ト其仏像》图版上册，1934）和内蒙古林西辽庆陵东陵后室阳马上的彩画（参看田村实造等《庆陵》，1953）。

【注二九】 辽末云冈之毁

辽天祚帝保大二年（1122）自中都西逃云中，经云冈人天德军，《三朝北盟会编》卷五："宣和四年（即天祚保大二年）……正月十四日，（阿骨打）以劲骑一日一夜行三百里，至其中都攻之，自旦至日中，遂陷焉。始谓天祚在城中也，及破，乃知天祚闻其来，中夜已奔……女真即失天祚，因遣追兵出平地松林（《武经总要前集》卷一六下《蕃界有名山川》条记'平地松林，东至怀州四十里，西南至幽州千七百里'），亦将西至鸳鸯泊，即适与天祚遇，天祚大窘，因仓皇从云中府，由石窟寺入天德军。"（同书卷二二引《亡辽录》所记略同）而金兵衔尾追逐，官军焚扰，大同城内寺院如华严寺、普恩寺（即今善化寺）都遭毁坏，金大定二年（1162）僧省学《重修薄伽教藏记》云："至保大末年，伏遇本朝大开正统，天兵一鼓，都城四陷，殿阁楼观俄而灰之。"（此碑现存下华严寺薄伽教藏内）大定十六年（1176）朱弁《西京大普恩寺重修大殿碑记》亦云："大金西都普恩寺自古号为大兰若，辽后屡遭烽烬，楼阁飞为埃坋，台殿聚为瓦砾，前日栋宇所仅存者十不三四。"（此碑现存善化寺三门内）城内如此，城外可知，天祚西奔所经过的石窟寺更不能例外，所以碑文云："先是亡辽季世，盗贼群起，寺遭焚劫，灵岩栋宇，扫地无遗。"碑文所记的十寺大约或多或少都遭到破坏，而以灵岩遭遇最惨。

【注三〇】 金代云冈

一、金初设都元帅府和在西京的建置

《金史》卷五五《百官志》一："都元帅府，掌征讨之事……天会二年（1124）伐宋始置。"同书卷二四《地理志》上西京路："天会三年（1125）建太祖原殿（安奉御容）"，"皇统元年（1141）以……西京及山后诸部族隶元帅府，旧置兵马都部署司，天德二年（1150）改置本路都总管府，后更置留守司、置转运司"。

二、天会间宗翰的保护

"故元帅晋国王"即掳北宋徽、钦两帝的宗翰（粘罕）。翰天辅六年（即辽保大二年，1122）攻下辽西京以后，一直到天会五年（1127）

常驻西京，《金史》卷二《太祖纪》："(天辅六年三月）宗翰……己巳至西京，壬申西京降……乙亥西京复叛……四月辛卯复取西京……(七年六月）宗翰为都统……驻兵云中。"同书卷三《太宗纪》："(天会三年，1125）十月甲辰，诏诸将伐宋……宗翰兼左副元帅……自西京入太原……（四年，1126）三月癸未，银朮可围太原，宗翰还西京……八月庚子，诏左副元帅宗翰、右副元帅宗望伐宋……庚戌，宗翰发西京……（闰十一月）癸巳，宗翰至汴，丙辰，克汴城……（五年四月）宗翰、宗望以宋二帝归。"其后，同书卷七四《宗翰传》记："是时，河东寇盗尚多，宗翰乃分留将士夹河屯守，而还师山西……（六年，1128）以宗翰为国论右勃极烈兼都元帅。"同书卷四《熙宗纪》："(天会十三年，1135）以国论右勃极烈都元帅宗翰为太保，领三省事，封晋国王……十五年（1137）……七月辛巳……宗翰薨。"碑文记（天会）九年元帅府改拨河道，大约也和宗翰有关。此改拨后的河道，即今武州川水自第39窟以西绕云冈堡南侧东流的河道。

三、皇统三年至六年（1143～1146）禀慧修复灵岩

禀慧修复的灵岩现已无存，其位置当在已毁的灵岩旧址。近年在龙神庙以西的清理、调查，从未发现可以肯定是金代的遗址、遗物，而龙神庙以东石窟前面拥有面积较大的平地的，只第3窟一处，由此似更可证实（见［注一三］）关于唐以来的灵岩在第3窟这个推论。

四、建立《大金西京武州山重修大石窟碑》

皇统七年（1147）立。此碑元末尚存，所以《析津志》作者熊自得(《康熙丰城县志》卷九"熊自得，字梦祥，横冈里人。博学强记，尤工翰墨。元末以茂才异等荐为白鹿洞书院山长，授大都路儒学提举、崇文监丞。以老疾归，年九十余"）可以抄录全文。《成化山西通志》卷五所记"始于神瑞，终于正光"，即根据此碑，又记"金皇统间修"（参看［注一］），疑也据此碑而言。清初志书（自《顺治云中郡志》以下）虽还照抄成化、嘉靖两志，但从删去"金皇统间修"一语，可以推知当时对金代修建的事迹已湮没不传，依此推察此碑之废，或与十寺之毁为同时，俱在明中叶以后（参看［注一］）。又《康熙山西通志》卷五："武州山……武州川水出焉，峪中有石窟寺，魏孝文帝常幸焉。山下有耿氏三冢，金皇统间建塔（同书卷二八作‘皇统四年’)，上有志，父曰光禄，子曰银青，孙曰昭勇。”耿氏三冢虽与本文无关，但云冈金代遗迹稀少，因附记于此。

【注三一】 自元代以后的云冈

一、禀慧所修灵岩元末尚存

按《析津志》引碑文于“前西京”下接“癸卯年腊月二十四日，予自东胜来，是日宿于寺之方丈，受清供，次日达西江。次年二月八日始录上草本于何尚书思诚东斋。”碑文撰年是皇统七年丁卯（1147)，上距癸卯计二十四年，即金天会元年（1123)，下距癸卯计三十六年，即金大定二十三年（1183)，因知此段文字非曹衍碑文，而是《析津志》作者熊自得自述旅程的记录，该癸卯应是元顺帝至正二十三年（1363)。由这段旅程记录，可证熊自得至正二十三年腊月二十四日曾亲至禀慧所修的灵岩，并宿于灵岩方丈受清供，由此可推定元末此灵岩尚存。

二、云冈的元代游人题记

云冈现存元代墨书题记二处：一在第4窟南壁，一在第33窟北壁。前者有延祐（1314～1320）纪年，后者有至元十三年（1276)、至元二十三年（1286)、至元廿四年（1287)、大德五年（1301）等纪年。

三、昙曜五窟前发现的长方砖

抗日战争期间，日人挖掘和1954年云冈古迹保养所清理窟前时，都曾在昙曜五窟前辽代敷地方砖之上，发现辽金以后所敷的长方砖地面。这长方砖地面，我们怀疑它与［注一］所论明中叶以前十名尚存有关。十名尚存则必有修缮，而这长方砖约即辽金以后修缮十寺的残存遗物。至于修缮的时间，根据砖的形制，最迟似不能下及明初以后。

四、明末以前的云冈

明代大同沦为边防地区，云冈似又行荒废，包括上述金元灵岩在内的云冈十寺，这时都逐渐毁坏，以至湮灭无闻。毁坏的绝对时间，我们虽不能确切指出，但从云冈现存的明代遗迹、遗物上推察，知约在明代中叶以后。云冈现存的明代遗迹、遗物有：

序号	遗迹、遗物	位置
1	嘉靖三十七年（1558）所建、万历二年（1574）修葺的云冈堡城	在冈南。
2	嘉靖四十三年（1564）《重修云冈堡碑》	现存石佛古寺内。
3	万历二年所建的土城	在冈上。《雍正朔平府志》卷八："云冈堡建于明嘉靖三十七年，万历甲戌（即万历二年，1574）改建于冈上，周一里四分零，高连女墙三丈五尺。地近腹里，无分管边墙，止设火路墩八座。今（顺治间，1644～1661）裁并。"北京大学图书馆藏抄本《光绪左云县志》卷三："云冈堡……新旧二堡。旧堡设崖下，嘉靖之戊午（即嘉靖三十七年）也。因北面受敌，议移冈上，万历之甲戌也。旧者仍留，以便行旅，新者尚土筑，女墙系砖包，共高三丈五尺，周围一里五分。"
4	万历十九年（1591）立"开山历代祖师墓塔"（插图25）	在冈上土城东北隅。
5	万历四十八年（1620）吴伯与"石佛寺碑"	现存石佛古寺内。
6	崇祯二年（1629）立"妙明□□墓塔"	在冈上土城北端。
7	崇祯十七年（1644）铸大佛寺铁钟	现存石佛古寺内。

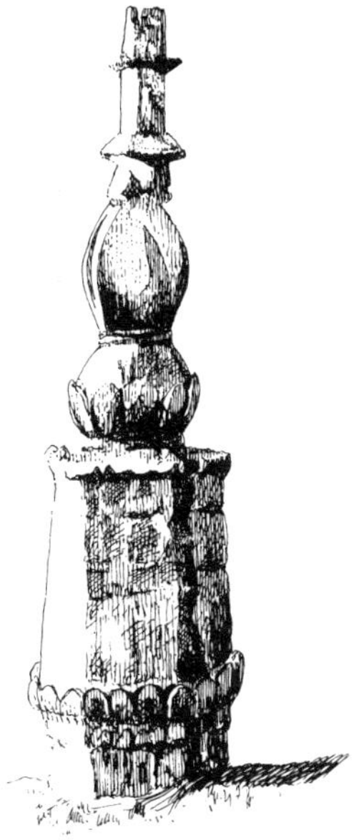

25　云冈冈上城东北隅万历十九年开山历代祖师墓塔

其中万历十九年所立的开山历代祖师墓塔更比较明显地暗示了明末以前云冈寺院的恢复，而吴伯与《石佛寺碑》云"奇树葳楼阁以葱龙……方岳玄中张公命酒其上"，当即指云冈再次恢复以后的寺院建筑。

五、明清之际的云冈和现存的石佛古寺

崇祯十七年（1644）二月，李自成率起义民兵进驻大同。三月，留过天星张天琳守云冈。五月，当地地主武装勾引清兵屠杀云冈。明末以前恢复的云冈寺院又遭摧毁，所以自顺治元年迄顺治三年（1644～1646）曾重修云冈石佛寺。《光绪左云

县志》卷一〇所收《重修云冈石佛寺碑记》详记此事："云冈以甲申三月为闯寇过天星盘踞……余不揣螳臂，驰军士千人；于五月朔十日一举而克复之，生缚过天星，寸磔以快云慎（'慎'疑为'镇'之讹），使非慈云慧月之照，何以有此，因感佛土当净之义，于是鸠工庀材，重修以董厥事……是役始于甲申（崇祯十七年，1644）月（'月'前原缺数字），迄于丙戌（顺治三年）五月，凡两年而役竣。"［此碑《县志》佚撰人，原碑今已佚，所记起义民兵事，又见《顺治云中郡志》卷一二："崇祯十七年甲申（1644）春，闯难陡发，伪兵西来，二月二十九日镇城主将迎降，在城留住六日，杀明宗室殆尽，三月初六日兵过阳和，留住一宿，东行镇城，所留伪总兵张天琳，号过天星……两阅月而国威东震，阳和军民约与镇城军民内应，于是杀天琳及伪中军张黑脸，恢复大同，时五月初十也。"］此次重修疑即因明末以前寺院旧址。重修后五年，即顺治八年（1651）总督佟养量等人又大事修葺，《顺治云中郡志》卷三："石窟十寺……总督佟于顺治八年率属捐资大为修葺，俾殿阁楼台香积禅林，金碧莹煌，巍然雁北一胜境也。"修葺后所立石碑现存石佛古寺内。石佛古寺即现存后接第5窟、第6窟的云冈寺院，而这云冈寺院——石佛古寺，就其建筑形式和布置上观察，当即此顺治年重修、修葺的云冈石佛寺。至于寺内现存康熙三十七年（1698）、乾隆三十四年（1769）、咸丰十一年（1861）、同治十二年（1873）、光绪二年（1876）五碑所云的重修，约都不出增补、修整的范围，也就是说，顺治以后云冈的建置已没有较大的变动了。

本文1951年3月整理出初稿。1956年1月经改订后发表于《北京大学学报·人文科学版》1956年第1期。文中的论点，三十多年来，没有改变。这次重新排印，只新增了两个注：一是对"道武毁教，末帝虽感白足之言"作了注释，即［注一七］；另一是讨论碑文的错简问题，即［注二五］。此外，有四处增补较多：（一）在［注三］、［注二七］中加引了《元和郡县志》；（二）［注一四］中补充了1956年发现的昙媚石刻；（三）［注二〇］中加引了《古今译经图记》；（四）［注三〇］中增添了金初设都元帅府和在西京的建置一条。

1987年10月校讫记

云冈石窟分期试论

云冈石窟位于山西大同旧城西15公里的十里河（武州川）北岸的山崖面上，东西连续约1公里。石窟的绝大部分，都是北魏中后期雕造的。按石窟形制、造像内容和样式的发展，可分三期。

太武帝（424～452）晚期，阶级矛盾和民族矛盾日益尖锐，北魏的统治开始衰弱。文成帝（452～465）继位，马上颁布恢复佛教的诏书，诏书中特别强调佛教“助王政之禁律，益仁智之善性，排斥群邪，开演正觉”[1]。恢复佛教是为了维持北魏政权，这是极为清楚的。接着，文成帝就“诏有司为石像，令如帝身。既成，颜上足下各有黑石，冥同帝体上下黑子”。兴光元年（454）秋，又敕有司在京师（平城，即今大同）“五级大寺内，为太祖已下五帝（即道武帝、明元帝、太武帝、景穆帝和文成帝自己[2]）铸释迦立像五，各长一丈六尺”。文成帝以其帝王形象为蓝本雕造佛像，一方面为了祈求他们自身的安全和冥福；更重要的另一方面，显然是在继续利用太武废佛（446）以前，佛教徒宣扬皇帝“即是当今如来”的欺骗手段，妄图借此缓和人民的反抗。公元460年，云冈石窟开始雕凿。《魏书·释老志》记录了开始凿窟时的情况：和平初“昙曜白帝，于京城西武州塞，凿山石壁，开窟五所，镌建佛像各一，高者七十尺，次六十尺，雕饰奇伟，冠于一世”。这五座佛像，当是前不久五级大寺铸像事件的一次重复。这次重复的工程远比五级大寺为巨大，反映了以文成帝为代表的日益虚弱的北魏统治集团，求助于宗教的需要更加迫切了。昙曜为皇室所开的五所洞窟——“昙曜五窟”，即今云冈石窟中的16～20窟。这是云冈的第一期石窟（参看图版27～29）。

第一期石窟，在形制上的特点是：各窟大体上都模拟椭圆形平面、穹窿顶的草庐形式；造像主要是三世佛（过去佛、当今佛和未来佛）[3]

和千佛；主像形体高大，占据了窟内面积的大部分。从主像内容和石窟布局上观察，五窟还可细分为两组。

18、19、20三窟为一组。都是以佛装的三世佛为主像。左右两主像分处在左右胁洞的19窟，是这一组的中心窟。这一组石窟在云冈石窟中开凿的时间最早，但19窟胁洞的主要工程一直拖到第二期。这组最早的石窟布局紧凑，形象造型雄伟，佛像服装或右袒，或通肩；衣纹流行仿毛质厚衣料而出现的凸起的式样。总之，从窟的整体安排到各种形象及其细部的雕刻技艺，水平都很高，这绝不会都是北魏恢复佛教后不久就能够突然产生的，至少较多部分当是公元446年废佛以前情况的继续。因此，这一组石窟及其造像的各种特点，当与前一时期特征有较密切的联系。

16、17两窟是一组。17窟主像也是三世佛，但当中的大像是菩萨装的未来佛弥勒交脚像。16窟主像是单一的释迦立像。如以当时在平城五级大寺为自太祖以下五帝各铸一佛像为准，来考虑从西20、19、18这一组石窟起顺序分配自太祖以下五帝，这处在东头第二窟当中主像是交脚弥勒的17窟，应相当于没有即位就死去了的景穆帝；最东的主像是16窟中单一的释迦像，它应相当于当时在位的文成帝。后两帝与前三帝情况不同，因而16、17窟的主像也与18、19、20窟有别。16、17窟除了在主像内容上和18、19、20窟不完全相同外，在施工计划上也有差别，18、20和19的主窟，基本上按原计划全部完成，而16、17两窟壁面都有较多的第二期甚至第三期补刻的小型佛龛（以下简称小龛），16窟的主像工程更拖到第二期的晚期才告竣（表一）[4]。

表一

窟号	20	19	18	17	16
平面形式	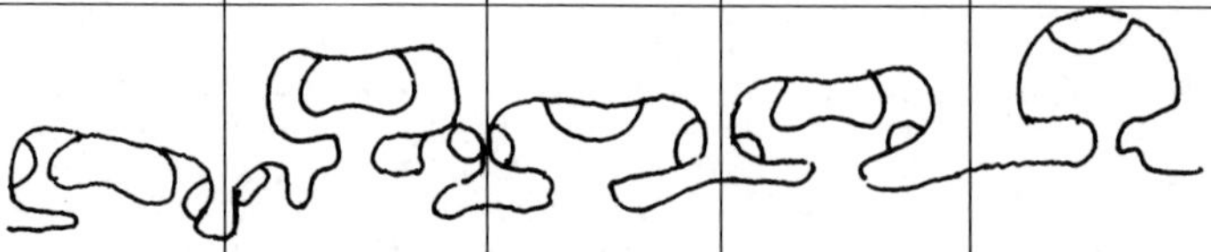				
主要造像	— | |	主窟 — 东胁洞 ≃ 西胁洞 ≃	| | |	× | —	| — —

图例 —坐佛 |立佛 ≃倚坐佛 ×交脚弥勒

文成帝恢复佛教后，昙曜为皇室造窟，选择三世佛作为主要题材，除了上述政治原因外，同时也有意地针对废佛前流传胡本无佛，“皆是前世汉人无赖子弟……接乞胡之诞言，用老庄之虚假，附而益之，皆非真实”的言论，而大力宣传佛教源远流长，所谓“释迦前有六佛（过去佛），释迦继六佛而成道，处今贤劫（当今佛），文言将来有弥勒佛（未来佛），方继释迦而降世”。昙曜这后一目的，是和他在462～472年间，在云冈一再翻译自三世佛开始的佛教历史《付法藏传》的工作相配合的。另外，我们还应注意，北魏佛教特重禅法[5]，太武废佛之前，凉州高僧玄高“即达平城，大流禅化，伪太子拓跋晃事高为师”。昙曜也向“以禅业见称”（均见《高僧传·玄高传》），而第一期石窟中的三世佛、释迦、弥勒和千佛，又都是一般习禅僧人谛观的主要形象，因此，昙曜设计的这批最早的云冈石窟，也兼有广聚沙门同修定法的目的。

公元465年，文成帝死后，各族人民不断起义。471年孝文帝即位后，青齐一带起义规模越来越大，北魏皇室、贵族崇佛祈福也愈演愈厉，这时云冈连续开凿成组的大窟，如实地反映了北魏统治集团对自身安全的极端忧虑。这一阶段，即云冈石窟的第二期。其具体时间，大约自文成帝以后以迄太和十八年（494）迁都洛阳前的孝文帝时期，即465～494年。北魏云冈，以此阶段为最盛。《水经注·㶟水》“武州川水又东南流，水侧有石祇洹舍并诸窟室，比丘尼所居也。其水又东转径灵岩南，凿石开山，因岩结构，真容巨壮，世法所希，山堂水殿，烟寺相望”，应该就是从这一期晚期迄第三期开始时的云冈情景。

云冈第二期的主要石窟有五组：7、8窟，9、10窟，5、6窟，1、2窟，这四组都是“双窟”；另一组三个窟，即11、12、13窟（插图1）。此

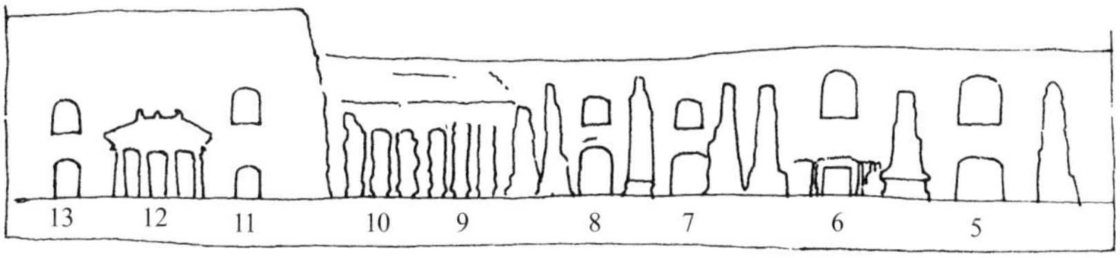

1 第5～6、7～8、9～10、11～13四组石窟原窟前立面遗迹

外，云冈最大的石窟第3窟内外北魏时的主要工程，也是在这个时期进行的。11窟外崖面上的小窟和20窟以西的个别中小窟，也有的是这个时期晚期开凿的（参看图版31～42）。

第二期石窟，在形制上的特点是：平面多方形，多具前后室，但也有个别的类似第一期椭圆形平面的草庐形式；有的窟内中部立塔柱；还有的在后壁开凿隧道式的礼拜道；方形平面窟的壁面雕刻都作上下分层、左右分段的布局，窟顶多雕出平棋。在造像方面，像第一期那样的大像稀少了，造型远不如过去的雄伟，但形象的题材多样化。流行雕出世俗的供养人行列；凸起式的衣纹，逐渐被简化的断面作阶梯式的衣纹所代替。与第一期比较，引人注目的是，汉魏以来分层分段附有榜题的壁面布局、汉式传统的建筑形式及其装饰，日益增多；佛像的服装，在第二期晚期也换上了新型的褒衣博带式的样式。外来的佛教石窟艺术，在北中国，就是在这个时期，较显著地开始了逐渐东方化[6]。

此外，这一期还出现利用已开凿的石窟壁面，雕造小龛的做法。

7、8窟双窟，是第二期石窟中最早的一组，大约完成在孝文帝初期。据金皇统七年（1147）《大金西京武州山重修大石窟寺碑》[7]的记载推测，这组双窟是孝文帝所开，辽时即以此为主体兴建了护国寺[8]。以后室后壁上下大龛为准，两窟上龛的主像都是三世佛，不过这里三世佛的式样，比昙曜五窟复杂得多，交脚菩萨装的形象似乎不限于未来佛弥勒；尤其别致的是，7窟下龛主像中出现了被作为过去佛而安排的释迦多宝对坐像。两窟都突出了释迦，所以前后室壁面分层分段大面积地布置了本生故事浮雕和表现佛传的佛龛。此外，佛装的交脚弥勒、维摩和文殊、护法诸天和较多的供养天人以及布满壁面的千佛和大型的供养人行列等，都最早出现在这组双窟里。两窟前室露天，原应覆有屋顶。

9、10窟为双窟，在第二期中略晚于上述的7、8窟。根据前引的《金碑》，大致可以推定它是孝文帝初期宠阉钳耳庆时于"太和八年（484）建，十三年（489）毕"工的石窟。辽代在这里兴建了崇福寺[9]。两窟中，9窟主像是释迦，10窟主像是弥勒。这是云冈第二期出现的新的主像组合。壁面布置了较多的释迦多宝对坐像，也是这组石窟的突出之点。9窟明窗东西壁出现坐莲菩萨和骑象普贤。形制装饰方面，隧道式的右旋礼拜通道，汉式建筑传统的龛饰和中亚、西亚一带流行的繁缛的植物花纹，在云冈都以9、10窟出现得最早。

5、6窟这组双窟的主像都是三世佛。6窟内正中雕塔柱，塔柱下层四面大龛中，南龛雕坐佛像，西龛雕倚坐佛像，北龛雕释迦多宝对坐像，东龛雕交脚弥勒像。塔柱四面大龛的两侧和窟东、南、西三壁，雕刻三十多个内容连续的佛传故事。面对塔柱的南壁窟口上方雕维摩、释迦、文殊。6窟全部大型佛像改变了过去的服装，都雕成了“褒衣博带”式。佛像褒衣博带是与孝文帝太和十年至十九年（486～495）的服制改变相呼应的〔10〕。所以推测6窟竣工之时，已去太和十八年孝文迁洛不远。至于5窟壁面布满了没有统一布局、时间又不相同的小龛，更说明了它并未按原计划完工，这种情况当然也和孝文南迁有关。因此，5、6窟这一组双窟的雕凿，约在孝文帝都平城的后期。两窟工程大，主像三世佛的组合与昙曜五窟的18、20两窟相同，特别是6窟，雕饰富丽在云冈称最。有的同志根据《金碑》所记推测孝文帝所凿、辽时建天宫寺的石窟，可能就是这一组〔11〕。

5、6，7、8，9、10三组双窟，东西毗邻；三组双窟窟前外壁左右两侧又都雕镌高塔，这些都是说明它们时间接近的最好迹象。5、6，7、8两组采用同一的双塔一碑的窟前设计（两组石窟的中间隔壁的前端，都雕出下具龟趺的丰碑）〔12〕，都出现释迦多宝对坐和维摩、文殊的形象，这种情况，正和孝文帝时，北魏开始重视义行僧人，注意宣讲《法华》《维摩》两经的历史背景相符合，这些似乎也都给5、6，7、8两组双窟同是孝文开凿的推测，增添了论据。9、10窟双塔间并列六楹，正中和东西两端的楹柱雕造狮、象承负山岳的形象，其余四楹雕象承负千佛柱，楹柱所雕的山岳和10窟前室后壁中雕镌的须弥山相配合，使9、10这组双窟中的须弥山形象极为突出。须弥山是卫护释迦的帝释天所居之地。突出这样的题材，也似乎和开窟人，作为卫护皇室宠阉的钳耳庆时的身份相符合。

11、12、13三窟是一组，具前后室的12窟是中心窟。12窟口外部上凿屋檐，前列两楹，洞开三门〔13〕，后室入口上雕明窗。两侧的11、13两窟则于窟门上各雕一明窗，显然是为了12窟布置左右对称的立面构图而有意安排的。12窟主像在后室后壁，分上下龛，上龛为弥勒，下龛为释迦多宝。同样组合还出现在这一窟的前室东壁上。此窟造像服饰、风格和窟前立面，都与9、10窟接近。11窟中立方柱，方柱四面各雕上下龛，除南面上龛为弥勒外，都是释迦立像。下龛佛像经过后世修补，上龛佛像造型清瘦，已接近第三期流行的式样。窟东壁有太和七年（483）铭小龛。西壁有太和二十年（496）铭小龛。西壁中部的七佛立像，是新出现的题材，其褒衣博带的装束和6窟相似。以上情况，说明11窟的开凿年代接近9、10窟，但直到6窟完工时，此窟的中心方柱和壁上小龛还在补雕。13窟主像是弥勒，南壁有与11窟相似的七佛立像。此窟小龛也同11窟，延续的时间很长。11、12、13这一组石窟，看来，只有中心窟的12窟按原计划完成，11、13两窟大约在开凿不久即停止原计划，之后陆续雕凿了不少无统一安排的小龛（表二）。

表二

窟号		13	12	11	10	9	8	7	6	5
平面形式										
主要造像	上层	×	× ≀	塔 S: × S: |	×	≃	≃ ×× —	× ≃≃ ≀	后壁 | | | — ≃	— | |
	下层			W: ≃ W: | N: ≃ N: | E: ≃ E: |					塔 S: | S: — W: | W: ≃ N: | N: ≀ E: | E: ×	

图例 ≀释迦多宝，其他图例见表一

1、2 窟是一组塔洞。窟后壁的主像，1 窟是弥勒，2 窟是释迦。1 窟塔四面都雕出上下层：上下层的佛像，除东西两面上层雕弥勒、北面下层蚀毁不辨外，都雕释迦。2 窟塔四面都雕上中下三层：南面下层雕释迦多宝，中上两层则雕镌组合不同的三世佛，上层三世佛当中的是弥勒；其他三面各层除西面中层雕弥勒及其胁侍外，也都雕镌组合不同的三世佛，北面上层三世佛当中的形象是弥勒。两窟南壁窟口两侧都雕出较显著的维摩文殊对坐问答像。1、2 窟造像样式和风格较 5、6 窟为早，雕凿的时间应在 9、10 窟和 5、6 窟之间（表三）。

表三

窟号	平面形式	主要造像												
		后壁	S			W			N			E		
			上	中	下	上	中	下	上	中	下	上	中	下
1		×	—		—	×		—	—			×		—
2		—	-×-	≃-≃	⌇	---	↑×↑	|-|	-×-	-≃-	|-|	---	---	---

图例　↑↑　思惟菩萨，其他图例见表一、二

3 窟原为大型塔洞设计，从窟前立面上雕左右明窗、下列左右窟口及前方上部两侧各树一塔的布局，与 5、6，7、8 两组双窟相似这一点推测，此窟的开凿时间应在第二期。但终北魏一代内部工程迄未完成。唐初利用未完工的塔身南面西侧开凿了倚坐大佛及其胁侍[14]，《金碑》所记唐以来的灵岩寺，大概就在这里[15]。3 窟前方上部双塔间，凿一窟口南向的矩形窟室，室内主像为弥勒，壁面满雕千佛，东西两壁千佛中现释迦坐像龛。此弥勒窟室，应是 3 窟的一部分，室内雕像的形制，约属第二期的后半（插图 2）。

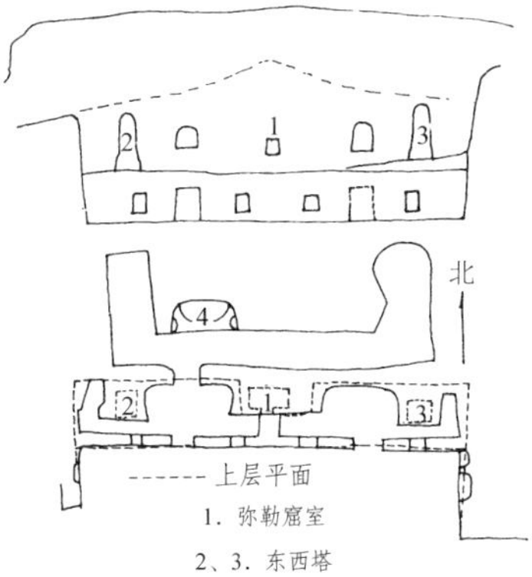

2　第 3 窟原窟前立面遗迹及其平面

雕造在已开凿的石窟壁面上的小龛，集中在 11、13 和 16、17 等窟中。这种小龛数量很多：有单像龛；有并列像龛；还有重层的像龛。龛中的形象，初步归纳，其主要内容如表四。

表四

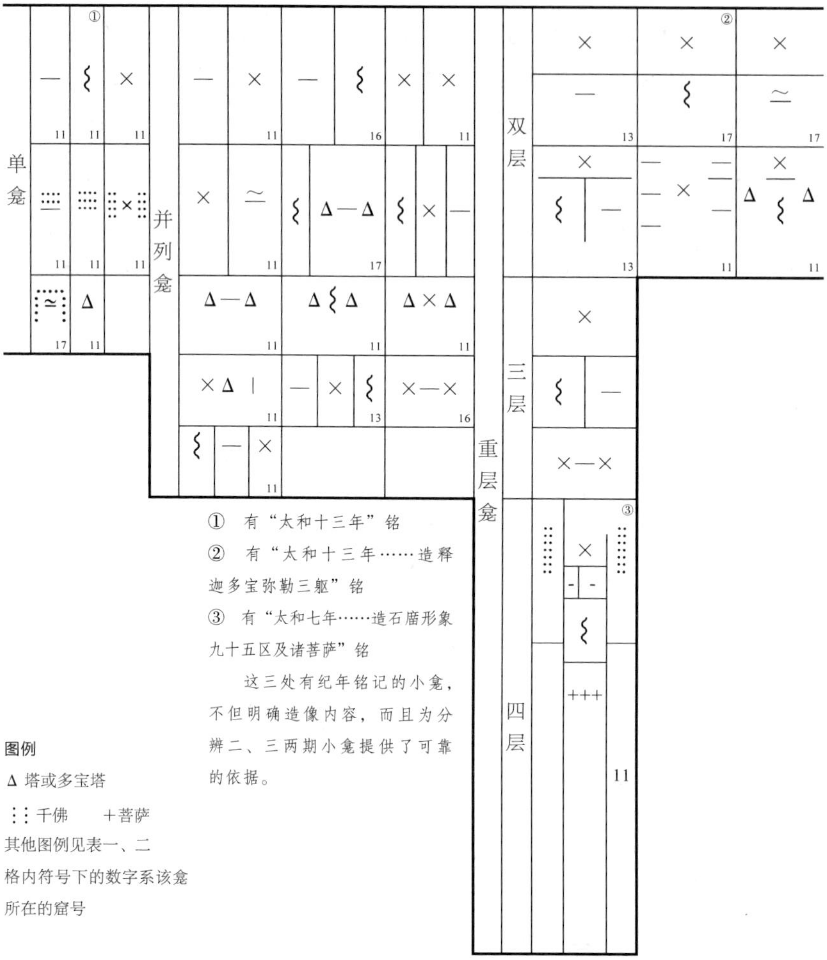

第二期石窟和龛像的急剧增多，反映了文成帝以后孝文迁洛之前这一阶段，佛教在北魏统治集团的提倡下，发展迅速。《大唐内典录》卷四记“恒安郊西谷东石碑具在，其碑略云，自魏国所统资赋，并成石窟”事，主要应是指这一期的情况。第二期窟龛的现存铭记，除皇室外，还有官吏（如《金碑》所记的钳耳庆时）、上层僧尼（如 17 窟造三像龛的比丘尼惠定）和在俗的邑善信士（如 11 窟造石庿形象九十五区的邑善信士五十四人）等，表明这时云冈已不限于皇室开窟；窟龛的造像内容，进一步说明云冈这时已成了北魏京城附近佛教徒的重要宗教活动的场所。如果说云冈第一期造像作为僧人禅观的对象还不甚明确的话，第二期窟

甲

乙

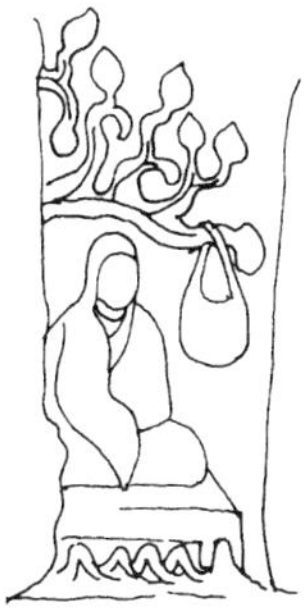

丙

3 第7、5、12窟“树下坐禅”
甲 7窟明窗西侧
乙 5窟窟门西壁
丙 12窟明窗东侧

龛的形象就十分清楚了。特别是在面积较小的范围内，把主要佛像集中起来的小龛的形象，表明禅观这个宗教目的尤其明显。这时窟龛不仅继续雕造禅观的主要佛像，如三世佛、释迦、弥勒和千佛，并且雕出更多的禅观时所需要的辅助形象，如本生、佛传、七佛和普贤菩萨以及供养天人等，甚至还按禅观要求，把有关形象联缀起来，如上龛弥勒，下龛释迦。这种联缀的形象，反映在释迦多宝弥勒三像组合和流行释迦多宝对坐及多宝塔上，极为明显。这样安排，正是当时流行的修持“法华三昧观”时所必要的[16]。可能是“东头僧寺，恒供千人”(《续高僧传·昙曜传》)的第3窟，有人怀疑它是昙曜雕凿的大型禅窟，这个怀疑，由于3窟上部发现了弥勒窟室，有了更有力的佐证。坐禅入定，急需“次后作佛”(《妙法莲华经·从地涌出品》)的弥勒决疑，以求往生包括兜率天在内的佛国净土。下边开凿巨大的禅窟，上部单独雕出一个弥勒形象，显然是为了禅观的需要，因此，在这一期石窟主像的布置上，交脚菩萨装的弥勒就取得了越来越重要的地位：

7、8一组，交脚弥勒尚在三世佛的组合之中。

9、10，1、2两组，弥勒就和释迦分别为双窟中一窟的主像；11、12、13一组，就和释迦（或释迦多宝）分别成了上下龛的主像；在不少小龛中，弥勒也和释迦成了并列和上下龛的关系。

到了3窟，弥勒就独占上室，成为北魏时期3窟中唯一的大型佛像；11窟的小龛中，也出现了以弥勒为主像的情况，甚至还出现了双弥勒龛。

由于石窟和禅观联系密切，这期不少窟室的窟口和明窗的两侧雕出了“树下坐禅”。推测是孝文帝兴凿的5、6，7、8两组更为突出。看来，这很可能是当时有意树立的禅定的标准形象（插图3）。修禅宜僻静，“高祖（孝文帝）践位，显祖（献文帝）移御北苑……建鹿野佛图于苑中之西山”(《魏书·释老志》)，“注诚端思，仰模神影……凿仙窟以居禅，……或步林以径行，或寂坐而端宴”(《广弘明集》卷二九高允《鹿苑赋》)。佛陀禅师至魏平城，孝文帝敬之，“别设禅林，凿石为龛，结徒定念”(《续高僧传·佛陀禅师传》)。云冈环境，处崖边水旁，正适禅寂。北魏统治集团自文成以后，特别在孝文时期，在云冈为佛教徒建立了一个习禅的重要地点，可以无疑。当时的习禅僧人有的是为宗教所欺骗，祈求“解脱”；但更多的是“假称入道，以避输课”；也有的是像“承明元年(476)八月，高祖(孝文帝)于(平城)永宁寺设太法供，度良家男女为僧尼者百有余人，帝为剃发，施以僧服，令修道戒，资福于显祖(献文帝)”那样，被皇室大族为了自家做功德所度舍；当然也会有像以后一些上层“僧尼辄度他人奴婢”，或是“多养亲识及他人奴婢子，年大私度为弟子”的。我们对照当时已译出的《禅经》[17]，结合云冈的具体条件，可以估计那时云冈集聚了不少如上所述的各种禅僧，他们自愿或不自愿地为佛教上层禅师所摆布，被强制地摒除所谓尘世欲望，着魔般地按规定顺序，就窟龛观看各种石像，然后分布于水边、树下、崖间、龛内等幽静之处，打坐苦忆所观的形象，如果苦忆不出(不能入定)，就要一遍一遍地再度入窟就龛观像坐禅，实在解决不了，就得请求弥勒决疑。弥勒地位在这期不断提高，正反映了禅僧们的极端苦闷。坐禅僧人就是这样经年累月，冥思穷想，精神极度疲惫之后，于是朦朦胧胧，有若弥勒面奉，释迦现前，千佛授手，七佛见证，或是涌现宝塔，化佛遍布，恍恍惚惚，而渐入幻想中的佛国，终于神经错乱而成为统治阶级残酷统治的牺牲品。总之，第二期石窟清楚地表明当时自皇室以迄上层僧尼和所谓的“邑善信士”的统治阶级，浪费大量人力、物力，雕窟龛，造佛像，甚至广度僧尼为他们祈求福田饶益，而广大劳动人民则为他们输租调，服劳役，甚至被强迫出家为他们做功德。这样一幅对比鲜明的阶级压迫图画，就是第二期石窟所反映的当时北魏社会的最真实的形象。

太和十八年(494)孝文迁洛，平城仍为北都，云冈作为佛教要地尚在继续，凿窟雕龛并未少歇，尽管大型窟减少了，中小窟龛却自东迄西遍布云冈崖面，甚至向西一直延续到云冈以西三十里外的焦山南坡[18]。这种迹象，说明当时北魏北部地区的阶级关系与北魏其他统治区一样，不仅未因迁都而缓和，反而更加激烈了。据《金碑》所记，云冈铭记纪年最晚的是孝明帝正光五年（524），这个记录与现存窟龛情况相符合，因此，云冈第三期的具体时间，应是公元494～524年（参看图版43～45）。

云冈第三期主要洞窟分布在20窟以西。4、14、15窟和自11窟以西崖面上部的小窟，还有4～6窟之间的中小窟，大都属于这一期。此外，第一、二期窟中，也多有第三期补刻的小龛。

云冈第三期有别于以前的较显著的特点是：没有成组的窟，中小窟多，布局多样的小龛遍布云冈各处。洞窟内部日益方整，塔洞、千佛洞、四壁重龛式和四壁三龛式的洞窟，是这时流行的窟式。窟口外面的崖面上出现了券面和力士等雕饰，这种雕饰愈晚愈繁缛。第二期布置在窟内的那样丰富而生动的浮雕场面，这时已很少见。个体形象中也没有出现新的式样，但造型愈来愈瘦削，衣服下部的衣纹越来越重叠。龛楣、帐饰也越来越复杂[19]。

由于第三期窟龛数量多，现就第三期窟中常见的四种不同类型的石窟分别选例综合叙述如下。

4窟，4、5窟之间的未编号塔窟和39窟[20]，都属塔洞。正中雕塔或方柱，壁面多凿千佛小龛，为其共同点。4窟与第二期的11窟相似，中心方柱没有雕出塔形，柱身四面皆雕立佛像。该窟南壁窟口上方有正光纪年（520～524）的小龛，这是云冈现存最晚的北魏纪年铭记。4、5窟之间未编号塔洞和39窟都镌出五层塔，塔正面第一层正中的小龛都雕释迦多宝对坐像。39窟东西后三壁皆雕千佛，后壁千佛中现释迦多宝龛，东西壁千佛中现释迦龛（表五）。

表五

39窟平面	主要造像						
	塔						四壁
		五层	四层	三层	二层	一层	
	S	－－－－－	－－－－－	×≃×≃×	≃× － ×≃	－≃{≃－	千佛
	W	－－－－－	－－－－－	↑× － ×↑	× －≃－ ×	－≃{≃－	
	N	－－－－－ ?	－－－－－ ?	×≃×≃×	－ × － × －	－≃－≃－	
	E	－－－－－	－－－－－	↑× － × ↑	× －≃－ ×	－－－－－	

图例　见表一、二、三

14、15 窟。14 窟内列柱满雕千佛龛，后壁主像是弥勒。15 窟是典型的千佛洞，四壁皆千佛。后壁千佛中，上部现弥勒龛，下部现释迦多宝龛，东西两壁千佛中现释迦龛，南壁满镌千佛。云冈对岸西湾的雕满千佛的南、北两窟，也属这一类。

四壁重龛式的中小型洞窟约二十座（表六）。时间较早的，后壁多雕一大龛，主像有释迦，有释迦多宝，如 11B、21、29。时间较晚的后壁多与东西壁同为重龛形式，后壁重龛中的佛像：多上龛弥勒，下龛释迦或释迦多宝，如 23A、31H；也有上龛弥勒，下列千佛的，如 11J；还有释迦弥勒分层错落布置的，如 15A。后壁雕大龛，东西壁重龛组合复杂，甚至有在角隅或下部出现佛传故事[21]和维摩文殊等像的，如 32E、34A、38 等，也是较晚的式样。

四壁三龛式多小型洞窟，三十余座（表七）。4、5、11、13 窟附近的小窟和 22、23、27、28A、33、38 等窟，是现存较完整的。这类洞窟窟内后壁主像多释迦或释迦多宝，东壁大部雕弥勒。

第三期小龛，东自 4 窟，西迄 39 窟塔洞以西都有分布，但 4、5、11、13、16、17、18 和 19 窟西胁洞以及 39 窟口附近较为集中。这期小龛，单像龛日趋简单；并列龛出现了新组合，双塔的布局数量增多；重层龛复杂化，这一点和同期的四壁重龛式窟有相似处（表八）。

第三期中小窟龛的发展，表明迁洛以后的北魏晚期，佛教在平城地区的中下层蔓延起来。现存铭记中，记录窟主官职最高的是从二品散侯爵位的从三品冠军将军（38 窟口外上方吴忠伟为儿子华□侯吴天恩造像铭中的吴天恩），小龛龛主最高的是四品下阶的常山太守（11 窟明窗东壁太和十九年妻周为亡夫田文虎造释迦弥勒龛铭中的田文虎）。铭记最多的大都是没有官职的佛教徒，他们有的称清信士（如 19 窟右胁洞后壁下部延昌四年造像铭中的清信士元三），有的称佛弟子（如 11 窟西壁太和二十年造像铭中的佛弟子某），也有没有称谓直接镌刻姓名的（如 27B 窟东壁惠奴造像铭）。凿窟龛的目的，大部分是为亡者祈冥福，也有的是为生者求平安。值得注意的是，延昌正光间的铭记中，出现了愿“托生净土”（4 窟南壁正光□年为亡夫侍中平原太守造像铭）和“愿托生西方妙乐国土，莲花化

表六

窟号	11B	12E	15A	21	23A	23B	26	27B	28	29	31C	31E	31H	32A	32B	32C	32D	32E	32F	34A	38	39J	25	31B
W	?	— —	— ≀ ⋯	——— —≀— —×— ——— —×—	—— ——	≃×≃ ——— ———	—×— ———	—— ——	? —— ——	| — ? — —	?	— ×	≃ —	?— ??	— ×—× ≀—	×—× ≀—	— ×	▲—▲ ×	× —	≃ ▲—▲	? ?	—— ——	× ≀	?— —?
N	—	?	—— ×—× —×—	≀	×× ——	≀	××× ≃—≃	—	×≃× ≃—≃	×≃× ———	≀	≀	× ≀	≀	≀	—	≀	≀	≀	—	≀ □□	?	≃≀≃	≀
E	× ≀	— ×	— ≀ ⋯	× ≀	? ?	≃—? ?—? ?—?	— ? ——?	—— ——	—— | ——	×— ——	≃—≃ ???	? ?	?	?? ??	? ? ?	? ?	?	□?? ?	?	?	× —	—≀ ??	× ≀	?

图例　▲左文殊，右维摩　□左乘象入胎，右逾城出家　　其他图例见表一、二、四

表七

位置 \ 窟号	4A	5A	5B	11A	11L	13A	13C	13D	13F	13G	13B	13H	21B	22	23	26F	27L	31F	31L	32H	35	36	37C	38I	39C	39I	40C	41A	41C	42
W	—	—	—	—	×	|	≀	....	|	—	—	....	≃	| |	≀	?	—	—	—	—	—	≃	—	≃	|	?	?	×	—	—
N	—	—	—	≀	—	—	—	—	—	—	—	—	—	≀	×——	—	≀	—	—	≀	—	—	×	—	—	—	—	≀	≀	≀
E	×	×	×	×	×	|	×	....	×	×	×	....	?	?	≀	×	—	≀	—	×	×	—	—	?	?	| |	×	?	×	×

表八

<table>
<tr><th colspan="2">单　龛</th><th colspan="4">并 列 龛</th><th colspan="6">重 层 龛</th></tr>
<tr><th colspan="2"></th><th colspan="4"></th><th colspan="4">二　层</th><th colspan="2">三层和三层以上</th></tr>
<tr><td>—①
11</td><td>⁞—⁞
11</td><td>— | —
30</td><td>× | ≀
16</td><td>△ ≀ △
11</td><td>× | — | ×
4</td><td>△
—
39</td><td>×③
△—△
11</td><td>× | —
— | ≀
4</td><td>□ | × | □
△ | ≀ | △
13</td><td>×
—
—
18</td><td>—
□ / + / | / △ | × ≀</td></tr>
<tr><td>×②
35</td><td>⁞×⁞
4</td><td>— | ≀
13</td><td>× | —
5</td><td>△ × △
11</td><td>— | × | —
39</td><td>×
—
16</td><td>×
—|—
5</td><td>— × —
△ — △
14</td><td rowspan="2">□ | — | □④
| |
19E</td><td>— × —
— ≀ —
—   —
17</td><td>七佛
≃ | ×
≃ | —
≡ ? | —</td></tr>
<tr><td>≀
5</td><td>七佛
×
19E</td><td>≀ | ×
16</td><td>△ — △
11</td><td>≀ | △—△
17</td><td>≃ | × | ≃
13</td><td>×
≀
5</td><td>—|—
×
11</td><td>× — ×
△ ≀. △
14</td><td>≃ × ≃
— ? —
?   ?
16</td><td>七佛
≃ | ×
— |
≃ | —</td></tr>
</table>

其他图例见表一、二、三、四、六

① 除11窟有“大和二十年”铭龛外，27B窟有“正始四年”“延昌三年”铭龛，4窟有“正始□年”铭龛。

② 有“延昌四年……造弥勒七佛并菩萨”铭。

③ 有“太和十九年……造释迦文佛弥勒二躯”铭。

④ 有“延昌四年”铭。

生”（见19窟上引清信士元三造像铭）之类的新要求。这说明北魏晚期佛教中的净土崇拜已渐泛滥，并流播云冈。此外，18窟窟口西壁镌刻了“大茹茹……可敦”的铭记，表明平城佛教这时更进而影响了北方的柔然族。宗教的广泛蔓延，是当时社会极度黑暗的反映。第三期窟龛在形象上，更向符合禅观的方面发展：一部分雕出了有次序的“法华三昧观”所要求的主要内容，如上述四种类型中的前两种，即塔洞和千佛洞；另一部分即四种类型中的后两种，四壁重龛窟和四壁三龛窟。这两类石窟，既延续第二期释迦弥勒并重的趋势，又集中雕出《禅经》所提出的幻想的主要形象，同时石窟的规模又日趋低小，因此，有理由怀疑这两类石窟，特别是只可容纳一人寂坐的四壁三龛窟，实际就是为了僧人禅居所开凿。所以，这类窟中的38窟的东壁北部既雕出了禅坐僧人像，南壁东侧下部又雕镌出专对静坐禅僧慰藉的“鹏鹫怖阿难入定因缘”〔22〕（插图4）。这一期小龛出现释迦多宝对坐与弥勒并列龛；流行双塔对峙龛；重层龛也加重了释迦多宝

4　第38窟南壁雕鹫怖阿难入定因缘

与弥勒的联系；见证深定的七佛也在小龛中出现。这期小龛的内容，和上述四类洞窟同样强化了禅观的气氛。第三期窟龛的这种设计，更清楚地表达了主要是为了僧人更易于进入幻境（入定）而布置的特点，同时，有力地说明，当时云冈习禅之风已臻极盛。坐禅僧人的数字自然要有显著的增加。“正光已后，天下多虞，王役尤甚，于是所在编民相与入道，假慕沙门，实避调役。……略而计，僧尼大众二百余万矣”（《魏书·释老志》），“于时民多绝户而为沙门”（《魏书·李孝伯传附从孙玚传》）。出家当僧人，并不能真正逃避官府的控制，永平神龟间（508～519），一再申令：“如来阐教，多依山林”，僧众不得“游行民间，乱道生过”；甚至编造“（洛阳）崇真寺比丘惠凝死，一七日，还活。……具说过去之时，……阎罗王曰：‘沙门之体，必须摄心守道，志在禅诵，不干世事，勤心念戒，不作有为。’……（灵太后因）请坐禅僧一百人，常在殿内供养之”等鬼话，威胁利诱，迫使“京师比丘悉皆禅诵”（《洛阳伽蓝记》卷二）。这些记载，提供了孝文帝以后，宣武、孝明时期佛教泛滥的一般情况，特别是指明僧人的主要来源，这时已转移到“实避调役”的编民方面。因此，尽管北魏末年统治阶级更加卖劲地提倡佛教，强化僧规，但从中原到北方广大地区的入道沙门，不仅“不能改肃”，而且愈来愈多地进行各种反抗，甚至冲破重重枷锁，参加到农民起义的行列中来〔23〕。当时云冈虽然没有留下僧人起义的记录，但正光四年（523）围绕平城的六镇镇民已相率起义，“执（武卫将军于）景杀之。……诸镇华夷之民往往响应”（《资治通鉴·梁纪五》），后三年即孝昌二年（526），“流民寇恒州……陷平城”（《资治通鉴·梁纪七》）。可以推断，在这种革命形势下，云冈居禅的妖雾顿时消散，统治阶级精心建立的佛教“圣地”顷刻崩毁。《金碑》所记“验其遗刻”，“终乎正光”，极盛一时的云冈，终于在如火如荼的激烈的阶级斗争的风暴中沉寂下去了。

本文原刊《考古学报》1978年第1期。此次重刊，除增加注〔2〕和更正了几处文字、图表错误外，未做大的改动。

注释

〔1〕 引自《魏书·释老志》，以下引文凡未注明出处的，皆引自此书。

〔2〕 此据《魏书·礼志一》"太和十五年（491）四月，经始明堂，改营太庙。诏曰……烈祖（道武）有创基之功，世祖（太武）有开拓之德，宜为祖宗，百世不迁。而远祖平文，功未多于昭成，然庙号为太祖；道武建业之勋，高于平文，庙号为烈祖。比功校德，以为未允。朕今奉尊道武为太祖，与显祖为二祧，余者以次而迁"所推测。按文成帝时的五帝，据《魏书·儒林·孙惠蔚传》"（太和）二十二年（498）……先是，七庙以平文为太祖，高祖议定祖宗，以道武为太祖。祖宗虽定，然昭穆未改。及高祖崩，祔神主于庙，时侍中崔光兼太常卿，以太祖既改，昭穆以次而易……惠蔚曰：此深得礼变。寻为书以与光，赞明其事"，似应从平文始，即平文、昭成、道武、明元、太武，既不及景穆，更不及文成本人。然就魏收《魏书》全书体例，凡书太祖俱指道武，因疑《释老志》所记"太祖已下五帝"的太祖，已因孝文之诏改为道武的庙号。

〔3〕 参看刘慧达《北魏石窟中的"三佛"》，刊《考古学报》1958年第4期。

〔4〕 佛教来自西方，故早期建佛寺多选地在都市之西。《魏书·释老志》记"魏明帝曾欲坏宫西佛图"，知曹魏先建佛图于宫之西。北凉沙门智嵩"以戒自誓，遂饿死于酒泉西山"，献文"建鹿野佛图于苑之西山"。又北魏旧俗亦重西方，如《魏书·礼志一》所记"天兴元年（398），定都平城，即皇帝位……祀天之礼用周典，以夏四月亲祀于西郊……天赐二年（405）夏四月，复祀天于西郊……执酒七人西向，以酒洒天神主，复拜，如此者七，礼毕而返。自是之后，岁一祭"，结合"昙曜白帝，于京城西武州塞，凿山石壁，开窟五所"（《魏书·释老志》）内的佛像形制，推测此五窟开凿，系自最西之20窟开始，依次而东，16窟完工最迟。因此，五窟与五帝相配，亦应自西循序向东。此种排列方式，当与中原传统之庙堂昭穆次序有别。

〔5〕 参看汤用彤《汉魏两晋南北朝佛教史》下册第十四章《佛教之北统》、第十九章《北方之禅法净土与戒律》，1955。

〔6〕 同样情况也反映在敦煌莫高窟北魏石窟中。如分层分段附有榜题的壁面布局和汉式传统的建筑装饰，见于莫高窟251、254、257、259、275等窟。275窟中尚画有世俗的供养人行列。

〔7〕 此碑久佚。1947年在北京大学图书馆所藏缪荃孙传抄的《永乐大典》卷四六五〇《顺天府》七引元熊自得《析津志》中重新发现该碑碑文。参看收入本论文集的《〈大金西京武州山重修大石窟寺碑〉校注》。

〔8〕 参看《〈大金西京武州山重修大石窟寺碑〉校注》一文中的［注六］。

〔9〕 参看《〈大金西京武州山重修大石窟寺碑〉校注》一文中的［注七］、［注八］。

〔10〕 太和十年（486）"帝始服衮冕，……以法服御辇祀于西郊"（《魏书·高祖纪下》）。"（太和）十年四月，帝初以法服御辇，祀于西郊……（太和十五年十一月）帝衮冕辞太和庙，之太庙，百官陪从"（《魏书·礼志一》）。太和十六年"诏罢祖裸（袒裸）"之俗，十八年"革衣服之制"（《魏书·高祖纪下》）。云冈褒衣博带装束的佛像，有纪年铭文可考的最早实例是11窟上方太和十三年（489）铭释迦多宝龛。着右袒大衣的佛像，有纪年铭文可考的最晚实例是17窟明窗东侧的释迦多宝弥勒三像龛，龛铭纪年也恰是太和十三年。这个巧合，可以说明太和十三年应是这两种服制的交替时期。6窟佛

像既已全部褒衣博带，表明该窟的竣工，应在太和十三年之后。

〔11〕见金维诺《中国美术史稿》(未刊)。

〔12〕此龟趺丰碑崩毁剥蚀，已失原态。《魏书·释老志》："景明初（500），世宗诏大长秋卿白整准代京灵岩寺石窟，于洛南伊阙山，为高祖（即孝文帝）、文昭皇太后营石窟二所。"此二所石窟即今洛阳龙门石窟的宾阳洞和宾阳南洞。宾阳洞和宾阳南洞间的隔壁前端，镌有下具龟趺的大碑，这应是沿云冈孝文帝石窟，即5、6，7、8两组石窟的旧制。关于龙门宾阳二洞的龟趺大碑，参看王去非《关于龙门石窟的几种新发现及其有关问题》，刊《文物参考资料》1955年第2期。

〔13〕参看云冈石窟文物保管所等《云冈石窟建筑遗迹的新发现》，刊《文物》1976年第4期。

〔14〕参看《〈大金西京武州山重修大石窟寺碑〉校注》[注二七]。

〔15〕参看《〈大金西京武州山重修大石窟寺碑〉校注》[注一三]。

〔16〕法华三昧观的具体情况，见《妙法莲华经·见宝塔品》《思惟略要法·法华三昧观法》。

〔17〕当时已译出的禅经，主要有姚秦鸠摩罗什译的《坐禅三昧经》《禅秘要法经》《思惟略要法》，东晋佛陀跋陀罗译的《观佛三昧海经》和刘宋昙摩蜜多译的《五门禅经要用法》等。

〔18〕参看王逊《云冈一带勘查记》，《雁北文物勘查团报告》，1951。

〔19〕这一期特征有许多方面和洛阳龙门石窟中的莲花洞、石窟寺、火烧洞、魏字洞等北魏开凿的窟龛相似。

〔20〕云冈石窟20窟以西，即20窟以后的窟号，暂用水野清一等人的编号，参看日本京都大学人文科学研究所《云冈石窟》第十五卷《西方诸窟》，1955。

〔21〕佛传故事以能仁菩萨乘象入胎和悉达太子骑马逾城出家为多见，参看阎文儒《云冈石窟造像中一些题材的考释》，刊《现代佛学》1963年第2期。

〔22〕鹏鹫怖阿难入定因缘故事，见《法显传》和《大唐西域记》卷九。后者记录较详："(摩揭陀国)姞栗陀罗矩吒山（唐言鹫峰）……山崖侧有大石室，如来在昔于此入定。佛石室西北石室前有大盘石，阿难为魔怖处也。尊者阿难于此入定，魔王化作鹫鸟于黑月夜分，据其大石，奋翼惊鸣，以怖尊者(《法显传》作'天魔波旬化作鹏鹫，在窟前恐阿难')，尊者是时惊惧无措。如来鉴见，伸手安慰，通过石壁，摩阿难顶，以大慈言而告之曰，魔所变化，宜无怖惧。阿难蒙慰，身心安乐。石上鸟迹，崖中通穴，岁月虽久，于今尚存。"(《法显传》作"鸟迹手孔悉存，故曰鹏鹫窟"。)《水经注·河水》也略记此事，应是录自《法显传》。参看通一、董玉祥《云冈第五〇窟的造像艺术》，刊《现代佛学》1963年第2期。关于此窟的报道，以于希宁《云冈拾遗》为最早，该文刊《文物参考资料》1957年第10期。

〔23〕在我国农民起义史上，唯有北魏末年的农民起义队伍中有较多的僧人参加，甚至有多起直接由入道的沙门所领导。参看《魏书》的《世宗纪·肃宗纪·孝庄纪·废出三帝记》和《释老志》。在多起的由僧人领导的起义中，值得注意的是延昌四年（515）六月"沙门法庆聚众反于冀州"(《魏书·肃宗纪》)，他们"所在屠灭寺舍，斩戮僧尼，焚烧经像，云新佛出世，除去众魔"(《北史·魏景穆十二王传·京兆王子推传附子遥传》)，此新佛出世，即"弥勒下生"之谓。北魏统治集团妄图消灭反抗，提倡禅诵，而极力宣传的弥勒，竟然被起义僧人利用为造反的根据。搬起石头砸自己的脚，这是不依反动统治阶级意志为转移的必然结果。

《大金西京武州山重修大石窟寺碑》的发现与研究

——与日本长广敏雄教授讨论有关云冈石窟的某些问题

1956年我在《北京大学学报·人文科学》第1期发表了《〈大金西京武州山重修大石窟寺碑〉校注》（以下简称《校注》），对《大金西京武州山重修大石窟寺碑》（以下简称《金碑》）做了初步整理。二十年后，即1976年夏，为了辅导同学参观山西大同云冈石窟（即武州山石窟），根据《校注》的某些推论，结合北魏当时的历史情况，编写了《云冈石窟分期》的参考材料。粉碎“四人帮”后，略作修饰以《云冈石窟分期试论》（以下简称《试论》）为题，发表于《考古学报》1978年第1期。1980年2月，日本长广敏雄先生写了一篇《驳宿白氏的云冈石窟分期论》（《宿白氏の雲岡石窟分期論を駁す》），发表于日本京都《东方学》第60辑，对我上述两文提出了异议。异议的主要部分是：一、对《金碑》的来源、碑文本身以及我的录文，都表示怀疑；二、对碑文中提出的十寺的位置和十寺中我们认为与云冈石窟某些洞窟可以比定的几个佛寺的年代，提出了不同看法；三、因此，他认为研究云冈石窟的年代与分期，不应重视来源不明的《金碑》，而应取决于雕刻造型的形式。此外，还提到了冯熙与云冈的关系、北魏服制改革的时间等问题。下面我们针对长广的主要异议，分四个题目进行讨论；长广提到的其他问题，凡可涉及的也略作说明。请国内外留心云冈石窟的同好和长广先生不吝指正。

一 《金碑》碑文的著录与发现

《金碑》原碑石不知毁废于何时。该碑也无拓本传世。现只存渊源于元末熊自得《析津志》中抄存的碑文录文。

熊自得，字梦祥，号松云，江西丰城人，博学强记，以茂才异等被荐为白鹿洞书院山长。顺帝时，授大都路儒学提举、崇文监丞，有声于公卿间。熊于《元史》《新元史》俱无传，其事迹见元顾阿瑛《草堂雅集》，明李贵《丰乘》《康熙丰城县志》《雍正江西通志》《乾隆南昌府志》等[1]。熊撰《析津志》，当在任大都路儒学提举、崇文监丞时，初稿名《燕京志》，编辑在至正十七年（1357）欧阳玄逝世之前。《通志堂集》卷一四《渌水亭杂识》一记熊辑此书初稿的情况云："斋堂村，在〔大都〕西山之北百余里……元豫章熊自得偕崇真张真人住居，撰《燕京志》。欧阳原功[2]、张仲举[3]皆有诗送之。原功诗云：'先生去隐斋堂村，境趣佳处如桃源……熊君携笈今就子，绕舍木叶书缤緸……。'仲举诗云：'……近闻《京志》将脱藁，贯穿百氏手自翻，朱黄堆案墨满砚，钞写况有能书孙。云晴辄辱（《日下旧闻考》卷一〇六引文"辱"作"寻"）羽客去，谷熟方来山鸟喧，土床炕煖石窑炭，黍酒香泛（《日下旧闻考》引文"泛"作"注"）田家盆，要知精舍白鹿洞，不待公车金马门。'"[4]其后据现存记录，知熊曾多次增补初稿[5]。至正二十三年（1363），熊自东胜来云冈亲访《金碑》，次年誊录碑文于何尚书思诚东斋[6]，后补入书内。因可估计熊书定稿当去元明易代之际不远。《析津志》一名，约是定稿阶段所更改。《析津志》定稿后，似未曾刊印。现存佚文直接、间接都出自《永乐大典》。

明永乐初纂《大典》时，书中的天下图志由胡俨总裁。胡系熊的乡后辈，对熊颇钦重，《析津志》见录于《大典》，大约出自胡俨的推荐[7]。《大典》征引《析津志》，分散于各韵，天字韵下《顺天府》条录入尤多。清光绪十二至十四年间（1886～1888），缪荃孙从国子监借抄天字韵《顺天府》残本八卷，见《艺风堂文续集》卷四《永乐大典考》。《艺风老人戊子（光绪十四年）日记》又记缪亲自校对抄出的《大典·顺天府》残本事："四月六日，校《顺天志》毕。还《同听秋声图》手卷及《永乐大典》三册于志伯愚……《永乐大典》中有明初《顺天府志》二十卷，今存四千六百五十起，四千六百五十七止。为《府志》卷七至卷十四（插图1）。[8]"此缪氏抄校的《大典·顺天府》残

建也凡有十名一通示二靈巖三鯨崇四鎮國五護國六
天宮七崇教八童子九華嚴十兜率按北史魏太祖道武
皇帝拓跋珪以東晉武帝大元十三年稱王於定襄之盛
樂國號代建元登國後乃即真還都平城號恆安都今西
京是也二世曰明元帝三世曰大武帝四世曰文成帝五
世曰獻文帝六世曰孝文帝始都洛陽改姓元氏七世曰
宣武帝八世曰孝明帝孝明之後權歸藩鎮而魏祚衰矣
魏紀凡建寺皆書而不書此寺唯文獻紀書皇興元年八
月幸武州山石窟寺又按雲中圖云文成和平八年獻文
天安元年革興造石窟寺然未知有何所據今寺中遺刻
所存者二一載在護國大而不全無年月可考一在崇教

小而完其略曰安西大將軍散騎常侍吏部內行尚書宕
昌鉗耳慶時鐫也巖開寺其銘曰承藉福遐邈冥慶仰鍾
皇家卜世惟永蓋慶時為國祈福之所建也末云大代太
和八年建十三年畢按道武登國元年即代王位四月改
稱魏王皇始元年稱帝天興元年詔羣臣議國號咸謂國
家啓基云代應以代為號帝不從詔國號魏天興至孝文
太和至三年凡九十載而碑仍稱代何也參稽內典矛楯
為史元氏錄云道武皇帝改號神瑞當東晉武帝大元元
年立恆安都於郊西土谷石壁皆劖鑿為窟東西三十里
櫛比相連按神瑞時明元所改歲在癸丑當東晉安帝隆
安十七年在太元後三十七年矣其舛誤如此續高僧傳

云沙門曇曜於文成帝和平中住石窟通樂寺大唐內典
錄云曇曜帝禮為師請帝開石窟五所東為僧寺名曰靈
巖西為尼寺不言其名僧法矜為寺記云十寺魏孝文帝
之所建也護國東壁有拓國王騎從廣弘明集云即孝文
皇帝建寺之主也帝王於天宮寺以金銅造釋伽像衆記
參差如此竟不知經始在於何帝以竟推之道武遷都之
後終其世纔十年其間創立城郭宮室宗廟社稷百官制
度見於史筆其事實繁至於鑿山為寺理應未暇道武燬
教末帝雖感白足之言尋即殂落亦非其所為也獻文即
位之初幸其寺則寺興於前矣其間惟明元文成二帝據
錄特標神瑞之號明元實經其始內典錄明載和平之事

役人奏特賜提點僧禪紫衣并通慧大德號九年元帥府
以河流近寺恐致侵嚙委煙火司差夫三千人改撥河道
此則皇朝外護之大略也嗚呼青鸞肇於西域徒見其名
白馬興於中土景儀其志未知此寺殊功聖迹亘古今而
常存者也先是亡遼季世盜賊群起寺遭焚劫靈巖棟宇
掃地無遺皇統初緇白命議以為欲圖修復須仗當仁乃
請惠公法師住持師既駐錫即為化緣富者樂施其財貧
者願輸其力於是重修靈巖大閣九楹門樓四所香廚客
次之綱常住寺位凡三十楹輪奐一新又創石垣五百餘
步屋之以瓦二百餘楹皇統三年二月起工六年七月落
成約費錢二千萬自是山門氣象翕然復完矣師又以靈

巖古刹既為灰燼護國大碑又復摧燬勝槩不傳居常歎
息欲表前蹤以垂後世乃礲巨石謁文於予予既聞師名
又嘉其志遂不復辭為摭實而書之師名稟慧姓王氏弘
州永寧人幼於天成縣幽峯院出家受具自十八歲講華
嚴經摩訶演論辯析疑徽聽者常數百人四十五歲徙遊
方即其所傳天眷元年奉聖旨傳菩薩戒皇統三年轉運
司定充本寺提點申行臺尚書省繼准唐堂帖師住明悟
威儀端重一方欽仰建化之功頗多至於石窟為最玄皇
統七年夷門曹衍記并書傳菩薩戒提點大石窟寺沙門
稟慧助辯經武將軍前西京軍器庫使騎都尉太原縣開
國男食邑三百戶王慶祐前西京癸卯年臘月二十四日

予自東勝來是日宿於寺之方丈受清供次日達西江次
年二月八日始錄上草本於何尚書思誠東齋」西祥寺
在仙露坊　女天王寺　大德寺　石幢　法寶石經幢
法華經幢崇仁藏經廒　弘法寺八教　法藏寺八教
已上並見析津志　永泰寺　輿地要覽　奉聖寺　濟衆寺　崇恩
福元寺碑大德十一年先帝立極親祼大室乃慨然曰予
曾予祖世祖聖德神功文武皇帝裕宗文惠明孝皇帝至
元三十有一年成宗既祔廟矣而惟皇考實誕眇躬位大
尊顯肆類于上帝誄行定謚曰順宗昭聖衍孝皇帝琢玉
寶冊納諸廟中尊皇太后以儀天興聖慈仁昭懿壽元之
號遹之為子遠之為孫其孝以慈可謂致極而於宸心猶

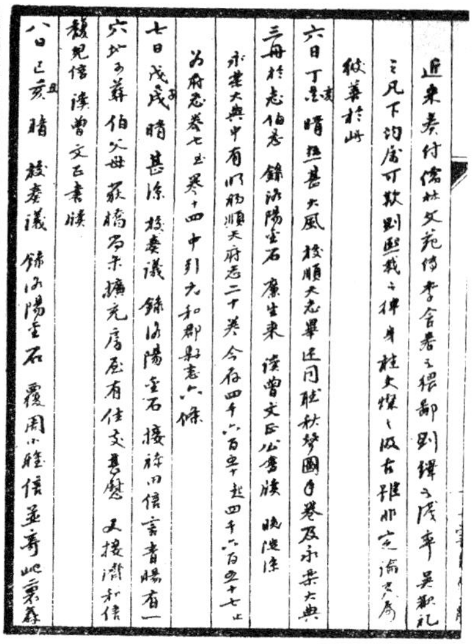

近來若付儒林文苑傳李含春之張御史劉鐸之茂亭　吳觀禮
之凡下均屬可歎劉熙載之伯舟　桂文燦之作古　張府宗瀚等為
被華於此
六日丁未　晴　熱甚大風　校順天志畢　还同社秋夢圖手卷及永樂大典
三冊於志伯處　錄汾陽金石　康生來　讀曾文正公書牍　晚涼
永樂大典中有明初順天府志二十卷　今存四千六百五十起四千六百五十七止
為府志卷七至卷十四中引元和郡縣志六條
七日戊申　晴　甚涼　校奏議　錄汾陽金石　接蔣日信　言青陽有一
穴，如可葬伯父母　蘇橋為東擴充，屆有佳文甚慰　又接濟和信
覆兜信　讀曾文正書牍
八日己酉　晴　校奏議　錄汾陽金石　覆周小隆信並寄此□□

1　《艺风老人戊子日记》中记抄校《大典·顺天府》残本段落

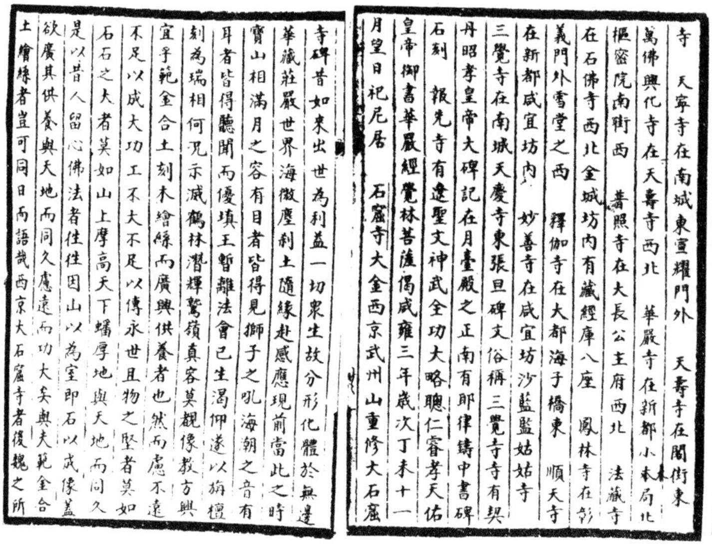

寺　天寧寺在南城東宣耀門外　天壽寺在閣街東
萬佛興化寺在天壽寺西北　華嚴寺在新都小木局北
樞密院南街西　普照寺在大長公主府西北　法藏寺
在石佛寺西北金城坊內有藏經庫八座　鳳林寺在彰
義門外雪堂之西　釋伽寺在大都海子橋東　順天寺
在新都咸宜坊內　妙善寺在咸宜坊沙藍藍姑寺
三覺寺在南城天慶寺東張旦碑文俗稱三覺寺寺有契
丹昭孝皇帝大碑記在月臺殿之正南有耶律鑄中書碑
石刻　報先寺有遼聖文神武全功大略聰仁睿孝天佑
皇帝御書華嚴經覺林菩薩偈咸雍三年歲次丁未十一
月望日祀尼居　石窟寺大金西京武州山重修大石窟

寺碑　昔如來出世為利益一切衆生故分形化體於無邊
華藏莊嚴世界海微塵刹土隨緣赴感應現前當此之時
寶山相滿月之容有目者皆得見獅子之吼海潮之音有
耳者皆得聽聞而優填王暫離法會已生渴仰遂以旃檀
刻為瑞相何况示滅鶴林潛輝鷲嶺真容莫覩像教方興
宜乎範金合土刻木繪絲而廣興供養者也然而慮不遠
不足以成大功工不大不足以傳永世且物之堅者莫如
石石之大者莫如山上摩高天下蟠厚地與天地而同久
是以昔人留心佛法者往往因山以為室即石以成像蓋
欲廣其供養與天地而同久慮遠而功大矣與夫範金合
土繪絲者豈可同日而語哉西京大石窟寺者後魏之所

2　缪氏抄校《大典·顺天府》中《金碑》全文

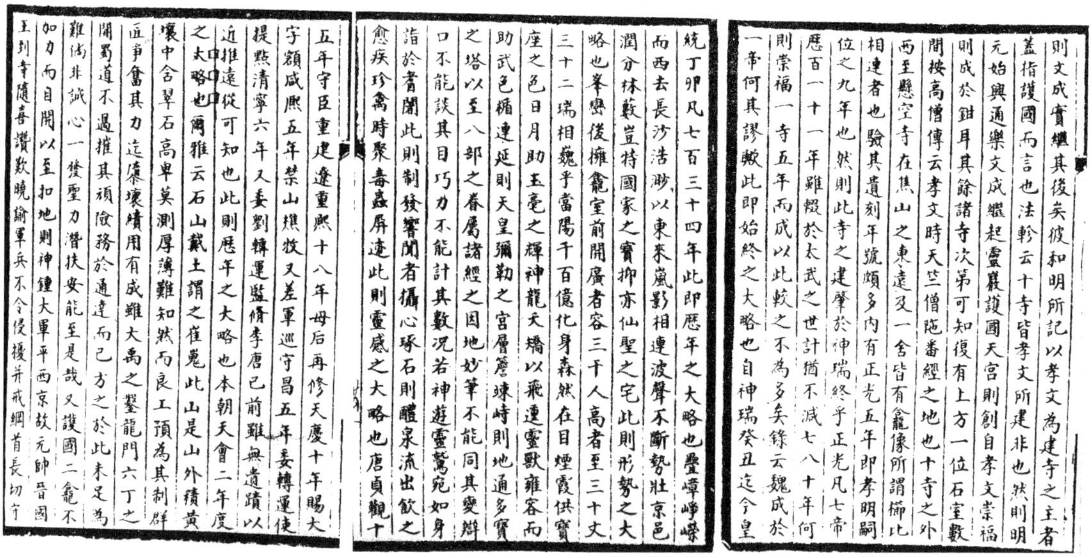

則文成實繼其後矣彼和明所記以孝文為建寺之主者
蓋指護國而言也法輪云十寺皆孝文所建非也然則明
元始興通樂文成繼起靈巖護國天宮則創自孝文崇福
則成於鉗耳其餘諸寺次第可知復有上方一位石室數
閒按高僧傳云孝文時天竺僧陁番經之地也十寺之外
西至懸空寺在焦山之東遠及一舍皆有龕像所謂櫛比
相連者也驗其遺刻年號頗多內有正光五年即孝明嗣
位之九年也然則此寺之建肇於神瑞終乎正光凡七帝
歷百一十一年雖毀於太武之世計猶不減七八十年何
則崇福一寺五年而成以此較之不為多矣錄云魏成於
一帝何其謬歟此即始終之大略也自神瑞癸丑迄今皇

統丁卯凡七百三十四年此即歷年之大略也疊嶂崢嶸
而西去長沙浩渺以東來嵐影相連波聲不斷勢壯京邑
潤分林藪豈特國家之寶抑亦仙聖之宅此則形勢之大
略也峯巒後擁龕室前開廣者容三千人高者至三十丈
三十二瑞相巍乎當陽千百億化身森然在目煙霞供寶
座之色日月助玉毫之輝神龍夭矯以飛運靈獸雍容而
助武色楯連延則天皇彌勒之宮層簷竦峙則地通多寶
之塔以至八部之眷屬諸經之因地妙筆不能同其變辯
口不能談其目巧力不能計其數況若神遊靈鷲宛如身
詣於耆闍此則制發響聞者攝心琢石則醴泉流出飲之
愈疾珍禽時聚毒蟲屏遠此則靈感之大略也唐貞觀十

五年守臣重建遼重熙十八年母后再修天慶十年賜大
字額咸熙五年禁山樵牧又差軍巡守昌五年委轉運使
提點清寧六年又委劉轉運監脩李唐已前雖無遺蹟以
近推遠從可知也此則歷年之大略也本朝天會二年度
之大略也爾雅云石山戴土謂之崔嵬此山是山外積黃
壤中含翠石高卑莫測厚薄難知然而良工預為其制群
匠爭奮其力造瓌瓌續用有成雖大禹之鑿龍門六丁之
開蜀道不過摧其頑險務於通達而已方之於此未足為
難倘非誠心一發聖力潛扶安能至是哉又護國二龕不
加力而自開以至扣地則神鐘大鼎平西京故元帥晉國
王到寺隨喜讚歎曉諭軍兵不令侵擾并戒綱首長切守

本，见录于《艺风堂藏书记》卷三。至于缪氏所据的《大典》原本，已毁于庚子（1900）之役。于是，缪抄校的《大典·顺天府》残本，虽属新录，却成孤本了。1919年缪氏逝世后，藏书散出，此缪抄《顺天府》残本归李盛铎。1940年，李氏藏书售于北京大学图书馆。1947年，我从赵斐云先生整理李氏书，于缪抄《大典·顺天府》七（即《大典》卷四千六百五十）中，发现引自《析津志》的《金碑》录文。1956年，排印《金碑》录文，公之于世〔9〕。这次重理《金碑》，商得北大图书馆同意，影印缪氏抄校本的《金碑》全文（插图2）。

按自金皇统七年（1147），曹衍撰碑文，迄熊自得录文，不过百余年。自熊书完稿迄修纂《大典》不过四五十年，应该说《金碑》来源线索清楚。至于从《大典》辑录古籍，更由来已久，宋元诗文赖《大典》以存者尤多。缪氏所刊《藕香拾零》，既收有前人录自《大典》的书，如《辽东行部志》《河南志》，也收他自己从《大典》抄出的书，如《曾公遗录》《中兴战功录》等。这些源于《大典》的书籍，包括上述缪氏抄校刊印者在内，从不闻有怀疑之者，长广先生对此《金碑》来源极不信任〔长广文页码：页1〕，我们认为这是大可不必的。

《金碑》据碑文所记，是皇统七年（1147）夷门曹衍应当时传菩萨戒提点西京大石窟寺沙门禀慧的邀请，撰并书的。曹衍、禀慧皆不见其他记载，但从碑文本身，可以看出它并不是率尔之作。撰者既通释书，又娴经史；既注意图志寺记，更重视寺中遗刻。洋洋洒洒，都二千一百余言，从开窟伊始迄皇统重修，云冈石窟的古往今来，可以说略备于斯。《析津志》和《大典》之所以全文抄录，正说明元末明初著录古迹的学人对它的重视。长广认为碑文引《北史》，不引《魏书》值得注目〔页13，注1〕。按李延寿《南史》《北史》流行后，七史衰微，北宋治平中（1064～1067），刘恕等始上魏收书，政和中（1111～1118），《魏书》才颁之学官，时“民间传者尚少。未几，遭靖康丙午（元年，1126）之乱，中原沦陷，此书几亡”，事见《郡斋读书志》卷一下。在金代，《金史·选举志》一记“国子监始置于天德三年（1151）”，置监后，“魏收《后魏书》……自国子监印之，授诸学校”。可见皇统七年（1147）曹衍撰碑时，《魏书》尚极罕见，所以碑文征引《北史》，自是容易理解之事。至于怀疑《析津志》和《大典》收录碑文时，可能有妄增部分〔页 13，注 12〕，我们从碑文本身的结构和行文两方面分析，没有发现可疑之点；进一步就现存《析津志》佚文和《大典》残卷，考察该两书征引旧文的体例：节略、错简和讹误则有之，妄增之处似未发现。

总之，我们认为《金碑》碑文流传有绪，虽经一再传录，并无后人窜补，因此《金碑》碑文所提供的资料，是可信的。

二 《金碑》部分记事的探讨

《金碑》内容，1956 年，我们提出有两项重要处。一是“所述自唐迄金一段云冈的兴修设置，正好弥补了云冈历史的空白页”；二是“引用现已佚亡的北魏铭刻和文献记录考订云冈石窟的时代，也正给今天研究云冈各个石窟开凿先后的问题，提供了绝好的参考资料”。这两项重要处，我们在《校注》中，都作了说明。当时的看法，现在并没有改变，不过由于长广先生的质疑，其中有的问题似乎还有详细阐述的必要。

第一 十寺的历史和十寺的位置

《金碑》：“西京大石窟寺者，后魏之所建也。凡有十名，一通示（乐）、二灵岩、三鲸崇、四镇国、五护国、六天宫、七崇教（福）、八童子、九华严、十兜率。”此十寺，我们在《校注》中详细论述了它与北魏无关。唐初法琳、道宣、道世、慧祥等僧人的著作，对云冈的记录都强调石龛、石窟〔10〕。《文苑英华》卷二百三十四所录宋昱《题石窟寺，即魏孝文之所置》五言律诗云：“梵宇开金地，香龛凿铁围，影中群像动，空里众灵飞。帘牖笼朱旭，房廊挹翠微。瑞莲生佛步，宝树挂天衣，邀福功虽在，兴王代久非，谁知云朔外，更睹化胡归。”宋昱，杨国忠党，至德元年（756）为乱兵所杀〔11〕。宋昱经云冈，当在天宝末年（756）之前，其诗句只吟咏石窟形象，也未记石窟以外的内容。看来，十寺是不见于现存宋以前的记载的〔12〕。从《金碑》的记录，可以看到自辽兴宗以来，辽代在云冈曾一再兴工修建：“辽重熙十八年（1049）母后重修。天庆十年（1120）赐大字额。咸熙（雍）五年（1069）禁山樵牧，又差守巡守。〔寿〕昌五年（1099）委转运使提点。清宁六年（1060）又委刘转运监修。”这段碑文可与自30年代以来云冈石窟前面到处发现的具有辽代特征的建筑遗物相印证，说明辽代在云冈的建筑工程规模巨大[13]。因此，我们推测“十名之说，约自辽代开始”（《校注》）。约自辽代开始的十寺，据《金碑》所记辽末灵岩曾遭焚劫：“亡辽季世，盗贼群起，寺遭焚劫，灵岩栋宇，扫地无遗。”灵岩焚毁不久，金初皇统间即为恢复，碑文云：“皇统初（1141），缁白命议……于是重修灵岩大阁九楹，门楼四所，香厨、客次之纲常住寺位凡三十楹，轮奂一新……皇统三年（1143）二月起工，六年（1146）七月落成……自是山门气象，翕然复完矣”。自皇统迄元末，二百余年大约变化不大，《析津志》著者熊自得于“癸卯年（至正二十三年，1363）腊月二十四日……自东胜来，是日宿于寺之方丈，受清供”（《大典·顺天府》七引《析事志》）。入明以后，据现存有关最早的地方志——成化二十一年（1485）纂修的《山西通志》卷五记：“石窟十寺，在大同府城西三十五里，后魏时建。始于神瑞，终于正光，凡七帝，历百十有一年。其寺：一同升，二灵光，三镇国，四护国，五崇福，六童子，七能仁，八华严，九天宫，十兜率。寺内有元载所修石佛二十龛，金皇统间修。”[14]可以推测：第一，从《通志》文字有沿袭《金碑》的痕迹，估计成化修志时，《金碑》尚存；第二，十寺名称与《金碑》不尽相同，排列顺序也有差异，似乎可以说明修志时十寺虽存，不过寺名有了更改。《成化通志》之后的有关方志，自《正德大同府志》迄《光绪左云县志》记录的十寺，都是直接、间接抄录《成化通志》，所以《成化通志》以后的地方记载，大约都不是现况的实录了。按大同地区，自正统十四年（1449）即屡遭瓦剌部侵扰，但最严重的野蛮抄掠却是天顺、成化以来的鞑靼部，特别是自弘治八年（1495）迄隆庆元年（1567），七十五年间，鞑靼铁骑几乎无岁不犯大同，有的年头，鞑靼进犯甚至多达三四次[15]。“嘉靖壬寅（二十一年，1542）失事之后，大同弃墙（外长城）不守”（《明史纪事本末》卷六十《俺答封贡》)，从此，大同防御主要就依靠了外长城以内的墩堡。嘉靖三十七年（1558）所修云冈堡和万历二年（1574）所修冈上新堡，当时都置有操守，以备敌寇。因此，云冈石窟不仅地处边镇，且沦为前线者垂三十年。大同和云冈这段战争史，不能不让人想到十寺的全毁，很可能就发生在这漫长的“卒无宁岁”的鞑靼之役的过程中。《光绪左云县志》卷二记：“石佛寺在云冈，又名佛窑山。传自后魏拓跋氏时，始于神瑞，终于正光，凡七帝，历百十余年，规制甚宏。原寺十所……其中有元载所造石佛二十龛，石窑千孔，佛像万尊，由隋唐历宋元，楼阁层凌，树木蓊郁，俨然为一方胜概。今非其旧，只令吊古者登临兴慨耳。”《光绪县志》这段记录，应是来源于旧志，所记突出云冈明以来的荒废，恐怕不是偶然的事。

《金碑》所记十寺的位置，我们首先从碑文本身探索。《金碑》开始记十寺时，即与西京大石窟寺连在一起：“西京大石窟寺者，后魏之所建也。凡有十名……”并云寺中多有纪年的遗刻：“验其遗刻年号颇多，内有正光五年（524)，即孝明嗣位之九年也。”其记崇教（福）寺的遗刻云：“一在崇教（福)，小而完，其略云：安西大将军散骑常侍吏部内行尚书宕昌钳耳庆时镌也（？）岩开寺[16]，其铭曰：承借□福，遮邀冥庆，仰钟皇家，卜世惟永。”明确指出崇教（福）寺系“钳耳庆时镌岩开寺”。其记护国寺：“护国二龛不加力而自开”，当指护国寺具有二龛室。其总记各寺云：“峰峦后拥，龛室前开，广者容三千人，高者至三十丈，三十二瑞相巍乎当阳，千百亿化身森然在目，烟霞供宝座之色，日月助玉毫之辉，神龙夭矫以飞逋，灵兽雍容而助武，色楯连延则天皇弥勒之宫，层檐竦峙则地通多宝之塔，以至八部之眷属，诸经之因地，妙笔不能同其变，辩口不能谈其目，巧力不能计其数，况若神游鹫岭，如身诣于耆阇……”很清楚，以上就是描述石窟的情景。因此，《金碑》所记的西京大石窟寺，主要就是指十寺而言，而此十寺又都是以石窟作为主体的。故碑文最后记，辽末“寺遭焚劫，灵岩栋宇，扫地无遗”；皇统初，“重修灵岩大阁九楹，门楼四所，香厨、客次之纲常寺位……”只言栋宇、大阁、门楼、香厨等建筑，并没有道及佛殿和佛殿中尊像的修整。所以，我们推断十寺的情况“大约和现存清初所建后接第 5、6 两窟的石佛古寺相同”(《校注》)。其主要部分即是前连木构堂阁的石窟，而这类木构堂阁的遗迹，恰恰在云冈石窟崖面上保留了许多〔17〕。近年又在石窟前面发现了不少可以和上述崖面遗迹相对应的遗物。这些遗迹与遗物，当然也都是供我们进一步追寻十寺位置的重要资料。遗迹、遗物的分布位置是：

第 1、2 两窟窟口上面的崖面上，遗有连续的横槽，其下在第 1 窟明窗右上方和第 2 窟窟口右上方，又各存有高低相同、大小相似的梁孔。1962 年清理两窟前面平台时，发现它们共有一片用背印沟文的方砖铺砌的地面。根据以上遗迹，可以估计第 1、2 两窟之前，曾接建一座共同的木构建筑物。

第 3 窟前曾接建木构建筑物的迹象，更为显著。明窗上部崖面水平地排列着大型梁孔十二个，这十二个梁孔内部又与在崖上地面向下开凿的柱孔相通。十二个梁孔之上，还列有椽孔一排［参看《云冈石窟》（1951 ~ 1956）卷Ⅰ PL. 62、102］。1975 年清理上层平台时，又发现一排梁槽和沟文砖等建筑遗物。这些遗迹可以说明第 3 窟之前曾接建的木建筑，其规模原是颇为宏伟的。

第 5、6 两窟窟前，现都各自保存着一座清初接建的四层楼阁。但在清代楼阁后面的崖面上，还整齐地排列着更早的成组的梁孔和椽孔。这些建筑遗迹告诉我们，两窟前面清以前的建筑物，原是一组三层楼阁。1933 年，第 5 窟窟前西侧，还发现过多件辽代的石础椟。

第 7、8 两窟的上方崖面，存有清晰的木构建筑物两坡顶的沟槽与承托两坡顶端和左右檐下的三组梁孔（卷Ⅳ PL.1）。这些迹象可以表明第 7、8 两窟的前面，曾建有一座山面向前的木建筑物。

第 9、10 两窟的遗迹比较复杂，有先后两组。1973 年清除两窟窟口上方的平台时，发现一列六个大梁槽。这六个大梁槽与 1938 年水野清一等人在两窟窟口前方挖掘出的一列柱础相对应，它们应是一座面阔三间的木建筑遗迹。另外，在两窟窟口上方平台的下面，还有一列八个巨大梁孔，这八个大梁孔与 1973 年在两窟窟口前 4.3 米处发现的八个内置覆盆柱础的方形础槽相对应，它们应是一座面阔七间的木建筑遗迹（卷Ⅵ PL.2）。这两组遗迹的地面，都还残存一部分铺砌的沟文砖，而前者沟文砖地面叠压在后者的上面，但上下两层砖地面使用的沟文砖的形制又极为相似，因知这先后两次木建筑的相距时间并不太久。

第 11、12、13 窟窟口上方崖面也存有一列梁孔，大约在九个以上（卷Ⅷ PL.1，卷 X PL.50）。1973 年，也在这三窟的前面发现了成片的沟文砖地面。上下迹象相对照，可以说明第 11、12、13 窟的前面也曾覆盖在一座木构建筑之下。

第 14 窟、第 15 窟、第 16 窟和第 17 窟窟口上方崖面的梁孔，与第 11、12、13 窟的情况相似。这里的一列梁孔大约在七个左右，梁孔上方还有较密的椽孔一排（卷Ⅺ PL. 2、3）。四座窟的前面也发现了用沟文砖漫铺的地面。此四窟前曾接建的木建筑，与第 11、12、13 窟前曾接建的木建筑，都是面阔宽大的大型建筑物。

第 18 窟明窗右上方崖面残存坡顶右侧的沟槽痕迹，明窗两侧都保有梁孔（卷Ⅻ PL.75）。窟前也发现了沟文砖地面。此窟前曾接建的木建筑与第 7、8 两窟窟前曾接建的木建筑相似，皆山面向前。

第 19 窟窟口崖面上部两坡顶的沟槽极为清晰（卷XIII PL.1）。窟前也发现了断续的沟文砖地面。上部沟槽左右斜下的情况和断续的砖地范围，表明第 19 窟前曾接建的山面向前建筑，把第 19 窟的左右两胁洞都覆盖在内。

第 20 窟前部崖面崩落，应在接建木建筑之前，所以现存的二列梁孔，上列凿在崩落后残崖上，下列凿在大佛项光中部和背光上部（卷XIV PL.4～7）。大佛前面也发现了沟文砖地面。

云冈石窟现存比较清楚而又有一定规模的后接洞窟的木建筑遗迹，恰好有以上十处[18]。这十处遗迹的年代，从梁孔测得的材契比例和地面发现的砖瓦、柱础等建筑遗物，大致可以推定都属于辽代。至于十处遗迹是否与《金碑》所记的十寺完全吻合，我们认为现在虽不能作出绝对肯定的答案，但至少它们应和十寺有密切关系；或者说它们即使不等于十寺，也应是十寺中的主要组成部分。

《金碑》记录的十寺位置，如果不与洞窟接连起来考虑，那么就要调查一下石窟附近地区是否还有其他相当于辽代的寺院遗迹。根据多年的勘查，石窟附近值得注意的地点有三处。一是第 5 窟迄第 20 窟前，后接洞窟的遗迹的前方。这里既邻近石窟，又时有零散的辽代遗物发现。可是，50年代我们曾对武州川旧河道进行过调查，知道它的位置北距各窟窟口不过25～50米，现河道当如《金碑》所记，是"〔天会〕九年（1131）元帅府以河道近寺，恐致侵啮，委烟火司差夫三千人改拨"的河道。因此，在辽迄金天会九年（1131）以前，后接洞窟的木建筑前面，是不会再有可以容纳十寺的土地面积了。至于那里发现的辽代遗物，大致也仍然和后接洞窟的建筑有关，如不是该类建筑本身的遗物，也应是该类建筑物的附属建筑，诸如山门、香厨、客次以及寺僧住所之类建筑的遗物。一是第4窟与第5窟之间的龙神庙附近。1938年水野等人在这里挖掘出不少辽代遗物，有瓦和瓦当之类的建筑构件，有瓷和铁质的生活用具的残片，明确地具有佛教因素的遗物却极为稀少，这一点和遗址的布局、范围都较窄小结合起来，说明它至少不是一座独立的完整的寺院遗址。一是云冈冈上。冈上可以肯定的明以前的遗址有三个地点：第3窟上方和第20窟以西塔洞窟（第39窟）上方的遗址，面积较大，但都是北魏时期的遗迹，与十寺无关；另一地点在第20窟上方，遗址出有与下面窟前砖地面用砖相同的沟文砖，其时代当属辽代，但遗址规模小，也不应是一处独立的寺院遗迹。以上石窟附近值得注意的这三处遗迹，既然都不可能是十寺的所在，这样在石窟附近地区就排除了十寺存在的可能性。因此，我们推测十寺的所在，只有与石窟结合起来即在后接石窟的方位，才较为妥当合理。长广认为"这是一种极为大胆，但论据却很薄弱的推定"〔页2〕，那么，应到哪里去探索十寺的遗迹呢？长广不仅认为十寺地址不明，甚至说"现在也没有什么能证实这些寺庙存在的资料"[19]〔页4〕，因而无法具体考虑十寺所在的意见，这当然是我们所不取的。

第二 再论护国、崇教（福）等有关问题

十寺较为妥当合理的位置，既然应在后接洞窟的方位，那么《金碑》提到的有些特征可以追寻的两处佛寺，即护国、崇教（福）的具体位置何在？这个问题，在《校注》中已有所论述。现在笔墨的重点在解答长广先生的质疑。

《校注》统计碑文记录护国的特征有以下三项："一、'护国二龛不加力而自开'；二、'东壁有拓国王骑从'；三、有'大而不全无年月可考'的遗刻。"长广对此三项都有异议。他说护国二龛不加力而自开，是使护国得到重视的、有趣的、带有神秘色彩的语句〔页3〕；他说无论探寻第7、8两窟中哪一窟的东壁，都找不到拓国王骑从的雕刻〔页3〕；他认为大而不全的遗刻，应与《续高僧传》所记"东头僧寺……碑碣见存"的记载结合起来，这块唐初引人注目的碑石在东区，不在第7、8两窟〔页3〕。因此，他认为根据以上三项，推定护国为第7、8两窟，有欠慎重〔页3〕。《校注》是把上述三项特征联系在一起进行讨论的。首先着眼于护国有二个龛室这一特点。按云冈石窟中极为明显的双窟，是第7、8窟和第9、10窟两处[20]。"拓国王骑从"，我们认为它属于供养人性质，而第9、10双窟的供养人行列雕刻在后室隧道壁（卷Ⅵ PL.85～87，卷Ⅷ PL.70～73），该双窟内外也没有可以容纳较大面积的遗刻。因此，护国是第9、10双窟的可能性，就可予以排除。第7、8双窟的情况是：第8窟前室东西两壁下部皆刻有供养人行列（卷Ⅴ PL.2、3、5、11），东壁尚可辨识供养人行列有上下两层，其南侧还可辨认出上着窄袖衫下穿裤的胡服供养人四五身（卷Ⅴ PL.5），西壁南侧也可辨认出捧持莲花的供养人六身（卷Ⅴ PL.11）。第7窟前室东西两壁下部已蚀剥不清，但可估计应与第8窟情况相似。第7窟后室东西两壁各分五层雕刻，西壁自下第一层列供养人九身（卷Ⅳ PL.64、66），东壁相应位置虽已蚀损，其内容也应同于西壁。第7、8双窟的东壁，既然原来都雕供养人行列，在已大部剥蚀不清的今天，即使找不到拓国王骑从的形象，恐怕也难以断然肯定原来就没有吧。护国特征最重要的一项，我们认为是"大而不全无年月可考"的遗刻，此遗刻《金碑》又名之曰"护国大碑"，既云遗刻，又名大碑，大约可以意味它既不同于一般窟内的遗刻，也不同于单独存在的大碑，而第7、8双窟前室中间石壁南端斫出了下施龟趺、碑身高10米以上、宽约2.75米的丰碑（卷Ⅴ PL.1～3），似乎可以符合上述的条件。更值得注意的是，这种与石窟相连的丰碑，在云冈石窟中又恰恰只此一例最为清楚[21]。因此，我们推测十寺中的护国，大约就包括了第7、8双窟。至于长广的护国遗刻应在云冈东区之说〔页3〕，我们认为唐初道宣《续高僧传》《大唐内典录》所记的“东头碑碣”或“谷东石碑”与此护国遗刻无涉，唐初记录的碑碣或石碑，在四五百年之后的金初，是否尚存，并无明证；况且唐初记录也未强调谷东石碑形制巨大，而云冈东区诸窟更不具备护国另外的两项特征（双龛和东壁有供养人行列）。因此，我们排除了护国在“东头”或“谷东”的可能。《金碑》记护国特征有“拓国王骑从”一段，系引自法轸《寺记》，其原文是：“僧法轸为《寺记》云：十寺，魏孝文帝之所建也，护国东壁有拓国王骑从。”法轸《寺记》，不见著录，从见录于《金碑》和记十寺事，可以推知约为辽时著作。《寺记》在“魏孝文帝之所建也”之后，紧接“护国东壁有拓国王骑从”句。长广认为此“拓国王”是“拓王”的误写，并进而论述拓王氏为高丽族〔页3〕。按何以知“拓国王”有误写？拓王是代北复姓，其是否是高丽族尚有疑问；何况只记姓不写名这种极为特殊的引用法〔22〕，更使人难以信服呢？其实，此“拓国王”系拓跋国王之略，连接引文上句，知即指孝文帝而言。如果法轸《寺记》不误，那么探索护国双窟的时代问题，就多了一条依据，而就第7、8双窟造像的样式言，置之于孝文帝初年，也是很合适的。

《金碑》记崇教（福）的情况是：“今寺中遗刻所存者有二……一在崇教，小而完。其略曰：安西大将军散骑常侍吏部内行尚书宕昌钳耳庆时镌岩开寺。其铭曰：承借□福，遮邀冥庆，仰钟皇家，卜世惟永。盖庆时为国祈福之所建也。末云：大代太和八年建，十三年毕。”又云：“崇福则成于钳耳。”《金碑》征引遗刻标明“其略曰”“末云”，即已声明是节录，不是全文。此节录的遗刻，我们从所记钳耳庆时的官职、铭文的用韵和有大代国号的兴建年代等方面推测，认为这些不可能不出自窟内铭记〔页4〕，因而可信〔23〕。问题是有钳耳庆时铭的崇教（福），包括云冈的哪处洞窟？《校注》在初步推定护国包括第7、8双窟的基础上，根据钳耳庆时当时的权势和他“性巧，强于部分”（《魏书·阉官·王遇传》），以及他所主持营建的其他建筑物都“穷妙极思”（《大代宕昌公晖福寺碑》）等方面，提出庆时所开窟应“具有相当规模，并且雕饰巧丽”（《校注》）这个特点。以此特点在云冈石窟中进行比照，比照的过程和结果是："按云冈大窟除第16窟、第17窟、第18窟、第19窟和第20窟为昙曜五窟，第7窟和第8窟有可能为护国，第3窟非一般石窟外，只剩下第5窟和第6窟、第9窟和第10窟。第5窟和第6窟规模过大，其中第5窟既未按原计划完成，后又无计划的补刻，而第9窟和第10窟（双窟）面积既不过大，也不狭小，并且它的雕镂在云冈石窟中又最称巧丽，这些似都和钳耳庆时的地位及其营造风格相符[24]。在时间上，我们从造像服饰上观察，也和崇教铭记所记'太和八年建，十三年毕'一语吻合。因此，我们推测碑文所记的崇教，大约即是第9窟和第10窟这对双窟。"（《校注》）我们这个推论，长广从佛像的样式和他们根据《魏书·帝纪》所记行幸武州山石窟寺年月判断的开凿时间来反驳〔页7～8〕。这两点，我们将在后面予以讨论。长广另外还列举了三项反对理由：一、第7、8双窟之后，颇为流行的有栖止的鸟形的藤座雕刻，见于第9、10双窟，还见于太和五至八年兴建的永固陵石刻，他认为第9、10双窟的开凿应在永固陵之前〔页10～11〕；二、第9、10双窟没有安排铭记的地方，特别是没有较为显著的部位镌刻铭记〔页14，注9〕；三、与钳耳庆时在澄城所建的晖福寺相比，第9、10双窟规模甚小，他认为钳耳庆时在国都附近兴建的石窟，应当更为宏伟〔页14，注9〕。第一项理由，长广自己也认为并不绝对〔页11〕，因为雕饰相同，只能说明两者的时间接近，并不能决定两者的绝对早晚。第二项，《金碑》记崇教（福）遗刻"小而完"，是一篇较短的铭记。我们认为第9、10双窟原来还应有容纳较短铭记的地方。例如第9、10双窟前室的西南隅都有崩剥的部分（卷VI PL.28，卷VII PL.2），双窟前后室四壁的下部也已大部蚀损（卷VI PL.5～7、51～53，卷VII PL.2～7、41～43），现在无法断定那些崩剥、蚀损的部位，过去绝对没刻铭记。第9、10窟窟口一列楹柱的向前柱面剥蚀严重（卷VI PL.2），如果"小而完"的铭记附刻在那里，应该说那是很显眼的地方。第三项，澄城晖福寺的规模是不是很大，现在无法窥知，但就《晖福寺碑》碑石言，并不巨大[25]；即使钳耳庆时在家乡建寺规模较大，又怎能证明他在国都附近开窟必然要更为宏伟？我们认为可能是钳耳庆时开凿的第9、10双窟，比同时略晚于它的第5、6双窟规模为小，但又和早于它的护国双窟（7、8 双窟）规模相近，而第 5、6 窟，第 7、8 窟这两组双窟，都可能是皇室所开凿，尽管钳耳庆时当时受宠于文明太皇太后，他所开窟龛能有接近和小于皇室石窟的规模，也不应说它太窄小了。此外，从《晖福寺碑》中，似乎又得到崇教（福）应包括第 9、10 双窟的另一启示。碑文云："我皇文明自天，超世高悟……太皇太后圣虑渊详，道心幽畅……散骑常侍安西将军吏部内行尚书宕昌王庆时资性明茂……于本乡南北旧宅，上为二圣造三级佛图各一区……爰自注始，三载而就……太和十二年岁在戊辰七月己卯朔一日建。"王庆时即钳耳庆时，庆时于崇教（福）同时兴建的晖福寺的主要建筑物，是为孝文帝与太皇太后二圣各造三级佛图一区，那么庆时为国祈福开凿的洞窟具有二个龛室，应是极有可能的，而第 9、10 双窟恰好具有这个特点。

近年大同附近的考古发现，也可提供第 9、10 双窟的时间符合"大代太和八年建，十三年毕"这个崇教（福）的特定年代的佐证。前引长广云：9、10 双窟中的有栖止的鸟形的藤座雕刻，还见于太和五至八年兴建的永固陵石刻。长广并且说：同见于两处的鸟形饰的藤座，若孪生之相似〔页 10～11〕。这种情况，值得注意〔26〕。70 年代初，大同市博物馆曾在永固陵南面佛寺遗址中发现大批北魏残塑像。1976 年北京大学考古专业师生去方山调查，也在该遗址附近采集到不少北魏残塑像。从这两批资料观察，无论右袒或通肩服饰的残佛像，或是只存冠饰和手部的残菩萨像，也都与第 9、10 双窟中的雕刻接近〔27〕。为什么方山北魏遗迹与第 9、10 双窟相似或接近？《魏书·阉官·王遇传》记："北都方山灵泉道俗居宇〔28〕及文明太后陵庙……皆遇监作。"王遇即钳耳庆时。北都方山建筑，据《魏书·高祖纪上》，知它以永固陵为中心，"〔太和〕三年（479）……起文石室、灵泉殿于方山……〔八月〕乙亥幸方山，起思远佛寺……〔五年〕夏四月己亥行幸方山，建永固石室于山上……八年（484）秋七月乙未，行幸方山石窟寺"。这批建筑，据《魏书·皇后·文成文明皇后冯氏传》知系"〔太和〕八年而成，刊石立碑，颂太后功德"。由上可知这批方山皇室建筑皆庆时监作。那么，崇教（福）即包括第 9、10 双窟与方山佛寺的残塑、方山永固陵的石刻有关形象的接近甚至相似，不仅由于在时间上它们前后相续［方山建筑：太和三至八年（479～484）。崇教（福）：太和八至十三年（484～489）］，而且还因为是同一人物（钳耳庆时）监作的缘故。大同另一处重要发现是太和八年的琅琊王司马金龙墓〔29〕，该墓出土器物上的纹饰，绝大部分与第9、10双窟的纹饰相似，其具体实例见插图3（见下页）。

插图3所录Ⅰ～Ⅵ这些复杂的纹饰，见于一组洞窟之中，在云冈只有第9、10双窟一处。因此，云冈石窟中第9、10双窟在时间上最接近司马金龙墓应无可疑。如再从相似纹饰的组织方面考察：

Ⅰ．绹纹　第9、10双窟已图案化。

Ⅱ．缠枝环形忍冬　第9、10双窟渐趋繁杂。

Ⅲ．缠枝忍冬　第9、10双窟出现了变形的交龙，其交结处又饰以花朵。

Ⅳ．套圭纹饰线条转折处　第9、10双窟出现了环形饰，有的圭形还发展成龟甲纹。

Ⅴ．环形忍冬　第9、10双窟分化成简繁两式。

Ⅵ．波形忍冬中的填饰　第9、10双窟已将人物与禽兽分开布置。以上几种纹饰演变的趋势，似乎也与它们年代先后相续的情况［司马金龙墓：太和八年（484），第9、10双窟：太和八至十三年（484～489）］相符。1965年，敦煌莫高窟发现绣出“太和十一年（487）……广阳王慧安”发愿文的残绣佛一件，其中供养人衣纹与上表Ⅱ缠枝环形忍冬内部的纹饰接近；绣佛的复杂的忍冬边饰也与Ⅳ相似，更和第9窟前后室间甬道顶和两侧壁的外沿环形与龟甲纹相间的忍冬接近（卷Ⅵ PL.36～38）。这件绣佛，据敦煌文物研究所同志研究：“它应该是从平城一带被人带到敦煌来的。”〔30〕看来，纹饰的时代特征显著，从纹饰简繁的发展顺序也可说明第9、10双窟边饰与崇教（福）兴建年代也是契合的。此外，内蒙古托克托古城发现的释迦鎏金铜像和美国哈佛大学福格博物馆所藏的释迦鎏金铜像，都有太和八年（484）铭，两像座沿上的纹饰，也正与第9、10双窟的简式环形忍冬（Ⅴ）极为类似〔31〕（莫高窟新发现残绣佛像可看图版82）。

护国、崇教（福）之外，金维诺同志曾考虑过第7、8双窟东侧的

纹饰		和云冈对比资料		第9、10双窟相应纹饰举例
序号	拟名	司马金龙墓（484）所出器物上的纹饰	有纪年文物上的纹饰	
Ⅰ	绹纹	 石础A、B覆盆上部内匝 （《“文化大革命”期间出土文物》一，116页）		 9窟前室后壁石门檐上横枋 （《云冈石窟》Ⅵ，PL.10） 9、10窟前室左右壁上饰卷云柱头的龛柱侧面 （《云冈石窟》Ⅵ，PL.17；Ⅶ，PL.8）
Ⅱ	缠枝环形忍冬	 木板漆画C （《“文化大革命”期间出土文物》一，145页左侧）	 敦煌莫高窟发现绣佛（487）上的纹饰	 10窟前室后壁龛柱正面 （《云冈石窟》Ⅶ，PL.8）  10窟前室后壁卷云柱头龛柱正面 （《云冈石窟》Ⅶ，PL.22）
Ⅲ	填饰人物或禽兽缠枝环形忍冬	 木板漆画A（《“文化大革命”期间出土文物》一，145页右侧）		 10窟前后室间石门左右颊正面（《云冈石窟》Ⅶ，PL.24、25）  10窟前后室间石门左右颊两侧的缠枝形忍冬已变成复杂的交龙形象（《云冈石窟》Ⅶ，PL.24、25）

纹饰		和云冈对比资料		第9、10双窟相应纹饰举例
序号	拟名	司马金龙墓（484）所出器物上的纹饰	有纪年文物上的纹饰	
Ⅳ	加饰套圭或龟甲的环形忍冬	 木板漆画B （《“文化大革命”期间出土文物》一，145页中）	 敦煌莫高窟发现绣佛（487）上的纹饰	 10窟前室后壁左右侧本生故事带下方 （《云冈石窟》Ⅶ，PL.15B）  9窟前后室间石门额 （《云冈石窟》Ⅵ，PL.10）  9窟前后室间甬道外沿（《云冈石窟》Ⅵ，PL.36～38）
Ⅴ	环形忍冬	 石础A底座 （《“文化大革命”期间出土文物》一，146页下；《文物》1972年第3期25页，图6上，两幅）	 美·福格博物馆藏鎏金释迦造像（484）座上的纹饰	 10窟前室右壁立佛华盖上沿 （《云冈石窟》Ⅶ,PL.6、9）  9窟前室右壁佛座上沿 （《云冈石窟》Ⅵ，PL.13、14）  10窟前后室间石门额 （《云冈石窟》Ⅶ，PL.24、25、45）
Ⅵ	填饰人物或禽兽的波形忍冬	 石础B底座 （《“文化大革命”期间出土文物》一，146页下；《文物》1972年第3期25页，图6）  石棺床外沿（据拓本）		  10窟前后室间石门颊和左右颊的斜面 （《云冈石窟》Ⅶ，PL.27、45）

3 北魏司马金龙墓出土器物与云冈第9、10双窟纹饰比较举例

5、6 两窟即十寺中的天宫[32]。按《金碑》云“护国、天宫则创自孝文”，又谓“帝王于天宫寺以金铜造释迦像”，但并无遗刻根据。《魏书·释老志》记皇兴元年（467）“高祖诞载……又于天宫寺造释迦立像，高四十三尺，用赤金十万斤、黄金六百斤”。此天宫寺，《校注》曾有论述：“《魏书》所记的天宫寺，是否在云冈，是否即碑文所记的十名中的天宫寺，都尚有问题。”不过就第 5、6 两窟规模相近，都具有矩形前室，两窟前室左、右、中三堵石壁前端都雕出类似的多层石塔等现象考察（卷Ⅱ Fig.12），知道这也是一组双窟。这组双窟可以推测它是皇室所开凿，开凿的时期应在孝文帝迁洛之前，这在《试论》中曾予说明：“6 窟全部大型佛像改变了过去的服装，都雕成了褒衣博带式。佛像褒衣博带，是与孝文帝太和十年至十九年（486～495）的服制改革呼应的。所以推测 6 窟竣工之时，已去太和十八年（494）孝文迁洛不远。至于 5 窟壁面布满了没有统一布局、时间又不相同的小龛，更说明它并未按原计划完成（卷Ⅱ PL.23～25、39、41、56），这种情况当然也和孝文南迁有关。因此，5、6 窟这一组双窟的雕凿，约在孝文帝都平城的后期。”推定第 5、6 双窟开凿时间的关键，是如何判断佛像改服褒衣博带的时间。长广认为第 6 窟佛像服装改变，应在太和十年（486）孝文帝始服冕服之前，他说：“太和十年正月，孝文帝始服冕服之后，在云冈的佛像身上出现了汉族服制，这始于何时，尚不能断定。由于冕服制包括复杂的冠制等，还有衣服的制度，所以较早在内部作出了决定，六年的准备时间是需要的（《魏书》卷九一《蒋少游传》)。无疑在比太和十年更早的时间，云冈即采用了新服制，如第 5、6 窟中诸佛像是。”〔页 11～12〕长广提出的六年准备时间，见《魏书·术艺·蒋少游传》：“诏尚书李冲与冯诞、游明根、高闾等议定衣冠于禁中。少游巧思，令主其事，亦访于刘昶，二意相乖，时致诤竞，积六载乃成，始班赐百官。”这六年，看来主要是由于蒋、刘意见不一致，难以取得统一的看法而耗费过去的，并不是内部早已决定而进行准备的时间。蒋、刘诤竞具体在何时？据《魏书·刘昶传》：“刘昶，字休道，义隆（宋文帝）第九子也。义隆时，封义阳王……（和平六年，465）间行来降……封丹阳王。太和初，转内都坐大官，及萧道成杀刘准（宋顺帝），时遣诸将南伐……（诏昶）与诸将同行……后昶恐雨水方降，表请还师，从之。又加仪同三司，领仪书尚书。于是改革朝仪，诏昶与蒋少游主其事。昶条上旧式，略不遗忘。”知在昶表请还师之后。昶还师事，《资治通鉴·齐纪一》记：“（建元二年三月）魏刘昶以雨水方降，表请还师，魏人许之。丙午遣车骑大将军冯熙将兵迎之。”齐建元二年即孝文太和四年（480）。由此可知，蒋、刘讨论包括衣冠制度的朝仪问题最早不能早于太和四年，姑拟之于此年，“积六载乃成”，恰好是太和十年（486）。所以《蒋少游传》“始班赐百官”典《魏书·高祖纪下》所记“（太和）十年春正月癸亥朔，帝始服衮冕，朝飨万国……夏四月辛酉朔，始制五等公服。甲子帝初以法服御辇，祀于西郊……四月乙亥，给尚书五等品爵以上朱衣、玉佩，大小组绶”是同一件事。因此，长广主张云冈5、6双窟诸佛像采用了新服制无疑的比太和十年为更早〔页12〕，就完全失掉了文献根据。另外，第6窟的形象并不仅诸佛像采用了新服制，绝大部分的其他形象如菩萨、天人等也都改换了华服，这显然是颁赐百官服装后的反映〔33〕。其实像第6窟这样宏伟华丽的大型窟，从整体布局到细部装饰，都要经过事先的精心设计，因此这座窟从设计到完工，绝不是三五年内所能告竣的。如太和十年（486）新服制确定后，即开始设计第6窟，设计完稿后，兴工雕凿，雕刻之工毕，还应有贴金敷彩的妆銮工序，这样全部竣工，已下距太和十八年（494）迁洛不远，应该被认为是比较合理的。更何况我们还要注意到第5、6这对双窟中没有按原设计完工的第5窟。为什么第5窟没有完工？如果不是因为将要迁洛或已开始迁洛而中辍，又该作如何更适宜的解释？

上面我们论述了护国（第7、8双窟）、崇教（福）（第9、10双窟）和第5、6双窟。这三组石窟，在云冈中央区的主要部位连成一片，而且又都开凿了一种新的双窟形制，这是值得注意的。按承明元年（476）献文帝卒后，太皇太后冯氏（文成文明皇后）“临朝听政”，“事无巨细，一禀于太后”者十余年（《魏书·皇后·文成文明后冯氏传》），时称孝文帝与太皇太后冯氏为二圣〔34〕，或二皇〔35〕。前述冯氏宠宦钳耳庆时于太和九年迄十二年（485～488）建晖福寺，寺中主要建筑物是为二圣各建三级佛图一座。因此我们考虑云冈这种新形制的双窟，大约皆为孝文帝与太皇太后冯氏二圣所兴建〔36〕。这个推测如果不误，那么第7、8，第9、10，第5、6三组双窟皆建于孝文时期，就又多了一个新证。

三 “样式论”和魏帝行幸武州山石窟寺问题

长广先生认为研究中国石窟的方法：第一，应从石窟构造与佛像及其他一切雕像、彩画的样式出发；第二，弄清造像铭记；第三，参考可靠的历史资料、文献；第四，参照研究史。这四项中，他又反复强调：最重要的是第一项“样式论”〔页7〕。长广文章最后更明确地说：议论的根本是雕刻论，即高低、深浅的立体问题，那是基于视觉和触觉的艺术〔页13〕。我们认为作为历史考古学研究对象的云冈雕刻，无论“样式论”“雕刻论”如何重要，但排比它们的年代和解释它们的变化，却有赖于第二、第三两项。第四项即前人研究成果。前人研究成果当然要吸取，但每当新资料被发现后，必然要对以前的研究进行复查，这应是学术前进的共同道路；其实，就是仅就原有的资料，提出另外的看法，也是经常出现的事，长广自己曾屡次修正他们50年代的云冈分期论，即是一例。

现就长广提出的四项，略谈一下我们对云冈研究的一点想法。断定第16～20窟是云冈最早的昙曜五窟，并取得公认，它的重要根据是《魏书·释老志》记载。判断褒衣博带式的服饰晚于通肩和右袒，最直接的证据是云冈有关窟龛所提供的纪年铭记和《魏书》中有关孝文帝改革仪制的记录。有了上述的结果，再进一步在通肩、右袒和褒衣博带式的服饰的内部进行区分早晚，也还要依靠上述两种资料。因此，考虑石窟问题，总是以第二、三两项来探索、解释第一项的。

有关样式的问题，我们常用“类型”这一名词。考虑石窟的类型，一般要包括：一、石窟形制；二、主要形象和形象组合（布局与题材）；三、纹饰与器物；四、艺术造型与技法。例如探索云冈石窟的分期，我们就是从分析石窟的类型入手的。在《试论》中，我们没有把第7、8双窟放在第一期，即没有把第7、8双窟和昙曜五窟放在一期，就是因为它们在类型的主要方面差别较大，如第7、8双窟的形制、主要形象和形象组合以及装饰纹样等都与昙曜五窟有明显的不同，而与第9、10双窟等接近。至于造像的艺术处理与昙曜五窟中的第18、19、20等窟相似，我们认为那是次要的了。分期是手段，它的目的不仅是为了解决时间问题，更重要的是它们所反映的社会意义，因此，在《试论》中作了一些探索性的论述。这一点，大约是长广所不感兴趣的。可是，具有某些社会意义的类型与分期，不是更加强了所要解决的时间问题的确切性吗？至少我们是这样认为的。

很清楚，长广是特别重视形象的艺术造型与技法的。这一项，我们并不怀疑它的重要性，因为它的差异，同样也是植根于社会原因，所以它的时代特点也是极为显著的。不过像讨论云冈在历史背景较复杂阶段的某些只有十年左右的时间分歧的洞窟和龛像，如讨论第7、8窟，第9、10窟，第5、6窟三组双窟各自的较为具体的年代时，还有论述第9、10双窟佛像与第17窟明窗左壁佛像和第6窟佛像与第11窟窟口上方小龛佛像的雕凿时间早晚时，形象的造型与技法，是否就要受到一定的限制呢？我们认为考虑云冈上述一些窟龛形象的造型与技法，至少有以下四种情况应予重视：

一、在一个有完整设计的大型石窟中，先后造像的造型、技法应是一致的。但这类大型石窟开凿的时间延续较久，如前述的第6窟，即使它开始于决定改革服制的太和十年，但它完成的时间有可能已接近了太和十八年迁洛以前。这样，在第6窟中同样造型与技法的形象，就有可能上起太和十年，下迄太和十八年之前不久。

二、还应考虑到第6窟是皇室所开窟，皇室最早提倡新服制，以身作则，在第6窟中出现了旧造型、技法和新服制融于一身的佛像，是完全可以理解的。

三、太和十年改革服制后，即使马上就出现新服制的佛像，但也不可能立刻排除旧服制佛像的雕造，更何况还有大批有权势而又相信佛教，并抵制服制改革的北魏上层人物的存在。第5、6双窟之一的第5窟窟口左右侧壁的树下禅定的佛像（卷Ⅱ PL.11～15）和明窗左右侧壁的释迦多宝像都着右袒的服饰（卷Ⅱ PL.18～20），还有明窗左右

4 齐永明元年造立佛像

5 齐永明元年造坐佛像

侧壁上方的交脚弥勒也着早期的服饰（卷Ⅱ PL.21），这些又似乎可以进一步说明提倡新服制的皇室所开凿的洞窟中，在新旧服饰交替时期，也难免出现混杂情况。如果窟口与明窗壁面的形象出于后来的补刻，那么第5窟所提供的情况就更值得注意了。

四、新服制的造像和新风格的造型与技法并不是平城本地开创的，它的渊源应是南朝。以褒衣博带式服饰为例，从近年在南京等地的东晋至南齐时期的墓葬壁面上发现的竹林七贤与荣启期模印画砖中〔37〕，知道这种服饰，本是南朝上层人物的衣着。从四川省博物馆所藏成都北原茂县（今茂汶羌族自治县）出土的有齐永明元年（483）造无量寿、当来弥勒成佛二世尊像铭的褒衣博带式的立佛（插图4）和坐佛像（插图5）〔38〕，又可知道在孝文帝极力推行汉化的情况下，云冈太和十年（486）以后出现的新服制的佛像，很可能是北魏匠师根据至少是参考了南朝造像设计，雕造出来的。因此，当时云冈造像多种样式共存，并不奇怪。太和十三年毕工的第 9、10 双窟中的佛像，在"样式"上比太和十三年雕凿的第 17 窟明窗左壁佛像为早，太和十年以后开始开凿的第 6 窟佛像，在"样式"上比太和十三年雕凿的第 11 窟窟口上方小龛中的佛像为早，在年代先后的问题上，原都是可以说得通的。即使长广先生认为都要早得多〔页 12〕，也不是什么难以理解的事。如果我们重视像有齐永明元年（483）铭那样的南朝新型的佛像，有可能影响到云冈的话，一种雕刻较浅，立体感较差，但又强调衣纹的佛像出现在云冈，甚至比按旧的造型、技法雕出新服制的佛像，在雕造的具体时间上为略早，也不是没有可能的；更何况第 6 窟开凿的时间还不见得比雕凿于太和十三年的第 11 窟窟口上方小龛为晚？同样情况，采用了新的造型与技法雕造出旧服制的佛像出现在云冈，比沿用旧的造型、技法雕造出旧服制的佛像，在雕造的具体时间上为略早，也同样是可能的；更何况太和十三年已毕工的第 9、10 双窟中的佛像，很可能还早于有太和十三年铭的第 17 窟明窗左侧的佛像？总之，研究云冈造像，我们应充分估计当时云冈特定的历史背景，而不宜以"样式论"或"雕刻论"的一般情况来作硬性的规范。

以上四种情况，大约可以说明在太和十年之后，云冈造像的样式复杂化了。复杂化的结束，从当时政治形势看，很可能要迟到太和二十年（496）十二月平定恒州刺史穆泰之变以后〔39〕。在云冈窟龛造像中，比较清晰地得到反映，似乎也在太和十八年迁洛以后〔40〕。在云冈造像样式复杂的阶段里，为了区别相对的先后，我们考虑选择服饰的差别比选择造型、技法的新旧较为简单明了。《试论》的一个脚注（即注〔10〕）中说："云冈褒衣博带装束的佛像，有纪年铭文可考的最早实例是 11 窟上方太和十三年铭释迦多宝龛。着右袒大衣的佛像，有纪年铭文可考的最晚实例是 17 窟明窗东侧的释迦多宝弥勒三像龛，龛铭纪年也恰是太和十三年。这个巧合，可以说明太和十三年应是这两种服制的交替时期。"脚注的论述，只是就有明确纪年铭文的情况而言，当然这个巧合，也应有其必然性，是否可以理解太和十三年是这两种服饰的造像，在云冈形成均势的时期，此后新服装才逐渐取得优势呢（太和十三年铭文龛实例可参看图版 42、41）？

云冈石窟某些具体洞窟开凿年代的推定，我们和长广先生的分歧，“样式论”是一个方面，恐怕更重要的，还是文献的根据问题。

长广非常重视《魏书·帝纪》所记魏帝行幸武州山石窟寺和武州山的年月，他推测临幸的目的是为了出席石窟寺的本尊落成典礼〔页 8〕。《魏书·帝纪》记行幸武州山石窟寺共四次。最早一次是献文帝“皇兴元年（467）秋八月行幸武州山石窟寺”（《显祖纪》），长广认为这应是昙曜五窟落成并受到供养之时〔页 4〕。最末一次是孝文帝“太和七年（483）五月幸武州山石窟佛寺”（《高祖纪上》），佛像穿上褒衣博带式服饰的第 5、6 双窟，规模巨大，其开凿非皇室莫属，因此长广认为此双窟中的第 6 窟的落成，应即是这末次行幸的原因〔页 11〕。第 9、10 双窟造像样式比第 5、6 双窟早，它的落成大典，长广就和“延兴五年（475）五月幸武州山”（《高祖纪上》）一事联系起来〔页 8〕。第 7、8 双窟造像的样式又比第 9、10 双窟为早，因此它的主体工程，就被长广推定到献文帝时期〔页 4〕，尽管在《高祖纪上》没有找到可以比附的临幸事件。至于《帝纪》中记录的另外两次幸武州山石窟寺，即太和四年（480）八月和太和六年（482）三月，相当哪座洞窟的落成，长广没有明确推定，是否是因为这两次行幸的时间和末次的行幸相距太近，不好太具体地安排他认为可以考虑的第 1、2 双窟和第 11 窟、第 12 窟、第 13 窟？长广这样把魏帝行幸的年月和云冈某些洞窟的落成时间等同起来，纯属臆测，并无文献证据。按北魏有祷祀山川的旧俗〔41〕，文成帝以前多祀白登、恒岳，文成帝以来多幸阴山、崞山。其幸武州山也由来已久，明元帝永兴三年（411）三月“帝祷于武周（州）、车轮二山……初，清河王绍有宠于太祖，性凶悍，帝每以义责之，弗从。帝惧其变，乃于山上祈福于天地神祇”（《魏书·礼志一》），孝文帝延兴五年（475）“幸武州山……车轮山”（《魏书·高祖纪上》），太和元年（477）又“车驾祈雨于武州山，俄而澍雨大洽”（《魏书·高祖纪上》）。所以，与其说魏帝幸武州山石窟寺是为了某个洞窟的落成，还不如说是为了祈祷更有根据。所以当太和八年（484）方山永固石室和方山石窟寺等工程完成之后，祈祷的地点，就集中到文明太皇太后选定的方山去了。

在没有发现有关云冈具体洞窟的开凿者和兴建时间的记录之前，也没有可靠的其他有关纪年遗物可作间接参考的情况下，要系统地探索云冈石窟的具体年代，长广的上述设想，我们认为还是经过苦心思考努力寻求文献证据而产生的推论，但在摘录了具体洞窟兴建铭记和记述了某个洞窟的特点的《金碑》录文发现之后，我们认为考述云冈石窟的历史有了新的文献记录。根据这新发现的文献缜密地考释出它所记录的具体洞窟，就可以得出新的推论。而这新的推论，与近年大同附近发现的一些有关的并有确切纪年的对比资料相契合，那么，这些新的推论，不见得就像长广先生认为的那样没有根据吧？！

四　云冈石窟分期问题余论

云冈第16至第20窟即昙曜五窟，开凿于和平中（460～465），属于第一期。国内外一般争论不多。云冈西端诸窟龛和第20窟以东诸窟内外补刻的窟龛和尊像，大部分属于太和十八年（494）迁洛以后的第三期，意见也较一致。问题集中的是第二期。第二期的问题，有起迄时间的问题，更多的是对某些具体洞窟开凿年代的推测。关于后一问题的主要部分，我们和长广先生的分歧已如上述，为了醒目，现再表解如下：

<table>
<tr><th colspan="2"></th><th>70～80年代初长广敏雄的意见</th><th>《校注》《试论》的意见</th></tr>
<tr><td colspan="2">第7、8双窟</td><td>献文帝时期（465～471）〔页4〕</td><td>孝文帝初期（471～？）</td></tr>
<tr><td colspan="2">第9、10双窟</td><td>孝文帝延兴五年（475）顷落成〔页8〕</td><td>孝文帝太和八至十三年（484～489）</td></tr>
<tr><td rowspan="2">第5、6双窟</td><td>第6窟</td><td rowspan="2">孝文帝太和七年（483）顷落成或竣工〔页11〕（第5、6窟年代推定见《云冈と龙门》，1964，页101）</td><td>太和十年（？）至十八年（486？～494）以前</td></tr>
<tr><td>第5窟</td><td>太和十年（？）至十八年（486？～494）迁洛时，尚未完工</td></tr>
</table>

此表可以反映如下两个问题：一、长广特意安排了献文帝时期在云冈的工程，即完成第7、8双窟；二、长广只强调了孝文帝时期的延兴五年至太和七年这一阶段。

关于第一个问题：我们认为第一期昙曜五窟的工程，可以拖延到献文帝时期，但推定第7、8双窟也完成于献文帝时，则需要慎重考虑。因为根据文献记载，献文帝兴建佛寺地点的选择，似已转移到平城和北苑。其在平城的建置，《魏书·释老志》记"高祖诞载（皇兴元年，467），于时起永宁寺，构七级佛图，高三百余尺，基架博敞，为天下第一"（《水经注·灅水》"永宁七级浮图……其制其妙，工在寡双"），又记"又于大宫寺造释迦立像，高四十三尺，用赤金十万斤，黄金六百斤。皇兴中（467～471），又构三级石佛图，榱栋楣楹，上下重结，大小皆石，高十丈，镇固巧密，为京华壮观"（《水经注·灅水》："（如浑）水右有三层浮图，其容鹫架，悉结石也，装制丽质，亦尽美善也"）。其在北苑的营建，《魏书·显祖纪》："〔皇兴〕四年（470）……十有二月甲辰，幸鹿野苑石窟寺。"[42]此鹿野苑石窟寺在北苑，《释老志》云："高祖践位（延兴元年，471），显祖移御北苑崇光宫，览习玄籍。建鹿野苑佛图于苑中之西山，去崇光右十里，岩房禅堂，禅僧居其中焉。"此鹿野苑的工程，见录于高允《鹿苑赋》："踵姬文而筑苑，包山泽以开制……暨我皇（献文帝）之继统，诞天纵之明睿，追鹿野之在昔……于是，命匠选工，刊兹西岭，注诚端思，仰模神影……即灵崖以构宇，竦百寻而直上，絙飞梁于浮柱，列荷华于绮井……嗟神功之所建，超终古而秀出……凿仙窟以居禅，辟重阶以通术……伊皇舆之所幸，每垂心于华囿，乐在兹之闲敞，作离宫以营筑。"（《广弘明集·统归篇》）法琳《辩正论》卷三所记"显祖献文皇帝德配彼天，道邻极圣，造招隐寺，召坐禅僧"的招隐寺，大约也在鹿野苑。因此，可以想见，当时在云冈工程稀少，不必一定要作云冈某个洞窟开凿在献文帝时之推测。

关于第二个问题：如果第7、8双窟兴建于孝文帝初期的考虑不误，那么，除第一期开凿的昙曜五窟和第三期开凿的西部诸窟之外，云冈的主要窟龛几乎都开凿在孝文帝时期。它不仅包括第7、8，第9、10，第

5、6这三组双窟，而且包括第1、2双窟，第11至13窟和云冈最大的第3窟，还要包括自昙曜五窟迄迁洛前补刻在各窟内外的窟龛中的绝大部分。因此，孝文帝时期的雕造，既遍布云冈各地，又处于云冈的显著地带，为经历云冈道俗所瞩目，当为极自然之事，所以唐人记述云冈，或云“魏孝文之所置”（《宋昱诗》），或云“孝文故像”（《古清凉传》），特别强调孝文帝，决非偶然。文献记载和现存铭记凡记录这阶段所雕造或经始的窟龛，最迟的纪年是太和十三年（489），这是一个引人注目的现象。按献文帝于皇兴五年（470）“迫于太后，传位太子”（《魏书·天象志三》），后六年（承明元年，476）又被太后所鸩殂，孝文帝时才五岁，尊太后为太皇太后，太皇太后“临朝听政”（《魏书·皇后·文成文明皇后冯氏传》），“往往自尊，不复关白于帝”（《资治通鉴·宋纪十六》）。故“政事多决于文明太后”（《魏书·恩幸·王睿传附孙翔传》），太和十三年（489）“太后之谪”渐显（《天象志四》），十四年（490）九月太皇太后冯氏卒。因此，可以估计云冈营建之衰与冯氏之谪、卒有关。那么，孝文帝时期云冈兴建的极盛，事实上的倡导者当为冯氏。冯氏崇佛屡见载籍〔43〕，其兄熙更佞佛法〔44〕，所幸依势用事的阉宦钳耳庆时也多修佛寺，因此，《金碑》记庆时在云冈“镌岩开寺”，为国祈福，正是庆时逢迎女主的一种最好活动，长广怀疑出自冯熙的主使〔页5～6〕，似乎无此必要〔45〕。冯家事佛，不仅冯氏兄妹，后来为孝文皇后的冯熙两女也都出家为尼〔46〕。冯家与佛教关系密切固有文成复法的因素，但冯氏故国北燕早已是北方的三宝兴隆之地〔47〕，梁慧皎《高僧传》记：晋末曾受业于罗什、慧远的昙顺和受业于罗什的昙无成皆来自黄龙（《高僧传》卷六、卷一〇。南人称北燕为黄龙国〔48〕）；刘宋初，化洽江南的僧诠曾“先于黄龙造丈六金像”（《高僧传》卷七）。又记：冯跋时，既有黄龙禅僧昙弘南游番禺、交趾（《高僧传》卷一三），又有黄龙僧昙无竭（此云法勇）集同志二十五人远适西方寻法求经，后亦归留广州（《高僧传》卷三。《名僧传抄》作法勇）。北燕亡后，黄龙佛教犹未衰竭，《高僧传》记：备综众经的黄龙僧法度，太和初（477）南隐摄山（《高僧传》卷九），约在同时南齐遣派弘赞禅道的昙超宣化辽东（《高僧传》卷一二），所以当时作为北燕王冯跋弟弘的嫡孙太皇太后冯氏“又立思燕佛图于龙城”（《魏书·皇后·文成文明皇后冯氏传》。龙城，北燕旧都）。以上事迹，充分表明北燕后裔的冯家事佛尚别有渊源。此另外来源的佛教，考慧皎所记，似与中原和南方的佛教关系颇多〔49〕，而与文成帝复法时主要依据的凉州佛教有别〔50〕。孝文帝时期云冈兴建的窟龛与昙曜五窟异趣，我们曾在《试论》中略作分析："与第一期比较，引人注目的是，汉魏以来分层分段附有榜题的壁面布局，汉式传统的建筑形式及其装饰日益增多；佛像的服装在第二期晚期也换上了新型的褒衣博带式的样式，外来的佛教石窟艺术，在北中国，就是在这个时期，较显著地开始了逐渐东方化。"之所以出现这种情况，当然主要由于孝文帝汉化政策的逐步实现，但倡导开凿石窟的冯氏的北燕佛教传统是不是也在其中起了某些作用？云冈石窟的研究者对这个问题是否也应予以考虑？

本文原刊《北京大学学报·哲学社会科学版》1982年第2期。此次重刊，除改动了几处文字错误外，还重写了3、4、9三个注，并将文中的文字附表改用形象表示，增线图一幅，即插图3。

注释

〔1〕 参看拙著《居庸关过街塔考稿》一之二《析津志、松云闻见录著者熊梦祥事辑》，刊《文物》1964年第4期。

〔2〕《元史·欧阳玄传》："欧阳玄，字原功……〔至正十七年（1357）〕十二月戊戌，卒于〔大都〕崇教里之寓舍，年八十四。"承陆峻岭先生见告，《永乐大典》卷三五二八郑氏义门条引《国朝郑氏麟溪集》录熊梦祥记婺州浦江郑浚常于至正十七年南任浙西官职事："至正丁酉（十七年）八月，上御泺京水精殿，大臣奏除江西省郎中，同日台臣复奏除浙西宪司佥事，凡朝中尊显与夫三学名流，皆浚常之知旧也，于其南还能诗者咸赋焉。予因继作诗曰……"因知欧阳玄卒年，熊曾滞留大都。又元末成廷珪《居竹轩诗集》卷一录《熊松云画秋林诗意图送蔡伯雨道士归上清，松云在淮阴，今其来因见题以赠之，就以柬送方壶隐者》，记熊在淮阴情况，诗云："松云先生江海客，淮阴市中人不识，惊风吹沙眼倦开，枕上青山归未得，上清蔡君仙之徒，邂逅同觅黄公垆，饮酣脱帽忽大叫，乘兴为写秋林图，蔡君视之一抚掌，笔法拟我方方壶，我家中山旧游处，如此长松几千树。仙岩隐者抱琴来，鬼谷等人吃茶去，先生有意肯相从，分与东头一间茆屋住。"此二事为〔1〕所录拙文所未及，因附记于此。

〔3〕《元史·张翥传》："张翥，字仲举……〔至正〕二十八年（1368）三月卒，年

八十二。"

〔4〕此条承徐苹芳同志见告。按《渌水亭杂议》系引自《铁网珊瑚·书品》卷五《元人诸帖》所辑欧阳玄《豫章熊君自得携所著书入都城西山斋堂村，山深民淳，地僻俗美，隐者之所宜居。崇真张宜相真人偕往，作诗送自得兼柬宜相》和张翥《次韵圭斋先生寄赠松云隐君》两帖录文。

〔5〕同注〔1〕。

〔6〕事见《永乐大典·顺天府》七引《析津志》所录《金碑》录文之后。思诚，元大都坊名，同上书、卷又引《析津志》云"定真院在齐化门里思诚坊"，齐化门即大都东壁自南第一门，亦即明清之朝阳门。

〔7〕参见《居庸关过街塔考稿》追记一。

〔8〕《艺风老人戊子日记》（未刊），稿本现存北京大学图书馆。

〔9〕缪抄《永乐大典·顺天府》残本八卷，沿用李盛铎所拟名《顺天府志》，收入《北京大学图书馆藏善本丛书》，并于1983年由北京大学出版社影印刊行。

〔10〕道宣、慧祥著作已节录于《校注》中。法琳《辩正论》卷三："元魏……又于北代恒安治西，旁各（谷）上下三十余里，镌石置龛，遍罗汉像，计非可尽，庄严弘观，今见存焉。曾屡遭法灭，斯龛不坏。"道世《法苑珠林·传记篇兴福部》："北台恒安，镌石置龛，东〔西〕三十里。"唐初僧人多记云冈。大约与《金碑》所记"唐贞观十五年守臣重建"有关。

〔11〕宋昱事见两《唐书》之《杨国忠传》《韦见素传》和《刘乃传》。

〔12〕燕云入辽后，北宋偶有记云冈者多沿唐旧。僧延一增广慧祥书，著《广清凉传》，该书卷上记："于五台北埵可下见云州石窟寺。"

〔13〕30年代以来，云冈窟前发现辽代遗物，见于著录的计有三批：一、1933年，地方军阀在第5窟前方左侧兴建云冈别墅时的发现，见梁思成等《云冈石窟中所表现的北魏建筑》，刊《中国营造学社汇刊》第四卷三、四合期；二、抗战期间，日人水野清一、长广敏雄等人于1938～1944年，在云冈调查时进行的挖掘，见水野《云冈石窟调查记》，刊京都《东方学报》第九册、第十三册第一分及第四分、第十四册第四分、第十五册第二分，此文后经修改又收入《云冈石窟》（1951～1956），卷Ⅶ、XV；三、解放后的调查与发掘，此工作开始于1950年中央文化部文物局组织的雁北文物勘查团在云冈清查了上述日人的挖掘，见王逊《云冈一带勘查记》，刊《雁北文物勘查团报告》，其后云冈石窟保管所历年清理均有发现，已发表的有《云冈石窟建筑遗迹的新发现》，刊《文物》1976年第4期。

〔14〕阙文据《嘉靖大同府志》卷五补。

〔15〕瓦剌、鞑靼长年侵犯大同一带的严重情况，据《明实录》可列一较详年表。综合叙述大同被侵犯事，可参看《明史纪事本末》卷二十《设立三卫》、卷六十《俺答封贡》，《明史·鞑靼传》，《明史·瓦剌传》。

〔16〕长广指出"也"字后断句误；"也"字应下属，该句作"也岩开寺"〔页2、4〕。细读碑文，疑此"也"字系衍文。《校注》原疑"岩"上脱"即"字，亦误。原文当作"……钳耳庆时镌岩开寺……"。

〔17〕此类资料，白志谦《大同云冈石窟寺记》(1936)、日人小川晴旸《大同雲岡の石窟》(1944)皆曾予以注意。小川书中还附有崖面遗迹素描图多幅，可参看。

〔18〕此十处外，第2窟以西尚有两处无造像的窟室，其崖面有接建木建筑的遗迹（卷Ⅰ PL.65、66)。云冈西端对面有二个佛窟，窟口上方崖面也多遗有梁孔（卷XV PL.104A)。前者规模甚小，后者梁孔大小不一，分布也不规整，皆不类寺院遗迹，因未计入。

〔19〕长广这段评论，是从自唐以来的文献没有护国等寺名说起的〔页4〕，而《校注》中已明确“推测此十名之说，约自辽代开始”。其实，长广等人在50年代也曾有云冈十寺是辽代云冈复兴期的情况的类似推论，甚至也论述到自第20窟以东的石窟，当时皆建佛阁，极为壮观，见《云冈石窟》卷Ⅲ序章《云冈石佛寺》，可是现在长广却回避了他们以前的看法，颇值寻味。

〔20〕云冈石窟中的双窟，还有第5、6窟和第1、2窟两处。此云“极为明显”者，系指第7、8双窟与第9、10双窟前后室布局照应紧密，如第7窟前室东壁与第8窟前室西壁同为本生故事（卷Ⅳ PL.3B、4～8，卷Ⅴ PL.67)，第7窟前室西壁与第8窟前室东壁同为千佛（卷Ⅳ PL.3A、9～10，卷Ⅴ PL.3、5)；又如第9、10双窟前室的设计更连成一体（卷Ⅳ PL.2，卷Ⅶ PL.72～78等）和此两组双窟的隔壁后方都还特设一内部往还的甬道（卷Ⅴ PL.5、12，卷Ⅵ PL.20）等特点而言。

〔21〕《校注》云第5、6双窟隔壁前端也雕出丰碑。按此碑形制并不清晰，也有可能是多层佛塔。

〔22〕长广谓拓王为高丽族，系据姚薇元《北朝胡姓考》外篇东夷诸姓王氏条〔页13，注4〕。按姚文云：“魏书高宗纪：和平中有蓰王国屡随高丽来献。颇疑蓰王即拓王之异译。果尔，是拓王氏本高丽族之一小国。”检《魏书·高宗纪》两记蓰王入贡事“〔和平〕三年(462)……高丽、蓰王、契啮、思厌于师、疏勒、石那、悉居半、渴槃陀诸国各遣使朝献”，“六年(465)……高丽、蓰王、对曼诸国各遣使朝献”，知蓰王列于高丽之次，并非随高丽来献。

〔23〕长广对《金碑》所引此铭的看法是“由于金碑引用的并非未经坏损的铭文全文，疑点颇多。要是这是事实的话，由于这是历史上第一次弄清云冈造窟者的姓名，其意义就很大了”〔页4〕。可见他认为崇教（福）的遗刻也不足信。

〔24〕这里所说第9、10双窟面积既不过大，也不狭小，系与第5、6，第7、8两组双窟比较而言〔页14，注11〕。钳耳庆时当时虽“依势用事”(《资治通鉴·宋纪十六》)，但他的地位毕竟不能与皇室相比。庆时“性巧”“穷妙极思”，所以他所主持的建筑物，应具有雕饰巧丽的风格。

〔25〕承王仁波同志函告，《大代宕昌公晖福寺碑》1973年自澄城移存西安陕西省博物馆碑林第三室，碑身宽约86厘米，连碑额高约3米。如与云冈第7、8窟隔墙前端所镌的丰碑（加龟趺高在13米以上。卷Ⅴ PL.1～3）相比，显然是卑下得多了。不过《晖福寺碑》碑额雕饰细致碑身下部又斫出内弧的束腰（这种做法是碑中的孤例），这些注意造型的精巧，或许出自建寺者钳耳庆时的创意。

〔26〕参看大同博物馆等《大同方山北魏永固陵》，刊《文物》1978年第7期。

〔27〕1975年的发现，现存大同市博物馆。1976年的采集，现存北京大学考古陈列室。1982年1月11日《人民日报》报道，最近又在该遗址处发掘出以佛塔为中心的北魏思远佛寺址，出土有石雕柱础、莲花纹和兽面纹瓦当以及石雕佛像的残件等。按方山佛寺遗址所出残佛像，其样式较第9、10双窟略早，大型佛像衣纹有的与第7、8双窟相同，做出断面呈方形的贴泥条形式。《魏书·高祖纪上》记太和三年八月“起思远佛寺”，因此这批佛像在样式上，与第9、10双窟接近但略早，也是合乎情理的。关于方山佛寺遗址所出残佛像问题，我们将另有文论述。

〔28〕“道俗居宇”，长广认为包括道教、佛教两方面，并说从这一句体会不出在武州山建造石窟之意〔页9〕。按《王遇传》所记这一批建筑物，都是皇室工程，故最后结语是“皆遇监作”。包括第9、10双窟的崇教（福），是庆时所自镌，当然不应列入。此“道俗居宇”，应指当时在方山兴建的佛寺建筑，如思远佛寺和方山石窟寺之类。“道俗”即僧俗，当时呼僧为道人，故道人统“更名沙门统”（《魏书·释老志》），太和五年（481）“二月沙门法秀以妖术惑众，谋作乱于平城……议者或欲尽杀道人”（《资治通鉴·齐纪一》）。所以“道俗居宇”与道教无涉。参看《十驾斋养新录》卷十九道人道士之别条和《陔余丛考》卷三十八僧称条。

〔29〕参看大同市博物馆等《山西大同石家寨北魏司马金龙墓》，刊《文物》1972年第3期。此墓用砖横端一侧模印出阳文“琅琊王司马金龙墓郭砖”十字，据所出司马金龙墓表、墓志均记立铭时间是太和八年十一月十六日。《魏书·司马楚之传附子金龙传》也记金龙“太和八年薨”，因知此墓建年是太和八年（484）。按金龙父楚之，为世祖所信任，死后得殊宠，陪葬金陵。楚之“尚诸王女河内公主，生子金龙”，显祖在东宫，擢金龙为太子侍讲，金龙“后娶沮渠氏……世祖妹武威公主所生也，有宠于文明太后”，是金龙一家与北魏皇室关系密切，其墓出土器物纹饰，可与文明太后宠宦钳耳庆时开凿的第9、10双窟相比较，当非偶然之事。

〔30〕参看敦煌文物研究所《新发现的北魏刺绣》，刊《文物》1972年第2期。

〔31〕内蒙古托克托古城发现的鎏金铜佛，见内蒙古自治区文物工作队《内蒙古出土文物选集》图版104～105，1963。美国福格博物馆藏鎏金铜佛见台北故宫博物院编辑委员会《海外遗珍（佛像）》图版6，台北，1986。

〔32〕见金维诺《中国美术史稿》（未刊）。

〔33〕关于孝文帝实施新服制，不是在一年内完成的。从上引《魏书·高祖纪下》所记太和十年正月帝始服衮冕开始，其后《礼志一》记：“（太和）十年四月，帝初以法服御辇，祀于西郊。”《高祖纪下》又记“（太和十五年十二月）癸巳，颁赐刺史以下衣冠”，“（太和十八年十二月）壬寅，革衣服之制”。后一项《资治通鉴·齐纪五》记：“〔建武元年（太和十八年）十二月〕魏主欲变易旧风，壬寅诏禁士民胡服，国人多不悦。”因知新服制的实施，直到太和十八年十二月始完成。在服制改革的过程中，太和十七年王肃的议论似亦有作用，《资治通鉴·齐纪五》记其事云：“（永明十一年〔太和十七年〕冬十月）癸卯，魏主如邺城，王肃见魏主于邺，陈伐齐之策，魏主与之言，不觉促席移晷……时魏主方议兴礼乐，变华风，凡威仪文物，多肃所定。”按孝文迁洛的时间，一般皆以太和十八年十月“戊申，亲告太庙，奉迁神主。辛亥，车

驾发平城京”（《魏书·高祖纪下》）为准。其实，迁都基本完成应在太和十九年九月，《魏书·高祖纪下》记是年“九月庚午，六宫及文武尽迁洛阳”可证。因此，我们认为孝文新服制的实施，是在太和十年正月迄太和十八年十二月（486～494）这一阶段完成的。所以太和十九年五月孝文自邺归洛，责居守任城王澄曰：“朕昨入城见车上妇人冠帽而着小襦袄者，若为如此，尚书何为不察。澄曰：着犹少于不着者。高祖曰：深可怪也，任城意欲令全着乎。一言可以丧邦者，斯之谓欤……于是留守群臣遂免冠谢罪。”（《魏书·景穆十二王·任城王云传附子澄传》）

〔34〕二圣一辞，见《大代宕昌公晖福寺碑》：“我皇文明自天，超世高悟，鼓淳风以怀万邦，洒灵泽以沾九服，兼遐想虚宗，遵崇道教。太皇太后圣虑渊详，道心幽畅，协宣皇极，百揆挺惟新之明，辑熙庶绩，八表流击壤之咏，虽智周世□而方外之志不亏，形应万机而恬素之真弗扰，故能优游紫宫，宪章遗法，绍灵鹫于溥天，摹祇桓于振旦……散骑常侍安西将军吏部内行尚书宕昌公王庆时资性明茂，秉心渊懿，位亚台衡，任总机密……于本乡南北旧宅，上为二圣造三级佛图各一区……旌功锐巧，穷妙极思，爰自经始，三载而就。崇基重构，层榈叠起，法堂禅室通阁连晖……太和十二年岁在戊辰七月己卯朔一日建。……秘书著作郎傅思益制文囿州巨鹿苏棠刊文。”又《魏书》多记文明太后与高祖为二圣，《杨播传附弟椿传》：“（椿）戒子孙曰……吾兄弟自相诫曰，今忝二圣近臣，母子间甚难，宜深慎之……高祖谓诸王、诸贵曰：北京之日，太后严明……和朕母子者，唯杨椿兄弟。”又如《程骏传》：“（骏）表曰……臣不胜喜踊，谨竭老钝之思，上《庆国颂》十六章并序……其颂曰……于穆二圣仁等春生……太和九年正月，（骏）病笃……及卒，高祖、文明太后伤惜之。”

〔35〕二皇，见《辩正论》卷四：“广阳王嘉……读一切经凡得三遍。造爱敬寺以答二皇。”按庆阳王嘉系太武帝孙，高祖初年拜徐州刺史，太和九年（485）封广阳王，《魏书》有传。

〔36〕当然也不能排除孝文帝为献文帝和献文母皇太后冯氏所建，特别是第7、8和第5、6两组双窟。这种双窟制度，后为洛阳龙门所承袭。《魏书·释老志》：“景明初（500），世宗诏大长秋卿白整准代京灵岩寺石窟，于洛阳伊阙山，为高祖、文昭皇太后营石窟二所。”此二所石窟即今龙门石窟的宾阳洞与宾阳南洞。该两窟之间的隔壁前端也镌出下具龟趺的大碑（《龍門石窟の研究》，1941，PL.5），这应是沿云冈第7、8双窟的旧制。可见为帝后修建双窟，云冈开始之后，为当时所习见，不过世宗改为其父母所营造与云冈不同。云冈另一处第1、2双窟。其“雕凿的时间，应在9、10窟和5、6窟之间”（《试论》），即也在孝文帝时期。

〔37〕南京博物院于南京、丹阳地区，发掘有竹林七贤与荣启期模印画砖的墓葬多座。已发表的以南京西善桥宫山北麓墓为早，时间约在东晋晚期，见《南京西善桥南朝墓及其砖刻壁画》，刊《文物》1960年第8、9合期。丹阳胡桥仙塘湾墓、胡桥吴家屯墓和建山金家屯墓，皆南齐墓。前一墓见《江苏丹阳胡桥南朝大墓及砖刻壁画》，刊《文物》1974年第2期。后两墓见《江苏丹阳县胡桥、建山两座南朝墓葬》，刊《文物》1980年第2期。

〔38〕参看刘志远等《成都万佛寺石刻艺术》，附图1、2，1958。该石作方柱状，侧面有

铭,《石交录》卷二录其铭云:“齐永明元年岁次癸亥(483)七月十五日西凉曹比丘释玄嵩为帝主臣王累世师长父母兄弟六亲眷属及一切众生敬造无量寿、当来弥勒成佛二世尊像,愿一切众生发弘旷心,明信三宝,瞿修十善,遭遇慈氏,龙华三会矗豫其昌,永去尘结,洁身满足,广度一切,共成佛道……时镇主性庄丘□部亦值□福,愿□□。”两像刻在石柱的正背面,立像腹部以下有斫毁,坐像较完整。两像皆褒衣博带服饰,造型板滞,雕刻浅,立体感不强。关于两像的服饰问题,可参看杨泓《试论南北朝前期佛像服饰的主要变化》,刊《考古》1963年第6期。

〔39〕孝文帝汉化与南迁,多遇守旧权势的阻挠,太和二十年(496)孝文借平穆泰叛变之机,对所谓“代乡旧族,同恶者多”(《魏书·王栗磾传》)的恒朔地区守旧权势进行了一次打击。参看《魏书·神元平文诸帝子孙·东阳王丕传》《穆崇传附孙泰传》《陆俟传附孙睿传》。

〔40〕云冈现存纪年铭的龛像中,晚于上述太和十三年(489)的,即是第11窟明窗左壁和西端某小窟窟口壁面的太和十九年(495)龛,龛内造像皆着新服饰; 但第5窟窟口和明窗左右壁的旧服饰的造像,如系补刻,则有可能晚到太和十八年(494)迁洛以后。南迁以后,推行汉化政策最严厉的洛阳,其造像也不规整划一,旧服饰的造像还较多地雕凿在古阳洞的左右壁上,其中有纪年铭可凭的最迟之例,是宣武帝景明四年(503)比丘法生为孝文帝并北海王母子所造的右袒释迦坐像龛[右壁自下第三层,自右第二龛。见龙门文物保管所《龙门石窟》(1980)图版42、44和《龍門石窟の研究》Fig.96]。

〔41〕参看《魏书·帝纪》《礼志》。

〔42〕《南齐书·魏虏传》:“宏(孝文)父弘(献文)禅位后,黄冠素服,持戒诵经,居石窟寺。”此石窟寺即鹿野苑石窟寺。

〔43〕冯氏崇佛事,除见《魏书》本传外,《南齐书·魏虏传》另记一事云:“宏太和三年(479)道人法秀……等谋反,事觉……伪咸阳王复欲尽杀道人,太后冯氏不许。”

〔44〕冯熙佞佛,见《魏书》本传。敦煌石室出有太和三年(479)冯熙于洛州所写一切经的零卷(《杂阿毗昙心经》卷六)。该卷现藏伦敦大不列颠博物馆,斯996。

〔45〕钳耳庆时在冯氏专政时期,依势用事,威权甚大,故《晖福寺碑》记其:“位亚台衡,任总机密,翼赞之功光于帝庭,忠规之节彰于朝司。”《南齐书·王融传》记齐武帝时,“融上书曰……〔虏〕抑退旧苗,扶任种戚……台鼎则丘颓、苟仁端,执政则目凌、钳耳。”此钳耳即指庆时而言。

〔46〕冯熙两女,《魏书·皇后传》中俱有传。

〔47〕参看汤用彤《汉魏两晋南北朝佛教史》第十四章《佛教之北统》,1955。

〔48〕见《宋书·东夷高句骊国传》:“义熙初,(慕容)宝弟熙为其下冯跋所杀,跋自立为主,自号燕王。以其治黄龙城,故谓之黄龙国。”

〔49〕参看《魏书·海夷冯跋传》《宋书·东夷高句骊国传》。

〔50〕同上。

平城实力的集聚和“云冈模式”的形成与发展

自本世纪70年代末期北京大学考古专业恢复石窟寺考古教学以来，考古系汉唐教研室同仁即在有关单位的协助下，对新疆、甘肃、宁夏和中原地区的一些重要石窟进行了一系列的考古调查；与此同时，又参考了一部分国外学者编著的葱岭以西的石窟考古报告和论著。在此基础上，我们重新观察云冈石窟和阅读有关文献之后，对过去论述云冈石窟在东方石窟群中所处的地位这一重要问题，颇有不足之感。现仅就北魏统治者长期强制向国都平城聚集人力、物力和“云冈模式”的形成与发展，这两个相互关联的题目，试做一次复习性的研讨，请海内外同好不吝指正。

一

4世纪西晋覆灭，中原战乱频仍，人口流散严重，各割据政权皆以掳掠人口作为增强自己实力的重要措施。淝水战后，前秦瓦解。公元386年，鲜卑奴隶主拓跋珪恢复代国，此后一直到北魏孝文帝拓跋宏时期，北中国的代魏才开始向封建制转变。奴隶主统治阶段，战争更是以获取战俘、财物为目的。因此，拓跋珪复国之初的东征西讨，无不着眼于虏获。现辑有关资料如下表。

纪年	掳获记录	出处
登国二年 公元 387 年	"六月,(道武)帝亲征刘显(南部大人刘库仁子)于马邑南……尽收其部落。"	《魏书·太祖纪》
登国三年 公元 388 年	"五月癸亥,北征库莫奚。六月,大破之,获其四部杂畜十余万。" "十有二月辛卯,车驾西征,至女水,讨解如部,大破之,获男女杂畜十数万。"	《魏书·太祖纪》
登国五年 公元 390 年	"春三月甲申,帝西征,次鹿浑海,袭高车袁纥部,大破之,虏获生口、马牛羊二十余万。"	《魏书·太祖纪》
登国六年 公元 391 年	"十有一月……壬午,大破直力鞮(铁弗刘卫辰子)军于铁岐山南,获其器械辎重,牛羊二十余万。" "十有二月……自河已南,诸部悉平,簿其珍宝、畜产,名马三十余万匹,牛羊四百余万头。……山胡酋大幡颓、业易于等率三千余家降附,出居于马邑。"	《魏书·太祖纪》
登国八年 公元 393 年	"八月,帝南征薛干部帅太悉佛于三城,……获太悉佛子珍宝,徙其民而还。"	《魏书·太祖纪》
登国十年 公元 395 年	"十一月……乙酉夕,至参合陂。丙辰,大破之(慕容宝)。……生擒其陈留王绍……以下文武将吏数千人,器甲辎重、军资杂财十余万计。"	《魏书·太祖纪》
皇始元年 公元 396 年	"夏六月癸酉,遣将军王建等三军讨(慕容)宝广宁太守刘亢泥(刘显弟),斩之,徙其部落。"	《魏书·太祖纪》
皇始元年 公元 397 年	"二月……丁丑,军于巨鹿之柏肆坞,……帝设奇陈,……(慕容)宝众大败,……擒其将军高长等四千余人。戊寅,宝走中山,获其器仗辎重数十万计。……冬十月……甲戌……战于义台坞……甲申,其(宝弟贺麟)所署公卿、尚书、将吏、士卒降者二万余人。……获其所传皇帝玺绶、图书、府库、珍宝,簿列数万。"	《魏书·太祖纪》
天兴元年 公元 398 年	"春正月……辛酉,车驾发自中山,至于望都尧山。徙山东六州民吏及徒河、高丽杂夷三十六署[1]百工伎巧十万余口[2],以充京师。二月,……诏给内徙新民耕牛,计口受田。" "十有二月,……徙六州二十二郡守宰、豪杰、吏民二千余家于代都。"	《魏书·太祖纪》

上表所列天兴元年春正月徙太行山东六州，即后燕慕容氏的吏民、伎巧以充京师的京师，应是指同年“秋七月，迁都平城”（《魏书·太祖纪》）的新都，亦即表中末项所记之代都。此次代魏建都平城，与穆皇帝猗卢“城盛乐以为北都，修故平城以为南都”和昭成帝什翼犍“移都于云中之盛乐宫”（《魏书·序记》）不同，而是“始营宫室，建宗庙，立社稷”（《魏书·太祖纪》），建立永久性都城。此后，迄孝文帝太和十八年（494）南迁洛阳，平城作为北魏国都长达九十六年。在此期间，据文献所记较为明确的掳获强徙到平城及其附近的人口、财富，有下列诸项记录。

纪年	掳徙记录	出处
天兴二年 公元 399 年	“二月丁亥朔，诸军同会，破高车杂种三十余部，获七万余口，马三十余万匹，牛羊百四十余万。骠骑大将军、卫王仪督三万骑别从西北绝漠千余里，破其遗迸七部，获二万余口，马五万余匹，牛羊二十余万头，高车二十余万乘，并服玩诸物。……庚戌……以所获高车众起鹿苑，……又穿鸿雁池。”	《魏书·太祖纪》
天兴五年 公元 402 年	“二月癸丑，征西大将军、常山王遵等至安定之高平，（姚兴高平公）木易于（没奕于）率数千骑与卫辰、屈丏弃国遁走，……获其辎重库藏，马四万余匹，骆驼、牦牛三千余头，牛羊九万余口。……徙其民于京师。”“五月，姚兴遣其弟安北将军、义阳公平率众四万来侵，……秋七月戊辰朔，车驾西讨。八月乙巳，至于柴壁，平固守。进军围之，姚兴悉举其众来救。……冬十月，平赴水而死，俘其余众三万余人。……（获兴）四品将军已上四十余人。”	《魏书·太祖纪》
天兴六年 公元 403 年	“春正月辛未，朔方尉迟部别帅率万余家内属，入居云中。”	《魏书·太祖纪》
天赐元年 公元 404 年	“三月丙寅，擒姚兴宁北将军、泰平太守衡谭，获三千余口。”	《魏书·太祖纪》
永兴五年 公元 413 年	“秋七月己巳，……奚斤等破越勤倍泥部落于跋那山西，获马五万匹，牛二十万头，徙二万余家于大宁，计口受田……八月癸亥，奚斤等班师。甲寅，帝临白登，观降民，数军实。……辛未，……置新民于大宁川，给农器，计口受田。”	《魏书·太宗纪》

续表

纪年	掳徙记录	出处
泰常三年 公元418年	“夏四月己巳，徙冀、定、幽三州徒河于京师。” “五月……壬子，车驾东巡，……遣征东将军长孙道生……袭冯跋，……道生至龙城，徙其民万余家而还。”	《魏书·太宗纪》
始光三年 公元426年	“十有一月戊寅，帝率轻骑二万袭赫连昌。壬午，至其城下，徙万余家而还。”[3]	《魏书·世祖纪上》
始光四年 公元427年	“六月……乙巳，车驾入（统万）城，虏（赫连）昌群弟及其诸母、姊妹、妻妾、宫人万数，府库珍宝、车旗器物不可胜计。擒昌尚书王买、薛超等及司马德宗将毛修之、秦雍人士数千人，获马三十余万匹，牛羊数千万。”	《魏书·世祖纪上》
神䴥二年 公元429年	“夏四月……庚寅，车驾北伐，……蠕蠕震怖，焚烧庐舍，绝迹西走。……冬十月，振旅凯旋于京师，告于宗庙。列置新民于漠南，东至濡源，西暨五原、阴山，竟三千里。”	《魏书·世祖纪上》
神䴥三年 公元430年	“十有一月……己亥，帝幸安定，获乞伏炽磐质子及（赫连昌弟）定车旗，簿其生口、财富，……庚子，帝自安定还临平凉。……十有二月丁卯，定弟社于、度洛孤面缚出降，平凉平，收其珍宝……关中平。”	《魏书·世祖纪上》
神䴥四年 公元431年	“三月庚戌，冠军将军安颉献（刘）义隆俘万余人，甲兵三万。”	《魏书·世祖纪上》
延和元年 公元432年	“六月，上伐北燕，举燕十余郡，进围和龙，徙豪杰三万余家以归。”	《魏书·天象志三》
延和三年 公元434年	“六月……辛亥，抚军大将军、永昌王健……督诸军讨和龙。芟其禾稼，徙民而还。”	《魏书·世祖纪上》
太延元年 公元435年	“二月庚子，……诏长安及平凉民徙在京师，其孤老不能自存者，听还乡里。” “六月……戊申，诏骠骑大将军、乐平王丕等五将率骑四万东伐（冯）文通。秋七月……己卯，丕等至于和龙，徙男女六千口而还。”	《魏书·世祖纪上》
太延二年 公元436年	“（尉眷）从征和龙，眷督万骑前驱，慰喻降二千余户。”	《魏书·尉古真传附侄眷传》

续表

纪年	掳徙记录	出处
太延五年 公元 439 年	"八月……丙申，车驾至姑臧……九月丙戌……（沮渠）牧犍与左右文武五千人面缚军门，帝解其缚。待以藩臣之礼。收其城内户口二十余万，仓库珍宝不可称计……镇北将军封沓讨乐都，掠数千家而还。……冬十月辛酉，车驾东还，徙凉州民三万余家于京师。"[4]	《魏书·世祖纪上》
太平真君二年 公元 441 年	"冬十有一月庚子，镇南将军奚眷平酒泉，获沮渠天周……男女四千口。"	《魏书·世祖纪下》
太平真君七年 公元 446 年	"三月，……徙长安城工巧二千家于京师。"	《魏书·世祖纪下》
太平真君八年 公元 447 年	"三月，……徙定州丁零三千家于京师。"	《魏书·世祖纪下》
太平真君九年 公元 448 年	"二月，……徙西河离石民五千余家于京师。"	《魏书·世祖纪下》
正平元年 公元 451 年	"三月己亥，车驾至自南伐，……以（淮南）降民五万余家分置近畿。"[5]	《魏书·世祖纪下》
皇兴三年 公元 469 年	"五月，徙青齐人于京师。"[6]"显祖平青齐，徙其族望于代。""徙青齐士望共（崔）道固守城（历城）者数百家于桑干，立平齐郡于平城西北北新城。"	《北史·魏本纪二》《魏书·高允传》《魏书·崔玄伯传附道固传》
太和五年 公元 481 年	"二月，……假梁郡王（元）嘉大破（萧）道成将，俘获三万余口送京师。"[7]	《魏书·高祖纪上》

以上所列资料告诉我们，从建都平城之年起，凡是被从北魏灭亡的各个政权区域内强制迁徙，或是从南北战场俘获的人口、财物，主要都集中到平城及其附近。集中的数字是庞大的。就人口而言，最保守的估计，也要在百万人以上；而被强制徙出的地点如山东六州、关中长安、河西凉州、东北和龙（即龙城）和东方的青齐，又都是当时该地区经济、文化最发达的地点。这几个地点合起来，甚至可以说是北中国当时的经济、文化发达地区的全部。迁移的同时，还特别注意对人才、伎巧的搜求。关于这个问题，除了上表所举内容之外，以下几项记录，可以做进一步的补充说明：

登国十年（395）“秋七月，慕容垂遣其子宝来寇五原，造舟收谷。……冬十月辛未，宝烧船夜遁。……十一月丙戌，大破之。……于俘虏之中擢其才识者贾彝、贾闰、晁崇等与参谋议，宪章故实”（《魏书·太祖纪》）。[8]

永兴五年（413）“二月，诏分遣使者巡求儁逸，其豪门强族为州闾所推者，及有文武才干、临疑能决，或有先贤世胄、德行清美、学优义博、可为人师者，各令诣京师，当随才叙用，以赞庶政”（《魏书·太宗纪》）。

神䴥四年（431）“九月壬申，诏曰：……方将偃武修文，遵太平之化，理废职。举逸民，拔起幽穷，延登俊乂，昧旦思求，想遇师辅，虽殷宗之梦板筑，罔以加也。访诸有司，咸称范阳卢玄、博陵崔绰、赵郡李灵、河间邢颖、渤海高允、广平游雅、太原张伟等，皆贤俊之胄，冠冕州邦，有羽仪之用。……如玄之比，隐迹衡门，不耀名誉者，尽敕州郡，以礼发遣。遂征玄等及州郡所遣，至者数百人，皆差次叙用”（《魏书·世祖纪上》）。

“历城降，（慕容）白曜送（刘）休宾及宿有名望者十余人，俱入代都为客。”（《魏书·刘休宾传》）

李彪“表曰……自太和建号，逾于一纪，典刑德政，可得而言也。……臣谓宜于河表七州[9]人中，擢其门才，引令赴阙，依中州官比，随能序之。一可以广圣朝均新旧之义，二可以怀江汉归有道之情。……高祖览而善之，寻皆施行”（《魏书·李彪传》）。

“太和中，高祖选尽物望，河南人士才学之徒咸见申擢。”（《魏书·刘休宾传附从弟法凤法武传》）

再具体些，我们可从《魏书》列传中看到道武时收罗后燕人才，明元时容纳姚秦人才，太武时除网罗中原人士外，还征用夏、南燕、北燕、北凉人才，还有献文时内徙青齐人才，孝文时擢举河表人才，其数字都是相当巨大的。因此，这座近百年的北魏都城——平城及其附近，自道武帝以来，不仅是北中国的政治中心，而且也形成了北中国的文化中心。加上这里集聚的大量劳动人手和从北中国征调来的巨大财富[10]，平城内外筑造了一批批规模宏伟的建置，就不是偶然的事了。在许多大规模的建置中，就劳动量之大和工期之长而言，应以幸存于今的云冈石窟，即《魏书》所记的武州山石窟寺称最。

二

云冈石窟位于今山西大同旧城西 15 公里。“太和中为尚书主客郎”（《魏书·酷吏·郦道元传》），正光末（524）又以持节兼黄门侍郎职务到过平城的郦道元，曾简记其盛况[11]：

> 武州川水又东南流，水侧有石祇洹舍并诸窟室，比丘尼所居也。其水又东转，径灵岩南，凿石开山，因岩结构，真容巨壮，世法所希，山堂水殿，烟寺相望，林渊锦镜，缀目新眺。（戴本《水经注·㶟水》）

除了武州川水的河床后世稍作移动[12]和窟室、雕像略有崩塌、剥蚀外，今天基本上还保存着原貌。

云冈石窟，始于文成帝和平初（460），为一般所习知。其事见《魏书·释老志》：

> 和平初，（道人统）师贤卒。昙曜代之，更名沙门统[13]。……昙曜白帝，于京城西武州塞，凿山石壁，开窟五所，镌建佛像各一。高者七十尺，次六十尺，雕饰奇伟，冠于一世。

北魏云冈石窟工程的结束，金皇统七年（1147）曹衍撰《大金西京武州山重修大石窟寺碑》（以下简作《金碑》），据当时窟内所存遗刻的最迟纪年是孝明帝正光五年（524），谓“终乎正光”[14]。自和平初迄正光五年，计六十四年。在这六十多年间，北魏朝野在云冈开凿了大小窟龛数百座，工程浩大，形制繁缛。本世纪初以来，研究者在调查其历史年代和艺术源流之次，逐渐研讨其排年分期和窟室类型[15]。首先出现某些有代表性特征的类型，可暂称之为模式。云冈模式先后有显著的发展变化，它的出现与发展都应与分期问题联系起来。云冈石窟一般分三期[16]，现按期试述我们对云冈模式的初步考虑。

三

云冈第一期窟室，我们认为只包括和平初昙曜主持开凿的五座窟，亦即位于云冈石窟群中部西侧的第16～20窟（插图1）。五窟的共同特征极为显著，现分窟室形制、造像布局、主要造像组合、造像形制和装饰纹带五项列表如下：

窟室形制	椭圆形平面、穹窿顶、模拟草庐形式的大型窟。原窟口上方皆凿出明窗。
造像布局	主像形体高大，占据窟内面积的绝大部分。前壁和壁面所余面积不大的左右壁，大多没有统一的设计；唯第19窟满雕千佛，并在前壁左右两隅的千佛中，各现一较大的立佛，西者为罗睺罗实子因缘像。
主要造像组合	三佛[17]。第16、18～20窟皆以释迦为主像，第17窟以未来佛弥勒菩萨为主像。
造像形制	形象为广颐、短颈、宽肩、厚胸，造型雄健。佛像流行通肩或右袒服饰。菩萨斜披络腋，胸前饰短璎珞。
装饰纹带	莲瓣、联珠、单列忍冬。

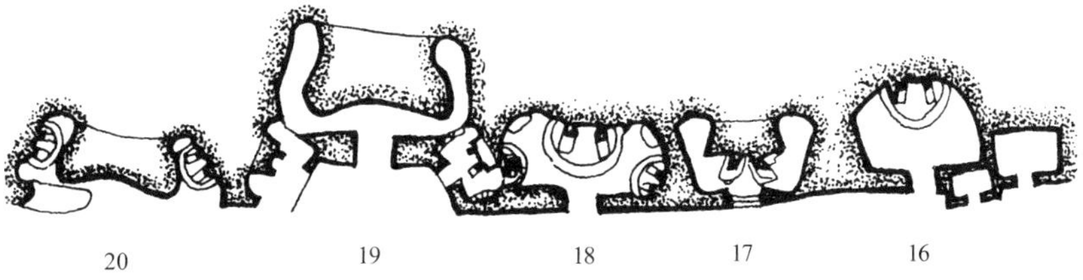

1 昙曜五窟（第16～20窟）平面

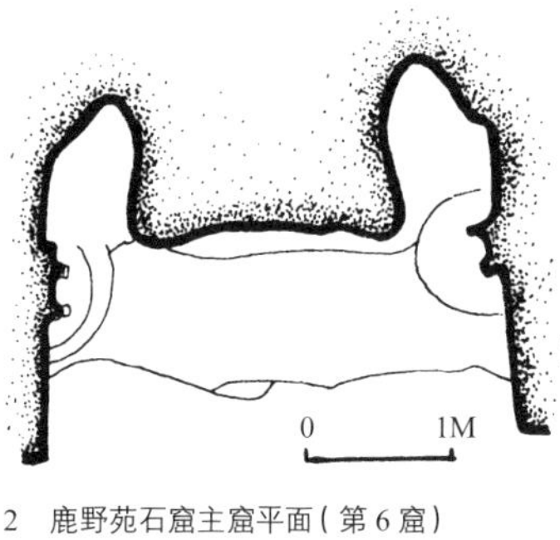

2 鹿野苑石窟主窟平面（第6窟）

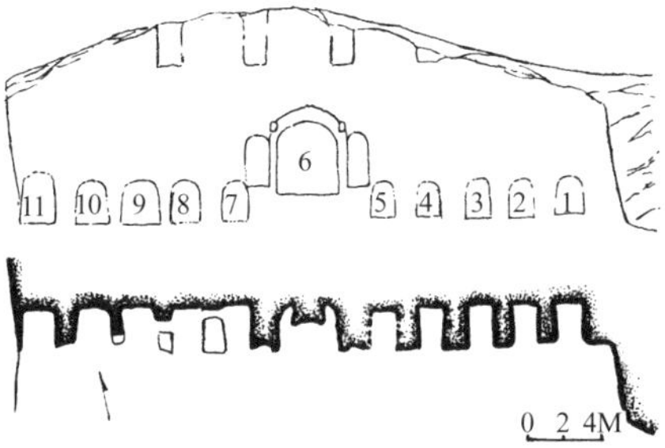

3 鹿野苑石窟平、立面

最近在大同市北郊小石寺村大沙沟北发现的鹿野苑石窟主窟，在窟室形制、布局和造像形制方面，也具有类似的上述特征（插图2、3）[18]（参看图版30）。鹿野苑石窟，据《魏书·显祖纪》记载“（皇兴）四年（470）十有二月甲辰，幸鹿野苑石窟寺”，知建于献文帝时期。由此可知，流行这种样式是公元460年至公元470年间平城地区开凿石窟的式样。这种式样的石窟，就已知的资料，自南亚、中亚以迄我国新疆、甘肃地区，都还没有发现相似的先例。因此，我们认为它应是5世纪中期平城僧俗工匠在云冈创造出的新模式，现在需要我们考虑的是：公元470年以前的平城，有没有新创石窟模式的条件。

第一，如上文所述，从道武帝天兴元年建都起，平城已逐渐集聚了大量的物质力量，特别是集中了北中国的人才、工巧。

第二，根据记录北魏佛教事迹的重要典籍《魏书·释老志》，知道从都平城之始，迄太武帝灭法之前，包括太武在内的北魏最高统治者皆尊奉佛教，太武末年短期废佛（444～451）后，似乎更刺激了佛教的迅速发展。现按年代顺序，摘录《释老志》有关文字，并略附解释如下：

“天兴元年（398），（道武）下诏曰：‘夫佛法之兴，其来远矣。济益之功，冥及存没，神踪遗轨，信可依凭。其敕有司于京城建饰容范，修整宫舍，令信向之徒，有所居止。’是岁，始作五级佛图、耆阇崛山及须弥山殿，加以缋饰。另构讲堂、禅堂及沙门座，莫不严具焉。”可见平城建都伊始，道武帝即在新都修建了各种颇具规模的佛教建筑。道武帝又礼赵郡沙门法果，诏“赴京师，后以为道人统，绾摄僧徒”。法果倡言：“太祖明睿好道，即是当今如来，沙门宜应尽礼，遂常致拜。谓人曰：‘能鸿道者人主也，我非拜天子，乃是礼佛耳。’”北朝播教与南方有别，在北魏新都传播的初期，即积极投靠政治势力，主张佛即天子，主动致敬人主，因而取得有力的外护。所以明元帝即位“仍令沙门敷导民俗”，并于“京邑四方建立图像”。“世祖初即位，亦遵太祖、太宗之业，每引高德沙门与共谈论。于四月八日，舆诸佛像，行于广衢，帝亲御门楼，临观散花，以致礼敬。”始光四年（427），“统万平，惠始到京都，多所训导，……世号之曰白脚师”。太延元年（435），北魏攻陷盛行佛教的和龙，龙城人口大量西迁。当和龙陷魏之前，黄龙僧即多外出求法、驻锡，此时自应有一定数量的僧徒随迁民入平城[19]。太延五年（439），“凉州平，徙其国人于京邑，沙门佛事皆俱东，像教弥增矣”。其时聚于平城的高僧，见于著录的有景穆帝师事的玄高、尚书韩万德的门师慧崇、玄高弟子玄畅和为北凉太傅张潭所伏膺的昙曜以及“凉平赴京”的罽宾沙门师贤等[20]。由此可见，太武帝废佛之前，平城佛事已相当繁盛。

太平真君七年（446）三月，重申毁佛诏令，由于监国景穆缓宣，“四方沙门多亡匿获免，在京邑者亦蒙全济。金银宝像及诸经论大得秘藏”。故当文成帝“践极，下诏曰：……释迦如来，功济大千，惠流尘境，……助王政之禁律，益仁智之善性，排斥群邪，开演正觉。故前代已来，莫不崇尚，亦我国家常所尊事也。……朕承统绪，君临万邦，思述先志，以隆斯道”之后，“天下承风，朝不及夕，往时所毁图寺仍还修矣。佛像经论皆复得显。京师沙门师贤，本罽宾国王种人，……罢佛法时，师贤假为医术还俗，而守道不改。于修复日，即反沙门。其同辈五人，帝乃亲为下发。师贤仍为道人统。是年（452）诏有司为石像，令如帝身”。“兴光元年（454）秋，敕有司于五级大寺内，为太祖已下五帝铸释迦立像五，各长一丈六尺，都用赤金二十五万斤。”其前一年，即兴安二年（453），昙曜“自中山被命赴京，……奉以师礼”。“太安初（455），有师子国胡沙门邪奢遗多、浮陀难提等五人，奉佛像三，到京师，皆云备历西域诸国，见佛影迹及肉髻，外国诸王相承，咸遣工匠摹写其容，莫能及难提所造者。……又沙勒（疏勒的异译）胡沙门赴京师。致佛钵并画像迹。”后五年即和平初（460）“昙曜白帝，……开窟五所”。公元465年，献文帝即位，根据刘宋沙门传说，建天安年号[21]。公元467年，孝文帝生，敕“起永宁寺，构七级佛图，高三百余尺，基架博敞，为天下第一。又于天宫寺造释迦立像，高四十三尺，用赤金十万斤，黄金六百斤。皇兴中（467～471），又构三级石佛图，榱栋楣楹，上下重结，大小皆石，高十丈。镇固巧密，为京华壮观”。又“建鹿野佛图于苑中之西山，……岩房禅堂，禅僧居其中焉”。上述一系列事迹，可以说明公元470年以前，平城佛教实力已极雄厚，佛教建置日臻壮丽。

第三，自太武帝以来，北魏即与兴建佛寺较盛的西域诸佛教国家和地区交往频繁。这些国家和地区，有的还曾一度划归北魏领域。《北史·西域传序》综述往还之盛云：

> 太延中（435～440），魏德益以远闻，西域龟兹、疏勒、乌孙、悦般、渴槃陁、鄯善、焉耆、车师、粟特诸国王始遣使来献。……于是，始遣行人王恩生、许纲等西使。……又遣散骑侍郎董琬、高明等多赍锦帛，出鄯善，招抚九国，厚赐之。初，琬等受诏，使道之国可往赴之。琬过九国，北行至乌孙国。其王得魏赐，拜受甚悦，谓琬等曰：传闻破洛那、者舌皆思魏德，欲称臣致贡。……琬于是自向破洛那，遣明使者舌[22]。……已而，琬、明东还，乌孙、破洛那之属遣使与琬俱来贡献者十有六国。自后相继而来，不间于岁，国使亦数十辈矣。

其中重要的佛教国家和地区如鄯善、焉耆、龟兹、疏勒、粟特和于阗、渴槃陁、罽宾等，又都和北魏有较密切的关系。现简录这几个国家和地区的情况如下：

鄯善 “其国王奉法，可有四千余僧，悉小乘学”（《法显传》）。太平真君六年（445）四月，太武因鄯善断塞行路，“诏散骑常侍、成周公万度归乘传发凉州以西兵袭鄯善。……八月，度归以轻骑至鄯善，执其王真达以诣京师”。九年（448）“五月甲戌，以交趾公韩拔为假节、征西将军、领护西戎校尉、鄯善王，镇鄯善，赋役其民，比之郡县”（《魏书·世祖纪下》）。其后，“世祖拜（王安都）为太子庶子，出为鄯善镇将”（《魏书·王建传附安都传》）[23]。

焉耆 “文字与婆罗门同。俗事天神，并崇信佛法。尤重二月八日、四月八日。是日也，其国咸依释教，斋戒行道焉”（《周书·异域传下》）。“恃地多险，颇剽劫中国使”（《北史·西域传》）。太平真君九年（448）八月，“成周公万度归讨之。……度归进屠其城，四鄙诸戎皆降服。……遂命度归镇抚其人”（《北史·西域传》），置焉耆镇。“（车师王车）伊洛[24]收集遗散一千余家，归焉耆镇”（《魏书·车伊洛传》）。十一年（450），伊洛上书要求赈救，“下诏抚慰之，开焉耆仓给之”(《北史·西域传》)。

龟兹 又译作拘夷，“拘夷国，(佛)寺甚多，修饰至丽，王宫雕镂立佛像与寺无异”(《出三藏记集》卷十一《比丘尼戒本所出本末序》)。“城中塔庙千数”(《太平御览》卷一二五引崔鸿《十六国春秋·后凉录》)。太平真君九年(448)十二月，“太武诏万度归率骑一千以击之，龟兹遣乌羯目提等领兵三千距战，度归击走之，……大获驼马而还。……自后每使朝贡”(《北史·西域传》)。

于阗 “俗重佛法，寺塔、僧尼甚众。王尤信尚，每设斋日，必亲自洒扫馈食焉。……献文末，蠕蠕寇于阗，于阗患之，遣使素目伽上表曰：……奴世奉大国，至今无异。今蠕蠕军马到城下，奴聚兵自固，故遣使奉献，遥望救援。帝诏公卿议之。……先是，朝廷遣使者韩羊皮使波斯，波斯王遣使献驯象及珍物。经于阗，于阗中于王秋仁辄留之，……羊皮言状，帝怒，又遣羊皮奉诏责让之。自后每使朝贡”(《北史·西域传》)。

渴槃陁 “风俗与于阗相类”(《梁书·西北诸戎传》)，“亦事佛道”(《北史·西域传》)，太延、兴安、和平时皆遣使朝献，见《魏书·帝纪》。

疏勒 “其国(竭叉，疏勒之异译)王作般遮越师，汉言五年大会也，会时，请四方沙门皆来云集，……其国中人为佛齿起塔。有千余僧，尽小乘学”(《法显传》)。文成帝时，“沙勒(疏勒之异译)胡沙门赴京师，致佛钵并画像迹”(《魏书·释老志》)，“文成末，其王遣使送释迦牟尼佛袈裟一，长二丈余”(《北史·西域传》)。

罽宾 “罽宾国在舍卫之西，国王民人悉奉佛，道人及沙门到冬未中前饮少酒，过中不复饭”(《艺文类聚》卷七六引支僧载《外国事》)。“其人工巧，雕文刻镂织罽，……每使朝献”(《北史·西域传》)。朝献的最早记录是兴安二年(453)，见《魏书·高宗纪》。

粟特 《北史·西域传》所记康国(又译悉万斤、悉居半)、石国(又译者舌)皆属粟特。《出三藏记集》《高僧传》著录自汉以来康姓译经者，皆来自康国。《北史·西域传》记康国“奉佛，为胡书”，又记“其国(粟特)商人先多诣凉土贩货，及魏克姑臧，悉见虏。文成初，粟特王遣使请赎之。诏听焉”。

以上三个条件表明，平城既具备充足的人力、物力和包括工巧在内的各种人才；又具有雄厚的佛事基础，包括建寺造像的丰富经验；还和早已流行佛教的西域诸国往还密切，包括佛像画迹的传来。在这种情况下，北魏皇室以其新兴民族的魄力，融合东西各方面的技艺，创造出新的石窟模式，应是理所当然的事。

开窟雕凿巨像，葱岭东西似以新疆拜城、库车的龟兹石窟为最早〔25〕，但龟兹大像窟与云冈仿草庐的形制完全不同。云冈主要造像组合——三佛和以未来佛弥勒菩萨为窟内的主要造像，也为云冈以前各地石窟所罕见。就佛像的形制而言，在服饰方面，许多研究者都认为云冈第一期大像，既有中亚犍陀罗（Gandhāra）后期流行的衣着，如第 20 窟佛像刻出厚重衣纹的右袒或通肩服装，又有印度笈多（Gupta）时期秣菟罗（Mathurā）地方流行的衣着，如第 19 窟西南隅罗睺罗实子因缘中的立佛和第 18 窟主像立佛刻出贴体衣纹的通肩或右袒服装〔26〕。这两种服饰，同样与新疆、甘肃早期石窟造像和云冈石窟开凿以前北魏雕铸的铜石佛像的衣着特征相一致〔27〕。在造型方面，云冈第一期大像所具有的广颐、短颈、宽肩、厚胸等造型特点，虽与葱岭东西乃至甘肃及其以东早期佛像多有接近处〔28〕，但其雄健之姿尤为突出。所以研究者多联系《魏书·释老志》所记北魏佛教有天子即是当今如来的传统和文成帝即位后所造石像“令如帝身，既成，颜上足下各有黑石，冥同帝体上下黑子”的敕令，推测昙曜五窟的主要佛像有可能仿效北魏皇帝的形象〔29〕。沿西方旧有佛像服饰的外观，模拟当今天子之容颜风貌，正是一种新型的佛像融合。

总之，云冈第一期石窟，就整体观察，它应是参考前规，融以新意，有自己的显著特色，从而构成了第一期的云冈模式。

四

云冈第二期窟室主要开凿在云冈石窟群中部东侧，有第 7、8 窟，第 9、10 窟，第 5、6 窟和第 11、12、13 窟；还有开凿在东部的第 1、2 窟和第 3 窟等。它们的共同特点是汉化趋势发展迅速，雕刻造型追求工丽。而融进的西方因素，虽仍有些新的内容，但似已侧重于护法形象和各种装饰。其具体情况略如下表：

	第7、8窟（双窟）	第9、10窟（双窟）	第1、2窟（双窟）
窟室形制	长方形平面，具前后室： 后室抹角叠砌平棋顶。前壁窟口上方凿明窗。 前室原依崖面架木构屋顶。前室前方，7窟左侧和8窟右侧各雕塔柱。两窟前室前方正中镌丰碑，碑下具龟趺。两窟前室后部凿有甬道相通。	长方形平面，具前后室： 后室穹窿顶。后壁凿有礼拜道。前壁窟口上方凿明窗。前室抹角叠砌平棋顶，前室前方列楹柱，柱下镌巨象承托。上方崖面雕有设斗拱的仿木构窟檐。两窟前室后部凿有甬道相通。	长方形平面，平顶。窟内中部雕塔柱。窟口上方凿明窗。 两窟似共一前庭。
造像布局	主像位于后室后壁的上下两层龛中，其他三壁分层布龛。 前室，7窟左壁和8窟右壁分层分栏浮雕长卷式画面，中有重层楼阁，人物附有榜题。7窟右壁和8窟左壁雕千佛。两窟前室各壁下部皆雕供养人行列和跪式供养天行列，供养人行列上方雕出仿木构屋檐。 后室入口两侧，7窟各雕三头四臂护法像，8窟上部各雕多头臂护法像，下部各雕头着翼冠的护法像。	主像位于后室后部中央，礼拜道壁面雕供养人行列。 前室各壁皆分层布龛，其下浮雕附有榜题的分栏长卷式画面，再下为供养人行列。 9窟前室后壁正中、后室入口两侧各雕护法像，10窟后室入口两侧各雕头着翼冠的护法像。	主像位于后壁龛中，其他三壁上布列龛，下浮雕分栏长卷式画面，再下为供养人行列。 方形塔柱，1窟为两层，2窟为三层，各层皆四面布龛。塔上方雕饰华盖与须弥山。
主要造像及其组合	7窟主像下龛为释迦多宝；上龛正中为弥勒菩萨，两侧为倚坐佛像。 8窟主像下龛为坐佛；上龛正中为倚坐佛像，两侧为弥勒菩萨。 两窟出现交脚坐佛龛和维摩文殊龛。	9窟主像为倚坐佛像。 10窟主像为弥勒菩萨。前室后壁正中雕须弥山。 两窟皆有交脚坐佛龛。释迦多宝龛（前室后壁两侧）。	1窟主像为弥勒菩萨。塔柱下层龛多坐佛，上层龛多弥勒菩萨。 2窟主像为坐佛。塔柱下层南面为释迦多宝，其他三面皆为坐佛；中层南、西两面为坐佛，东面为弥勒菩萨；北面为倚坐佛像；上层南北两面为弥勒菩萨，东西两面为坐佛。 两窟皆有维摩文殊龛。
造像形制	面相丰满，躯体健壮。佛像着右袒大衣。菩萨斜披络腋，有的有短璎珞。造型与第一期接近。	面相渐趋方圆。佛像着右袒或通肩衣。菩萨袒上身或斜披络腋。	面相接近9、10窟造型。 1窟主像弥勒帔帛交叉，佛像着通肩衣，有的着褒衣博带。 2窟主像坐佛着褒衣博带。塔柱佛像右袒，弥勒斜披络腋。

续表

	第7、8窟（双窟）	第9、10窟（双窟）	第1、2窟（双窟）
装饰	龛面有圆拱、盝形帷帐两种，后者雕饰兽面。 龛柱柱头有卷云纹和元宝形两种。供具只有摩尼宝珠。 装饰纹带有莲瓣、单列忍冬、方格莲花。	龛面除圆拱、盝形帷帐外，出现雕出斗拱的木构殿堂形式。 龛柱有卷云纹式柱头和束莲柱。 伎乐列龛和部分束莲柱下方雕饰勾片栏杆。 供具中出现博山炉。 装饰纹带除莲瓣、联珠、单列忍冬之外，出现复杂的忍冬纹[30]，如三角忍冬、环状忍冬、缠枝环状忍冬、环状套圭忍冬、龟甲忍冬等。还出现了绹纹。	龛面装饰略同9、10窟。 两窟塔柱皆雕饰出设有斗拱的仿木构形式。斗拱中部饰兽面，横拱雕作兽形。 窟口顶部雕交龙纹。 装饰纹带有莲瓣、单列忍冬、方格莲花。
	第11、12、13窟（组窟）	第5、6窟（双窟）	第3窟（双窟?）
窟室形制	11窟方形平面，平顶。窟内中部雕塔柱。13窟椭圆形平面，穹窿顶。两窟窟口上方凿明窗。 12窟长方形平面，具前后室： 后室穹窿顶。前壁窟口上方凿明窗。 前室抹角叠砌平棊顶，前室前方列楹柱，上方崖面雕有设斗拱的仿木构窟檐。 11、12、13三窟似共一前庭。	方形平面，5窟穹窿顶，后壁凿有礼拜道。6窟方格平棊顶，窟正中雕塔柱。两窟窟口上方凿明窗。5窟窟外左侧和6窟窟外右侧各凿塔柱，两窟窟外正中镌丰碑。	横长方形平面。窟分上下两层： 上层两侧各雕一塔柱，两塔柱内侧各凿一明窗，上层中间凿一横长方形、方格平棊顶窟室。其上方依崖面原建有木构屋顶。 下层左右各开一窟口，窟口两侧各凿一明窗。左右窟口内各具一前室，两前室之后共一后室。后室后壁西侧雕出较大面积的向前凸出的壁面；两前室和后室俱未完工。
造像布局	11窟壁面皆分层布龛。塔柱方形，两层：下层四面像似为本窟主像。 12窟主像位于后室后壁上下两层龛中，壁面皆分层布龛。 13窟主像位于窟内正中偏后，其他壁面皆分层布龛。	5窟主像位于窟内中部偏后。礼拜道壁面雕供养人行列。其他三壁分层布龛，但未完工。 6窟主像位于后壁上下两层龛中。其他三壁分层布龛，下层龛下浮雕分栏长卷式画面，再下为供养人行列。塔柱方形，两层，四面皆布龛，龛内外雕出画面，塔上方雕须弥山。 5窟入口两侧各雕头着翼冠的护法像，6窟窟口外两侧各雕天王形象的护法像。	主像原应雕在后室西侧凸出的壁面上，但未及施工而中辍，现存西大龛及龛内倚坐佛和胁侍菩萨皆系唐初开凿[31]。 上层窟室主像位于后壁龛内，其他三壁皆雕千佛。两塔柱皆方形，三层，四面布龛。 下层各壁无雕饰。

续表

	第 11、12、13 窟（组窟）	第 5、6 窟（双窟）	第 3 窟（双窟？）
主要造像及其组合	11 窟塔柱下层皆为立佛；上层南面为弥勒菩萨，其他三面皆为倚坐佛像。 12 窟主像下龛为释迦多宝；上龛为弥勒菩萨。前室有交脚坐佛龛。 13 窟主像为弥勒菩萨。	5 窟主像为坐佛，其两侧各一立佛，尚为第一期三佛组合的延续。 6 窟主像下龛为坐佛，两侧各一立佛，上龛为三立佛。塔柱下龛南面为坐佛。西面为弥勒菩萨，北面为释迦多宝，东面为倚坐佛像；上龛四面皆立佛。前壁有维摩文殊龛。	上层窟室主像为弥勒菩萨。两塔柱下层主龛为释迦多宝。
造像形制	主要佛像接近 9、10 窟造型。	面相颊部椭圆。 6 窟佛像皆褒衣博带，菩萨披帛交叉。 5 窟窟口和明窗两侧有右袒坐佛。	上层窟室中和两塔柱上的形象已趋清秀。佛像皆着褒衣博带。
装饰	龛面装饰略同 9、10 窟。龛楣尾部有的雕饰朱雀。 龛柱柱顶多作包巾式。 12 窟殿堂龛上雕饰的横拱作兽形。 11 窟顶和 12 窟后室窟口顶部雕交龙纹。 13 窟伎乐列龛下方雕饰勾片栏杆。 12、13 窟供具多博山炉。 装饰纹带有莲瓣、联珠、单列忍冬、缠枝环状忍冬、龟甲忍冬等。	龛面装饰略同 9、10 窟，龛楣尾部雕出龙形。 龛柱柱头装饰有包巾式。 6 窟塔柱屋檐雕饰椽、瓦和莲花瓦当。 供具多博山炉。 装饰纹带有莲瓣、联珠、单列忍冬、环状忍冬、缠枝环状忍冬、环状套圭忍冬等。	上层窟室龛面装饰有圆拱、盝形帷帐两种。 上层两塔柱皆雕饰出设有斗拱的仿木构形式。

此外，第 13 窟西侧的第 13:4（即水野清一、长广敏雄《云冈石窟》编号 13A。以下括号内的编号，俱与此同）窟的开凿，大约也始于第二期。该窟方格平棋顶，横长方形平面，窟高远比上述诸窟为低。后壁前原似凿一横长形石胎，但未完工，后又被凿毁。此石胎原来计划疑是身躯横长的涅槃像。东、西壁下端原各开一龛，龛内未雕像。前壁雕出未经加工的两楹柱。东壁前端所开龛和东、西、前三壁上错落布置的小龛甚多，皆三期所补雕。显然，此窟开凿时只镌就大体窟形和主像粗胎即停工。

云冈第二期还开凿了少量的中小型窟室和在第一期窟室中补雕了龛像。开凿的中小型窟室分布在第 11 窟外崖面上，如第 11:4（11e）、

4 云冈石窟第二期中小型窟室

A 型（椭圆开平面，穹窿顶）		B 型（横长方形平面、平顶）
A（窟口敞开）	B（窟口较小）	
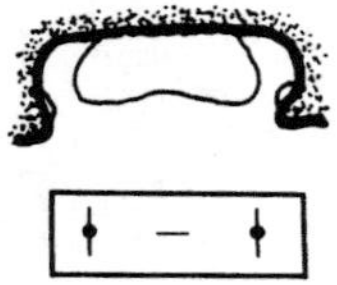 6:11（5c） 坐佛波发，褒衣博带。	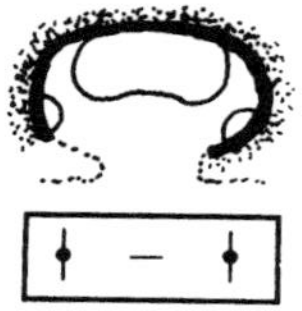 11:4（11e） 坐佛右袒大衣。菩萨作跪式。窟口全崩。	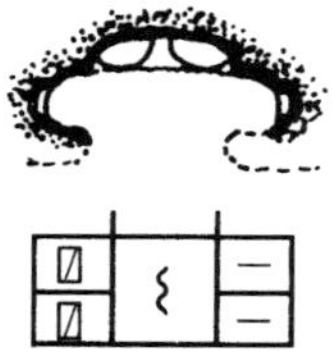 11:14（11d） 后壁凿龛，龛内释迦多宝褒衣博带。东壁雕上下重龛。西壁已崩毁。造型皆趋清秀。
 11:13（11c） 释迦多宝褒衣博带，造型清秀。	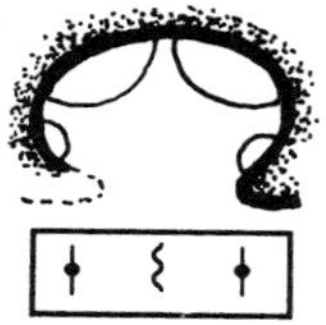 11:15（11a） 释迦多宝褒衣博带，造型已趋清秀。	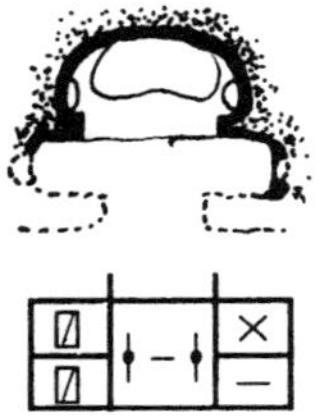 11:9（11f） 后壁龛内坐佛褒衣博带，龛口两侧镌五层塔柱；东壁上下重龛。西壁大部崩毁。造型皆清秀。窟口全崩。
	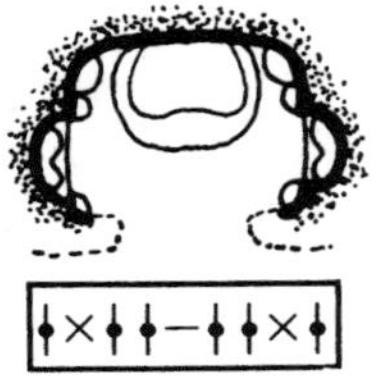 11:7（11l） 坐佛褒衣博带。左右壁凿浅龛，内弥勒，菩萨帔帛交叉，形象造型清秀。窟口全崩。	

图例 —坐佛 ┃┃立菩萨 ≀释迦多宝 ┘力士 ×弥勒菩萨 ▨像已崩毁

11:7（111）、11:9（11F）、11:13（11c）、11:14（11d）、11:15（11a）窟和第6窟窟顶上的第6:11（5c）。这种中小型窟室有两类，实际是第一期椭圆形窟室和本期方形窟室的缩小型（插图4）。

综上图表，云冈第二期窟室出现的平棊顶、方形平面、重层布局的壁面和分栏长卷式浮雕画面以及窟口崖面上的雕饰斗拱的窟檐外貌，都是汉式殿堂的形式和布局；重层楼阁式的高塔和耸立中庭下具龟趺的丰碑，也是汉式的传统建置；本期盛行的一部分重要佛像，如释迦多宝对坐、维摩文殊论辩以及下龛释迦多宝、上龛弥勒和下龛坐佛、上龛弥勒的形象组合等，或是汉地早期窟龛所习见[32]，或是云冈本期所创新。此外，渐趋清秀的造型，褒衣博带的服装，更表现了佛像本身的开始汉化。殿堂龛面，帷帐流苏，“神龙飞动（交龙纹）”，“色楯连延（勾片栏杆）”[33]，画面附榜题，龛尾饰龙、雀、博山供具、兽面装饰等，汉风事物充斥窟室。至于第二期新出现的西方因素，除礼拜道外，多属守护形象和一些龛柱装饰、边饰花纹[34]，与第一期窟室满布域外格调已大不相同。看来，渊源于西方的佛教石窟的东方化，云冈第二期是一个关键时期。本期窟室另一重要特点——双窟成组问题，我们将在下面讨论。

云冈第二期的年代，我们曾根据《金碑》记载推测：第7、8双窟为孝文帝初期开凿；第9、10双窟是文明太后宠阉钳耳庆时于“太和八年（484）建，十三年（489）毕”工的；第5、6双窟的第6窟完工于太和十八年（494）迁洛之前，第5窟和云冈最大的第3窟都因迁洛而中辍[35]。从近年了解到的有明确纪年的北魏遗物观察[36]，上述推测并无差误。本期开凿的中小窟室，由于绝大多数的形象、服制和第5、6窟相同，形象造型又与第3窟上层窟室相近，可知它们的开凿时代已晚；其中开凿略早的第11:14（11d）窟有太和十三年（489）铭记，就更加明确了这些中小窟室的年代应属本期的晚期阶段。因此，可以估计云冈第二期窟室开凿时间，应在公元471年至公元494年之间，或稍后。

云冈第二期窟室面貌的改观，我们认为是与以下五项事实密切关联的。

第一，这时期北魏统治者积极推行汉化政策，开始实施一系列改革，《魏书》所记主要事迹有以下诸项：

纪年	改革事迹	出处
太和元年 公元477年	九月“乙酉，诏群臣定律令于太华殿”。	《高祖纪上》
太和七年 公元483年	十二月“癸丑，诏曰……同姓之娶，自今悉禁绝之，有犯以不道论”。	《高祖纪上》
太和八年 公元484年	六月丁卯，下“宪章旧典，始班俸禄”之诏。 九月“内外百官受禄有差”。	《高祖纪上》
太和九年 公元485年	八月“庚申，诏曰……买定、冀、幽、相四州饥民良口者，尽还所亲”。	《高祖纪上》
	“下诏均给天下民田。”	《食货志》
	十月丁未，“诏曰……今遣使者，循行州郡，与牧守均给天下之田，还受以生死为断。劝课农桑，兴富民之本”。	《高祖纪上》
太和十年 公元486年	正月“癸亥朔，帝始服衮冕。……四月辛酉朔，始制五等公服。……八月己亥，给尚书五等品爵已上朱衣、玉佩、大小组绶”。 二月“甲戌，初定党、里、邻三长，定民户籍”。 九月“辛卯，诏起明堂、辟雍”。	《高祖纪下》
太和十一年 公元487年	“春，文明太后令曰：先王作乐，所以和风改俗，非雅曲正声不宜庭奏。可集新旧乐章，参探音律，除去新声不典之曲，裨增钟悬铿锵之韵。”	《乐志》
	十月“甲戌，诏曰：乡饮礼废，则长幼之叙乱。孟冬十月，民闲岁隙，宜于此时导以德义。可下诸州，党里之内，推贤而长者，教其里人，父慈、子孝、兄友、弟顺、夫和、妻柔。不率长教者，俱以名闻”。	《高祖纪下》
太和十二年 公元488年	九月“闰月甲子，帝观筑园丘于南郊”。	《高祖纪下》
太和十三年 公元489年	七月“立孔子庙于京师”。	《高祖纪下》
太和十四年 公元490年	二月“戊寅，初诏定起居注制”。	《高祖纪下》
太和十五年 公元491年	四月“己卯，经始明堂，改营太庙”。 五月“己亥，议改律令”。 八月“丁巳，议律令事”。 八月“乙巳，亲定禘祫之礼。” 十一月“乙亥，大定官品”。	《高祖纪下》
太和十六年 公元492年	四月“丁亥朔，班新律令”。	《高祖纪下》
太和十七年 公元493年	六月“乙巳，诏……作职员令二十一卷，……权可付外施行”。	《高祖纪下》

上表所列可以证明北魏汉化政策，从太和之初（477）即已积极进行，其时，孝文帝刚逾十岁[37]，承明元年（476）六月，太上皇献文帝卒，即“尊皇太后为太皇太后，临朝称制”（《魏书·高祖纪上》），此太皇太后即文成帝皇后冯氏，《北史·后妃传》上记其专政事迹云：“自太后临朝专政，孝文雅性孝谨，不欲参决，事无巨细，一禀于太后。太后多智、猜忍，能行大事，杀戮赏罚决之俄顷，多有不关帝者。是以威福兼作，震动内外。”此种情况大约直迄于太和十四年（490）九月冯氏卒。冯氏卒后，孝文帝更积极于既定政策的推行，故太和十五年以后，北魏的革新，又进一步深化。

第二，这时期，北魏统治者对佛教的崇信，已与前期偏重于“教导民俗”者有别。当时北魏主要决策人如上所述是文明太后冯氏。冯氏本籍长乐信都。信都曾为冀州治所，其俗尚儒学[38]，多出才艺。太后祖父辈北迁昌黎，后入龙城，伯祖跋自立为燕王。跋卒，弟弘袭位。弘子朗于燕亡之前入魏，后任秦雍二州刺史，生太后与其兄熙于长安[39]。龙城、长安皆佛教隆盛之地，自十六国后期两地多义学善讲高僧[40]。太后一家世代奉佛，冯氏本人既“立文宣王（弘）庙于长安，又立思燕佛图于龙城，皆刊石立碑”（《北史·后妃传上》），“太和三年（479），道人法秀谋反，事觉，……咸阳王复欲尽杀道人，太后冯氏不许”（《南齐书·魏虏传》）。又孝文初立，昙曜集西方沙门汉译新经，“《杂宝藏经》十三卷阙、《付法藏因缘经》六卷阙、《方便心论》二卷阙。右三部，凡二十一卷。宋明帝时，西域三藏吉迦夜于北国（魏）以伪延兴二年（472）共僧正昙曜译出，刘孝标笔受”（《出三藏记集》卷二）。“昙曜又与天竺沙门常那耶舍等，译出新经十四部”（《魏书·释老志》）[41]，此译经事业当出自冯氏和献文之赞同。冯氏兄熙亦“信佛法，自出家财，在诸州镇建佛图精舍，合七十二处；写十六部一切经，延致名德沙门日与讲论，精勤不倦”（《北史·外戚·冯熙传》）。熙二女皆为孝文后：幽皇后幼时病，“（文明）太后乃遣还家为尼”（《北史·后妃传上》）；废皇后“贞谨有德操，遂为练行尼，后终于瑶光佛寺”（《北史·后妃传上》）。以上事迹可以反映冯家崇佛与其前的北魏皇室不同，其来源或与龙城、长安二地佛教有关。

冯氏重释教，更重要的是影响孝文帝，“太和元年（477）三月，（帝）又幸永宁寺设会，行道听讲，命中、秘二省与僧徒讨论佛义”（《魏书·释老志》），时孝文不满十岁[42]，可以估计他的活动至少得到了冯氏的赞许。由于冯氏、孝文重视义行，北魏佛教讲论《成实》《涅槃》和《法华》《维摩》之风，逐渐盛行。《高僧传》卷八《魏释僧渊传》记孝文帝礼重僧渊等慧解高僧事云：

> 释僧渊，……专攻佛义，初游徐州，止白塔寺，从僧嵩受成实、毗昙二论，……慧解之声，驰于遐迩。渊风姿宏伟，……神气清远，含吐洒落。……昙度、慧记（纪）、道登并从渊受业。慧记（纪）兼通数论，道登善涅槃、法华，并为魏主元宏（孝文）所重，驰名伪国（北魏）。渊以伪太和五年（481）卒。

僧渊弟子昙度“神情敏悟，鉴彻过人，……备贯众典，涅槃、法华、维摩大品，并探索微隐，思发言外，……造徐州，从僧渊法师更受成实论，遂精通此部，独步当时。魏主元宏闻风餐挹，遣使征请。既达平城，大开讲席，宏致敬下筵，亲管理味。于是停止伪都（平城）。法化相续，学徒自远而至千有余人”（《高僧传》卷八《释昙度传》）。僧渊另一弟子慧纪亦在平城“唱谛鹿苑，作匠京缁”[《广弘明集》卷二四《（孝文）为慧纪法师亡施帛设斋诏》]，鹿苑即平城北苑之鹿野苑。其后在平城讲经的高僧，还有“徐州道人统僧逞，风识淹道，器尚伦雅，道业明博，理味渊澄，……比唱法北京，德芬道俗，应供皇筵，美敷宸宇，仁睿之良，朕所嘉重”[《广弘明集》卷二四《（孝文）赠徐州僧统并设斋诏》]。僧渊另一“善涅槃、法华”的弟子道登，孝文更召侍左右，“太和十六年（492）十一月乙亥，高祖与沙门道登幸侍中省”（《魏书·灵征志上》），“（齐建武）二年（太和十九年，公元495年），虏主元宏寇寿春，……遣道登道人进城内，施众僧绢五百匹，（崔）庆远、（朱）选之各裤褶络带”（《南齐书·宗室·遥昌传》）。故迁洛前后，孝文本人已“尤精释义”（《魏书·高祖纪下》），孝文自己也称“朕每玩成实论，可以释人染情”（《魏书·释老志》），南齐人亦谓：“宏尤精信，粗涉义理”（《南齐书·魏虏传》），因可“与名德沙门谈论往复”（《魏书·韦阆传附族子缵传》），并下《听诸法师一月三入殿诏》（《广弘明集》卷二四）。是孝文崇法已深涉义理。而平城佛教此时又备受徐州影响，徐州为东方义学之渊薮[43]。平城佛事在此阶段，当又进入另一新时期。

第三，这时期平城及其附近广建佛寺，工程日趋精丽。“承明元年（476）八月，……诏起建明寺”（《魏书·释老志》），太和三年（479）七月[44]，“又于方山太祖营垒之处，建思远寺。自兴光至此，京城内寺新旧且百所，僧尼二千余人。……四年（480）春，诏以鹰师（曹）为报德寺”（《魏书·释老志》），又于“宫殿内立浮图”（《南齐书·魏虏传》）。《水经注·㶟水》还记有皇舅寺和祇洹舍：皇舅寺“是太师昌黎王冯晋国（熙）所造，有五层浮图，其神图像皆合青石为之，加以金银火齐，众彩之上炜炜有精光”；“东郭外，太和中阉人宕昌公钳耳庆时立祇洹舍于东皋，椽瓦梁栋，台壁棂陛，尊容圣像及床坐轩帐，悉青石也。……京邑帝里，佛法丰盛，神图妙塔，桀跱相望，法轮东转，兹为上矣”。近年大同市东郊和北郊方山都发现了佛寺遗址，出土了大批相当于太和时期的彩塑，有佛、菩萨、飞天等残体，皆设彩涂金，塑造精致。作为卫护平城的六镇之一的怀朔镇城内西北隅的佛寺遗址，也出有同样的塑像残体，还同出雕刻工细的石柱础[45]。除上述佛寺遗迹外，大同市东南郊发现于司马金龙夫妇墓中的石雕、漆画[46]和大同市南门外发现的北魏窖藏中所出的鎏金铜饰件[47]，其时代也都属太和初、中期。这些遗物皆以巧丽见称。看来，精细巧丽应是迁洛以前太和时期平城工艺流行的时代特点。

第四，这时期，青齐内属，南北出现了一个暂时的交聘安定局面。青徐多术艺，其地皇兴三年（469）入魏，不仅高僧北上，文艺亦徙平城。太和七年（483）十月所建[48]“皇信堂，堂之四周，图古圣忠臣、烈士之容，刊题其侧，是辩章郎彭城张僧达、乐安蒋少游笔”（《水经注·㶟水》），张、蒋皆青徐营户。《北史·艺术传》下记蒋少游云：

> 平城将营太庙、太极殿，遣少游乘传诣洛，量准魏晋基趾。

> 后为散骑侍郎，副李彪使江南。孝文修船乘，以其多有思力，除都水使者。迁兼将作大匠，仍领都水池湖泛戏舟楫之具。及华林殿沼修旧增新，改作金墉门楼，皆所措意，号为妍美。

又“孝文时，青州刺史侯文和亦以巧闻，为要舟，水中立射”（《北史·艺术传下》）。其时，以巧思见称者，尚有陇西李冲、冯翊王遇。太和十六年（492），“诏曰：明堂、太庙已成于昔年，将以今春营改正殿，尚书（李）冲可领将作大匠。……冲机敏有巧思，北京明堂、圜丘、太庙及洛都初基，安处郊兆，新起堂寝，皆资于冲。旦理文簿，兼营匠制，几案盈积，剞劂在手，终不劳厌也”（《魏书·李冲传》）。王遇即上述之钳耳庆时，“遇性巧，强于部分〔49〕，北都方山灵泉道俗居宇及文明太后陵庙，……皆遇监作”（《魏书·阉官·王遇传》）。以上皆冯氏、孝文所宠，可证当时营建追求巧思。所谓巧思，很重要的内容是工艺方面加强汉化，亦即远准魏晋旧章，近效宋齐新制。青齐入魏，既获得了南朝术艺，又便利了南北交往。自太和五年（481）二月，冯熙击破南齐豫州刺史桓崇祖以来，直迄十八年（494）迁洛，其间除十二年（488）前后小有摩擦外，基本上疆场无事，魏齐使节互聘不绝〔50〕。这对南北交流，特别是给北魏汉化的不断深入，提供了重要条件。《南齐书·魏虏传》中记蒋少游副李彪使江南故事，颇具启发性，其文云：

> （永明）九年（即太和十五年，公元491年），（魏）遣使李道固、蒋少游报使。少游有机巧，密令观京师（建康）宫殿楷式。清河崔元祖启世祖曰：少游，臣之外甥，特有公输之思。宋世陷虏，处以大匠之官。今为副使，必欲模范宫阙。岂可令毡乡之鄙取象天宫？臣谓且留少游，令使主反命。世祖以非和通意，不许。少游，乐安人，虏宫室制度皆从其出。

可见魏据青齐和南北通聘，对冯氏、孝文时期之改革，具有重要作用。

第五，这时期，北魏与西域关系远不如过去密切。献文时，于阗王即上书云“西方诸国今皆已属蠕蠕”（《北史·西域传》），故孝文延兴四年（474），“尚书奏以敦煌一镇，介远西北，寇贼路冲，虑或不固，欲移就凉州。群官会议，佥以为然。”（《魏书·韩秀传》）5世纪末，西域又为嚈哒所据。所以，孝文帝时，除龟兹、悉万斤、粟特有来使记录外[51]，其他西域诸国即罕见于文献[52]。包括悉万斤在内的粟特地区来使次数较多，当与其人善于经商兴贩有关。《续高僧传》卷一六《佛陀禅师传》所记“恒安城内康家，资财百万，崇重佛法，为佛陀造别院”的康家，大约就出现在迁洛以前不久的平城。大同市南郊发现的西亚鎏金器皿[53]和在河北定县太和五年（481）冯氏、孝文诏以官财兴造五级佛图的基址所出石函中发现的波斯萨珊朝伊斯提泽德二世（Yazdegerd Ⅱ，438～457在位）、卑路斯（Peroz，459～484在位）银币[54]，可能都是粟特商人所携来。

云冈第二期石窟出现的变化，我们认为大体上都可从上述几项事实中得到解释。窟室样式改观的许多情况，也反映到平城及其附近的地上寺院，这主要都应与北魏积极推行汉化政策联系起来。内部布局日益紧密，工艺风格日趋精细，造像题材上流行了出自《法华》《维摩》等佛经中的各种形象以及佛像造型逐渐清秀和褒衣博带的服饰等，也都是当时南朝的时代特征[55]。魏据青齐与南北交聘局面的形成，更促进了包括佛教建置进一步汉化在内的北魏汉化政策的迅速发展。既强调了汉化，当然其他因素即将相对缩减，而当时北魏与西域关系的疏远，使西方因素削弱的情况更为突出。至于本期云冈流行开凿双窟的做法，应是当时北魏既有皇帝在位，又有太后临朝的反映。因为此时云冈窟室主要还是皇室工程。自太和之初，冯氏长期擅政之后，北魏亲贵多并称冯氏与孝文为二圣。定县所出太和五年（481）石函铭云：

> 舆驾东巡狩，次于中山，……帝、后爰发德音，……造此五级佛图，……二圣乃亲发至愿。……

二圣一辞，又屡见于《魏书》：

> 淮南王他奏求仍旧断禄。文明太后令召群臣议之。闾表曰……

大魏应期绍祚，照临万方，九服既和，八表咸谧、二圣钦明文思，道冠百代，动遵礼式，稽考旧章……置立邻党，班宣俸禄，事设令行，于今已允……利润之厚，同于天地。以斯观之，如何可改……诏从闾议。(《高闾传》)

(椿)戒子孙曰……吾兄弟自相诫曰：今忝二圣近臣，母子间甚难，宜深慎之……高祖谓诸王、诸贵曰：北京之日，太后严明……和朕母子者，唯杨椿兄弟。(《杨播传附弟椿传》)

(骏)表曰……臣不胜喜踊，谨竭老钝之思，上《庆国颂》十六章，并序巡狩、甘雨之德焉。其颂曰……于穆二圣，仁等春生。太和九年(485)正月，(骏)病笃……及卒，高祖、文明太后伤惜之。(《程骏传》)

(彪)表曰……自太和建号，逾于一纪……今二圣躬行俭素，诏令殷勤……(《李彪传》)

亦有称之为二皇者，见《辩正论》卷四：

广阳王嘉……读一切经，凡得三遍，造爱敬寺以答二皇。

又太和十二年(488)《大代宕昌公晖福寺碑》记宕昌公王庆时造二区三级佛图事：

我皇文明自天，超界高悟，……太皇太后圣虑渊详，道心幽悟，……于本乡南北旧宅，上为二圣造三级佛图各一区。

此王庆时即前引《魏书·阉官传》所列之王遇，亦即《水经注》和《金碑》所录的钳耳庆时。《金碑》所记钳耳庆时“为国祈福之所建”的窟室，我们据晖福寺“为二圣造三级佛图各一区”之例，推测亦是双窟，即今云冈第9、10窟。由此可知，开凿双窟成组的窟室，是当时特定的政治形势的产物(插图5)。

迁洛以前的孝文时期，是北魏最稳定、最兴盛的时期，也是积极

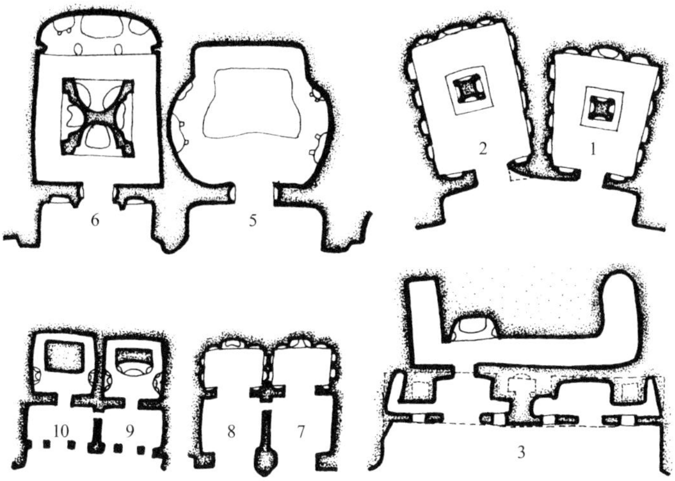

5 云冈石窟第二期开凿的双窟平面

于改革创新的时期，这个时期即云冈第二期。此期云冈开窟总的工程规模超过了第一期，它所呈现的如上所述的时代特点大异于第一期。这些时代特点综合起来即构成了云冈第二期模式。

五

云冈第三期多中小型窟室，主要集中在第 20 窟以西的云冈石窟西部地区。位于中部的第 14、15 窟和位于东部的第 4 窟也属于这一期。此外，第 11 ~ 13 窟窟外崖面及其迤西一带、第 5、6 窟上方与迤东一带和第 1 ~ 4 窟附近，也都分布有第三期开凿的中小窟室。第三期中小窟室的总数在一百五十座以上。许多第一期、第二期开凿的窟室内、窟口两侧也多有第三期补凿的小龛，其数量不下二百个。昙曜五窟外壁崖面的千佛，约也是此期雕造。云冈第三期工程并未衰落，和第一、二期相比，只是没有开凿大型窟室而已。值得注意的是此期窟室式样急剧变化，成为云冈窟室式样最繁杂的阶段。其繁杂情况举例如插图 6。

如下图所示，第三期盛行的中小型窟室，虽上承第二期中小窟室和塔庙窟的形制，但演变显著。A、B、C 型窟演变的共同规律是向平顶、方形平面或接近方形平面发展。变化较大的是壁面布局和造像组合等方面。

A、B型窟室壁面空处较少，变化不大；但渊源于第二期的第7、8，9、10等窟的C型a、b两式的壁面布局却发展出多种整齐的式样；C型c式即三壁三龛窟[56]是新出现的式样，而且数量迅速增多，其数字接近七十座，约占第三期中小窟室总数的二分之一弱。

在主像和造像组合方面，各型都日益繁缛。主像除坐佛外，释迦多宝对坐佛像普遍增多。组像流行：中间坐佛，两侧各立一佛（｜—｜）；中间释迦多宝，两侧各一坐佛（—⌇—）；中间坐佛，左侧弥勒菩萨，右侧坐佛（×——）。较多的窟口内两侧各雕立佛一身（包括儒童本生如第35窟、阿输迦输土因缘如第29窟〔28〕）；窟口外两侧流行雕凿力士各一身。此期较晚阶段主像两侧出现了弟子、菩萨并列像，如第5:39窟（插图7）。

7 第5:39窟

个体造像的造型更加清秀。佛像一律褒衣博带，菩萨帔帛交叉，下垂的衣襞都愈来愈复杂。菩萨帔帛交叉处，较晚阶段流行了穿璧的做法。

装饰方面，虽然没有上期繁缛，但也出现了不少新式样：方格平棋纹饰多种多样；龛面雕饰富于变化；龛面上方两隅多雕佛传画面；窟口上方崖面流行雕饰忍冬龛面。较晚阶段圆拱龛龛楣流行雕饰折叠格。格中雕坐佛；窟口外崖面出现实帐雕饰；有些窟口上方崖面还浮雕出较大面积的画面；有的窟口左侧雕出碑形等。

云冈第三期窟龛开凿的时间，第11窟明窗东侧壁本期补雕小龛有太和十九年（495）四月铭记，可知约始于太和十八年迁洛前后。从清理第20窟前过去崩塌的窟石堆积中发现的文字工丽的景明四年（503）

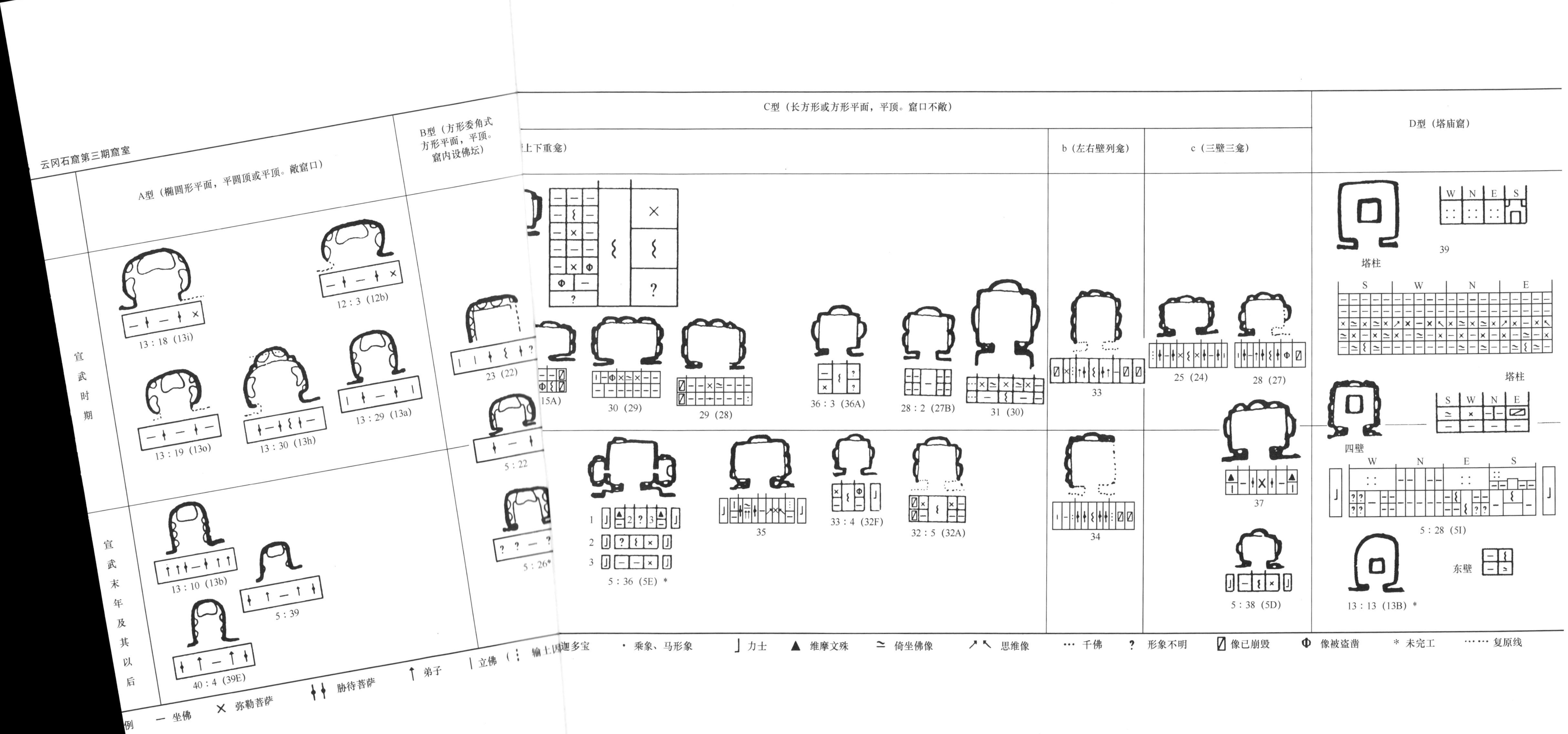

云冈石窟第三期窟室
A型（椭圆形平面，平圆顶或平顶。敞窟口）
B型（方形委角式方形平面，平顶。窟内设佛坛）
C型（长方形或方形平面，平顶。窟口不敞）
上下重龛）
b（左右壁列龛）
c（三壁三龛）
D型（塔庙窟）
宣武时期
宣武末年及其以后
13 : 18 (13i)
12 : 3 (12b)
13 : 19 (13o)
13 : 30 (13h)
13 : 29 (13a)
13 : 10 (13b)
5 : 39
40 : 4 (39E)
23 (22)
5 : 22
5 : 26*
15A)
30 (29)
29 (28)
36 : 3 (36A)
28 : 2 (27B)
31 (30)
33
25 (24)
28 (27)
5 : 36 (5E) *
35
33 : 4 (32F)
32 : 5 (32A)
34
37
5 : 38 (5D)
塔柱
39
W N E S
四壁
5 : 28 (5I)
东壁
13 : 13 (13B) *
例
坐佛
弥勒菩萨
胁侍菩萨
弟子
立佛
输上
迦多宝
乘象、马形象
力士
维摩文殊
倚坐佛像
思维像
千佛
形象不明
像已崩毁
像被盗凿
未完工
复原线

8 景明四年昙媚造像铭记

9 第35窟窟口东侧延昌四年龛

10 第35窟东壁交脚弥勒像龛

昙媚造像石刻（插图8）[57]和第35窟窟口东侧较精致的延昌四年（515）龛（插图9），特别是和此延昌四年龛时间相近而工程较大的第35窟（插图10），以及上述较晚盛行的一些组像和装饰即多出现于此时的迹象观察，可以推测宣武一代云冈雕凿尚未衰落。所以此期的下限，前引《金碑》所记“终乎正光”是可以相信的。

这一时期云冈出现的并未衰落的情况，促使我们认真考虑了以下三个问题：

第一，迁洛以后的平城并未荒废。北魏都平城时，置司州，设代尹。迁洛后，改司州为恒州，改代尹为代郡太守。又立平城镇，置镇将。州、郡、镇俱治平城。平城地位显然与一般州镇不同。迁洛之初，孝文为了抚慰“内怀不可”（《魏书·陆俟传附孙睿传》）、“多有未悟”（《魏书·献文六王·广陵王羽传》）、“深忌河洛暑热，意每追北方”（《北史·孝文六王·废太子恂传》），对“旧都意重”（《魏书·景穆十二王·乐陵王胡儿传附子思誉传》）的上层亲贵，“特听冬朝京师，夏归部落”（《魏书·尔朱荣传》）。到宣武时，似又有发展，《魏书·昭成子孙·常山王遵传附三世孙晖传》记其事云：

> 初，高祖迁洛，而在位旧贵皆难于移徙，时欲和合众情，遂许冬则居南，夏便居北。世宗颇惑左右之言，外人遂有还北之问，至乃榜卖田宅，不安其居。晖乃请间言事。世宗曰：先皇迁都之日，

本期冬南夏北，朕欲聿遵成诏，故有外人之论。晖曰：先皇移都，为百姓恋土，故发冬夏二居之诏。权宁物意耳。乃是当时之言，实非先皇深意。且北来迁人，安居岁久，公私计立，无复还情。陛下终高祖定鼎之业，勿信邪臣不然之说。世宗从之。

另一方面，宣武又一再遣重臣抚劳平城，如“景明初，（杨播）兼侍中，使恒州，赡恤寒乏”（《魏书·杨播传》），景明四年（503）十一月“癸亥，诏尚书左仆射源怀抚劳代都、北镇，随方拯恤”（《魏书·世宗纪》）。由此可知，朝中旧贵，直迄宣武时期还往来于洛阳、平城间[58]，平城还保持了一定的繁盛；而其时迁来洛阳的民户困难亦多，《魏书·世宗纪》录永平二年（509）四月甲子诏曰：“先朝……河洛民庶，徙旧未安，代来新宅，尚不能就。伊阙西南，群蛮填聚……”宣武时仍未就绪，《魏书·李平传》云：“车驾将幸邺，平上表谏曰：……嵩京创构，洛邑俶营，虽年跨十稔，根基未就。代民至洛，始欲向尽，资产罄于迁移，牛畜毙于辇道，陵太行之险，越长津之难，辛勤备经，得达京阙，富者尤损太半，贫者可以意知。兼历岁从戎，不遑启处。自景明已来，差得休息。事农者未积二年之储，筑室者裁有数间之屋，……实宜安静新人，勸其稼穑……”在这种情况下，继续强迁的阻力当越来越大，所以孝明初就不能不明令停止了。《魏书·肃宗纪》云：

熙平二年（517）冬十月乙卯，诏曰：北京根旧，帝业所基，南迁二纪，犹有留住。怀本乐故，未能自遣，若未迁者，悉可听其仍停，安堵永业。……周之子孙，汉之刘族，遍于海内，咸致蕃衍，岂拘南北千里而已哉。

以上记载，完全可以说明迁洛之后，平城没有荒废，至少到熙平年间还维持着旧都风貌；平城佛事当亦不应有太大变化，所以洛阳龙门石窟古阳洞南壁景明四年（503）《比丘法生为孝文帝并北海王母子造像铭》中说：“北海母子崇信于二京，妙演之际，屡叨末莚（插图11）。”[59]二京

11 龙门古阳洞景明四年造像铭记

者，即指洛阳与平城也。

第二，迁洛以后，对云冈开窟的实力，应作如实的估计。自昙曜开窟迄孝文南迁，云冈兴建大型窟室已有三十五年之久，可以推测，通过长期工程的锻炼，已培育出大量技艺力量和积累了大批各种佛教形象的设计资料。这批人才和资料，在迁洛初期，新都忙于经营宫殿衙署之不暇和孝文规定“都城制云，城内唯拟一永宁寺地，郭内唯拟尼寺一所，余悉城郭之外。欲令永遵此制，无敢逾矩”（《魏书·释老志》）的情况下，估计不会大量迁运洛阳，所以洛阳附近可以肯定开凿于孝文时的窟龛造像，只有龙门古阳一洞和其北侧的弥勒一龛。“逮景明之初，微有犯禁。故世宗仰修先志，爰发明旨，（洛阳）城内不造立浮图、僧尼寺舍，亦欲绝其希觊”（《魏书·释老志》）。此时，龙门工程虽有扩展，如《释老志》所记：“景明初，世宗诏大长秋卿白整准代京灵岩寺石窟，于洛南伊阙山，为高祖、文昭皇太后营石窟二所。初建之始，窟顶去地三百一十尺。至正始二年（505）中，始出斩山二十三丈。至大长秋卿王质谓斩山太高，费功难就，奏求下移就平，去地一百尺，南北一百四十尺。永平中（508～512），中尹刘腾奏为世宗复造石窟一。凡为三所，从景明元年（500）至正光四年（523）六月已前，用功八十万二千三百六十六”，凿窟数量只有三座。用工多，特别是正始中以前主要是斩山工程；即使到正光四年停工时，三座窟实际仅完成了一座，即今宾阳中洞，其他两座的雕像工艺并未进行多少。因此，可以推知至少在永平之前，伊阙工程并不需要太多的雕刻术艺。所以，平城技艺这时有可能还未显著削弱，云冈石窟此后仍有兴建。《续高僧传·魏释超达传附僧明传》记“僧明道人为北台石窟寺主”，其时约当宣武、孝明之际[60]，北台即指平城，北台石窟寺系与《魏书·肃宗纪》所记洛阳伊阙之“南石窟寺”相对而言，可见当时北魏朝野对云冈石窟犹甚重视，云冈之衰尚在其后。

第三，孝明以来洛阳佛寺工程急剧扩大与平城、云冈的衰落。《魏书·释老志》记：“神龟元年（518）冬，司空公、尚书令、任城王澄奏：……比日私造（寺舍），动盈百数。……都城之中及郭邑之内检括寺舍，数乘五百，空地表刹，未立塔宇不在其数。……今之僧寺，无处不有，或比满城邑之中，或连溢屠沽之肆。”洛阳佛寺之盛，始于孝明，《洛阳伽蓝记》所记规模较大的寺院，大都兴建于此时；龙门开凿窟龛之盛，也正出现于此时。《魏书·肃宗纪》记熙平二年（517）冬十月乙卯所下停止北京居民南迁之诏书中，特别标出：

门才术艺应于时求者，自别征引，不在斯例。

这不仅说明当时洛阳兴建急需“门才术艺”，更重要的是明确表明一直到熙平末年平城还有较多可供征引的“门才术艺”。云冈工程衰微疑与此诏所记“自别征引”有关。

正光四年（523），柔然主阿那瑰“入塞寇抄”（《北史·蠕蠕传》），“南过至旧京”（《魏书·太武五王·临淮王谭传附孙孚传》），“驱掠良口”（《北史·蠕蠕传》）和“孝昌初（525），近镇扰乱，侵逼旧京”（《魏书·杨播传附弟津传》）两事，更使平城与云冈进一步衰落。孝昌二年（526）七月“魏仆射元纂以行台镇恒州。鲜于阿胡拥朔州流民寇恒州。戊申，陷平城。纂奔冀州”（《资治通鉴》梁普通七年），平城郭邑遂遭荒废。时“北镇纷乱，所在蜂起，六镇荡然，无复蕃捍”（《魏书·神元平文诸帝子孙·高凉王孤传附六世孙天穆传》），阿那瑰称雄漠南，“统率北方，颇为强盛”（《北史·蠕蠕传》），云冈第18窟窟口西侧“大茹茹”造像铭约即刊刻于此时，此后云冈不见记载百有余年，直迄《金碑》所记“贞观十五年（641）守臣重建”前后，才又出现于唐初僧人撰述中[61]。

上述三个问题，大致说明了云冈第三期窟室出现的历史背景。迁洛后，皇室在云冈的大型窟室工程中辍，而大批留居和夏来的亲贵、中下官吏以及邑人信众充分利用平城旧有的技艺和资料，在云冈开凿了大量的中小窟室。云冈第一期无中小窟室，第二期为数也甚少，所以第三期盛行雕凿的大量中小窟室，即使起步于以前设计的基础上，也必然要有新的创造。同时，冬居洛阳的亲贵更深染华风，重视中原事物，所雕窟龛进一步汉化，亦是意中之事。因此，云冈第三期样式，自然又不同于第二期。值得注意的是，云冈第三期样式与洛阳地区北魏窟室的关系。

洛阳地区开始兴建石窟，主要参考云冈。孝文、宣武时期开凿的龙门古阳洞模拟云冈第二期窟室。宣武以来开凿的宾阳洞，有明确记录的是“准代京灵岩寺石窟”(《魏书·释老志》)，即云冈石窟，这都是一般所公认；但此后孝明时期开凿的大批中小窟室的渊源却少有论及。洛阳地区孝明时期开凿的中小窟室，主要有接近方形平面或方形平面的三壁设坛和三壁三龛两种形制；亦即云冈第三期的B型窟和C型c式窟[62]。云冈这两种形制窟室的出现都比洛阳为早；而且在窟室形制、布局、佛像组合、形象造型以及细部装饰等方面的发展变化，云冈不仅早于洛阳，更重要的是，其演变程序完整、清楚，与洛阳颇多突然出现或消失的情况不同，这就更有力地说明了变化的来源，主要出自云冈，而不是云冈较多地接受了洛阳影响。关于这个问题，将另文详述，现略举几项较显著之例如下：

一、三壁设坛窟，在云冈既可以看到它的出现与A型窟关系密切，如第23窟(22)；又可以了解窟形向方形发展的趋势。在洛阳龙门这种窟形来源、发展俱不清楚，远离龙门的新安西沃第1窟似乎才提供了它的发展趋向[63]。

二、分层布龛的壁面布局，在云冈的演变是从第二期的第7、8窟到第三期的C型窟。C型c式窟即三壁三龛窟，其来源虽亦有A型的因素，但主要还是属于C型。分层布龛的布局在洛阳龙门古阳洞、莲花洞之后，即不清楚；很难和洛阳地区盛行的三壁三龛窟联系起来，因而给人以洛阳的三壁三龛窟似乎是突然出现的感觉。

三、三壁设坛窟、三壁三龛窟的佛像组合，云冈第三期以释迦多宝为主像者尚多，三壁三龛窟在云冈第三期也还有以交脚弥勒为主像的。洛阳地区除龙门弥勒洞外已皆以释迦为主像〔64〕。洛阳三壁三龛窟的弥勒坐姿的交脚形式也有了改变〔65〕。

四、一佛二弟子二菩萨五尊像的出现，在云冈较早是弟子列在菩萨之次，如第 13:10（13F）、33 等窟；然后才出现菩萨列在弟子之次，如第 5:39、35、40:4（39E）等窟〔66〕。洛阳没有这个发展过程。

五、窟室前壁窟口两侧各雕一立佛，云冈渊源于阿输迦输土因缘（西）与立佛（东）并列，如第 19 窟之例。第三期尚多仍此制，如第 5：11（5A）窟；亦有儒童本生（西）与立佛（东）并列者，如第 35 窟。单纯的并列立佛如第 5:10（5B）者，数量甚少；此外属于 A 型窟室的第 12:3（12F）、13:29（13a）窟东西两壁外侧各置一立佛，应是其变例。而洛阳地区三壁三龛窟前壁的立佛，都是单纯的立佛形式。

六、云冈石窟造像形象从雄健而丰满，演变到第三期的清秀，服饰的发展变化和衣襞的日益繁杂等，先后次第脉络清晰。洛阳初则杂然并陈，继则变化骤然。

七、装饰纹样可以龛面为例，云冈的华绳、兽面和宝帐龛饰，都从第二期起逐渐发展到第三期。洛阳则缺乏早期形式。

以上情况可以表明，从窟室形制到细部装饰，凡云冈、洛阳所共同具有的，主要应源于云冈。当然也不必排除在云冈第二期窟室进一步汉化时，吸取了某些中原因素，但从窟室整体观察，应该考虑洛阳地区北魏窟室样式，无论孝明以前，抑孝明以后，其主要来源应是云冈，而洛阳孝明以后的北魏窟室的主要特征，应属于云冈石窟的第三期样式。至于洛阳地区窟龛雕艺精湛，表现细腻，这是由于两地石质的差别，云冈砂岩是不能产生洛阳坚致的石灰岩的效果的；况且这种今天看到的雕刻的精粗，在当时绘饰敷彩的情况下，应是无关紧要的。

云冈石窟是新疆以东最早出现的大型石窟群，又是当时统治北中国的北魏皇室集中全国技艺和人力、物力所兴造，即使从第二期开始不完全是皇室工程，但大型窟室的开凿者除皇室外，也还多出自北魏亲贵。因此，它所创造和不断发展的新模式，很自然地成为魏国领域内兴凿石窟所参考的典型。所以，东自辽宁义县万佛堂石窟，西迄陕、甘、宁各地的北魏石窟，无不有云冈模式的踪迹，甚至远处河西走廊西端、开窟历史早于云冈的敦煌莫高窟亦不例外[67]。云冈石窟影响范围之广和影响延续时间之长，都是任何其他石窟所不能比拟的。这种情况，恰好给我们石窟研究者提供了对我国淮河以北的早期石窟（5世纪后半叶到7世纪前半叶）进行排年分期的标准尺度。因此，云冈石窟就在东方早期石窟中占有极重要的地位，对它的研究在很大程度上成了研究东方早期石窟的关键；对它研究的深入与否，直接影响一大批石窟的研究工作。所以，我们应在总结过去成绩的基础上，踏踏实实地对云冈石窟进行细致的分析、综合和比较研究，这样才能使进一步探索东方石窟的工作出现一个新的开端。

1987年10月5日

本文原载《中国石窟·云冈石窟》一（1991）。

此次重排未做改动。

注释

〔1〕 参看中华书局标点本《魏书·太祖纪》校勘记〔九〕。“署”是南北朝少府、太府所辖手工业作坊的机构名称，或称“曹”。北魏有三十六曹，见《魏书·崔逞传》和《罗结传》。

〔2〕《魏书·食货志》作“十万余家”。《魏书·张济传》作“七万余家”。

〔3〕《魏书·铁弗刘虎传附赫连昌传》记此事云：“世祖闻屈孑（赫连勃勃）死，……驰往击之，……分军四出，略居民，杀获数万生口、牛羊十数万，徙万余家而还。”

〔4〕《资治通鉴考异》卷五：“（《十六国春秋钞》）云三十万户，今从《后魏书》。”《魏书·刘昞传》记此事云：“世祖平凉州，士民东迁。”

〔5〕《建康实录》卷十二：“（元嘉）二十八年（451）正月丁亥，魏太武自瓜步退归，俘广陵居人万余家。北徐、豫、青、冀、二兖州杀戮不可胜计，所过州县无遗矣。”此事不见《宋书·文帝纪》，当出自裴子野《宋略》。

〔6〕《水经注·㶟水》记此事云：“魏皇兴三年，齐平，徙其民于（阴馆）县，立平齐郡。”

〔7〕《魏书·岛夷萧道成传》作“二万余口”。

〔8〕 参看《魏书·贾彝传》《魏书·术艺·晁崇传》。

〔9〕《资治通鉴》齐永明六年《胡注》:“河表七州，秦、雍、岐、华、陕、河、凉也。以下文‘怀江、汉归有道之情’证之，则七州当谓荆、兖、豫、洛、青、徐、齐也。河表，直谓大河之外。”

〔10〕《大唐内典录》卷四《后魏元氏翻传佛经录》记:“恒安郊西大谷石壁皆凿为窟……谷东石碑见在，纪其功绩不可以算也。其碑略云：自魏国所统资赋，并成石窟。故其规度宏远。”

〔11〕参看《魏书·肃宗纪》《北史·魏诸宗室·太武五王·广阳王建传附孙深传》和《北史·郦苑传附子道元传》。

〔12〕见《大金西京武州山重修大石窟寺碑》，碑文云:“(天会)九年(1131)，元帅府以河流近寺，恐致侵啮，委烟火司差夫三千人改拨河道。此则皇朝外护之大略也。”该碑录文，见本论文集所收《〈大金西京武州山重修大石窟寺碑〉校注》。

〔13〕“更名沙门统”之后，《释老志》接着的一段文字是:“初，昙曜以复佛法之明年，自中山被命赴京，值帝出，见于路，御马前衔曜衣，时以为马识善人。帝后奉以师礼。”以“初”字开端，就说明了这是插入的另一段。复佛法之明年，即兴安二年(453)，是昙曜自中山被命赴京遇帝于路之年，与下文“开窟五所”无关。过去有些研究者曾以复佛法之明年为昙曜开窟之年，显系误解。

〔14〕参看注〔12〕。

〔15〕1902年，日人伊东忠太发表云冈旅行记于《建筑杂志》第189号，并讨论其艺术源流于《北清建筑调查报告》之后，曾掀起云冈雕像来源的研讨。法人沙畹(É. Chavannes)于其《北中国考古图录》卷二(*Mission archéolosiques dans la Chine septentrionale*, Tome Ⅱ)解说(1915)，日人大村西崖于其《支那美术史·雕塑篇》(1915)，松本文三郎于其《仏像の美術史研究》(刊《哲学研究》一卷一号，1916)，小野玄妙于其《极东三大艺术》(1924)，关野贞、常盘大定于其《支那佛教史迹》第二册解说(1926)中都有论述。稍后，梁思成、林徽因、刘敦桢《云冈石窟中所表现的北魏建筑》，研究了云冈建筑装饰中的西方因素(刊《中国营造学社汇刊》第四卷3、4期，1933)。以上诸著也讨论了云冈历史，但系统考证云冈史料的工作，当推1919年发表于《东方杂志》第十六卷二、三号的陈垣《记大同武州山石窟寺》。1950～1956年出版水野清一、长广敏雄的十六卷本《云冈石窟》，应是迄50年代中期总结云冈研究的巨作。该书第六卷序章《雲岡石窟の系譜》(1951)、第十卷序章《雲岡様式から龍門様式へ》(1953)、第十一卷序章《雲岡以前の造像》(1954)、第十二卷序章《雲岡彫刻の西方様式》(1954)、第十五卷序章《中国における石窟寺院》(1955)和第十六卷总结《云冈造窟次第》等论文，对云冈的源流、排年分期和窟室类型的研究，都达到了当时可能达到的高水平。

〔16〕参看本论文集所收《云冈石窟分期试论》。

〔17〕参看刘慧达《北魏石窟中的“三佛”》，刊《考古学报》1958年第4期。

〔18〕参看刘建军《鹿野苑石窟》，刊《中国石窟·云冈石窟》二。

〔19〕参看汤用彤《汉魏两晋南北朝佛教史》第十四章《佛教之北统》。

〔20〕上述此时的平城高僧，俱见《高僧传》卷十一《魏释玄高传》和《魏书·释老志》。

〔21〕参看注〔19〕。

〔22〕参看中华书局标点本《北史·西域传》校勘记〔一〕。

〔23〕《魏书》多记鄯善镇事，但除此所录两事外，皆指《元和郡县志》陇右道上鄯州条下所记“后魏以西平郡为鄯善镇，孝昌二年（526）改镇立鄯州”的鄯州。参看唐长孺《南北朝时期西域与南朝的陆路交通》，该文收入《魏晋南北朝史论拾遗》，1983。

〔24〕《北史·西域传》作“车夷落”。

〔25〕参看本论文集所收《新疆拜城克孜尔石窟部分洞窟的类型与年代》，阿富汗巴米扬东西两大佛窟，近年或有论其迟于云冈者；即使开凿年代较早，其整体样式亦与云冈有异。

〔26〕伊东忠太于其《北清建筑调查报告》中，最早提出云冈雕像受犍陀罗（Gandhāra）影响，其后，松本文三郎于《仏像の美術研究》中又提出云冈雕像受笈多（Gupta）影响。关于云冈雕像西方影响问题的研究，可参看水野清一、长广敏雄《云冈石窟》第十二卷序章《雲岡彫刻の西方様式》和长广敏雄《仏教美術の東流》，刊《雲岡石窟の旅》，1979。

〔27〕参看《中国石窟·克孜尔石窟》一～三（日文版，1983～1985）、《中国石窟·敦煌莫高窟》一（1981）、本论文集所收《凉州石窟遗迹与凉州模式》、松原三郎《中国佛教雕刻史研究·绪言》（1960）。

〔28〕参看注〔26〕〔27〕。

〔29〕云冈造像仿自拓跋民族形象之说，最早见于大村西崖《支那美术史·雕塑篇》。40年代后期以来，云冈早期佛像融有拓跋形象因素的论点，逐渐为大多数研究者所赞同。

〔30〕关于忍冬纹的分类，可参看本论文集所收《〈大金西京武州山重修大石窟寺碑〉的发现与研究》插图3。

〔31〕参看《〈大金西京武州山重修大石窟寺碑〉校注》[注二八]，参看注〔12〕。

〔32〕释迦多宝和维摩俱见于炳灵寺第169窟北壁壁画，参看《中国石窟·永靖炳灵寺》图版37，1986。

〔33〕用《金碑》文句，参看注〔12〕。

〔34〕参看注〔15〕引梁思成等人论文。

〔35〕参看注〔16〕。

〔36〕参看注〔30〕引文所举近年大同附近的考古发现诸例。

〔37〕《魏书·高祖纪上》：“高祖孝文皇帝……皇兴元年（467）八月戊申，生于平城紫宫。”太和元年（477）九月，“乙酉，诏群臣定律令”，开始积极进行改革。

〔38〕参看《隋书·地理志》冀州条。

〔39〕参看《魏书·世祖纪上》《魏书·海夷冯跋传》《北史·后妃传上》。

〔40〕参看汤用彤《汉魏两晋南北朝佛教史》第十章《鸠摩罗什及其门下》和第十四章《佛教之北统》。

〔41〕《续高僧传·昙曜传》记昙曜译经事云：“曜慨前陵废，欣今重复，故于北台石窟集诸德僧，对天竺沙门，译《付法藏传》并《净土经》。”北台石窟即今云冈石窟。其时，在北台出经者尚有沙门昙静（靖），《历代三宝纪》卷九“《提谓波利经》二卷，……宋孝武世，元魏沙门昙静于北台撰”。云冈第9、10等窟有佛为二商主说法龛，或与

昙静撰此经有关。

〔42〕参看注〔37〕。

〔43〕参看汤用彤《汉魏两晋南北朝佛教史》第二十章《北朝之佛学》。

〔44〕据《魏书·高祖纪上》。

〔45〕参看内蒙古文物工作队等《内蒙古白灵淖城圐圙北魏古城遗址调查与试掘》，刊《考古》1984年第2期。

〔46〕参看山西省大同市博物馆等《山西大同石家寨北魏司马金龙墓》，刊《文物》1972年第3期。

〔47〕参看大同市博物馆《山西大同南郊出土北魏鎏金铜器》，刊《文物》1983年第11期。

〔48〕《魏书·高祖纪上》："（太和七年）冬十月戊午，皇信堂成。"

〔49〕"部分"，当时习用语。《北齐书·文宣纪》："帝神色不变，指麾部分自（若）。"（参看中华书局标点本校勘记〔一〕）《北齐书·莫多娄贷文传》："子敬显强直勤干……部分将士，造次之间，行伍整肃。"《北史·齐宗室诸王·任城王湝传》："湝部分仓卒之际，咸得齐整。"可见"部分"有安排、布置、管理、指挥之意。

〔50〕参看《魏书·高祖纪》《南齐书·魏虏传》和《资治通鉴》齐永明五年、六年。

〔51〕据《册府元龟》卷九六九《外臣部·朝贡三》统计，孝文时期龟兹来使共五次：延兴五年（475）闰二月，太和元年（477）九月，二年七月、九月，三年九月。悉万斤来使共八次：延兴三年（473）九月、十月，永明元年（476）九月，太和三年（479）十二月，四年七月，十一年八月，十四年三月，十五年三月。粟特来使共二次：延兴四年（474）正月，太和三年（479）十二月。

〔52〕西域诸国以外，《魏书·高祖纪上》记太和元年（477）九月曾有"西天竺、舍卫……诸国各遣使朝贡"。印度地区与北魏的往还，在孝文时期只此一事，影响可能不大。

〔53〕参看出土文物展览工作组《"文化大革命"期间出土文物》第一辑图版149～152及说明。

〔54〕参看河北省文化局文物工作队《河北定县出土北魏石函》，刊《考古》1966年第5期。

〔55〕关系南朝佛教建筑的情况，可参看《艺文类聚》卷七六、七七《内典部》所引有关寺院诸诗文。形象服制的影响，可参看本论文集所收《洛阳地区北朝石窟的初步考察》下《洛阳地区北朝石窟特征及窟龛造像演变》一节。

〔56〕三壁三龛窟系就该式窟于后、左、右三壁各开一大龛这一特点而立名。过去或名此式窟为四壁三龛窟，但云冈此式窟有的于窟口两侧壁即该窟前壁左右侧壁亦各开一龛。因此，如云四壁，则其龛数已不仅三座，故改用今名。

〔57〕参看云冈古迹保养所《云冈新发现的一块北魏石刻》，刊《文物参考资料》1957年第9期。

〔58〕宣武以后，冬夏二居之制，据《北齐书·库狄干传》所记"魏正光初（520），（干）除扫逆党，授将军，宿卫于内。以家在寒乡，不宜毒暑，冬得入京师，夏归乡里"，可知亦未完全废止。

〔59〕参看龙门文物保管所《龙门石窟》（1980），图版44。

〔60〕《续高僧传·魏释超达传附僧明传》记此事的全文是："僧明道人为北台石窟寺主。魏氏之王天下也，每疑沙门为贼，收数百僧互系缚之。僧明为魁首，以绳急缠，从头至足，克明斩决。明大怖，一心念观音，至半夜觉绳小宽，私心欣幸，精祷弥切，及晓，索然都断，既因得脱，逃逸奔山。明旦，狱监来觅，不见，唯有断绳在地，知为神力

所加也。即以奏闻。帝信道人不反，遂一时释放。”按北魏沙门之变，据《魏书》所记孝文时三起：延兴三年（473），太和五年（481），太和十四年（490）。宣武时三起：永平二年（509），三年，延昌三年（514）。孝明时二起：延昌四年（515），熙平二年（517）。因知6世纪初，即宣武中期以后迄孝明之初这阶段次数最多，其中以延昌四年“六月，沙门法庆聚众反于冀州，杀阜城令，自称大乘”（《魏书·肃宗纪》），有“众五万余”（《北齐书·封隆之传》），影响最为广远。僧明故事，或与此有关。

〔61〕参看注〔31〕、《校注》[注二七]唐代云冈。

〔62〕参看本书《洛阳地区北朝石窟的初步考察》上《龙门北朝洞窟开凿次第》一节。

〔63〕参看温玉成《河南新安县西沃石窟》，刊《考古》1986年第2期。

〔64〕洛阳地区以交脚弥勒为窟室主像的只有龙门弥勒洞一例。该洞窟室形制是后壁设坛方形窟，参看注〔62〕。

〔65〕参看吕采芷《北魏后期的三壁三龛式窟》，刊《中国石窟·云冈石窟》二。

〔66〕云冈一佛二菩萨的造像组合之后，曾一度出现不规则的情况，第6窟最为典型：该窟塔柱南、西两面下层龛内，两弟子位于胁侍菩萨内侧；西、东两壁上层中龛，菩萨位于龛内，弟子立于龛外（第9窟前室后壁中层西侧释迦多宝龛外两侧各立一弟子，但与其相对的中层东侧释迦多宝龛外两侧又各立一菩萨）；西壁下层南龛和南壁下层西龛外侧，弟子又与蓄发供养者相对置。可见其时造像组合尚未定型，故有此多种多样的安排。其后不久，始多见先菩萨后弟子的序列；再后该序列又逐渐为菩萨列于弟子之次的布置所代替。

〔67〕参看《敦煌莫高窟早期洞窟杂考》四《从新发现的绣佛估计现存最早洞窟的年代》，此文已收入本论文集。

恒安镇与恒安石窟

——隋唐时期的大同和云冈

北魏正光四年（523）柔然入侵，绕卫平城之六镇镇民亦相率起义。孝昌二年（526）秋七月“魏仆射元纂以行台镇恒州。鲜于阿胡拥朔州流民寇恒州，戊申，陷平城，纂奔冀州”（《资治通鉴·梁纪七》）。此后，“恒代而北，尽为丘墟”（《魏书·地形志上》），平城当亦荒废。北齐天保四年（553），“（蠕蠕，即柔然）复为突厥所攻，举国奔齐，文宣（高洋）乃北讨突厥，迎纳蠕蠕，……致之马邑川，给其廪饭、缯帛……（五年，公元554年）四月，（蠕蠕）寇肆州，帝（齐文宣）自晋阳讨之，至恒州黄瓜堆，虏散走……（六年，公元555年）帝顿白道，……频大破之（蠕蠕），遂至沃野（镇），大获而还”（《北史·蠕蠕传》），“是年，发夫一百八十万人筑长城，自幽州北夏口至恒州九百余里”（《北齐书·文宣纪》），平城地区始得复苏。《元和郡县志》河东道三云州条记自高齐迄隋之平城建置云：

> 高齐文宣帝天保七年（556），置恒安镇，徙豪杰三千家以实之，今名东州城。其年废镇，又置恒州。周武平齐，州郡并废，又于其所置恒安镇，属朔州。自周迄隋，仍为镇也。

魏末平城荒芜，北齐于旧平城之东御河东岸建恒安镇，其遗址在今大同市东郊古城村一带。唐云州城建于旧平城南部，位置适在恒安镇之西，故《元和郡县志》云：“今名东州城。”辽建西京，因云州之旧址，故《辽史·地理志五》谓：“高齐文宣帝废州为恒安镇，今谓之东城……（李）克用与太祖曾于云州之东城。”[1]

隋炀帝改朔州为马邑郡，《隋书·地理志》中，记恒安镇所属的马邑郡云内县云：

马邑郡统县四，……云内，后魏立平齐郡，寻废。后齐改曰太平县，后周改曰云中，（隋）开皇初改曰云内。有后魏都，置司州。又有后齐安远、临塞、威远、临阳等郡，属北恒州，后周并废。有纯真山、白登山、武周山[2]。有湿水。

隋末乱离，突厥强盛，《大唐创业起居注》卷上记大业十二年（616）太原道安抚大使李渊与马邑太守王仁恭北备突厥：

诏帝（李渊）率太原部兵马与马邑郡守王仁恭北备边朔。……既至马邑，……仁恭以兵少，甚惧。……（帝）纵兵击（突厥）而大破之，……（大业）十三年（617）敕帝为太原留守……突厥知帝已还太原，仁恭独留无援，数侵马邑。帝遣副留守高君雅将兵与仁恭并力拒之，……为突厥所败。

义宁元年（617），马邑里雄刘武周杀仁恭，附突厥，《旧唐书·刘武周传》：

刘武周……为鹰扬府校尉，太守王仁恭以其州里之雄，甚见亲遇，每令率虞候屯于合下，……（武周）与同郡张万岁等十余人候仁恭视事，……斩仁恭于郡厅，……武周自称太守，遣使附于突厥，……攻陷定襄，复归于马邑。突厥立武周为定杨可汗。

突厥以马邑为中顿[3]，南掠并汾。唐武德三年（620）武周死，突厥以武周妹婿内史令苑君璋为大行台。《资治通鉴·唐纪四》：

（武德三年，即公元620年）夏四月……（先是），刘武周数攻浩州，为（行军总管）李仲文所败……（又）闻（宋）金刚败，

> 大惧，弃并州，走突厥。……久之，武周谋亡归马邑，事泄，突厥杀之。突厥又以（苑）君璋为大行台，统其余众，仍令郁射设督兵助镇。

武德四年（621）五月，“代州总管李大恩击苑君璋，破之”（《资治通鉴·唐纪五》）。武德五年（622）夏四月，“李大恩为突厥所杀”（《资治通鉴·唐纪六》）。七年（624）六月“突厥寇代州武周城”，七月“苑君璋以突厥寇朔州”（《资治通鉴·唐纪七》），《元和郡县志》河东道三云州条记：

> 武德四年平刘武周，置北恒州。七年废。

新置旋废，当是由于上述之战争形势。其时，苑君璋叛降不定，直迄贞观初，唐始复马邑。《资治通鉴·唐纪八》记其经过：

> （贞观元年，公元627年）五月，苑君璋帅众来降。初，君璋引突厥陷马邑，杀（朔州总管）高满政［时在武德六年（623）十月］，退保恒安。其众皆中国人，多弃君璋来降，君璋惧，亦降，……恒安人郭子威说君璋，以恒安地险城坚，突厥方强，且当倚之以观变，未可束手于人。君璋……复与之（突厥）合，数与突厥入寇。至是，见（突厥）颉利（可汗）政乱，知其不足恃，遂帅众来降。上以君璋为隰州都督、芮国公。[4]

贞观“四年（630）春正月，李靖帅骁骑三千，自马邑进屯恶阳岭，夜袭定襄，破之（突厥）。……李世勣出云中，与突厥战于白道，大破之。……二月甲寅，以克突厥，赦天下。……三月庚辰，俘颉利，京师”（《资治通鉴·唐纪九》）。自是云朔平宁。后十年，移置云州治于隋马邑郡恒安镇[5]。《元和郡县志》河东道三云州条记此事云：

> 贞观十四年（640），自朔州北界定襄城，移云州及定襄县于此。[6]

次年，据金曹衍《大金西京武州山重修大石窟寺碑》记：

> 贞观十五年（641），守臣重建。[7]

武州山大石窟寺，即今云冈石窟。

隋唐之际，突厥侵扰云朔，唐高祖李渊及李唐新贵北去马邑者众[8]。武德末年，苑君璋据恒安，贞观初君璋降，大唐官兵当有自恒安去定襄，出白道，捣突厥牧地者。是行也溯武州川西上，趋武州塞口，沿武州山石窟寺迤逦西进，因而石窟为唐军将所目睹，于是寂寞已久之北魏巨迹，遂因大军凯旋而传播于长安，此唐初长安高僧所以盛道恒安石窟之由来也。

唐初长安高僧记述恒安石窟，以济法寺僧法琳《辩正论》为最早，该书卷三云：

> （元魏）又于北代恒安治西，旁谷（崖）上下三十余里，镌石置龛，遍罗佛像，计非可尽，庄严弘观，今见存焉。虽屡遭法灭，斯龛不坏。

按《续高僧传》卷二十四《释法琳传》：“（琳）撰《辩正论》一部八卷，颍川陈子良注之。……良以文学雄伯，群儒奉戴，诱劝成则，其从如云。贞观初年，帝于南山大和宫旧宅置龙田寺，琳性欣幽静，就而住之，众所推美，举知寺任，从容山服，咏歌林野。至十三年（639）冬，有黄巾秦世英者，挟方术以邀荣，遂程器于储贰，素嫉释种，阴陈琳（辩正）论谤讪皇宗，罪当罔上……”又据《唐护法沙门法琳别传》卷中录贞观十三年十一月“二十日降敕云：汝所著《辩正论·信毁交报篇》言……”知琳撰《辩正论》在贞观前期。是法琳之获石窟消息当在上述守臣重建之前，而“三十余里镌石置龛”，“遍罗佛像，计非可量”，亦皆非闻之目睹者所能录。

法琳之后宣扬石窟最力者，为有名律师西明寺僧道宣[9]。道宣至少有四种著作记录恒安石窟[10]。成书于贞观十九年（645），续补至麟德二年（665）[11]之《续高僧传》卷一《昙曜传》中记：

昙曜……住恒安石窟通乐寺，即魏帝之所造也。……（石窟）去恒安西北三十里，武周山谷北面石崖，就而镌之，建立佛寺，名曰灵岩。龛之大者，举高二十余丈，可受三千许人。面别镌像，穷诸巧丽，龛别异状，骇动人神。栉比相连三十余里。东头僧寺，恒供千人，碑碣见存，未卒陈委。

永徽元年（650）所撰《释迦方志》[12]卷下记：

魏氏北台恒安石窟，三十里内连次而列，高二十余丈，内受千人，终劫不朽。

又记：

（元魏）北台恒安，镌石置龛，连三十里。

龙朔四年（664）春正月撰就之《大唐内典录》[13]，其卷四记：

恒安郊西，大谷石壁。皆凿为龛，高十余丈。东西三十里，栉比相连，其数众矣。谷东石碑见在，记其功绩不可以算也。其碑略云：自魏国所统资赋，并成石龛，故其规度宏远，所以神功逾久而不朽也。

同年又编辑《广弘明集》[14]，其卷二所收《魏书·释老志》道宣附注云：

今时见者传云：谷深三十里，东头僧寺，名曰灵岩，西头尼寺，各凿石为龛，容千人。已还者相次栉比。石崖中七里，极高峻，佛龛相连，余处时有断续。佛像数量，孰测其计。有一道人，年八十，礼像为业，一像一拜，至于中龛而死，尸僵伏地，以石

> 封之，今见存焉，莫测时代。在朔州东三百里，恒安镇西二十余里。往往来者述之，诚不思议之福事也。

可见道宣对恒安石窟之仰慕、重视，所以《广弘明集》卷二七录南齐司徒竟陵王文宣公萧子良《净住子净行法门·敬重正法门》中，道宣补列“敬礼……朔州恒安石窟经像”一项。道宣四书皆完成于太宗末迄高宗前期。道宣记录较法琳更为具体：有寺院分布；有碑文摘录；有大窟容量和高度；有对窟龛巧丽之描述；还记有莫测时代之礼拜僧人故事；最后并说明根据，出自“往往来者述之”[15]。

与道宣同预玄奘译场，又同居西明寺之道世，于总章元年（668）撰就《法苑珠林》[16]，该书卷一〇〇亦简记石窟事：

> 北台恒安镌石置龛，东（西）三十里。

其来源亦应与道宣相同。

道宣、道世之后，有蓝谷沙门慧祥撰《古清凉传》，该书卷上记咸亨初，有俨禅师每去恒安修理孝文石窟故像：

> 中台南三十余里，有山之麓有通衢，乃登台者常游此路也。傍有石室三间，内有释迦文殊普贤等像，又有房宇厨帐器物存焉。近咸亨三年（672），俨禅师于此修立，拟登台道俗往来休憩。俨本朔州人也，未详氏族，十七出家，径登此山礼拜，忻其所幸，愿造真容于此安措。然其道业纯粹，精苦绝伦，景行所覃，并部已北，一人而已。每在恒安修理孝文石窟故像。虽人主尊，未参玄化，千里已来，莫不闻风而敬矣。春秋二序，常送乳酪毡罽，以供其福务焉。自余胜行殊感，末由曲尽。以咸亨四年（673）终于石室。

《古清凉传》记事迄于上元三年（676），知慧祥撰书亦在高宗之世。俨禅师所修恒安孝文石窟故像，50年代曾推测是今云冈第3窟后室倚坐大佛及其左右胁侍（插图 1）[17]。盖该组大像，风格与魏像迥异，自 30 年代以来，多有论其为隋像者[18]。按倚坐佛像与两胁侍之大型组像，始见于云冈第 19 窟东胁洞，盛于齐、周、隋三代，唐初已渐式微，开元以后多只凿倚坐大佛[19]，因此，云冈第 3 窟造像在未发现初唐以前雕造确证之前，俨禅师修理故像事迹殊值重视。修理云者，应与开创有别，约可释为最后完成；俨禅师之修理，或如萧梁僧祐律师所续雕剡县石像之例乎[20]？至于 40 年代水野清一、长广敏雄据云冈第 13 窟南壁辽代张间□妻等人铭记中有“大小一千八百七十六尊”句，推论第 3 窟造像出自辽人说[21]，恐距事实益远。按该组造像不仅造型、风格与辽像不同；类此三尊之大型佛像组合亦为辽时所未见，辽代铭记所记，当系指如第 11 窟中心柱南面所雕之左右胁侍（插图 2）和第 37 窟东壁补塑之释迦坐像（插图 3）等中小型佛像而言；否则，如含有第 3 窟大像之巨大工程，亦当另行记录，不宜混于“大小一千八百七十六尊”之中也。

1　第 3 窟主室倚坐大佛及右胁侍像

2　第 11 窟中心柱南壁右胁侍像

3　第 37 窟东壁补塑释迦坐像

高宗末，永隆元年（680）七月“突厥余众围云州”（《资治通鉴·唐纪十八》），“永淳元年（682）；（云州）为贼所破，因废，乃移百姓于朔州”（《旧唐书·地理志二》），恒安石窟又泯无闻。迨开元九年（721）“二月丙戌，突厥请和”、十年（722）“五月戊午，突厥请和，……十二月突厥请和”（《新唐书·玄宗纪》），“十一年（723）更天兵军节度为太原府以北诸军州节度，……领太原及辽、石、岚、汾、代、忻、朔、蔚、云九州”（《新唐书·方镇表二》）之后，突厥事缓，所以，开元十四年（726）太原尹张嵩曾北抵云中，嗟叹城阙残破，《文苑英华》卷四五录张嵩〔22〕《云中古城赋》云：

开元十有四年冬孟月，张子出王塞，秉金钺，抚循边心，……得拓跋之遗城……高祖（孝文帝）受命，崇儒重才，南巡立鼎之邑，……自朝河洛，地空沙漠，代祀推移，风云萧索，……城阙摧残犹可惜，荒郊处处生荆棘，……乃载歌曰：云中古城郁嵯峨，塞上行吟麦秀歌，感时伤古今如此，报主怀恩奈老何。

大约与张嵩同时，吕令问〔23〕亦撰有《云中古城赋》，《文苑英华》次于张嵩文前，吕文云：

下代郡而出雁门，抵平城而入胡地，……危堞既覆，高墉复夷，廖落残径，依稀旧墀，榛棘蔓而未合，苔藓分乎相滋，伏熊斗犫，腾麋聚麇，常鸣悍鹫，乍啸愁鸱，不可胜纪。

北魏平城既久已残破，北齐以来之恒安镇亦荒废近五十年〔24〕，《元和郡县志》河东道三云州条下所记：

开元十八年（730），复置云州及云中县。〔25〕

其位置遂移至北魏平城宫城之南，即以后辽金西京之方位〔26〕。近年大同市城市建设中，拆除大同旧城东、西、北三面城垣时，俱于明清城墙内部发现最迟为金元时期之夯筑残垣，可与方志所记明初建大同城因袭旧土城相印证，《嘉靖大同府志》卷二：

> 大同府城，洪武五年（1372）大将军徐达因土城南之半增筑。周围十三里……以砖外包。[27]

明初所建大同城即今大同旧城。大同旧城内街巷规整，大小十字街制度井然，当是唐代州城之遗迹[28]。

复置云州之后，唐人著录石窟者仅得宋昱五言律诗一首[29]，《文苑英华》卷二三四录宋昱《题石窟寺，即魏孝文之所置》：

> 梵宇开金地，香龛凿铁围，影中群像动，空里众灵飞，帘牖笼朱旭，房廊挹翠微，瑞莲生佛步，宝树挂天衣，邀福功虽在，兴王代久非，谁知云朔外，更睹化胡归。

宋昱，杨国忠党，天宝末任中书舍人，至德元年（756）为乱兵所杀。事见两唐书《杨国忠传》[30]。宋昱经石窟，应在天宝末年之前。诗句描述石窟雕刻，生动准确，信手拈来，足证唐人之熟悉佛事；但吟咏未及如初唐所记之僧尼寺院，似可推知当时石窟寥寂，较隋唐之际为尤甚。宋昱诗题径作“石窟寺”。此后，五代后周僧义楚又称“通乐石窟”，《义楚六帖》卷二一：

> 通乐石窟，魏曾灭法，因白足高僧，帝令恒安即云州西北三十里武周山谷北面石崖凿石窟就，其寺初名通乐，亦号灵岩，有大石堂高广二十丈，受三千人，相连三十里，日供千人。僧昙明（曜），高僧。

义楚所记，系改编《续高僧传》文，通乐之名当出自《续高僧传》“昙曜……住恒安石窟通乐寺”语。移寺名于石窟，合二为一，约是当时风习。宋嘉祐五年（1060）五台山华严寺僧延一撰《广清凉传》卷上又记有云州石窟寺：

南台……北有复宿堆，即夏屋山也……下见云州石窟寺。

是盛唐以来，恒安之称废，逐渐冠以云州新地名。宋、辽人亦有简称石窟寺者[31]，《三朝北盟会编》卷二一引《亡辽录》云：

保大二年（即宣和四年，公元1122年），金人陷中京，天祚幸燕，闻（贵德军守将耶律）余睹为金人前锋，……西走云中府，……天祚与诸王并长公主、驸马、诸子弟三百余骑由石窟寺遁去。过云中城下，留守萧查剌以下接见，有旨：贼马不远，好与军民守城。但取马五十匹随行，迤逦入天德军。[32]

至若金皇统七年（1147）夷门曹衍撰碑题“武州山大石窟寺”，盖文人喜用古名，据《北史》而云然[33]，并非金人尚沿北魏旧称也[34]。

1987年11月

本文原载《中国石窟·云冈石窟》二（1994）。

此次重排未做改动。

注释

〔1〕 云州东城之会，以《唐太祖纪年录》所记为最早：“太祖以阿保机族党稍盛，召之……阿保机领其部族三十万至云州东城帐中言事，握手甚欢，约为兄弟，旬日而去。”（《资治通鉴考异》卷二八引。《考异》同卷引《汉高祖实录》《唐余录》《庄宗列传》和《五代史记·四夷附录一》俱记东城会事，不具录。）

〔2〕 武周山即武州山，《乾隆大同府志》卷四：“武州之州，《水经注》《隋书·地理志》皆作周。《魏土地记》谓少武州塞口。”

〔3〕 《通鉴·唐纪六》：“[武德六年（623）六月] 戊午，（苑君璋将）高满政以马邑来降。先是，前并州总管刘世让除广州总管，将之官，上问以备边谋。世让对曰：突厥比数为寇，良以马邑为之中顿故也……即命世让戍崞城。马邑病之。”

〔4〕 《旧唐书·刘武周传》作：“拜（君璋）安州都督，封芮国公，赐实封五百户。”

〔5〕《通典·州郡典九》："云中郡云州，云中今马邑郡北平城即今郡，隋云内县常（恒）安镇也。"

〔6〕《通鉴·唐纪十八》胡注"贞观七年（633），置云州及定襄县"，不详所据。盖先置云州及定襄县于朔州北界定襄城，贞观十四年移置于恒安镇。

〔7〕参看本论文集所收《〈大金西京武州山重修大石窟寺碑〉校注》。

〔8〕唐初军将熟悉代北者多，其著者如李靖"大业末，累除马邑郡丞"（《旧唐书·李靖传》），"尉迟敬德，朔州善阳（马邑）人"（《旧唐书·尉迟敬德传》）。

〔9〕《太平广记》卷九一引《感通记》记道宣敬礼法琳一事，颇值注意："唐武德中，终南山宣律师修持戒律，感天下韦将军等十二人自天而降，旁加卫护。内有南天王子张玙常侍于律师。时法琳道人饮酒食肉，不择交游，至有妻子。律师在城内，法琳过之，律师不礼焉。天王子谓律师曰……法琳道人即是圣人……彼菩萨地位，非师所知，然彼更来，师其善待之。律师乃改观……后唐高祖纳道士言，将灭佛法，法琳与诸道士兢论，道士惭服。又犯高祖龙颜，固争佛法。佛法得全，琳之力也。佛经护法菩萨，其琳之谓乎。"

〔10〕道宣著述甚多，《宋高僧传》卷十四《道宣传》记其撰述多达二百二十余卷。此云四种著作，系仅据存世并已查阅者而言。

〔11〕参看陈垣《中国佛教史籍概论》卷二《续高僧传》条，1962。

〔12〕《释迦方志》卷末记："大唐永徽元年，岁维庚戌终南太一山丰德寺沙门吴兴释道宣往参译经，旁观别传，文广难寻，故略举其要并润其色，同成其类，庶将来好事者用裨精爽云。"

〔13〕《大唐内典录》卷末记："龙朔四年春正月于西明寺出之。"

〔14〕《广弘明集》卷前记："唐麟德元年西明寺沙门释道宣撰。"麟德元年即龙朔四年。

〔15〕《广清凉传》卷下引《华严灵记》记："（道宣）律师常至中台顶上，见一童子，形貌异常。律师问其所由。童子曰：弟子天也（也字疑为衍文）帝释遣令巡守圣境。律师又问：道宣尝览《华严经·菩萨住处品》，文殊师利住清凉山，宣自到山未尝得见，其理如何。童子曰：……，言终乃隐。律师下山，向众亲说其事云。"是道宣曾礼五台，然则道宣所据不仅闻自长安，或有得自更近恒安石窟的五台山者。

〔16〕参看注〔11〕引陈垣书卷三《法苑珠林》条。

〔17〕参看《〈大金西京武州山重修大石窟寺碑〉校注》[注二五]。

〔18〕参看关野贞、常盘大定《支那佛教史迹评解》第二册，1926；梁思成、林徽因、刘敦桢《云冈石窟中所表现的北魏建筑》，刊《中国营造学社汇刊》第四卷三、四合期，1933。

〔19〕自北朝之末迄盛唐时期，傍崖雕凿巨像所在多有，现略举其著者如下：河南浚县大伾山大佛和山西太原西山开化寺大佛，皆北齐倚坐巨像；甘肃武山摩崖大像为北周尉迟迥所造；天水麦积山东崖第13号摩崖系隋像；陕西彬县庆寿寺大像凿于唐贞观二年（628）；甘肃敦煌莫高窟北大像（第96窟倚像）武周延载二年（695）造；敦煌莫高窟南大像（第130窟倚像）唐开元九年（721）造；安西榆林窟第6窟倚像较莫高窟南大像略晚；四川乐山凌云寺倚佛开凿于开元元年（713），完工于贞元十九年

（803）；甘肃永靖炳灵寺第121龛倚坐大像为开元十九年（731）薄承祚所建；青海西宁土山大像约与炳灵时间相近。

〔20〕《高僧传》卷十三《僧护传》："释僧护……居石城山，……擎炉发誓，愿博山镌造十丈石佛，……以齐建武中，招结道俗，初就雕剪，疏凿移年，仅成面朴，……至梁，……敕遣僧祐律师专任像事，……像以天监十二年（513）春就功，至十五年（516）春竟。"按此像现存浙江新昌县石城山宝相寺。参看本论文集所收《南朝龛像遗迹初探》。

〔21〕参看水野清一、长广敏雄《云冈石窟》第一卷终章《东方石窟群の特徵》（1952）、第二卷附录《云冈金石录》（1955）、第十卷图版24B及其解说（1952）。

〔22〕《旧唐书·郭虔瓘传》："张嵩……（开元）十年（722）转太原尹，卒官。"《册府元龟》卷九二四："李子矫，玄宗开元十四年（726）诈称皇子入驿居止，……太原尹张嵩以闻。"

〔23〕《元和姓纂》卷六河东吕下有"新丰尉吕令问"。《国秀集》卷下原收"校书郎吕令问诗一首"，见该书《姓氏总目》，今本佚。《文苑英华》卷五九录吕令问《驾幸天安宫赋》中有"卓哉，有唐之开元也"句，知吕为开元时人，因疑吕文亦撰于开元时。

〔24〕从永淳元年移云州民于朔州算起，至开元十八年（即682～730），计四十九年。

〔25〕《新唐书·地理志三》亦作"开元十八年"，《辽史·地理志五》从之。但《旧唐书·地理志二》作"开元二十年"。敦煌藏经洞发现的韦澳《诸道山河地名要略》（伯2511），系节录《元和志》文，其卷二云州事迹条，于"复置云州及云中县"后，多"今为刺史理所"一句。

〔26〕《辽史·太宗纪》上记：天显十一年（936）"十一月丁酉，册敬瑭为大晋皇帝"，《旧五代史·晋书·高祖纪一》"是日，帝言于戎王，愿以雁门已北及幽州之地为戎王寿，……戎王许之"，但云州之入契丹，则迟在天福二年（937）六月以后，《通鉴·后晋纪二》综述其事云："天福二年二月……契丹主自上党过云州，大同节度使沙彦珣出迎，契丹主留之，不使还镇。节度判官吴峦在城中，谓其众曰：'吾属礼义之俗，安可臣于夷狄乎。'众推峦领州事，闭城不受契丹之命。契丹攻之，不克。……六月，……契丹攻云州，半岁不能下。吴峦遣使间道奉表求救。帝为之致书契丹主请之。契丹主乃命翟璋解围去。帝召峦归，以为武宁节度副使。"云州入契丹后，"初为大同军节度，重熙十三年（1044）升为西京，府曰大同"（《辽史·地理志五》）。辽亡，"金因之（置西京），……隶元帅府"（《金史·地理志上》）。元太祖八年（1213），下金西京，以刘伯林"充西京留守，兼兵马副元帅"（《元史·刘伯林传》），于西京"置警巡院，至元二十五年（1288）改西京为大同路"（《元史·地理志一》）。由上可知，唐云州旧城为辽、金和元初之西京以及其后的大同路所沿袭。

〔27〕《乾隆大同府志》卷十二记大同府城云："明洪武五年（1372）大将军徐达因旧土城增筑，周十二里，高四丈二尺，址砌以石，墙甃以砖。"

〔28〕参看拙著《隋唐城址の類型》，刊日本奈良橿原考古学研究所《考古学论考》第十册，1984。

〔29〕《开元释教录》卷六、《贞元释教录》卷九所记恒安石窟事，皆录自《续高僧传》，非智升、圆照别有新闻也。

〔30〕《旧唐书·杨国忠传》："国忠之党，翰林学士张渐、窦华，中书舍人宋昱，吏部郎中郑昂等，凭国忠之势，招来赂遗，车马盈门，财货山积，及国忠败，皆坐诛灭。"《新唐书·外戚·杨国忠传》："（国忠败）其党翰林学士张渐、窦华，中书舍人宋昱，吏部郎中郑昂俱走山谷，民争其赀，富埒国忠。昱恋资产，窃入都，为乱兵所杀；余坐诛。"宋昱等党国忠事，又见《旧唐书·韦见素传》："天宝十三年（754）秋，……（玄宗）命杨国忠精求端士，……国忠访于中书舍人窦华、宋昱等，华、昱言见素方雅，柔而易制。上亦以经事相王府，有旧恩，可之。"宋昱事又见《新唐书·忠义·刘乃传》："刘乃……天宝中擢进士第，……中书舍人宋昱知铨事，乃方调，因进书，……昱嘉之，补剡尉。"《太平广记》卷二六九引《谭宾录》又记："杨国忠为剑南，召募使远赴泸南，粮少路险，常无回者。其剑南行人，每岁令宋昱、韦儇为御史，迫促郡县征之。人知必死，郡县无以应命，乃设诡计，诈令僧设斋，或于要路转变。其众中有单贫者即缚之，置密室中，授以絮衣，连枷作队，急递赴役。"是宋昱任中书舍人之前，已是杨之爪牙。

〔31〕简称石窟寺，一直沿袭到明清，《正德大同府志》卷十八录有明景泰间（1450～1456）翰林侍讲学士王达善（曾任大同府儒学训导）《石窟寺寒泉》诗和大同巡抚年富《和石窟寺韵》。《嘉靖大同府志》卷一记："石窟寒泉，在府城西三十五里，石窟寺左。"《雍正朔平府志》卷十二录胡文华《游石窟寺》诗。

〔32〕《三朝北盟会编》卷五亦记："宣和四年……天祚大窘，因仓皇从云中府由石窟寺入天德军。"

〔33〕参看《〈大金西京武州山重修大石窟寺碑〉校注》[注二]。曹衍撰碑文叙北魏事，系据《北史》。《北史·魏本纪二·显祖纪》和《北史·魏本纪三·高祖纪》皆记有"幸武州山石窟寺"事。

〔34〕石窟所在，明嘉靖三十七年（1558）以前属大同前卫石佛寺堡，见《嘉靖大同府志》卷二。嘉靖三十七年于窟前建云冈堡，云冈第7窟前室所立嘉靖四十三年（1564）七月《重修云冈堡记》碑云："古者，石佛寺通四工道也。于嘉靖三十七年（据《雍正朔平府志》卷八'云冈堡建于前明嘉靖三十七年'补），内为右卫饷道，改□云冈堡。置操守一员（据同碑下文'操守指挥吴公昆、把总陈公嘉谟、袁公镇……坐堡官吉宣'和《雍正朔平府志》卷八'云冈堡……明设操守一员……'补）、把总二员、坐堡一员，召募官□□□名，所以保障地方……"此后，云冈之名兴，迨至本世纪初学术界发现石窟寺以来，逐渐以云冈名石窟矣。

洛阳地区北朝石窟的初步考察

从50年代初起，由于教学工作的需要不断去龙门石窟参观学习。多年来，我一直感到龙门北朝洞窟情况复杂：它不足以表明当时洛阳佛教盛况，却出现了所谓的"龙门样式"；它较为规整的大型洞窟不多，但又和当时最高统治集团关系密切。1986年4月，借着为《中国石窟·龙门石窟》组织文章之便，承龙门石窟保管所的款待，在东山住了八天。其间除了和龙门石窟保管所的同仁讨论龙门洞窟的排年分期、着重调查北朝洞窟中有关工程中辍的遗迹外，还考察了洛阳附近龙门以外的几处重要北朝洞窟（见《洛阳地区北朝石窟分布图》），参观了中国社会科学院考古研究所洛阳工作站的北魏永宁寺发掘品、关林洛阳石刻艺术馆的北朝石雕和洛阳市文物工作队魏晋北朝墓所出遗物。这一系列的直观学习，使过去累积的认识，得以初步系统化。洛阳归来，剪裁旧闻，益以新知，成札记三篇。札记所述主要内容不出洛阳附近，因总名以《洛阳地区北朝石窟的初步考察》。

一　龙门北朝洞窟开凿次第

龙门石窟位于今洛阳市南郊龙门山麓，前滨伊水，其地东北距东汉迄北朝洛阳故城20公里，是北魏迁洛后开凿的最重要的石窟群。据龙门石窟保管所统计，现存北朝主要洞窟二十三座，俱属殿堂类型的石窟（插图1）。其中深10米以上的大型窟六座，即古阳洞、宾阳中洞、宾阳南洞、宾阳北洞、莲花洞和火烧洞；深5米左右的中大型窟五座，即魏字洞、皇甫公窟（石窟寺）、药方洞、唐字洞和路洞；深2.5米以上的中型窟五座，即慈香洞、普泰洞、弥勒洞、赵客师洞和天

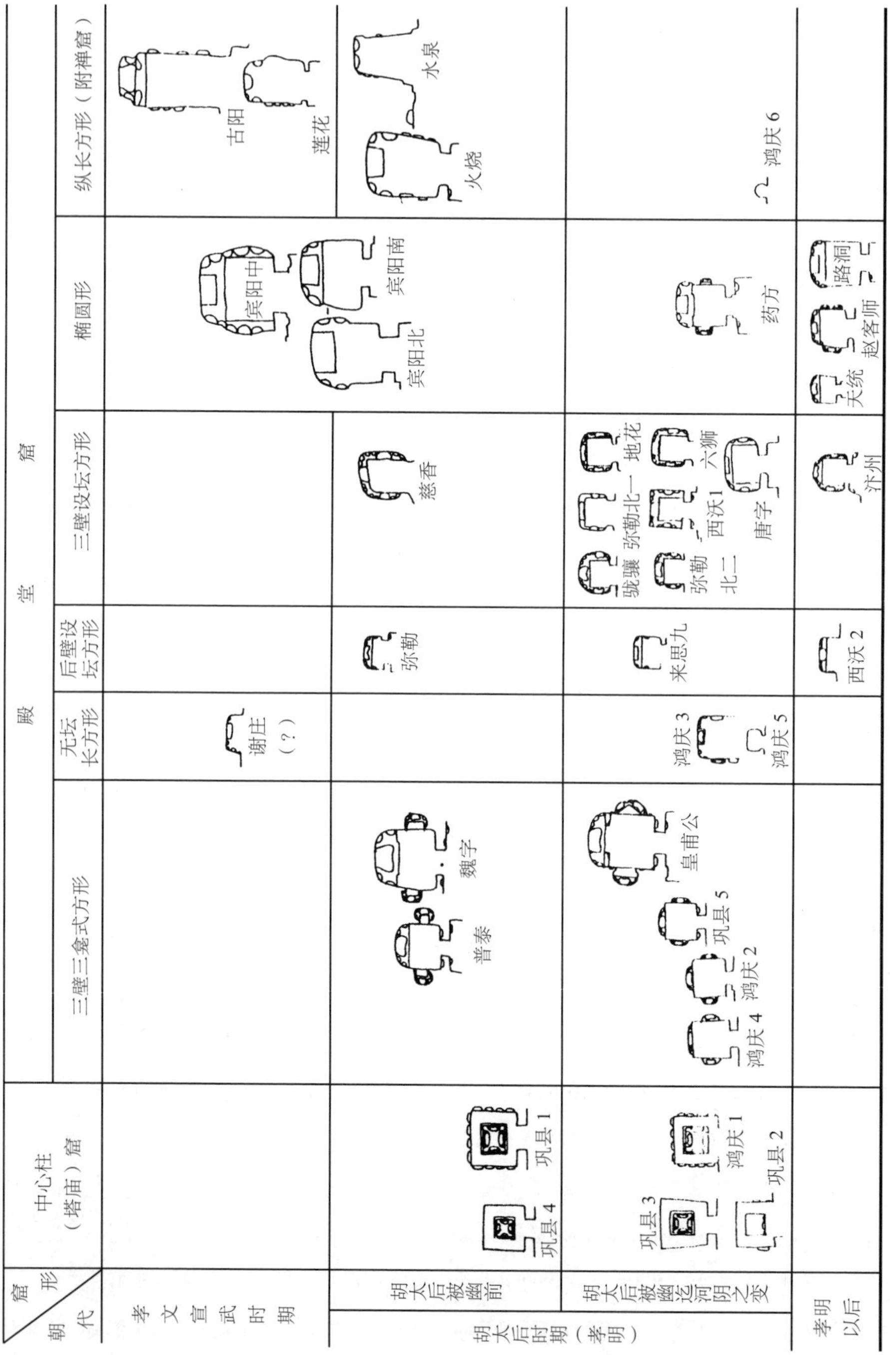
窟形
朝代
中心柱（塔庙）窟
殿堂窟
三壁三龛式方形
无坛长方形
后壁设坛方形
三壁设坛方形
椭圆形
纵长方形（附禅窟）
孝文宣武时期
胡太后时期（孝明）
胡太后被幽前
胡太后被幽迄河阴之变
孝明以后
古阳
莲花
宾阳中
宾阳南
宾阳北
谢庄（？）
巩县4
巩县1
普泰
魏字
弥勒
慈香
水泉
火烧
巩县3
巩县2
鸿庆1
鸿庆4
鸿庆2
巩县5
皇甫公
鸿庆3
鸿庆5
来思九
骁骧
弥勒北二
弥勒北一
西沃1
唐字
地花
六狮
药方
鸿庆6
西沃2
汴州
天统
赵客师
路洞

1 洛阳地区北朝洞窟分期

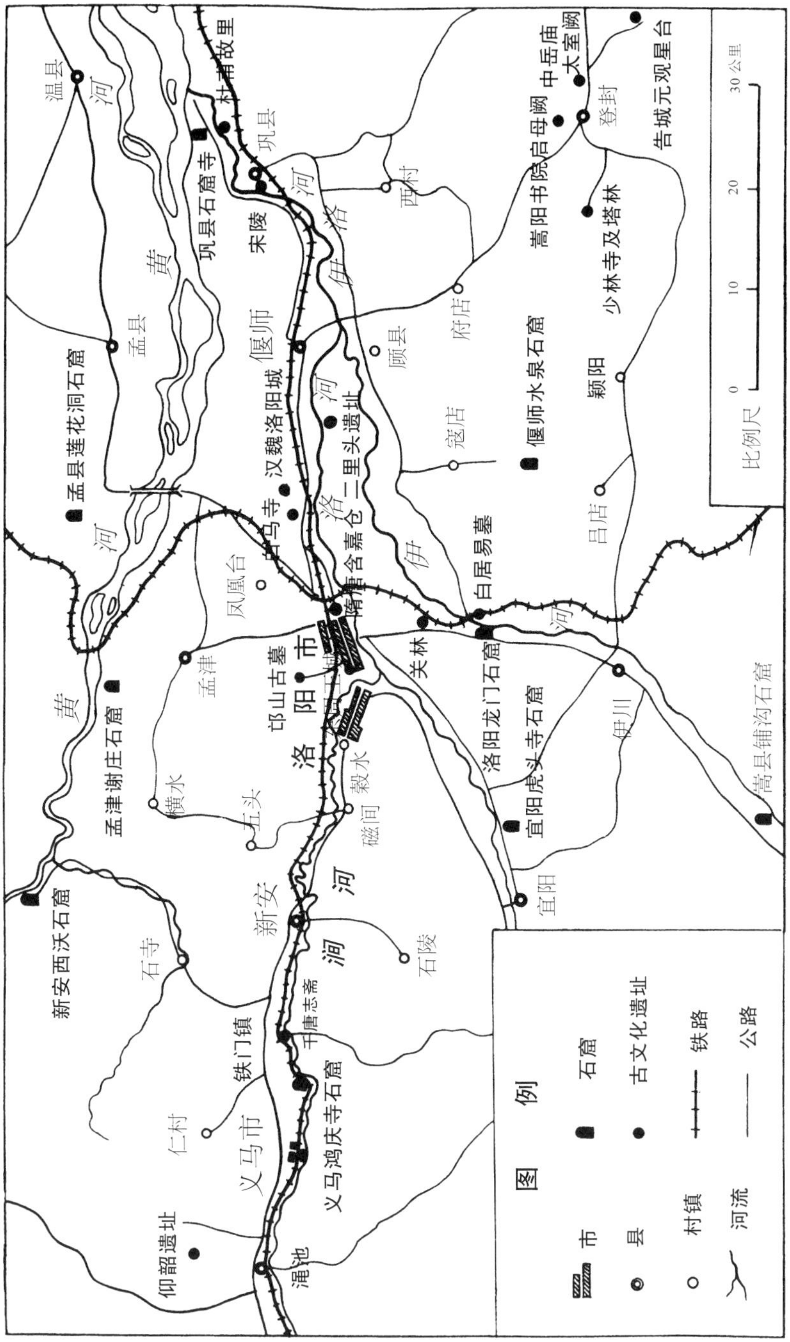

2 洛阳地区北朝石窟分布图

统洞；深 2.5 米以下的小型窟七座，即虢骧将军洞、地花洞、六狮洞、弥勒洞北一洞、弥勒洞北二洞、来思九洞和汴州洞。这二十三座大小洞窟开凿的时间，有纪年可考的当可无误；无纪年可考的也可据各种遗迹推知其大概。现结合历史记载，对北朝洞窟开凿的次第试作初步分析。

第一阶段——孝文、宣武时期（参看图版 47～52）

龙门最早开凿的洞窟是古阳洞，它是在天然溶洞的基础上修凿的一座大型的纵长方形敞口洞窟。该窟正壁主像左胁侍菩萨下垂衣褶外侧和右胁侍菩萨右肩外侧各有正始二年（505）雕造的小龛。知此窟的基本窟形和正壁（即后壁，下同）三尊主像（一佛二菩萨）完成于正始二年以前。龙门石窟保管所同仁根据此窟南北壁多迁洛后不久北魏宗室显贵雕造的小龛和北壁上层正始中杨大眼造像铭中有“路径石窟，览先皇之明蹤（踪），睹盛圣之丽迹，瞩目彻宵，泫然流感，遂为孝文皇帝造石像一区”的记录，推测正壁主像即为孝文兴造之“丽迹”〔1〕。

其次开凿的约是正始二年起工，仿云冈椭圆形大型洞窟的宾阳中洞〔2〕。该窟大约完成于宣武末年。永平中（508～511）开凿的宾阳北洞和起工于宾阳北洞之前的宾阳南洞，都是正壁作椭圆形、中前部接近方形的大型窟。宾阳三洞是《魏书·释老志》所记北魏皇室为高祖、文昭皇太后和世宗营造的石窟三所，近年已为研究者所公认〔3〕。

这个时期另一座因天然溶洞修凿的纵长方形窟——莲花洞，起工年代约与宾阳中洞同时，其面积可与古阳洞相埒，但完成正壁主像和窟顶雕饰后即废置，从窟内最早的纪年小龛是北壁的正光二年（521）龛推知，该窟辍工之年当不晚于孝明之初。一座大型洞窟中途停工废置，很有可能与当时统治集团上层的变动有关。这时重大的政局变化，是延昌四年（515）正月宣武卒，孝明即皇帝位，“二月庚辰，尊皇后高氏为皇太后……己亥，尊胡充华为皇太妃……三月甲辰朔，皇太后出俗为尼，徙御金墉……（八月）丙子，尊皇太妃为皇太后……戊子，帝朝皇太后于宣光殿，大赦天下……（壬辰）群臣奏请皇太后临朝称制。九月乙巳，皇太后亲览万机”（《魏书·肃宗纪》）。皇太后高氏之废，主要由于其伯父高肇失势〔4〕，此后，朝政归于胡太后。

除了上述五座大型洞窟外，在古阳、莲花两洞之间，还有一处高2.7米的大龛。龛内主像是交脚弥勒，两侧各立一胁侍菩萨。主像之后雕有高大背光，背光上方龛顶部分雕伎乐天人半匝。类似布局的交脚弥勒龛，又见于古阳洞南北两壁上层列龛之上，其中北壁上方的两座龛有明确纪年，即太和十九年（495）长乐王丘穆陵亮夫人尉迟氏龛和二十二年（498）北海王元详龛。前者是现存龙门纪年窟龛中的最早者；后者与此龛相同，在弥勒项光上部雕饰缠枝葡萄花纹半匝，这种纹饰在龙门石窟除此两例外，又见于古阳洞顶部孝文、宣武时期的小龛〔5〕。以上情况，可以说明此龛的年代，亦应在孝文帝迁洛之后不久。

第二阶段——胡太后时期（参看图版53～56）

"神龟、正光之际，府藏盈溢"（《魏书·食货志》），以胡太后为首的北魏朝野竞相于洛阳城郭大造佛寺。"都城之中及郭邑之内，检括寺舍，数乘五百，空地表刹，未立塔宇，不在其数"（《魏书·释老志》载神龟元年冬任城王元澄奏）〔6〕，龙门兴窟似乎退居次要。永平中，因刘腾奏请为世宗兴造的宾阳北洞工程仍在继续，龙门最大的一座接近椭圆形的大型长方形窟——火烧洞，大约开凿于孝明之初〔7〕。《魏书·肃宗纪》所记熙平二年（517）四月"乙卯，皇太后幸伊阙石窟寺，即日还宫"，可能就是在这种情况下出现的。

开凿于神龟三年（520）的中小型窟——慈香洞〔8〕，是一种新型的接近方形的三壁设坛式的洞窟。大约与慈香洞同时的魏字洞（中型窟）和普泰洞（中小型窟）〔9〕，是另一种新型的接近方形的三壁三龛式洞窟。还有一种只于后壁（正壁）设坛的横长方形窟——弥勒洞（中型窟），大约也开凿于此时〔10〕。

上述诸窟中，火烧洞和普泰洞俱未完工。火烧洞形制巨大，窟口雕饰复杂，窟内正壁主像与宾阳中洞相同，为一坐佛、二弟子、二菩萨和佛座前两侧各雕一狮（现尚存狮爪、尾等残迹），皆已完工，西壁大碑碑体亦凿就，该洞似在南北壁尚未雕饰之前，即遭到有计划的破坏。破坏的时间当在该洞出现正光三年（522）七月小龛之前。普泰洞窟顶和窟外都未竣工，其停工之年，可从与其时间相若的魏字洞南北壁俱有后刻的正光四年（523）九月小龛推知在该龛雕造之前。以上迹象，大体可以说明正光三年七月以前和正光四年九月以前，龙门凿窟工程又出现了停工废置的情况，前者似可推测与正光元年（520）“秋七月丙子，侍中元叉、中侍中刘腾奉（孝明）帝幸前殿……乃幽皇太后于北宫”（《魏书·肃宗纪》），后党多遭杀黜有关。后者不知与正光四年二月“司空刘腾薨”（《魏书·肃宗纪》）有无关系；但上述“永平中，刘腾复为世宗凿一龛，至是（正光四年六月）……，凡用十八万二千余工而未成”（《资治通鉴》普通四年）的宾阳北洞，则应是因刘腾之死而停工的〔11〕。为文昭皇太后高氏营造的宾阳南洞的停工，可能比宾阳北洞为早〔12〕。

正光元年七月胡太后被幽之后，北魏当政者元叉、刘腾均崇佛教。元叉精于释义〔13〕，刘腾多建佛寺〔14〕，所以洛阳佛教仍盛。自正光元年七月迄胡太后复政之孝昌元年（525）四月，龙门虽无开窟记载，但非显贵雕凿小龛的风气盛行。据龙门石窟保管所的初步统计，其间有明确纪年的小龛即有十八处。龙门较大工程的再出现约在胡太后复政之后。窟外有孝昌三年岁次丁未（527）九月辛酉朔十七日《太尉公皇甫公石窟碑》〔15〕的著名的皇甫公窟即是一例。此皇甫公，沙畹推测即是《魏书·肃宗纪》所记孝昌三年正月“戊子，以司徒皇甫度为太尉”的皇甫度〔16〕。温玉成又据《北史·后妃传上·宣武灵皇后胡氏传》“宣武灵皇后胡氏，安定临泾人，司徒国珍女也。母皇甫氏”〔17〕，推测此窟为胡太后外祖家所造。按皇甫度确是胡太后母舅，见《北史·外戚·皇甫集传》：“太后舅皇甫集……安定朝那人……集弟度……孝昌元年，为司空领军将军，加侍中。元叉之见出也，恐朝夕诛灭……又摄吏部事，迁司徒，兼尚书令，不拜。寻转太尉，孜孜营利，老而弥甚。迁授之际，皆自请乞。灵太后知其无用，以舅氏，难违之。”太后母舅于太后复政之后兴建此窟，尽管洞窟规模不大——属大中型窟，但布局紧密，雕饰精丽，在设计、形象和装饰各方面俱有创新，南、北、后三壁下方又雕有众多仪卫的供养礼佛行列，显然不是一般中小型窟所能比拟的。《魏书·肃宗纪》记孝昌三年八月“戊寅，帝幸南石窟寺，即日还宫”，或许与此窟有关。

此外，大批小龛和中小型窟的雕凿极盛于正光、孝昌间。胡太后复政迄孝昌之末，有明确纪年的小龛，据龙门石窟保管所初步统计达二十四处，骁骧将军洞、地花洞、弥勒洞北一洞、弥勒洞北二洞、六狮洞、来思九洞等小型方形窟大约都完成于正光、孝昌间。值得注意的是两座开凿于此时的中大型窟——药方洞和唐字洞都没有完工。药方洞原来设计的形制应与宾阳南北两洞接近，南北两壁大龛和正壁主像皆辍工废置后所修造〔18〕。唐字洞开凿时间略迟于药方洞，其形制与前此的慈香、地花、六狮诸中小型方形窟接近，洞内龛像也是废置后所修造〔19〕。两座中大型洞窟的辍工废置，反映了龙门工程又遭遇了挫折。这次中断，大约是同孝庄即位之初发生河阴之乱有关。《魏书·尔朱荣传》记武泰元年（528）四月，“（尔朱荣）因纵兵乱害，王公卿士皆敛手就戮，死者千三百余人，皇弟、皇兄并亦见害，灵太后、少主其日暴崩”。正舍资财在龙门开窟的窟主，有的可能就在这大批罹难的皇室百官之中。

第三阶段——孝昌以后的北魏末期（参看图版57～60）

“孝昌已后，天下淆乱”（《魏书·刑罚志》），迄北魏覆灭（528～534），龙门窟龛的雕凿日趋式微。据初步统计，此阶段有明确纪年的小龛有十六处，时代最迟的纪年龛是药方洞窟口北壁永熙三年（534）五月龛。火烧洞正壁右侧王妃胡智所开龛，大约也雕造在这阶段的晚期〔20〕。

这阶段开凿的洞窟，计有小型窟一座，中型窟二座，中大型窟一座。

中大型窟是已完工的路洞。该洞属方形窟，正壁作椭圆形，略似宾阳南北洞，但南北壁雕出较浅的列龛；前壁有完工后雕造的东魏元象二年（539）四月小龛〔21〕。元象二年上距北魏之亡不过五年。这五年间，洛阳地区已沦为战场，因此推知路洞完工应在北魏末年。路洞设计规整，内容丰富，雕饰亦精致，表明开窟者应是统治集团的上层。《魏书·废出三帝纪》记出帝永熙二年（533）正月“己亥，车驾幸崧高石窟灵岩寺。庚子，又幸，散施各有差”。出帝于尔朱之乱初平，高欢、宇文泰相争已趋白热化之际，连日南来龙门，除了礼拜宾阳诸洞外，约许也有观礼此洞的因素。

中型窟两座，皆正壁作椭圆形的方形窟，较小的天统洞已完工；较大的赵客师洞仅凿出窟形，窟内龛像皆废置后所雕造。赵客师洞前壁有永熙二年（533）后雕小龛，知其辍工应在永熙二年之前。

小型窟一座即汴州洞，该窟属三壁设坛式方形窟，窟内龛像也多后来补作。

河阴之乱后，洛阳多变；永安二年（529）五月元颢入洛，七月败亡；三年二月诛尔朱荣、元穆；是年十二月尔朱兆、尔朱度律袭据京师；永熙元年（532）七月尔朱覆灭。赵客师洞和汴州洞的停工，疑是这些事变的结果。

3 巩县第1窟中心柱东壁弥勒像

第四阶段——东西魏、北齐周时期

永熙三年（534）十月改元天平，孝静东迁，此后东西魏竞争于洛阳，迄东魏武定元年（543）三月西魏西撤，其间龙门仅偶雕小龛。据统计有明确纪年的十七处，其中有西魏大统纪年的四处。值得注意的是上述王妃胡智龛完工后曾屡遭人为破坏，最早的一次或许出自西魏人之手，亦即西魏占据洛阳之时。

4 龙门魏字洞南壁弥勒像

武定元年三月以后，直迄北齐之亡（577），洛阳虽属东魏、北齐版图，但“城郭崩毁，宫室倾覆，寺观灰烬，庙塔丘墟……今日寥廓，钟声罕闻”（《洛阳伽蓝记序》杨炫之描述武定五年即公元547年时洛阳情况），龙门当然也日益萧条，无复旧观。三十余年间，仅留有少量小龛和补作几尊造像而已。前者据统计有明确纪年的共十八处，最晚的是莲花洞南壁武平元年（570）造像。后者如汴州洞正壁、南壁造像。药方洞口右侧武平六年（575）六月都邑师道兴等所雕释迦七尊龛和螭首碑，应是这阶段较精致的工程，反映出北齐晚期龙门雕造又有起色，但旋即北齐败亡（577），龙门再兴，就要到7世纪40年代以后的李唐太宗、高宗之世了。

二　龙门以外的北朝石窟及其年代

5 龙门皇甫公窟南龛弥勒像

东汉迄北朝洛阳故城周围，除龙门外，还分布有不少处较小的北朝石窟群（见插图2）。这些较小的石窟群，在形制、内容和艺术风格等方面，都或多或少地可为龙门石窟作补充（见插图 1），因此对于了解洛阳地区北朝石窟的全貌，它们是不容忽视的。这些较小石窟群，经过调查的有巩县大力山石窟、渑池鸿庆寺石窟、偃师水泉石窟、新安西沃石窟、孟县莲花洞石窟、孟津谢庄石窟、嵩县铺沟石窟和宜阳虎头寺石窟等八处。

（一）巩县大力山石窟[22]（参看图版 61～62）

巩县大力山石窟位于芒山东端大力山南麓，面临洛水，西距洛阳故城约 44 公里。现存北朝开凿的洞窟五座。其中深 5 米左右的中大型窟四座，即第 1 至第 4 窟，皆中心柱窟（塔庙窟）；深 3 米左右的中型佛殿窟一座，即第 5 窟。五座窟俱无纪年铭记，从洞窟形制、造像题材和装饰花纹诸方面观察，它们的雕造时间虽较接近，但以造像的某些细部与姿态和龙门有关诸窟进行比较，则可大略判断其相对年代；也可初步推测五座窟本身的先后次第。比较的内容试择以下六例：

造像细部与姿态举例		巩县石窟				龙门石窟								
例号	内容	第1窟	第3窟	第4窟	第5窟	宾阳中洞	魏字洞	普泰洞	虢骧将军洞	弥勒洞北一洞	地花洞	皇甫公窟	六狮洞	路洞
Ⅰ	弥勒结跏趺坐，右足外露下垂	*	*	*	*		*					*		
Ⅱ	佛像胸前衣带内折	*	*	*	*	*	*	*	*	*	*	*		
Ⅲ	佛坐像大衣外右肩斜覆偏衫衣角	*		*		*	*	*	*	*	*	*		
Ⅳ	蹲狮有作举爪状者		*	*	*		*		*		*		*	*
Ⅴ	入口前壁两侧各雕立佛龛				*			*				*		
Ⅵ	主龛龛面雕宝帐式帷幕	*	*	*			*	*						*

第Ⅰ例 巩县第 1、3、4、5 窟的弥勒菩萨像皆作结跏趺坐、右脚外露并多作下垂状（插图 3）。此种姿态的弥勒，龙门有两例，较早的是魏字洞南北龛主像（插图 4），较晚的是皇甫公窟南龛主像（插图 5）[23]。

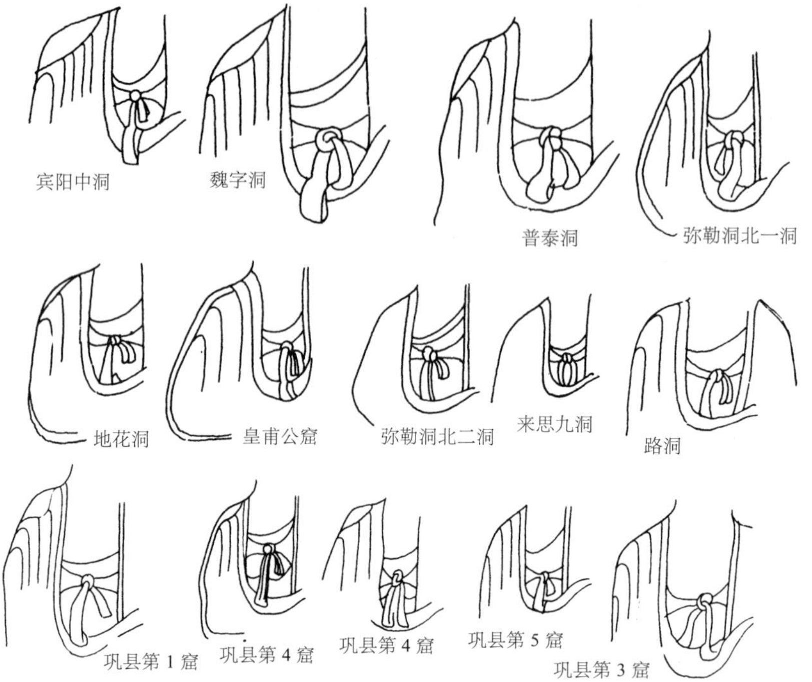

6　龙门与巩县石窟坐像衣带与偏衫衣角的比较

第Ⅱ例　巩县第 1、3、4、5 窟的佛像，胸前衣带一端内折。此种衣带内折的做法，龙门有两种形式：（1）较早的宾阳中洞和魏字洞主像内折的衣带，皆向下垂至衣缘之下；（2）略晚的普泰洞和较晚的虢骧将军洞、弥勒洞北一洞、皇甫公石窟主像衣带则折于衣缘之内。巩县四座窟佛像衣带内折的样式与后者同。由上Ⅰ、Ⅱ两例，可知巩县第 1、3、4、5 窟的时间，约在魏字洞前后以迄皇甫公窟前后（插图 6）。

第Ⅲ例　巩县第 1、4 两窟坐佛大衣外右肩斜覆一衣角，表示大衣之外另着偏衫（插图 7～10）；第 3、5 两窟坐佛则无此衣角（插图 11）。此种服饰在龙门的演变次第是：（1）宾阳中洞、魏字洞和普泰洞主佛皆覆有衣角（插图 12～14）；（2）虢骧将军洞、弥勒洞北一洞、地花洞主像衣角已窄小，皇甫公窟不见衣角，只余其下面的窄边（插图 15）；（3）再后如六狮洞、路洞窄边亦不明显（插图 16）。按龙门情况，可知巩县第 1、4 两窟可与皇甫公窟以前诸洞相比；第 3、5 两窟可与皇

7　巩县第1窟中心柱西龛坐佛像

8　巩县第1窟中心柱北龛坐佛像

9　巩县第4窟中心柱南龛下层坐佛像

10　巩县第4窟中心柱南龛坐佛像

11　巩县第3窟南壁坐佛像

12　龙门宾阳中洞坐佛像

13　龙门魏字洞正壁坐佛像

14　龙门普泰洞正壁坐佛像

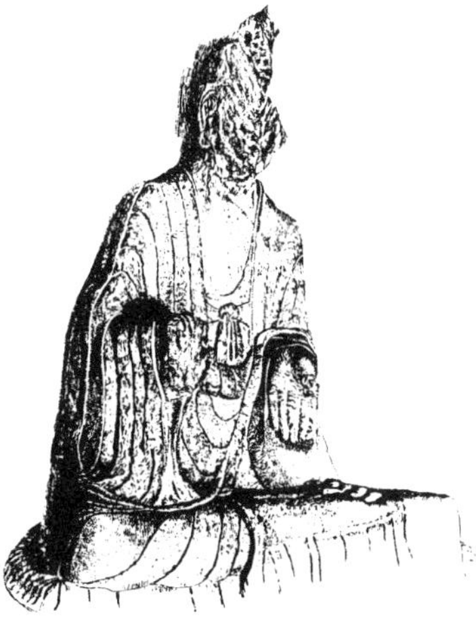

15　龙门皇甫公窟正壁坐佛像

16　龙门路洞正壁坐佛像

甫公窟及其以后诸洞相比[24]（参看插图6）。

第Ⅳ例 巩县第1窟佛座下两侧蹲狮前肢拄地，第3、4、5窟蹲狮有的做相对举爪姿态。在龙门：（1）魏字洞以前诸洞蹲狮俱不举爪；（2）魏字洞两狮相背一狮举爪，是龙门蹲狮举爪最早之例[25]；（3）二狮相对举爪出现较晚，见于地花洞和六狮洞。依此例，巩县第1窟蹲狮不举爪的形态比第3、4、5窟为早，而第3、4、5窟二狮相对举爪应比魏字洞为晚[26]。

第Ⅴ例 巩县第5窟前壁窟口两侧各设一立佛龛。此种布局龙门有两例，较早的是普泰洞，较晚的是皇甫公窟。由此可知，第5窟可与普泰洞、皇甫公窟相比。

第Ⅵ例 巩县第1、3、4窟中心柱四面龛龛面皆饰以宝帐式帷幕。龛面装饰宝帐式帷幕在龙门最早见于魏字洞和普泰洞。巩县第3窟龛面有的加饰兽面、花绳，这种加饰兽面、花绳的宝帐式帷幕龙门仅见于路洞。由此可知，第1、4两窟可与龙门魏字洞、普泰洞相比，而第3窟则明显较晚[27]。此外，第3窟中心柱西壁帷幕之上又加饰流苏、中心柱北壁本尊衣纹雕饰双线等，也都明显是较晚的做法[28]。

根据上面的比较，大体上可以推知：巩县第1窟为早，第4窟次之，两窟的时间约与龙门魏字洞、普泰洞接近，即完工于胡太后被幽之前，第4窟部分壁面雕造草率，或与此事变有关；第5窟、第3窟又次之，两窟的时间约当皇甫公石窟迄路洞之间。此两窟部分壁面未完工和上表未列入的第2窟仅凿出窟形即辍工，可能都与孝昌以后政局多变以及534年北魏分裂有关[29]。

巩县石窟第1窟工程较大，雕造也最精致，过去有人拟为北魏皇室所开，并无可靠论据[30]。1979年10月，巩县石窟保管所于该窟中心柱后壁主龛西侧发现“上仪同昌国侯郑睿赠开府陈州刺史　息乾智侍佛时”，东侧发现“睿妻成郡君侍佛时”铭记。或谓此铭记系北魏末年元氏政权已岌岌可危时所补刻[31]。考诸史籍，上仪同之设始于北周建德四年（575）[32]；陈州之置亦始于北周武帝时[33]，因知郑睿夫妇铭记的出现，不会早于北周。周上仪同九命，官阶甚高，在重视家世的时代，这样高官阶的人物是否能把自己侍佛的铭记，冒刻于废朝皇室所开的窟中，是值得怀疑的。按荥阳郑氏自魏晋以来盘错于汴郑间[34]，北魏一代联姻帝室、显贵，世代多官荥阳[35]，为密迩洛阳、西邻巩县的大姓豪门。北魏分裂，郑氏分隶东西[36]，大统十三年（547）“侯景归款，周文命（郑）伟率所部应接。及景叛，伟亦全军而还，除荥阳郡守，进爵襄城郡公，侍中、骠骑大将军、开府仪同三司”（《北史·郑羲传附伟传》）。大统十六年（550）宇文泰“总戎东讨……仍令（郑）孝穆引接关东归附人士，并品藻才行而任用之。孝穆抚纳诠叙，咸得其宜”（《周书·郑孝穆传》），皆利用郑姓世家关系派去洛阳地区应接、安抚。此郑睿或其族人。一姓开窟，后辈继续供养，敦煌莫高窟其例甚多[37]，最著者如翟家窟即第220窟[38]。然则巩县石窟的开凿或即出自荥阳郑氏。郑氏崇释教，龙门古阳洞窟顶前部有景明二年（501）郑长猷与其妾造弥勒四躯[39]。胡太后之世，郑俨为太后宠幸，“当时政令归于俨等……肃宗崩，事出仓卒，天下咸言俨计也”（《魏书·恩幸·郑俨传》）[40]，其时荥阳诸郑多因俨势除高官，是胡太后执政之际，亦郑氏隆兴之日，巩县开窟盛于此时，或非偶然。巩县石窟造像简雅沉静与龙门异趣，说者多谓南朝影响[41]，此问题详见本文（三）。这里先申明的是荥阳郑氏亦正多南朝关系。北魏献文时，郑演、郑德玄自淮南内附[42]，之后郑氏子弟多任职南疆[43]。尔朱入洛郑先护窜去南梁[44]，东魏有郑伯猷使萧衍[45]，西魏有郑孝穆使萧詧[46]，北周有郑诩聘陈[47]。郑氏之族未因改朝易代而有变化，其与南朝之关系亦相续不绝。以上诸端，虽不足证实巩县石窟出于郑氏，但综合观之，似亦可作为一种推测的根据，供研究者参考。

（二）渑池鸿庆寺石窟[48]（参看图版63、64）

渑池鸿庆寺石窟位于今义马市东南8公里，东距北魏洛阳城约60公里。石窟南临南涧河，北依白鹿山。现存北朝所开洞窟六座，内深5米左右的大中型窟两座即第1窟和第3窟；3米以上的中型窟一座，即第2窟；3米以下的小窟三座即第4、5、6窟。除第1窟为中心柱窟、第6窟为禅窟外，俱属殿堂窟（插图17）。六座窟皆既无纪年铭记，又多剥蚀崩圮。据所存残迹观察，它们的开凿时间极为接近。

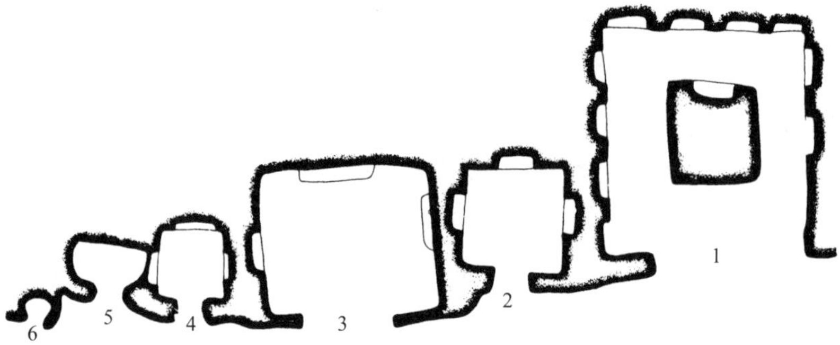

17 鸿庆寺石窟平面

第1窟平面布局、窟顶平棋虽近巩县第1窟，但东、西、后壁和中心柱上部皆布置大幅佛传浮雕[49]（插图18～23）。这种布局，在龙门只见于路洞南壁内侧上层小龛内，该龛后壁浮雕降魔变与第1窟后壁浮雕内容亦完全相同。第1窟与路洞相似处尚有：（1）中心柱正壁下部雕博山炉与对狮，狮、炉雕于主龛之下，龙门见于六狮洞、路洞和汴州洞[50]；（2）第1窟东壁佛传浮雕中城楼檐下的叉手与路洞南、北壁上层屋形龛檐下叉手，两脚俱略有曲线。由此推知，第1窟的时间已接近路洞，其绝对年代或许即在公元528年河阴之变前后。

18 鸿庆寺第1窟正壁上部佛传

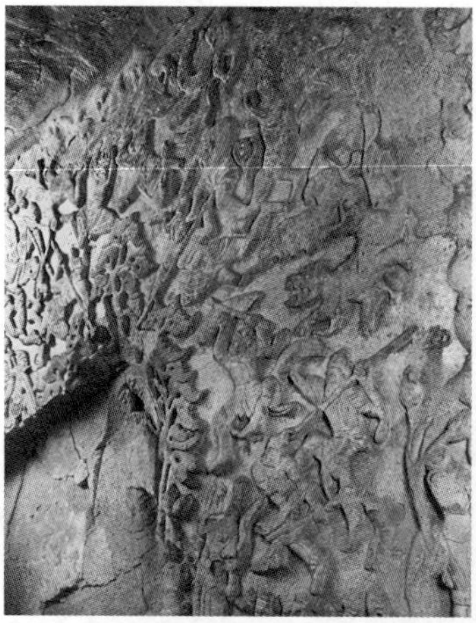

19 鸿庆寺第1窟正壁上部佛传

第2、4两窟皆三壁三龛式方形窟（插图24、25），形制与巩县第5窟相似。但两窟窟顶皆雕作盝形；第2窟正壁龛外侧各雕一弟子像；西壁主龛尖拱龛面两端作反转的涡旋纹（插图26）；第4窟正壁上端雕饰宝盖；盝顶四坡每坡中间雕宝珠，宝珠两侧雕相对的飞天。凡此诸端，都应是较晚出现的形象，值得注意的是第2窟西壁主龛本尊衣纹既与龙门常见的正光、孝昌间衣纹不同；也和巩县诸窟中的衣纹有异（插图27），而与龙门路洞南、北壁内侧龛内主像衣纹相似[51]。可知两窟的时间接近于第1

20 鸿庆寺第1窟正壁上部佛传

21 鸿庆寺第1窟正壁西侧浅龛造像

22 鸿庆寺第1窟东壁内侧上部造像

23 鸿庆寺第1窟西壁内侧上部佛传

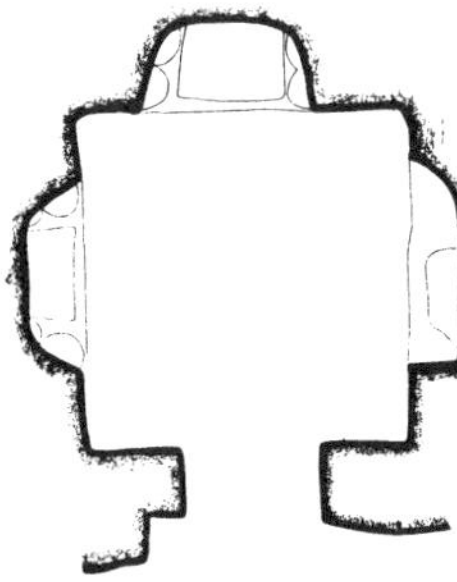

24 鸿庆寺第2窟平面

26 鸿庆寺第2窟西壁尖拱龛

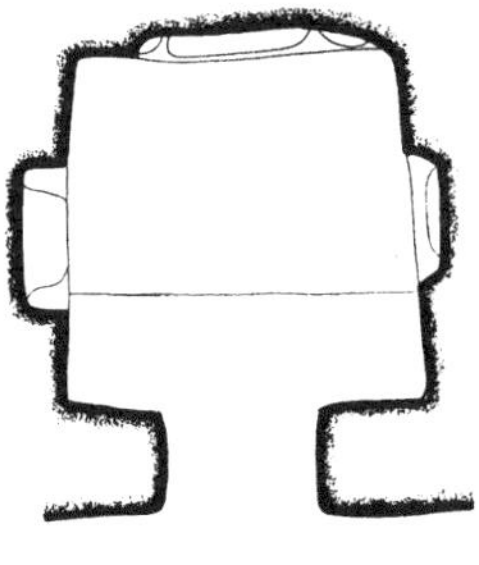

25 鸿庆寺第4窟平面

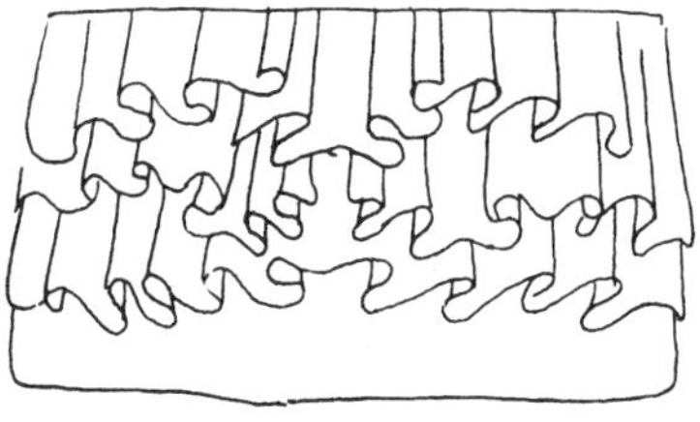

27 鸿庆寺第2窟本尊衣纹

窟。第 2 窟前壁无雕痕，当是未完工的迹象。

第 3 窟略作长方形（插图 28），正壁两端呈委角，壁前诸像和西壁两龛约属同期雕作，其中菩萨带饰（插图 29）与第 2 窟相似，西壁残存有与第 2 窟相似的宝帐边饰。东壁造像系后补作。

第 5 窟造像皆剥蚀，顶作盝状。

第 6 窟系禅窟，无雕饰。

以上六窟大抵开凿于河阴之变前后。第 2 窟辍工和第 3 窟的补作，亦当在北魏分裂之前。

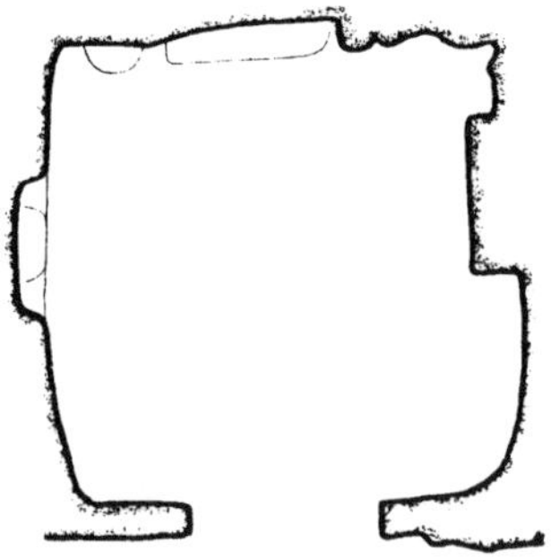

28　鸿庆寺第 3 窟平面

29　鸿庆寺第 3 窟正壁右胁侍菩萨像

（三）偃师水泉石窟[52]（参看图版 65、66）

偃师水泉石窟位于寇店村南万安山断崖上，面对沙河，其地北距北魏洛阳城约 20 公里。现存深 9.5 米的大型敞口纵长方形平顶殿堂窟一座（插图 30）。该窟系就天然溶洞修凿。窟正壁雕造并立二佛像，像高 5 米有余，头上部残，额肩宽平，衣纹多平行线条，裙褶细密，与龙门宾阳中洞南北立佛

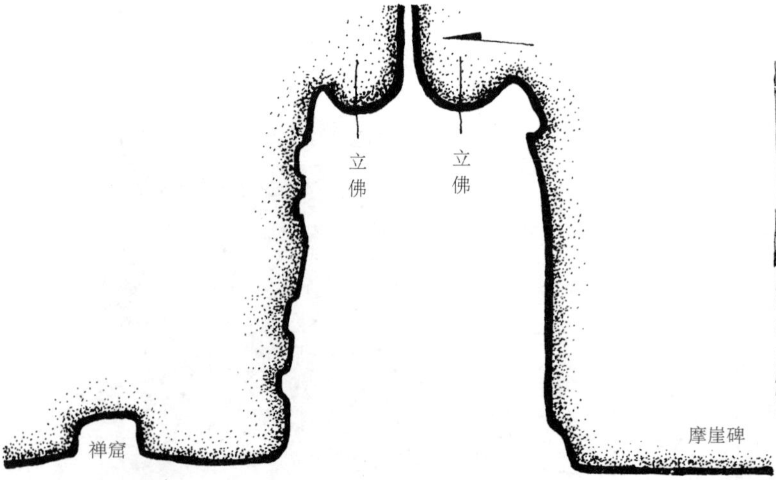

30　水泉石窟平面

31　水泉石窟立佛像

32 水泉石窟南壁第3龛

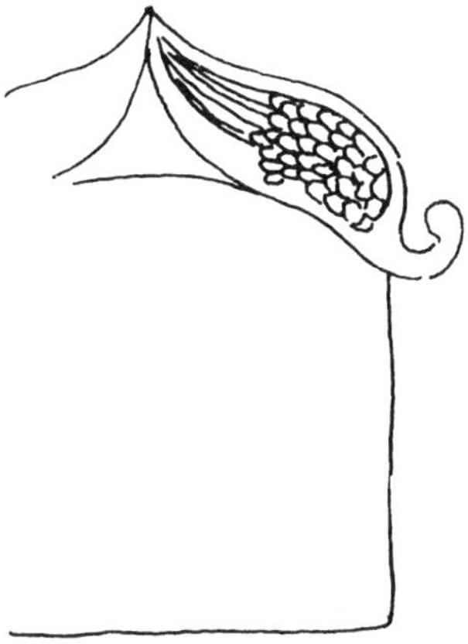

33 水泉石窟拱形龛楣雕饰

34 水泉石窟北侧外壁小龛第4龛

35 水泉石窟小龛及千佛

接近（插图31），窟外左侧崖面雕摩崖大碑，碑具螭首，螭首中部凿一坐佛，碑身存右半，内有“大魏太和十三年，比丘昙覆……归山自静，于京南大谷之北面私力崇营……为皇帝陛下、皇太后敬造石佛……”文句，知此二立佛为昙覆所雕。立佛两侧和南北壁多布小龛（插图32）。两侧小龛的雕造时间略迟于立佛，中有尖拱龛，龛面雕饰双翼，为他处所罕见（插图33）。南北壁小龛时间较晚，铭记有永安、普泰和西魏大统等纪元。窟口左侧小龛密集（插图34、35），雕凿较早，龛面繁缛，有佛传故事，有缠枝葡萄，可与龙门古阳洞中宣武时期造像龛相比较。小龛中多交脚弥勒盝顶龛，上方一龛铭记云：“右窟主昙覆敬恩造”，该龛右下侧两龛铭记纪年俱熙平二年（517），因知昙覆建窟与雕二立佛的时间，亦当在孝明之初，则碑所云“皇帝陛下、皇太后”，即孝明与胡太后。二佛并立于二窟，这种特殊布局亦因碑文而得确解。此窟形制与龙门古阳、莲花两洞类似，大约这是洛阳地区较早流行的一种大型窟式。窟外右侧有一小型禅窟，无雕饰。

（四）新安西沃石窟[53]

新安西沃石窟开凿于青要山崖，面临黄河，其地东南距北魏洛阳故城约 90 公里，现存小型方形殿堂窟两座。

第 1 窟穹窿顶三壁设坛，正壁主像为坐佛，东西壁为立佛，布局与龙门弥勒洞北一洞、弥勒洞北二洞同。正壁佛坛下部正中雕博山炉、两侧各一狮，与鸿庆寺第1窟相似。窟口右侧有刻铭，中有“建功孝昌之始，□就建义初”，知其时间亦与以上诸窟相近。

第 2 窟为一敞口横长方形小窟，正壁设坛，主像为坐佛，其上雕帷帐龛面与龙门路洞相似。碑记此窟系邑老韩法胜等集资于普泰元年（531）造。碑刻在窟内西壁，尚存龙门旧制。

（五）孟县万佛山石窟[54]

孟县万佛山石窟，东南距北魏洛阳故城约 40 公里。现存较完整的北朝洞窟只莲花洞一处。该窟“坐北向南，内部正面及两旁有 1 米高石像，左上角雕飞天（按飞天之下原应有文殊），右上角雕维摩像，洞口两边有二力士”。维摩、文殊布置于正壁主像两侧（插图 36），在龙门见于慈香洞。小龛中如此布置维摩文殊的，以古阳洞北壁上层魏灵藏造释迦龛为最早，该龛年代约当太和末景明初期。又孟县莲花洞维摩胡装、文殊上部设伞盖和众多天人降临的景象亦多见于龙门孝明前期及其以前所雕造的窟壁和龛侧中。

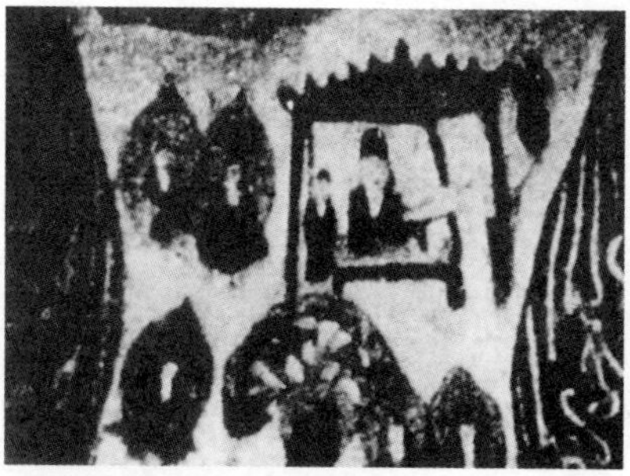

36 万佛山石窟正壁维摩文殊像

（六）孟津谢庄石窟[55]

孟津谢庄石窟开凿于谢庄东南峭壁上，前临小溪，该地东南距北魏洛阳故城约25公里。现存敞口梯形小型殿堂窟一座。正壁和北壁各置一佛二菩萨，南壁像已毁。其年代据调查者推测早于龙门宾阳中洞。

（七）嵩县铺沟石窟[56]

嵩县铺沟石窟位于铺沟村南小丘上，前临伊水，其地东北距北魏洛阳故城约60公里。现存中型殿堂窟一座，已残毁，仅东壁存交脚弥勒一躯。小型殿堂窟五座，窟底皆方形，穹窿顶雕莲花周绕飞天，正壁皆为一佛二弟子二菩萨，左右壁或刻千佛，或刻小龛，有的雕有维摩、文殊，有的雕涅槃像，调查者认为本尊形体修长，衣褶稠密，与龙门正光孝昌间窟龛近似。

（八）宜阳虎头寺石窟[57]

宜阳虎头寺石窟，傍虎伏山崖开凿，北眺洛河，其地东北距北魏洛阳故城约40公里。现存北朝小型方形穹窿顶殿堂窟一座，雕像已崩圮，但正壁作一佛二弟子二菩萨的布局，尚依稀可辨。调查者以为其风格与时代和嵩县铺沟石窟接近，也是受龙门影响较重的一处石窟。

综上洛阳地区除龙门外已知的八处石窟的情况，可以看到：

第一，在时间范围内没有超出龙门，即没有比龙门更早的洞窟，甚至没有可以肯定的宣武时期开凿的洞窟，也就是绝大部分洞窟都出现在胡太后执政期间。

第二，在内容布局和造像风格上，小型洞窟一般没有超出龙门的规范，而大中型洞窟却出现了与龙门较大的差异。

以上两种情况，应是进一步全面探讨洛阳地区北朝洞窟特征与渊源的重要迹象。

三　洛阳地区北朝石窟特征及窟龛造像演变

洛阳地区龙门以外北朝洞窟在开凿时间上，都没有超出龙门范围。现依据前述龙门的四个阶段，试行讨论包括龙门在内的洛阳地区北朝洞窟的主要特征。

孝文宣武阶段　洞窟开凿集中在龙门，皆大型殿堂窟。形制有就天然溶洞修凿的敞口纵长方形窟、摹自云冈的椭圆形窟和正壁椭圆形中前部作方形的洞窟三种。三种洞窟的主像皆释迦（包括三世佛），但最早的龛像则多弥勒：造像肩宽颐广，云冈太和时期尚属健壮的形象犹可仿佛。主要造像渐从古阳洞的一佛二菩萨之三尊式发展到宾阳中洞的一佛二弟子二菩萨的五尊式，莲花洞在立佛与菩萨之间浮雕弟子像应是过渡形式[58]。主像背光繁缛，菩萨出现穗状璎珞装饰，壁面出现多层长卷式浮雕[59]。龛像浅露，雕饰精致。供养人尚有着窄袖长袄者，如古阳洞太和十九年（495）丘穆陵亮夫人尉迟龛（插图37）。

37　古阳洞尉迟龛右侧供养人像

胡太后执政阶段即孝明时期　此阶段似可以胡太后被幽为界分前后两期。前期从延昌四年（515）七月，迄正光元年（520）七月。后期从正光元年七月以后迄武泰元年（528）四月的河阴之变。

前期龙门开窟不多，但出现了三种新形制的方形殿堂窟，即三壁三龛式方形窟、三壁建坛式的方形窟和正壁建坛式的横方形窟。这三种新形制洞窟的内部布局，大约都是模仿地面上兴建的寺院中的佛殿。古阳洞南北壁后部雕出斗拱的屋形龛也多出现于此时。巩县开凿了中心柱窟（塔庙窟），窟中佛塔作方柱形式；方柱每面的龛饰雕作宝帐式帷幕；窟顶雕出方格装饰等都应是模拟佛寺木构塔的中心柱和平棋的做法。这时龙门魏字、普泰、慈香、弥勒等洞的造像比上一阶段明显瘦秀，巩县造像较龙门尤为雅静，值得注意的是两地弥勒菩萨出现了新的相同的坐姿；在造像组合方面，本尊为交脚弥勒的弥勒洞，南北壁前各雕一立佛和魏字洞左右龛皆雕弥勒[60]以及巩县第1窟列龛中出现维摩文殊龛、诸比丘龛[61]等，皆为前所未见；适应政治形势出现的另一种新的布局——水泉窟中的二佛并立[62]；慈香洞正壁上方浮雕较复杂的维摩、文殊辩论场面[63]和许多龛面流行较繁缛的装饰等，都应是寺院殿堂壁画和雕饰的模拟。

后期是开凿中小型洞窟和小龛的最盛期。围绕洛阳许多地点都出现了窟、龛，洛阳以西也开凿了中心柱窟。此期窟、龛尽管在形制上变化不大，但新的佛像形式和组合却不断出现，如鸿庆寺第1窟西壁出现了倚坐佛像，龙门皇甫公石窟正壁出现了一佛二弟子二菩萨二思惟菩萨的七尊像和北壁龛释迦多宝、南壁龛弥勒的布局，更为突出的是窟龛模仿寺院殿堂的情况日益发展：窟口尖拱券面的雕饰，在龙门有的被具有鸱吻瓦垄的屋檐所代替，如皇甫公石窟和唐字洞；巩县第5窟和鸿庆寺第2、4、5窟的盝顶式窟顶，应是仿自殿堂中的佛龛；鸿庆寺第1窟壁面上部和中心柱上部浮雕整幅佛传故事亦应是来源于殿堂中大幅壁画或塑壁。

孝昌以后的北魏末期，即河阴之变后迄公元534年北魏分裂以前的阶段。这阶段洛阳地区开凿窟龛已进入尾声，其发展特点仍沿上一阶段的趋势，龙门路洞和新安西沃第2窟正壁的七尊像，又各有不同的内容：前者是一佛四弟子二菩萨；后者是一佛二弟子四菩萨。路洞寺院殿堂化的表现，除正壁雕饰帷幕大龛外，南北两侧壁上层列龛皆浮雕出歇山顶殿堂形式，并雕有陛阶和栏楯；南壁最内一座龛内雕出的降魔变，布满了该龛的全部壁面，所占面积的比例，大大超过了上一阶段鸿庆寺第1窟的佛传故事。

东西魏、北齐周阶段 这时期洛阳地区已是一片寥廓，佛教工程随北魏的分裂而分散东西，主要迁向东魏、北齐领域，所以洛阳地区北朝洞窟的某些特点，继续出现在河北邯郸响堂山石窟和山西太原天龙山石窟，并有所发展。甘肃天水麦积山和宁夏固原须弥山一部分洞窟出现接近洛阳地区洞窟的一些情况，可能比响堂、天龙更为复杂。这些问题已超出本文范围，容待另文讨论。

城郭兴建佛寺主要使用木构塑造，崖际开凿窟龛全部出自雕刻，这是北魏平城旧都的传统做法[64]。迁都后，为洛阳所承袭。这两种不同工艺，当然可以相互影响，但在洛阳，特别在胡太后执政阶段，皇室显贵建寺远盛于开窟，京邑内外“招提栉比，宝塔骈罗，争写天上之姿，竞模山中之影，金刹与灵台比高，广殿共阿房等壮，岂直木衣绨绣土被朱紫而已哉”（《洛阳伽蓝记序》）。神龟元年（518）冬，司空公尚书令任城王元澄奏曰：“今之僧寺无处不有，或比满城邑之中，或连溢屠沽之肆。”“河阴之酷，朝士死者其家多舍居宅，以施僧尼，京邑第舍，略为寺矣。”（《魏书·释老志》）在这种情况下，洛阳地区窟龛雕造受到寺院建筑的影响更大，为胡太后执政阶段以来的主要特点。地上寺院影响窟龛的雕造，一方面固然可以从窟龛本身推察，另一方面近年的考古发现也不断提供依据。

1979年春，中国社会科学院考古研究所洛阳工作队对熙平中（516～517）胡太后在洛阳城内兴建的永宁寺塔的遗址进行了揭露[65]。遗址情况据《发掘简报》所记：

> 塔基位于寺院中心，现今尚存一高地面5米许的土台。基座呈方形，有上下两层，皆为夯土板筑而成……在下层夯土基座的中心部位，筑有上层夯土台基，并在台基四面用青石垒砌包边，这即是建于当时地面上的木塔的基座，高2.2米，长宽约38.2米……在塔基上发现了一百二十四个方形柱础，分做五圈排列。在第五圈的檐柱之间发现有残墙基。墙体厚1.1米，残高20～30厘米，内壁彩绘，外壁涂饰红色。
>
> 第四圈木柱以内，筑有一座土坯垒砌的方形实心体，长宽20米，残高3.6米……在土坯包砌的方形实心体的南、东、西三面壁上，各保存着五座弧形的壁龛遗迹。这种壁龛的设置在两柱之间，宽1.8米，进深20～30厘米，是用土坯垒砌出来的，联系遗址中出土大量泥塑佛像，参考石窟艺术中的塔柱雕刻，可以判断这些壁龛应是供奉佛像的位置。

38 洛阳永宁寺塔基遗址

在塔基中心尚存一方形竖穴坑，坑约1.7米见方，坑深挖至5米余未发现遗存。方坑四壁整齐，坑壁皆系夯土。

参照《简报》所附的发掘后塔基遗址的图版（插图38），似可进一步认为：

（1）第五圈（即最外圈）柱间残墙内壁彩绘，应是木塔内的外匝礼拜回廊壁上的壁画残迹。

（2）第四圈柱以内，围砌的方形实心体（？）的南、东、西三壁上的壁龛，应如简报所记是佛龛的遗迹。

（3）第四圈和第三圈柱之间，应为木塔内的内匝礼拜回廊遗迹。

（4）第二圈柱的范围，似乎有用土坯（？）绕砌的方形实心体。这个方形实心体应是木塔内中心柱的遗迹。

（5）第一圈（即最内圈）柱内的中心部分，即简报所记的塔基中心尚存一约1.7米见方的竖穴，应是《洛阳伽蓝记》卷一所记“永熙三年（534）二月，（永宁寺）浮图为火所烧……火经三月不灭，有火入地刹柱，周年犹有烟氧”[66]的树立刹柱的所在。

孝文迁洛，“都城制云，城内唯拟一永宁寺地”（《魏书·释老志》），故置永宁寺于宫城正门前御道西侧。因此，该寺实际是北魏国寺，所以建成后影响甚大，据《洛阳伽蓝记》记载，当时洛阳佛寺建塔之风盛极一时，胡太后本人除兴建永宁寺塔外，还在洛阳城内胡统寺、城东秦太上君寺、城南秦太上公寺、景明寺、城西冲觉寺各建浮图，朝中显贵如太后妹皇姨、清河王元怿、宠阉刘腾等也都争建佛塔于都邑；与此同时，洛阳地区出现了一批中心柱窟，其中巩县第1窟、鸿庆寺第1窟布局与永宁寺塔基的中心部分即上述（2）（3）（4）三项情况非常接近，显然都不是偶然的巧合，可能都是模拟永宁寺。

永宁寺塔基还发现了大量泥塑像，据《简报》记录：

> 出土了大量的与佛教艺术有关系的泥塑像……大型泥塑像没有发现完整者，只出土几件等身大小的菩萨的残段，也发现一些手、脚与发髻等大型塑像的附属部件。小型泥塑像出土三百多件，多为贴靠在壁上的影塑……头像一般长7厘米……身像一般高约15厘米……部分身像如背部，在制作成型后，被削切成一个平面，以便粘贴在墙壁上。大部分塑像饰有彩绘。颜色多已剥落……遗址中出土的北魏时期的泥塑像，造型精致，形态秀丽，要比同时期的石窟造像更精美、更细腻、更生动。

此外，残存一批不同样式的起伏曲折的衣纹残块，更清楚地表现出比窟龛造像的衣纹雕刻流畅有致（插图39）。以上情况，都明显反

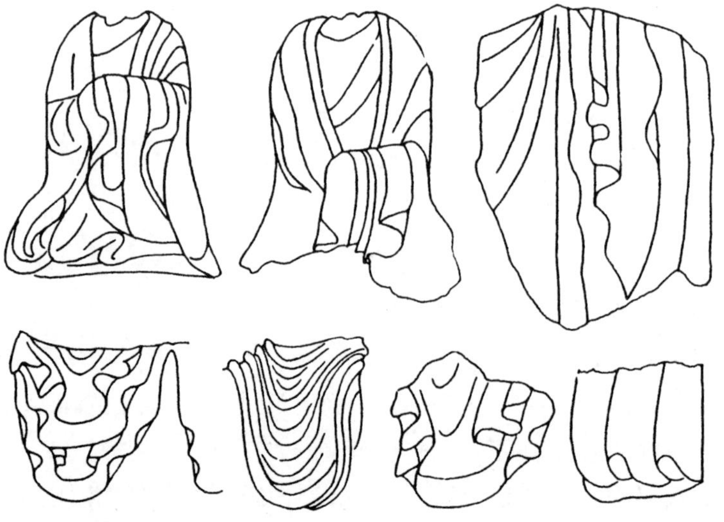

39　洛阳永宁寺塔基遗址出土塑像

映了这样一个事实：同类形象窟龛的雕刻是寺院塑造的模拟。永宁寺塔塑像的时代，据《魏书·崔光传》“（神龟）二年（519）八月，灵太后幸永宁寺，躬登九层佛图。光表谏曰……今虽容像未建，已为神明之宅”，可知在神龟二年八月之后。

和上述泥塑风格相同的陶俑，也发现在洛阳地区自胡太后执政以来的北魏晚期墓葬中。其中年代和出土地点明确的有武泰元年（528）常年王元邵墓所出陶俑[67]，这批世俗形象与各窟龛的供养人造型有惊人的相似处[68]。

可与洛阳地区北魏雕塑相比较的最重要的资料，是当时南朝的遗物。有关的南朝遗物首先当推近年河南邓县、湖北襄樊（汉水中游地区）和江苏南京、丹阳（长江下游地区）发现的齐梁时期的画像砖墓。邓县、襄樊画像砖的画面是单砖、凹模印出的[69]，南京、丹阳画像砖是组砖、线刻模印后拼砌出完整形象的[70]。这些画像砖墓中也出有陶俑。画像砖中的人物和陶俑，无论服饰、造型以及艺术风格，都与上述洛阳地区北魏遗物相似，画像砖中的天人、狮子以及装饰花纹的特征，也都和洛阳地区窟龛的同类形象相近，甚至某些细部的演变也极为一致。如狮子从蹲踞变为举爪，莲花平瓣向宝装发展，挺直的叉手发展出曲线，水泉翼形龛面的翼形式样与丹阳齐武帝萧赜景安陵前天禄的双翼的式样相同，而和梁陈诸陵墓石雕的双翼样式有别[71]，等等。

南朝的另一重要地点是长江上游的四川地区。四川成都万佛寺曾多次发现宋、梁佛教石刻，茂汶也曾发现萧齐造像。这些石刻在内容、组合方面虽与洛阳地区窟龛不尽相同，但造像服饰的变化，衣纹从繁缛向简练发展，造型由浑朴趋向秀雅，以及组像布局多变化等，都与洛阳地区情况类似[72]。

通过与南朝遗物的对比，可以清晰地看到：包括佛教形象在内的洛阳北朝时期的造型艺术受到南朝的深刻影响是毋庸置疑的。其实，孝文迁洛即已决定进一步汉化之方略，举凡都城设计、舆服制度无不参考南朝[73]，中原人士一直到北朝晚期仍视江东为衣冠礼仪之所在[74]，洛阳窟龛造像变化的重要因素来源于南朝，只不过是当时诸事中之一端耳。而洛下僧人北魏时期即有向往萧梁相率南去者，《续高僧传》卷六《释法贞传》云“释法贞……住魏洛下之居广德寺……善成实论，深得其趣，备讲之业，卓荦标奇，在于伊洛无所推下，与僧建齐名，时人目建为文句无前，目贞为入微独步。贞乃与建为义会之友……贞谓建曰：大梁正朔，礼义之国，又有菩萨应行风教，宣流道法，相与去乎。今年过六十，朝闻夕死，吾无恨矣。建曰：时不可失，亦先有此怀。以梁普通二年（即北魏正光二年，公元 521 年）相率南迈。贞为追骑所及，祸灭其身……（僧建）南游帝室，达于江阴，住何园寺”即是一例。因此，包括窟龛造像在内的洛阳佛教艺术变化的重要因素来源于南朝，不仅是当时诸事中之一端，甚至有可能是其中最突出的事例之一。

本文原载《中国石窟·龙门石窟》一（1990）。此次重刊，仅在第三节末段和部分注释略做增补。

注释

〔1〕 参看宫大中《龙门石窟艺术》，1981。

〔2〕 《魏书·释老志》：“景明初（500），世宗诏大长秋卿白整准代京灵岩寺石窟，于洛南伊阙山，为高祖、文昭皇太后营石窟二所。初建之始，窟顶去地三百一十尺。至正始二年（505）中，始出斩山二十三丈。至大长秋卿王质谓斩山太高，费功难就，奏求下移就平，去地一百尺，南北一百四十尺。永平中（508～511），中尹刘腾奏为世宗复造石窟一，凡为三所……”知景明初初建二所石窟的地点与接受王质建议下移就平的地点不同。初建之地，水野清一、长广敏雄《龍門石窟の研究》（1941）注 17 谓在今奉先寺地点；《龙门石窟艺术》谓在今宾阳洞上部犹有遗迹可寻。

〔3〕 关于北魏所营石窟三所的位置，40 年代以前议论颇多，40 年代以来，研究者多同意是宾阳三洞。参看《龍門石窟の研究》；刘汝醴《关于龙门三窟》，刊《文物》1959 年第 12 期。

〔4〕 高肇失势，事见《北史·外戚·高肇传》。《魏书·天象志四》记废高后事云：“时高后席宠凶悍，虽人主犹畏之，莫敢动摇，故世宗胤嗣几绝。明年上崩，后废为尼，降居瑶光寺。寻为胡氏所害，以厌天变也。”1929 年，高后墓志（《魏瑶光寺尼慈义墓志》）出土于洛阳东北三十里铺村南，《汉魏南北朝墓志集释》图版 28 影印其拓本。志云：“尼讳英，姓高氏，勃海蓨人也。文昭皇太后之兄女，世宗景明四年（503）纳为夫人，正始五年（508）拜为皇后。帝崩，志愿道门，出俗为尼，以神龟元年（518）九月廿四日薨于寺，十月十五日还葬于芒山……”讳言其死因。

〔5〕 承龙门石窟保管所李文生先生见告：古阳洞顶尚有二或三小龛雕饰葡萄纹样。

〔6〕洛阳朝野竞相建寺事，参看《洛阳伽蓝记》。孝明嗣位迄正光元年（516～520），胡太后于洛阳城内建永宁寺（熙平元年，516），又为其母于城东建秦太上君寺，为其父于城南建秦太上公寺（神龟元年，518），皆极壮丽。胡太后家世奉佛，其父国珍“雅敬佛法”（《魏书·外戚·胡国珍传》）。《语石》卷四著录：菩提留支译本《金刚经》，首题“三藏菩提流支在胡相国文宣公第译”，文宣公者，即国珍也。

〔7〕火烧洞正壁本尊肩部较宽，残存的稠密衣纹与古阳洞本尊衣纹接近。该窟南壁有正光二年（521）后开小龛，因可推测其开凿之年最迟亦应在孝明前期。

〔8〕慈香洞正壁下部右侧刻有《大魏神龟三年（520）三月廿日比丘尼慈香、慧政造窟一区记》。

〔9〕魏字洞本尊衣纹与宾阳中洞接近，右肩大衣之外斜覆偏衫衣角亦与宾阳中洞本尊同。参看田边三郎助《鞏県石窟の北魏造像と飛鳥彫刻》，刊《中国石窟·巩县石窟寺》（1983）。魏字洞南北壁俱有正光四年（523）后开小龛，因可推知其开凿之年最迟亦应在孝明前期。普泰洞与魏字洞形制相同，本尊形象亦相类。

〔10〕该洞本尊弥勒尚是交脚坐式，裙褶亦极简单，就造像形式论，应处在龙门第一、二阶段之间。

〔11〕参看《龍門石窟の研究》。

〔12〕为文昭皇太后高氏营造的宾阳南洞的停工，可能与其兄高肇赐死有关。肇赐死在延昌四年（515）二月辛巳，见《魏书·肃宗纪》。

〔13〕元叉奉佛，见《汉魏南北朝墓志集释》图版78所录元叉墓志。志云：“公少好黄老，尤精释义，招集缁徒，日盈动百，讲论疑滞，研颐是非，以烛嗣日，怡然自得。”

〔14〕刘腾除为世宗造宾阳北洞外，胡太后所建“太上公、太上君及城东三寺，皆主修营”（《魏书·阉官·刘腾传》）。又于城内立长秋寺，见《洛阳伽蓝记》卷一。

〔15〕该碑文多剥蚀，碑额与年月尚可辨识，碑北侧面镌撰、书、刻石人云：“使持节安西将军□□刺史度支尚书汝南袁翻景翔文”，“长乐公□中尉汝南王□□大夫太原王实神□隶”，“将作军主南阳张文□石”。袁翻，《魏书》有传云“翻既才学名重，又善附会，亦为灵太后所信待”，为太后外祖家撰碑颂德，应是善附会之例。王实、张文无考。

〔16〕沙畹（Édouard Chavannes）《北中国考古图录》（*Mission archéologique dans la Chine septentrionale*，1915）卷二解说。

〔17〕元叉妻胡太后妹，其岳家亦皇甫氏，见《魏书·道武七王传·京兆王传》。

〔18〕药方洞似只凿就窟形和窟顶莲花、飞天而辍工。辍工的时间，从北壁有永安三年（530）后开小龛估计，应在孝昌末年。

〔19〕唐字洞似只凿就窟形、窟口上方屋形窟檐和窟口左侧的螭首碑体即辍工。辍工之年，从窟檐和碑体形制俱与皇甫公石窟相类，推测亦在孝昌末年。

〔20〕此龛颇具史料价值。其铭记全文是：“……年七月十⌋……清信女佛弟⌋……子王妃胡智……造⌋……像一躯愿国⌋……疆四海安宁⌋……常乐⌋元善见侍佛⌋元敬悉侍佛⌋□仲华侍佛。”《八琼室金石补正》卷一三释此铭云：“东魏孝静帝名善见，清河王亶之子。母曰胡妃。此所称王妃盖清河王妃也……纪年缺泐，当在正光以后。”冢本善隆谓敬悉、

仲华如是善见之弟，则该龛之凿当在永熙三年（534）顷，见《龍門石窟の研究》。按永熙三年冬十月善见即被高欢拥立，随即迁邺，此龛雕造似应在出帝太昌元年（532）五月加清河王亶仪同三司，寻又进位司徒公时。其时洛阳一度安谧，“诏（洛阳）外内解严”，次年正月出帝亦曾“幸崧高石窟灵岩寺”（《魏书·废出三帝纪·出帝平阳王纪》）。该龛具体情况，李文生见示较详记录，附录如下：“该龛人为盗凿严重，根据遗存来看，为一盝顶龛，龛高约50厘米，宽60厘米。龛楣中央梯形部分刻小千佛，左右菱格无存，两端格上刻维摩诘对问，下刻思惟菩萨像，龛额外上方垂饰帷幔，下刻小千佛一排。龛内造像从遗存残迹看，为一佛二弟子二菩萨：主像可能为释迦结跏趺坐像，狮子座；左菩萨头残毁，唯存身躯，手合十，肩搭帔帛，于膝部十字交叉。龛下部中央为该龛造像记，左方内侧为二供养人，仅存膝部以下，供养人外侧刻一力士像。”又清河王亶胡妃系胡国珍孙宁女，见《魏书·外戚·胡国珍传》。

〔21〕《周书·文帝纪》下记西魏大统四年（即东魏元象元年，538）十二月“是云宝袭洛阳，东魏将王元轨弃城走”，直到东魏武定元年（西魏大统九年，543）三月“戊申，齐献武王讨黑獭，战于邙山，大破之……豫洛二州平”（《魏书·孝静纪》），洛阳才又归属东魏。按东西魏对峙洛阳阶段，史书只略记其大势，其实无论东魏或西魏都未能尽据洛阳地区，所以龙门既出现了西魏大统四年六月的造像记，又出现了如路洞的东魏元象二年四月的小龛。大统四年六月造像记见录于《八琼室金石补正》卷一六。

〔22〕参看《中国石窟·巩县石窟寺》，平凡社，1983。

〔23〕洛阳白马寺曾藏一件这种坐姿的弥勒菩萨石像，雕造时间大约亦在北魏胡太后时期，该像于本世纪初被运出国外，现藏美国波士顿美术馆。参看喜龙仁（Osvald Sirén）《五至十四世纪中国雕刻》（*La Sculpture Chinoise du Ve au XIVe Siécle*, 5 vols., Paris, 1925～1926）图版112。

〔24〕坐佛大衣外右肩斜覆偏衫衣角的做法，亦见于天水麦积山北魏晚期洞窟，如第126窟坐佛。这种做法，北魏以后仍流行于东魏、北齐。巩县第2窟东壁东魏小龛中坐佛即是一例，该像胸前衣带似亦内折，看《中国石窟·巩县石窟寺》图版97。太原天龙山石窟第2、3两窟主像斜覆偏衫衣角的情况尤为清晰，参看田中俊逸《天龙山石窟》，图版6.17，1922。E. Chavannes书图版CCLXXXⅡ所录北齐武平二年（571）石永兴等造像碑中的释迦坐像雕出偏衫衣角。O. Sirén书图版233所录北齐造像碑中的释迦坐像雕出偏衫衣边。此外，朝鲜、日本有更迟之例，如庆尚北道荣水郡宿水寺遗址所出小铜坐佛和奈良法隆寺献纳的第147号小铜坐佛、法轮寺药师木雕等，参看田边三郎助《鞏県石窟の北魏造像と飛鳥彫刻》，刊《中国石窟·巩县石窟寺》。又四川成都万佛寺所出梁武帝时期所雕石坐佛亦饰有偏衫衣角。这个实例应予注意，或许可以说明北朝造像出现偏衫衣角也有来源于南朝的可能。参看刘志远《成都万佛寺石刻艺术》，图版13，1958。

〔25〕古阳洞南壁下层神龟二年（519）杜永安造无量寿佛龛、神龟三年（520）赵阿欢等卅五人造弥勒龛双狮皆相背举爪，为龙门小龛中相背举爪的最早例。

〔26〕北朝晚期窟龛流行双狮相对举爪姿势，如古阳洞北壁中层天平三年（536）比丘尼昙会阿容造观音龛下部双狮、巩县石窟第2窟东壁东魏小龛下部双狮和邯郸南响堂石窟

第1窟中心柱正壁下部双狮等。参看《中国石窟·巩县石窟寺》图版97；水野清一、长广敏雄《响堂山石窟》，图版10a，1937。现存零散石刻中，出现双狮相对举爪的图像，似较窟龛为早。如1989年于郑州铁路局招待所发现的正光二年（521）三月弥勒石像座，见陈立信《郑州发现北魏石刻》，刊《华夏考古》1990年第4期。

〔27〕宝帐式帷幕龛亦流行于北朝晚期，如邯郸南北响堂诸窟，参看《响堂山石窟》图版6、22B、34、49、55B；太原天龙山石窟第2、3窟，参看《天龙山石窟》图版6、17；天水麦积山第4窟（上七佛阁），参看文化部社会文化事业管理局《麦积山石窟》，图版17，1954。

〔28〕衣纹加饰双线，亦多见于北朝晚期造像，如邯郸北响堂北洞中心柱龛像，参看《响堂山石窟》图版56；太原天龙山第8窟中心柱龛像和第16窟西壁主像，参看《天龙山石窟》图版34、64。

〔29〕巩县石窟西北距裴峪渡不远，裴峪渡即东汉以来的小平津。其地扼洛河入黄要冲，自武泰元年（528）四月“尔朱荣向洛，灵太后征（费）穆令屯小平津”（《魏书·费于传附子穆传》）以来，迄东西魏相争时期，俱为军事要地，巩县石窟较大工程的中止，疑与此有一定的关联。

〔30〕参看陈明达《巩县石窟寺的雕凿年代及特点》，刊河南省文化局文物工作队《巩县石窟寺》，1963。陈文谓《魏书·肃宗纪》记孝昌二年（526）“帝幸南石窟寺”的“南石窟寺按其方位当然仍是指龙门……似乎正暗示出此时巩县石窟寺至少已完成了一窟，以其在洛阳之东可能曾称东石窟寺，所以改称伊阙为南石窟寺，以资区别”。这个解释，纯属出自误会。北魏迁洛后，称洛京为南台，旧都平城为北台，故平城武州山石窟即今山西大同云冈石窟又名北台石窟，见《续高僧传》卷一《昙曜传》。《魏书》所记南石窟寺系对北台石窟而言，并非因别有一东石窟寺也。

〔31〕参看安金槐《巩县石窟寺序说》，刊《中国石窟·巩县石窟寺》，平凡社，1983。

〔32〕《周书·武帝纪下》：“建德四年冬十月戊子……又置上开府、上仪同官。”《北史·卢同传附兄子辩传》：“建德四年……仍增上仪同大将军。”

〔33〕《元和郡县志》卷八：“陈州，东魏孝静帝以淮南内附，置北扬州，理项城……高齐文宣帝以百姓守信，不附侯景，改北扬州为信州。周武帝改信州为陈州。”

〔34〕参看《新唐书·宰相世系表五上》。

〔35〕参看《魏书·郑羲传》。乾隆《荥阳县志》卷一一记该县曾出正光三年（522）镇远将军郑道忠墓志、大中九年（855）郑恒夫人崔氏合祔墓志。《朱文公校昌黎先生集》卷二六录《唐故河东节度使荥阳郑公（儋）神道碑文》：“河东节度使赠尚书右仆射郑公（贞元十七年，801）葬在荥阳索上。”按荥阳有大索、小索，“大索城即今荥阳县”，“小索城在大索城北四里，故址尚存”，见《荥阳县志》卷二，因知郑氏自北魏以来即有徙居荥阳者，荥阳即巩县东邻，荥阳县治西距巩县石窟不过40公里。

〔36〕参看《北史·郑羲传》。

〔37〕参看金维诺《敦煌窟龛名数考》，刊《文物》1959年第5期。

〔38〕参看敦煌文物研究所《敦煌莫高窟第220窟新发现的复壁壁画》，刊《文物》1978年第12期。

〔39〕郑长猷见《魏书·刘芳传附郑演传》。《续高僧传》卷二四所录魏周之际终南高僧静蔼，亦荥阳郑氏子。

〔40〕肃宗之死，普泰元年（531）元天穆墓志记："孝昌三年（527），牝鸡失德，雄雉乱朝，肃宗暴崩，祸由酖毒"，见《汉魏南北朝墓志集释》图版四六之二。

〔41〕参看松原三郎《中国仏像様式の南北再考》，刊《美术研究》296号（1974）。北野正男曾推测巩县石窟为南齐归魏贵族萧姓一族所营造，见《世界の文化史蹟》7《中国の石窟》所收《巩县石窟》，1969。

〔42〕郑演见《魏书·刘芳附传》，郑德玄见《魏书·郑羲传》。

〔43〕见《魏书·郑羲传》。

〔44〕见注〔43〕。

〔45〕见注〔43〕。

〔46〕见《周书·郑孝穆传》。

〔47〕见注〔46〕。

〔48〕参看俞剑华、于希宁《渑池鸿庆寺石窟》，刊《文物参考资料》1956年第4期。

〔49〕邯郸南响堂第1窟前壁和中心柱上部布置大幅浮雕应源于此，参看O. Sirén书图版192～195；《响堂山石窟》图版6A、B，插图一〇、一六，附录雕刻例一。

〔50〕龙门古阳洞北壁中层天平三年（536）比丘尼昙会等造观音龛下部和邯郸南响堂第1窟中心柱下部皆布置博山炉和对狮，参看《响堂山石窟》图版10B，南响堂第1窟左壁浮雕佛塔，其基座亦雕同一内容，见同书图版11A。

〔51〕天龙第3窟主像衣纹亦与此相似，参看《天龙山石窟》图版34。

〔52〕参看偃师县文管会《水泉石窟》，刊《河南省文物志选稿》第二辑，1983。

〔53〕参看温玉成《河南新安县西沃石窟》，刊《考古》1986年第2期。

〔54〕参看李德宝《孟县小型水库及石窟调查》，刊《文物参考资料》1957年第1期。

〔55〕参看张士恒《谢庄石窟》，刊《文物报》1986年10月17日第3版。

〔56〕参看吕品《铺沟石窟》，刊《河南省文物志选稿》第二辑；李文生《铺沟石窟调查记》（未刊）。

〔57〕参看吕品《虎头寺石窟》，刊《河南省文物志选稿》第二辑；李文生《虎头寺石窟调查记》（未刊）。

〔58〕龙门佛与菩萨之间出现弟子像，以古阳洞北壁上层杨大眼造释迦龛（景明初）和同窟正壁左侧正始二年（505）钩楯令王史平吴共合曹人造弥勒龛为最早。但明确雕出一老一少二弟子的形象，以古阳洞南壁正始四年（507）安定王元燮造释迦龛为最早。

〔59〕古阳洞胁侍菩萨已饰穗状璎珞，而壁面出现多层长卷式浮雕则见于宾阳中洞前壁。

〔60〕古阳北壁上层内侧四注顶屋形龛，雕出面阔三间的殿堂，中心间雕释迦坐像，两侧间皆雕一交脚弥勒。此种布局似为魏字洞的前驱。该龛年代略早于魏字洞。

〔61〕此龛题材待考，参看《中国石窟·巩县石窟寺》图版61～63。

〔62〕胡太后执政时，臣下多称孝明与太后为"二帝"或"二圣"。如《魏书·张彝传》记神龟二年（519）："彝临终，口占左右上启曰……不负二帝于地下……伏愿二圣加御珍膳……"又如《魏书·高崇传附子谦之传》记："孝昌初（525）……谦之乃上疏

曰……今二圣远遵尧舜，宪章高祖……”

〔63〕龙门小龛内壁上方雕维摩文殊以古阳洞魏灵藏龛为最早，见本文（二）孟县万佛山石窟。又古阳洞南壁上层还有刻维摩、文殊于佛像两侧壁的小龛，其时代亦约当景明初期。

〔64〕山西大同方山文明太后永固陵前和大同东门外御河东岸，近年多出佛、菩萨残塑像。知北魏平城寺院多树泥塑。又内蒙古白灵淖北魏怀朔镇城址东北隅寺院遗址亦多出佛、菩萨残塑，可见北魏地面佛寺用塑像，为当时流行的做法。后一例见内蒙古文物工作队《内蒙古白灵淖城圐圙北魏古城遗址调查与试掘》，刊《考古》1984年第2期。

〔65〕《北魏永宁寺塔基发掘简报》，刊《考古》1981年第3期。

〔66〕《续高僧传》卷一《菩提流支传》记此事云：“第八级中，平旦起火……其焰相续，经余三月，入地刹柱乃至周年犹有烟气。”

〔67〕参看洛阳博物馆《洛阳北魏元邵墓》，刊《考古》1973年第4期。

〔68〕本世纪20～30年代，洛阳盗墓猖獗，大批北魏墓葬所出陶俑流出国外，其中有年代可考者如加拿大多伦多安大略博物馆所藏孝昌元年（525）中山王元熙墓陶俑，其造型与元邵墓陶俑相似，参看原田淑人《漢六朝の服飾》，图版四八，1937。

〔69〕参看河南省文化局文物工作队《邓县彩色画像砖墓》，1958。襄樊市文物管理处《襄阳贾家冲画像砖墓》，刊《江汉考古》1986年第1期。

〔70〕参看南京博物院《南京西善桥南朝墓及其砖刻壁画》，刊《文物》1960年第8、9合期；《江苏丹阳胡桥南朝大墓及砖刻壁画》，刊《文物》1974年第2期；《江苏丹阳胡桥建山两座南朝墓葬》，刊《文物》1980年第2期；《南京尧化门南朝梁墓发掘简报》，刊《文物》1981年第12期和罗宗真《南京西善桥油坊村南朝大墓的发掘》，刊《考古》1963年第6期；常州市博物馆《常州南郊戚家村画像砖墓》，刊《文物》1979年第3期。

〔71〕参看姚迁《六朝艺术》，图版17、47、80、113，1981。

〔72〕参看《成都万佛寺石刻艺术》，图版1～7、10、13，附图1～2，1958。

〔73〕参看陈寅恪《隋唐制度渊源略论稿》，1982。

〔74〕中原人士仰慕南朝，《北齐书·杜弼传》记高欢事最为典型：“弼以文武在位罕有廉洁，言之于高祖。高祖曰：弼来，我语尔：天下浊乱，习俗已久，今督将家属多在关西，黑獭常相招诱，人情去留未定；江东复有一吴儿老翁萧衍者，专事衣冠礼乐，中原士大夫望之，以为正朔所在。我若急作法网，不相饶借，恐督将尽投黑獭，士子悉奔萧衍，则人物流散，何以为国。”又《北齐书·文襄纪》记武定四年（546），侯景将蔡遵道北归，称景有悔过之心，文襄以为信然，谓可诱而致，乃遗景书。景复书有云“梁道邕熙，招携以礼，被我虎文，縻以好爵……去危就安，今归正朔”，正朔即指萧梁而言也。

南朝龛像遗迹初探

魏晋佛教依附玄谈，为士大夫所激赏。东晋南迁，佛教玄风传播江左，高僧名士共入一流。名士多出世家，或为世家所敬重，所以，此时长江中下游佛教主要盛行于上层。十六国时，中原北方善谈名理仍是僧人主流，道安、罗什皆擅文辞，重义学，故后秦姚兴称奉佛教为“好乐玄法”（《广弘明集》卷十八《重答安成侯姚嵩书》），道安、罗什之译经宣讲，其影响亦远播南方。因此，5 世纪初期以前南北佛教无大差异。413 年，罗什卒后不久，关中战乱，罗什徒众率多南下。418 年，赫连勃勃灭佛；444 年，北魏太武毁法，义学高僧更相继南游。沿袭中原重义理、尚谈论风气之江南佛教，浸假衍为虚幻世界之祈求，传播始广；北方于文成复法（453）之后，统治者大开窟像，提倡德业，释门徒众为求自身解脱，益重禅观，南北佛教乃形分途。重义理、尚谈论，不重苦修，因而江南佛寺以兴建巨构为主，少凿窟龛，郭祖深上书梁武帝云“都下佛寺五百余所，穷极宏丽”（《南史》卷七十《循吏·郭祖深传》），皆指地上所营寺院而言，而开龛雕像终东晋南朝二百六十余年（317～580），较重要的遗迹现仅知建康摄山和剡溪石城两处。

摄山遗迹，本世纪 20 年代向觉明先生曾三次调查，撰有《摄山佛教石刻小纪》《摄山佛教石刻补纪》[1]。石城遗迹，日人小野胜年于 1975 年撰《浙江剡県の石城寺とその弥勒像》，1984 年又补缀成《新昌石城寺とその弥勒像》[2]。两先生大作皆参照历代记录，对现存遗迹做了较详细的论述[3]。本文以研读上述论著为起点，重检文献，再核遗迹，考述两处龛像年代，结合魏晋以来中原北方的佛教情况与有关遗迹，对南方佛教信仰和龛像来源与影响等问题，试做一次初步的整理和推测。

一　南朝两处重要的龛像遗迹

（一）江苏南京栖霞山千佛岩龛像

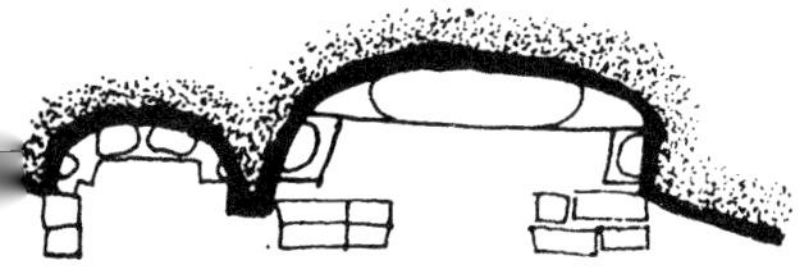

1　南京摄山龛像平面

2　南京摄山无量寿佛坐像

建康摄山遗迹，即今江苏南京栖霞山千佛岩。其地遍布大小龛像，其中规模较大、造像尚可窥识南朝形制者，有大龛和次大龛各一（插图1）。两龛毗连，左侧者为大龛，平面略作横椭圆形，无前壁，龛顶前部坍毁，现存明代补砌砖顶和重檐砖石门壁，下檐下券门上方嵌“三圣殿”石额。龛壁上端有梁孔遗迹，知在砌建石顶、门壁之前，接连岩面曾建有木构。龛内沿壁雕出石坛，坛正中镌禅定坐佛，高约6米（插图2），坛前方两侧各雕一立于重瓣莲台上的胁侍菩萨。三像虽屡经后世妆銮，但姿态、服饰旧迹犹可仿佛。坐佛垂下的衣襞和菩萨裙饰下部向外撇开的形式，皆与河南洛阳龙门公元500～523年雕凿的宾阳洞形象相似。栖霞此龛，一般都认为是陈江总《金陵摄山栖霞寺碑》所记齐明僧绍子仲璋与法度禅师镌造的无量寿佛并二菩萨所在龛。《江总碑》记此事始末云：

> 南徐州琅琊郡江乘县界有摄山者，其状似伞，亦名伞山。尹先生记曰：山多草药，可以摄养，故以摄为名焉……齐居士平原明僧绍空解渊深，至理高妙，遗荣轩冕，遁迹岩穴。宋泰始中（465～472），尝游此山，仍有终焉之志。……乃刊木驾峰，薙草开径，披拂榛梗，结构茅茨。廿许年不事人世，渡河息暴，扰箧无意，皆曰诚至所感。有法度禅师，家本黄

龙……与僧绍冥契甚善，尝于山舍讲无量寿经，中夜忽见金光照室，光中如有台馆形象……居士遂舍本宅，欲成此寺，即齐永明七年（489）正月三日度上人之所构也……居士尝梦此岩有如来光采，又因闲居依稀目见，昔宝海梵志睡睹花台，智猛比丘行逢影窟，故知神应非远，灵相斯在。居士有怀创造，俄而物故。其第二子仲璋为临沂令，克荷先业，庄严龛像，首于西峰石壁与度禅师镌造无量寿佛，坐身三丈一尺五寸，通座四丈，并二菩萨倚高三丈三寸。若乃图写瑰奇，刻削宏壮，莲花莹目，石镜沈晖，藕丝萦发，云崖失彩。顶日流影，东方韬其大明；面月驰光，西照匿其成魄。大同二年正月[4]，龛顶复放光，色身相晃，若炎山林间，树下赩若火殿，禅师自识终期，欣瞻瑞应，以建武四年（497）于此寺顺寂。岂非六合精进。十念允谐，向沐宝池，方登金地者也。齐文惠太子、豫章文献王、竟陵文宣王、始安王等慧心开发，信力明悟，各舍泉贝，共成福业[5]。

江总，陈太建四年（582）至祯明二年（588）间，曾多次游憩摄山栖霞寺，並有诗纪事[6]。此碑之撰，或即此时。其后，唐上元三年（676），高宗立《摄山栖霞寺明徵君碑》亦记此龛像云：

南齐徵君明僧绍者，平原人也……齐建元元年（479）又下诏征为散骑侍郎，又不就……遂届南京，负杖泉邱，游睨林壑，历观圣境，行次摄山，神谷仙岩，特符心赏……有终焉之志……永明元年（483）又征为国子博士，徵君隐居求志，义趋于由光；不降凝心，迹高于园绮。凿坏贞遁，漱石忘归。鹤版载临，豹姿逾远。俄有法师僧辩承风景慕，翼徒振锡，翻然戾止……因即邻岩构宇，别起梵居，耸峤飞柯，含风吐雾，栖霞之寺由此创名……顷之，辩师仙化……徵君积缘登妙，至感入微，尝梦法身冠于层巘……又睹其颜于岩之首……于是拜受嘉征，愿言经始，将于岩壁造大尊仪，乃眷为山，未遑初篑，遽而西川智士与晓岳而俱倾，东国高人随夜星而共没，琼瑶落彩，峰岫沉晖，永明二年（484）

奄迁丹壑。第二子临沂公仲璋，顾慕层峦既崩，心于岵望，徘徊曩构，更泣血于楹书。遂琢彼翠屏，爰开莲座，舍兹碧题，式建花宫。上宪优填之区，仰镂能仁之像；校美何充之宅，遽兴崇德之闱。逖彼萧宗，大宏释典，文惠太子及竟陵王或澄少海之源派，朝宗于法海；或茂本枝之颖发，萌柢于禅枝。咸舍净财，光隆慧业。时有沙门法度，为智殿之栋梁，即此旧基，更兴新制，又造尊像十有余龛[7]。

据两碑所记，知栖霞建寺创于高士明僧绍与僧辩法师[8]，开龛造像则始于明僧绍和法度禅师之设计[9]。永明二年（484）明僧绍卒，其时窟像虽“有怀创造”，“乃眷为山，未遑初篑”。其后，僧绍子仲璋与法度经营雕造，并得齐文惠太子、豫章、竟陵、始安诸王之助，始“光隆慧业”。《江总碑》云，法度卒于建武四年（497），慧皎《高僧传》卷八《法度传》则记“齐永元二年（500）卒于（摄）山中”，而赞成其事之齐室贵胄：文惠太子长懋卒于永明十一年（493）、豫章王嶷卒于永明十年（492）、竟陵王子良卒于隆昌元年（494）、始安王遥光卒于永元元年（499）[10]，皆殁于法度之前，因知此摄山无量寿佛及二菩萨龛像之凿镌，在永明二年以后，建武四年或永元二年之前，即5世纪末期。此像，《江总碑》又记梁天监十年（511）临川王宏曾加莹饰：

梁太尉临川靖慧王道契真如，心宏檀蜜，见此山制置疏阔，工用稀少，以天监十年八月爰撒帑藏，复加莹饰。缋以丹青，镂之铣鋈，五分照发，千轮启焕……慧振法师志业该练，心力精确，度上人将就迁神，深相付属。法师聿修厥绪，劝助众功，基业田园多所创置。

僧祐《出三藏记集》卷一二所收《法苑杂缘原始集·杂图像目》卷下著录之《太尉临川王成就摄山龛大石佛记》，应即是详述此段因缘者。《高僧传》卷一一《僧祐传》记“光宅、摄山大像……并请祐经始，准画仪则”，亦应指经始临川王之莹饰事，与开龛造像无涉。又宝唱《比丘尼传》卷三《建福寺智胜尼传》记：

> 永明中（483～493）……（智）胜舍衣钵为宋齐七帝造摄山寺石像。

不知与此龛像有关否？如指此像，则齐时赞助镌雕不仅诸王贵胄，且有女尼；而镌造大像之目的，亦兼有为宋齐七帝普作功德之意。

3 南京摄山释迦多宝龛

栖霞无量寿佛大龛右侧紧邻一座大龛，平面亦略作横椭圆形，无前壁，龛内凿出平面呈“冂”形石坛，坛正面雕释迦、多宝并坐像，两侧面各立一菩萨。释迦、多宝皆着通肩服装，作禅定相，项光中雕莲座，身光高且宽，身光中纹饰已漫漶不可辨（插图3）。值得注意的是，释迦、多宝两像右肩有明显之弧形饰线。此种饰线在中原亦见于龙门宾阳洞和巩县第1、2、4窟。此龛既毗连上述无量寿佛大龛，形制又相似，可知两龛开凿时间亦相距不远，前引《高宗碑》记“沙门法度为智殿之栋梁，即此旧基，更兴新制，又造尊像十有余龛”，因疑此龛或即法度另造之“尊像十有余龛”之一。

此外，两龛附近，崖壁遍布历经妆銮的小龛像[11]，可略窥其原来形像者，有坐佛龛、倚坐佛龛、千佛龛和思惟像龛，应予注意的其中有三坐佛龛和右袒服饰坐佛龛。此诸龛像属于早期雕造者，除有可能为法度所造者外，还当有《江总碑》所记：

> 宋太宰江夏王霍姬蕃闺内德、齐雍州刺史田奂方牧贵臣，深晓正见，妙识来果，并于此岩阿广抽财施，琢磨巨石，影拟法身。

之遗迹[12]，因此，此批小龛像中应有早于上述两龛者，

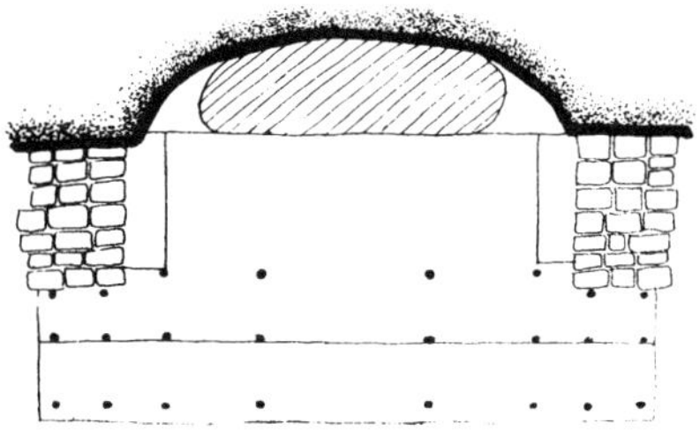

4 新昌石城宝相寺弥勒大佛龛像附前接阁殿平面

5 新昌石城宝相寺弥勒大佛像

6 新昌石城宝相寺弥勒大佛像前之五层阁殿

唯形象漫漶，又多后世修饰，其详已不可考〔13〕。

（二）浙江新昌宝相寺龛像

浙江新昌宝相寺龛像即剡溪石城山遗迹。该龛形制与栖霞无量寿佛大龛类似，平面亦略作横椭圆形，露顶，敞前壁，龛前接连木阁〔14〕（插图4～6）。龛内正面凿佛座，上雕大型佛像一躯。佛像全部贴泥饰金，原状已掩。现像作禅定结跏趺坐式。据新昌县保管所实测，座高2.4米，坐像身高13.23米。该龛像初竣时，刘勰撰《梁建安王造剡山石城寺石像碑》详记其事。碑石北宋时尚存〔15〕，熙宁四年（1071）孔延之以尚书司封郎中知越州，明年辑碑文于《会稽掇英总集》卷十六，兹择录如下〔16〕：

> 夫道源虚寂，冥机通其感；神理幽深，玄匠（德）思其契。是以四海将宁，光（先）集（入）威（感）凤之宝；九河方导，正致应龙之书（画）。况种智圆照，等觉偏知，扬万化于大千，擒（摛）亿形于法界。当其云（灵）起摄诱之权，影现游（戏）戏（游）之力，可胜言〔者〕哉……观夫石城初立，灵证发于草创，弥勒建像，圣验显乎镌刻……始有昙光比丘雅修远离，与晋世于兰同时并学，兰以慧解驰声，光以禅味消形影，历游岩壑，晚届剡山，遇见石室，班荆宴坐……后见山祇盛饰，造带讦谈，光说以苦谛，神奉以崖窟，遂结伽蓝，是名隐岳。后兰公创寺，号曰元花……又光公禅室，耳属东岩，常闻弦管，韵动霄汉……由是兹山号为天乐。至

齐永明四年（486），有僧护比丘，刻意苦节，戒品严净，进力坚猛，来憩隐岳，游观石城……削成青壁，当于前巘。天诱其衷，神启其虑，心画目准，愿造弥勒，敬拟千尺，故坐形十丈……克勤心力，允集劝助，疏凿积年，仅成面璞……后原燎及岗，林焚见石，有自然相光正环像上，两际圆满，高焰峰锐，势超匠楷，功逾琢磨，法俗竦心，邑野惊观，佥曰冥造，非今朝也。自护公神迁，事异人谢，次有僧淑比丘纂修厥绪，虽劬劳招奖，夙夜匪懈，而运属齐末，资力莫由。千里废其积跬，百仞亏其复篑。暨我大梁受历，道铸域中……镇南将军江州刺史建安王道性自凝，神理独照……有始丰县令吴郡陆咸，以天监六年（507）十月二十二日，罢邑旋国。夕宿剡溪，值风雨晦冥，惊湍奔壮，中夜震惕，假寝危坐，忽梦沙门三人乘流告曰：君识性坚正，自然安稳，建安王感患未痊，由于微障，剡县僧护弥勒石像若能成就，必获康复，冥理非虚，宜相开导。咸还都经年，稍忘前梦。后出门，遇僧云听讲寄宿，因言去岁剡溪风雨之夜，嘱建安王事犹忆此否。咸当时抚然，答以不忆。道人笑曰：但更思之……咸霍尔意解……遂用腾启。君王……乃开藏写贝，倾邸散金，装严法身，誓取妙极。以定林上寺祐律师德炽释门，名盖净众，虚心弘道，忘己济物，加以贞鉴特达，研虚精深，乃延请东行，凭委经始，爰至启敕，专任像事。律师应法若（似）流，宣化如阳（渴），扬船（舲）浙水，驰锡禹山，于是，扪虚梯汉，构立栈道，状奇肱之飞车，类仙（似）腹（叟）之悬阁，〔体〕高张图范，冠彩虹霓。椎凿响于霞上，剖石洒于云表，命世之壮观，旷代之鸿作也。初护公所镌，失在浮浅，乃铲入五丈，改造顶髻，事虽仍旧，功实创新。乃岩窟既通，律师重履方精成像躯，妙量尺度，时寺僧慧逞梦黑衣大神翼从风雨，立于龛前，商略分数。是夜将旦，大风果起，拔木十围，压坏匠屋，师役数十安寝无伤，比及诘朝，而律师已至，灵应之奇，类皆如此。既而谋猷四八之相，斟酌八十之好，虽罗汉之三观兜率，梵摩之再觇法身，无以加也。寻岩壁缜密，表里一体，同影岫之缥章，均帝石之骢色，内无寸隙，外靡纤瑕。雕刻右掌，忽然横绝，改断下分，始合折中，方知自断之异，神匠所裁也。及身相克成，莹拭已定，当于万字，信宿隆起，色似飞丹，圆如植璧，感通之妙，熟可思议，天工人巧，幽显符合。故光启宝仪，发挥胜像。磨砻之术既极，绘事之艺方骋……青雘与丹砂竞彩，白鋈（金）共紫铣争耀（辉）。从容满月之色，赫奕聚日之辉……可使曼陁逆风而献芬，旃檀随云而散馥，梵王四鹄（鹤）徘徊而不去，帝释千马踯躅而忘归矣。初隐岳未开，野绝人径，及光公驯虎，时方雨雪，导迹污涂，始通西路。又东岩盘郁，千里联嶂，有石牛届止，至自始丰，因其蹄涔，遂启东道。寻石牛通险，不资蜀丁之力；文虎标径，无待为人之威，岂四天驱道，为像拓境者欤。以大梁天监十有二年岁次鹑尾（513）二月十二日开凿爰始，到十有五年龙集君滩（516）三月十五日妆画云毕。像身坐高五丈，若立形足至顶十丈，圆光四丈，座轮一丈五尺，从地随龛光焰通高十丈。自涅槃已后一百余年，摩竭提国始制石像，阿育轮王善容罗汉，检其所造，各止丈六，鸿姿巨相，兴我皇时，自非君王愿力之至，如来道应之深，岂能成不世之宝，建无等之业哉。窃惟慈氏鼎来，拯斯忍刹，惟我圣运，福慧相符，因知翅城合契于今晨，龙华匪隔于来世，四藏宝奇可跷足而蹴，三会甘露可洗心而待……仍作颂曰……释尊隐化，慈氏现力，敻哉往缘，邈矣来际，求名受别，无垢立誓……一音阐法，三会入道……仪彼旃檀，像兹宝石，五仞其广，百尺其袤，金颜日辉，绀螺云复……梵释爰集，龙神载聘……刹尘斯仰，邈劫永承。

《高僧传》卷一三《僧护传》亦记此事，可补《刘勰碑》者，录如下：

释法护，本会稽剡人也，少出家，便克意苦节，戒行严净。后居石城山隐岳寺。寺北有青壁，直上数十丈，当中央有如佛焰光之形，上有丛树，曲干垂阴，护每经行至壁所，辄见光焕炳，闻弦管歌赞之声。于是，擎炉发誓，愿博山镌造十丈石佛，以

> 敬拟弥勒千尺之容，使凡厥有缘同睹三会，以齐建武中（494～497），招结道俗，初就雕蒴，疏凿移年，仅成面朴。顷之，护遘疾而亡。临终誓曰：吾之所造，本不期一生成办，第二身中其愿克果。后有沙门僧淑纂袭遗功，而资力莫由，未获成遂。天监六年（507），有始丰令吴郡陆咸罢邑还国……（翌年）咸即驰启建安王，王即以上闻，敕僧祐律师专任像事。王乃深信益加，喜诵充遍，抽舍金贝，誓取成毕……初僧护所创，凿窟过浅，乃铲入五丈，更施顶髻，及身相克成，莹磨将毕，夜中忽当万字处，色赤而隆起，今像胸万字处，犹不施金薄，而赤色在焉。像以天监十二年（513）春就功，至十五年春竟。坐躯高五丈，立形十丈，龛前架三层台[17]，又造门阁殿堂，并立众基业，以充供养……自像成之后，建安王所苦稍瘳，今年已康复。王后改封，今之南平王是也。

此后，隋柳䛒和唐初道宣皆记录此像。《国清百录》卷四录柳顾言《智者禅师碑》有云：

> 剡东之石城寺，寺有百尺金缋石像，梁太宰南平元襄王镌佛，自有灵迹。

道宣《集神州三宝感通录》卷中云：

> 有梁佛像多现神奇，剡县大石像者，原在宋初育王所造，初有昙光禅师从北来，巡行山川为幽栖之所，见此山崇丽，乃于峰顶构小草堂，空中闻天乐声曰：此是佛地，如何辄有蔬圃耶。光闻之，南移天台，后遂缮造为佛像，积经年稔，终不能成。至梁建安王患，降梦能引剡县石像病可得愈。遂请僧祐律师既至山所，规模形制，嫌其先造太为浅陋。思绪未绝，夜忽山崩，其内佛现，自颈以下犹在石中，乃铲凿浮石，至本仍止，既都除讫，乃具相焉。斯则真仪素在石中，假工除铲故得出现。梁太子舍人刘勰制

碑于像前耳。

综上记录，知剡溪胜境自于法兰创佛寺、昙光建禅室以来，渐聚释众。齐永明四年（486），僧护来游，见寺北青壁有如佛焰之形，因发愿“敬拟千尺弥勒之容”，建武中（494～497），始招结道俗，开始雕造，“疏凿积年”，既“失在浮浅”，又“仅成面朴”。继有僧淑续业，因资力莫由而未果，梁天监七年（508）始丰令陆咸启建安王伟，述该像灵异事，伟即以上闻，因敕僧祐重新经营，深雕形象，妆画金彩，并即龛前架三层台，“天监十二年春就功，至十五年春竟”，刘勰与僧祐关系密切[18]，其制碑于像前，亦当在规划之内。至于“抽舍金贝，誓取成毕”者，则建安王伟，故柳詧谓“梁太宰南平元襄王镌佛”。南平元襄王即建安王伟，天监十七年（518）三月丙申所改封，事见《梁书》卷二《武帝纪中》[19]。此像北宋咸平五年（1002）僧辩端撰《新昌县石城山大佛身量记》，详述其尺寸，《会稽掇英总集》卷一九录该记全文云：

剡溪之东三十里而远，属新昌县。有石城曰隐岳，实天台之西门，去县五六里而近。双峦骈耸，状犹琢削，实其表无瑕隙，而草树不得植；虚其中无翳隘，而虎豹不得入。豁然若堂奥，窅然若龛室，诚造物者独有意于是焉。其左右前后皆圆岑峙峰，胥以环卫。案刘勰旧记，当永明四年有浮屠氏。厥号僧护，尝兹矢誓，期三生恭造弥勒之像，梁天监十二年二月始经营开凿之。洎毕：龛高一十一丈，广七尺，深五丈；佛身通高一十丈；座广五丈有六尺；其面自发际至颐长一丈八尺，广亦如之；目长六尺三寸；眉长七尺五寸；耳长一丈二尺；鼻长五尺三寸；口广六尺二寸；从发际至顶高一丈三尺；指掌通长一丈二尺五寸，广六尺五寸；足亦如之；两膝跏趺相去四丈五尺。咸壮丽特殊，其四八之相罔弗毕具，咸平五年端东游天台，路经是岳，故得雄观其敞博崇伟，且叹仰之不暇，谅嘉陵、并郡石像[20]外至于斯，天下鲜可比拟者。乃询其数量之延袤，刊之于石，以垂坚久，庶传于四方之耳目，俾洽于闻见也。若其神异之感召，事物之奇胜，悉存诸刘公之文，此不当复有说矣。时皇宋咸平壬寅记。

按《刘勰碑》《高僧传》和辩端《量记》所记大像形象，俱与今像有别：（1）计量高度，碑、传记录之尺寸容有夸张，但皆分“坐高”“立形”两项，则为今像所不解。碑、传云前者高五丈；后者《刘勰碑》云“立形足至顶十丈”，又云“从地随龛光焰通高十丈”，是十丈云者，系指从足至顶之光焰尖端而言。今像为跏趺坐，何来立形？且跏趺坐像亦不便从足测其高度。（2）记录右掌与足，《刘勰碑》云“雕刻右掌，忽接横绝，改断下分，始合折中”，今像作双手相叠之禅定相，两掌之间无深缝罅，似无强调“改断下分，始合折中”之必要；《量记》又详细指掌长宽，并云“足亦如之”，今像足掩于袈裟之内，何以测其尺度？（3）万字隆起，《刘勰碑》云“当于万字，信宿隆起，色似飞丹，圆如植璧”，《高僧传》云“夜中忽当万字处，色赤而隆起”，如此瑞迹，不见于今像。以上三项，最后之万字隆起，犹见于《民国新昌县志》卷首《南明山图》中，知为晚近新妆所掩；但前两项却涉及原像造型是否与今像相同的问题。《刘勰碑》记此像“释尊隐化，慈氏现力”“一音阐法，三会入道”“三会甘露可洗心而待……龙华匪隔于来世”，《高僧传》亦云：“使凡厥有缘同睹三会”，知石城大佛为弥勒成佛龙华遍度之像。《名僧传》记宋龙华寺道矫“元嘉十六年（439），罄率衣资，开诱闻业，与建康民朱舛孙共起佛殿三间并诸花幡，造夹苎弥勒佛倚像一躯，高一丈六尺，神仪端严，开发信悟”[21]，而传世唯一的梁铸弥勒佛像——普通六年（525）公孙伯城夫妇造弥勒铜像，亦正作倚坐形像[22]。因可怀疑此像原亦雕作倚像，故可从足起上测其高度，“立形”云者即指倚坐之形而言。倚坐佛像右手多作上举扬掌之施无畏印，《刘勰碑》记此像“雕刻右掌，忽接横绝”，约即指施无畏印之手掌下缘适当崖石横断之处，其位置亦恰与“改断下分，始合折中”相符合。至于改变此像原雕形态，似始于北宋辩端之前，《量记》记“两膝跏趺相去四丈五尺”，已是改后之坐像形式。《万历新昌县志》卷三《杂传志·寺》记：

> 后梁开平中（907～911），吴越王钱镠赐钱八千万贯，造阁三层，东西七间，高一十五丈，又出珍宝巨万，建屋三百余楹。后镠之孙俶，又列二菩萨夹侍阁前，身高七丈。

易倚坐为坐像或出于吴越钱氏之重修？《量记》于详述指掌长广之后云“足亦如之”，可知辩端所见亦与隐足不露之今像有异，是该像之膝上部分，宋以来又有所改变。又或据《刘勰碑》“冠彩虹霓”一语，疑原像当有冠饰〔23〕，按碑文又云“自然相光，正环像上”，是“冠彩虹霓”者，应解作对项光之描述，即项光有若虹霓之彩冠；所以，其后碑文又记“改造顶髻”，如弥勒着冠，将无法窥其顶髻，遑论改造。又碑末颂文曰“绀螺云覆”，知此弥勒不仅无冠，且作绀色之螺髻。前云“改造顶髻”，后云“绀螺云覆”，盖僧护所雕系如摄山无量寿之“藕丝萦发”，僧祐则易之以绀螺〔24〕。齐梁间，佛发样式的变化，不独江左如此，同属南朝之四川所出石像亦然〔25〕。

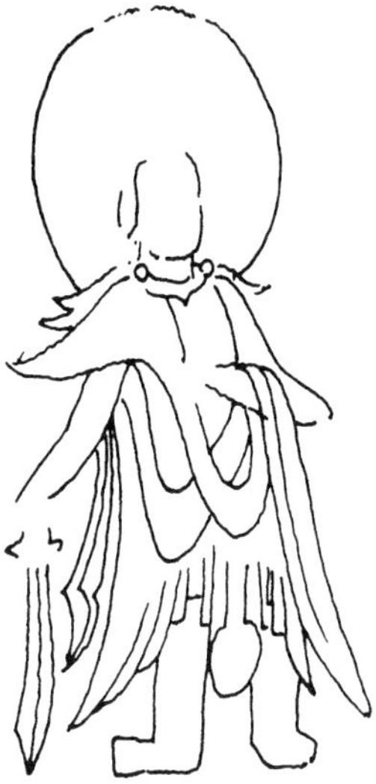

7 新昌石城千佛院大岩洞左侧护法神像

8 新昌石城千佛院大岩洞右侧护法神像

宝相寺龛像之西北，有左右毗连之大小岩洞各一。两洞壁面俱雕千佛。大洞沿后壁正中雕释迦坐像，该像右侧列千佛六区，左侧列千佛四区。两侧千佛每区纵排十小龛，横列十一小龛，每区正中约占九个小龛的位置雕一大龛，此大龛坐佛两侧各雕一胁侍，大小龛内坐像多着通肩服饰。左右千佛之外侧，各雕护法像（插图7、8）。右者右手持金刚杵（？），左者右手拄剑，两护法头部均不存，腹部与上肢的大部分亦残毁，以现存简洁的颈饰、飘扬的帔帛和下裙之襞纹等遗迹观察，皆与北魏迁洛（494）前后的造像相类似。因此，新昌千佛雕造的时间，似应在齐武永明之末迄建武之初，即略早于僧护开始经营之弥勒大佛。

二 南方无量寿与弥勒信仰的传播及相关问题

（一）无量寿与弥勒信仰在南方的传播

摄山处南朝都城建康近郊，石城位北来大族聚居的会稽地区；两地龛像之兴建，既为江南所仅有[26]，其主要造像又皆出自高僧规划，且同为皇室、名士所赞助，因可推知此两处主要佛像——无量寿佛和弥勒成佛之像，应是当时南方佛教信徒所尊奉的重要形象。现略辑有关资料，以窥无量寿与弥勒信仰在南方的传播与发展。

江南传播无量寿，至迟不晚于4世纪后半期。东晋太和六年（368）支遁撰《阿弥陀佛赞序》云："西方有国，国名安养……世有奉佛正戒，讽诵《阿弥陀经》，誓生彼国……遁生末踪，忝厕残迹，驰心神国，非所敢望，乃因近图立神表，仰瞻高仪。"（《广弘明集》卷一五）略晚于支遁的竺法旷，"寓居吴兴……以无量寿为净土之因……有众则讲，独处则诵……时沙门竺道邻造无量寿像，旷乃率其有缘起立大殿"（《高僧传》卷五《竺法旷传》）[27]。太元二十一年（396）逝世的名士戴逵，生前曾精雕无量寿及其胁侍，唐初道世记其"委心积虑，三年方成，振代迄今，所未曾有"（《法苑珠林》卷一六）。庐山慧远更于元兴三年（404），共"息心贞信之士百有二十三人，集于庐山之阴般若云台精舍阿弥陀像前，率以香华敬荐而誓焉"（《高僧传》卷六《慧远传》引《刘遗民文》）。远公弟子僧济"诚要西国，想像弥陀……又请众僧夜集，为转《无量寿经》……因梦见自秉一烛，乘虚而行，睹无量寿佛接置于掌，遍至十方"（《高僧传》卷六《僧济传》）。江南禅僧观念无量寿早于远公师弟者，尚有"大兴之末（321），南游江左"的竺僧显，僧显"遇疾绵蔓，乃属想西方，心甚苦至，见无量寿佛降以真容，光照其身，所苦都愈"（《高僧传》卷一一《竺僧显传》）。宋齐以来，崇敬无量寿益盛。宋初东来高僧佛陀跋陀罗、求那跋陀多皆重译《无量寿经》[28]。畺良耶舍与僧含译《无量寿观》，述"净土之洪因，故沉吟嗟味，流通宋国"（《高僧传》卷三《畺良耶舍传》）。谢灵运《和从弟惠连无量寿颂》有云："净土一何妙，来者皆清英。"(《广弘明集》卷一五)[29]《出三藏记集》卷一二《法苑杂缘原始集·杂图像目》卷上录有《荆州沙门释僧亮造无量寿丈八金像记》，该像"以宋元嘉九年(432)毕功，神表端严，威光伟曜，造像灵异，声传京师"(《法苑珠林》卷一五)[30]。瓦官寺僧洪、祇洹寺惠敬、安乐寺道静亦各造无量寿像[31]，而孝武帝所铸无量寿金像尤有名于世[32]。其时，名僧奉诵《无量寿经》祈心安养者众，如花严寺僧宝，谢寺僧弘、僧畅，虎丘僧诠，江陵辛寺昙鉴，欣平龙华寺道汪，蜀郡灵建寺汪琳等，皆著录于《名僧传》。"江陵又有释道海、北州释惠龛、东州释惠恭、淮南释昙泓、东辕山释道广、弘农释道光等并愿生安养，临终祥瑞"，见录于《高僧传》卷七《昙鉴传》。《比丘尼传》卷二还录有建福寺法盛尼"常愿生安养，谓同业昙敬、昙爱曰：吾立身行道，志在西方"。王琰《冥祥记》又录宋梁郡慧木尼"夜中卧而诵习，梦到西方，见一浴池有芙蓉华，诸化生人列坐其中……后与同等共礼无量寿佛……梦往安养国"。《冥祥记》还另记有"元嘉初(424)，(魏世子之)女……升座转读，声句清利，下启父言，儿死便往无量寿国"；"宋葛济之，句容人，稚川后也。妻同郡纪氏……元嘉十三年(436)方在机织，方觉云日开朗，空中清明，因投释筐梭，仰望四表，见西方……无量寿佛"[33]和传世元嘉二十五年(448)晋丰县□熊造无量寿石像，铭中所记愿生佛国[34]等民间故事，更可说明无量寿佛信仰在南方已逐渐深入下层。《出三藏记集》卷四《新集续撰失译杂经录》中有《观无量寿经》一卷、《无量乐佛土经》一卷、《阿弥陀佛偈》一卷；又记未见经文的《生西方斋经》一卷，约皆齐梁间民间流传之本。此外，已见上文的竟陵王子良与其他齐室贵胄赞助摄山无量寿龛像、竟陵王子良与其子巴陵王昭胄皆曾手写《无量寿经》[35]和定林上寺超辨勤礼弥陀，灵基寺法明诵无量寿[36]，沈约撰《弥陀佛铭》云"于惟净土，既丽且庄……愿游彼国，晨翘暮想"，又撰《绣像题赞》云"惟齐永明四年(486)……第三皇孙所生陈夫人……敬因乐林寺主比丘尼释宝愿绣无量寿尊像一躯"(《广弘明集》卷一六)等，皆有关南齐无量寿信仰之见记载者。萧梁事迹有：庐山道珍恒作弥陀业观[37]；灵味寺宝亮[38]、郧山寺道贵尼[39]、交阯仙山释昙弘[40]讲诵《无量寿》；公上琏舍宅建孝敬寺，愿生无量寿国[41]；庾诜卒，空中唱已生弥陀净域[42]；简文帝撰《弥陀佛像铭》；刘孝仪撰《雍州金像寺无量寿佛像碑》[43]；而天监八年（509）所铸光宅寺丈九无量寿金像，被号称为"自葱河以左，金像之最"（《高僧传》卷一三《法悦传》）[44]。现存遗物有成都万佛寺所出"中大通五年（533）……妙光为亡妹令玉尼敬造……石佛一丘"，其铭云："愿生西方无量寿国。"（《成都万佛寺石刻艺术》图版5）

南方流行弥勒信仰略与无量寿同时，支公亦撰《弥勒赞》，赞云："大人轨玄度，弱丧升虚迁，师通资自废，释迦登幽闲。弥勒承神第，圣录载灵篇，乘乾因九五，龙飞兜率天。……晃晃凝素姿，结跏曜芳莲……挺此四八姿，映蔚华林园。"（《广弘明集》卷一五）华林园结跏弥勒应是下生成佛形象。《名僧传》记京师安乐寺僧受立弥勒精舍和蜀郡龙渊寺惠岩造弥勒像[45]皆东晋故事。此外，义熙四年（408）译经于道场寺的天竺僧佛驮跋陀罗，早年于罽宾即曾"誓至兜率，致敬弥勒"（《高僧传》卷二《佛驮跋陀罗传》），荆州刺史王忱一门宗奉的上明寺竺僧辅亦"誓生兜率，仰瞻慈氏"（《高僧传》卷五《竺僧辅传》）；见重于临川王郁的长沙寺昙戒"常诵弥勒名不辍口"（《高僧传》卷五《昙戒传》），是晋世高僧敬重弥勒者亦颇不乏人，隆安三年（399）法显、智严、宝云等西行。"于陀历国见金薄弥勒成佛像，整高八丈"（《名僧传》），义熙八年（412），法显东返青州，次年抵建康，《水经注·泗水》记："泗水西有龙华寺，是沙门释法显远出西域，浮海东还，持龙华图，首创此制，法流中夏，自法显始也。其所持天竺二石仍在南陆东巷堪中，其石尚光洁可爱。"龙华图即绘弥勒于龙华园华林树下成道之像。戴逵每制像，其子颙常共参虑，后颙为济阳江夷造弥勒像，"触手成妙，初不稽思，光颜圆满……此像旧在会稽龙华寺"（《法苑珠林》卷一六）。像在龙华寺，疑颙所制亦弥勒成佛之像。此后，刘宋僧尼敬事弥勒者日众，或造弥勒佛像[46]，或建弥勒精舍[47]，或诵经弥勒，属念兜率[48]，或梦睹弥勒[49]，或见真容[50]，或生兜率[51]。传世元嘉二十八年（451）刘国造弥勒铜像，是南方现存最早的弥勒造像[52]。宋齐之际，龙华集会风行京师，故周颙撰《宋明皇帝初造龙华誓愿文》,《出三藏记集》又著录《京师诸邑造弥勒像三会记》《齐竟陵文宣王龙华会记》[53]。竟陵王萧子良《净住子净行法门·奉养僧田门》于“奉为至尊皇后皇太子七庙圣灵天龙八部乃至十方一切剧苦众生敬礼十方一切僧宝”之后，即“敬礼当来下生佛兜率天弥勒菩萨僧”(《广弘明集》卷二七)。沈约《南齐禅林寺尼净秀行状》记净秀“见弥勒下生翅头东城”(《广弘明集》卷二三)[54]，沈约又撰有《弥勒赞》[55]。齐末宝亮“移憩灵味寺，于是续讲众经，盛于京邑，讲……《弥勒下生》等亦各近十遍，黑白弟子三千余人，咨禀门徒常盈数百”(《高僧传》卷八《宝亮传》)。《出三藏记集》卷四《新集续撰失译杂经录》录有摘抄本《弥勒菩萨本愿待时成佛经》、异出本《弥勒下生经》和未见经文的《弥勒受决经》《弥勒作佛时经》等。同书卷五《新集疑经伪撰杂录》又有《弥勒下教》。此诸宣扬弥勒成佛经本，约皆广泛流行于民间。龙华三会以征下生、弥勒出世之说，自支公以来迄于齐梁，浸盛于江南，故宗懔《荆楚岁时记》述荆楚风物云：“荆楚以四月八日诸寺各设会，香汤浴佛，共作龙华会，以为弥勒下生之征也。”(《岁华纪丽》卷二引)广赞弥勒下生，梁时已入荆楚民俗，前文所记自法度创始、僧祐经营之石城大像，雕作龙华三会之佛像形象，自有其深厚之社会基础[56]。

南方崇信无量寿与弥勒，应予注意者，尚有同时敬奉两像之情况。支遁、沈约皆两像并赞；戴逵父子两像并雕；竟陵王萧子良两像并重；灵味寺宝亮既讲《无量寿》，亦讲《弥勒下生》；安公、慧远师弟一愿生兜率，一向往安养，俱见前文。《名僧传》记：“隆安中(397～401),(惠精)疾病，口诵弥勒，未尝懈息。弟子智生侍疾，问曰：何不愿生西方，而专呼弥勒。答曰：吾等道安八人先发誓愿，愿生兜率，面见弥勒，道愿悉以先见，唯吾尚存，欲遂本愿。”《法苑珠林》卷一六记：“晋世有谯国戴逵……作无量寿……三年方成……迎像入山阴灵宝寺。道俗观者皆先发菩提心。高平郗超闻而礼觐，遂撮香而誓曰：若使有常，复睹圣颜，如其无常，致令弥勒。”《比丘尼传》卷二记建福寺道琼尼“以元嘉八年(431)大造形像，处处安置……瓦官寺弥勒行像一躯，宝盖璎珞……又以元嘉十五年（438）造金无量寿像”。《名僧传》记齐安乐寺昙副造“《无量寿》《弥勒》《四天王遗教》……各一千部”。又记江陵一僧曰：“由来愿生西方，得应之后，或有劝往兜率者，此僧嗟疑良久，至三更方决，云定向兜率。”传世梁大同三年（537）弟子刘造像铭云：“愿生西方，面睹慈氏。”[57]《续高僧传》卷一七《陈南岳衡山释慧思传》记慧思“梦弥勒、弥陀说法开悟，故造二像并同供养，又梦随从弥勒与诸眷属同会龙华”。可见自晋迄陈，南方信奉无量寿与弥勒并无门户之分。故四川茂县所出齐永明元年（483）西凉曹比丘释玄嵩造像碑，一面镌无量寿立像，另面雕弥勒佛坐像[58]，其铭云：“齐永明元年岁次癸亥七月十五日，西凉曹比丘释玄嵩，为帝主臣王累世师长父母兄弟六亲眷属及一切众生，敬造无量寿、当来弥勒成佛二世尊像，愿一切群生发弘旷心，明信三宝，瞿修十善，遭遇慈氏龙华三会，矗豫其昌，永去尘结，法身满足，广度一切，共成佛道。比丘释僧成掺□值□共成此□。”[59]两像合刻一碑，当可证明南朝信徒认为兼奉无量寿、弥勒两像，不仅无矛盾，且更可广致饶益：死后到西方与今生会龙华可一并获得。因此，可以推知摄山、石城佛像题材虽异，而其功能却可相互补充，故“光宅、摄山大像（皆是无量寿像）、剡县石佛（弥勒像）等，并请（僧）祐经始准画仪则”（《高僧传》卷一一《僧祐传》），而祐皆精工其事。

（二）南方信奉无量寿与弥勒的来源和南北佛教信仰的分途

南方佛教敬奉无量寿、弥勒俱源于中原。《无量寿经》，汉末安世高之初译与曹魏康僧铠、白延之再译、三译，皆出洛阳[60]。所以，早期往生净土之记载，亦出现于洛邑，如《冥祥记》所记：“晋阙公则，赵人也……晋武之世（265～290），死于洛阳，道俗同志为设会于白马寺中，其夕转经，宵分闻空中有唱赞声，仰见一人，形器壮伟，仪服整丽，乃言曰：我是阙公则，今生西方安乐世界，与诸菩萨共来听经”。（《法苑珠林》卷一六引）著名译师竺法护大赍胡本还中夏，自泰始二年（266）迄永嘉二年（308）于敦煌、长安、洛阳一线传译经文[61]，其中除再译《无量寿经》外，还初译《弥勒成佛经》《弥勒本愿经》[62]，净土幻境之传播与弥勒下生说之出现，护公之力为多。两晋之际，中原高僧南渡者众，与护同隐之于法兰[63]及其高弟于法开、琅琊衣冠竺道潜等集于剡之石城山，帛尸梨蜜多罗止于建初寺，竺僧敷止于瓦官寺，郧人竺僧辅后憩荆州上明寺，生于长安之康僧渊立寺于豫章，俱名重于时者[64]。中原巨匠道安，于兴宁三年（365）河南骚乱之后，分张徒众：先使法和入蜀，又令竺法汰率弟子四十余人诣扬州，后又勉昙翼下江陵[65]。前秦建元十四年（378），苻丕围襄阳，道安又遣法遇、昙徽、慧远等南趋江陵，慧远、慧持兄弟等数十人后停庐阜[66]。初道安抵荆襄时，《法苑珠林》卷一三记："东晋孝武宁康三年（375）四月八日，襄阳檀溪寺沙门释道安盛德昭彰，擅声宇内，于郭西精舍铸造丈八金铜无量寿佛，明年季冬，严饰成就。"其后，《名僧传》又记："苻坚遣使送外国金薄倚像，高七尺一躯，金坐像一躯，结珠弥勒像、织成像各一张[67]……常与弟子法遇等以人[68]于弥勒像前立誓，愿同生兜率。"时安公已注意弥勒经之搜集，其失译经录[69]中，尚录有《弥勒经》一卷，《弥勒当来生经》一卷[70]。建元十五年（379）苻丕克襄阳，道安西人长安，与赵整、竺佛念等护持译事，当时所译经安公序文或云"得升兜率，与弥勒大士高谈"（《出三藏记集》卷一〇《僧伽罗刹经序》），或云"集斯经已，入三昧定，如弹指顷，神升兜率"（同上书，卷《婆须蜜经序》）。安公弟子僧睿《毗摩罗诘提经义疏序》亦云"先匠所以辍章遐慨，思决言于弥勒"（同上书卷八）。道安临终，"忽有异僧形甚庸陋，来寺寄宿……安请问来生所之处，彼乃以手虚拨天之西北，即见云开，备睹兜率妙胜之报，尔夕大众数十人悉皆同见"（《高僧传》卷五《道安传》）。从以上事例，可见安公初抵襄荆尚无量寿、弥勒并奉，寻以译经故，乃转重弥勒。安公卒后十六年，即弘始三年（401），鸠摩罗什至长安，姚兴为建译场，四方沙门不远万里而至者，《出三藏记集》卷一四《鸠摩罗什传》谓有"三千余僧禀访精研，务穷幽旨"，其中多安公旧人[71]。罗什以"支（谦）[72]、竺（法护）所出多滞文格义……不与胡本相应……续出（大）小品……三十二部三百余卷"（《出三藏记集》卷一四《鸠摩罗什传》）。其中有新译《无量寿经》《弥勒成佛经》《弥勒下生经》，前两种俱出罗什抵长安之次年[73]。按此三经内容涉及义理者少，罗什急于传译，当出自姚秦地区对无量寿佛与弥勒下生崇奉之需求。其时，佛驮跋陀罗同罗什共在长安大寺，罗什门下僧睿、昙鉴皆愿生安养；而佛驮跋陀罗及弟子智严则重弥勒；时止长安大寺祈心安养者，尚有凉州禅师慧绍之徒慧通[74]，并为姚兴所敬重。弘始十五年（413），罗什卒。后四年即东晋义熙十三年（417），刘裕入关。次年，赫连勃勃陷长安，灭佛法[75]，道安、罗什所聚名僧星散，慧睿及其弟子法护、慧严、竺道生、僧苞、僧异、僧因、道温、僧业、慧询等集于建康，慧观、僧弼、昙鉴等集于荆州，昙无成去淮南[76]。其留于北方者，移向西秦、北凉。就学于关右之玄高"乃杖策西秦，隐居麦积山，山学百余人崇其义训。禀其禅道，时有长安沙门释昙弘秦地高僧，隐在此山，与高相会，以同业友善。时乞佛炽槃跨有陇西，西接凉土……（炽槃）崇（玄高）为国师。河南化毕，进游凉土，沮渠蒙逊深相敬事"（《高僧传》卷一一《玄高传》），原住长安大寺之昙摩流支于姚秦之末游化余方，"或云终于凉土"（《高僧传》卷二《昙摩流支传》）。蒙逊子兴国组织译经，所撰《优婆塞戒经后记》云："太岁在丙寅（北凉玄始十五年，426）……与诸优婆塞等五百余人，共于都城（凉州）之内，请天竺法师昙摩忏译此在家菩萨戒……愿此功德，令国祚无穷，将来之世，值遇弥勒。"（《出三藏记集》卷九）甘肃酒泉发现北凉承玄元年（428）高善穆造石塔，塔上部雕出与过去七佛共一组之弥勒菩萨龛像[77]，是现存纪年明确的最早弥勒菩萨形象；该塔塔柱部分雕有译于洛阳或长安之《十二因缘经》节文[78]。与此相同之石塔，酒泉、敦煌还发现多座，其纪年有承玄二年（429）、承阳二年（430）、缘和三年（434）、太缘二年（436），皆北凉沮渠遗物[79]。北魏太平真君三年（442）沮渠西奔高昌，六年（沮渠安周承平三年，445）建弥勒菩萨像于高昌城内[80]，高昌城中亦出有与上述形制相同雕有弥勒菩萨龛像和《十二因缘经》文之北凉石塔[81]。现存最早有明确纪年的无量寿佛像，是甘肃永靖炳灵寺石窟第169窟第6龛之本尊塑像，塑像上方有墨书"无量寿佛"榜题，无量寿作右袒禅定坐相。该龛右壁绘"弥勒菩萨"立像和"释迦牟尼佛"立像。释迦右上方有西秦建弘元年（420）题记[82]。西秦、北凉之奉无量寿佛与弥勒或有毗邻之西域影响，但与前此之中原佛教亦当有密切关系[83]。北魏始光三年（426）下长安，太延五年（439）陷凉州，其前一年，太武已“罢沙门年五十已下”者（《魏书》卷四《世祖纪上》），再二年（440），因寇谦之“陛下神武应期，天经下治……以成太平真君”之忏言，改元太平真君。太平真君三年（442）太武“亲至道坛，受符箓”（《魏书》卷一一四《释老志》），中原佛教逐步进入厄运时期。五年（444）下毁佛诏，七年（446）“诏诸州坑沙门，毁诸佛像”（《魏书》卷四《世祖纪下》），“遂普灭佛法，分军四出烧掠寺舍……其窜逸者捕获枭斩”（《集古今佛道论衡》卷甲）。自太武陷凉之前，迄文成即位，十余年间，留居中原北方佛教信徒又一次陆续南迁。北凉沮渠京声奔宋，凉州释僧朗去荆，僧表、智猛、法成、慧览入蜀，昙超、法颖、僧侯、慧芬赴京（建康），玄畅南逃，僧远渡江[84]，僧导先立寺于寿春，“虏灭佛法，沙门避难投之者数百”（《高僧传》卷七《僧导传》）。此次释氏南徙，范围之广、信徒之众，皆逾于以前。西晋十六国以来，中原北方流传之佛教，在北魏领域内遂趋隐晦。迨兴安复法，北魏统治集团除求福田利益外，既延续道武建国之初，视如来如当今天子之先志，“诏有司为石像，令如帝身”；又着重于“巡民教化”，“化恶为善”，“助王政之禁律，益仁智之善性”（《魏书》卷一一四《释老志》），且自延兴三年（473）“沙门慧隐谋反”（《魏书》卷七《高祖纪上》）、太和四年（481）“沙门法秀以妖术惑众，谋作乱于平城”（《资治通鉴·齐纪一》）以还，僧人起义不断于诸州，因此，北魏皇室对中原旧日向往安养境界和祈愿弥勒出世之信仰，当有所忌讳，予以排斥，其偶存者亦转入民间[85]，于是，北魏佛教信仰之主流遂与上承中原佛教之南朝，不仅谈玄论义异趣，即尊奉之形象亦多分歧。

北魏皇室“凿仙窟以居禅”（《广弘明集》卷二九，高允《鹿苑赋》），重视道行精勤，迁洛以后仍倡禅诵不辍[86]。因此，北方释徒遂多谋自身之解脱致力于禅观。禅观所需形象，主要是释迦、三世佛和作证之七佛、决疑之弥勒，以及修法华三昧所思念之释迦、多宝对坐与劝发之普贤[87]。决疑之弥勒尚未成佛作菩萨装束，着冠饰缯，施颈饰、璎珞，多交脚坐式之形象，如云冈、龙门诸窟龛中之雕像。此种形象与前述北凉石塔所雕之弥勒菩萨同；北凉石塔弥勒菩萨与七佛共现，而七佛题材亦为云冈、龙门所习见，且有弥勒菩萨龛楣中现示七佛者。以上情况，应是《魏书》卷一四《释老志》所记“太延中（435～440），凉州平，徙其国人于京邑（平城），沙门佛事皆俱东”之残存遗迹。弥勒菩萨像与弥勒佛像取意不同，前者处兜率内院敷演释问，后者已于龙华树下成道作会，普度人天。南北对弥勒的要求有别，故北方所奉之形象和南方流行的与佛像无异的坐像或立像有显著差异〔88〕。南方流行之无量寿佛像，不见于北魏都洛以前之窟龛〔89〕，云冈偶见之例，俱出迁洛之后〔90〕；龙门出现无量寿龛已属孝明时期，且有与南方情况相同之无量寿、弥勒并奉之例〔91〕。可见中原北方对无量寿之崇敬并非植根于魏土，而是6世纪初期以后接受了流行于南方的无量寿信仰的影响。

三　南方龛像与北方窟像关系的探讨

（一）南朝龛像与云冈窟像

无量寿佛与弥勒佛信仰盛于南方，但开凿窟龛与雕造大像则盛于北方。北方窟像源于西域，新疆以东现存年代明确之最早大型窟像，为北魏和平初（460）于都城平城武州山即今山西大同云冈开始雕凿的昙曜五窟。南方最早的大型龛像即摄山、石城两处，其开始之年晚于昙曜五窟二十余年。此二十余年间，云冈昙曜五窟已大体完成，鹿野苑石窟和云冈第7、8双窟均已告竣，第9、10双窟，第11窟等皆已开工。〔92〕平城如此巨大规模的窟像工程，自当声扬于当时流行佛教之东土，江左新创的摄山、石城龛像不能不受其启示。以情理度之：自北魏太武之初，南北使节即往还不绝〔93〕，文成和平以来迄孝文前期尤呈盛况〔94〕；自北南投之士始盛于太武末〔95〕，献文皇兴三年（469）掠去平城之青齐官民，更陆续南逃，房崇吉“停京师半岁乃南奔”（《魏书》卷四三《房法寿传附从弟崇吉传》），刘闻慰“博识有才思，至延兴中（471～476）南叛”（《魏书》卷四三《刘休宾传附子文晔传》），刘法凤、法武[96]兄弟随母入魏都“身充仆圉，齐永明四年（486）二月逃还京师（建康）”（《六臣注文选》卷四三刘孝标《重答刘秣陵沼书》李善注引刘峻《自序》），皆是当时知名之士。因此，魏都平城情况，可以推测广传于江南，故永明六年（488）沈约撰就之《宋书》，已录有北国礼俗；略晚之南朝著作如萧子显《齐书》卷五七《魏虏传》更记有献文居石窟寺和孝文尤精信佛教、立浮图诸事，僧祐《出三藏记集》、道慧《宋齐录》俱书昙曜译经，宝唱《名僧传》、慧皎《高僧传》皆收有北魏僧传。以上诸书撰写时间，都不迟于梁武前期[97]。其时，摄山、石城龛像竣工不久，后者或尚在凿镌之中。关于平城窟像可能影响南朝，刘法凤、法武羁留平城与南返事迹尤值注意[98]。

《魏书》卷四三《刘休宾传》记：“休宾叔父旋之，其妻许氏，二子法凤、法武，而旋之早亡。东阳平，许氏携二子入国，孤贫不自立，并疏薄不伦，为时人所弃。母子皆出家为尼[99]，既而反俗。太和中，高祖选尽物望，河南人士才学之徒咸见申擢，法凤兄弟无可收用，不蒙选授，后俱奔南。法武后改名孝标云”。[100]《出三藏记集》卷二记孝标在北时，曾为“西域三藏吉迦夜……共僧正释昙曜译出”《杂宝藏经》《付法藏因缘传》《方便心论》三经之笔受人。《历代三宝记》卷九据道慧《宋齐录》，增录《称扬诸佛功德经》《大方广菩萨十地经》两部；并记昙曜“于北台石窟寺内集诸僧众，译斯传经流通后贤，应使法藏住持无绝”，北台石窟寺即平城武州山石窟，以上资料，可以说明：（1）孝标兄弟皆曾参与平城佛事；（2）孝标又亲预昙曜译场，此争在道慧撰《宋齐录》时，即已传播江南[101]；（3）孝标参与译经的地点即今云冈。孝标笔受吉迦夜共昙曜译经之时间，《出三藏记集》和《历代三宝记》引《宋齐录》俱记在延兴二年（472），此当是笔受之开始时期[102]，由此可知，孝标在云冈之日，适值昙曜五窟和云冈第7、8双窟兴建之时。永明四年（486）孝标南返，其时云冈第9、10双窟和第11诸窟亦开凿多时。

“法凤自北归，改名孝庆，字仲昌。有干略，齐末为兖州刺史。举兵应梁武，封余干男，历官显要”（《南史》卷四九《刘怀珍传附从父弟峻传》）。法武（孝标）南返改名峻，自以所见不博，“闻有异书必往祈借，清河崔慰祖谓之书淫”（《梁书》卷五〇《文学·刘峻传》），建武中（494～498），崔慧景荐峻硕学[103]，寻为豫州刺史萧遥欣所礼遇。天监初，梁武召入西省，与任昉、祖暅[104]、贺踪等共投中秘。时注《世说》[105]，多引佛书、僧传[106]，曾与范云、沈约诸显要应策经史[107]，博洽见忌。峻又率性而动，见嫌于梁武，故不任用。后与庾仲容同为安城王秀府佐，并以疆学名[108]，时峻纂集《类苑》，未及毕已行于世[109]。晚居东阳紫岩山，吴会人士多从其学[110]，所居东接招提寺，峻躬行顶礼，询道哲人[111]，《广弘明集》卷二四所录《孝标与举法师书》，或即撰于此时。从刘峻兄弟之经历、清望与所交游诸情况推之，平城武州山等地佛教盛迹之南传，刘氏弟兄应起重要中介作用。《梁书》卷五〇《刘峻传》曾记峻南返不久，“竟陵王子良招学士，峻因人求为子良国职，吏部尚书徐孝嗣抑而不许，用为南海王侍郎，不就”，是时，正是竟陵本人赞助摄山福业之时，摄山龛像之经营，或为峻所重视并望有所准划之意乎？石城大佛之兴工，峻适退居东阳，东阳地接剡溪，峻前注《世说》，对隐剡众贤如支遁、于法兰、竺道潜、阮裕、戴逵等人诸多留意[112]。峻既慕剡地名胜，又喜接释氏，且峻与创建北国窟像之昙曜的一段早年因缘亦为经划大像之僧祐所素悉，因此，近在咫尺之石城功德，峻岂能不闻不问而无往来[113]？遗憾的是，文献无征，只能姑存此疑耳。

（二）南朝龛像与北齐龛像

摄山、石城龛像之兴建，可能受北魏影响；当其竣工并驰誉江南之时[114]，约亦反馈于北方。《北史》卷八《齐本纪下》记：

> （后主）凿晋阳西山为大佛像，一夜燃油万盆，光照宫内。

此凿山成就之大佛，《法苑珠林》卷一四引《冥报拾遗》记唐高宗曾来瞻礼：

> 显庆末年（660），（皇帝）巡幸并州，共皇后……幸北谷开化寺，大像高二百尺，礼敬瞻睹，嗟叹希奇，大舍珍宝财物衣服，

并诸妃嫔内宫之人并各捐舍，并敕州官长史窦轨等，令速庄严备饰圣容，并开拓龛前地，务令宽广……

《嘉靖太原县志》卷五《集文》录五代后晋苏禹珪《重修蒙山开化寺庄严阁记》详记开凿与重修经过云[115]：

据传记：开化寺，北齐文宣帝天保末年（559）凿石通蹊，依山刻像，式扬震德，用镇乾方……齐后主燃油万盏，光照宫内。仁寿元年（601）（隋朝造大阁而庇尊像焉。仍改为净明寺）洎唐高祖在藩邸时，至此寺瞻礼回，夜梦（化佛）满空，毫光数丈，登极之后，复改为开化寺。显庆二年（657）〔高宗驾至，出左右行藏资缗宝玉崇严饰之。后会昌甲子岁（四年，844），敕废大阁，露尊像，雨滴风摧，仅六十载，化随消长，道有污隆明矣。乾宁二年（895）〕武皇虎距并州，龙潜晋水……闲修讲武，上西山而指顾，登北礼于慈悲，痛望真身而受霜露，乃下令遣紨徒管内讲化，计口随钱收数百千万缗，更有自施信财者不可胜计……自乙卯至己未（895～899），首尾五年，盖成大阁，兼妆佛像……至今五（十）载矣……高阁隳而圣仪毁，非国王大臣之力，其可再修乎。遇北平王镇临之五年也，疆境乂安，人民丰足……暇日游西山，至开化寺焚香，见阁宇倾（攲，佛像）崩缺……遂舍俸钱，重修荐之……大晋开运二年（945）七月十三日记……北平王食邑一万三千户实食封二千二百户刘知远立石。[116]

《嘉靖太原县志》卷一《寺观》补记五代以后修葺事：

宋淳化元年（990）修释迦如来舍利塔二座，俱高二丈。元末（寺）废毁，止存僧房、舍利塔。国朝洪武十八年（1385）晋恭王重建。有五代苏禹珪、（元）王好古所撰碑。

明以后，寺废像毁，遂至无闻[117]。1980年，太原市普查地名，于蒙山北峰开化寺西北二里大肚崖发现此巨像遗迹[118]（插图9），知原像系露顶开龛，头上半部和上肢皆已崩佚，颈胸腹保存尚好，颈部高约1.7米，胸部宽约27米，大肚崖者，即因此宽厚之胸腹遗存而得名。腹部以下半埋乱石中，但双腿下垂之倚坐姿势尚清晰可辨。像两侧凿有石孔，当是插置大阁梁栿处。

9 晋阳蒙山开化寺北齐倚坐大佛像遗迹

北齐另一龛像位于今河南浚县东南大伾山东麓，依山雕造倚坐佛像，高约27米，头饰螺髻（插图10），右掌高举作说法相。现覆阁三层，系明以来重修[119]。该像现存最早记录，是五代后周马去非所撰《周黎阳大伾山寺准敕不停废记》：

10 浚县大伾山大佛像头部

> 以兹山之足为佛足矣，以兹山之顶为佛顶焉。有缺落碑铭，载相续月日，俨三十二相，亦四五百年[120]。

未记明确建年。元初王恽游大伾，曾记此像于《游东山记》中，文见《秋涧先生大全文集》卷四〇：

> 至元辛巳岁（十八年，281）春三月，余按部黎阳，膏澍连朝，明日孟夏丙寅朔，天宇开霁，大伾堆阜，景风明澹，画如也。拉友人宋祺洎诸属吏囊笔载酒来游兹山……相与稽首弥勒尊像[121]，其镌凿本末，以寺石麟考之，为高齐所造无疑。

秋涧多识古物，其说或可相信[122]。

以上两躯倚佛像，皆依山镌造，露顶开龛，并接构木阁，此种龛制，非中原北方旧有；而浚县倚坐大像亦与石城弥勒原像相同。由此可知，北齐此两处新式龛像约同源于南朝。又浚县弥勒倚坐大佛螺发广颐，举右

11 南京摄山栖霞寺大殿左侧龛大像

掌，皆与石城原像相似，揆之当时北方多效南朝之例，此浚县龛像亦有直接模拟石城之可能。太原、浚县两像既与南朝关系密切，则隋唐时期各地雕塑之倚坐弥勒巨像循此而上溯，自有其中土之渊源。此问题已超出本文范围，将另拟专文讨论。

后记：1988年9月，上海大学历史系许宛音同志出示栖霞寺大殿内供奉的高约2米的石佛坐像照片，俨然右袒巨制（插图11）。按长江下游现存窟龛以外的南朝石佛，过去仅知苏州鲟溪莲池庵旧藏梁中大同元年（546）慧影造小型释迦坐像一例[123]，现忽有较大造像之发现，殊为重要，因有南下调查之议。1989年5月，中国考古学会第七次年会在长沙召开，遂邀马世长、许宛音两同志于会期之前再去摄山，并顺访剡溪。此行之详细报告，宛音同志将有专文刊布，现只录上述栖霞石佛情况和剡溪另一处千佛岩小岩洞两事，补作此文后记。

（一）栖霞寺石佛，现置于大殿左侧自北京迁来的清代佛龛内。承寺雪烦、圆湛两位大师见告：此像头部系寺旧藏，传出土于寺侧峪底；躯体则为近年南京艺术学院张祥水先生用石膏新作后着色仿旧。并云：张先生创造躯体时，曾参考了北方坐佛，于是，短颈宽肩和右袒服饰以及贴泥条式之衣纹等中原北方流行之形制，出自补作，可置不论。现就佛像头部造型考察，其长颜广颐颇与前述天监十二年（513）迄十五年（516）僧祐重新经营之剡溪石城大佛有相似处，亦与四川成都万佛寺遗址出土之中大通元年（529）所造释迦石立像接近[124]，是此佛头凿造时间约亦在萧梁之世。因此，我们怀疑该佛头或即唐高宗《摄山栖霞寺明徵君碑》所记梁临川王宏于栖霞寺所造另一无量寿像之残迹。碑文云：

及梁运载兴，锐心回向，大林精舍，并事庄严。临川王载剖竹符，宣化惟扬之境；言寻柰苑，心想拔茅之义。以天监一十五载（516）造无量寿像一区，带地连光合高五丈。满月之瑞，湛珠镜以出云崖；聚日之辉，升璧轮而皎烟路。参差四注，周以鸟翅之房；迢递千寻，饰以鱼鳞之瓦。

碑文明记此无量寿像被安置在四注瓦顶之精舍之中，显然与前引《江总碑》所记天监十年（511）临川王莹饰之龛像无关；之所以同时写入《明徵君碑》者，当以该像供奉于明僧绍创建之栖霞佛寺之故。至于碑文所云“带地连光合高五丈”，当指从寺内平地算起，今除存头部外，躯体、佛座、背光以及原来地平皆已无存，因此所记“合高五丈”之数字，已难据实物核对。

（二）剡溪宝相寺龛像西北之千佛岩洞，据《万历新昌县志》卷一三记其地五代以还，名千佛院：

千佛院，在三都石城山外，永明中（483～493）建。开运三年（946）赵仁爽重建，名千佛院。宋大中祥符（1008～1016）改七宝院。洪武十五年（1382）复名千佛院。

该处有大小岩洞各一（插图12），右侧之大洞已如前述。左侧之小洞与大洞布置相似，亦沿后壁雕佛龛，正中一较大释迦坐像龛，龛上莲瓣状（尖拱）龛楣尚清晰可辨。此龛之左雕千佛上下二列，每列九

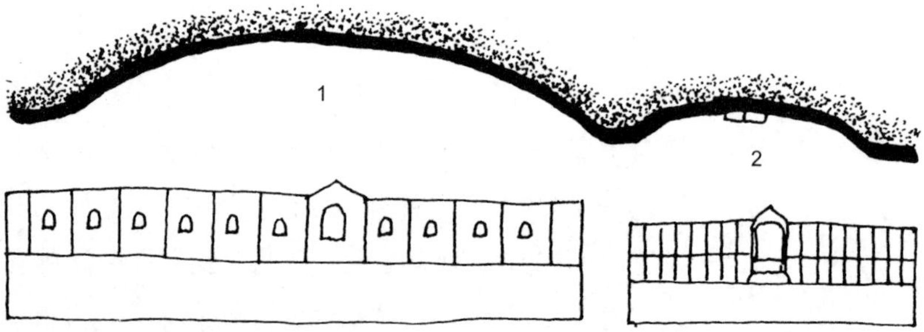

12 新昌石城千佛院大小岩洞平面及后壁立面展开

躯；右亦雕千佛二列，每列各八躯。此洞千佛形体较大洞者为大，服饰有通肩与双领下垂两式。保存较完好的千佛，其垂下之衣襞整齐有致。与四川茂汶永明元年（483）造像相类〔125〕，前引《万历志》谓该院为永明中建，疑即指此两处千佛岩洞而言，盖修志时或有碑铭根据，现则遍觅两洞内外已无明以前的记录了〔126〕。

本文原载《考古学报》1989年第4期。
本次重刊时，除校字外未做改动。

注释

〔1〕《摄山佛教石刻小纪》刊《东方杂志》第二十三卷八号（1926），《摄山佛教石刻补纪》刊《东方杂志》第二十六卷六号（1929）。两文皆收入《唐代长安与西域文明》论文集中，1957。

〔2〕《浙江剡県の石城寺とその弥勒像》刊《江上波夫教授古稀纪念论集·历史编》，1977。《新昌石城寺とその弥勒像》刊《佛教艺术》163号，1985。

〔3〕除两先生文章外，应予注意的实况记录文字尚有1919年关野贞《西游杂信·摄山栖霞寺南朝石窟》，该文后收入《支那の建築と芸術》，1938。

〔4〕大同二年（536）尚在下文所述建武四年（497）法度禅师逝世之后。疑有讹误。

〔5〕据严观《江宁金石记》卷一录文。该录文后，严跋云："右碑，陈侍中尚书令宣惠将军参掌选事菩萨戒弟子济阳江总持撰。陈翊前会稽王行参军京兆韦霈书。此碑经唐会昌时毁废后已曾重立，至宋复断。康定元年（1040）三月十七日僧契先复依旧本镌立，始得传至今日，前列款云：圣宋赐紫沙门怀则重书，赐紫沙门有朋篆额。"

〔6〕《陈书》卷二七《江总传》录其自叙云："弱岁归心释教……受菩萨戒。暮齿官陈，与摄山布上人游款，深悟苦空，更复练戒。"江诗见录于《广弘明集》卷三〇。

〔7〕据《江宁金石记》卷二录文。严附跋云："右碑在栖霞寺。高宗御制文，朝仪郎行左金吾卫长史侍相王府臣高正臣奉敕书，朝散大夫守太子洗马王知敬篆额，上元元年岁在景子四月戊戌朔廿五日壬戌建。"

〔8〕僧辩法师与法度"并研精经论，功业可称"，见《高僧传》卷八《慧隆传》。

〔9〕《法苑珠林》卷三六引《梁京寺记》记明僧绍建寺与法度事迹云："齐栖霞寺在南徐州琅琊郡江乘北乡频佳里摄山之中。齐高士平原明僧绍以宋泰始中（465～472）起造，尝闻法钟自响。山舍去村五六里，宋升明中（477～479），村民平旦并见半山有旛盖罗列，烟光五色，映照虚空，男女瞻望，皆言是实，竞来观视，了无所见。时有法度法师于山舍讲无量寿经，中夜忽有金光照寺，于其光中如有台馆形像弘宣。寺中僧众及净人等小不如法，及白衣宾客有秽浊入寺者，虎即出现吼叫巡房，响振山谷，

至今犹尔。或有念诵小有疲懈，山神现形，又着乌衣，身长一丈，手执绳索。僧众惊惧，诵习不懈。”

〔10〕以上诸人卒年，俱见《南齐书》本传。

〔11〕1925年，向达先生曾做统计，据云摄山千佛岩“共计石窟佛龛大小才二百九十四，造像大小五百十五尊而已”。见《摄山佛教石刻小纪》。

〔12〕明人多谓此诸小龛为自齐竟陵以后所雕造。参看《摄山志》卷五所辑明姜宝、冯时可、王士祯、吴士杰诸人游记。

〔13〕摄山早期铭记，前南京古物保存所曾拓得梁中大通（529～534）一段，见《摄山佛教石刻小纪》补注（一）。1927～1928年，向先生再游摄山，因拓工李桢祥指示，知此铭记为中大通二年（530），刻于无量殿东一龛上，见《摄山佛教石刻补纪》。1935年，马衡先生游摄山，亦发现此铭记，马氏《金石杂记》云：“于残像之侧，搜得梁时题记，不知昔之访古者何以忽之。”马文收在《凡将斋金石丛稿》，1977。

〔14〕龛前木构，梁以后屡次重修。现存五层木阁系1917年建。

〔15〕《民国新昌县志》卷一六《金石》记此碑久佚，有“明刻石亦碎”，“清嘉庆间（1796～1820），涂鸿占真书，又毁于发匪。碎裂之石堆置墙阴，流传亦少”。

〔16〕刘勰碑文，《艺文类聚》摘要录入卷七六《内典》上，题曰《梁刘勰剡县石城寺弥勒石像碑铭》。文字与《会稽掇英总集》略异，现并附录于下面引文中：异文括在（ ）内；增文括在〔 〕内，缺文框在□中。《总集》用四库本，《类聚》用中华书局排印本。

〔17〕《刘勰碑》记“绘事之艺方骋……青臒与丹砂竞彩，白鋈共紫铣争耀”，可推知大像原施金彩，施彩之像不宜露天，“龛前架三层台”，当设有屋檐。《文苑英华》卷二三四录盛唐诗人孟浩然《腊月八日于剡县石城寺礼拜》诗“石壁开金像，香山绕铁围，下生弥勒见，回向一心归，松竹禅庭古，楼台世界稀”，所咏之楼台，疑即指此三层台而言，《嘉泰会稽志》卷八记“新昌县宝相寺……弥勒像……身高百尺……唐会昌五年（845）建三层阁”，当是因旧迹重修者。

〔18〕《梁书》卷五〇《文学·刘勰传》记：“勰早孤，笃志好学，家贫不婚娶，依沙门僧祐，与之居处积十余年，遂博通经论，因区别部类，录而序之，今定林寺经藏勰所定也……勰为文专长佛理，京师寺塔及名僧碑志，必请勰制文。有敕与慧震沙门于定林寺撰经证，功毕，遂启求出家，先燔发以自誓，敕许之，乃于寺变服，改名慧地。”定林即僧祐投法处，造立经藏即据祐所搜校之卷轴，天监十七年（518）僧祐卒，勰又为之制碑文，俱见《高僧传》卷一一《僧祐传》。

〔19〕《梁书》卷二二《太祖五王·南平元襄王伟传》：“（天监）十七年，高祖以建安土瘠，改封南平郡王。”

〔20〕嘉陵、并郡两像皆倚山雕造之倚坐佛像，嘉陵即今四川乐山凌云寺大佛，该像唐开元元年（713）创建，贞元十九年（802）竣工，身高58.7米（据1986年武汉测绘科技大学近景摄影实测）。并郡系指北齐所建晋阳西山大佛，详见本文“三　南朝龛像与北方窟像关系的探讨”一节。

〔21〕《名僧传》梁宝唱撰，该书已佚，有日释宗性于文历二年（1235，即南宋端平二年）摘录之《名僧传抄》传世。以下所引《名僧传》文俱出此书。

〔22〕 参看大村西崖《支那美术史·雕塑篇》，1915。

〔23〕 参看《浙江剡県の石城寺とその弥勒像》。

〔24〕 螺发是自中印度南传佛像之特征。按东晋南朝时期，南方与海南诸国交往梁时最盛，《梁书》卷五四《海南诸国传》记扶南“天监二年（503）……遣使送珊瑚佛像，……十八年（519）复遣使送天竺旃檀瑞像”，又记丹丹“中大通二年（530）……谨奉牙像”。值得注意的是《海南诸国传》又记：“大同五年（539）……诏遣沙门释宝云随（扶南）使往迎之（佛发）。先是，三年八月高祖改造阿育王寺塔，出旧塔下舍利及佛爪发。发青绀色，众僧以手伸之，随手长短，放之则旋屈为蠡形。案僧伽经云：佛发青而细，犹如藕茎丝。佛三昧经云：我昔在宫沐头，以尺量发长一丈二尺，放之右旋，还成蠡文。则与高祖所得同也。”此事疑与梁改佛发作螺状有直接关系。梁武改造阿育王寺塔事，又见《法苑珠林》卷三八：“梁祖普通三年（522）重其古迹（昔育王游鄮县，下真舍利起塔，其塔在铁围山），建木浮图、堂殿、房廊，周环备满，号阿育王寺，四面山绕，竹林葱翠，花卉间发，飞走相娱，实闲放者之佳地也。有碑颂之，著作郎顾胤祖文。”普通三年上距此弥勒大像完工之日（516）仅六年。

〔25〕 刘志远等《成都万佛寺石刻艺术》，图版8著录之中大通元年（529）释迦立像，又图版40所录之佛头，亦梁时雕造，1958。

〔26〕 东晋南朝侨置琅琊郡于摄山及其迤西一带，摄山龛像创始人平原明僧绍泰始二年（466）“淮北陷虏，及南渡江”（《南齐书》卷五四《高逸·明僧绍传》），后遂“隐居琅琊之摄山”；主持龛像之法度禅师“黄龙人，少出家，游学北土”（《高僧传》卷八《法度传》）。石城立禅室，首闻东崖异迹之昙光“未详何许人，少习禅业，晋永和初（345）游于江东”（《高僧传》卷一一《帛僧光传》），经营像事之僧护“克意苦节，戒行严净”（《高僧传》卷一三《僧护传》）。与摄山、石城两像关系密切的僧祐，受业于法颖，“法颖姓索，敦煌人……研精律部……元嘉末（453）下都……常习定闲房，亦时开律席”（《高僧传》卷一一《法颖传》）。可见此江南两处重要龛像之创始、设计、兴工、莹饰，除法护外，俱与中原北方颇有因缘，其中释子尤多精习禅业者。此问题殊值注意。

〔27〕《竺法旷传》记竺法旷“元兴元年（401）卒，春秋七十有六”。

〔28〕《出三藏记集》卷二《新集经论录》：“新无量寿经二卷，永初二年（421）于道场出……晋安帝时，天竺禅师佛驮跋陀罗至江东，及宋初于庐山及京师译出。”“新无量寿经二卷，宋永初二年于道场寺出。一录云于六合山出……宋孝武皇帝时，沙门释宝云于六合山寺译出。”“无量寿经一卷，阙……宋文帝时，天竺摩诃乘法师求那跋陀罗以元嘉中及孝武时宣出诸经，沙门释宝云及弟子菩提法勇传译。”《名僧传》记：“求那跋陀……元嘉二十三年（446）谯王镇荆州，请与具行，安憩辛寺。更立殿房，即于寺内出……无量寿一卷。”

〔29〕 又见《艺文类聚》卷七六《内典上》。

〔30〕 道世所录较《高僧传》卷一三《僧亮传》为详，疑出自前引《法苑杂缘原始集》所收之像记。

〔31〕 以上诸僧事迹俱见《名僧传》。

〔32〕《出三藏记集》卷一二《法苑杂缘原始集·杂图像目》卷上录有“宋孝武皇帝造无量寿金像记第五”一目。

〔33〕以上《冥祥记》文，皆引自《法苑珠林》卷一五。

〔34〕石像原为端方所藏，像铭著录于《陶斋藏石记》卷五。

〔35〕《出三藏记集》卷一二录《齐太宰竟陵文宣王法集录·自书经目录》有“无量寿经一部四卷”。又录《齐竟陵王世子抚军巴陵王法集·自写经目录》有“无量寿二部四卷”。

〔36〕超辨、法明事，俱见《名僧传》。

〔37〕见《续高僧传》卷一六本传。

〔38〕见《高僧传》卷八本传。

〔39〕见《比丘尼传》卷四本传。

〔40〕见《高僧传》卷一二本传。

〔41〕《古刻丛钞》录有《孝敬寺志》云：“大同六年（540）……菩萨戒弟子公上琏奉为亡母杨叔女舍所居宅……皇帝□赉名孝敬寺……同生〔西〕方无量寿国。”

〔42〕见《梁书》卷五一《处士·庾诜传》。

〔43〕《艺文类聚》卷七六、七七《内典》引。

〔44〕《出三藏记集》卷一二《法苑杂缘原始集·杂图像目》卷下所列“光宅寺丈九无量寿金像记第九”一目，即指此像。

〔45〕《名僧传抄》卷末辑弥勒法缘事迹中有“僧受立弥勒精舍”“惠严造弥勒事”两目。

〔46〕《名僧传》记龙花寺道矫“元嘉十六年（439）……造夹苎弥勒倚像一躯，高一丈六尺，神仪端严，开发信悟”。

〔47〕《名僧传》记：“释法祥精进有志节，以元嘉九年（432）立弥勒精舍。”

〔48〕《比丘尼传》卷二记宋广陵中寺光静尼“属念兜率，心心相续”。《名僧传抄》卷末有“（宋枳园寺）僧咨供给四事诵经弥勒事”一目。

〔49〕《名僧传》：“昙斌……元嘉二年（425）乃往江陵，憩于辛寺……梦见一人，白银色，相好分明，似是弥勒，举手摩其顶。”

〔50〕《名僧传》记宋成都香积寺道法“每至夕，辄脱衣于弥勒像前，养饴蚊虻，如是多年，后见弥勒放种种光。”

〔51〕《名僧传》：“常元祖……深信大法，元嘉二十四年（447）卒。与其友人梦云：我从（道）汪法师受菩萨戒，今得生兜率天。”

〔52〕此宋元嘉二十八年（451）造弥勒铜像现藏美华盛顿弗利尔博物馆。《神州国光集》册一二著录弥勒像铜座一，有铭云“大宋泰始六年岁次庚戌（470）……闵正玄夫妻敬造弥勒像一区”，座存像佚，不知此弥勒作何形象。又日本文青文库藏一与弗利尔博物馆所藏形制相似的坐佛铜像，有元嘉十四年（437）铭。但铭中未记佛名。

〔53〕以上俱见《出三藏记集》卷一二《法苑杂缘原始集·龙华像会集目》。

〔54〕《比丘尼传》卷四记禅林寺净秀尼天监五年（506）“告诸弟子：我升兜率天。言绝而卒”。

〔55〕收在《广弘明集》卷一六《寺刹佛塔诸铭颂》中。

〔56〕有关齐梁信仰弥勒的记录甚多，其例如《名僧传》记安乐寺昙副“戒行清峻，唯至

唯勤，乃通梦想，有人语之曰：若兜率之业已办，无所复虑也。又梦弥勒佛手摩其顶……齐建（武）四年（497）卒”。《续高僧传》卷五记梁扬都庄严寺僧旻“大通八年（534）……卒于寺房……尝造弥勒像并诸供具，朝夕礼谒，乃梦见弥勒佛遣化菩萨送菩提树与之”。现存遗物除上述普通六年（525）公孙伯城夫妇造弥勒佛倚坐铜像外，尚有大同四年（538）陶迁造弥勒石像一例，见《支那美术史·雕塑篇》，164页。

〔57〕《陶斋藏石记》卷五著录。

〔58〕参看《成都万佛寺石刻艺术》附图1、2。1988年8月，余过成都，于四川省博物馆库房获睹原物，承袁曙光同志见告：该碑20年代出土后，被植于茂汶土司衙署前，40年代有妄人将此碑左右两侧击解，只将正背面佛像部分，偷运成都，案发，冯汉骥先生移石于四川民众教育馆，寻又觅得击解之左右两侧残石，亦运存该馆。四川民众教育馆即今四川省博物馆前身。现将中间佛像部分与两侧残石复合，略述其内容如下：碑正面上部雕千佛，其下雕帐饰，帐饰下为弥勒佛坐像，像座下方壸门内雕“比丘法爱”“比丘法明”两供养像。背面帐饰下雕立于莲台上的无量寿佛立像，帐饰左上方雕山中坐禅，其下有“时镇主性庄丘□部亦值□福愿□同”铭一行。左侧面最上雕双佛，其下为山中坐禅像，再下为永明元年造像铭六行，再下为着冠垂缯饰交叉帔帛之菩萨立像，最下雕山中禅僧。右侧面上方雕双佛，其下山中坐禅，群山左侧镌偈语两行，文曰“诸行无常，是生灭法，生灭灭已，像灭为乐”，山中坐禅下方雕如左侧面之菩萨立像。

〔59〕据《石交录》卷二录文移录。

〔60〕《历代三宝记》卷五录魏高贵乡公世，西域沙门白延译《无量清净平等觉经》二卷，其下注文云：“第三出。与世高、康僧铠等所出《无量寿经》本同，文名少异。见竺道祖《晋世杂录》。”

〔61〕汤用彤《汉魏两晋南北朝佛教史》第七章《竺法护》条。

〔62〕见《出三藏记集》卷二《新集经论录》。

〔63〕见《法苑珠林》卷六三引《冥祥记》。

〔64〕以上诸人事迹俱见《高僧传》本传。

〔65〕事见《高僧传》卷五《释道安传》《竺法汰传》《昙翼传》。

〔66〕以上诸人事迹俱见《高僧传》本传。

〔67〕《高僧传》卷五《释道安传》记苻坚送诸像之后云：“每讲会法聚，辄罗列尊像，布置幢幡，珠佩迭晖，烟华乱发，使夫升阶履闼者莫不肃焉尽敬矣。”

〔68〕“以人”，《名僧传》《高僧传》卷五《昙戒传》皆作“八人”。

〔69〕道安《综理众经目录》所收经，自汉光和以来迄于晋宁康三年（374）。参看《汉魏两晋南北朝佛教史》第八章《释道安·经典之整理》条。

〔70〕见《出三藏记集》卷三《新集安公失译经录》。

〔71〕参看《汉魏两晋南北朝佛教史》第十章《罗什在长安》条。

〔72〕《出三藏记集》卷二《新集经论录》记“魏文帝时，支谦以吴主孙权黄武初（222）至孙亮建兴中（252～253）”译经三十六部，内有《阿弥陀经》二卷。

〔73〕《历代三宝记》卷八于罗什所译《无量寿经》一卷下注：“一名《阿弥陀经》，弘始

四年（402）二月八日出，是第五译。与支谦、康僧铠、白延、法护等出两卷者本同，文广略小异。”又于罗什译《弥勒成佛经》一卷下注：“弘始四年出，是第二译，与法护出者大同小异。”

〔74〕以上诸人事迹俱见《高僧传》本传。

〔75〕《魏书》卷一一四《释老志》：“义真之去长安也，赫连屈丐追败之，道俗少长咸见坑戮。”

〔76〕以上诸人事迹俱见《高僧传》本传。

〔77〕王毅《北凉石塔》，刊《文物资料丛刊》一，1977。

〔78〕高善穆造石塔塔柱所雕经文，无标题，但新疆吐鲁番所出同类北凉宋庆造石塔，于经文之前镌经名为《佛说十二因缘经》。按该经北凉之前有四译，《出三藏记集》卷二录安世高、法护、罗什三译；《历代三宝记》卷四又录汉安玄于“灵帝末世，游贾洛阳，因遇佛调即共翻译”另一本“《断十二因缘经》一卷，亦云《阿含口解十二因缘》，亦直云《阿含口解经》”。以上四译俱佚。马世长同志曾从东晋僧伽提婆译《增一阿含、结禁品》（僧伽提婆译本系以前秦昙摩难提初译为底本，故卷前仍冠道安为难提译本所撰之旧序）中，检出与北凉石塔相应之文字，但小有差异（马有校记，附前引王毅《北凉石塔》文中）。因疑《增一阿含、结禁品》所收十二因缘部分，系袭用旧译《十二因缘经》而有所修改。至于袭用四译中的哪一译本，现已无法考定。

〔79〕参看《凉州石窟遗迹与“凉州模式”》。该文已收入本论文集中。

〔80〕新疆吐鲁番高昌故城中，原存承平三年《凉王大沮渠安周造像记》碑，碑文有云：“弥勒菩萨控一乘以苌躯。超二渐而玄诣……图法身之妙，证无生之玄，谯束教迷方者睹真容以遐兴，离本逐末者守彭笃以致极。”该碑20世纪初为德人窃去。《西陲石刻录》收有该碑录文。

〔81〕*Chotscho*，图版60，1913。

〔82〕参看《中国石窟·永靖炳灵寺》，图版21、28，1989。

〔83〕同注〔79〕。

〔84〕以上诸人事迹，除凉州释僧朗见《法苑珠林》卷五一外，俱见《高僧传》本传。参看《汉魏两晋南北朝佛教史》第十章《义学之南趋》条。

〔85〕民间信仰无量寿的遗迹，有传世和平五年（464）孟姜造金铜无量寿坐像、太和六年（482）铭无量寿立像两例，弥勒作佛像形式之传世遗物，有太平真君四年（443）菀申造金铜弥勒佛立像、和平元年（460）比丘法亮造弥勒佛坐像铜板，延兴五年（475）韩令姜造金铜弥勒佛立像。太和以降之弥勒佛像传世较多，参看日人松原三郎《北魏太和金銅仏の諸問題》《北魏の鄜県様式石彫》《北魏正光様式の金銅仏》，三文皆收入《中国佛教雕刻史研究》，1960。

〔86〕参看《洛阳伽蓝记》卷二记崇真寺比丘慧嶷故事。

〔87〕参看刘慧达《北魏石窟与禅》。该文已收入本论文集附录。

〔88〕北方传世之小型铜、石弥勒佛像皆远离平城流行于民间之作，不见于云冈，可见佛像型之弥勒造像不为北魏上层统治者所采用。又或以陕西省博物馆所藏皇兴五年（471）弥勒交脚佛石像和曲阳所出正光四年（523）弥勒倚坐佛石像为例，证明云冈

交脚佛像、倚坐佛像皆是弥勒佛像，似尚可讨论；即使如此，交脚佛像并不见南方，传世倚坐佛像也为梁以前南方所未见。

〔89〕北方偶有民间铸造之无量寿小型铜像。参看注〔85〕。

〔90〕云冈可以大体肯定之无量寿像，如铭中有“托生净土”的第4窟南壁正光□年（520～524）为亡夫侍中平原太守造像龛、铭中有“愿托生西方妙乐国土，莲花化生”的第19窟西胁洞后壁延昌四年（515）清信士元三造像龛和第38窟口右侧上方吴天恩造像铭中有“腾神净土”句等，皆雕造于北魏迁洛以后。

〔91〕龙门北魏龛铭中最早出现有关无量寿信仰者，是古阳洞正始五年（508）比丘惠合造释迦龛，其铭云：“造释迦一区，愿托生西方。”龙门出现最早的无量寿龛，是古阳洞神龟三年（519）清信士佛弟子杜永安所造龛，但该龛铭中又云：“弥勒三唱，恒登先首。”至于像铭相应之无量寿龛，以火烧洞正光三年（522）公孙兴姬所造龛为最早。

〔92〕参看《平城实力的集聚和“云冈模式”的形成与发展》，该文已收入本论文集中。

〔93〕南北使节往还最早记录，见《魏书》卷四《世祖纪上》：“（始光二年，425）夏四月，诏龙骧将军步堆、谒者仆射胡觐使于刘义隆。”“（三年，426）八月……刘义隆遣使朝贡。”《宋书》不记此事。

〔94〕参看《魏书》卷五《高宗纪》、卷六《显祖纪》、卷七《高祖纪》。

〔95〕《宋书》卷五《文帝纪》：“（元嘉二十八年即北魏太武正平元年，451）夏四月……索虏伪宁南将军鲁爽、中书郎鲁秀归顺。”此事不见《魏书》。

〔96〕“法武”应作“法虎”，避唐讳改。参看中华书局排印本《魏书》卷四三《校勘记》〔六〕。

〔97〕指梁武天监间（502～519）。萧子显《齐书》约撰于天监末。《出三藏记集》所收经，最迟为天监四年（505）所出《逾陀卫经》等三种。道慧《宋齐录》应不晚于《祐录》。天监九年（510）宝唱发愿撰《名僧传》，十三年（514）已就条例，见《续高僧传》卷一《宝唱传》。《高僧传》慧皎自序云：“始于汉明帝永平十年（67），终于梁天监十八年（519），凡四百五十三载，二百五十七人。”

〔98〕法凤、法武兄弟被羁平城事，陈垣先生于20年代即予注意，撰《云冈石窟寺之译经与刘孝标》，刊《燕京学报》6期（1929），该文后收入《陈垣学术论文集》第一集，1980。

〔99〕“尼”下脱“僧”字。参看中华书局排印本《魏书》卷四三《校勘记》〔七〕。

〔100〕《北史》卷三九《刘休宾传》此句作“法武改名峻，字孝标”。

〔101〕《高僧传》著录齐道慧二：卷八庄严寺道慧卒于建元三年（481），同卷何园寺道慧永明八年（492）时已闻名。疑撰《宋齐录》者，或即其中之一。如无误，则孝标在北参与译经事，在其486年南返之初，甚至南返之前，即已名闻江南。

〔102〕昙曜在北台译经，始于和平三年（462）见《历代三宝记》卷三。《文苑英华》卷一九七录刘孝标《出塞》诗一首“蓟门秋气清，飞将出长城，绝漠冲风急，交河夜月明。陷敌摐金鼓，摧锋扬旆旌，去去无终极，日暮动边声”，疑撰于陷北之时。

〔103〕见《南齐书》卷五二《文学·崔慰祖传》。

〔104〕见《广弘明集》卷三所收阮孝绪《七录序》。任昉，天监六年（509）卒，《梁书》卷一四《任昉传》记：“初，昉立于士大夫间，多所汲引，有善已者则厚其声名。及

卒，诸子皆幼，人罕赡恤之。平原刘孝标为著论（《广绝交书》）"，以申不平。

〔105〕余嘉锡《世说新语笺疏》（1983）卷四《文学》第47条《笺疏》〔三〕谓：《世说注》系奉梁武敕撰，撰年在天监六七年间（507～508）。

〔106〕刘注引佛书有《僧肇注维摩经》《经叙》等，引僧传有《支遁别传》《安和上传》《张野远法师铭》《高逸沙门传》《名德沙门题目》等。

〔107〕见《南史》卷四九《刘怀珍传附从父弟峻传》。

〔108〕见《梁书》卷五〇《文学·庾仲容传》。峻在安城王秀所，余嘉锡考在天监七年（508）。参看注〔105〕。

〔109〕见《梁书》卷二二《太祖五王·安城王秀传》。《类苑》见誉于时，见《艺文类聚》卷八七《内典》引《刘之遴与刘孝标书》。

〔110〕上述刘峻事迹，除已注出处者外，皆据《梁书》卷五〇《文学·刘峻传》。

〔111〕见《广弘明集》卷二四所录刘孝标《东阳金华山栖志》。

〔112〕参看《世说新语》卷一《德行》、卷二《言语》、卷四《文学》、卷一八《栖逸》中有关诸条《刘注》。

〔113〕刘峻撰《自叙》，尝自比汉冯衍云："敬通值中兴明君而终不试用，余逢命世英主亦摈斥当年……敬通有一子仲文官成名立，余同伯道永无血胤……敬通膂力方刚老而益壮，余有犬马之疾，溘死无时。"（《梁书》卷五〇《文学·刘峻传》）又云："以病乞骸骨，后隐东阳金华山。"（《六臣注文选》卷四三刘孝标《重答刘秣陵沼书》李善注引）撰《东阳金华山栖志》云："爰洎二毛，得居岩穴……金华之首有紫岩山……予之葺宇实在斯焉。"（《广弘明集》卷二四）《梁书》本传末记："峻居东阳，吴会人士多从其学。普通二年（521）卒，年六十。门人谥曰玄靖先生。"综上记录，可知峻隐东阳当在晚年，依此推之，僧祐天监十二年迄十五年（513～516）经营石城龛像时，峻年在五十二迄五十五岁之间，应是"吴会人士多从其学"之际。

〔114〕《广弘明集》卷三〇录陈国君臣忏悔栖霞山寺之诗文。灌顶《隋天台智者大师别传》记，智顗"陈太建七年（575）秋七月，初入天台，历游山水……庆昙光之石龛"，遂于"北峰创立伽蓝"。于是，江表声望，就山请戒。《续高僧传》卷一七《智顗传》又记，顗于陈亡后七年，即隋开皇十七年（595）"端坐如定而卒于天台山大石像前"。以上事迹为时虽已稍迟，但可窥摄山、石城皆南朝晚期之佛教胜地。

〔115〕《嘉靖太原县志》录文多有脱略，下面引文中括号内的文字，系据《道光太原县志》卷一二《艺文》一录文补。

〔116〕《永乐大典》卷五二〇三原字《太原府》五《寺观》引《太原志》记此寺云："开化寺在本县西北一十五里，自北齐高阳（洋）天保二年（551）乃凿石通溪，依山刻像，遂状招提之境。至隋仁寿元年（601）改净明寺。唐李渊留守河东，来游于此，受禅之后，复题额曰开化。至后晋开运二年（945）刘知远始经营之，今废。"又引《元一统志》云："（开化寺）有巨石佛。五代晋开运中，苏禹珪作北平王刘知远修阁记曰：以已俸完善之。其阁高二百余尺。宋末毁废。"

〔117〕自本世纪初起，国内外学人多据方志记录往寻此遗迹，皆无所获。关野贞、常盘大定曾以砂岩疏松，疑已于早年崩毁，见关野贞《天龙山石窟》，刊《国华》32编375

号（1921），该文后收入《支那の建築と芸術》，1941。

〔118〕参看王剑霓《晋阳西山大佛遗迹找到了》，刊《地名知识》，1983年第2期。

〔119〕参看高同根等《大伾山天宁寺》，刊《河南省文物志选稿》第四辑，1983。

〔120〕此碑记现尚存天宁寺内，引文系据《浚县金石录》（附《嘉靖浚县志》后）卷下录文。

〔121〕《浚县金石录》所录宋元人题记，皆记此像为弥勒，如陈知存《谒弥勒像题名》云："登大伾，谒弥勒像……政和四年（1114）二月十二日。"不忽术《题名》："至元壬午（十年，1282）春二月鲁斋门人不忽术观大弥勒像。"

〔122〕王恽，卫州汲县人，博学善文，有治绩。至元大德间，"五任风宪，三入翰林"（《王公孺秋涧先生大全文集后序》）。恽留心乡邦文献，至元三年（1266）纂《汲郡图志》。浚州，汲郡之东邻，黄河故道自汲东北行，迄大伾北折，大伾遗迹当为恽所素悉。至元丙子（十三年，1276），恽在京，披阅中祕新收亡宋图书彝器，撰《博古要览》《书画目录》，时朝廷"议典礼，考制度，咸究所长，同僚服之"（《元史》卷一六七《王恽传》）。寻转官大河南北，重视搜访古迹，对石麟之考察尤多致意，检《秋涧先生大全文集》卷二《拜奠宣圣林墓》有"荒陵余石獬"，卷一七《赵州石梁》有"华表亭亭拥石麟"，卷三四《昭庆陵》有"石麒麟鼠动秋风"等诗句，卷一一《唐建昌陵石麟记》更详记仪凤元年（676）所建石麟之形制。由此可知，王恽对当时中原地区所存北朝隋唐之石麟形制的变化有所了解，因此，王恽推断大伾山寺石麟年代，当非率尔妄论。至于嘉靖三十八年（1610）《大伾山天宁寺重修三殿碑记》云"有佛千二百年余"，嘉靖、万历两《浚县志》谓创于石勒，皆不足据。

〔123〕现藏上海市博物馆。该像曾著录于《十二砚斋金石过眼录》卷四、《八琼室金石补正》卷一一和《荀学斋日记》丙集下等书。参看丁文光《梁中大同元年造释迦石像》，刊《文物》1961年第12期。此像雕螺髻与剡溪石城大佛同。

〔124〕参看《成都万佛寺石刻艺术》，图版8，1958。

〔125〕参看注〔58〕。

〔126〕仅于大洞后壁左侧千佛龛下沿获嘉靖十五年（1536）重妆铭记一处。

《莫高窟记》跋

一

《历史研究》1954年第2期刊载了王重民先生由伯3720号卷子背面抄出的《莫高窟记》一篇。按敦煌莫高窟敦煌文物研究所编第156号窟[1]前室北壁右上方，有晚唐人墨书《莫高窟记》十行，墨迹虽因沙刷日晒，多有脱落[2]，但就其内容和行款推证，知与王先生抄出者相同[3]。现将二文对校如下：

莫高窟记 ［行款系按敦编第156号窟题记原式（原题记行次系由右起向左竖排，本书为了阅读方便，改为左起横排——编者）。黑体字为该窟题记原文，小字为王先生抄出的原文[4]。］

莫高窟记

右在州东南廿五里三危山[上]秦建元之世有沙

右在州东南二十五里三危山上秦建元年中有」沙

门乐僔杖锡西游至此巡礼其山见金光如千佛

门乐僔仗锡西游至此遥礼其山见金光」如千佛

之状遂[架]空□岩大造龛像次有法良禅师[东][来]

之状遂架空镌岩大造龛像次有」法良禅师东来

多诸神异复于僔师龛侧又造一龛[伽][蓝][之]□[肇][于]

多诸神异复于僔师龛侧」又造一龛伽蓝之建肇于

二僧晋司空索靖题壁号仙岩寺[自][兹][以][后][镌]□□[不][绝]

二僧晋司空索靖」题壁号仙岩寺自兹已后镌造不绝

可有五百余龛又至延载二年禅师灵隐共居士阴□造北
可有五」百余龛又至延载二年禅师灵隐共居士阴祖等」造北
大像高一百卌尺又开元年中僧处谚与乡人马思忠等造南
大像高一百四十尺又开元年中僧处谚与乡」人马思忠等造南
大像高一百廿尺开皇年中僧善喜造讲堂从初□□至大
大像高一百二十尺开皇年」中僧善喜造讲堂从初置窟至大
历三年戊申□四百四年又至今大唐庚午即四百九十六
历三年」戊申即四百四年又至今大唐庚午即四百九」十六
□□□□□□通六年正月十五日记
年　时咸通六年正月十五日记」

因此，可以推测王先生所据，不是当时晚唐人（或稍后）抄自敦编第156号窟，即是又据上述录文重录的文本[5]。

二

这篇《莫高窟记》虽然很短，只有二百零五个字，但它的牵涉面却很广：有的地方可以和过去所知的材料互相印证，明确了一部分莫高窟存在的问题，有的地方也给莫高窟提出了过去不知道的新的问题。

第一、莫高窟石窟艺术的渊源问题

《记》中说："秦建元中，有沙门乐僔杖锡西游至此，巡（遥）礼其山，见金光如千佛之状，遂架空镌岩大造龛像。次有法良禅师东来，多诸神异，复于僔师龛侧又造一龛[6]。伽蓝之建，肇于二僧。"此事又见于武周圣历元年《李君莫高窟佛龛碑》："莫高窟者，厥㘙秦建元二年有沙门乐僔戒行清虚，执心恬静。当杖锡林野，行至此山，忽见金光，状有千佛，□□□□□造窟一龛。次有法良禅师从东届此，又于僔师窟侧更即营建。伽蓝之起滥觞于二僧。"[7]按敦煌莫高窟开凿年代较早，其位置又近当时内地西端，所以过去考查其艺术渊源往往偏重在它和中央亚细亚的关系，但这二项莫高窟本身的文字记载，却指出最早佛龛的开凿人乐僔、法良，一是“西游至此”，一是“从东届此”，都是自敦煌以东而来，这说明莫高窟艺术的开始，也和敦煌以东有密切关联[8]。

第二、索靖所题仙岩寺问题

《记》中说：“……伽蓝之建，肇于二僧。晋司空索靖题壁号仙岩寺。”按此事不见于《李君莫高窟佛龛碑》。索靖敦煌望族，晋惠帝太安末以讨河间王颙被伤而卒，事见《晋书本传》[9]。太安末，下距乐僔造龛尚有六十余年，而此记又记此事于“伽蓝之建，肇于二僧”之后，因此，这个问题就难以解决了：是把莫高窟伽蓝的兴建，推到乐僔乃至晋惠帝太安末以前呢？还是所记索靖之事有问题呢？我们趋向于后者，因为其时莫高窟是否已有伽蓝尚成问题，况且以索靖的声誉，如果真有题壁之事，早于《莫高窟记》的《李君莫高窟佛龛碑》是不该遗漏的[10]。

第三、撰写《莫高窟记》时莫高窟的窟数问题

《莫高窟记》在记二僧造龛、索靖题壁之后，接着就说：“自兹以后，镌造不绝，可有五百余龛。”下面则另起一段记北、南大像和讲堂等莫高窟重要兴建的事件。我们根据前后文的关系，应该说这“可有五百余龛”的记录，是指撰写《莫高窟记》时（大唐庚午，即大中四年，参看本文第六个问题）莫高窟的总数。可是早它一百五十余年的《李君莫高窟佛龛碑》中却说：“伽蓝之起滥觞于二僧……推甲子四百他（？）岁，计窟室一千余龛。”这又该如何解释呢？按敦煌文物研究所统计现存窟数（包括耳窟）是四百七十六[11]。又按1951年敦煌窟檐修建委员会的调查，估计现被流沙埋没的约有百窟，明以前因岩面崩毁和晚唐以来改建时所损毁的也近百窟。这样，把现存的（包括唐以后所兴造的）、埋在沙下的、已崩毁和改毁的全部计算在内，它的总数也不过七百。因此，就可以推测武周时“一千余龛”是形容龛数之多而非实际的窟数了。或者说，当时窟龛的延续较现在为长，也许东山还有。这个问题，我们不必仔细研究，敦煌所出晚唐人的《敦煌录》中（斯5448）曾记有：“州南有莫高窟……其山

西壁南北二里，并是镌凿高大沙窟，塑画佛像，每窟动计费税百万……其小龛无数。”这一方面说明了窟龛的位置限于西壁，另一方面也证明了晚唐当时窟龛的延续情况和今天相同。下面我们再追究一下撰写《莫高窟记》时“可有五百余龛”的记载是否可靠。按敦煌文物研究所统计现存自晚唐以后的窟数是一百七十余，这个统计的断代根据，是以窟内现存壁面上的大部分壁画的时间为准，所以，其中还包括了许多晚唐以前所开凿的，据1951年敦煌窟檐修建委员会估计，其数字也将近全数的三分之一。这样，由现存四百七十六窟中减去自晚唐以后所开的百余窟，就得出现存晚唐以前所开的窟数——大约可超过三百余座，然后，再加上沙埋、崩毁和改毁的数字，那么，就和“可有五百余龛”相去不远了。如果再根据后于撰写《莫高窟记》时（大中四年）一百年的《十二月八日夜……社人遍窟燃灯分配窟龛名数》[12]所记当时窟龛有六百左右这个数字中，减去张曹二姓统治这里时急骤增加的窟数——九十座左右，看来，其数字也应接近五百余。因此，《莫高窟记》所记当时的窟数，我们觉得是比较接近真实的。

1 第96窟佛像发髻

2 第130窟弥勒倚像上部

第四、北大像、南大像问题（参看图版94）

《记》中说：“又至延载二年，禅师灵隐共居士阴祖等造北大像[13]，高一百四十尺。又开元年中，僧处谚与乡人马思忠等造南大像，高一百二十尺。”按莫高窟以敦编第96号窟中高33米的倚坐佛像为最大[14]，其次是敦编第130号窟中高23米的倚坐佛像[15]，而《莫高窟记》所在地的第156号窟正在这两窟之间，并且在它北面的大像恰比在它南面的大像为高。此

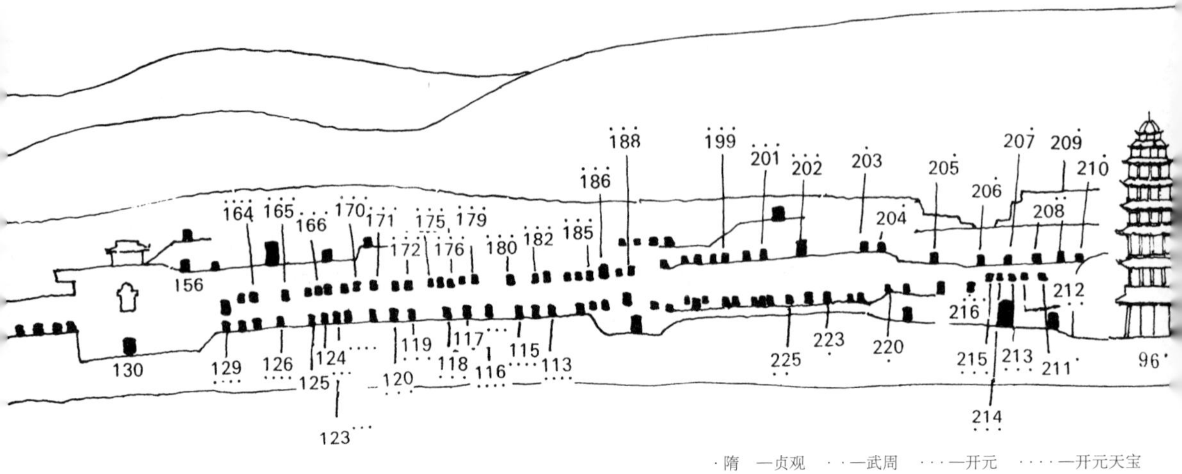

3　敦煌莫高窟两大像窟间主要洞窟开凿年代初步估定

外，我们就第96号和第130号两窟的位置[16]、造像的风格以及壁画装饰等观察，也正和《记》中所说的北大像、南大像的时代相吻合。这样，不仅记文找到了实物，而莫高窟这两座大像窟的开凿年代也有了肯定的根据。又据《曹元忠夫妇重修北大像楼阁记》“北大像弥勒”和唐人杨洞芊所辑《敦煌大事记》（伯3721）“辛酉开元九年，僧处该（谚）与乡人百姓与马思忠等发心造南大像弥勒，高一百廿尺”[17]，更可知南北两大倚坐像的确切名称和开凿南大像的具体年代。

第五、莫高窟兴造讲堂问题

《记》中说：“开皇年中，僧善喜造讲堂。”[18]这座讲堂我们怀疑它不是石窟，而是修建在窟龛对面平地上的建筑。因为我们在莫高窟隋窟中找不出一个形制特殊——也就是不同于一般以塔柱为中心、或以释迦为中心的大石窟。这个怀疑假如不错，那么，这条记载当是莫高窟有地面建筑的最早记录。同时也给将来莫高窟寺院考古或修建工程提供了值得注意的资料。这条记载我们还怀疑它和《李君莫高窟佛龛碑》所记“计窟室千余龛，今见置僧徒，即为崇教寺也”[19]的崇教寺有关。因为这座崇教寺，隋时就已是敦煌的著名佛寺，《广弘明集》卷一七录隋王劭《舍利感应记》记：“仁寿元年，（炀帝）于海内诸州选高爽清静三十处，各起舍利塔……瓜州于崇教寺起塔。”[20]所以，这里窟室隶属崇教寺，大约隋时亦然。因此，僧善喜所造讲堂，可能也属崇教寺的建置。

第六、《莫高窟记》的年代问题

《记》最后一段记录了三个年代：“从初置窟至大历三年戊申即四百四年。又至今大唐庚午即四百九十六年。时咸通六年正月十五日记。”中间的年代，即“又至今大唐庚午”，应是撰写《莫高窟记》的年代。此《庚午》当是大历三年戊申后的第二个庚午，即大中四年，其时张议潮虽复沙州已二年，但凉州一带尚属蕃境，且敦煌与唐廷隔绝历有年所，人们对大中纪元并不了然，故仍用吐蕃统治时期以干支纪年的旧法。前面的年代即“从初置窟至大历三年戊申即四百四年”，是撰写《莫高窟记》时，据以推算“莫高窟初置窟……又至今”的年代；至于当时为什么据这个年代推算，现在已无法做出确切的判断，估计是由于这里原有一个这样现成的，并已被一般人所认可的文字记录的缘故。后面的年代即“时咸通六年正月十五日记”，应是将《莫高窟记》书写于敦编第 156 号窟前室壁上的年代。《资治通鉴·唐纪六六》记咸通八年“二月，归义节度使张义潮入朝，以为右神武统军，命其族子淮深守归义”[21]，是书壁之时，议潮尚在敦煌，如是年即咸通六年敦编第 156 窟已完工，则议潮卒观其成云。

第七、莫高窟开始置窟的年代问题

根据《记》中所说“从初置窟至大历三年戊申即四百四年”，自大历三年（768）上溯四百四年是东晋兴宁三年（365），“又至今大唐庚午即四百九十六年”，大唐庚午即大中四年（850），自大中四年上溯至兴宁三年，应为四百八十六年。因疑记中“四百九十六年”之九字，系八字之讹。东晋兴宁三年即前秦建元元年，这与《李君莫高窟佛龛碑》所记“前秦建元二年有沙门乐僔……行至此山……造窟一龛”只早一年。此一年之差，当是推算之误，故《记》中亦云：“伽蓝之建，肇于二僧。”由此可知《莫高窟记》的作者，对莫高窟开始置窟年代的根据，还是渊源于《李君莫高窟佛龛碑》；如果这个“初置窟”的年代，在撰写《莫高窟记》时还得到一般人们的认可，那么，武周圣历《李君莫高窟佛龛碑》的记录，在晚唐时期还是具有权威性的。

本文原载《文物参考资料》1955 年第 2 期。1982 年旅居洛杉矶时，借加州大学洛杉矶分校东方图书馆藏书之便，做了较多的增改。

注释

〔1〕 敦煌文物研究所编第 156 号窟，该窟后室北壁下部即画有有名的《河西节度使检校司空兼御史大夫张议潮统军□除吐蕃收复河西一道行图》，对面即南壁下部画《司空夫人宋氏行李车马》。

〔2〕 该记现为敦煌文物研究所用布遮盖，以资保护。

〔3〕 敦编第 156 号窟《莫高窟记》的全文，已录文发表的有三种：向达《莫高、榆林两窟杂考》，刊《文物参考资料》第二卷 5 期，1951；何正璜《敦煌莫高窟现存佛洞概况之调查》，刊《说文月刊》第三卷第十期，1943；史岩《敦煌石室画像题识》，1947。

〔4〕 此处所录《莫高窟记》黑体字行，系据 1951 年敦煌窟檐修建委员会按原题记的录文，当时漫漶不清的文字皆画□。1965 年敦煌文物研究所同志仔细辨认，增识甚多，现□中的文字，即据其录文补入。小字行□中所补入的文字和用」表示伯 3720 号原件每行截止处，皆据北京大学图书馆所藏显微胶片。

〔5〕 敦煌莫高窟所出卷子中录有莫高窟本地题记、石刻者甚多，除此外，已知者尚有《唐陇西李府君修功德碑》（此碑尚存敦编第 148 号窟），《阴处士修功德记》（原记已佚）、《吴僧统碑》（原碑已佚）、《崇法师窟铭》（原铭已佚）、《翟家碑》（原碑已佚）《陇西李氏再修功德记碑》（此碑刻在《唐陇西李府君修功德碑》的背面，尚存）等。这些录文，凡原碑尚存的，都可以补其阙泐，如《李府君修功德碑》和《再修功德碑》。这种情况正和此《莫高窟记》同。

〔6〕 1951 年，敦煌窟檐修建委员会详细调查隋以前的窟龛，但乐僔、法良两龛并未找出。怀疑原在敦编第 275 号窟附近，而该处岩面在宋以前曾有崩毁。

〔7〕《李君莫高窟佛龛碑》原在敦煌第 332 号窟，现存敦煌文物研究所陈列室，已毁破，文亦磨损。此据北京大学所藏刘燕庭旧藏的旧拓本。旧拓本碑阴尚完整，其中涉及立碑年月计二处：“粤以圣历元年五月十四日修葺功毕……维大周圣历元年岁在戊戌伍月庚申朔十四日癸酉敬立。”罗振玉《西陲石刻录》所收《周李君修佛龛碑》录文，与此旧拓本所存文字极为接近，盖罗所据墨本与北大所藏或系同时拓出者。

〔8〕 关于这个问题，我们曾就佛教艺术传来前后，敦煌及其附近的艺术基础和就莫高窟现存早期石窟的窟的形制、壁画、塑像的题材、布置以及装饰纹样等方面研讨其渊源，证明它并不是简单的外来艺术的移植，而这两项文字记载也正好提供了积极的证据。此牵涉甚广，我们将另拟专文，不多赘述。

〔9〕《晋书》卷六〇《索靖传》:“索靖，字幼安，敦煌人也。累世官族……靖才艺绝人……与尚书令卫瓘俱以善草书知名……瓘笔胜靖，然有楷法，远不能及靖……元康中，西戎反叛，拜靖大将军……赵王伦篡位，靖应三王义举以左卫将军讨孙秀有功，加散骑常侍、迁后将军。太安末，河间王颙举兵向洛阳，拜靖使持节监洛城诸军事游击将军领雍秦凉义兵与贼战，大破之，靖亦被伤而卒……后又赠司空。”

〔10〕敦煌莫高窟所出残《沙州土镜》(伯 2671)卷首记有:“从永和八年癸丑岁创建窟，至今大汉乾祐二年己酉岁，笇得五百九十六年记。”按乾祐二年比撰写《莫高窟记》的大中四年晚了近百年，不知道他何所据又提出了一个永和八年创窟之说，假令可靠，永和八年也还比太安末迟了五十余年。

〔11〕此据《敦煌千佛洞新发现的洞窟内容调查》，刊《文物参考资料》1953 年第 12 期。

〔12〕《十二月八日夜……社人遍窟燃灯分配窟龛名数》原件发表于《文物》1959 年第 5 期。该件原为吴曼公所存，现藏敦煌文物研究所。参看金维诺《敦煌窟龛名数考》，刊《文物》1959 年第 5 期。该件末书:“辛亥年十二月七日释门僧正道真。”此辛亥年据录有“文殊堂”，可推知应在文殊堂兴建之后。文殊堂即敦编第 61 窟。该窟后壁五台山图中有榜题作“湖南送供使”图像，据《广清凉传》卷下:“超化大师……晋天福三年戊戌岁，游方行化，至湖南，谒伪国王公，公施香茶盈万，至丁未岁(天福十二年)遣使赍送入山，遍始诸寺。”可知五台山图绘制之年不早于天福十二年丁未(参看日比野丈夫《敦煌の五臺山圖について》，刊《佛教艺术》34 号，1958)，而敦编第 61 号窟之兴建，即文殊堂之出现，亦当在天福十二年以后，天福十二年以后第一个辛亥，是后周广顺元年(951)。

〔13〕阴姓是隋唐以来的敦煌大族，在莫高窟开凿窟龛也历有年所，前引辛亥年《燃灯分配窟龛名数》除北大像外，尚记有阴家窟两处。造北大像的阴祖，伯 2625 号残卷所录敦煌阴氏家族的末段记其事迹云:“阳(阴)祖乡闾令望，州县轨仪，年八十四，板授秦州清水县令上柱国。祖子守忠，唐任壮武将军行西州岸头府折冲兼充豆卢军副使……长子循已……次子循义……”该残卷佚书名，王重民《伯希和劫经录》拟名《敦煌名族志》残卷。王录收在《敦煌遗书总目索引》，1962。

〔14〕敦编第 96 号窟亦即俗称九层楼处。此最大佛像《燉煌录》中记长一百六十尺:“州南有莫高窟……前设楼阁数层，有大像堂殿，其像长一百六十尺。”按此录所记该窟似乎原来即将窟顶凿通，覆以楼阁数层。据伯 2762 号《张淮深修功德记》(原卷首尾俱缺，伯希和、羽田亨合编《敦煌遗书》时拟名《张氏勋德记》。此用王重民拟名，见《伯希和劫经录》):“公则故太保(张议潮)之贵侄也……太保咸通八年归阙之日，河西军务，封章陈款，惣委侄男淮深，令守藩垣……乃见宕泉北大像建立多年，栋梁摧毁。若非大力所制，诸下孰敢能为，退故朽之摧残，葺昤昽之新样，于是杍(梓)匠治材而朴斲，郢人兴役以施功，先竖四墙，后随缔构，曳其栿檩，凭八股之转轳，上墼运泥，斡双轮于霞际。旧阁乃重飞四级，靡称金身。新增而横敞五层，高低得所，玉毫扬采与旭日而连晖，结脊双鸦对危峰而争耸。”知原阁四层，晚唐张淮深重修增为五层。又据英国不列颠博物馆所藏《曹元忠夫妇重修北大像楼阁记》[原卷无名，现据内容拟。该卷不见翟理斯《斯坦因特藏中有纪年的汉文写本目

录》(Lionel Giles, *Dated Chinese Manuscripts in the Stein Collection, Bulletin of the School of Oriental Studies*, vol. Ⅶ)和《敦煌遗书总目索引》所收的刘铭恕《斯坦因劫经录》，但见录于松本荣一《敦煌画研究·附图》224B]“大宋乾德四年岁次丙寅五月九日，敕归义军节度使特进检校太师兼中书令托西大王曹元忠与敕受凉国夫人浔阳翟氏因为斋月届此仙岩……遂睹北大像弥勒建立年深，下接两层材木损折，大王夫人见斯颓毁，便乃虔告焚香，诱谕都僧统大师兼及僧俗官吏，心意决更无二三，不经旬时，缔构已毕”，知宋初又再度重修。此宋初重修的楼阁不知毁于何时。现在的九层楼系民国十七至二十四年地方人士捐资重建，其前为清光绪二十三至二十五年所建的五层楼。楼内壁画除佛头后项光部分尚隐约可辨其痕迹外，余皆不存。释迦坐像也屡遭妆銮，原态不可辨，唯髻尚存当时流行之波纹(插图1)。

〔15〕敦编第130号窟，窟前甬道北壁画乐廷瑰等身供养像，因俗称乐廷瑰窟。窟较完整，壁面除弥勒项光和南北壁二大菩萨画像外，皆为宋画所掩。甬道两壁原有三层壁画：上为宋画；中有“咸通七年三月廿八日魏博弟子石弘载及浙江东道弟子张□□”题记的晚唐画；下为乐廷瑰等合家供养像。上、中两层已为张大千所剥毁。窟中弥勒倚像除手指略有修补外，尚存原态(插图2)。

〔16〕敦煌莫高窟窟龛排次，颇能按照年代顺序。在敦编第96号和130号两窟之间的若干重要窟龛，它们的开窟年代，一般说来，愈近第96号窟的时代愈早，最早者可以到隋末唐初，愈近第130号窟的时代愈晚，最晚者可以到开元天宝以后(插图3)。因此，在窟的排列位置上也可以说明两窟的时代和《莫高窟记》的北、南大像相合。

〔17〕伯3721号卷子不具书名，王重民《伯希和劫经录》据卷前杨洞芊自序，拟名《瓜沙两郡大事记》。

〔18〕斯2048号《摄论章》卷一尾题：“仁寿元年八月廿八日，瓜州崇教寺沙弥善藏在京辩才寺写摄论疏，流通末代。”知隋文之世，瓜州崇教寺僧名排善字，然则造讲堂的善喜与此善藏当有同门之谊。斯2598号又录有善藏所写的《大般涅槃经》卷一六，该卷末尾题：“维大隋大业二年岁次丙寅，比丘释善藏奉为亡妣张夫人敬造此经，流通供养……”

〔19〕□内文字据伯2551号卷子背面录文补，参看《敦煌莫高窟早期洞窟杂考》五《东阳王建平公所开大窟的估计》节。该文已收入本论文集中。

〔20〕崇教寺起舍利塔事又见《续高僧传》卷二六《释智嶷传》：“仁寿置塔，敕召(智嶷)送舍利于瓜州崇敬(教)寺。”

〔21〕《新唐书·吐蕃传》下记此事云：“(咸通)八年，义潮入朝，为右神武统军，赐第及田，命族子淮深守归义。十三年卒。”

参观敦煌莫高窟第285号窟札记

1956年敦煌艺展中最引人注意也最收介绍效果的是第285号窟原大模型。这个石窟正如艺展介绍中所说，是敦煌早期石窟最丰富、最完整的一个。1951年秋我们在敦煌勘查石窟破坏情况时，就时常到这个石窟中，因为它内容丰富、别致，所以随手做了些杂记，现在把记录中较有系统的部分整理出来，请同志们指教（参看图版84～86、75～99、88、89）。

一 石窟形式和唐代“禅窟”

我国石窟有三种主要形式：一种是塔庙；一种是佛殿；一种是僧房群。僧房群最少见，敦煌一百多座魏隋窟中只有二处，即第267～271号窟[1]和第285号窟。第285号窟是一座长4米（加佛龛深1米，共5米），宽6.4米（加北壁小龛深1米，南壁小龛深1.2米，共8.6米），壁高3.3米，顶高0.9米的扁方形盝顶窟。窟门东向。窟西壁凿三龛，置塑像，南北壁各凿小龛四，小龛约1米见方，高1.3米[2]，排列整齐。这些小龛是僧人打坐修行之所，即所谓僧房（插图1）。第285号窟除从这八个僧房可以说明是僧房群式的石窟之外，窟内的部分塑像、壁画，也是有计划地为了体现僧房群的性质布置的，如西壁两侧的小龛内，各安置穿袈裟的僧人苦修坐像一躯，窟顶下缘绘出在草庐中苦修的坐像一匝等。

敦煌晚唐佛殿式石窟甬道两侧出现的单独的“禅窟”[3]，约是这种僧房的演变，不过禅窟似专为某个高僧大德所设，该僧寂化，即塑其坐像置于其中，有名的藏经洞——第 17 号窟，即第 16 号窟的禅窟[4]（见插图 1），其中原来塑有洪䛒坐像。或者就是因为有了这样的禅窟，于是就引起了元代（？）僧人利用第 285 号窟的僧房，即南、北壁小龛，作为葬身之穴，并且有的还在龛口外面贴壁建塔[5]，现在第 285 号窟南壁最西端小龛和北壁西端的两个小龛的“龛楣”[6]中间以及比丘惠遵造拘那含牟尼佛发愿文的后半都模糊不清，即是为这种后建的僧塔所毁。

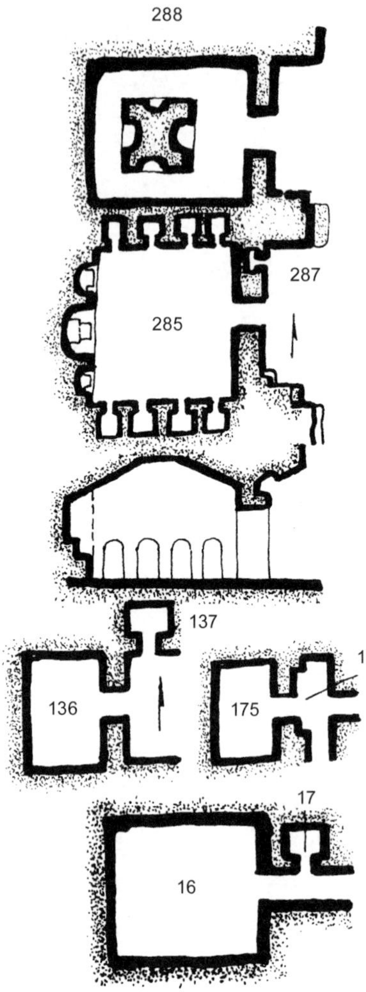

1 第 285 窟平剖面，第 287、288 窟平面和有禅窟的晚唐窟平面

二 窟内塑像和“龛楣”

第 285 号窟塑像皆在西壁龛内。当中大龛塑倚坐佛像，面部已毁，其形式、权衡以及表现细部的技法等都和第 249 号窟的倚坐佛像类似，值得注意的是此像衣纹的处理。衣纹的断面如插图 2 之乙。这种衣纹不见于大同云冈和洛阳龙门，在敦煌它晚于如第 257 号、第 275 号等窟的“贴泥条”式[7]（插图 2：甲），而早于如第 432 号、第 428 号等窟的阶梯式[8]（插图 2：丙）。倚坐佛像两侧各贴壁影塑一菩萨，上半身都脱佚[9]，就下半身观察，它们的塑造时间约在倚坐佛像之后，其飘带用半塑半绘的方式，为第 432 号窟菩萨塑像的做法，开了先例。西壁大龛两侧的南北小龛内，各塑苦修坐像一躯，北龛塑像毁坏较甚[10]，但在敦煌魏窟现存苦修坐像中，还是比较完整的[11]。

第 285 号窟是敦煌石窟中绘有最华丽“龛楣”的洞窟之一。窟中龛楣皆莲瓣式（插图 3：乙），此种莲瓣式龛楣虽然源远流长[12]，但装饰得这样繁缛，几乎和藻井同样成为装饰花纹中的重要部

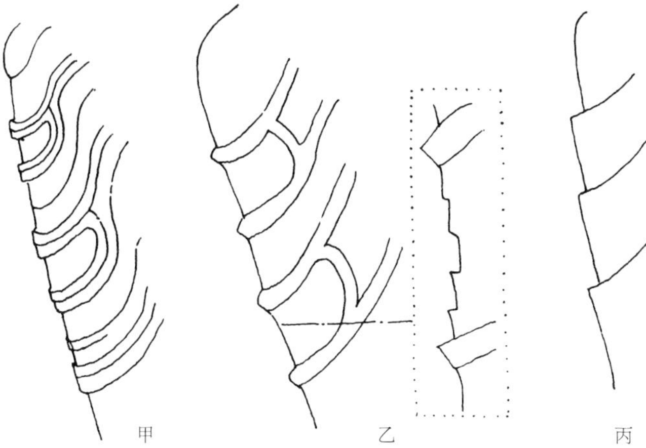

2 敦煌魏窟塑像膝部衣纹侧面

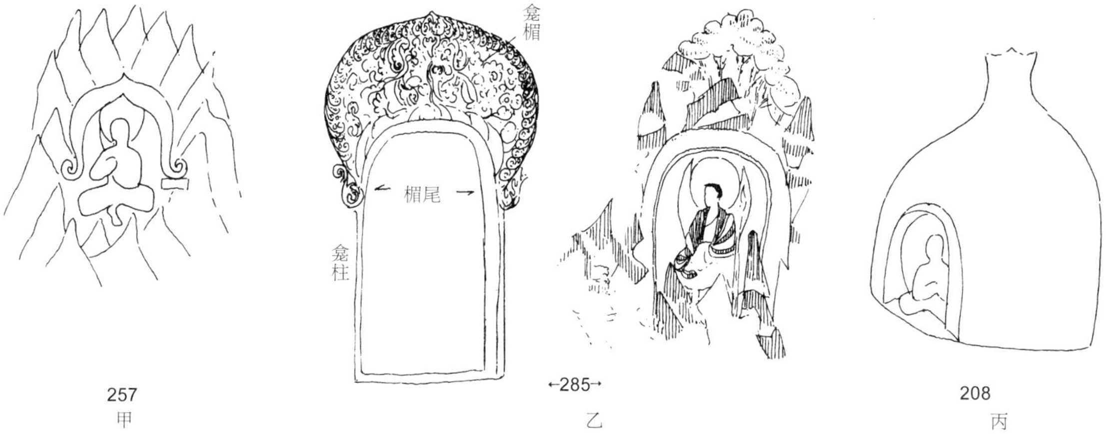

3 龛楣和草庐

分，则为在我国的新发展[13]。至于莲瓣式龛楣究竟何所取义，第285号窟窟顶下缘那匝中坐苦修者的草庐（插图3：乙），给了我们很大启示，草庐的画法多少带有象征性，只用一简单的粗线画出半圆形的庐口，而这条简单的粗线上却装饰了莲瓣式龛楣中常见的连续忍冬纹，因此使我们联想到第257号窟北壁所画象征性的释迦苦修草庐（插图3：甲）和第208号窟北壁弥勒变中的真正的草庐（插图3：丙），于是莲瓣式龛楣的来源问题，就找到了解答：是一座草庐的正面。这样，我们也就进一步了解到“龛楣尾”作出各种形象如忍冬、鸟首、兽形等和龛楣尾下面的“龛柱”[14]，都是后来孳乳的装饰。

三 窟顶壁画

第285号窟窟顶壁画，在敦煌石窟中也是比较别致的。当中抹角叠砌式藻井的四隅，不是画出“阳马”下接壁隅的建筑结构，而是画出四条下垂的流苏，这样就构成了一幅宝盖悬空的景象。窟顶下缘布置了一匝丛山茂林和内坐苦修者的草庐。宝盖式藻井和这匝丛山、茂林、草庐之间，也就是宝盖式藻井的四周，安排了异常繁缛的各种各样的形象，这些形象可以区分为二类：一类是属于中国化了的供养佛的天人和诸花；一类是中国固有的象征天体的神话传说，其详细情况，如下表所列：

位置	第一类形象	第二类形象
窟东顶	执香花的供养天人二 飞天一 六角摩尼（宝珠）一 诸花	持规矩、人首蛇身的伏羲、女娲各一（象征日月）[17] 鹿身有翼的飞廉（风伯）一[18] 虎身多人首的天兽一[19] 豕首（或龙首）的怪兽（象征风雨）一[20]
窟西顶	执香花的供养飞天二 飞天二 执幡和莲花骑朱鸟的飞天一[15] 捧花化生一[16] 诸花	周绕连鼓的雷神二[21] 朱雀（护送人间升仙的灵鸟）一[22] 飞廉（风伯）二
窟南顶	飞天三 执幡飞天一 六角摩尼（宝珠）一 诸花	虎身多人首的天兽一 飞廉（风伯）二 豕首（或龙首）的怪兽（象征风雨）三
窟北顶	飞天四 执幡飞天一 诸花	虎身多人首的天兽一 飞廉（风伯）二 豕首（或龙首）的怪兽（象征风雨）三 朱雀（护送人间升天的灵鸟）一 人首朱雀一[23]

这二类来源不同、含义互异的形象相混在一起，并不矛盾，把各种供养佛的天人、诸花，交错布置在象征天体的各种形象之间，正显示了他们是从天而降。从天而降的供养天人、诸花，在佛教图画中是习见的，因为这样的安排更可以增加佛的神秘、伟大，因而更扩大了宣传佛教的效果。因此，我们认为第285号窟窟顶壁画从窟顶中心的宝盖式藻井，一直到窟顶下缘的丛山、茂林、草庐，是有意识地布置了一个整体，这整体即为了表现天空；其表现方法，主要是应用中国固有的各种象征性的形象。建筑物的顶部图画表现天空这一作风，是我们传统的、惯用的，司马迁记述秦始皇陵就是上具天文，下具地理〔24〕，而辽阳棒台子屯、三道壕一带的石板汉墓的墓顶即绘画日月云气，最近在山东梁山县后银山发现的砖砌汉墓的藻井上也画有象征日月的三足乌和兔〔25〕，再迟一点约当东晋迄隋时期分布在吉林集安县一带的高句丽墓的墓顶壁画和这第285号窟窟顶壁画更为近似〔26〕。

四　窟内壁画的年代

第285号窟窟内壁画的年代，一向是根据北壁比丘譖化造迦叶佛发愿文末所记“大代大魏大统四年岁次戊午八月中旬造”（插图4）和滑黑奴造无量寿佛发愿文末所记“大代大魏大统五年五月二十六日造讫”〔27〕，而笼统地说窟的年代是在大统四至五年（538～539），这个

4　比丘譖化发愿文

说法是有些问题的。因为这两处纪年，仅仅是那二幅图的造讫年代，并不是全窟壁画的年代。全窟壁画的绘制，我们从各壁的布置、作风、服饰等方面观察，怀疑它可能不是同时完成的，也就是说此窟壁画的绘制工作，有过间断，大约在石窟凿成以后，首先绘制了西面一壁，过了一段时间又补绘窟顶和南壁、北壁和东壁，而东壁和北壁上方包括前引比丘謍化、滑黑奴所造佛像在内的七铺佛像，似乎又比窟顶和南壁略晚一些〔28〕，这个初步推断所根据的具体材料有如下表：

<table>
<tr><th>壁画位置</th><th>壁画底色</th><th>菩萨诸天和一般人物</th><th>飞天</th><th>服饰</th><th>其他</th></tr>
<tr><td>西壁</td><td>赭色</td><td>面相丰圆
身体健壮</td><td>姿态不甚灵活
足露裙外</td><td>飘带曳扬两侧，下部衣纹简单，菩萨冠两侧有飘扬的带饰</td><td>布置完整，无供养人，莲座莲瓣尖端下垂，飘带轮廓线用细线条</td></tr>
<tr><td>窟顶和南壁</td><td rowspan="2">白色</td><td>面相较窄
身体渐瘦</td><td>姿态较灵活
足遮在裙内</td><td></td><td>莲座莲瓣尖端外翘</td></tr>
<tr><td>东壁和北壁上部</td><td>面相较长
身体瘦削</td><td>姿态灵活
足遮在裙内</td><td>菩萨着“褒衣博带”式的服装，带交结胸前。菩萨冠两侧带饰下垂</td><td>北壁七铺佛像似与其他部分无联系，有供养人行列，莲座莲瓣尖端上翘</td></tr>
</table>

一座石窟内部的同层壁画不是同时绘制，在敦煌石窟中，这不仅不是孤例，而且数量还相当多，最明显的是第130号窟——即乐廷瑰窟以北，有许多武周迄开元、天宝时所开凿的石窟，其中壁画当时只画完佛龛和窟顶部分，后来约在吐蕃入侵期间和晚唐张氏据有河西时期，陆续补绘完工的〔29〕。第285号窟的壁画情况正与此同，不过先后壁画绘制的时间不如这些唐窟距离那么长而已〔30〕。因此，第285号窟的壁画年代，若笼统地拿大统四、五年来概括，就不一定很恰当了。至于第285号窟自凿绘迄完工，究竟有多久，似乎现在还没条件来肯定，不过从敦煌其他魏窟来观察，可以推知前后时间相距并不太久，如把敦煌魏窟分作三期的话，它们还是应该归到一期的。假如再具体一点说，我们估计整个第285号窟自凿绘迄完工，约不出东阳王元荣统治

敦煌——当时称瓜州——的时期[31]。

五 从第285号窟说到敦煌魏洞的分期问题

第285号窟是敦煌二十几个魏窟中唯一有可靠纪年的魏窟，因此要想排列敦煌魏窟的先后次序，就必须靠它作尺度来衡量（当然其他各地如大同云冈、洛阳龙门的魏窟也可以作参考）。但第285号窟不仅窟形壁画在所有魏窟中比较特殊，就是它的位置也和大多数魏窟距离较远，这样，在互相比较上，就增加了许多困难，可是因为这是解决敦煌魏窟早晚的关键，所以凡对敦煌有兴趣的人，都注意到这问题。我们也不例外，也曾试验着根据第285号窟向上、向下把所有魏窟排列了一个初步的顺序，但事隔四年，归京后我们又没有较多时间仔细整理全部魏窟材料，更没有办法进行复查，所以现在只能依据第285号窟的记录，先把我们当时以它为根据排列全部魏窟顺序时对它的看法摘录如下：

1. 第285号窟西壁壁画接近第263号窟下层魏画[32]，据此上溯，它继承了比它前一个时期的第272号窟和第275号窟的作风。

2. 第285号窟南壁和窟顶、东壁和北壁接近第249号、第248号、第288号三窟，但南壁和窟顶更接近第249号、第248号二窟，东壁和北壁则更接近第288号窟。

3. 第285号窟和比它后一期魏窟较为接近的是第296号窟[33]，而第296号窟的作风应较有开皇四年（584）题记的第302号窟和有开皇五年（585）题记的第305号窟为早（此开皇二题记时间之早，在敦煌石窟纪年题记中仅次于第285号窟的大统年题记）。

这三段记录如果没有大误，那么就可以将敦煌魏窟（包括北魏、西魏和北周）归纳为三期：和第285号窟相近的各窟如上面所列的第263号、第249号、第248号、第288号四窟以及第431号窟等共十一二窟，属于中期；早于285号窟的如第259号、第275号、第272号、第257号等共六七个窟，属于早期；晚于第285号窟的如第432号、第428号、第296号共约十个窟，属于晚期。晚期的下限是隋初[34]。中期的下限约在大统十二年（546）瓜州人张保率众在州起义前后[35]。如果初、中期的分界，可以根据菩萨服饰改变为“褒衣博带”和统治者们戴上了“笼冠”这二点（当然不是凡是中期窟都如此），那么，从这样的衣着在北方是自北魏孝文帝太和十年（486）制定冕服制度〔36〕左右才开始的这个事实来判定，就该在孝文帝太和十年左右了。至于初期的上限，我们估计大约和大同云冈第一期〔37〕接近，因为从窟内主要造像的安排（第 275 号、第 272 号二窟和大同昙曜五窟相似），弥勒的信仰（第 275 号窟和大同昙曜五窟中第 17 窟同以弥勒为本尊，第 275 号、第 259 号两窟壁龛上层塑弥勒和大同第 7、第 8 两窟同），释迦多宝的稀见（敦煌早期魏窟中释迦多宝仅见于第 259 号窟，大同仅见于昙曜五窟中的第 16 窟和第 7 窟），壁龛的布置（第 275 号、第 259 号两窟和大同第 7、第 8 两窟内室，第 9、第 10 两窟外室相似），连续式壁画的设计（第 275 号、第 257 号两窟和大同第 7 窟外室东壁，第 8 窟外室西壁，第 9、第 10 两窟内外室相似），造像的服饰（释迦着左袒或通肩，交脚弥勒袒胸着羊肠裙二处皆同），以及衣纹（二处皆用“贴泥条”式），装饰（如项光的组织、忍冬边饰等等）等方面都极相似，甚至相同，因此，敦煌早期魏窟的上限也可大致比定。如根据武周李君莫高窟佛龛碑和第 165 号窟外室北壁上方晚唐人所书莫高窟记、敦煌藏经洞所出沙州土镜卷首所记〔38〕来推论现存早期魏窟早到两晋，那就未免太早了〔39〕。

六　第 286 号、第 287 号、第 288 号窟问题

第 286 号窟是一小窟，位于第 285 号窟入口的上方，窟口方向与第 285 号窟一致。窟平面作扁方形。前后两坡起脊窟顶。南北壁满绘千佛，窟顶影作脊檩和椽子，两椽间画忍冬、莲花、摩尼。以上所述的窟顶形式和壁画，皆是魏制，无可怀疑。窟西壁即后壁为泥墙，上有唐时画说法图一铺，此泥墙背面即第 285 号窟东壁窟口上方的说法图。此窟位置特殊（正当第 285 号窟窟口上方），形式特殊（两坡起脊顶、扁方形平面），后壁为泥墙，而泥墙背面的壁画在第 285 号窟整个东壁中又没有什么破绽可寻，因此我们推测第 286 号窟系与第 285 号窟同时开凿。盖第 285 号窟原有前庭，此第 286 号窟系第 285 号前庭

后壁通向主室入口上方之一小龛，龛内后壁原绘之佛像或已为上述唐绘说法图所掩毁。

第287号窟位于第285号窟前庭后壁北侧，是一盝顶扁方形平面小窟。此窟所处位置与第268号窟前壁外侧的第273号窟相类。第273号窟是属于第268～272号这组僧房群的禅僧龛，因此，怀疑此第287号窟原来也是第285号窟的附属禅窟，初唐时始被改为一独立的小窟。

又第285号窟北邻第288号塔庙窟，该窟开窟、绘塑俱与第285号窟为同期，其前庭后壁主室入门两侧和南北壁都存有西魏所绘护法形象的残迹。第285号窟前庭后壁亦残存西魏画迹，其内容不知是否与第288号窟前庭情况相似。第285、288两窟毗连，时间相同，其前庭壁画如又相应，则此两窟的关系应予注意，一是僧房群（第285窟），一是塔庙（第288窟），是否原是一组？中亚、印度和我国新疆地区塔庙窟与僧房窟组成一伽蓝的情况颇为普遍，讨论新疆以东石窟的同志，似乎还未注意这个问题。

本文原载《文物参考资料》1956年第2期。
此次重刊，除改正脱误，还对第六节做了删改。

注释

〔1〕 第267号至第271号窟本是一僧房群窟，第268号是主室，第267号、第269号至第271号窟是四个僧房，第267号、第269号两窟排列在主室南壁，第270号、第271号两窟排列在主室北壁。

〔2〕 文中数字系据1951年以前敦煌艺术研究所实测图。

〔3〕 “禅窟”一词系据第123号、第148号、第427号等窟供养人题名上所冠之“窟禅”“住窟禅师”假定。

〔4〕 关于藏经洞，即第17号窟的问题，我们将另有专文详述。敦煌晚唐禅窟保存较完好的，除此外，尚有第137号、第174号等窟。

〔5〕 这些后建墓塔现已拆除。伯希和《敦煌图录》图版CCLV、CCLX曾摄入。

〔6〕 “龛楣”即龛正面上部的装饰，此名系敦煌文物研究所所拟。

〔7〕 “贴泥条”式是我们所假定的，在敦煌塑像上这种衣纹有的就是在衣服上附贴泥条来表示的。

〔8〕 “阶梯”式也是我们所假定的，肩以下或膝以下的衣纹自上而下或自下而上折成一折

比一折高或低的形式，有若阶梯。

〔9〕 伯希和《敦煌图录》图版 CCLXIV 所摄照片释迦北侧菩萨尚存上半身。

〔10〕 伯希和《敦煌图录》图版 CCLXI 和 CCLXIV 所摄照片较现在为完好。

〔11〕 除此外，第 272 号窟外室西壁（外室已崩，只存西面一壁）尚有苦修坐像龛，但已残毁模糊。

〔12〕 莲瓣式龛楣渊源于印度。

〔13〕 印度莲瓣式龛楣上的装饰极为简单。装饰繁缛除此窟之化生和复杂忍冬纹中杂有禽、兽者外，还常装饰坐佛、供养者等，这些都是在我国所发展的。

〔14〕“龛面尾”和“龛柱”也是我们所假定的。

〔15〕 日本法隆寺所藏大约相当我国六朝晚期的玉虫厨子须弥座束腰背面上方绘有日月，月之左侧画骑朱雀持幡天人一，与此极为类似。

〔16〕 化生在佛教故事中应位置于莲池内，但在我国佛教艺术中却常置于壁面上部和龛楣内，此处更绘之于窟顶。

〔17〕 伏羲、女娲与日月发生关系，似始于东汉，四川画像石多有伏羲女娲擎托日月之像。六朝以来此种图像似仍流行，除此窟外，吉林集安高句丽墓中的四神冢墓顶、陕西咸阳北周时代石棺盖、新疆吐鲁番初唐墓中覆盖死者的绢画上都绘或雕有伏羲女娲与日月之像，其中四神冢墓顶所绘蛇身有足与此窟最为类似。

〔18〕 飞廉为风伯，见《楚辞·离骚》王逸章句：“飞廉，风伯也。”其状见《汉书·武帝纪》注引晋灼曰：“（飞廉）身似鹿，头如爵，有角而蛇尾……”又见《淮南子·俶真篇》高诱注：“蜚廉兽名，长毛有翼。”其图像为汉代漆器、错金器以及汉墓壁画中所习见。集安高句丽墓如舞踊冢、角抵冢、三室冢等顶部也多绘飞廉奔驰于云中之状。

〔19〕 旧定画中此兽为《楚辞·天问》中之“雄虺九首”，按兽身不类虺蛇，而与汉以来四神中之白虎相似，因疑即《山海经》所记之开明兽。《山海经·海内西经》：“昆仑南渊深三百仞，开明兽身大类虎而九首，皆人面，东向立昆仑丘山。”郭璞注：“天兽也。铭曰：开明为兽，禀资乾精，瞪视昆仑，威震百灵。”

〔20〕 此类怪兽首见于汉画像石，如武梁祠和沂南汉墓画像，六朝以来极为流行，为萧梁碑边和北魏墓志中所习见。北魏正光三年（522）辅国将军长乐冯邕夫人元氏墓志中记其名称甚多，按此窟所绘依其奔腾嘘气之状，似即《山海经》所记计蒙等象征风雨之物。《山海经·中山经》：“光山……神计蒙处之，其状人身而龙首，恒游于潭渊，出入必有飘风暴雨。……几山……有兽焉，其状如彘……见则天下大风。”

〔21〕 雷神图像与武梁祠所雕不同，但与《论衡》所记相似。《论衡·雷虚篇》：“图画之工，图雷之状，累累如连鼓之形。又图画一人，若力士之容，谓之雷公，使之左手引连鼓，右手椎之，若击之状。”松本荣一《敦煌画研究·图像篇》图版 LXXIXb 所摄绢本佛传图和鸟居龙藏《辽代画像石墓》所记鞍山辽代画像石中的雷神，并从此出。

〔22〕 朱鸟的含义见《楚辞·九辩》“左朱雀之茇茇兮”，王逸章句：“朱雀奉送，飞翩翩也。”

〔23〕 集安高句丽墓舞踊冢顶绘有与此极似的人首朱雀。

〔24〕《史记·秦始皇本纪》：“始皇初即位，穿治郦山……上具天文，下具地理。”

〔25〕参看李文信《辽阳发现的三座壁画古墓》、关天相等《银山汉墓》，刊《文物参考资料》1955年第5期；东北博物馆《辽阳三道壕两座壁画墓的清理简报》，刊《文物参考资料》1955年第12期。

〔26〕集安高句丽墓墓顶壁画除了绘有象征性的形象之外，也有单独的日、月、星辰，并且还有莲花，甚至还有化生、天人，这一方面说明它受当时佛教艺术的影响，但同时更可反证此窟窟顶壁画是和高句丽墓墓顶一样的是为了表现天空。

宋人张邦基《墨庄漫录》卷一〇记平江（今江苏吴县）发现一古冢，冢顶画“天文玄像”，此天文玄像约与高句丽墓所绘相近，该冢的时代据所记情况，当不在六朝以后。《漫录》文云：“重和戊戌岁（1118），平江府盘门外太和宫相近，耕夫数人穴一冢……耕者得古器物及雁足镫之类……有一秘色香炉，其中灰炭尚存焉，诸卒争取破之，冢之顶皆画天文玄像。”

〔27〕此两处发愿文现已残破，1923年陈万里先生西去敦煌时所见文字较现存为多。兹据北京大学历史系所藏陈先生所摄照片补录已残的比丘謈化发愿文前三行如下：“夫至极图旷正为尘罗所约圣道归趣”“非积垒何能济拔是以佛弟子比丘謈化仰”“为七世父母所生母父敬造迦叶佛一区并二菩”。又此二处发愿文录文陈先生曾发表于《西行日记》中。

〔28〕第285号窟东壁下方和甬道两侧有五代宋初所绘供养人行列压在魏画之上，这非补绘问题，也和窟内原来壁画无关。

〔29〕如第115号、第116号、第117号、第129号、第202号等窟。

〔30〕上表所列各项，大部分是参照大同云冈、洛阳龙门的规律排列的。但壁画底色和细线条的应用，还有表中所未列入的，西壁人物安排紧凑，其他壁面人物安排较匀称等，似又可理解为当时在敦煌石窟作画的大师们的派系不同：一种用色浓重，画面紧凑；一种用色轻快（白底，画面多用蓝色），画面较恬静。而这两种画风，也的确并存于较此窟后一期的魏窟和再后的隋窟中，可是在较此窟和第249号窟前一期的魏窟里，却没有或很少类似后一种的画风，因此可以推知后一种画风的出现，比前一种为晚，而后一种正和汉代画像石、壁画接近，应该说是我国固有的艺术作风。当然前一种也不是纯粹的非东方作风。关于这问题，容我们把全部材料整理完毕后，再详细叙述。

〔31〕东阳王元荣（元太荣）任瓜州刺史时期，据洛阳所出孝昌元年（525）元华光墓志：“华光，明元皇帝第三子，乐安王范之曾孙，城门腾之女，瓜州荣之第二妹。”知荣至瓜州不应在孝昌元年以后，敦煌写经中有《摩诃衍经》卷八一卷（藏处不明），卷尾题记云“大魏大统八年十一月十五日佛弟子瓜州刺史邓彦妻昌乐公主元敬写《摩诃衍经》一百卷”，邓彦系元荣之婿，《周书·申徽传》“先是东阳王元荣为瓜州刺史，其女婿邓彦随焉。及荣死，瓜州首望表荣子康为刺史，彦遂杀康而取其位”，因知元荣之卒当在大统八年（542）十一月十五日以前。关于东阳王元荣事迹，可参看赵万里《魏宗室东阳王荣与敦煌写经》，刊《中德学志》五卷三期；向达《莫高、榆林二窟杂考》，刊《文物参考资料》第二卷5期。

〔32〕第263号窟敦煌文物研究所依窟外层壁画绘制时间定为盛唐。

〔33〕第296号窟敦煌文物研究所定为隋窟。

〔34〕北周武帝建德三年（574）毁佛道两教，这应该影响到敦煌，但我们在敦煌并未找出任何可靠的迹象，可是有隋开皇四年题记的第302号窟、有隋开皇五年题记的第305号窟以及与上述两窟作风相近的石窟却与晚期魏窟略有分别，而开皇四年、五年上距建德三年不过十年，为了有据可凭，所以我们把晚期魏窟的下限暂定在隋初。

〔35〕张保率众起义事，散见《周书·文帝纪下》《申徽传》《令狐整传》(《北史·周本纪上》《申徽传》《令狐整传》文同《周书》)。

〔36〕《魏书·高祖纪下》："(太和）十年（486）春正月癸亥朔，帝始服衮冕……夏四月辛酉朔，始制五等公服，甲子，帝初以法服御辇……八月乙亥，给尚书五等品爵已上朱衣、玉佩、大小组绶。"

〔37〕这里所说大同云冈第一期石窟，约包括昙曜五窟即第16、17、18、19、20窟和第7、8、9、10窟。

〔38〕此三处记载请参看《〈莫高窟记〉跋》，该文已收入本论文集中。

〔39〕关于敦煌魏窟的分期和开窟的时间顺序问题，我们将有专文详述，此不多赘。

敦煌莫高窟早期洞窟杂考

这篇文章探讨了有关敦煌莫高窟早期洞窟的五个问题。前三个问题是1963年重订的讲稿。后两个问题是近期考虑的。这五个问题相互之间有些关系，但这篇文章并不能系统地前后连续起来。这是为了保存前三个问题旧日讲稿原貌，不便全面改写的缘故。现借庆祝《大公报》在港复刊三十周年编印论文集的机会，一并求正于海内外同好。

一 索靖题壁和永和建窟问题

索靖题壁是有关敦煌莫高窟最早的一件纪事。索靖为西晋敦煌望族，“才艺绝人”，“以草书知名”，见《晋书》本传。索靖题壁莫高窟，见莫高窟第156窟前室北壁唐咸通六年（665）墨书《莫高窟记》。《莫高窟记》墨迹，现有阙文，幸好莫高窟藏经洞（即第17窟）曾发现《莫高窟记》的抄本[1]可以校勘。《莫高窟记》记录索靖故事的原文是：莫高窟“在州东南廿五里三危山上，秦建元之世，有沙门乐僔杖锡西游至此……大造龛像。次有法良禅师东来……复于僔师龛侧又造一龛。伽蓝之建，肇于二僧。晋司空索靖题壁号仙岩寺。自兹以后，镌造不绝”。乐僔来莫高，原存莫高窟第332窟前的武周圣历元年（698）《李君莫高窟佛龛碑》（以下简作《李君碑》）中记在“前秦建元二年（366）”，看来，《莫高窟记》的作者，首先把前秦误解作嬴秦，然后又把西晋索靖题壁的传闻附会了进去。至于索靖题壁故事的传闻，不见于敦煌陷蕃以前的任何记载，因此，可以推知它的发生，应在8世纪末期以后[2]。

藏经洞还发现一件五代汉乾祐二年（949）《沙州土镜》的残卷，其中记莫高窟“从永和八年癸丑岁（352～353）创建窟，至今大汉乾祐二年己酉岁，笇得五百九十六年记[3]”。这也是较晚的文献追记早期事迹，而且也是不见其前任何记载的记录。永和是东晋穆帝纪元，永和八年癸丑在敦煌即前凉张重华的七至八年，其时下距乐僔在莫高窟造龛像只有十多年，如果可靠，为什么详记乐僔造龛的《李君碑》没有提及呢？所以，我们推断它同样不是可信的实录。

以上两件记事，一是莫高窟最早出现佛寺名称的记录，一是莫高窟最早开凿洞窟的记录。这两个记录都不足凭。但是，这两个不足凭的记录都出现在晚唐五代，为什么这时候要把莫高窟的历史尽量提早呢？这个问题值得注意。我们推测，自唐建中二年（781）敦煌陷蕃，此后吐蕃奴隶主统治瓜沙长达半个多世纪，唐大中二年（848）张议潮率众起义，恢复河陇，边民倒悬，久盼解放，一朝实现，欢忆往昔，自不免盛谈先朝遗事，当稽考莫高窟开窟建寺时，遂侈言秦晋，略失夸张，似此情理，或亦不难理解。

二　从乐僔、法良联想到的问题

现存有关乐僔、法良的最早记录，是前述的武周圣历元年（698）《李君碑》，碑文有关的原话是：“莫高窟者，厥前秦建元二年（366）有沙门乐僔戒行清虚，执心恬静，尝杖锡林野，行至此山，忽见金光，状有千佛……造窟一龛。次有法良禅师，从东届此，又于僔师窟侧，更即营建，伽蓝之起，滥觞于二僧。”关于法良没记具体年代，但他比乐僔为晚。《李君碑》接着上文记“复有刺史建平公、东阳王……弘其迹”[4]，可见法良又早于北魏晚期至北周时期的刺史东阳王、建平公。《李君碑》记乐僔事，大约是根据所谓的《乐僔碑》，此碑现已失传。徐松《西域水道记》卷三记此碑云：“彼土耆士赵吉云：乾隆癸卯岁（四十八年，1783）岩畔沙中掘得断碑，有文云秦建元二年沙门乐僔立。旋为沙所没。《李君碑》即修乐僔功德也[5]。”这块断碑的传闻，看来不像虚构[6]，以后清沙，希望能重新发现。

乐僔、法良来莫高窟有一个共同点，乐僔“西游至此”（《莫高窟记》），法良“从东届此”（《李君碑》），明确记载两僧都是从东方来到这里的。《李君碑》和所谓《乐僔碑》记乐僔来莫高窟的时间是前秦建元二年（366），时敦煌属前凉，前凉与前秦是敌国，不可能使用前秦纪元，据此，有两个可能：一是前秦沙门建造的龛窟，因而使用了前秦纪元；一是前秦灭前凉（376），继前凉统治敦煌后补立或追记的。不管怎样，乐僔从东来此，应没有问题。既然如此，我们探讨敦煌莫高窟的渊源时，就不能只注目于西方，而不考虑到东方[7]。

东方在这时期，即前秦迄北魏晚期以前，是否在开窟造像方面可能影响敦煌呢？我们试从下列四点予以说明。

一、十六国初期，后赵石虎提倡佛教，他曾公开提出“朕生自边壤，忝当期运，君临诸夏，至于飨祀，应兼从本俗。佛是戎神，正所应奉”（《高僧传·竺佛图澄传》）。关于后赵的零散佛像，近年也偶有发现[8]。实物和文献记载相符。前秦是在后赵崩溃的基础上建立的。后赵石虎都邺城，前秦都长安，苻坚信佛并不下于石虎。邺城、长安当时都修了不少佛寺。我国佛教史上有名的释道安就活动在赵、秦境内。

道安重般若也重禅行，这里简单地谈谈禅行问题[9]。道安第一次读的佛经是《辩意经》，道安读的译本虽已不存，但现存比它略晚的译本北魏法场译的《辩意长者经》之末，就记有禅行中的一个重要问题——“弥勒决疑”的问题。道安在邺遍注安世高所译的禅经。道安还曾撰述与禅行有关的《往生论》和《净土论》。他的《婆须蜜集序》中云：“集斯经已，入三昧定，如弹指顷，神升兜术（率）。”可见道安深信禅定可往生兜率之说。以上都说明道安对禅行的重视。

禅行必须静居，最好到山中入窟进行。道安曾与“得志禅慧”的僧光共居今河北石家庄市西南的飞龙山[10]，想亦为了行禅法。此外，有关道安徒众禅行的记录很多，可见道安对禅行起了不小的作用，这对中原地区影响很大。

《李君碑》记乐僔“戒行清虚，执心恬静”，即是写他的禅行。又记他在莫高“忽见金光，状有千佛”，这更和禅行有关，因为千佛的作用是“授手净土”的。千佛也可以理解为十方诸佛，支谶译《般若三昧经》云“十方诸佛悉在前立之定”，即是说千佛立于禅定者之前。《李君碑》接着就记乐僔“造窟一龛”，可以推知，乐僔所开的窟，很有可能就是为了禅行而建，其中的龛像当然也是为了禅行而设，如果绘有壁画，它的主题大概就是千佛了。

二、十六国时期，凉州佛教最盛。中原好多高僧来自凉土。前秦建元初，苻坚在长安提倡译经和道安晚年在长安主持译经，由胡转汉都赖竺佛念为之传语，竺佛念即是凉州高僧。道安所著《经录》里，专门列有《凉土异经录》，记载了凉州的译经。凉州是前凉的政治中心，前凉晚期的统治者张天锡还曾亲自组织过译经。淝水战后，前秦瓦解，北凉沮渠氏占有凉土，沮渠比前凉、前秦更提倡佛教，译经更多，沮渠蒙逊从弟安阳侯京声曾亲去于阗受禅法，东返凉土出《禅要》。沮渠又在凉州南大凿窟像，道宣《集神州三宝感通录》卷中记其事云：“凉州石崖瑞像者，昔沮渠蒙逊以晋安帝隆安元年（397）据有凉土，二十余载，陇西五凉，斯最久盛。专崇福业，以国城寺塔修非云固，古来帝宫终逢煨烬，若依立之，效尤斯及。又用金宝终被毁盗。乃顾眄山宇，可以终天。于州南百里，连崖绵亘，东西不测，就而斫窟，安设尊仪，或石或塑，千变万化。有礼敬者，惊眩心目。”此外，沮渠还在其领域内（包括敦煌）广刻佛像和佛教石刻〔11〕，近年在酒泉不断出土了不少沮渠时的石塔〔12〕。文献记录和实物发现，都说明河西早期佛事，以北凉沮渠时最为突出。

沮渠的凉州南山石窟在哪里？有人推测早已崩毁，有人寄希望于武威南山中，也有人认为1952年在武威张义堡黄羊川畔发现的天梯山石窟〔13〕或张掖西肃南裕固族自治县马蹄寺、金塔寺一带的石窟〔14〕，都有可能是南山石窟，或是南山石窟的一部分。如以上引《集神州三宝感通录》“州南百里”的记载为准，天梯山石窟是南山石窟的残存部分的可能性较大，可惜那里现存的早期遗物已极为稀少。肃南金塔寺东西两窟时代较早，也许有的部分可以早到北凉。但最确切的沮渠遗物，应是酒泉发现的有明确北凉纪年铭记“承玄元年岁在戊辰”至“承阳二年岁在戊寅”（428～438）的石塔，石塔上的雕像有和莫高窟现存早期造像相似处。这种相似，以当时凉州佛教最盛推之，如果说敦煌影响了凉州，不如说凉州影响了莫高更为合适。

三、383年，淝水战后，陇右多聚禅僧。河州堂术山即今甘肃永靖小积石山和秦州麦积崖，都成为重要的禅居之地。在堂术山炳灵寺石窟第169窟发现西秦“建弘元年”（420）“大禅师昙摩毗”等禅师的造像铭记[15]。麦积山现存的一批早期石窟，也逐渐明确了它的开凿约当北魏复法（452）迄太和迁洛（494）前后[16]（参看图版71），这批石窟在造像风格上近似敦煌莫高窟现存早期魏窟。麦积近秦州治所天水，天水位渭水中游的肥沃地段，其地适在长安、凉州之间，5世纪前半，禅隐麦积的高僧玄高和昙弘皆来自长安；玄高门下多凉州僧人，而玄高本人后又西游凉土，可见麦积佛教与长安、凉州的关系密切，麦积佛教艺术的发展，应有长安、凉州的较深的影响。由于长安、凉州早期佛教遗迹较少遗存，所以我们在探讨敦煌石窟的东方因素时，就不能不注意麦积。上述麦积那批与敦煌近似的早期石窟造像中，值得多加注意的是第74、78两窟，两窟造像的风格、样式，更重要的造像主题——三佛，都和平城石窟即今山西大同云冈石窟的早期内容相同。这一点，启示我们：考虑敦煌问题，还应该把目光投向更远的东方。

四、439年，北魏灭北凉，把凉州工匠掠到平城，同时还俘虏沙门，《魏书·释老志》记：“凉州平，徙其国人于京邑，沙门佛事皆俱东。”曾在麦积习禅的玄高和后来在云冈开窟的昙曜，都因此从凉州来到了平城，所以云冈石窟受到凉州影响是可以肯定的。云冈和麦积相比，云冈早期窟规模之大、数量之多和保存较完整，都远在麦积之上，因此追寻敦煌石窟发展的因素，云冈距离虽较远，也是不容忽视的。

和平初（460）开始凿窟的云冈，虽受有凉州影响，但也自有其较浓厚的新风格和新内容。北魏在灭北凉之前，398年，徙山东六州（幽、冀、青、兖、徐、豫）百工伎巧到平城。431年，灭夏，徙长安工巧到平城。452年，文成帝复法后，还有善摹佛像的狮子国胡沙门到平城。献文帝468～469年南侵，又掠青齐居民到平城，“性机巧，颇能画刻”（《北史·艺术·蒋少游传》）的艺术家蒋少游，即在其中。集中到平城的各地工匠、艺术家与沙门在修窟建寺和雕造佛像的过程中，势必融合起来，可以设想大同云冈石窟不会全同于凉州，必然创造了大量的新的形象。平城是当时的政治、佛教中心，那里出现的新型的佛像，自然要影响到各地。现存莫高窟早期石窟中，确实有与云冈相似之处。按沮渠亡后，敦煌改州为军镇，其经济、文化实力大大削弱，它和云冈的相似，只能考虑是受到了平城的影响。

综观以上四点，我们认为从前秦到北魏晚期以前，莫高开凿的石窟，受到东方的影响不仅是可能的，而且是必然的。

三 东阳王、建平公时代的莫高窟

莫高窟第285窟以前不久的北魏洞窟，在题材布局和佛像形象上，还看到了与洛阳龙门魏窟和巩县石窟相类似的地方。太和十八年（494）北魏迁都洛阳，洛阳及其附近约自景明（500～503）以来，就发展成当时北中国佛教艺术的中心。洛阳佛教艺术的发展情况，可参看《洛阳伽蓝记》。

孝昌元年（525）九月之前，北魏明元帝四世孙元荣出任瓜州刺史，从洛阳来到了敦煌，“永安二年（529）八月封瓜州刺史元太荣（即元荣）为东阳王”（《魏书·孝庄纪》）。东阳王元荣任瓜州刺史迄于西魏大统八年（542）十一月以前。继元荣刺瓜州者，为其子康和婿邓彦，《周书·申徽传》记：“（大统）十年（544）迁（徽）给事黄门侍郎。先是东阳王元荣为瓜州刺史，其女婿邓彦随焉。及荣死，瓜州首望表荣子康为刺史，彦遂杀康而取其位。”彦在任大约止于大统十年或十一年（545），其后继刺瓜州者有成庆（大统十二年，546）、申徽（“徽在州五稔”），事具《周书·申徽传》，不具录[17]。

莫高窟造像约在元荣任瓜州刺史时期，又发生了新的变化，如有大统四年（538）、五年（539）《发愿文》的第285窟（插图1）和第249等（插图2）窟。这些窟佛像体态越来越清瘦，褒衣博带式的服饰流行起来（插图3）。这种佛像在洛阳龙门和天水麦积都要比敦煌早得多，可知深信佛教的元荣来敦煌，很可能从东方请来了工匠或是带来了佛教形象的粉本。从此，东方的影响，在莫高窟表现得就更加清晰了。

东阳王元荣以后，莫高窟再一次发展，就到了北周时期。

1 第285窟西壁和南壁西部

2 第249窟北壁说法图

莫高窟原定的后期魏窟如第428、430、438、442等窟（插图4、5之甲）和原定早于302窟［有隋开皇四年（584）《发愿文》］、第305窟［有开皇五年（585）《发愿文》］的隋窟如第290、294、296、299、301等窟（插图5之乙），造像头大身短，面部方圆而平，与其前的清瘦体态迥然有别，褒衣博带式的服饰也逐渐消失，取代的是多层次的衣摆宽大的大衣，这种佛像，在中原，无论河北的响堂和甘肃的麦积，都属于齐周时期的作品，因而，有理由怀疑上述诸窟是北周窟。

北周时，莫高窟出现的较大变化，约和“刺史建平公”于义有关联。于氏代北显阀，西魏北周累世贵盛。《隋书·于义传》：“于义，字慈恭，河南洛阳人也（义七世祖栗磾，

3 第285窟东壁供养菩萨像

4 第428窟中心柱正壁

甲 第428窟西壁涅槃像　　乙 第296窟窟顶善事太子故事（部分）

5 北周时期壁画

《魏书》《北史》有传，皆云‘于栗磾，代人也’）。父谨，从魏武帝入关，仕周，官至太师，因家京兆。义少矜严，有操尚，笃志于学。大统末（551），以父功，赐爵平昌县伯，邑五百户，起家直阁将军。其后改封广都县公。周闵帝受禅，增邑六百户。累迁安武太守……进封建平郡公。明、武世，历西兖、瓜、邵三州刺史。数从征伐，进位开府[18]。”周闵帝受禅在557年。明帝、武帝之世即558～577年。581年隋灭周。建平公于义自中原西刺瓜州时，当在周武帝建德三年（574）灭佛道之前的北周盛世[19]。当时北周对内悉放奴婢为民，对外西域入贡连年不绝，其于佛教虽不如北齐之盛，但也广集经藏，多造功德，僧实倡禅于长安，为上下所特尊，在这样的历史条件下，显贵于义自关中去敦煌，可以想见中原在北朝晚期兴起的新型的佛教艺术，又一次向西影响了敦煌莫高窟。

《李君碑》云“建平、东阳弘其迹”，这个“弘其迹”的记录，看来并不是一般的描述，很有可能是与莫高窟魏隋间的两次较大的发展有直接关系。

四 从新发现的绣佛估计现存最早洞窟的年代（参看图版82）

1963年3月，敦煌文物研究所在清理莫高窟第125、126窟间裂缝中的沙土时，发现残北魏绣佛一件[20]。绣佛下部绣出太和十一年（486）广阳王慧安《发愿文》。研究所工作人员据此推断：“它应该是从平城一带被人带到敦煌来的。”这个推断是正确的。研究所工作人员描绘这幅绣佛的内容和风格时说：“刺绣为一佛二菩萨式的说法图，佛结跏、露脚、坐覆莲，菩萨侍立、跣脚、踩覆莲、裹长裙，与敦煌251、260等窟的小型说法图相似，特别是艺术风格、表现手法基本相同。……结构布局与云冈第11窟、龙门石窟古阳洞太和时期诸小龛相似，供养人衣冠完全相同……都是鲜卑贵族在未改革服制以前的服装。”在比较绣佛的花边和女供养人服饰上的纹饰时说：“花边中的联珠状龟背纹与忍冬纹套叠的形式，在莫高窟259窟、248窟可以找到同类型纹饰，在云冈第9窟、第10窟均有相似的浮雕边饰。”“女供养人衣服上的桃形忍冬纹，在莫高窟251、260窟也可以看到类似的纹样。”研究所工作人员这些比较，也是正确的。下面我们先考察一下他们举出和绣佛相近的窟龛比较明确的具体年代：

云冈第9窟、第10窟	皇室宠阉钳耳庆时（王遇）“大代太和八年（484）建，十三年（489）毕”[21]
云冈第11窟早期诸小龛	年代接近云冈第9窟、第10窟
龙门古阳洞太和时期诸小龛	长乐王丘穆陵亮夫人尉迟太和十九年（495）龛 步辇郎张元祖妻太和廿年（496）龛 高楚太和廿二年（498）龛 北海王详太和廿二年（498）龛 比丘慧成太和廿二年（498）龛
莫高窟第251窟	莫高窟现存早期魏窟之一。其排年顺序仅次于第275、272、268和257、254窟
莫高窟第259窟	莫高窟现存早期魏窟之一。其排年顺序与第251窟相近
莫高窟第260窟	较现存早期魏窟略迟
莫高窟第248窟	此窟排年顺序与第260窟相近

绣佛的具体年代，我们认为接近云冈第9窟、第10窟和第11窟的早期小龛是正确的。因为像绣佛制造者广阳王那样的显赫人物信佛供养，他所选取的形象内容，不可能不是当时流行的新样式、新布局，而平城在这时期又正是北中国佛教艺术的中心。云冈第9窟、第10窟的建窟人是“性巧，强于部分”（《魏书·阉官·王遇传》）并广建佛寺，后又兼将作大监的宠阉，第9窟、第10窟在云冈石窟群中也确实是最称

巧丽。可知绣佛边饰和第 9 窟、第 10 窟相似，就不是偶然的事。龙门古阳洞太和晚期诸龛雕造时，适在北魏迁洛之初，其时龙门艺术尚处在因袭平城阶段，它虽和绣佛布局相似，但具体年代已较绣佛为晚。可是龙门古阳洞这些太和诸龛的具体年代，却给我们考虑和绣佛相似的莫高窟中的说法图的绘制时间，提供了间接资料。平城新式样西来莫高，出现在壁画上，恐怕不会比出现在龙门石雕中为早，可能也是接近迁洛的时间了。即或这个比较不适合，莫高窟的壁画要早，甚至早到与绣佛的时间相近，但绝不会早于太和十一年（486），因此，莫高窟 251、259 以及与之相近的魏窟的年代，就可以大致推定。这样，比第 251、259 窟略早一些，属于莫高窟现存最早的洞窟，即第 275、272、268 和 257、254 等窟的年代，也就不难做出近似的估计了。更明确地说，绣佛的发现，对现存莫高窟最早洞窟开凿时间的推测是很有用的。我们认为以前推论莫高窟现存最早的洞窟的时代〔22〕，不会早于云冈第一期，而是接近第二期之初〔23〕，即太和初年（476）前后的看法，是值得我们参考的（参看图版 75～81）。

五　东阳王、建平公所开大窟的估计

读王重民先生编辑的《伯希和劫经录》〔24〕知伯 2551 残道经背为唐人所录武后时《李义修佛龛碑文》，准莫高石刻藏经洞多存碑铭抄件之例〔25〕，疑即武周圣历元年（698）《李君修莫高窟佛龛碑》的录副。1973 年因公去巴黎，于其国家图书馆手稿部中国敦煌手稿库中，得睹原卷，果然所疑不误，抄件可补传世新旧拓本处甚多〔26〕，其中“刺史建平公东阳王”一段：

> 复有刺史建平公、东阳王等各修一大窟，而后合州黎庶，造作相仍，实神秀之幽岩，灵奇之净域也。……自秦建元二年，迄大周圣历之辰。乐僔法良发其宗，建平东阳弘其迹，推甲子四百他岁，计窟室一千余龛，今现置僧徒即为崇教寺也。（下附黑点的字句，各拓本和《西域水道记》的录文皆缺误。下附圆圈的字句，各拓本皆缺，但尚

存于《西域水道记》的录文中[27]。下附三角的字句，新拓本多缺。）

这里明确提出“刺史建平公、东阳王等各修一大窟”。这两处重要的大窟是否尚存？值得探讨寻觅。我们综观现存魏末、西魏迄隋初洞窟之后，试作以下初步推测。

（一）东阳王所修大窟的推测

从时间接近、规模较大、位置适宜等方面，全部分析了现存魏窟之后，我们考虑刺史东阳王所修那座大窟，大约不出第263、265、246三窟。

第263、265两窟规模较大，南北毗连，位于两批比它们为早的魏窟，即第275、272、268窟和第254、257、259窟之间（插图6）。

第263窟平面长方形，前部上凿前后坡顶（敦煌工作人员名之曰“人字披”），后部凿平顶，平顶下雕中心柱（插图7）。中心柱经晚唐改装，现只前面有一盝顶佛龛。龛内佛像皆晚唐塑。中心柱壁面和窟室四壁皆涂宋画。晚唐时，窟东壁即前壁大部崩圮，现土坯所砌的东壁为宋建。近代拆除了部分东壁和剥离了部分窟内壁面的宋画后，露出魏代遗迹，其内容有：

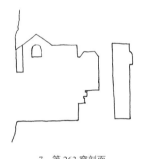

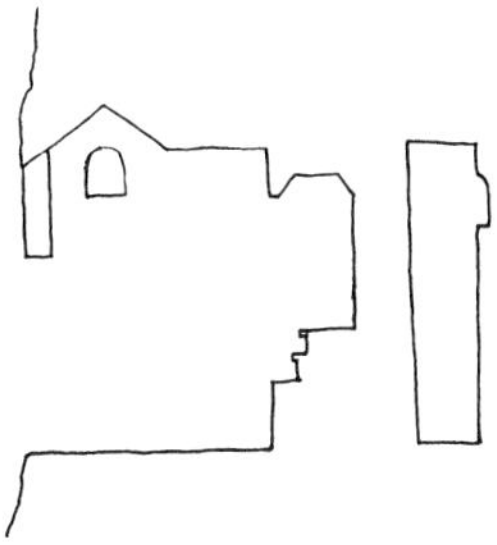

7　第263窟剖面

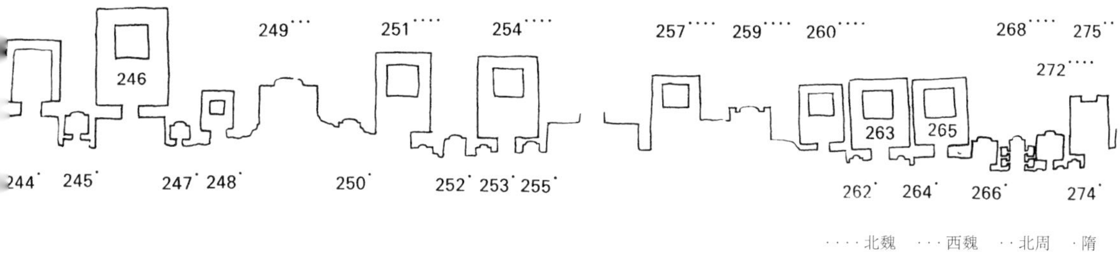

6　和东阳王所修窟有关洞窟的连续平面

8 第 263 窟东壁拆除宋建土坯后显露的魏供养僧人壁画

9 第 263 窟南壁剥离宋画后的魏供养人壁画

东壁	供养僧人像（插图 8）
南壁	降魔变一铺、三世佛一铺、千佛、供养人像（插图 9）
西壁	一佛二菩萨说法图一铺
北壁	一佛二菩萨说法图一铺、一佛二天王二弟子说法图一铺、千佛、供养人像
顶前部	供养菩萨

魏画形式和作风和第 285 窟极为相似，线条刚劲，赋彩浓淡相间，画中饰物也多贴金妆銮。南北壁和西壁上部各拆出小龛一座，龛中塑像姿态庄重。这些魏代遗迹显示了此窟在未经重修前的壮丽情景。

第 265 窟内壁画全部宋绘，剥落处露出魏画千佛。塑像都是宋塑。窟的形制与规模和第 263 窟相似，据此可以大略推知该窟的修凿当与第 263 窟为同时。

第 246 窟是现存魏窟中最大的一座（插图 10），也是魏窟中窟室原貌保存最好的一座。魏窟原具前室，似乎只此窟还略存遗迹。此窟形制极似第 263、265 窟；其位置在莫高窟魏窟行列的最南端，如从邻近的第 254、251、249 窟到第 246 窟排年顺序上观察，此窟属于东阳王时期也是合适的。只是窟内满壁宋画，塑像除中心柱左、右、后三面上龛小塑像外，也都是唐、宋塑或经唐、宋重妆。

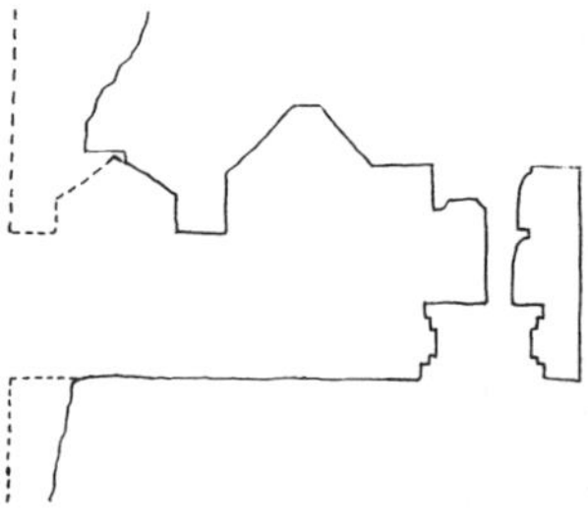

10 第 246 窟剖面（复原虚线据初唐第 371 窟情况拟定）

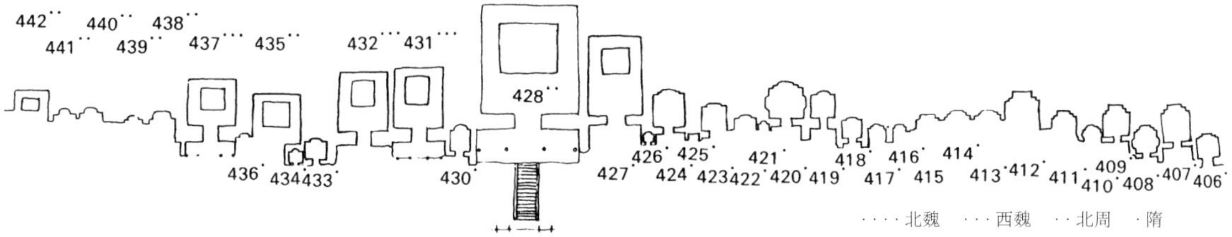

11 和建平公所修有关洞窟的连续平面

以上这三处魏窟，时间最明确接近刺史东阳王时期的是第263窟。第265和246窟露出的魏迹很少，主要是从窟的形制推测它们修凿的时间与第263窟相近，其中第246窟规模大，似乎更增加了它的可能性。总之，在这三座魏窟中，目前虽然还无法证实究竟哪一座是刺史东阳王所修的那一大窟，但东阳王所修窟在这三座之中应该是不误的。

（二）建平公所修大窟的推测（参看图版88）

建平公于义刺瓜州时期开凿的洞窟，以古汉桥牌坊后的第428窟为最大。平面面积达178.38平方米。其地高据莫高窟中部的第三层。其南并列四座约为北魏末至西魏时的洞窟，即第431、432、435、437窟。再南则为北周窟群即第438～442窟。其北一字横列隋窟有三十座以上，而且愈北隋窟的时代愈晚。在这一时期前后延续的窟群行列里，第428窟最为突出（插图11）。我们推测它很有可能即是建平公所修的一大窟。此窟具前后室。前室壁画为五代画所掩。后室前部起前后坡顶，后部为平顶，平顶下连凿中心柱。柱四面各开一大龛，塑坐佛，塑像全部是北周原塑。窟室壁画内容复杂，有不少题材是在莫高窟最早出现的，如南壁的卢舍那佛，西壁的金刚宝座塔、涅槃像和东壁的须大拿太子本生等。壁画的具体布局，现图解如下：

<table>
<tr><td colspan="3"></td><td colspan="5">说法</td><td colspan="5"></td><td colspan="4">说法</td></tr>
<tr><td colspan="3">影塑千佛</td><td colspan="5">影塑千佛</td><td colspan="5">影塑千佛</td><td colspan="4">影塑千佛</td></tr>
<tr><td>须大拿本生</td><td rowspan="3">窟门</td><td>萨埵那本生</td><td>说法</td><td>卢舍那</td><td>说法</td><td>立佛</td><td>说法</td><td>说法</td><td>金刚宝座塔</td><td>说法</td><td>涅槃</td><td>释迦多宝</td><td>立佛</td><td>说法</td><td>降魔变</td><td>说法</td></tr>
<tr><td>供养人</td><td>供养人</td><td colspan="5">供养人</td><td colspan="5">供养人</td><td colspan="4">供养人</td></tr>
<tr><td>三角边饰</td><td>三角边饰</td><td colspan="5">三角边饰</td><td colspan="5">三角边饰</td><td colspan="4">三角边饰</td></tr>
<tr><td colspan="3">东壁</td><td colspan="5">南壁</td><td colspan="5">西壁</td><td colspan="4">北壁</td></tr>
</table>

以上壁画，除东、西、北壁和南壁西段的供养人行列为隋供养人行列所覆盖之外，皆为北周原画。一般情况下，供养人像多附姓名榜题；中心柱前面下部多书写修窟《发愿文》；此外，前室壁面也可能有供养人行列，这些都是判断修窟年代的重要资料。遗憾的是，此窟仅存的南壁东段的北周供养人行列皆画无榜题的僧人像（插图12）；更遗憾的是，中心柱前面下部和前室壁面皆经后世重绘，而前者又屡遭挖毁，致使该窟未见北周建平公修窟的直接证据。我们希望以后能在隋供养人行列和前室五代壁画的下面，发现可以进一步判断此窟修建年代的有关记录。

为什么《李君碑》两次提到东阳王、建平公修窟事迹，都置建平公于东阳王之前，而没有按照一般的时代先后叙述呢？如果上面的推测不误，就可以有两种解释：第一，可能是建平公所修的第428窟，远比可能是东阳王修建的第263或第265或第246窟宽大得多，这是着眼于修窟的面积先大后小的情况叙述的；第二，自敦煌城来莫高窟的路线，是先到莫高窟的北部，然后由北而南，这样，就先经第428窟，然后才能南及第265或第263或第246窟，这是依礼拜洞窟的先后顺序叙述的。不论是前者，还是后者，或者前后两种原因都有，《李君碑》所记的先后次第，还是可以解释的。

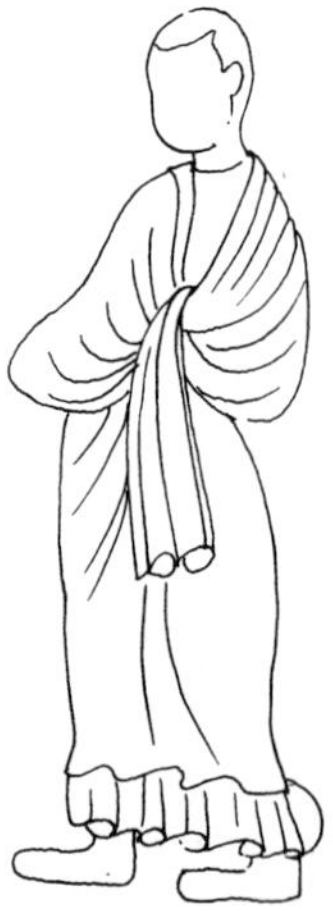

12　第428窟南壁东段北周供养僧人壁画

本文原载《大公报在港复刊三十周年纪念文集》卷上（1978）。此次重刊除改正必要的脱误外，还补写了下面的附记。

此文发表后，始获读那波利贞《敦煌千仏洞の壁画摹本を観覧レて》[《古代学》七卷一号《中央亜細亜古代学界の展望（一）》栏，1958]，知那波于1933年在巴黎工作时也曾注意了“伯2551”残道经背面所录的碑文，并于上述文中刊露了沙州刺史建平公东阳王事迹和圣历元年修葺功毕敬勒丰碑二段录文。那波录文虽多讹误（如刺史建平公东阳王之前妄增沙州两字），但其最先公布建平公东阳王这段重要史料之功不可没，谨附记于此。

注释

〔1〕 此抄本为法人伯希和（P. Pelliot）窃去，现存巴黎国家图书馆，编号为伯3720号。

〔2〕 参看本论文集所收《莫高窟记跋》。现存巴黎国家图书馆编号为伯4640号的《吴僧统碑》有“虫记司空之文”句，可能是著录索靖题壁传闻的较早记载。但未记司空之文的内容，也没有提及仙岩寺。吴碑撰于吐蕃统治敦煌时期（781～848）。

〔3〕《沙州土镜》残卷，也被伯希和窃去，存巴黎国家图书馆，编号为伯2671号。参看向达《莫高、榆林二窟杂考》，刊《文物参考资料》第二卷5期，1951，该文后收在向达论文集《唐代长安与西域文明》（1957）中。

〔4〕 此碑约在清末即遭磨损，民国十四年（1925）陈万里《西行日记》记该“碑于民国十年（1921）时为居留俄人所断，已折为二”，现只存残石一大块零两小块，藏敦煌文物研究所陈列室。本文所引碑文系据北京大学图书馆所藏刘燕庭旧藏的旧拓本。徐松《西域水道记》卷三记该碑未毁前的情况云：“《莫高窟碑》两面刻，度以建初尺，高五尺七寸六分，广三尺二寸。前面二十八行，行五十字。后面三十行，行四十八字。碑首篆额‘大周李君修功德记’八字，已剥落。”其下照录该碑原文全文。徐松录文时，碑文虽已有缺泐，但仍有不少字句可补现存各拓本的空白。所以，《西域水道记》中的《李君碑》录文，是值得我们注意的。

〔5〕《西域水道记》目录后有道光初元（1821）徐松自序，知此书时已定稿。目录前道光三年（1823）龙万育序云：“嘉庆丁丑岁（二十二年，1817），谪戍伊犁，与旧友太史徐星伯先生比屋居……先生又出其《西域水道记》草稿数卷。余方为移书，而先后赐还归京师。”是《西域水道记》于嘉庆二十二年已有可以清抄的草稿。

〔6〕 许乃谷《瑞芍轩诗钞》卷四录道光壬辰（十二年，1831）游莫高窟后所作的《千佛岩歌并序》，序中亦记此事云：“莫高窟前有《周李君重修莫高窟龛碑》，文中叙前秦创建之由及李君修葺千龛之纪事……余谓既有唐碑，必有前秦碑。访之耆士赵秀才吉云：乾隆癸卯，曾于岩畔沙土中得断碑一片，书前秦建元二年沙门乐僔立。旋为沙压，偏寻不得。”许于道光十一年（1831）冬迄十四年（1834）冬任敦煌县令，其记莫高窟情况，似参考了《西域水道记》，但许曾亲访赵吉，留心《乐僔碑》一事，揆之情理，当非虚设。另外《千佛岩歌并序》中第一次记录了如来窟（即第427窟）

"宋乾德八年（应为开宝三年，970）归义军节度使西平王曹元忠建"的窟檐，并注意了"有明曾遭吐番毁"等有关莫高窟的事迹。看来，许和他的前任县令苏履吉（创修《敦煌县志》，卷一录有《千佛灵岩图》，列莫高窟为"敦煌八景"之一）都应是徐松以后重视莫高窟的人物。参看冶秋《夜读偶记》，刊《文物》1963 年第 5 期。

〔7〕 同注〔2〕。

〔8〕 参看水野清一《中国における仏像のはじまり》，刊《佛教艺术》7 号，1950。该文后收在水野有关中国佛教美术史的论文集《中国の仏教美術》（1968）中。

〔9〕 参看汤用彤《汉魏两晋南北朝佛教史》第八章《释道安》、第十九章《北方之禅法净土与戒律》，1955。

〔10〕《太平寰宇记·河北道镇州》："飞龙山在（获鹿）县西南四十五里，一名讨（封）龙山。《十六国春秋·前赵云》云：王浚遣祁宏率鲜卑讨石勒，战于飞龙山下，勒兵大败。《水经注》云：洨水东经飞龙山，北即井陉口，今又名土门。""飞龙山在（元氏）县西北五十里。"

〔11〕 敦煌西南岷州庙旧存圆形残石塔（现藏敦煌文物研究所）和莫高窟南老君堂曾发现的石刻，都刻有《增一阿含·结禁品》中的一段文字，也都附雕佛像。这两件残石，都无纪年铭记，从其形制、内容，约可推定与下述酒泉出土的石塔年代相近，很可能是北凉遗物。参看觉明居士《记敦煌出土六朝婆罗谜字因缘经经幢残石》，刊《现代佛学》1963 年第 1 期。此外，德人勒柯克（A. von Le Coq）从新疆吐鲁番窃去与酒泉所出石塔相似的一座残石塔，塔无纪年，为宋庆及妻张所立，其上也刻有与酒泉、敦煌两地的石塔相似佛像和相同的经文，经文前列经名为《佛说十二因缘经》，见 *Chotscho Tafel*，图版 60，1913。此塔当为北凉沮渠无讳、安周兄弟捷高昌时（442～460）的遗物。

〔12〕 参看史岩《酒泉文殊山的石窟寺院遗迹》，刊《文物参考资料》1956 年第 7 期。

〔13〕 参看史岩《凉州天梯山石窟的现存状况和保存问题》，刊《文物参考资料》1955 年第 2 期。

〔14〕 参看甘肃省文物工作队《马蹄寺、文殊山、昌马诸石窟调查简报》，刊《文物》1965 年第 3 期。

〔15〕 参看甘肃省文化局文物工作队《调查炳灵寺石窟的新收获》，刊《文物》1963 年第 10 期。

〔16〕 麦积这批早期石窟位于麦积西崖。1953 年，麦积勘查团肯定了第 78 窟的坐佛"和云冈昙曜五窟中的大坐佛相似"（《麦积山石窟内容总录》三，刊《文物参考资料》1954 年第 4 期）。1962 年，我们前往调查时，注意了第 74、78 两窟内容的相同和与其左侧第 70、71 两窟年代的接近。60 年代后半，麦积山文物保管所又发现第 73、68 两窟和第 165 窟也应属于麦积早期，从而肯定了麦积早期石窟分布的大致范围；另外 1965 年还在第 78 窟内剥出有"仇池镇经生……供养十方诸佛时"榜题的着鲜卑窄袖服装的供养人像（《麦积山石窟的新通洞窟》，刊《文物》1972 年第 12 期）。这个发现，指明了洞窟的上限不会在北魏太平真君四年（443）二月克仇池，五月置镇以前 [《通鉴·宋纪六》：文帝元嘉二十年（443）五月："魏以（征西将军皮）豹子为仇池镇将"]，如考虑到北魏据仇池设军镇不大可能立即有那里的经生来麦积造窟的话，

那么后一年（即太平真君五年，444），太武帝即开始排斥佛教，因此，我们估计这批石窟的出现，应在太武殁，文成复法（452）之后。复法后，北魏佛教特重佛教历史的宣传，所以昙曜开窟云冈，主要以三佛为主题，麦积第74、78两窟主题也是三佛，疑亦与此有关。这样，我们初步认为麦积早期石窟的时间，置于复法以后以迄逐渐改变服制的太和迁洛前后之间，较为适宜。

〔17〕参看注〔3〕所引《莫高、榆林二窟杂考》和赵万里《魏宗室东阳王荣与敦煌写经》，刊《中德学志》五卷三期，1943。

〔18〕《金石萃编》卷五六录义孙《于志宁碑》云："祖义，随上柱国瓜□□□四州刺史。"列义任瓜州刺史在隋，当有讹误。

〔19〕于义事迹见《周书·于谨传附子寔传》"（寔）弟义，上柱国潼州总管建平郡公"，文极简略。《北史》义传附其七世祖《于栗磾传》中，传文系出自《隋书·于义传》，不具录。义入隋不久，《隋书》本传记："以病免（潼州总管）职，归于京师。数月卒，时年五十。赠豫州刺史，谥曰刚。"义死之年，见《隋书·高祖纪上》："开皇三年（583）夏四月己巳，上柱国建平郡公于义卒。"义官职，开元七年（716）姚崇为其四世孙知微所撰的墓碑中记录略有差异。《兖州都督于知微碑》"高祖[义]，周泾州刺史安[武]郡守骠骑大将军开府仪同三司瓜潼兖邵四州刺史泾（潼）州总管建平郡公，谨曰刚"（《金石萃编》卷七一）。此虽有混同周隋两代官衔之误，但亦有可补史传不足之处。于氏贵盛迄唐不衰，高祖入关，义孙志宁率众归唐，有名绩于太宗、高宗之世，永徽元年（650）进封燕国公。显庆元年（656）志宁上《辞赐地奏》有云"臣居关右，代袭箕裘，周魏已来，基地不坠"（《旧唐书·于志宁传》）。关于唐代于氏贵盛情况，可参看《新唐书·宰相世系表二下》。

〔20〕参看敦煌文物研究所《新发现的北魏刺绣》，刊《文物》1972年第2期。

〔21〕参看已刊入本论文集的《〈大金西京武州山重修大石窟寺碑〉校注》。

〔22〕参看《参观敦煌莫高窟第285号窟札记》，该文已收入本论文集。

〔23〕关于大同云冈石窟的分期，参看《云冈石窟分期试论》，该文已收入本论文集。

〔24〕《伯希和劫经录》收在《敦煌遗书总目索引》（1962）中。

〔25〕参看本论文集所收《〈莫高窟记〉跋》注〔5〕。

〔26〕新拓本指该碑残破前不久的拓本。旧拓本指北京大学图书馆所藏曾经刘燕庭收藏的旧拓本。

〔27〕参看注〔4〕。

两汉魏晋南北朝时期的敦煌

《敦煌两千年》，是 1962 年秋在敦煌文物研究所编写的讲稿。二十年后，即 1981 年暑假又来敦煌，路过兰州时，兰州大学历史系和丝绸之路考察队要我介绍敦煌，推辞不了，只好把旧稿增删一番作为座谈稿。不料考察队回北京后，要刊印，这样就使我不能不重新改写了。改写的结果，文字增多了好几倍，文集篇幅有限，因此先发表前面三个子目。前面两个子目，重点是在综合以前的资料；后一个子目，有意识地和敦煌重要的佛教遗迹莫高窟联系起来。

一　西汉边防和敦煌设郡

大约在公元前 3 世纪后期，中亚以东的形势是：北方是匈奴，中间是大月氏，南边是战国秦和初期的西汉。这三个力量比较起来，先是大月氏力量强大，后来是匈奴力量更强。匈奴势力强大之后，首先排挤了大月氏。大月氏的中心位置，原来在敦煌、祁连间，东边可以达河套以西，恰位于匈奴、战国秦之间偏西。匈奴排挤了大月氏之后，新建立的汉王朝的北境和西北境就都处在匈奴的威胁之下。

大月氏先被排挤到今天的新疆维吾尔自治区的中部以北。新疆，当时的汉朝称它为西域。西域是比较富庶的地方，匈奴当然不能让大月氏在这里待下去，它和臣属于它的乌孙继续排挤大月氏，结果匈奴控制了西域。匈奴是游牧民族，天山以北水草肥美，是良好的牧区，天山以南是农业区，物产富饶。匈奴控制了天山南北，在人力、物力上就有了一个新的补充基地，它的势力就更加强大了。

汉朝为了防御匈奴，很希望和被匈奴排挤了的大月氏联合，公元前138年，汉武帝派张骞西使大月氏。张骞辗转到了西域以后，大月氏又向西南方向迁徙了。大月氏新居在妫水（今阿姆河）流域，这里各方面的条件都比原居留地好，所以大月氏不再愿意迁回故土。张骞联合大月氏的使命虽然没有成功，但了解了西域当时的情况。西域的富庶和匈奴控制西域的严重后果，促使汉武帝下了割断匈奴右臂的决心——用兵西域。从西汉都城长安出兵到西域，需要在漫长的河西走廊设立据点，因此设置了河西四郡。河西四郡最西边的是敦煌。《汉书·武帝纪》记元鼎六年（前111）置敦煌郡，有人认为应该稍迟一点，在元封四、五年间（前107～前106）[1]。敦煌置郡是敦煌有正式的历史记录之始。我们所说的“敦煌两千年”，就从这里算起。

从本世纪初的1906年起，敦煌附近出了五批汉简，绝大部分是西汉时代的。第一、第二两批是英国人斯坦因在1906～1908年、1913～1915年盗掘的，共789枚。第三批是1944年西北科学考查团发掘的，共43枚。以上三批汉简都已发表。第四批是1979年甘肃省博物馆文物队和敦煌县文化馆组成的汉代长城调查组发掘的，这次出土的汉简，据说有1217枚[2]。第五批是1981年3月发现的，枚数不详。第四批资料只发表了一小部分，第五批资料还未发表。从已发表的汉简中，知道在敦煌设郡之前，敦煌地方曾设“酒泉玉门都尉”，敦煌设郡以后，这个都尉就改叫“玉门都尉”，属敦煌郡了。敦煌所出的简，大部分属于敦煌郡的玉门都尉、中部都尉，小部分属于宜禾都尉。从简的内容，知道大都是从汉武帝时起，西汉在敦煌郡修筑边塞、屯田、置亭燧遗留下来的“屯戍文书”，是敦煌最早的一批史料。有关玉门都尉的简，多出在今敦煌县城西北的小方盘城。这是一座版筑的汉代城址，方形，面长23～24米，北、西两面有门，出北门北约7公里外抵疏勒河。这座城，过去被推定为汉玉门关址，据最近甘肃省考古队同志们的研究，认为应是玉门都尉的所在地。在这座城之西11公里的马圈湾附近，还有玉门关候官所在的城址。汉代长城大约就是从这一带向东西两方延展。向东沿疏勒河，再向东北沿弱水抵居延，再向东在河套北，沿大青山一直向东去。向西延长到甘肃西端的马迷兔，然后继之以烽台。这种有一定间距的烽台，在新疆经库鲁克塔格山和孔雀河之间，一直向西过了库尔勒、轮台，今天看到的最西端的烽台是在库车的西北。从敦煌附近向东、向西延展的长城、烽台，并不都完成于武帝时。特别是向西伸展的烽台，大约兴建于昭、宣时期。从长城、烽台的布局，可以知道汉武帝在敦煌设郡以来，就是要把敦煌作为西域前线的后方基地，这我们从太初元年（前101）贰师将军李广利，西征大宛不利“引兵而还，往来二岁，还至敦煌……天子闻之，大怒……贰师恐，因留敦煌……岁余而出敦煌者六万人……及载糒给贰师，转车人徒相连属至敦煌”〔3〕的情况，可以推知。昭帝时，汉立鄯善前王质子尉屠耆为鄯善王，王请遣将屯田，得依威重。于是，派敦煌人率酒泉、敦煌军士西去楼兰，得到了该地区上下的信服。《水经注·河水》追记了这个故事“敦煌索劢，字彦义，有才略，刺史毛奕表行贰师将军，将酒泉、敦煌兵千人，至楼兰屯田，起白屋，召鄯善、焉耆、龟兹三国兵各千，横断注滨河……灌浸沃衍，胡人称神，大田三年，积粟百万，威服外国”，可见敦煌与西域关系日益密切。到了宣帝神爵二年（前60）置西域都护，驻轮台东北的乌垒城，元帝初元元年（前48）置戊己校尉于高昌壁（今吐鲁番东南），公元前1世纪中期以来，敦煌处于西域前线的后方基地的重要地位就更加清楚了。

作为前线的后方基地的敦煌，有较大规模的屯垦任务，不仅军屯，还迁来不少内地的农民，这样就把内地的生产技术带到了敦煌。敦煌所在的这片绿洲，土地肥沃，面积较大，远在汉武帝设郡之前，这里就已是一个具有一定规模的居住点，军屯、移民不过更扩大了这个居住点而已。原来的居民，大约大部分是西方系统的少数民族。敦煌这两个字，很不好解释，《汉书·地理志》唐颜师古注引东汉应劭的说法：“敦，大也；煌，盛也。”望文生义，不可置信。近年国内外学者都认为敦煌应是建郡以前居住在这里的少数民族对本地所起的名字的音译〔4〕，如果这个说法不误，也可见敦煌建郡之前，少数民族在这里的势力了。

二　东汉魏晋时期的敦煌

东汉和帝永元十四年（102）班超东返后不久，安帝永初元年

（107）被迫罢西域都护，作为都护副贰的西域副校尉，从元初七年（120）起，常驻敦煌。于是，敦煌在军事上的重要性突出了。安帝以来，对西域许多较重要的军事活动，根据《后汉书·西域传》的记录都是在敦煌太守主持下进行的：

安帝	元初六年（119）	敦煌太守曹宗派行长史索班将千余人屯伊吾，车师前王、鄯善王来降。不久，北匈奴入侵，班全军覆没。宗请兵击匈奴、进取西域。不果。
顺帝	永建二年（127）	敦煌太守张朗将河西四郡兵三千人击焉耆，降之。
	永建四年（129）	于阗杀拘弥王，敦煌太守徐由上书，求讨于阗。不果。
顺帝	阳嘉元年（131）	徐由遣疏勒王发兵二万人击破于阗，更立拘弥王。
	阳嘉四年（135）	北匈奴呼衍王入侵车师后部，敦煌太守发诸国及玉门关候、伊吾司马合六千三百骑往救，不利而还。
桓帝	元嘉元年（151）	敦煌太守马达将敦煌、酒泉、张掖属国吏士四千余人进军蒲类海，驱逐北匈奴呼衍王对伊吾的侵犯。
	元嘉二年（152）	于阗杀长史王敬，敦煌太守马达欲将诸郡兵往讨。不果。
	永兴元年（153）	敦煌太守宋亮立车师后部故王军就质子卑君为王。

以上事迹告诉我们，当时敦煌太守似乎逐渐代行起西域副校尉西抚诸国总护南北道的职责。清雍正七年（1729）在新疆巴里坤西北巴里坤湖畔发现的顺帝永和二年（137）《敦煌太守裴岑纪功碑》和光绪三年（1877）在新疆拜城东北喀拉达格山麓的岩壁上发现的桓帝永寿四年（158）《龟兹左将军刘平国等作列亭诵》铭刻，都可补充文献的记载。前者记录裴岑将郡兵三千人击破北匈奴呼衍王于蒲类海，建立海祠的事迹。后者最末记录作诵人的官职姓名云："敦煌长□淳于伯隗作此诵。"〔5〕长字后面那个不清晰的字，有可能是"史"字。汉制边郡长史掌兵马。龟兹兴建列亭的工程完成后，请敦煌郡掌兵权的长史为之撰诵文，似乎更可以作为东汉晚期西域仍在敦煌郡羁制下的一个旁证。桓灵之际，节度西域大权收归凉州，但仍多通过敦煌行使。这种情况，在魏文帝复置凉州之后大约继续了下去，有可能还为西晋所沿袭。魏明帝太和中（227～232），敦煌太守仓慈给西域胡颁发去都城洛阳的过所（通行证），后来，"西域诸胡闻慈死，悉共会聚于戊己

校尉及长吏（史）治下发哀，或有以刀画面以明血诚，又为立祠，遥共祠之”[6]。这些，都说明了敦煌和西域保持着特殊的关系。1900年，瑞典人斯文赫定在今新疆罗布泊西北魏晋时期屯戍遗址盗掘去的魏嘉平四年（252）迄晋永嘉四年（310）的文书中，多涉及敦煌的纪事。1901年，斯坦因在今新疆民丰北150公里的相当于魏晋时期的遗址里盗掘出泰始五年（269）敦煌太守的下行文书和纪年残损的敦煌太守发下的过所，同出的还有凉州刺史的文书和西域长史营转来的诏书等等，也清楚地表明了当时南疆和敦煌的密切关系。

自公元2世纪初，西域副校尉常驻敦煌以来，敦煌不仅是通向中原的门户，而且成了统辖西域的军政中心，西域许多地方的质子就留住敦煌。早在班超任西域都护时，“商胡贩客日款于塞下”[7]，塞下当然包括玉门关所在的敦煌，可以估计敦煌从这时起，就逐渐集聚了西域商人。所以，魏文初年“破酒泉、张掖，西域通使，敦煌献径寸大珠”[8]。仓慈在敦煌太守任上，着重解决了地方豪强对贸迁的西域杂胡的勒索，并建立了胡商交市、制订了过境的各种措施，使“民夷翕然，称其清惠”[9]，可见当时敦煌和西域的商业交往，日益繁盛。西域商人主要是居住在中亚捷拉夫善河流域以撒马尔罕（康）为中心的粟特人。粟特人到外地经商，有行商，也有伴随商业的发展迁居到外地的坐商。1907年，斯坦因在敦煌西北长城烽燧遗址中盗掘出六件比较完整的粟特文书信。1948年，英国人赫尼克译释了其中的一件，他认为这一件是312～313年即西晋永嘉五至六年，一位居住在酒泉的粟特商人写给他家乡康国的商人的。其中提到粟特商人在敦煌、酒泉、姑臧（凉州）一直东到都城洛阳的商业活动，还提到当时居住在敦煌的粟特自由民有百家之多。粟特商人经商到洛阳，可与前面说过的魏时仓慈给西域胡颁发去洛阳的过所相印证。百家粟特自由民移居敦煌，这件事也正好给《续汉书·地理志》梁刘昭注引《耆旧记》谓敦煌“华戎所支一都会也”这句话，作最合适的注解。总之，从敦煌设郡到魏晋时期，敦煌正逐步地发展成中原西部的军政中心和商业城市。

魏晋时期敦煌经济的繁荣，商业是一个方面，农业也取得了较大进展。原来敦煌农耕只知道漫灌水，又不用耧犁，既浪费水、种，又浪费人力、畜力，而收获又少。魏嘉平中（249～253），皇甫隆任敦煌太守“教作耧犁，又教衍溉，岁终率计，其所省庸力过半，得谷加五”[10]，敦煌的农耕技术有了很大的改进，农田的产量增长了一半。敦煌西北的一处古城址大方盘城，从它的位置和内部布局来看，应即是《敦煌录》（斯 5448）等晚唐卷子中记录的“古时军储在彼”的河仓城。1943 年，西北科学考查团在这座城的东面土台内发掘出有“泰始十一年廿七日甲辰造，乐生”字样的石刻，向达先生考证：“晋武帝泰始只有十年，十一年乃咸宁元年（275）。其时敦煌正令狐氏（丰及弟宏）窃据一隅（事见《晋书·武帝纪》），又以与中枢迥隔，是以改元逾岁，而石刻犹作泰始也。‘泰始十一年二月廿七日甲辰造’当是指河仓城之建置而言。泰始十一年筑河仓城既蒇事，因立石以纪之耳。”[11] 令狐氏窃据敦煌时，建造这样一座大型仓城，可以从侧面说明晋初敦煌当地的经济，大约还延续了魏时的繁荣。

敦煌县城东面的戈壁上，分布着数以千计的古墓葬，从已发掘的数十座看，年代最早的是魏晋时期的。这显然不是偶然现象，大约可以作为这个时期敦煌已经过了一段相对安定的阶段，地方经济有了较大的发展的旁证。较大的魏晋墓，大多排列有序，并三五成群地被围在一个个用砾石砌起的方形茔墙之内。1944 年，西北科学考查团在佛爷庙发掘的翟宗盈墓规模较大，有前后室，墓门上部砌建了高 3.5 米的砖门楼，门楼上面有浮雕的门阙和彩饰的绘画。这种高门楼和表明家族墓地的茔墙设置，是酒泉、敦煌魏晋大型墓的特征。这类特征，可以没有疑义地和当时这一带豪族大姓联系起来。酒泉这类墓中有魏甘露二年（257）段清墓。酒泉段姓和敦煌翟姓，恰好都是见于文献的这个地区的大姓。这类墓的彩绘内容复杂，现以翟宗盈墓的门楼彩绘为例，绘有骑士、门吏、四神、怪兽和各种禽鸟、云气。造型生动，线条流畅，绘画技术已相当成熟，它和这里以后出现的佛教壁画应有某种联系。此外，不能不使我们联想起与绘画同源的书法。西晋敦煌出了一位大书法家索靖，靖“以善草书知名”[12]，并撰有论述草书形体结构的专著《草书状》。当时书法不同于绘画，家学传承，非士族不能有较大的成就。看来，敦煌在这个时期无论是水平较高的墓葬壁画，抑或豪族大姓的大书法家的出现，都是和当时社会稳定、经济发展的总情况分不开的。

西晋时的敦煌，还有一件值得注意的事，即有两名高僧在这里活动。一是有名的敦煌菩萨竺昙摩罗刹，此云法护；一是他的弟子法乘。法护是月氏人，《出三藏记集》卷一三和《高僧传》卷一都说他“世居敦煌郡”，这大约是南朝的说法。589年隋灭陈，统一南北。597年长安大兴善寺翻译学士费长房撰写的《历代三宝记·西晋录》则说法护是“从天竺国大赍梵本婆罗门经，来达玉门，因居敦煌，遂称竺氏”。按《僧祐录》所载法护译经的经序或后记中记晋初太始二年（266）法护在长安口授《须真天子经》“时传言者安文惠、帛元信，手受者聂承远、张玄泊、孙休达”[13]。十六年后，即太康五年（284），在敦煌译《修行道地经》《不退转法轮经》时，法护就“又畅晋言”，或“口敷晋言”，不需要另有传言者了。从法护不能晋言到自译梵书这个过程，可以推知费长房的说法是可信的。法护在敦煌译上述两经时的情况是：“太康五年（284），罽宾文士竺侯征携《修行道地经》至敦煌，月支竺法护究天竺语，又畅晋言，于此相值共演之。其笔受者菩萨弟子法乘、月支法宝。贤者李应荣，承索乌子、剡迟时、通武、支晋、支晋宝等三十余人，咸共襄助。”[14]“太康五年……法护于敦煌从龟兹副使羌子侯得此梵书《不退转法轮经》，口敷晋言，授法门法乘。”[15]这两段经记告诉我们，3世纪末，敦煌已有以法护为中心的一批译经的汉胡道俗了。值得注意的是，协助法护译经的主要人物法乘，他随法护往来于长安敦煌间，《高僧传》卷四《晋敦煌竺法乘传》记：“乘后西到敦煌，立寺延学，忘身为道，诲而不倦。使夫豺狼革心，戎狄知礼，大化西行，乘之力也，后终于所住。”看来，佛教初期在敦煌传播时，法乘的作用比法护为大，从僧传的记载里，我们似乎还可以理解到：法乘在敦煌传播的佛教，应与当时流行在东方——长安的内容相同，故云“大化西行，乘之力也”，而当时流行于敦煌和东方的佛教也不过是“使夫豺狼革心，戎狄知礼”这种较简单的内容而已。

三　十六国迄北魏置镇时期的敦煌

十六国迄北魏在敦煌置镇时期，敦煌地区政治变动频繁，佛教乘机在敦煌蔓延起来。因此，敦煌总的面貌在这时期前后差别较大，为了叙述的方便，我们把这时期又划分为三个阶段，即前凉、前秦、后凉和西凉初为第一阶段；西凉迁酒泉迄北凉西徙为第二阶段；第三阶段是北魏置敦煌镇时期。

第一阶段

前凉、前秦、后凉和西凉初期统治敦煌时，敦煌还是割据者的西部重镇，它还有一定的力量延续着魏晋时制御西域的情况。前凉张骏以“敦煌、晋昌、高昌、西域都护、戊己校尉、玉门大护军三郡三营为沙州、以西胡校尉杨宣为刺史”[16]，州治设敦煌。1908年，日本人橘瑞超在新疆罗布泊西北魏晋屯戍遗址盗掘出346年左右张骏子张重华时期西域长史李柏写给焉耆王的信稿四件，应是4世纪中期前凉沙州还有力地控制今新疆中部吐鲁番以西地区的物证。前秦建元十二年（376）灭前凉，十八年（382）苻坚遣吕光进军龟兹。《晋书·凉武昭王李玄盛传》记：“建元之末（前秦建元迄于二十一年，385），徙江汉之人万余户于敦煌，中州之人有田畴不辟者亦徙七千余户”，可见前秦充实敦煌的目的，在于经营西域。385年，吕光东返据姑臧。394年，吕光以子覆为都护玉门以西诸军事西域大都护，镇高昌。395年，郭麐叛吕光，攻姑臧，“武威、张掖已东人西奔敦煌、晋昌者数千户”[17]。从文献记载看，4世纪末，敦煌人口多达二万户以上，这个数字是很不小的。1908年，法国人伯希和从敦煌莫高窟藏经洞窃取的盛唐写本《沙州都督府图经》（伯2005）中记这个阶段沙州修建了不少水渠：有前凉沙州刺史杨宣在州南修建的长十五里的阳开渠、州东长四十五里的北府渠，前凉敦煌太守阴澹在州西南修建的长七里的阴安渠，后凉敦煌太守孟敏在州西南修建的长二十里的孟授渠。几条渠都引甘泉水灌溉农田，“百姓蒙赖”。其中北府渠石作工程大，《图经》记：“（前）凉时，刺史杨宣以家粟万斛买石修理，于今不坏，其斗门垒石作，长四十步，阔三丈，高三丈。”这些水渠，盛唐时还在使用，可见当初修建时质量是较好的。重视水渠的营造，表明4世纪敦煌农业生产又有了新发展。考古工作者近年在敦煌城东佛爷庙发现了前凉、后凉时期新建的墓地，出土有建兴十七年（329）、建兴二十五年

（337）、建兴二十六年（338）、建兴二十七年（339）、建兴四十六年（358）、升平十三年（369）、咸安五年（375）、麟嘉八年（396）和庚子六年（400）纪年的器物，尽管这些墓葬本身规模比不上魏晋时期，但新墓地的出现，也应是当时敦煌稳定的侧面反映。就是在这样的基础上，公元400年，李暠称凉王，建制于敦煌，敦煌第一次成为割据西北的政权——西凉的政治中心。405年，李暠东迁酒泉时，奉表江左，表中论述了敦煌："郡大众殷，制御西域，管辖万里，为军国之本。"同时，他又"手令诫诸子曰……此郡世笃忠厚，人物敦雅，天下全盛时，海内犹称之，况复今日，实是名邦。正为五百年乡党婚亲相连，至于公理，时有小小颇回，为当随宜斟酌。吾临莅五年，兵难骚动，未得休众息役，惠康士庶……虽未足希准古人，粗亦无负于新旧"〔18〕。这两段文字清楚地描绘出当时的敦煌实况：第一，敦煌社会自汉以来的旧因素很重；第二，敦煌制御西域的形势未变，所以李暠之初，于阗致玉，"鄯善前部王遣使贡其方物"〔19〕。

这阶段敦煌信奉佛教的人增多了，出现了当时所谓的高僧。《高僧传》卷一〇《晋罗浮山单道开传》记，石虎建武十二年（即东晋永和二年，前凉张骏卒，子重华继立之年，346）东去邺城的单道开云："道开姓孟，敦煌人，少怀栖隐，诵经四十余万言。"同书卷一二《晋始丰赤城山竺昙猷传》云："竺昙猷，或云法猷，敦煌人，少苦行，习禅定，后游江左……移始丰赤城山石窟坐禅。"可见敦煌佛教较以前专重译经和诲人知礼的情况已有变化。这个变化更直接一些的例证，是周圣历元年（698）《李君修佛龛碑》中记录乐僔的事迹："莫高窟者，厥前秦建元二年（即东晋太和元年、升平十年、前凉张天锡在位第四年，366）有沙门乐僔戒行清虚，执心恬静，当杖锡林野，行止此山，忽见金光，状有千佛，遂架空凿崄，造窟一龛。"〔20〕"戒行清虚，执心恬静"应是对乐僔禅行的描述，所以他能在莫高窟"忽见金光，状有千佛"，因而"架空凿崄，造窟一龛"。看来，4世纪中期，敦煌出了苦行禅定的僧人，莫高窟出现了专为僧人禅行的窟龛。这时敦煌莫高窟出现的专为僧人禅行的窟龛什么样？现在既无直接资料，又无其他地点的间接资料可资参考，其详细情况，目前尚难想象。

第二阶段

从405年西凉东迁酒泉以后，迄于北魏太平真君五至六年（444～445）于敦煌置军镇之前。这个阶段是敦煌的衰落时期。当时统治敦煌的政权，都倾其全力对付东方的劲敌，敦煌已不是向西发展的据点了。不仅如此，敦煌在这阶段还遭受了三次较大的削弱或破坏。第一次是405年，西凉李暠迁都酒泉时，把上述从江汉、中州迁来和武威、张掖以东西奔敦煌的人户，“皆迁之于酒泉”[21]。第二次是421年，北凉沮渠蒙逊攻破敦煌后，“屠其城”[22]。之后，蒙逊以其子牧犍为敦煌太守，敦煌稍事安辑，然不久又遭到第三次削弱。432年，蒙逊卒，牧犍继立。437年，北魏下凉州；441年，魏遣将西击敦煌，时牧犍弟无讳据敦煌，442年“无讳自率万余家。弃敦煌，西就（弟沮渠）安周”[23]。敦煌经历了这三次大变动，应该说一次比一次衰微，魏晋以来的繁荣，大约已消耗得差不多了。公元442年，“李宝（李暠孙）自伊吾帅众二千人入据敦煌，缮修城府，安集故民”[24]，敦煌才又开始恢复。444年，李宝入平城。445年，北魏遣成周公万度归西讨鄯善，留辎重于敦煌时，可能就在敦煌设置了军镇。初任的敦煌镇将，大约即是《周书·王士良传》所记的王景仁。

5世纪前半期，敦煌战乱相继，长时期的不安宁，给佛教的传播提供了机会。斯坦因自敦煌藏经洞窃取的《十诵比丘戒本》尾题有云：“建初元年岁在乙巳（405）十二月五日戌时，比丘德祐于敦煌城南受具戒，和尚僧德性、戒师宝意、教师惠观，时同戒场者道辅、惠御等十二人……”（斯797）《魏书·释老志》亦记，太武帝平定凉州以前，“敦煌地接西域，道俗交得，其旧式，村坞相属，多有塔寺”。当时敦煌佛教的性质，可从《名僧传抄》和《高僧传》的记录中推测。《名僧传抄·伪魏敦煌释道韶传》：“道韶本性（姓）凡（氾），敦煌人也，少出家，勤道业，读诵大乘，披览戒律，备学诸禅，头陀为事业，披服弊衣，或冢间而坐……独处山中三十余载……后于房中坐禅，举身皆冷……”同书《宋中兴寺释慧榄传》：“慧榄本姓成，酒泉人也，道行峻梁，德声远振，与玄高俱以寂观见崇于西土。遂远游外国……习禅于罽宾达摩，达以元嘉四年（427）于树上得菩萨戒本，入定见弥勒……

还授慧榄。谓榄曰：汝宜还东国，多有利益。来至于阗、沙州皆集大众，从榄师授，举国禅思，思法忘餐。蜀闻禅学，莫不师焉。”同书《宋成都香积寺释道法传》：“道法本姓曹氏，敦煌人，禅思出于人表，苦行照见三途……坐禅开诵，当夜无废……后见弥勒，放种种光……又善神咒。元徽二年（474），因禅思卒于绳床。”[25]《高僧传》卷三《宋上定林寺昙摩密多传》：“昙摩密多此云法秀，罽宾人也……博贯群经，特深禅法……进到敦煌，于闲旷之地，建立精舍，植㮈千株，开园百亩，房阁池林，极为严净。顷之复适凉州，仍于公府旧寺，更葺堂宇，学徒济济，禅业甚盛。常以江右王畿，志欲传法，以宋元嘉元年（424）展转至蜀……至于京师……即于祇洹寺译出禅经、禅法要、普贤观、虚空藏观等，常以禅道教授。”由上记载，可以推知当时敦煌地区盛行禅业。其实十六国中佞佛最甚的北凉沮渠氏的佛教，就是以禅业为重。唐初道宣《集神州三宝感通录》卷中记沮渠蒙逊于凉州城南就崖斫窟像。这处凉州石窟瑞像虽已无存，但敦煌、酒泉共发现了北凉时期的小型石塔八座，三座出在敦煌，五座出在酒泉[26]。酒泉、敦煌所出的小石塔，有完整的，有残损的。这种小塔出资雕造人是为了做功德，但佛教徒则为了禅行观像，它和以后流行的小型金铜造像作用相似。现在我们着重考查一下小塔的形制。八座小塔形制相似：下设八角基座，基座每面线雕一供养天人和一八卦符号；基座之上为圆形塔座，环绕塔座刻《增一阿含·结禁品》和发愿文，塔座之上是圆形大覆钵，覆钵下部环刻佛龛八，内雕坐佛者七，交脚菩萨者一，覆钵上部雕覆莲，覆莲之上设八角座和叠置的七层相轮，相轮上小下大，呈尖锥柱状，相轮最上方置一扁平的圆形顶石，顶石上面有的线雕北斗七星，有的雕覆莲。石塔突出覆钵和相轮部分，应是佛塔的早期形制，而八卦符号和北斗七星又应与汉以来的黄老道家有关。按佛教传入中土的初期结合道术，为佛教服务的造型雕刻自然也不例外。值得注意的是，这种早期形制的佛塔和塔上杂有某些道家因素的做法，绝不见于今天莫高窟现存的早期石窟之中。当然，塔基线雕供养天人和覆钵下部佛龛中的佛、菩萨像与现存莫高窟早期绘塑有相似处，这一点，似乎也暗示了它们在时间的距离上，已不太遥远了。

第三阶段

这一阶段河西走廊西端的政治中心，又从酒泉移向敦煌。下面先列一张年表，有选择地摘录了一些与敦煌有关的事件，并稍涉及上面叙述过的李宝和万度归的事迹。先列这张年表的目的，是希望通过它较全面地把当时敦煌的情况揭示出来，然后再进一步分析敦煌形势的变化和莫高窟现存早期洞窟的开凿年代问题。

太武	太平真君三年（442）	沮渠无讳自敦煌西奔鄯善。臣于柔然的李暠孙李宝自伊吾入据敦煌。不久李宝又遣使入魏，要求内附。	《魏书・世祖纪下》
	五年（444）	“（李宝）入朝，遂留京师。”	《魏书・李宝传》
	六年（445）	“成周公万度归乘传发凉州以西兵，袭鄯善。”	《魏书・世祖纪下》
		“度归到敦煌，留辎重，以轻骑五千渡流沙，至其（鄯善）境”，鄯善降。	《北史・西域传》
	?	“太武帝平沮渠氏（置敦煌镇），以酒泉为军，属敦煌镇。”	《元和郡县志・陇右道下》
		“太武平沮渠氏，（王士良）曾祖景仁归魏，为燉煌镇将。”	《周书・王士良传》
	七年（446）	“诏诸州坑沙门，毁诸佛像。”	《魏书・世祖纪下》
	九年（448）	“以交趾公韩拔为假节、征西将军、领护西戎校尉、鄯善王，镇鄯善。赋役其民比之郡县。”	《魏书・世祖纪下》
		万度归破焉耆，诏令镇抚其民。又破龟兹。	《魏书・世祖纪下》，《北史・西域传》
	十一年（450）	沮渠安周引柔然兵袭车师，攻拔其城。车师王奔焉耆，诏开焉耆仓给之。	《北史・西域传》，《通鉴・宋纪七》
文成	兴安元年（452）	“初复佛法。”	《魏书・高宗纪》
	太安二年（456）以前	坐镇凉州的都督凉、沙、河三州诸军事、安西将军、领护羌戎校尉尉眷转敦煌镇将。	《魏书・尉古真传附侄眷传》
	太安二年（456）	平西将军、渔阳公尉眷击伊吾，克其城，大获还。	《通鉴・宋纪十》
	三年（457）	以渔阳王尉眷为太尉，录尚书事。	《通鉴・宋纪十》
	和平元年（460）	柔然攻高昌，杀沮渠安周，灭沮渠氏。以阚伯周为高昌王。	《北史・高昌传》，《通鉴・宋纪十一》
	和平末（465）	“冀州刺史源贺上言：自非大逆、手杀人者，请原其命谪守边戍。诏从之。”	《魏书・刑罚志》

续表

献文	显祖时（466～470）	"显祖时，（尉多侯）为假节、征西将军、领护羌戎校尉、敦煌镇将。"	《魏书·尉古真传附侄孙多侯传》
		"献文时，茹茹数为寇，北边患之。"	《周书·贺拔胜传》
	显祖末（470）	"显祖末，蠕蠕寇于阗……于阗患之，遣使上表曰：西方诸国，今皆已属蠕蠕……"	《北史·西域传》
孝文	天安中至承明元年（466～476）	"天安中，（常）英为平州刺史……（后）黩货，徙敦煌……承明元年，征英复官。"	《魏书·外戚·常英传》
	延兴元年（471）	先是，魏每岁秋冬发军，三道并出以备柔然，春中乃还。时太尉源贺议筑三城御之。不果。	《通鉴·宋纪十五》
		"南安王桢……高祖即位，除凉州镇都大将。寻以绥抚有能，加都督西戎诸军事、征西大将军、领护西域校尉、仪同三司、凉州刺史。"	《魏书·景穆十二王·南安王传》
	二年（472）	"蠕蠕部帅无卢真率三万骑入塞围（敦煌）镇，多侯击之走，以功进号征西大将军。后多侯猎于南山，蠕蠕遣部帅度拔入围敦煌，断其还路。多侯且前且战，遂冲围而入。率众出战，大破之……因上疏求北取伊吾，断蠕蠕通西域之路。高祖善其计，以东作方兴，难之。"	《魏书·高祖纪上》，《魏书·尉古真传附侄孙多侯传》
		"闰月（四月）壬子，蠕蠕寇敦煌，镇将尉多侯击之。又寇晋昌，守将薛奴击走之。"	《魏书·高祖纪上》
	三年（473）	"蠕蠕寇敦煌，镇将乐洛生击破之，事具见《蠕蠕传》。"	《魏书·高祖纪上》
	四年（474）	"秋七月……癸巳，蠕蠕寇敦煌，镇将尉多侯大破之。"	《魏书·高祖纪上》
		"尚书奏以敦煌一镇介远西北，寇贼路冲，虑或不固，欲移就凉州。群官会议佥以为然。（韩）秀独谓非便……及从秀议。"	《魏书·韩秀传》，《通鉴·宋纪一五》
	太和元年（477）	"（尉多侯）为妻元氏所害。"	《魏书·尉古真传附侄孙多侯传》
	二年（478）	"（齐）太祖辅政，遣骁骑将军王洪轨使芮芮，克期共伐魏虏。"	《南齐书·芮芮虏传》
	三年（479）	七月，敦煌"大霜，禾豆尽死"。	《魏书·灵征志上》
		"柔然十余万骑寇魏，至塞上而还。"	《通鉴·齐纪一》
	五年（481）	"七月，敦煌镇蝗，秋稼略尽。"	《魏书·灵征志上》
		"柔然别帅他稽帅众降魏。"	《通鉴·齐纪一》
		"柔然主遣使来聘（齐）……约共伐魏。"	

续表

孝文	九年（485）以前	“迁（穆亮）使持节、征西大将军、西戎校尉、敦煌镇都大将。政尚宽简，赈恤穷乏，被征还朝，百姓追思之。”	《魏书·穆崇传附四世孙亮传》
	十一年（487）	“柔然寇魏边，魏以尚书陆睿为都督，击柔然，大破之。”	《通鉴·齐纪二》
		柔然伏名敦可汗击高车，“屡为（高车主）阿伏至罗所败，乃引众东徙”。	
		1965 年，莫高窟发现有太和十一年广阳王发愿文的绣佛残件。	《文物》1972 年第 2 期
	十二年（488）	“十有二月，蠕蠕伊吾戍主高羔子率众三千以城内附。”	《魏书·高祖纪下》
	十三年（489）	“柔然别帅叱吕勤帅众降魏。”	《通鉴·齐纪二》
	十四年（490）	“高车阿伏至罗及穷奇遣使如魏，请为天子讨除蠕蠕。”	《通鉴·齐纪三》
	十五年（491）以前	下邳太守张攀以贪婪获罪，“攀及子僧保鞭一百，配敦煌”。	《魏书·薛野䐗传附子虎子传》
	十六年（492）	“魏以怀朔镇将阳平王颐、镇北大将军陆睿皆为都督，督十二将，步骑十万，分三道以击柔然……大破柔然而还。”	《通鉴·齐纪三》
	十七年（493）	“冬十月……诏征司空穆亮与尚书李冲、将作大匠董爵经始洛京。”	《魏书·高祖纪下》
	十八年（494）	冬十月戊寅，“（孝文）亲告太庙奉迁神主（于洛阳）。辛亥，车驾发平城宫”。	《魏书·高祖纪下》
	二十一年（497）	元倪“二月寝疾，卒于洛阳照明里宅，蒙赠宁远将军、燉煌镇将”。	《汉魏南北朝墓志集释》三《元君（倪）墓志铭》
		东阳王元丕父子不乐迁洛。丕子隆、超参与谋叛，事觉，隆、超伏诛，隆、超母弟及余庶兄弟，皆徙敦煌。	《通鉴·齐纪七》，《魏书·神元平文诸帝子孙东阳王丕传》
		“高昌王马儒遣司马王体玄入贡于魏，请兵迎接，求举国内徙……高昌旧人恋土，不愿东迁，相与杀儒，立麹嘉为王，复臣于柔然。”	《通鉴·齐纪七》
宣武	景明四年（503）	“世宗诏……（赵）修虽小人，承侍在昔，极辟之奏，欲加未忍，可鞭之一百，徙敦煌为兵。”“（修）出城不自胜……急驱之，行八百里乃死。”	《魏书·恩幸·赵修传》，《通鉴·梁纪一》
	正始三年（506）	柔然他汗可汗“遣使纥奚勿六跋（如魏）朝献，请求通和。宣武不报其使，诏有司敕勿六跋曰……今蠕蠕衰微，有损畴日，大魏之德，方隆周、汉……通和之事，未容相许，若修藩礼，款诚昭著者，当不尔孤也”。	《北史·蠕蠕传》

续表

宣武	四年（507）	秋八月，“辛丑，敦煌民饥，开仓赈恤”。	《魏书·世宗纪》
	永平中（508～511）	“蠕蠕主伏图（他汗可汗）为高车所杀，（麴）嘉又臣高车。”	《北史·西域传》
孝明	神龟中（518～520）	“兰陵公主驸马都尉刘辉，坐与河阴县民张智寿妹容妃、陈庆和妹慧猛奸乱耽惑，殴主伤胎……其智寿等二家配敦煌为兵。”	《魏书·刑罚志》
	神龟末（520）	“（凉州刺史袁）翻表曰……敦煌、酒泉空虚尤甚。”	《魏书·袁翻传》
	正光初（520）	宋王刘昶子辉以殴妻兰陵公主“兄弟皆坐鞭刑，徙配敦煌为兵”。	《魏书·刘昶传》
	正光元年（520）	柔然可汗阿那瑰为其族兄击败，奔魏。魏立阿那瑰为朔方公、蠕蠕王。	《北史·蠕蠕传》，《通鉴·梁纪五》
	二年（521）	柔然可汗婆罗门（阿那瑰从父兄）为高车所逐，帅十部落诣凉州降。于是蠕蠕数万相率迎阿那瑰。魏以安西将军元洪超兼尚书行台，诣敦煌安置婆罗门。婆罗门寻与部众谋叛投嚈哒，不果被擒。	《北史·蠕蠕传》，《通鉴·梁纪五》
	五年（524）	八月“丙申诏曰……镇改为州，依照立称”。	《魏书·肃宗纪》
	孝昌元年（525）	九月以前，元荣已任瓜州刺史。	《汉魏南北朝墓志集释》三《王夫人元华光墓志》
	孝昌中（525～527）	“孝昌中，改（敦煌）镇立瓜州。”	《元和郡县志·陇右道下》
孝庄	武泰元年（528）	元均之“四月戊子朔十三日，薨于洛阳，蒙赠平西将军、瓜州刺史”。	《汉魏南北朝墓志集释》三《元君（均之）之墓铭》

从上面年表可以看到，第三阶段敦煌地区形势发展的复杂情况，但总的关键问题，是防御北面柔然的入侵。

柔然是本民族的自称，北朝称之为蠕蠕或茹茹，南朝称之为芮芮。柔然游牧于北魏北境，久为魏患。太武帝于444年李宝入朝后于敦煌设镇，其目的在于经营西域阻截柔然西部势力。因此，初期的敦煌镇，其性质主要是进取的据点，所以448年北魏军镇之设，向西一直发展至鄯善、焉耆。其兵力更远及今新疆中部偏西的库车地区。北魏和西域的关系，5世纪的40年代后半，应是最密切的时期。这时龟兹、焉耆佛教很盛。但446年太武帝决心废佛，并颁布了“诸州坑沙门，毁诸佛像”的诏书，因而在这北魏与西域关系密切的时期，不仅不可能给佛教东传提供条件，甚至还可能给西域的佛教带去了某些灾难。

太武帝晚期，北魏在西部强于柔然的优势逐渐动摇。450年沮渠安周引柔然兵攻据车师。文成帝初，调熟悉柔然事务并以骁烈闻名的尉眷镇敦煌，456年尉眷仅能克伊吾，掠归一些战利品，不能据有其地。460年柔然又攻占高昌，立阚伯周为王，北魏亦无可奈何。到了献文帝时，眷子多侯任敦煌镇将，柔然势力更强，北魏在西域的力量，大约都被柔然所消灭，柔然并南越塔里木，为患于阗。于阗上表云：“西方诸国，今皆已属蠕蠕。”可见，当时柔然已控制了葱岭以东的西域。孝文帝初，都督西戎诸军事、征西大将军、领护西域校尉之类的官职，只能加给坐镇凉州的凉州镇都大将南安王元桢；柔然围困敦煌镇，镇将尉多侯、乐洛生也仅能消极守御，尉多侯虽有北取伊吾之请求，但亦无力实现。所以，474年朝廷多有放弃敦煌移就凉州之议。5世纪50年代至70年代，是柔然称霸西域，逐步威逼敦煌的时期。在这种形势下，敦煌能不能开凿出像莫高窟现存早期洞窟那样成组或成批的窟龛来，是值得考虑的（一般公认莫高窟现存最早洞窟是275、272、268和259、257、254这两组或两批洞窟）；同时，我们在上述这两组现存最早的洞窟中，也确实找不出明确的5世纪中期的特征，这应该不是偶然的事。

魏弱柔强的形势，大约到了孝文帝决定加强敦煌镇守备，并将敦煌镇升级置都大将之后，才有所转变。最早见于文献的敦煌镇都大将，是太和九年（485）以前派到这里的文成帝婿长乐王秦州刺史穆亮。穆亮以后，见于文献的敦煌镇都大将，还有车骑大将军阎提（《周书·阎庆传》）[27]。孝文帝的措施正好与新兴起的柔然的劲敌——高车的进攻相配合。487年，柔然败于高车；488年柔然伊吾戍主高羔子以城降魏；490年高车遣使入魏，约讨柔然；492年魏从平城出发，步骑十万出击柔然，柔然才衰微下去。看来，5世纪80年代，敦煌地区开始进入安宁。所以60年代诏犯人谪边，其在敦煌实施，除了常英一例外，其后的文献记载已到 80、90 年代之际，比较多的徙敦煌为兵，更迟至 494 年北魏迁洛以后。敦煌既解除了西北柔然的威胁，又加强了和中原的联系，成组成批的现存莫高窟早期洞窟出现在这样的背景下，是较为合理的。这个时期，北魏都城平城附近的武州山石窟寺即今山西大同云冈石窟早已开凿，那里第一批石窟“昙曜五窟”已基本完成（460～？）；大约开凿于孝文帝初迄太和十三年（471～489）的第 7、8 和 9、10 两组石窟，也逐步竣工。莫高窟公认为最早的标准窟第 275 窟，我们认为是接近于云冈第 7、8 和 9、10 这两组窟的[28]。近年敦煌发现的楼阁式小石塔和有太和十一年（487）纪年的绣佛，也给考查莫高窟现存早期洞窟的绝对年代提供了线索。1972 年，党河西岸敦煌故城东墙外发现的方形五级石塔和 1951 年在敦煌县城东三危大庙井中发现的方形多级石塔，都是中原流行的塔制，而与前述的突出圆形覆钵和相轮的北凉石塔不同；可是 1972 年发现的五级石塔的基座上，却与北凉石塔相同，摘刻了《增一阿含》的经文[29]。因此，我们推测，这种石塔与北凉石塔性质相同，只是由于这时敦煌地区和中原关系密切，才改用中原的塔式。莫高窟现存最早洞窟壁画中的佛塔，如 257 窟南壁沙弥守戒自焚壁画中的单层塔和 254 窟南壁萨埵本生壁画中的三级塔，以及 257、254 两窟的中心塔柱和 259 窟西壁的多宝塔，也都是中原塔式。这种方形的石塔，在东方现存的最早实例，是原存于山西朔县崇福寺有北魏“天安元年（466）……平城造”刻铭的九级石塔。更多的实例则见于云冈石窟 7、8 和 9、10 两组石窟中。1965 年莫高窟第 125、126 窟前裂缝中出土绣出太和十一年（487）广阳王慧安发愿文的残绣佛一件，敦煌文物研究所同志推断这件绣佛“它应该是从平城一带被人带到敦煌的”。研究所同志描述这件绣佛的内容和风格说：“刺绣为一佛二菩萨式的说法图，佛结跏、露脚、坐覆莲，菩萨傍立、跣脚、踩覆莲、裹长裙，与敦煌 251、260 等窟的小型说法图相似，特别是艺术风格，表现手法基本相同。”[30]按 251、260 两窟紧接在 259、257、254 这一批洞窟的两侧，其时代较 259、257、254 这一批洞窟略晚。考虑到太和十一年绣佛从平城带到这里和这里出现平城的新式样，都需要一些时间，因此可以估计较 251、260 两窟略早的

259、257、254这批洞窟的具体年代，大约不会早过5世纪的80年代。

5世纪80年代，大约与太和九年（485）以前穆亮任敦煌镇都大将的时期相当。穆氏原作丘穆陵氏[31]，位列代北“勋臣八姓”之首，穆亮任职敦煌，《魏书》本传记其：“政尚宽简，赈恤穷乏，被征还朝，百姓思之。”按穆氏敬佛，孝文帝迁洛之初，穆亮夫人即参加了洛阳龙门最早一批造像功德，古阳洞南壁上方有太和十九年（495）十一月使持节司空公长乐王丘穆陵亮夫人尉迟为亡息牛橛造弥勒像龛。据此，似可推想成组成批出现的莫高窟现存早期的洞窟，也有可能与穆亮有关。当然，在没有获得证据之前，这仅仅是推想而已。

5世纪后期，敦煌已逐步安宁，但6世纪初，凉州刺史袁翻上表还强调“敦煌、酒泉空虚尤甚”。敦煌进一步恢复与莫高窟进一步繁荣，还需在524年诏改镇为州，不久明元帝四世孙元荣出任瓜州刺史之后。

本文原载《丝路访古》（1982）。

此次重刊，除改正脱误，还对一、三两节做了补充。

注释

〔1〕 参见陈梦家《河西四郡的设置年代》，该文收在论文集《汉简缀述》（1980）中。张春树认为更迟到天汉元年（前94）左右，见所著《汉代河西四郡从建置年代与开拓过程的推测》，刊《“中央研究院”历史语言研究所集刊》37期二册，1967。

〔2〕 参见甘肃省博物馆等《敦煌马圈湾汉代烽燧遗址发掘报告》，刊《文物》1981年第10期。

〔3〕《史记·大宛传》。

〔4〕 参见岑仲勉《汉书西域传地里校释》“酒泉”等四郡条，1981。

〔5〕 据新疆维吾尔自治区博物馆藏清光绪五年（1899）拓本。

〔6〕《三国志·魏志·仓慈传》。

〔7〕《后汉书·西域传》。

〔8〕《三国志·魏志·苏则传》。

〔9〕 同注〔6〕。

〔10〕《三国志·魏志·仓慈传》注引《魏略》。

〔11〕 向达《两关杂考》，该文收在论文集《唐代长安与西域文明》（1957）中。

〔12〕《晋书·索靖传》。

〔13〕《出三藏记集》卷七《须真天子经记》。

〔14〕《修行道地经后记》。

〔15〕《出三藏记集》卷七《阿维越遮致经记》。

〔16〕《魏书·张骏传》。

〔17〕《晋书·李玄盛传》。

〔18〕 同注〔17〕。

〔19〕 同注〔17〕。

〔20〕 此据伯2551背面周李义所修佛龛碑录文。

〔21〕 同注〔17〕。

〔22〕《晋书·李玄盛传附子士业传》。

〔23〕《宋书·大沮渠蒙逊传》。

〔24〕《通鉴·宋纪六》。

〔25〕《高僧传》卷一二与此略同，今不录。

〔26〕 参见王毅《北凉石塔》，刊《文物资料丛刊》(一)，1977。

〔27〕 阎提为庆之祖父。庆父进，正光时(520～524)，拜龙骧将军。参见《新唐书·宰相世系表三下》。

〔28〕 参见《敦煌莫高窟早期洞窟杂考》，该文已刊本论文集中。

〔29〕 此塔现陈列在敦煌县博物馆。

〔30〕 敦煌文物研究所《新发现的北魏刺绣》，刊《文物》1972年第2期。

〔31〕《魏书·官氏志》：“神元皇帝时，余部诸姓内入者：丘穆陵氏，后改为穆氏……太和十九年(495)诏曰……其穆、陆、贺、刘、楼、于、嵇、尉八姓，皆太祖已降，勋著当世。位尽王公。”《魏书·高祖纪下》：“(太和十二年，488)夏四月己巳……陈显达攻陷醴阳，左仆射长乐王穆亮率骑一万讨之。”此为穆亮太和九年自敦煌征还后的新任命。

东阳王与建平公（二稿）

一

东阳王与建平公是北朝时期在敦煌莫高窟修建洞窟的两位著名人物。1820年，徐松在莫高窟访得武周圣历元年（698）《李君莫高窟佛龛碑》[1]（以下简称圣历《李君碑》），并将碑文全文录入于1823年刊印的《西域水道记》之后，才逐渐被人们注意起来[2]。该碑的有关记录，现据北京大学图书馆所藏刘燕庭旧藏拓本移录如下：

> 莫高窟者，厥初秦建元二年，有沙门乐僔戒行清虚，执心恬静。当杖锡林野，行止此山，忽见金光，状有千佛。遂架空凿崄，造窟一龛。次有法良禅师，从东届此，又于僔师窟侧更即营造。伽蓝之起滥觞于二僧。复有刺史建平公、东阳王等各修一大窟，而后合州黎庶造作相仍，实神秀之幽岩，灵奇之净域也。……爰自秦建元之日，迄大周圣历之辰，乐僔、法良发其宗，建平、东阳弘其迹。推甲子四百他岁，计窟室一千余龛。今见置僧徒，即为崇教寺也（下附黑点的文字，拓本和《西域水道记》卷三的录文皆缺误，此据伯2551残道经背面所录的《李义修佛龛碑文》补正）。

刺史建平公、东阳王是谁？他们何时在敦煌任刺史？这类具体问题，大约又经历一个至一个半世纪的时间，才逐步考证清楚。这篇小文，是对长时期以来关于东阳王与建平公的研究成果的初步整理，并在此基础上做一点补充和推测。

有关东阳王的考证，除了征引《魏书》《周书》和《北史》的少量记载外，主要是根据分散在各地的与东阳王有关的敦煌写经和洛阳发现的与东阳王有关的北魏元氏墓志。

1927年，日本羽田亨在调查东京中村不折收藏的敦煌写经时，发现了两卷尾题有东阳王字样的北魏写经[3]。一卷是普泰二年（532）东阳王元荣敬造的《律藏初分》第一四卷的尾题：

> 大代普泰二年岁次壬子三月乙丑朔二十五己丑，弟子使持节散骑常侍都督岭西诸军事车骑大将军开府仪同三司瓜州刺史东阳王元荣，惟天地妖荒，王路否塞，君臣失礼，于滋多载。天子中兴，是得遣息叔和，早得回还。敬造无量寿经一百部：四十部为毗沙门天王，卅部为帝释天王，卅部为梵释天王。内律五十五卷，一分为毗沙门天王，一分为帝释天王，一分为梵释天王。造贤愚一部为毗沙门天王。观佛三昧一部为帝释天王。大云一部为梵释天王。愿天王等早成佛道，有愿元祚无穷，帝嗣不绝。四方附化，恶贼退散，国丰民安，善愿从心。含生有识，減（咸）同斯愿。

另一卷是孝昌三年（527）尹波敬写的《观世音经》的尾题：

> ……清信士佛弟子尹波，实由宿福不勤，触多屯难，扈从主人东阳王殿下届临瓜土，瞩遭离乱，灾妖横发，长蛇竞炽，万里含毒，致使信表牢隔，以径年纪，寻幽寄矜，唯凭圣趣。辄兴微愿写观世音经卌卷，施诸寺读诵。愿使二圣慈明，永延福祚，九域早清，兵车息钾，戎马散于茂菀，干戈辍为农用。愿东阳王殿下体质康休，洞略云表，年寿无穷，永齐竹柏，保境安蕃，更无虞寇，皇途寻开，早还京国，敷畅神机，位升宰辅。大魏孝昌三年岁次丁未四月癸巳朔八日庚子，佛弟子假冠军将军乐城县开国伯尹波敬写。

羽田亨认为《律藏初分》第一四卷尾题所记的瓜州刺史东阳王元荣和《魏书·孝庄纪》：永安二年（529）八月“丁卯，封瓜州刺史元太荣为东阳王”的元太荣，即是圣历《李君碑》中的东阳王。他对《观世音经》尾题中提及的东阳王，虽然也考虑是元荣，但推测元荣出自太和十八年（494）被徙至敦煌的平文系统的元丕诸子，则失误了。

1933年，赵万里先生开始编著《汉魏南北朝墓志集释》[4]，于北魏明元一系的宗室墓志中，发现元荣父腾、妹华光、孙袆和叔伯兄弟弼、均之等人墓志。取与《元和姓纂》《魏书·孝庄纪》《周书·申徽传》《周书·令狐整传》所记相互比较。于是，元荣世系和元荣刺瓜事迹大体明朗。其中荣妹《金城郡君（王夫人华光）墓志》的记录，有助于了解元荣出刺瓜州的时间：

> 故金城郡君，姓元，字华光，河南洛阳嘉平里人也。光明元皇帝第三子乐安王范之曾孙，城门腾之女，泒州荣之第二妹。……春秋三十七，孝昌元年九月癸卯朔十六日寅时寝疾，卒于家。……赠金城郡君……乃卜窆于景陵之东，龙岗之西。

泒州荣即瓜州刺史元荣，据此可以推知元荣任瓜州刺史当在孝昌元年（525）九月十六日之前。1943年，赵先生又发表《魏宗室东阳王荣与敦煌写经》一文于《中德学志》[5]提出三卷与元荣有关的写经的尾题。一卷是藏地不详孝昌三年（527）尹波敬写的《妙法莲花观世音经》的尾题：

> 盖至道玄凝，洪修有无之境，妙理寂廓，起拔群品于无垠之外，是以如来愍溺类昏迷，抗大悲于历劫，故众生无怙，唯福所恃。清信士佛弟子尹波，实由宿福不勤，粗多屯难，扈从主人东阳王殿下届临瓜土，瞩遭离乱，灾妖横发，长蛇竞炽，万里含毒，致使信表罕隔，以径年纪，寻幽寄矜，唯凭圣趣。辄兴微愿写观世音经卌卷，施诸寺读诵。愿使二圣慈明，永延福祚，九域早清，兵车息钾，戎马散于茂苑，干戈辍为农用，文德盈朝，哲士溢阙，锵锵鏘鏘，隆于上国，吾道钦明，忠臣累叶，八表宇宙，终齐一轨。愿东阳王殿下体质康休，洞略云表，年寿无穷，永齐竹柏，

保境安蕃，更无虞寇，皇途寻开，早还京国，敷畅神讥（机），位升宰辅，所愿称心，事皆如意，合家眷大小亲表内外参佐家客，咸同斯祐。又愿一切众生，皆离苦得乐。弟子私眷沿蒙此福，愿愿从心，所求如意。大魏孝昌三年岁次丁未四月癸巳朔八日庚子佛弟子假冠军将军乐城县开国伯尹波敬写。

一卷是北京图书馆藏普泰二年（532）《大智度论》残卷（菜字五〇号）的尾题：

大代普泰二年岁次壬子□□□乙丑朔二十五日己丑，弟子使持节散骑常……西……阳王元荣……

另一卷是藏地不详的大统八年（542）《摩诃衍经》第八卷的尾题：

大魏大代大统八年十一月十五日，佛弟子瓜州刺史邓彦妻昌乐公主元，敬写摩诃衍经一百卷，上愿皇帝陛下国祚再隆，八方顺轨。又愿弟子现在夫妻男女家眷四大康健，殃灾永灭，将来之世普及含生，同成正觉。

第一卷尾题与中村不折藏《观世音经》尾题略同，但较之完整，可以互校。第二卷尾题应与中村所藏《律藏初分》第一四卷尾题略同，但此残缺，可据《律藏初分》尾题校补。第三卷的尾题很重要，既校正了《周书》和《北史》的《申徽传》邓彦作刘彦之讹，又大体明确了元荣任瓜州刺史的最后时间，即在邓彦任瓜州刺史的大统八年十一月十五日以前。

1942年至1944年，向达先生两次去敦煌考察莫高窟时，即辑录了东阳王元荣事迹。1951年，定稿的《莫高、榆林二窟杂考》中，专辟《武周李君修佛龛记中之东阳王事迹考》一节[6]。该节内据英人翟理斯《斯坦因特藏中有纪年的汉文写本目录》（Lionel Giles, *Dated Chinese Manuscripts in the Stein Collection*, Bulletin of the School of Oriental

Studies, vol.Ⅶ）的记录和图版，新补了两卷现藏伦敦不列颠博物馆图书馆的元荣写经的尾题。一卷是建明二年（531）元荣敬造的《佛说仁王般若波罗蜜经》（斯4528）的尾题：

> 大代建明二年四月十五日，佛弟子元荣既居末劫，生死是累，离乡已久，归慕常心。是以身及妻子奴婢六畜，悉用为毗沙门天王布施三宝，以银钱千文赎。钱一千文赎身及妻子，一千文赎奴婢，一千文赎六畜。入法之钱即用造经。愿天王成佛。弟子家眷六畜滋益长命，及至菩提，悉蒙还阙，所愿如是。

另一卷是永熙二年（533）元荣敬造的《大般涅槃经》卷三一（斯4415）的尾题：

> 大代大魏永熙二年七月十五日，清信士使持节散骑常侍开府仪同三司都督岭西诸军事斗（车）骑大将军瓜州刺史东阳王元太荣，敬造涅槃、法华、大云、贤愚、观佛三昧、祖持、金光明、维摩、药师各一部，合一百卷，仰为毗沙门天王，愿弟子所患永除，四体休宁。所愿如是。

后一卷尾题提供了元荣亦可写作元太荣的论据。另外，向先生在文章的附注五中，根据许国霖《敦煌石室写经题记》提出北京图书馆藏永安三年（530）《仁王护国般若波罗蜜经》（殷字四六号）的尾题：

> 永安三年七月二十三日，佛弟子元□集[7]为梵释天王（缺）若经一百部合三百部，并前立须乞延年（下缺）。

怀疑此经也是元荣所写施的。向先生写《东阳王事迹考》时，未见上述赵先生著作，所以关于东阳王事迹的考证，多与赵著中征引的文献相重复[8]。

1938年，日人神田喜一郎影印《墩煌秘籍留真》，内收法国巴黎国家图书馆所藏《大智第廿六卷释论》(伯2143)尾题。尾题内容与前引中村不折藏《律藏初分》第一四卷的尾题大体相同，唯元荣遣息叔和一段，记述较详：

……惟天地妖荒，王路否塞。君臣失礼，于慈(兹)多载。天子中兴，是以遣息叔和诣阙修□。弟子年老疹患，冀望叔和早得还回。敬造无量寿经一百部……

1947年，周一良先生撰《跋敦煌秘籍留真》[9]即据此尾题并翟理斯目录所引的两卷东阳王写经尾题(即上述向先生文中的斯4528和斯4415的尾题)，详细研讨了自孝昌三年(527)迄永熙元年(535)，即北魏末年政治形势的发展和元荣造经祈求内容的变化之间的关系。又对元太荣可省作元荣和邓彦误作刘彦，都做了进一步的考述。

1962年，王重民先生主编的《敦煌遗书总目索引》出版，我们在总目所收的《伯希和劫经录》[10]和《李木斋旧藏敦煌名迹目录》第二部分[11]中，又知道有三卷写经与元荣有关。第一卷是李盛铎(木斋)旧藏的普泰二年(532)《维摩经疏》卷一，该卷尾题，编目人只做了摘录：

大代普泰二年岁次壬子三月乙丑朔廿五日己丑，弟子使持节散骑常侍都督岭西诸军事车骑大将军开府仪同三司瓜州刺史东阳王元荣……敬造。

看来，此卷尾题的全部文字，当与上述北京图书馆(菜字五〇号)和法国巴黎国家图书馆所藏的《大智度论》(伯2143)尾题以及中村不折所藏《律藏初分》尾题相近。第二卷是《无量寿经》卷下，亦李盛铎旧藏，该卷尾题：

瓜州刺史元太荣所供养经。比丘僧保写。

第三卷是现藏法国巴黎国家图书馆的《贤愚经》卷一(伯3312)，该卷尾题：

燉煌太守邓季彦妻元法英供养，为一切（下缺）。

此邓季彦与妻元法英，疑即前引《摩诃衍经》第八卷尾题中的“邓彦”与“妻昌乐公主元”。这个推测如果不误，就可进一步推知邓彦于夺据瓜州刺史之前任燉煌太守。燉煌是瓜州的首郡，邓彦实力当在燉煌太守时期即已形成，故元荣死，“瓜州首望表荣子康为刺史，彦遂杀康而取其位”(《周书·申徽传》)。

1951年，我自敦煌抵兰州，晤冯国瑞先生。先生抄示当时寄寓天水的天津袁某所藏《摩诃衍经》卷二六的尾题。该尾题与巴黎国家图书馆所藏《大智度论》(伯2143）尾题，基本相同，现录其小有差异处如下：

……天子中兴，见以遣息叔和诣阙循吏……（又愿）含生有识之类早正觉。

1982年，在美加州大学伯克利分校东方图书馆获睹1964年日本京都国立博物馆编辑的《守屋孝藏氏搜集古经图录》，书中又著录了两卷东阳王写经[12]。一卷是普泰二年《大智度论》第七〇卷。该卷应与北京图书馆藏《大智度论》残卷（菜字五〇号）、巴黎国家图书馆藏《大智第廿六品释论》(伯2143）和天津袁某藏《摩诃衍经》卷二六同属一部。其尾题与《大智第廿六品释论》尾题略同，不录。另一卷是永安三年《佛说仁王般若经》上卷。此卷应与北京图书馆藏《仁王护国般若波罗蜜经》(殷字四六号）为一部。后者尾题多残缺，此卷尾题较完整：

大代永（安）三年岁次庚戌七月甲戌朔二十三日丙申，佛弟子使持节散（骑）常侍都督岭西诸军事车骑大将军瓜州刺史东阳王元荣生在末劫，无常难保，百年之期，一报极果。窃闻诸佛菩

> 萨天人圣智立誓余化，自有成告，有能禀圣化者所愿皆得。天人将护，覆卫其人。令无衰惚，所求称愿。弟子自惟福薄，屡婴重患。恐贻灰粉之殃，天算难诣。既居秽类，将可以自救。惟庶心天人，仰凭诸佛，敬造仁王般若经三百部：一百部仰为梵天王，一百部仰为帝释天王，一百部仰为毗沙门天王等。以此经力之故，速早成佛，救护弟子延年寿命，上等菩萨，下齐彭祖。若天王誓不虚发，并前所立，愿弟子晏望延年之寿，事同前愿。如无所念，愿生离苦也。

以上已知的东阳王写经十一卷，与东阳王有关人的写经四卷，共十五卷。东阳王写经的时代，集中于永安三年迄永熙二年（530～533）之间。其时尔朱兆、高欢擅政，“君臣失礼”，“王路否塞”，而元荣已“屡婴重患”“年老疹患”。永熙三年（534），北魏分裂。次年（535），宇文泰立文帝于长安，建元大统，是为西魏之始。从大统八年（542）十一月十五日以前，其婿邓彦已任瓜州刺史推之，元荣之卒盖在6世纪40年代之初或30年代之末。东阳王写经值得注意的另一问题是，所写全部佛经，据尾题所示，都先为天王祈求，如：

> 仰为梵天王……仰为帝释天王……毗沙门天王等，以此经力之故，速早成佛。（永安三年《佛说仁王般若经》卷上尾题）
>
> 为毗沙门天王……为梵释天王……为帝释天王……愿天王等，早成佛道。（普泰二年《律藏初分》卷一四尾题）
>
> 为毗沙门天王布施三宝……愿天王成佛。（建明二年《佛说仁王般若波罗蜜经》尾题）
>
> 仰为毗沙门天王……（永熙二年《大般涅槃经》卷三一尾题）

东阳王所写佛经其内容又多记天王事迹，显然是选择书写与天王有关的佛经，为天王做功德。写经人如此重视天王，在全部敦煌写经中极为罕见。这个极为特殊的情况，如与莫高窟现存洞窟联系起来，就很容易想到被推定为西魏初年开凿的第249窟窟顶壁画。该窟窟顶作盝顶状，下接主壁（西壁，亦即该窟后壁）的西坡，正中画手擎日月立于大海中的阿修罗，其上画帝释天王所居有双龙维护的须弥山及山顶之喜见城，两侧画驰向须弥山的雷、电、风、雨诸神，布局紧张，颇有“兴四兵，往攻帝释”之势。此故事见《观佛三昧海经》卷一：“(阿修罗)女(悦意)仪容端正挺特，天上天下无有其比……阿罗修见以为瓌异，如月处星，甚为奇特。憍尸迦闻即遣使，下诣阿修罗而求此女。阿修言：汝天福德，汝能令我乘七宝宫，以女妻汝。帝释闻此，心生踊跃，即脱宝冠，持用拟海，十善报故，令阿修罗坐胜殿上。时阿修罗踊跃欢喜，以女妻之……帝释若至欢喜园时，共诸彩女入池游戏，尔时悦意即好嫉妒，遣五夜叉往白父王：今此帝释不复见宠，与诸彩女自共游戏。父闻此语，心生瞋恚，即兴四兵，往攻帝释。立大海水，踞须弥顶，九百九十九手同时俱作，撼喜见城，摇须弥山，四大海水一时波动。释提桓因（即帝释）惊怖惶惧，靡知所趣。时空有神白天王言：莫大惊怖，过去佛说般若波罗蜜，王当诵持，鬼兵自碎。是时，帝释坐善法堂，烧众名香，发大誓愿……我持此法，当成佛道，今阿修罗自然退散。作是语时，阿修罗即使惊怖……”与西坡相连的南北两坡上部画乘龙车来礼佛的帝释天王（北坡上部）和乘凤车来礼佛的帝释妃（南坡上部）。东坡，即西坡的对面，上部画摩尼供养。四坡的下部多画天人夜叉奇禽异兽和奉佛的僧徒。按第249窟系佛殿窟，窟主壁（即西壁）开一大龛，龛内塑倚坐佛像，主壁左右两隅各立一菩萨像。左右壁（即南北壁）画千佛，千佛中各现说法图一铺。前壁（即东壁）早年塌毁，前壁壁画和该窟原来有无前室，俱不详。一座佛殿窟窟顶突出帝释天王形象，这在莫高窟魏窟中亦是唯一孤例。其取意似与《选集百缘经》卷二《观顶王请佛缘》所记，帝释与天龙夜叉究槃荼等为释迦造讲堂故事有关：“佛在王舍城迦兰陀竹林。尔时，世尊将诸罗汉六万二千，诣拘毗罗国，彼诸民众禀性贤善，慈仁孝顺，意志宽博。于时如来作是念言，吾今当作牛头旃檀重阁讲堂，化彼民众，作是念已，时天帝释知佛心念，即与天龙夜叉究槃荼等各各赍持牛头旃檀树，奉上世尊，为于如来造大讲堂。天诸床榻卧具被褥，天须陀食，自然备有，供养佛僧。”按帝释天为忉利天主，又

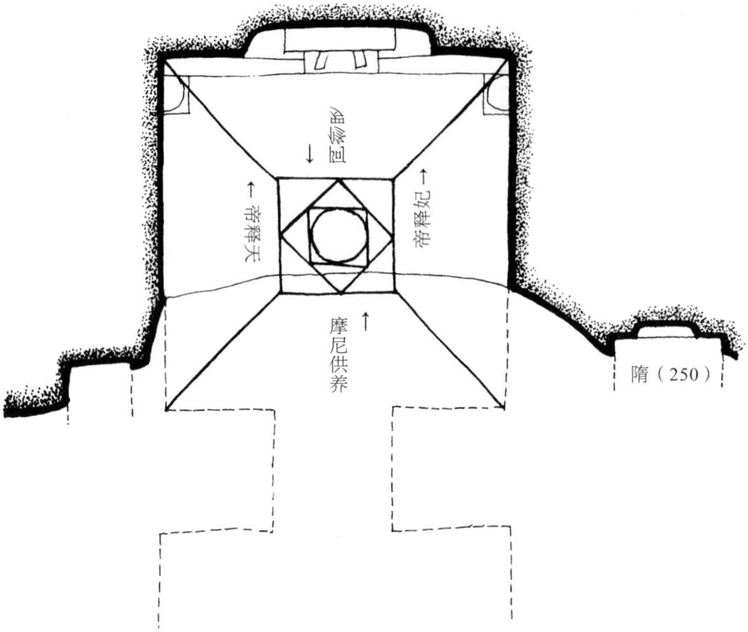

1　第 249 窟平面　　——现存（1951）平面线　——仰视线　- - - - -复原平面线

与梵天常住佛之左右，故可代表梵释四天，因此，似可推知此第 249 窟的兴建者，系专为天王发愿所开凿。为天王发愿凿窟与为天王发愿写经其意相同，因而又似乎可进一步推测第 249 窟与东阳王有关，而该窟的年代又适早于有大统四年（538）发愿文的第 285 窟。这一点，也正与东阳王写经的年代，即 530～533 年相应。这样，我们就有理由怀疑圣历《李君莫高窟佛龛碑》所记东阳王“修一大窟”，或即今天的第 249 窟[13]（插图 1）。以上推论如果不误，东阳王写经与东阳王修窟原是一件事的两个方面，都是为天王建功德，从而祈求天王为之延寿益算。日本中村不折藏敦煌所出西魏写本《佛说决定罪福经》卷下有云：“处于宗庙昼夜精进，七日七夜。天曹鬼官记注大功，以功除罪，即白帝释，增寿益算，除罪定名，祸减福生，即得如须。”（《大正藏》卷八五）该经，僧祐《出三藏记集》卷五和法经《众经目录》卷四虽皆列为疑伪，但当时流行帝释司人间寿命之说，却可因上述东阳王遗物、遗迹的发现，得到证实[14]（参看图版 83）。

二

当确知东阳王为元荣之后，很长时间考证不出建平公是谁。可能是由于圣历《李君碑》把东阳王写在建平公的后面，大家都向东阳王之前追寻而无结果的缘故。

1962年冬，我自敦煌归来，翌年整理敦煌讲稿，阅读唐人碑志，于乾封元年（666）《于志宁碑》[15]中得“祖义隋上柱国瓜潼邵豫四州刺史潼州总管建平郡公”（《金石萃编》卷五六）一事；又于开元七年（719）《于知微碑》中得“高祖义周泾州刺史瓜潼邵兖四州刺史泾州总管建平郡公”（《金石萃编》卷七一）一事。于是翻检《新唐书·宰相世系表二下》所录的于氏表，进而追踪《周书》《隋书》《北史》等有关纪传，初步确定曾在莫高窟“修一大窟”的刺史建平公，即是北周时期的于义。整理后的敦煌讲稿的有关部分，1978年发表于《大公报在港复刊三十周年纪念文集》上卷[16]。1979年，承敦煌文物研究所施娉婷同志辗转告知，临洮张维先生《陇右金石录补》中，即已论述了建平公于义问题。因觅张书[17]，于该书卷一《周李君修佛龛碑》条下，读到了有关文字：

> 建平公，魏书仅有陆真而不为瓜州刺史，唐书有周建平公姜景为梁州总管，亦不载曾任瓜州，惟《隋书·于义传》云：义字慈恭。仕周，闵帝时安武太守，封建平郡公。明帝武帝时，历西、兖、瓜、邵四州刺史。隋高祖时，为潼州总管，卒赠豫州刺史。《北史》传同。唐《于志宁碑》：祖义，隋上柱国瓜、潼、邵、豫四州刺史潼州总管建平郡公。《于知微碑》：高祖义，周泾州刺史瓜、潼、邵、兖四州刺史泾州总管建平郡公。《新唐书·于氏宰相世系表》：于子安生陇西郡守建平郡公子提，子提生谨，谨生义潼州总管建平刚公。所言于义历任四州，或为西、兖、瓜、邵，或为瓜、潼、邵、豫，或为瓜、潼、邵、兖，各有异同，总管为泾为潼，亦必有一误。而以建平公为瓜州刺史其时在北周明帝武帝之间，则无可疑。故碑所云刺史建平公者，当为于义，惟义为刺

史实在元荣以后，而碑叙在前，或者别有其人，抑或先后有误，仍未敢臆决。至世系表所列陇西郡守建平郡公于子提时代在元荣先，未言其为瓜州刺史，且《北史》明言其以子谨贵追赠建平郡公，自非碑文所举。

张先生的考证翔实谨严，唯引《隋书》多有删略，故于四州的异文、总管为泾为潼等均疑而未决，现摘《隋书》涉及于义官职的记录如下：

于义，字慈恭，河南洛阳人也。父谨，从魏武帝入关，仕周，官至太师，因家京兆。义少矜严，有操尚，笃志好学。大统末，以父功，赐爵平昌县伯邑五百户，起家直阁将军。其后改封广都县公。周闵帝受禅，增邑六百户，累迁安武太守，专崇德教，不尚威刑，……于是风教大洽，……进封建平郡公。明武世，历西兖、瓜、邵三州刺史。数以征伐，进位开府。……及（隋）高祖作相，（益州总管）王谦构逆，……以义为行军总管，谦将达奚惎拥众据开远，义将左军击破之。寻拜潼州总管，赐奴婢五百口杂彩三千段，超拜上柱国。……岁余，以疾免职，归于京师。数月卒。时年五十。赠豫州刺史，谥曰刚。(《隋书·于义传》)

（开皇三年,583）夏四月己巳，上柱国建平郡公于义卒。(《隋书·高祖纪上》)

由上可知：1.“明武世，（义）历西兖、瓜、邵三州刺史。”按周无西州，有西兖州，知《隋书》所记不误。2. 隋开皇三年（583）于义卒，“赠豫州刺史”知豫州刺史系追赠。3. 于义将左军击破益州总管王谦将达奚惎，“寻拜潼州总管”。按潼西南邻益，正扼益州东北通向剑阁的要道，当即于义所率左军战捷之地，故平谦后，以义镇潼州。因知碑文作“泾州总管”者误。此外，《新唐书·宰相世系表二下》于氏表记“子安生陇西郡守建平公子提，子提生谨”，按子提可简作提，《魏书·节义传》有传。赠提建平郡公事见《周书·于谨传》：“父提，陇西郡守荏平县伯。保定二年（562）以谨著勋，追赠使持节柱国大将军太保建平郡公。”贞观十四年（640）《于孝显碑》亦记：“曾祖提……自魏历将终，周图已兆，先臣旧佐咸加爵赏，蒙授使持节太傅柱国大将军封建平郡开国公，从班列也。”（《金石续编》卷四）由此更可确知后来追赠的建平郡公与曾实任瓜州刺史的建平公并非一人，不过追赠提为建平郡公，应与其孙义的封爵有关，因为义进封建平郡公据《隋书·于义传》所记，至少要在追赠其祖五年之前。

《隋书·于义传》记义“明武世，历西兖、瓜、邵三州刺史”，北周明帝、武帝时期即552～578年。在这二十六年内，义刺瓜州究竟在哪几年？检有关记载亦可略做推测。

西兖州《元和郡县志》卷一一河南道曹州：“后魏于定陶城置西兖州。”北齐西兖州治滑城，《北史·元文遥传》记北齐末“文遥为西兖州刺史”。西兖州属北周，当在建德六年（577）正月亡齐之后。于义任西兖州刺史应不在西兖州入周之前[18]。

邵州《周书·明帝纪》：“二年春正月……（又于）邵郡置邵州。”明帝二年即558年。初任邵州刺史是杨檦，见《周书·杨檦传》：“又于邵郡置邵州，以檦为刺史。”其后，在561年武帝亲总万机之前，贺若谊曾“历灵、邵二州刺史”（《隋书·贺若谊传》）。武帝保定元年（561），《周书·梁昕传》记昕“转邵州刺史，二年（562）以母丧去职，寻起复本任。天和初（566），征拜工部中大夫”。继梁昕刺邵者为豆卢勣，《隋书·豆卢勣传》：“天和二年（567）授邵州刺史。”豆卢勣之后，北周刺邵者史有缺文，但河阳河阴一带易攻难守，亡齐之前，多属齐境。《周书·刘雄传》记建德四年（575）刘雄“从柱国李穆出轵关，攻邵州等城拔之”。《隋书·权武传》又记：“平齐之役，攻陷邵州，别下六城。”按于义任邵州刺史当在豆卢勣之后，更大的可能是在建德四年（575）之后。[19]

瓜州《元和郡县志》卷四〇陇右道下沙州：“后魏太武帝于（敦煌）郡置敦煌镇，明帝罢镇，立瓜州。”按自孝昌元年（525）三月九日以前元荣出任瓜州刺史以来，迄北周武帝世，史传明文记载历任瓜州刺史者如下表：

任瓜州刺史的时间	姓名	资料来源
北魏明帝孝昌元年（525）九月以前至西魏文帝大统八年（542）十一月以前	元荣（元太荣）	《金城郡君墓志》、《摩诃衍经》第八卷尾题
元荣故后，邓彦篡据之前	元康	《周书·申徽传》
大统八年十一月以前至大统十或十一年（544或545）	邓彦（邓季彦）	《周书·申徽传》、《周书·令狐整传》、《摩诃衍经》第八卷尾题
大统十二年（546）	成庆	《周书·申徽传》
大统十二年	张道义（行州事）	《周书·令狐整传》
大统十二年至十六年（550）	申徽	《周书·申徽传》
550～552	?	
西魏废帝元年（552）至西魏恭帝初（554）	王子直	《周书·王子直传》
554～556	?	
恭帝三年（556）至北周明帝二年（558）	韦瑱	《周书·韦瑱传》
558～560	?	
明帝武成二年（560）至武帝保定三年（563）	尔绵永（段永）	《庾子山集》卷十四《周柱国大将军大都督同州刺史尔绵永神道碑》《北史·段永传》
保定二年（562）至四年（564）	李贤	《周书·李贤传》
564～578	?	

根据上表，可以推测周明帝、武帝时期于义任瓜州刺史的具体时间，有两个可能：第一个可能是在韦瑱、尔绵永之间，即558～560年之间；第二个可能是在李贤之后，即564～578年之间。后一个可能可以考虑排除575年以后于义任邵州刺史和557年以后于义任西兖州刺史的时期，从于义在莫高窟“修一大窟”的情况估计，似乎也可排除自建德三年（574）三月“断佛道二教，经像悉毁，罢沙门道士，并令还民”（《周书·武帝纪上》）以后的周武废佛期间，这样，第二个可能就可压缩到564～574年之间。至于这两个可能，哪一个可能性更大些？第一个可能的时间在周明帝时，可与《隋书·于义传》“明武世，历西兖、瓜、邵三州刺史”的记载相应[20]。第二个可能的时间较长，可和于义任邵、西兖两州刺史的时期相衔接；同时这个时期，义长兄

寔又曾任凉州总管，事见《周书·武帝纪上》："[天和六年（571）四月]甲午，以柱国燕国公于寔为凉州总管。"更重要的是，敦煌所出周写经有明确纪年的，大多集中于保定元年迄天和四年（561～569）之间[21]，由此，可以推测561年以后迄574年三月周武废佛之前，是北周时期敦煌佛教的盛世，于义"修一大窟"在此盛世内，应是很自然的事。以上两个可能各有存在的理由，在未搜得其他资料之前，实不便再做进一步的论断了[22]。

三

在整理补充过去对东阳王元荣、建平公于义事迹的研讨过程中，逐步了解到元荣、于义都不仅是一个单纯的出任瓜州的刺史，他们既与当时的中央王朝关系密切，又与关陇地区的地方显要多有渊源。因此，他们在敦煌莫高窟才能留下较重要的遗迹和较长时间的影响。

元荣是北魏明元帝第三子乐安王范的曾孙。神䴥三年（430），长安新附，太武帝（明元帝长子）即委范以坐镇长安的重任，《魏书·世祖纪上》："[延和二年（433）春正月]丙寅，以乐安王范为假节加侍中都督秦、雍、泾、梁、益五州诸军事卫大将军仪同三司，镇长安。"神龟二年（519）《元腾墓志》记范的官衔是：

> 使持节都督秦、雍、泾、凉、益五州诸军事开府仪同三司卫大将军雍州刺史。(《汉魏南北朝墓志集释》卷四）

太延五年（439），下凉州，又以范兄"骠骑大将军乐平王丕……镇凉州"(《魏书·世祖纪上》)。范在长安，《北史·明元六王传》记："谦恭惠下，推心抚纳，百姓称之。"所以，文成帝又拜范长子良"长安镇都大将雍州刺史"(《北史·明元六王传》)。良官职，《元腾墓志》作：

> 使持节都督秦、雍、泾、凉、益五州诸军事开府仪同三司卫大将军雍州刺史[23]。(《汉魏南北朝墓志集释》卷四）

与其父范同。其后良子静，永安二年（529）《元弼墓志》记其官职是：

张掖太守治书侍御史。(《汉魏南北朝墓志集释》卷四）

良孙均之，武泰元年（528）卒，建义元年（528）《元均之墓志》记：

蒙赠平西将军瓜州刺史。(《汉魏南北朝墓志集释》卷四）

均之与荣为叔伯兄弟，均之卒时实任瓜州刺史的即是元荣。荣死，“瓜州首望表荣子康为刺史”(《周书·申徽传》)。由上可知，北魏辟土雍凉以来，以迄西魏之初，元荣前后五世历任西部显宦。西魏易代之后，元荣之孙仍冠盖不绝，《元和姓纂》卷四元姓录元荣一系云：

荣生康、慎。慎（康）[24]生端。端生钦、志俭。钦荆州刺史，元孙彦英、萸。志俭苏州刺史成安公。慎生祎、均。祎六代孙时中。均曾孙思温鄜州刺史平阴公，生若林、德秀。若拙（林）江夏令，生亘。(亘）宣楚等州刺史将作监。德秀鲁山令。均少子爽陇州刺史。

大业五年（609）《元祎墓志》记荣子慎和慎子祎官职云：

曾祖乐安王腾，枝分帝宣，水派皇家……祖东阳王荣，调高先哲，学博时英，弘宣美祖之风，翼赞维城之道。父慎，周开府仪同三司新虞楚三州诸军事三州刺史。……天和元年（566)，周大冢宰宇文护始引公（祎）为亲信。其年三月，以勋加大都督，转授冢宰左府俟伏俟爽府司录。宣政元年（578)，除潞州别驾。开皇元年（581）……仍授上党郡守……九年（589）奉诏问罪金陵，吴越克平，荣勋口至，授开府仪同三司。十年（590）授温州诸军事温州刺史。十五年（595）除德州诸军事德州刺史。大业三年（607）授历阳郡守。四年（608）授朝散大夫……（《汉魏南北朝墓志集释》卷一〇）

据《元袆墓志》和《姓纂》所记，知“邓彦窃瓜州，拒不受，（令狐）整与开府张穆等密应使者申徽，执彦送京师”（《周书·令狐整传》）之后，元荣遗属亦归长安，故其子慎、孙袆俱任周职，而袆与其子、侄又皆任隋。入唐，除前引《姓纂》的记载外，天宝十二载（753）袆玄孙《元舒温墓志》亦有记录：

> 公讳舒温，河南人也……曾祖袆[25]，隋潞州刺史。祖察微宁州别驾。父德珽登州司马……公幼而聪明，长而昭毅，故得名不累身，性乃全道，未缨未纽，寔此之由……长子诚襄阳郡司兵。次子询高密郡安丘县丞……少子諲彭城郡萧县丞。（北京大学图书馆藏拓本）

因知元荣之裔，李唐一代已渐式微。这一点，和建平公于义的情况有很大不同。

于氏代北旧族，太和间迁洛。于义父谨从魏武西徙。谨和他的子辈俱有功于周室。因此，于谨一支贵盛于周隋间。《隋书·于义传》记：

> （周末，义）超拜上柱国。时义兄翼为太尉。弟智、兄子仲文并上柱国。大将军已上十余人。称为贵戚。

义长兄寔，天和六年（571）任凉州总管，见前引《周书·武帝纪上》。《周书·于谨传附子寔传》记义弟智，宣政元年（578）六月“以受宣帝旨，告齐王宪反，遂封齐国公。寻拜柱国凉州总管、大司空”。可知北周武、宣时期，于义兄弟都任陇右重任。隋世缺于氏任官河西的记载，但唐乾封元年（666）义孙《于志宁碑》云：

> ……太宗文皇帝……莫府初开，俊贤翘首。辟书既下，以公为渭北道□军敦煌（以下缺文）。（《金石萃编》卷五六）

按《旧唐书·太宗纪上》记隋末太宗曾被封燉煌郡公事：“及义兵起，

（太宗）乃率兵略徇西河，克之。拜右领军大都督，右三军皆隶焉，封燉煌郡公。”志宁来归，太宗即委以燉煌郡事。志宁父宣道，圣历三年（700）《于大猷碑》记唐初追赠陇右军政要职：

> 曾祖宣道，随内史□人左卫率□安县开国子。皇朝赠使持节都督凉、肃、甘、瓜、沙五州诸军事凉州刺史，谥曰献。（《金石萃编》卷六二）

看来，于氏在河西的影响唐初犹存[26]。开元十五年（727）《于士恭墓志》云：

> 公讳士恭，字履揖……五代祖谨仕魏，遂居河南，今即河南人也。绩著前史，庆贻后裔。曾祖宣道随左卫率，皇凉、甘、肃、瓜、沙五州诸军使（事）凉州刺史成安子。祖永宁皇商州刺史增（赠）建平公。父元祚皇益州九陇县令袭建平爵。（《金石续编》卷七）

永宁是于义长孙，元祚是于义曾孙，他们都袭于义建平公爵，可见唐时于氏声势不仅存于河西，于义的封爵且为唐廷所承认，这当然与义孙志宁为唐初名相和唐代于氏多显宦都有直接关系；圣历《李君碑》所以叙建平公于东阳王之前，除了过去推测的原因[27]之外，当时建平公后裔仍然煊赫于世，恐怕也是一个重要的原因。

本文系1981年为《向达先生纪念论文集》所撰。1983年曾补记一则。现又补入《敦煌秘籍留真》所收和冯国瑞先生生前抄示的东阳王写经尾题两事；并对莫高窟第249窟与东阳王的关系，第428窟与建平公的关系和元荣、于义后裔问题等，都做了一些推测和补充。因在原题之后加（二稿）两字，谨附说明，敬盼读者不吝指正。

本文原载《敦煌吐鲁番文献研究论集》第四辑（1988）。此次重排，正文、注释皆无改动，但加附图一帧。并新写了文末的附记。

附记

《东阳王与建平公（二稿）》清抄后年余，获读《敦煌研究》1986年1、2两期所刊吴织、胡群耘编辑的《上海图书馆藏敦煌遗书目录》，知前引李盛铎旧藏东阳王写经二种现藏上海图书馆。《维摩经疏》卷一（上海图书馆编号812561）尾题全文是：

> 大代普泰二年岁次壬子三月乙丑朔廿五日己丑，弟子使持节散骑常侍都督领西诸军事车骑大将军仪同三司瓜州刺史东阳王元荣，惟天地妖荒，王路否塞，军事失利，于兹多载，天子中兴，是得遣息叔和诣阙修□。弟子年老疹患，冀望叔和早得回还，敬造维摩疏百部供养。

内容虽与中村不折所藏《律藏初分》卷一四、法国巴黎国家图书馆所藏《大智第廿六卷释论》尾题大体相同，但易“君臣失礼”为“军事失利”，联系上文“王路否塞”和下文“于兹多载”，知此军事失利，系指正光五年至建明元年（524～530）胡琛、万俟丑奴起义于关陇事。

《无量寿经》卷下（上海图书馆编号812562）尾题见前引。该题记元太荣所具官衔只瓜州刺史，因疑此卷书写的时间在元荣被封东阳王之前。按《魏书·孝庄纪》记永安二年（529）八月丁卯封元太荣为东阳王，但孝昌三年（527）四月八日尹波写经尾题已记“扈从主人东阳王殿下届临瓜土”。其时，据孝昌元年（525）《金城郡君（王夫人华光）墓志》，知元荣已在瓜州，是尹波写经尾题所记之东阳王，又非元荣莫属。因疑《魏书·孝庄纪》有讹误。然则此《无量寿经》卷下应写在孝昌三年之前。以上推论如无大误，则该经卷或为现存元荣写经中之最早者。

注释

〔1〕 缪荃孙《艺风堂文集》卷一《徐星伯先生事辑》：“（嘉庆）十七年（1812）为御史赵慎畛所纠，谪戍伊犁……廿四年（1819）释放回籍。二十五年（1820）过莫高窟，

得周圣历《李君重修莫高窟佛龛碑》。"

〔2〕《李君重修莫高窟佛龛碑》原来的位置，陈万里《西行日记》云在第146窟内："[民国十四年（1925）五月二十一日]于一四六洞内见《李君碑》。"146号洞即今第332号窟。准大历十一年（776）《唐陇西李府君修功德碑》面北立于第148号窟前室南侧之例，似可推知此碑原亦当面北立于第332号窟前室南侧。今第332号窟前室南侧西壁有后人朱书"大忠碑"三个大字。按圣历《李君碑》，系"首望宿卫上柱国燉煌张大忠书"，知此"大忠碑"三字即指圣历《李君碑》而言。这三个大字应是为了引人注意立在此处的《李君碑》而书写的。因此，这三个字的位置，亦可作为《李君碑》原来位于第332号窟前室南侧的旁证。《西行日记》又记："(该)碑于民国十年（1921）时，为居留俄人所断，已折为二。"此已折为二的断碑，后又迭遭磨损，现只存残石一大块零二小块，藏敦煌文物研究所陈列室。《西域水道记》卷三记该碑未毁前的情况："《莫高窟碑》，两面刻。度以建初尺，高五尺七寸六分，广三尺二寸。前面二十八行，行五十字。后面三十行，行四十八字。碑首篆额'大周李君修功德记'八字，已剥落。"

〔3〕1927年5月羽田亨调查写经，7月写出《敦煌千佛洞の營造に就きて》，刊《歴史と地理》二十卷二号。后收入《羽田博士史学论文集》上卷《历史篇》（1957）中。1930年贺昌群撰《敦煌佛教艺术的系统》时，曾引用羽田的发现和某些论点。贺文发表在《东方杂志》二十八卷十七号，1930。

〔4〕《汉魏南北朝墓志集释》1953年始定稿，由中国科学院考古研究所列为考古学专刊乙编第二号编辑出版。

〔5〕该文刊《中德学志》五卷三期，1943年9月。

〔6〕该文刊《文物参考资料》第二卷5期，1951年5月。后收入向达论文集《唐代长安与西域文明》（1957）中。

〔7〕东阳王写经尾题中元荣的荣字，书体近似集。《敦煌遗书总目索引》所收《斯坦因劫经录》录斯4528《佛说仁王护国般若波罗蜜经》尾题，亦误元荣为元集。

〔8〕向先生发表此文时，已见赵先生文，但以所论元荣事迹重点不同，所以尽管征引文献多有重复，亦未改动原稿。

〔9〕该文刊《清华学报》十五卷一期（1947）。后收入《魏晋南北朝史论集》（1963）中。

〔10〕此录系王重民先生据法国巴黎国立图书馆藏原卷著录。

〔11〕此录编辑人不详。

〔12〕守屋孝藏所藏两卷东阳王写经的尾题，陈祚龙曾收入《敦煌古钞内典尾记汇校初编》，该文刊《海潮音》五十六卷五月号，1975。后收入1979年台湾商务印书馆的《敦煌文物随笔》中。

〔13〕莫高窟第249窟在北魏西魏开凿的洞窟中，较为特殊。许多新的因素如：方形平面、盝顶式的洞窟形制，突出帝释天王的窟顶图像，主像胸前塑出带结的服装和壁画人物面部的晕染方法等，都首先出现于此窟，因而使它和其他北魏洞窟有很大区别。这个区别似应与东阳王来自都城洛阳联系起来。过去曾"考虑刺史东阳王所修那座大窟，大约不出第263、265和246这三窟"（见本论文集所收《敦煌莫高窟早期洞窟杂考》

五《东阳王、建平公所开大窟的估计》)，当时只注意了现存洞窟的位置和大小这些形式上的条件，看来，是有很大的片面性的。

〔14〕参看汤用彤《汉魏两晋南北朝佛教史》第十九章《北方之禅法净土与戒律》的《延寿益算之信仰》节。

〔15〕此碑诸书录文多缺纪年。此据顾炎武《金石文字记》卷三补。顾书记此碑云："燕公于志宁碑，令狐德棻撰，子立政书，乾封元年十一月。今在三原县。"

〔16〕见本论文集所收《敦煌莫高窟早期洞窟杂考》三《东阳王建平公时代的莫高窟》。

〔17〕张书，甘肃省文献征集委员会排印。书内未记刊年，但书前有民国三十七年（1948）十二月张维自记。张文在考述建平公之前，亦对东阳王有所论述，但无新意，因未录。

〔18〕《元和郡县志》卷一一河南道曹州："周武帝改西兖州为曹州，取曹国为名也。"可知于义任西兖州刺史，又当在周武改名之前。

〔19〕豆卢勣之后，北周刺邵者除于义外，尚有郑诩。《周书·郑孝穆传附子诩传》："子诩嗣，历任纳言，为聘陈使，后至开府仪同三司大将军邵州刺史。"按《周书·武帝纪上》："天和六年（571）五月癸卯，遣纳言郑诩使于陈。"因知诩任邵州刺史在天和六年五月之后。

〔20〕第一个可能的时间即558～560年，似乎还可考虑《新唐书·宰相世系表四下》唐氏表所列的唐旭："旭字保光，后周瓜州刺史。"按旭子仲璨，表中记周时任"秦州守，安乐公"，旭兄文祖、翼又都官于北魏，据此似可推知旭任瓜州刺史不应在北周中期以后即保定四年（564）李贤去职之后。因此，于义刺瓜即应在第二个可能的时间之内；但是，这样考虑，势必把于义任西兖、瓜、邵三州刺史的时间，都置于武帝时期（561～578)，对《隋书·于义传》明确记载的"明武世"就无法做出合理的解释。

〔21〕有明确纪年的北周写经，以有保定元年（561）三月八日玄觉抄记的《律戒本疏》（斯2664）为最早，最晚的是天和四年（569）六月八日写竟的《大比丘尼羯磨经》（斯2935)。

〔22〕圣历《李君碑》记建平公所"修一大窟"，《敦煌莫高窟早期洞窟杂考》五《东阳王、建平公所开大窟的估计》中，曾推测是今第428窟。现对莫高窟全部北周洞窟试做一次分期排比，借以审核上述推测的可信程度。据樊锦诗等《敦煌莫高窟北朝洞窟的分期》（刊《中国石窟·敦煌莫高窟》一）的统计"始于西魏大统十一年（545)，下迄隋初开皇四、五年（585～586）之前"的洞窟共十五座。按此十五座洞窟从形制、塑绘内容和风格等方面，还可以细分为三组。第一组洞窟三，即第432、第461和第438窟。第432窟右邻前一期的第431窟，该窟系塔庙窟，塔柱左、右、后三面尚沿旧制，各开上、下龛。第438窟右邻前一期的第437窟；第461窟单独位于莫高窟北区，两窟皆方形窟，塑绘内容和多用湛蓝色等都与前期接近。第二组窟数最多，共七窟，即第439、第440、第441、第428、第430、第290和第442窟。除第290窟位于前期第288窟之右外，其他六窟皆位于第431、第432、第435、第437窟一列前期洞窟的左右。这一组洞窟中出现许多新的因素：如第428和第290、第442三座塔庙窟，窟中的塔柱四面皆开一大龛，这是莫高窟塔庙窟的一次重要变化；又如无论塔庙窟或是方形窟的塑像组合中都增加了二弟子的形象，前者如第428和第290

窟，后者如第439窟，这个变化在莫高窟佛像组合的发展中也是有分期意义的；此外，人物形象、绘塑技法在这一组洞窟中，也都出现了自己的特点。很显然，第二组洞窟应是莫高窟具有时代特征的较为典型的北周洞窟。第三组五窟，即第294、第296、第297、第299和第301窟。该五窟自左向右排列在有隋开皇四年（585）和五年（586）题记的第302和第305窟的左侧，五窟皆方形窟，其风格与内容都适在上述第二组洞窟与第302和第305等窟之间，如果考虑到574年3月周武废佛波及到敦煌，那么这第三组洞窟的开凿，就有可能在北周宣帝大象元年（579）“冬十月壬戌……是岁，初复佛像及天尊像。至是（宣）帝与二像俱南面而坐，大陈杂戏，令京城士民纵观”（《周书·宣帝纪》）和大象二年（580）六月“庚申，复行佛道二教。旧沙门道士精诚自守者，简令入道”（《周书·静帝纪》）之后，以迄隋开皇四年（584）开凿第302窟之前。从上面的分析可知第428窟即位于有鲜明的北周时期洞窟特征的第二组中，又是该组洞窟中规模最大的一座（该窟平面面积178.38平方米），因此，推测它是于义所“修一大窟”，看来是可以置信的。

〔23〕正光四年（523）《元仙墓志》记其父良官职作：“使持节侍中都督秦、雍、泾、梁、益五州诸军事卫大将军开府仪同三司长安镇都大将内都大官……”建义元年（528）《元均之墓志》记其祖良官职作：“使持节侍中都督秦、雍、泾、梁、益五州诸军事开府仪同三司卫大将军雍州刺史。”又正始四年（507）《元绪墓志》叙其先世云：“明元皇帝之曾孙，仪同宣王范之正体，卫大将军简王梁之元子。”知良又可作梁。以上三墓志皆见《汉魏南北朝墓志集释》卷四。

〔24〕岑仲勉《元和姓纂四校记》卷四于“慎生端”下校记：“按下文又有慎生祎、均，疑此应作‘康生端也’。”此据岑校。

〔25〕《元和姓纂四校记》卷四误引作“祎”。

〔26〕参看《元和姓纂》卷二于姓和《新唐书·宰相世系表二下》于氏表。于氏西徙关右，定居北雍州建忠郡，即唐时京兆府三原县。《元和郡县志》卷一关内道京兆府三原县有“于谨墓，在县北十八里”。前引《于志宁碑》《于大猷碑》《于知微碑》，清乾隆间尚存于“三原县北五十里三家店”（《金石萃编》卷六十三）于氏茔地。明赵岍撰《石墨镌华》记：“今邑中尚有于氏读书出仕者。”至今三原于氏仍为大族，生于三原东关河道巷的国民党元老于右任应是其裔。关中居民虽少变迁，但如于氏竟历千五百年犹生息繁衍于故土者，是极为罕见之事。1941年，于右任曾游莫高窟，有纪事诗八首，其三记莫高窟：“敦煌文物散全球，画塑精奇美并收。同拂残龛同赞赏，莫高窟下作中秋。”附注云：“莫高窟所在地为唐时莫高乡，因以得名。是日在窟前张大千寓中作中秋。”于氏为于义之后，又曾为创立今敦煌文物研究所的前身敦煌艺术研究所多所襄助，因录其轶事附此。

〔27〕参看本论文集所收《敦煌莫高窟早期洞窟杂考》五《东阳王、建平公所开大窟的估计》节。

建平公于义续考

偶读《长安志》，于卷八朱雀街东第三街从北第五坊——平康坊中，得阳化寺一条：

> （平康坊十字）街之北，阳化寺隋内史舍人于宣道为父建平公义、母独孤夫人所立[1]。

按宋敏求撰《长安志》系增补唐韦述《两京新记》之作；所记开元以前事率多抄录《新记》[2]，上引阳化寺事迹当是《新记》旧文。唐人举前贤，多称爵位，《隋书·于仲文传》记仲文家世，上及于义亦如《两京新记》→《长安志》之例：

> 于仲文，字次武，建平公义之兄子……

皆作“建平公义”。义孙志宁有名于唐初，因疑建平公一称为盛唐以前人习用于义者。

阳化寺条文字虽简略，但颇有助于对于义之了解：其一，于宣道隋初于长安平康坊为父母于义夫妇建佛寺，约可说明于义父子俱奉佛教，是可推知圣历《李君莫高窟佛龛碑》所记“建平公……修一大窟”，并非偶然。其二，于宣道母即于义妻姓独孤，《隋书·于义传附子宣道传》记：

> 宣道……丁父忧，水浆不入口者累日，献皇后命中使敦谕。

岁余起令视事，免丧，拜车骑将军，兼左卫长史、舍人如故。

献皇后即隋文帝文献独孤皇后。于义卒，宣道尽哀，独孤后命中使敦谕，足征于义父子与独孤后关系非同一般，似可推测宣道母独孤夫人与独孤后有较近之同宗之谊。《隋书·后妃·文献独孤皇后传》云：

后姊为周明帝后，长女为周宣帝后，贵戚之盛，莫与之比。[3]

《隋书·于义传》记周末隋初之际于义一家：

大将军已上十余人，称为贵戚。

两传所记贵戚云云，应非泛泛论述，《于义传》称于义家为贵戚，其即指与独孤家之关系欤？

独孤后与隋文帝皆崇佛[4]，并从“以静操知名……周灭法时，乃竭力藏举诸经像等百有余所……名行既著”之静端受正法，事见《续高僧传》卷一八《静端传》：

文帝、献后延进（静端）入宫，从受正法，禀其归戒。

逝世后，隋文为妻独孤、炀帝为父隋文各建禅定寺于长安皇城西第三街从北第十三坊——永阳坊，《两京新记》卷三[5]记其事云：

（永阳坊）半已东大庄严寺隋初置，仁寿三年（603）为献后立为禅定寺……武德元年（618）改为庄严寺[6]。**半已西大总持寺**隋大业元年（605）炀帝为父文帝立，初名禅定寺[7]，制度与庄严同……武德元年改为总持寺。今庄严、总持即隋文、献后宫中之号。

《长安志》卷一〇记两寺文字稍有增益：

> **（永阳坊）半以东大庄严寺**隋初置，宇文改别馆于此坊。仁寿三年文帝为献后立为禅定寺……大业七年（611）成。武德元年改为壮严寺……**半以西大总持寺**隋大业三年（607）炀帝为文帝所立，初名大禅定寺，内制度与庄严寺正同。武德元年改为总持寺。庄严、总持即隋文、献后宫之号也。[8]

增益文字中，较重要处是文帝为献后所立寺，大业七年始竣工，然则该寺主要工程俱兴建于炀帝之世。隋文、独孤后生前奉法，殁后其子隋炀为之建寺，情况与于义夫妇类似，而隋炀与于家关系密切，似又不同于其他臣工，因略辑隋文、献后有关资料如上，用备研讨于义事迹之参考。

注释

〔1〕 徐松《唐两京城坊考》卷三西京平康坊阳化寺条，文字全袭《长安志》。

〔2〕《玉海》卷一五："唐韦述为《两京记》，宋敏求演之为《河南·长安志》。凡其废兴迁徙及宫室、城郭、坊市、茅舍、县镇、乡里、山川、津梁、亭驿、庙寺、陵墓之名数，与古先之遗迹，人物之俊秀，守令之良能，花卉之殊尤，靡不备载。考之韦记，其详十余倍，真博物之书也。《长安志》二十卷，熙宁九年（1076）二月五日赵彦若序……"

〔3〕 独孤后父信，《周书·独孤信传》记独孤一家贵戚之盛云："信长女周明敬后，第四女元贞皇后（唐高祖母），第七女隋文献后。周隋及皇家三代为外戚，自古以来未之有也。"

〔4〕 参看汤用彤《隋唐佛教史稿》第一章《隋唐佛教势力之消长》第一节《隋朝》，1982。

〔5〕 韦述《两京新记》五卷，宋以后中土全佚。日本金泽文库旧藏日本镰仓初期旧抄卷子本第三一卷。1934 年，尊经阁文库影印行世。

〔6〕 为独孤后建禅定寺又见《续高僧传》卷一八《释慧瓒传》："及献后云崩，禅定初构。"

〔7〕 炀帝为隋文建禅定寺又见《续高僧传》卷一八《释静端传》："属高祖升遐，隋储嗣历，造大禅定，上福父皇。"

〔8〕《唐两京城坊考》卷四文字略同。

《武周圣历李君莫高窟佛龛碑》合校

一 《李君莫高窟佛龛碑》的发现与合校缘起

武周圣历元年（698）《李君莫高窟佛龛碑》是修建莫高窟第332号窟的功德记。由于该碑既记有莫高窟早期的兴起事迹，又是莫高窟现存最早之石刻，所以自上一世纪以来即为留心莫高窟历史的学者所注目（参图版93）。

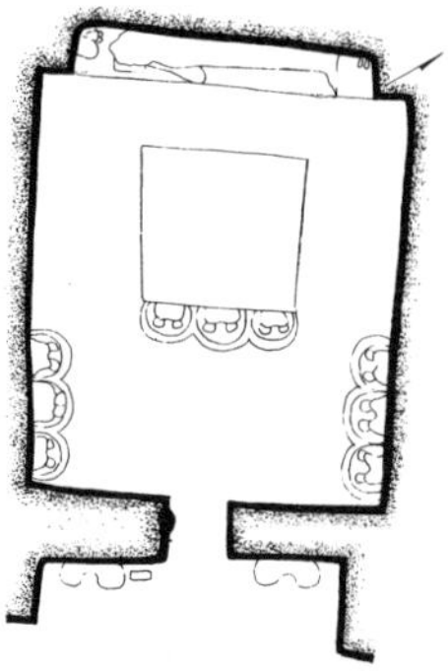

1 第332窟平面

该碑原立于莫高窟第332号窟前庭南侧（插图1）。清嘉庆二十五年（1820）徐松自伊犁东归，途中游莫高窟，发现了该碑纪事的重要[1]，抵京后，即将所录碑文全部和测得的尺寸行款补入所著《西域水道记》卷三哈喇淖尔所受水条[2]，其文云：

（鸣沙）山东麓有雷音寺，倚山为宇，山错沙石，坚凝似铁，高下凿龛以千百计。年祀邈远，经历兵燹，沙压倾圮，梯级多断，而佛相庄严，斑斓金碧者犹粲然盈目，故又曰千佛岩。岩之莫高窟前侧立周李君重修莫高窟佛龛碑。盖碑（记）创于前秦，彼土耆士赵吉云：乾隆癸卯（四十八年，1783），岩畔沙中掘得断碑，有文云：秦建元二年（366）沙门乐僔立。旋为沙所没，李君碑即修乐僔功德也。莫高窟碑两面刻，度以建初尺，高五尺七寸六分，广三尺二寸。前面二十八行，行五十字。后面三十行，行四十八字。碑首篆额大周李君修功德记，字已剥落[3]。

碑阴　　碑阳

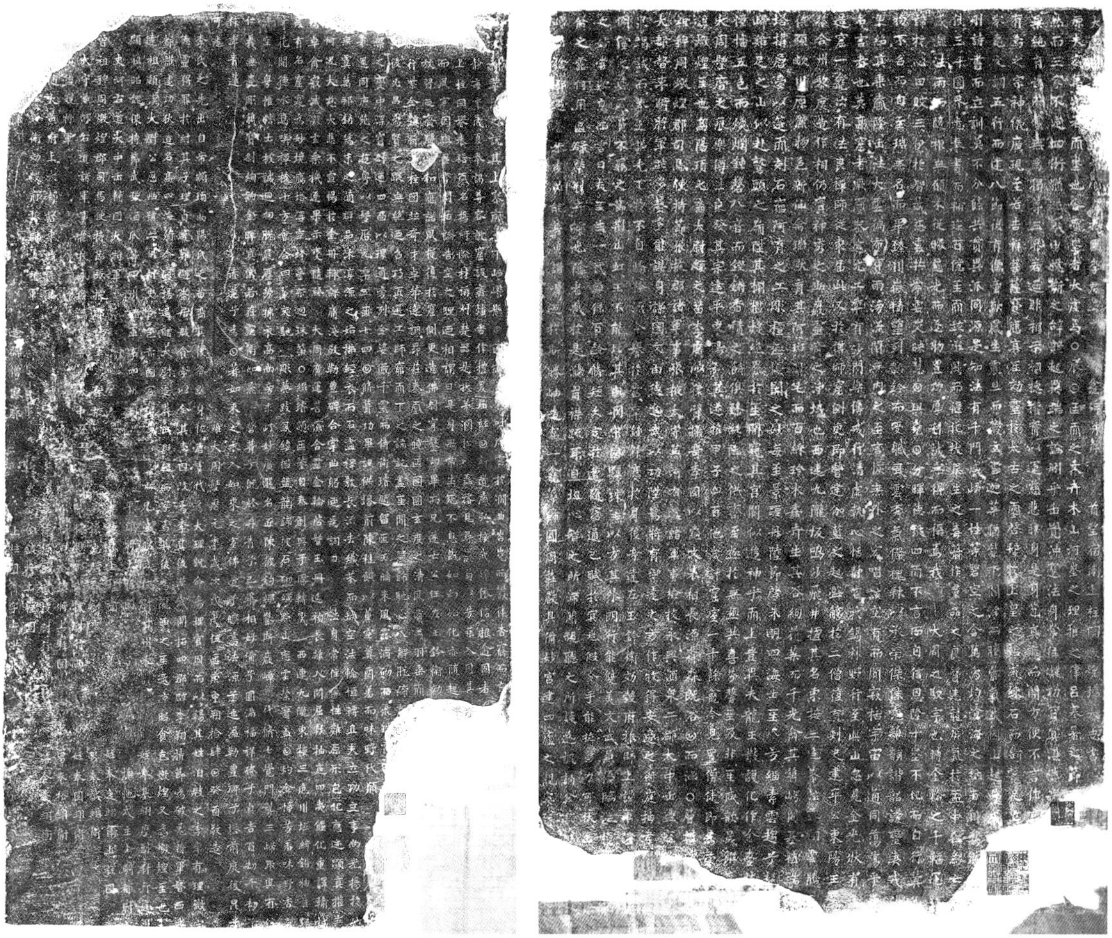

2　北京大学图书馆藏刘燕庭旧藏《大周李君□佛之碑》拓本

第一行曰：大□□□□□□□□（缺八字）上柱国李君莫高窟□龛碑并序。第二行曰：首望宿卫上柱国敦煌张大忠书。弟应制与□□□□□□（缺六字）。其文曰……（以下录碑文全文）。

道光间（1821～1850），《西域水道记》刊印于京师[4]，于是此碑逐渐为世人所知，不久即有少量墨本传世[5]。刘喜海、缪荃孙递藏之旧拓约即出于是时。1932 年，艺风堂所藏拓本尽归北京大学文科研究所，现该拓存北京大学图书馆善本室[6]。1914年，罗振玉刊行《西陲石刻录》[7]，书中所录《周李君修佛龛碑》，文字与上拓最为接近，可知罗氏所据约与刘、缪旧藏为同一时期所椎拓。《李君莫高窟佛龛碑》全文二千六百余言，以上两拓俱缺三百余字，缺文的位置和碑阳剥蚀的字数，皆与《西域水道记》录文情况近似[8]，因又可知该碑于嘉庆末年已多残泐。光绪二十九年（1900），藏经洞发现之后，莫高窟名闻海内外，该碑传拓渐多[9]，北京大学图书馆善本室所藏柳风堂张氏拓本，约即清末民初所拓，其时缺文又增二百八十余字，但亦偶有可补旧拓处[10]。1920年，窜留新疆沙俄旧部九百余人移居莫高窟。次年，击毁碑石，断裂为二。1925年，陈万里先生来莫高窟，其《西行日记》记此碑云：

（民国十四年五月二十一日）于一四六号洞（此为伯希和编号，即第332号窟）内得见《李君碑》。碑于民国十年时为居留俄人所断，已折为二。

此后，该碑不断被磨损。1942年，向达先生来莫高窟调查时，只残存碑阳一大块、一小块，碑阴一小块，共存文字仅八百有余，已不足原碑三分之一[11]。千余年记录莫高窟历史的石刻惨遭毁损，幸存旧拓亦多阙文，稽考莫高旧迹诸如乐僔架空造龛、建平东阳各修大窟、隋迄初唐统辖莫高窟的佛寺以及“复于窟侧更造佛刹”和建立此碑之人等重要事项，都扑朔迷离，莫能究竟[12]。

1932年，王重民先生访书巴黎，于伯希和劫去的《太上业报因缘经》卷三残卷（伯2551）背面发现此碑唐人录文。1961年，王先生编辑《敦煌遗书总目索引》时，公布此重要发现于《伯希和劫经录》中：

2551，残道经，背为李义修佛龛碑文（武后时）。

1973年，我因公抵巴黎，追踪国家图书馆手稿部查阅此卷，因时间仓促和原录文朱书浅淡，仅录得拓本碑阳的部分缺文。1982年，我客居洛杉矶，闻晁华山同志滞法京，急函嘱录副。华山尽二日之功按原残卷行款精心摹写寄美[13]。客中多闲，因取《西域水道记》《西陲石刻录》录文对校，知两录文缺字大部可补足，上述莫可究诘的重要事迹皆可明了。1983 年归校后，即取北大所藏旧拓为底，缀以华山所录唐人抄件，并参照徐、罗所录和北大柳风堂拓本，按原碑行款，分碑阳、碑阴两部分，清抄一过，全碑缺文已不足百，武周圣历元年《李君莫高窟佛龛碑》全文已可大体复原。

校讫的第二年，获陈祚龙先生所录伯 2551 号原文[14]和李永宁同志根据王重民先生校订本所撰的《李克让修莫高窟佛龛碑》录文[15]，知校理此碑早有成果。唯陈、李两文与此合校相异处甚多，在未能广集旧拓和对勘唐卷原物所写出的此碑定本之前，似皆可并存备研究者参考。

二 《李君莫高窟佛龛碑》录文

大周李君

□佛之碑[16]

大周厄[17]□□□□□和屎□[18]上[19]柱圀李君莫高窟[20]佛[21]龛碑并序　　首望宿卫上柱圀燉煌张大忠书　　　弟应制举[22]□[23]□□□□□ 1行　原夫容万物者𠀑埊也容𠀑埊者太虚焉〇辰⊝匝𠀑之文卉木山河埊之理推之律吕寒暑之节□[24]□□□□□□□□□可□ 2行　然而三家不定四术犹迷争[25]申臆断之辞竞起异端之论矧乎舌觉冲邃法身常住凝功窅冥湛然无[26]□□□灭而㷂寂灭[27]□骛一[28] 3行　乘绝有为而□无为独尊三界若乃非相示[29]相揔权实以运慈悲非身是身苞真[30]应而开方便不言作言[31]□□□□□□无[32]□象为[33] 4行　有象之宗神仪广现至若吉祥菩萨宝应真𡈼効灵于太古之圂[34]启壂于上皇之始或练石而断鳌足立四[35]□□□□□□□□而[36] 5行　察龟文调五行而建八节复有儒童叹凤生震旦而爩玄[37]云迦叶犹龙下阎浮而腾紫气或因山起号或□[38]□□□□道德以宣风[39] 6行　删诗书而立训莫不分條共贯异派同源是知法有千门咸㷂一性等碧空之含万象均沧海

之纳百川其遒大焉[40]其功远矣故能 7行 使三千圀界悉奉赆而输琛百亿埊𠆭并承风而偃化拔众生之毒箭作群品之良医恚龙屏气于盂中狂象亡情[41]□□□□□□[42] 8行 感洒法雨而随根无愿不从皦慈光而逐物丰功厚利诚无得而称焉我　　大周之驭宇也转金轮之千幅运□[43]□□□□□□ 9行 谛于心田皎三伊于智藏慈云共舜云交映慧㊀与尧㊀分晖德被四𠆭不言而自信恩隆十埊不化而自行蓂荚[44]生[45]阶凤凰巢阁[46] 10行 物不召而自至瑞无名而毕臻川岳精灵列韬钤而受職风云秀气俨槐棘以承荣僸佅[47]兜离韵谐韶谨蛮夷戎狄饰袦[48]秐□氵□衤□□[49] 11行 更绍真乘𦾔隆𠚤法大云遍布宝雨滂流阐无内之至言恢无外之宏唱该空有而闃[50]寂括宇宙以通同荡荡乎巍巍乎[51]不可彳□而 12行 名言者也莫高窟者厥𡇖秦建元二秊有沙门乐僔戒行清虚执心恬静甞[52]杖锡林野行至[53]此山忽见金光状有千佛遂[54]架空凿崄 13行 造窟一龛次有法良禅师从东届此又于僔师窟侧更即营建伽蓝之起滥觞于二僧后有刺史建平公东阳王等[55]各修一大窟自[56] 14行 后合州黎庶造作相仍实神秀之幽岩灵奇之净域也西连九陇坂鸣沙飞井擅其名东接三危峰泫露翔云腾其[57]美左右形胜前 15行 后显敞川原丽物色新仙禽瑞兽育其阿斑羽毛而百彩珍木嘉卉生其谷绚花叶而千光尔其镌崿开基植端檐[58]而概㊀礠山为 16行 塔构层台以篋𠆭刻石穷阿育之工雕檀极优阗之妙每至景踵丹陵[59]节启朱明四海士埊八方缁素云趋亍[60]艳赫波委亍沸腾如[61] 17行 归鸡足之山似赴鹫头之岭升其栏槛疑绝累于埊间窥其宫阙似游神乎𠆭上岂异夫龙王散馥化作金台梵[62]王飞花变成云盖 18行 憧幡五色而焕烂钟磬八音而铿锵香积之餴[63]俱臻纯陁之供齐至极于无极共喜芬[64]馨埊及非埊咸歆[65]晟馔爰[66]自秦建元之㊀迄 19行 大周壆历之辰乐僔法良发其宗建平东阳弘其迹推甲子四百他岁计窟室一千余龛今见[67]置僧徒即为崇[68]教[69]寺也君讳义字克 20行 让燉煌埊也高阳顼之裔大尉颀之苗李广以猿臂标[70]奇李固以龟文表相长源淼淼既浴㊀而涵〇层构峨[71]峨亦排云而拂汉曾 21行 祖穆周燉煌郡司马使持节张掖郡诸军事张掖太守兼河右遒诸军事检校永兴酒泉二郡大中𠚤荡寇将[72]军祖□随大黄府上 22行 大都督车骑将军并多艺多能谋身谋圀文由德进武以功升为将有御远之方作牧得安

边之术庭抽孝□[73]罗力而事亲山涌忠 23行 泉竭诚而奉上谦[74]光下物不自骄矜流令誉于当䄵钟余庆于身后考达左玉钤卫效谷府旅师上[75]护军渥[76]洼骥子丹穴凤雏豹韬[77] 24行 倜傥之姿夙负不羁之节荆山虹玉不能比其内润宋圀骊珠无以方其外朗行能双美文武兼优临池擅飞[78]翰之工射叶逞弯弧 25行 之妙尝叹息而言曰夫𤯔生一代难保百龄修短久定于遭随穷通已赋于冥兆假令手能拉㘥力可拔山性[79]同□□□□喻若□ 26行 条之露何用区碌荣利弃掷光阴者哉于是涤胸襟疏耳目坦心智之所滞开视听之所疑遂讽诵金言□[80]得□□□□道□咸令 27行 归缶舍邪遇善恭虔必能尊重赞叹[81]乃于斯胜岫造窟一龛藻饰圆周庄严具备妙宫建四庐之观宁惭[82]波若之言瑞𠦑涌千枝之 28行

(以上碑阳)

□[83]不谢华严之说其上寥廓其下峥嵘悬㘥匝[84]于岩[85]半[86]吐风云于涧曲岩尧而鬱律杳䆮而穹[87]窿[88]囵霞焕而栏楹明落穸沉而 1行 山谷[89]静每䄵晟夏奉谒尊容就窟设齐[90]燔香作礼爰届兹㘥斯遰甗弘接武㷌依信根逾固者矣亡[91]兄感昭武校尉甘州禾平 2行 镇[92]将上柱圀誉表髫䴡名扬[93]绮际材称刈楚器是拔[94]茅涧松以磊落见寻岩菊以芳菲入用其体[95]量也瑶明而镜鉴其清肃也 3行 雪[96]冷而[97]风寒因与昆季闲居论苦空之理乃相谓曰是身无常生死不息既如幻如化亦随起随[98]灭前尊考先有规令小子□ 4行 岂[99]无放[100]习乃齐声唱[101]和应诺风从复于窟侧更造佛刹穿凿向毕而兄遂亡公任左玉钤卫效谷[102]府校尉上柱圀弟怀操昭武 5行 校[103]尉[104]行紫金镇将上柱圀并奇才卓荦逸调昂庄泰䴡之晓匪团团玄度之清风肃肃羽垂𠆭而[105]鳞横海驰千里而响九皋晟 6行 認[106]之[107]后必昌象贤之[108]踪无[109]绝乃召巧匠选工师穷𠆭下之谲诡尽𤯔间之丽饰驰心八解脱缔想[110]六神通远□寂灭之乐后起 7行 涅[111]槃之变中浮宝刹迊[112]四面以环通旁列金姿俨千灵而侍卫璇题留匪玉牖来风露滴砌而飞[113]珠霞[114]映[115]梁而散锦既似龙宫 8行 之[116]表还同鹿苑之游粤以曌历元䄵五匪十四㘥修葺功毕设供塔前陈桂馔以薰空奠兰羞而味野伏[117]愿 一[118]人有庆九 9行 域[119]无虞万邦销[120]伪[121]末之萌群品沐淳[122]源之始拂轻衣而石尽释教长流去纤芥而城空法轮恒

转且夫立功立事[123]尚光扬于竹 10行 素[124]何况大慈大悲不宣畅于金册辄课庸浅敬勒丰碑合掌曲躬[125]乃为词曰 法身常住佛性难原形包化应迹显真权无 11行 为卓尔寂灭凝玄乘机逐果示变随缘 大周广运普济含灵金轮啓壂玉册延祯长离入阁屈轶抽庭四夷偃化重译输诚 12行 爰有名窟寔为妙境雁塔浮空蜂台架迥珠箔〇缀璇题匝荟自秦创兴于周转晟 西连九陇东接三危川亘绮错物产瑰 13行 奇花开德水鸟哢禅枝十方会合四辈交驰 雕甍跂凤镂槛盘龙锦披石砌绣点山窻云萦宝盖㊀灼金幢芳羞味野香气 14行 浮空 粤惟信士披诚回向脱屣尘劳拂衣高尚旁求巧妙广选名匠陈彼钩[126]绳凿斯岩嶂 代修七觉门袭三归取与有信 15行 仁义无违雕镌宝刹绚饰金晖真仪若在灵卫如飞 营葺乛既终丹青乛已毕相好备乛圆满福祥臻乛贞吉百劫千劫乛 16行 作䨥青莲[127] 赤莲乛为㊀着如来之[128]衣入如来之[129]室佛道乛旷荡法源乛迤溢勒丰碑乛塔前庶后昆乛 17行 可悉 维大周壂历元䨥岁次戊戌伍匝庚申朔拾肆㊀癸酉敬造 18行 李氏之先出自帝颛顼高阳氏之苗裔其后咎[130]繇身佐唐虞代为大理既命为理官因而以锡其姓洎殷之季䨥有理微字 19行 德灵得罪于纣其子理贞违难避埊居殷食李以全其寿因改为李其后汉武开拓四郡辟李翔持节为破羌将军督西戎 20行 都护建功狄道名高四海殒命寇场追赠太尉遂葬此县因而家焉其后为陇西之壬逮凉昭食邑燉煌又为燉煌壬也 21行 远祖颜汉太尉公历幽豫二州刺史食邑赤园宕□ 亡兄感[131]昭武校尉甘州禾[132] 侄奉基翊麾副尉行庭州[133] 22行 颢祖昭魏使持节武张酒瓜等四州诸军事四州刺[134] 平镇将上柱圀 盐池戍主上骑都尉 23行 史河右道大中缶辅圀大将军 弟怀节上柱圀 侄奉逸翊卫上柱圀 24行 曾祖穆周燉煌郡司马使持节张掖郡诸军事张掖[135] 弟怀忠[136]骑都尉 男奉诚翊卫 25行 太守兼河右道诸军事检校永兴酒泉二郡大中[137] 弟怀恩昭武校尉行西[138] 侄奉圀翊卫 26行 缶荡寇将军 州白水镇将上柱圀 男[139]奉裕翊卫 27行 □□随大黄府上大都督车骑将军 弟怀

操昭武校尉行紫[140]　　孙令秀翊卫 28行　□□□玉钤卫效谷

府旅师上护军□□□军[141]　　金镇将上柱国 29行

造碑僧寥廓

上柱国镌字索洪亮 30行

（以上碑阴）

本文原载中国敦煌吐鲁番学会编辑的《敦煌吐鲁番学研究论文集》(1990)。此次重刊除了因碑文改横排，需增几条附注外，未做其他改动。

1983年10月校讫。1988年1月又据北大旧拓重校一遍。

附记

莫高窟第332号窟前室西壁南侧，即原立此碑之西侧壁面上，存有朱书“大忠碑”三字，可知该碑曾以突出书者张大忠而简作《大忠碑》。按《沙州都督府图经》张芝墨池条云：“(开元)四年(716)六月，燉煌县令张智本到任……其年九月……乃劝诸张族一十八代孙……(州)学博士上柱国张大忠……等令修葺墨池中立庙。”(伯2695)知张大忠系汉书法大家张芝后裔，圣历开元间知名于敦煌，且擅书法，故碑文书体遒劲可观。

注释

〔1〕《艺风堂文集》卷一《徐星伯先生事辑》：“(嘉庆)廿五年，过莫高窟，得周圣历李君重修莫高窟佛龛碑。”

〔2〕龙万育《西域水道记序》云“嘉庆丁丑岁(二十二年，1817)，谪戍伊犁，与旧友太史徐星伯先生比屋居……先生又出其《西域水道记》草稿数卷，余方为移书，而先后赐还归京师”，知《西域水道记》初稿完成于伊犁。徐松谪伊犁事，参看陈垣《记徐松遣戍事》，刊《国学季刊》五卷三号，1936，该文后收入《陈垣学术论文集》第二集，1982。

〔3〕碑首篆额据北大所藏旧拓知是“大周李君□佛之碑”八字。罗振玉《西陲石刻录》同。

〔4〕《西域水道记》单印本目录前有道光三年(1823)龙万育序，目录后有道光初元

（1821）徐松自序，知该书刻于道光初。旋板归本立堂，故稍后印本扉页有“京师本立堂藏版”印记。

〔5〕 道光间，敦煌知县苏履吉、许乃谷都曾注意莫高窟碑刻。苏《千佛岩诗》有“残碑剥蚀几经秋”句（《道光敦煌县志》卷六），许撰《千佛岩歌》，序内记：“莫高窟前有周李君重修莫高窟佛龛碑”（《瑞芍轩诗钞》卷四）。《道光敦煌县志》卷七更记：“千佛灵岩有唐李氏再修功德碑……好古者多往拓焉。”按其时既有拓李氏再修功德碑的记录，则圣历碑有墨本流传亦属当然之事。

〔6〕 北大所藏旧拓碑阳有“东武刘喜海燕庭氏审定金石文字之记”印，碑阴有刘氏题签并“东武刘燕庭氏审定金石文字”印和缪氏题签并“荃荪所得金石”印。

〔7〕《西陲石刻录》收在罗氏于日本京都影印的《云窗丛刻》中。

〔8〕《水道记》碑阴前五行上部缺字较刘、罗两拓为多，盖徐录文时，碑阴光线昏暗误有遗漏所致。

〔9〕 现存该碑未断毁前的拓本，多出于此时，1903年前后任敦煌县令的汪宗瀚曾屡次椎拓馈送朝野，时甘肃学政叶昌炽即一再得到汪的寄赠，《缘督庐日记抄》卷一一记：“（光绪癸卯，二十九年，1903）十二月十二日，汪栗庵大令自敦煌拓寄……武周上（缺）柱国李君□□□□龛碑……李君下似莫高窟三字，窟下似旧字，属龛读……此碑文章绵丽，笔法遒峻，诸家无著录者，赖汪君得见之，可感也。……十一月十五日……汪栗庵所寄莫高窟李君龛碑，今日复审之，首行碑题下有首望宿卫上柱国燉煌张大忠书十三字，但无撰人耳。”“（光绪甲辰，三十年，1904）九月初二日，得敦煌汪栗庵大令书，寄赠莫高窟碑十通，毡墨稍精，前得模糊之本可以补释，圣历李氏旧龛碑两面并拓。”即是一例。

〔10〕 张维《陇西金石录补》卷一所收圣历碑录文，与刘氏旧藏、罗氏录文不同处，多与柳风堂拓本同，因疑其于书肆中所得之碑阳旧拓约与柳本为同时物。又北京图书馆金石部所藏圣历碑墨本二，经徐自强同志查阅，亦是此时期所拓。

〔11〕 参看向达《莫高、榆林二窟杂考》附注［1］，刊《文物参考资料》第二卷5期，1951。该文后收入《唐代长安与西域文明》论文集中，1957。

〔12〕 碑中有关上述事迹，适当各拓本皆有缺字的碑阳第十三、十四、十九、二十行下部和碑阴第四、五两行，致使上下文不能连缀，因而文义迷离，不可究诘。

〔13〕 该卷前部残缺。现存残行二十二；其后存完整行七十一。完整行最末的第七十一行迄于“庶后昆兮可悉”，其后建碑年月和记李氏先祖事皆未录。完整行的第二十四行、二十五行、二十六行和第二十六行与第二十七行之间，都夹有抄录碑文之前所写的墨书文字。完整行的第四十一行与第四十二行间夹写的小字半行和后面的第六十八行，都是第四十二行中间的脱文。上述碑文之前所写的墨书文字中，有“开元十八年（730）”字样，因知抄录碑文的年代在开元十八年以后。

〔14〕 陈文刊《敦煌文物随笔》，1979。

〔15〕 李文刊《敦煌研究》第一期《敦煌莫高窟碑文录及有关问题（一）》，1982。

〔16〕 碑额拓片原为篆书。《西域水道记》（以下简作《水道记》）作“大周李君修功德记”，误。

〔17〕“厂”,《水道记》《西陲石刻录》(以下简作《西陲录》)皆为空格。

〔18〕“杍□房□”《水道记》为空格。

〔19〕“上”，据《水道记》补。

〔20〕“窟”，据《水道记》补。

〔21〕“佛”,《西陲录》为空格。

〔22〕“弟应制举”，据《水道记》《西陲录》补。

〔23〕“举”以下,《水道记》空六字,《西陲录》空四格。

〔24〕“节”以下空格和“可”及“可”以下空格，皆据《水道记》《西陲录》补。

〔25〕“争”,《西陲录》为空格。

〔26〕“无”以下空格，据《水道记》《西陲录》补。

〔27〕“灭而皈寂灭”，据唐抄残卷(以下简作残卷)补。

〔28〕“灭”以下空格和“骛一”，皆据《水道记》补,《西陲录》缺“一”字。

〔29〕“示”，残卷作“作”，误。

〔30〕“真”，残卷作“寘”，误。

〔31〕“言”以下空格，据《水道记》《西陲录》补。

〔32〕“无”，据残卷补。

〔33〕“无”以下空格和“象为”，据残卷补。

〔34〕“霻”,《水道记》为空格。

〔35〕“四”，据残卷补。

〔36〕“四”以下空格迄“而”字，皆据《水道记》《西陲录》补。

〔37〕“玄”,《水道记》避清康熙讳，改作“元”。

〔38〕“或”以下空格，据《水道记》《西陲录》补。

〔39〕“道德以宣风”，据残卷补。《水道记》《西陲录》只存“风”字。

〔40〕自“大焉”以下迄“能”字，据残卷补。

〔41〕“情”，据残卷补。

〔42〕“情”以下空格，据《水道记》《西陲录》补。

〔43〕“运”以下空格，据《水道记》《西陲录》补。

〔44〕“荚”,《西陲录》残。

〔45〕“生”，据柳风堂拓本、《水道记》和残卷补。

〔46〕“阶凤凰巢阁”，据残卷补。

〔47〕“休”,《西陲录》作“休”，误。

〔48〕“饰”以下四残字，据残卷补。

〔49〕“□”，据《水道记》《西陲录》补。

〔50〕“圚”,《水道记》作“闻”，误。

〔51〕自“乎”以下迄“而”字，据残卷补。

〔52〕“嘗”,《西陲录》作“当”，误。

〔53〕“至”，残卷作“止”，误。

〔54〕自“遂”以下迄“崄”字，据残卷补。

〔55〕“等”,《水道记》为空格。
〔56〕自“各”以下迄“自”字，据残卷补。
〔57〕自“其”以下迄“前”字，据残卷补。
〔58〕自“橧”以下迄“为”字，据残卷补。
〔59〕“陸”,《水道记》、残卷皆作“陆”。
〔60〕“亍”,《水道记》为空格。
〔61〕自“絶”以下迄“如”字，据残卷补。
〔62〕自“梵”以下迄“盖”字，据残卷补。
〔63〕“餅”，残卷作“饼”,《西陲录》作“余”，误。
〔64〕“芬”，残卷作“芳”。
〔65〕“歆”,《水道记》作“韵”，误。
〔66〕自“爰”以下迄“迄”字，据残卷补。
〔67〕“见”，残卷作“现”。
〔68〕“崇”,《水道记》《西陲录》皆空格。
〔69〕自“教”以下迄“克”字，据残卷补。
〔70〕“标”,《西陲录》作“操”。
〔71〕自“峨”以下迄“曾”字，据残卷补。
〔72〕自“将”以下迄“上”字，据《水道记》、残卷补。
〔73〕自“□”以下迄“忠”字，据残卷补。
〔74〕“谦光下物”，残卷作“物不谦光物”，误。
〔75〕“上”，残卷缺字。
〔76〕“渥”,《水道记》《西陲录》皆空格。
〔77〕自“洼”以下迄“韬”字，据残卷补。
〔78〕自“飞”以下迄“弧”字，据残卷补。
〔79〕自“性”以下迄“喻若□”，据残卷补。
〔80〕自“□”以下迄“令”字，据残卷补。
〔81〕“叹”,《水道记》作“欢”。
〔82〕自“惭”迄“枝之”，据残卷补。
〔83〕自“□”迄“其”，共八字,《水道记》缺文。
〔84〕“匜于”,《水道记》缺文。
〔85〕“岩”《水道记》缺文,《西陲录》空格。
〔86〕“半”，据残卷补。
〔87〕自“穹”以下,《水道记》缺廿四字。
〔88〕自“窿”以下迄“沉而”，据残卷补。
〔89〕“山谷”据残卷补。
〔90〕“齐”,《水道记》作“斋”。
〔91〕自“亡”以下迄“平”字，据残卷补。
〔92〕“镇将”，据残卷补。

〔93〕自“上”迄“扬”共九字,《水道记》缺文。
〔94〕“拔”,《西陲录》作“扰”。
〔95〕自“体”以下迄“肃也”,据残卷补。
〔96〕“雪冷”,据残卷补。
〔97〕自“而”迄“闲居”共九字,《水道记》缺文。
〔98〕自“随”迄“子□”,据残卷补。
〔99〕“岂无”,据残卷补。
〔100〕自“放”迄“和”共七字,《水道记》缺文。
〔101〕“唱”,据残卷补。
〔102〕自“谷”以下迄“昭武”,据残卷补。“校尉上柱囩”,《水道记》误作“旅帅上护军”。
〔103〕“校”,据残卷补。
〔104〕“尉”,据《西陲录》、残卷补。
〔105〕自“而”以下迄“晟”字,据残卷补。
〔106〕“謥”,据残卷补。
〔107〕“之”,《水道记》缺文。
〔108〕“之”,《水道记》缺文。
〔109〕“无”,残卷作“之”,误。
〔110〕自“想”以下迄“起”字,据残卷补。
〔111〕各本皆缺,据上下文意疑是“涅”字。
〔112〕“迊”即匝,《水道记》作“迎”,误。
〔113〕自“飞”以下,《水道记》缺十三字。
〔114〕自“霞”以下,《西陲录》空十格。
〔115〕自“映”以下迄“宫”字,据残卷补。
〔116〕“之”,据残卷补。
〔117〕自“伏”以下,《水道记》缺八字。
〔118〕自“一”以下迄“九”字,据残卷补。
〔119〕“域”,据残卷补。
〔120〕“销”,《水道记》缺文。
〔121〕“伪”,残卷作“为”,误。
〔122〕“淳”,残卷作“浇”,误。
〔123〕“事尚光”三字,《水道记》缺。
〔124〕“素”,据残卷补。
〔125〕“躬”,残卷作“穷”,误。
〔126〕“钩”,《西陲录》作“钓”。
〔127〕“莲”下避石理空九字。
〔128〕“之”,残卷缺文。
〔129〕“之”,残卷缺文。
〔130〕“砻”,《水道记》作“名”,误。

〔131〕“感”,《水道记》作“盛”。
〔132〕下接23行“平镇将……”。
〔133〕下接23行“盐池戍主……”。
〔134〕下接24行“史河右道……”。
〔135〕下接26行“太守兼河右道……”。
〔136〕“忠”,《水道记》作“惠”。
〔137〕下接27行“缶荡寇将军”。
〔138〕下接27行“州白水镇将……”。
〔139〕“男奉裕翊卫”,《水道记》缺文。
〔140〕下接29行“金镇将……”。
〔141〕“军”上,《水道记》空四格。

莫高窟现存早期洞窟的年代问题

敦煌莫高窟第268（包括267、269、270、271四个禅窟）、272（包括273和另一个未编号的小龛）、275三窟左右毗连，是大家公认莫高窟现存最早的一组洞窟。由于敦煌处于河西走廊西端，西邻古代西域，适当佛教东传的要道，所以这里现存的最早洞窟对我国早期佛教石窟的编年分期具有重要意义。遗憾的是，这组洞窟本身没有纪年铭记，和它们接近的莫高窟其他早期洞窟也没有纪年铭记。因此，探讨这组洞窟的年代问题，一直为研究我国石窟遗迹的学者们所关注（参看图版75～78）。

这组洞窟年代的拟定，始于40年代初的张大千先生。张先生拟第274（张氏编号234）、275（张编233）两窟时代为北魏，第268（张编235及其耳洞）窟时代为隋〔1〕。敦煌研究所最初沿用张说〔2〕，后来将第268窟也改订为北魏〔3〕。70年代末，敦煌研究所的同志们提出了这组洞窟可以早到公元421年至439年左右的北凉时期〔4〕。我们认为这个新说，在目前还没有发现更多的新资料的情况下，是值得商榷的。

50年代，我们探讨莫高窟这组洞窟的年代问题时，曾因《魏书·释老志》“敦煌地接西域，道俗交得其旧式，村坞相属，多有塔寺”的记载，估计他们有可能和今新疆地区某些石窟接近，但经过70年代后期以来，开展多次对新疆石窟较全面的调查工作之后〔5〕，逐渐认识到莫高窟现存早期洞窟与自成体系的新疆石窟的关系，虽在绘画技法方面有某些相似处，但从石窟全部内涵上考察，则远不如与中原北方石窟关系密切；莫高窟尽管地接西域，但仍然属于中原北方石窟系统。中原北方早期石窟主要有两个中心：一是北凉都姑臧以后（412～460）〔6〕的北凉领域内及其附近诸遗迹；一是从公元460年开始开凿的平城武州山石窟，即今山西大同云冈石窟。前者主要遗迹发现甚少，就已知的迹象与莫高窟这组最早洞窟差异较大，而后者遗迹丰富，与莫高窟相似之处远较北凉遗迹为多。

我们先概观一下北凉时期凉州及其附近的有关遗迹。现知可靠的有关实物，主要有三项：1. 甘肃武威天梯山第1窟和第4窟，两窟都是具有中心柱的塔庙窟，残存形象多以圆颜细目为显著特点，边饰花纹有化生忍冬〔7〕；2. 酒泉、敦煌、吐鲁番发现的北凉石塔，皆作突出覆钵和相轮的西方形制，石塔上的主要造像是七佛与交脚菩萨的组合，石塔上还雕有与黄老道术有关的八卦和北斗七星〔8〕；3. 与北凉大约同时的西秦永靖炳灵寺造像，或就崖罅处塑立佛，如炳灵寺第1窟，或就天然岩洞中建浅龛，如炳灵寺第169窟第6龛；佛的面相也都突出了细长的双目〔9〕。以上所列情况，几乎都不见于莫高窟这组现存最早洞窟。我们认为这些不见于莫高窟现存最早洞窟的绝大部分，可能都具有更早的时代特征。至于莫高窟这组现存最早洞窟与北凉石塔、炳灵寺壁画中有某些类似的形象造型，如U字形体态的飞天和男女供养人服饰等〔10〕，并不能作为早于云冈的证据，因为这些类似的内容，是包括云冈在内的5世纪末期以前中原北方窟龛所共有的因素。

我们认为可以和莫高窟这组现存最早洞窟进行比较，并有较明确年代的石窟，是云冈石窟。云冈石窟一般分三期：第一期即公元460年开凿的昙曜五窟（云冈第16窟至第20窟），位于云冈石窟群的西部；云冈中部和东部的主要石窟，即第7、8窟，第9、10窟，第11、12、13窟，第1、2窟，第3窟，属第二期，年代约在北魏孝文帝都于平城的时期，即公元471年至494年；第三期石窟开凿于迁洛（494）以后，其主要窟龛分布在最西部，也有不少窟龛散布在前两期石窟之间〔11〕。莫高窟这组现存最早洞窟的许多特征都和云冈第二期石窟相似〔12〕，现择其较显著者分三项试述如下：

一 窟室形制

平面　莫高窟第275窟平面长方形。第272窟平面方形。第

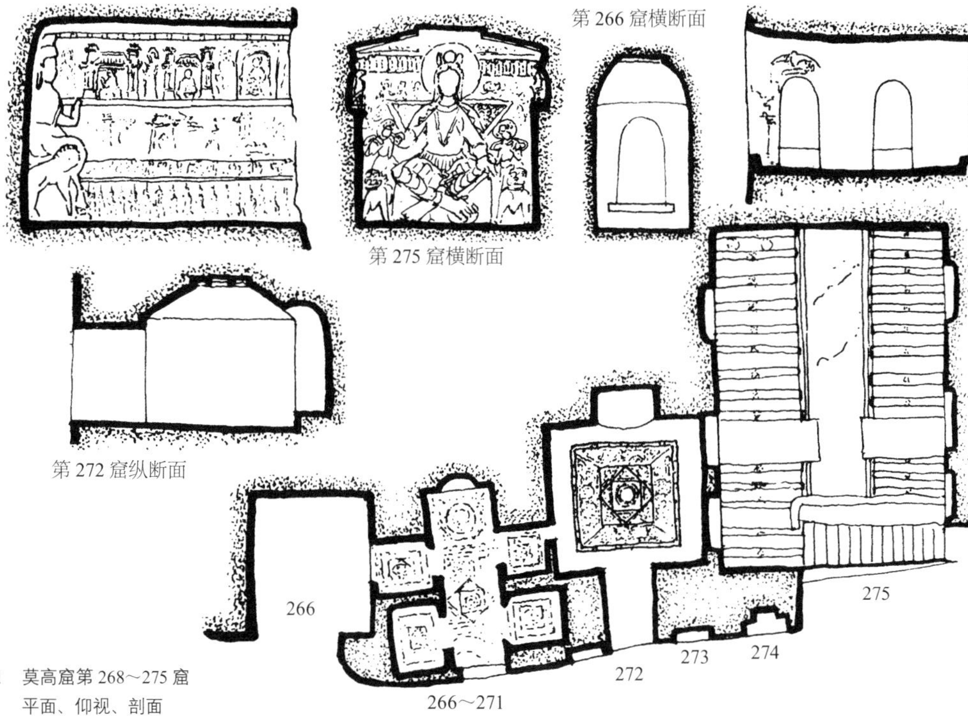

1 莫高窟第 268～275 窟平面、仰视、剖面

268 窟平面长方形，两侧各附两个小禅窟。三座窟都是窟内空间较宽敞的佛殿窟（插图 1）。这种窟室规整而又宽敞的长方形、方形佛殿窟，不见于云冈第一期；始见于云冈第二期的第 7、8 窟和第 9、10 窟。第 7、8 窟前后室皆作长方形（后室为横长方形），第 9、10 窟后室作方形。云冈第二期的第 1、2 窟和第 6 窟都是雕出中心柱的塔庙窟，平面作长方形。只具一方形或长方形窟室的佛殿窟，则是云冈第三期流行的窟式。

窟顶结构　　莫高窟第 272 窟和第 268 窟及其附窟，窟顶皆作出抹角叠砌，即有些同志所谓的斗四形式的藻井或平棋。这类窟顶都表现了对木结构的模仿，或是部分模仿木结构。同样情况，在云冈开始出现在第二期的第 7、8 窟，又见于第 9、10 等窟。

二 造像题材

主像　莫高窟第275窟主像是交脚菩萨，第272窟是倚坐佛像，第268窟是交脚佛像。以交脚菩萨作主像，在云冈第一期仅见于第17窟；第二期即成为常见的形象，如第10窟、第13窟和第1窟以及第3窟上层窟室。倚坐佛像在云冈第一期仅见于较晚的第19窟的东胁洞；多见于第二期壁龛，如第7、8窟后室左右壁龛，第10窟前室后壁龛和第12窟前室右壁龛，作为主像则始于第9窟。云冈不见以交脚佛像为主像的石窟，他的形象最早见于第二期第7、8窟后室左右壁龛，又见于第9窟前室右壁龛、第10窟前室左壁龛和第12窟前室右壁龛。和云冈关系较近的辽宁义县万佛堂西区第6窟主像为交脚佛像〔13〕，它是中原北方石窟除莫高窟外，唯一以交脚佛像为主像的实例，其时代大约相当于云冈第三期之初。

其他龛像　莫高窟第275窟左右壁龛中有交脚菩萨龛、思惟像龛。第272窟现窟口外两侧各有一禅僧龛〔14〕。以上三种龛像，在云冈都始见于第二期。交脚菩萨龛见于自第9、10窟以下诸窟。思惟像见于自第7、8窟以下诸窟。禅僧像见于第7、8窟，第12窟和第5、6诸窟，其位置多在明窗左右侧壁，与莫高窟第272窟安排的方位颇为类似。

千佛壁面　莫高窟第268、272窟左右壁满壁绘千佛，第272窟千佛之下原绘供养人行列，已为宋画所掩盖。云冈第一期窟的千佛所占面积尚小，即使是时间已晚的第16窟，千佛也仅限于壁面龛像的上方。满壁雕千佛始于第二期的第7、8窟，但该两窟又仅限于前室的一侧壁（即第7窟前室右壁、第8窟前室左壁）。值得注意的是第11窟内的两处龛像：左壁上方邑善信士女等五十四人造石庿（庙）形像龛，该龛主龛两侧各雕千佛十一列，其下雕供养人行列；前壁上方交脚菩萨龛，主龛两侧各雕千佛四列。前一龛中部下沿有太和七年（483）铭〔15〕。这两座龛主龛两侧的位置与洞窟两侧壁类似。因此，前龛的纪年铭可以作为考虑这类千佛布局出现的年代的参考。

三 壁面布局

分栏分段壁面 莫高窟第275窟左右壁上下分栏布局：上栏塑列龛；下栏分段绘本生或佛传，本生、佛传画面中附有长条框式的榜题（文字已漫漶），画面下部画供养人像一列，再下为三角垂饰。分栏布局在云冈始见于第二期的第7、8窟前室左右壁；与莫高窟第275窟类似的是云冈第9、10窟前室壁面和第1、2窟，第6窟左右前壁面。第9、10窟前室壁面和第6窟左右前壁面都是上部雕两栏列龛，下部雕一栏分段的本生和佛传，本生、佛传中也雕出长条框式的榜题（文字亦漫漶）[16]，本生、佛传栏之下为供养人列像，再下雕边饰。云冈第1、2窟左右前壁面与前三窟布局相同，唯一的差异是壁面上部只雕一栏列龛，这个差异，恰好同于莫高窟第275窟。又第275窟左右壁上下栏之间，隔以各种图案边饰，其中单叶波状忍冬纹，据敦煌研究所同志统计，为莫高窟“第一期洞窟所特有，第二期及以后各期所不见”[17]。上下栏间雕饰边饰，在云冈也始于第二期的第7、8窟的前后室壁面，但与上述相同的单叶波状忍冬，则以出现在第9、10窟后室前壁的下栏列龛栏与佛传栏之间者为最早。

汉式建筑装饰 莫高窟第275窟左右壁上栏影塑出附有子阙的高阙，下栏壁画中绘出汉式建筑庭院。无论高阙或庭院建筑，都施有鸱尾、瓦垄、横枋、细长的檐柱、檐柱间的方窗和檐下绘出多种形式的斗拱。斗拱的样式有一斗二升与叉手、一斗二升与直斗、一斗三升与叉手、一斗三升与直斗等组合形式。汉式建筑出现在云冈，以第二期的第7、8窟前室侧壁为最早，但仅具有雕出鸱尾的汉式屋顶；自第9、10窟前室壁面始开始雕出有一斗三升、叉手、横枋、长柱等具有更鲜明的汉式建筑特点的殿堂式佛龛。云冈雕凿的汉式建筑与莫高窟第275窟的塑绘比，显然简略得多。可以进一步与莫高窟塑绘细部相比的资料有：传山西出土的太和二十三年（499）比丘僧欣造像背雕和出土地不详的景明三年（502）刘未等造像背雕雕出的一斗二升与叉手斗拱组合[18]；洛阳龙门石窟古阳洞南壁自下第二层大龛之间孝明帝时（516～528）补雕的殿堂龛檐下刻出的一斗二升重拱与直斗的斗拱组合[19]；宁夏固原北魏墓所出约属太和十年（492）左右的漆棺画像中绘出的一斗三升与直斗斗拱组合[20]；附有子阙的高阙曾见于迁洛后雕造的石棺床栏板[21]；方窗既见于上述固原漆棺画像[22]，又见于迁洛以后的石棺壁板[23]（见附表）。

附表：莫高窟现存最早洞窟与云冈石窟的比较

对比内容 \ 石窟窟号		莫高			云冈																	附注
					一期				二期												三期	云冈三期只列情况，不注窟号
		275	272	268	20	19	18	17	16	7	8	9	10	13	12	11	1	2	5	6	3		
窟室形制	平面长方形（纵）	√		√						(√)	(√)			(√)	(√)		√	√			(√)	√(√)	框○者为横长方形
	平面方形		√	√ 附窟								√	√			√				√		√	
	窟顶仿木结构	√	√	√						√	√	√	√									√	
造像（后期补入者未列）	主像交脚菩萨	√						√					√	√			√				√	√	
	主像倚坐佛		√			√ 附窟				(√)	(√)	√	(√)		(√)							√(√)	框○者非主像
	主像交脚佛			√						(√)	(√)	(√)	(√)		(√)								框○者非主像
	交脚菩萨龛	√						√				√	√	√	√	√	√	√	√	√		√	
	思惟像龛	√						(√)		(√)	(√)	(√)	(√)	(√)	(√)	(√)			(√)	(√)		(√)	框○者非龛像，位于交脚菩萨两侧
	禅僧像		√							√					√							√	
	千佛壁面		√	√		(√)		(√)	(√)	(√)	(√)					(√)						√(√)	框○者非全部壁面
壁画布局	分栏分段	√								√	√	√	√				√	√	√			√	
	榜题	√										√	√				√	√					
	汉式建筑	√								(√)		√	√	√	√	√	√	√	√	√		√(√)	框○者不具细部

通过上面的对比，可以清晰地看到：莫高窟这组现存最早洞窟可以和云冈相比的，不是云冈第一期窟，最早只能对比到第二期的第 7、8 窟；比较合适的应是第二期的第 9、10 窟和第 11、12、13 窟，即云冈中部偏西俗称“五花洞”的五个石窟。如果考虑到莫高窟第 272 窟的方形窟室和第 275 窟塑绘中的汉式建筑细部，似乎与云冈第二期窟再晚一些的资料相比更为恰当。这里说的比较，只是说他们相似或接近，并不能把相比双方的年代简单地直接等同起来，因为其间还有一个谁影响谁的问题。被影响的当然要比施以影响的更晚些。

如何判断谁影响谁呢？这就要考虑双方的历史背景。

云冈，北魏时位首都平城西郊。迁洛以前，平城作为魏都已近百年（398～494），当时平城及其附近集中了大量的财富和接近百万的人口，其中包含有来自中原北方各地的各种人才，北魏皇室权贵在云冈兴凿石窟之初，平城内外修建佛寺已继续进行了半个多世纪〔24〕，尽管其间经历了六七年的灭佛阶段。因此，我们可以设想当时平城的佛教建置已具有一定基础，如果说，我们对复法不久开凿的云冈第一期石窟完全形成了自己的特色抱有疑虑的话〔25〕，那么，大批兴建的第二期石窟工程已完成“云冈模式”，应该说是没有什么问题。迁洛以后，云冈窟龛的雕造并未衰歇，大约到了公元 515 年孝明帝即位后，洛阳才大事兴修佛寺，中原北方地区才又可能出现一新的佛教建置的典型所在〔26〕。以上说明，从 460 年以后，到 6 世纪初，出现可以作为东方石窟模式的地点，云冈最具条件。6 世纪初以后，才又增加了一个洛阳。

至于敦煌地处绿洲，物产、人口均受限制，经济发展多赖商业，五凉之初尚称繁荣。公元 405 年西凉李暠曾移西迁敦煌的外地人户于酒泉。公元 421 年北凉沮渠蒙逊攻占敦煌后，又“屠其城”〔27〕。公元 442 年北魏下敦煌，沮渠“无讳自率万余家弃敦煌，西就安周”〔28〕。此后，北魏为了经营西域和防御柔然，在敦煌设置军镇。接着就是公元 446 年至 452 年太武帝毁佛废法。废法结束，正值柔然势盛。所以，公元 474 年魏廷曾有放弃敦煌东就凉州之议。公元 487 年柔然败于高车，公元 492 年魏又大破柔然，柔然从此衰微，敦煌才渐趋安宁〔29〕。因此，自北凉据敦煌迄北魏破柔然这段时期，敦煌所重在于军事，很难设想像这样一处人力财富并不富裕，且忙于军备之不暇的地点，还能在佛教建置上创出什么可以影响内地的新成就。

根据上述历史背景的考察，平城、敦煌两地在石窟方面的相似或接近，我们认为只能是云冈影响了莫高，即都城影响了地方，而不可能是相反。其实云冈向西影响敦煌并不突然，陕北、陇东和河西东部、中部地区迁洛前后开凿的洞窟，几乎都可发现云冈因素〔30〕。

既然可以判断施以影响的是云冈，那么，即可根据云冈有关石窟的年代推测莫高窟这组现存早期洞窟的具体年代了。云冈第二期最早的石窟是第7、8窟，大约开凿于孝文帝初期（471～483？）。第9、10窟晚于第7、8窟，它的年代依照《大金西京武州山重修大石窟寺碑》的记载，可推测为"大代太和八年（484）建，十三年（489）毕"。第11、12、13窟开凿的时间接近第9、10窟或略早。第1、2窟较第9、10窟略晚。第二期的第5窟和第3窟上层的交脚菩萨窟室大约都完工于迁洛（493）前不久〔31〕。由此，大体可以估计莫高窟这组现存最早洞窟的年代：其上限可能接近于云冈第9、10窟开凿的太和八年；它们的下限或许要推迟到迁洛前后。因为还要考虑从中原北方地区影响到河西西端的敦煌，需要一段时间，例如莫高窟第285窟北壁有大统四年（538）比丘謍化发愿文的迦叶佛说法图和有大统五年（539）滑黑奴发愿文的无量寿佛说法圆，两图中的佛像及其胁侍菩萨尚是云冈第三期（494～524）流行的褒衣博带秀骨清像〔32〕，而当时洛阳地区比大统四年或五年至少要早十多年的巩县大力山石窟第1窟和第3窟已盛行服饰简洁体态丰壮的造型了〔33〕；这种简洁丰壮的造像出现在莫高窟，已晚到一般公认的北周时期〔34〕。以此类推，这组莫高窟现存早期洞窟年代的下限，安排在迁洛之后不久，可能更较稳妥。这样，第275窟左右壁出现的某些汉式建筑装饰细部与迁洛后遗物上的刻画有相似之处，就容易理解了。

1965年，敦煌研究所在莫高窟第125窟与第126窟之间崖体裂缝中的沙土内发现有□□十一年广阳王发愿文的残绣一件〔35〕，研究所同志认为这件绣品"应该是平城一带人带到敦煌来的"；并认为"十一年"之前的缺文应是"太和"纪元。以上推断都是正确的。在做出上述推论之前，研究所同志曾将残绣与莫高窟其他北魏洞窟做了比较：

“刺绣为一佛二菩萨式的说法图，佛结跏、露脚、坐覆莲；菩萨侍立、跣脚、踩覆莲、裹长裙；与敦煌第251窟、第260窟等窟的小型说法图相似，特别是艺术风格、表现手法基本相同”；“(刺绣)花边中的联珠状龟背纹与忍冬纹套叠的形式，在莫高窟第259窟、第248窟可以找到同类型的纹样”；“女供养人衣服上的桃形忍冬纹，在莫高窟第251窟、第260窟也可以看到类似的纹样。”

除此之外，我们认为绣品中残存的部分人物还可与莫高窟现存这组最早的洞窟相比较：

1. 绣品下部残存的男女供养人戴高帽，着窄袖襦袄(男供养人襦袄部分已破损)，这种服饰即是太和十八年(494)革禁的胡服〔36〕。莫高窟现存洞窟内着胡服的供养人像，仅见于这组最早的洞窟：第275窟最为清晰；第272和第268窟供养人行列皆为宋画所掩，第268窟宋画之下似有胡服与非胡服两式并存的迹象。

2. 残存的坐佛下部所表现的大衣、自腿以下尚未折出衣纹。这种做法，在莫高窟只与第275窟和第272窟的交脚菩萨像裙子下部未折出衣纹的情况相似；而莫高窟自第259窟始〔37〕，坐像和交脚像下部衣纹的处理，就不是这样简洁了。

3. 残存的胁侍菩萨下部所表现的紧裹双腿的长裙，腿两侧的外撇裙边尚不显著；绕臂垂下的帔帛端头尚折成三角状。这些做法都见于第275窟。第272窟、第268窟下部裙边显露外撇的供养菩萨形象也不多见〔38〕，但自第259窟以后，裙边不外撇和帔帛下端折作三角状的做法，即从少见趋于消失〔39〕(参看图版82)。

上面的比较，除给莫高窟受到平城影响增添了实物证据之外，也给讨论莫高窟现存这组最早洞窟的年代，提供了新资料。当然，绣品发愿文中的太和十一年，也应如前述根据云冈诸窟的年代拟定与之接近的莫高窟现存最早洞窟年代的情况，即只能作为他们年代上限的参考。

以上我们拟定莫高窟现存这组最早洞窟年代的上下限是：从接近太和八年(484)和太和十一年(487)起，至太和十八年(494)迁洛阳以后不久。

大约在接近此上限的年代，敦煌镇升格设置了都大将，第一任敦煌镇都大将很可能就是太和九年以前从平城西来的北魏勋贵长乐王穆亮[40]。太和十一年侵扰北边的柔然开始衰弱，敦煌渐趋安定[41]，西方商路因得重新开通，太和十一年、十四年、十五年都曾有中亚粟特使者来平城朝献[42]，之后不久，就出现了景明正始间（500～507）葱岭东西、波斯、印度等数十国家和地区遣使东来的盛况[43]。于阗附近捍麼大寺所悬太和十九年（495）、景明二年（501）魏国彩幡[44]和1981年大同小站村正始元年（504）封和突墓所出猎猪纹萨珊鎏金银盘[45]，当是这时期中西交往的物证。此后，丝路畅通。所以，孝明时期“自葱岭以西，至于大秦，百国千城莫不款附，商胡贩客日奔塞下”[46]。也就在敦煌趋于平静时，北魏才能较多地向敦煌谪谴重要犯人，其中有来自盛行佛教、多聚名僧的徐州附近的下邳太守张攀父子（太和十五年前不久）[47]，有来自洛都的宗室东阳王元丕诸庶子（太和二十一年）[48]，宣武之初，又诏徙宠侍赵修“敦煌为兵”（景明四年）[49]。敦煌的丰歉，这时也引起了统治者的重视，正始四年（507）曾因“敦煌民饥”，诏“开仓赈恤”[50]。看来，在我们拟定的莫高窟现存最早洞窟年代的上下限期间内，敦煌出现了一个新的发展局势：既迎来了商业的繁荣，又与东方佛教兴隆的地点，特别是和盛凿石窟的新旧两都加强了密切的联系。因此，受到内地影响的莫高窟现存最早洞窟出现于此时，接着这里又开凿了一批内地因素更多的洞窟[51]，这些，很明显都是和当时敦煌历史情况相契合的。

本文原载香港中文大学《中国文化研究所学报》第二十卷（1989），此次重排未做改动。

注释

〔1〕 参看谢稚柳《敦煌艺术叙录》，1955。

〔2〕 参看敦煌文物研究所《莫高窟各家编号对照表》，刊《文物参考资料》第二卷5期，1951。

〔3〕 参看《敦煌石窟勘察报告》，刊《文物参考资料》1955年第2期。

〔4〕 参看樊锦诗等《敦煌莫高窟北朝洞窟的分期》，该文收在《中国石窟·敦煌莫高窟》一，1982。段文杰近撰《八十年代的敦煌石窟研究》云：“大家公认268、272、275一组是最早洞窟……经过调查研究和论证，初步确定这一组洞窟属于北凉时代，现已基本上得到国内外学者承认并引用，但不同意见仍然存在。”段文刊《中国文物报》第40期，1988

年10月7日。

〔5〕参看《中国石窟·キジル石窟》《中国石窟·クムトラ石窟》，1983～1985。

〔6〕460年是沮渠安周为柔然击溃之年，《北史·西域·高昌传》："（沮渠）无讳死，弟安周代立。和平元年为蠕蠕所并。"

〔7〕参看史岩《凉州天梯山石窟现存情况和保存问题》，刊《文物参考资料》1955年第2期。天梯山北凉壁画及其摹本现分藏甘肃省博物馆和敦煌文物研究所。

〔8〕参看王毅《北凉石塔》，刊《文物资料丛刊》（一），1977。《凉州石窟遗迹与"凉州模式"》，该文已收入本论文集。

〔9〕参看《中国石窟·永靖炳灵寺》，1986。

〔10〕参看《中国石窟·敦煌莫高窟》一，1982。

〔11〕参看《云冈石窟分期试论》，该文已收入本论文集。

〔12〕关于莫高窟资料，参看注〔4〕。云冈资料参看日人水野清一、长广敏雄《云冈石窟》1至15卷，1952～1956。

〔13〕参看阎文儒《辽西义县万佛堂石窟调查及其研究》，刊《文物参考资料》第二卷9期，1951。

〔14〕莫高窟第272窟现窟口外北侧的第273窟系一浅龛，内塑一禅僧像；窟口南侧只存空龛，龛内塑像已失，该龛未编号。

〔15〕参看长广敏雄《千佛构成》，该文收在《大同石佛艺术论》，1946。

〔16〕画面上附有长条框式的榜题，是沿袭东汉以来的传统，为墓葬壁画和画像石所习见，北朝的石棺图像和造像碑尚承此制。

〔17〕参看注〔4〕。敦煌文物研究所同志所谓的北朝第一期窟，即指第275、272、268这组洞窟。

〔18〕O. Sirén: *La Sculpture Chinoise du Ve au XIVe Siécle*，图版119、121，1925。

〔19〕参看《中国石窟·龙门石窟》一，图版148，1987。

〔20〕参看固原县文物工作站《宁夏固原北魏墓清理简报》，刊《文物》1984年第6期。

〔21〕参看黄明兰《洛阳北魏世俗石刻线画集》，图版90，1987。

〔22〕参看注〔20〕。

〔23〕参看注〔21〕图版30。此石棺壁板传出元谧墓。元谧葬于正光五年（524），见《元谧墓志》，参看赵万里《汉魏南北朝墓志集释》，图版171，1956。

〔24〕参看《平城实力的集聚和"云冈模式"的形成与发展》，该文已收入本论文集。

〔25〕过去曾根据《魏书·释老志》"太延中（435～439），凉州平，徙其国人于京邑，沙门佛事皆俱东，象教弥增矣"和《高僧传·玄高传》"河西国（即北凉）沮渠牧犍时，有沙门昙曜亦以禅业见称，伪太傅张潭伏膺师礼"的记载，怀疑云冈第一期昙曜五窟多存凉制，甚至可属"凉州模式"。经过对现存北凉遗迹的清理和对昙曜五窟全面考察之后，现在我们认为昙曜五窟可能受某些凉州影响，但已是当时创新的石窟类型。参看注〔24〕。

〔26〕参看《洛阳地区北朝石窟的初步考察》，该文已收入本论文集。

〔27〕见《晋书·李玄盛传附子士业传》。

〔28〕见《宋书·大沮渠蒙逊传》。

〔29〕参看《两汉魏晋南北朝时期的敦煌》，该文已收入本论文集。

〔30〕关于云冈石窟的影响问题，我们将另文讨论。云冈影响表现在山西以西各地的资料，可参看靳之林《对〈延安地区的石窟寺〉一文的订正》，刊《文物》1984年第12期；甘肃省文物工作队《陇东石窟》，1987；甘肃省文物考古研究所《河西石窟》，1987；《中国石窟·麦积山石窟》，1987；《中国石窟·永靖炳灵寺》，1989。

〔31〕参看注〔10〕。

〔32〕参看注〔4〕及《参观敦煌莫高窟第285号窟札记》，该文已收入本论文集。

〔33〕参看《中国石窟·巩县石窟寺》，1983。巩县第1、3两窟的年代，约在孝明帝时期即515～528年，参看注〔26〕。

〔34〕参看注〔4〕。北魏晚期流行的简洁丰壮的形象之所以西传敦煌延期较久，当与其时多变乱，交通阻塞有关。

〔35〕参看敦煌文物研究所《新发现的北魏刺绣》，刊《文物》1972年第2期。下文有关引文皆引自此文。

〔36〕《魏书·高祖纪下》"(太和十八年十二月)壬寅，革衣服之制"；《通鉴·齐纪五》"[建武元年(即北魏太和十八年)十二月]魏主欲变易旧风，壬寅诏禁士民胡服，国人多不悦"；《魏书·景穆十二王·任城王澄传》"(太和十九年五月)高祖还洛，引见公卿……高祖曰：朕昨入城，见车上妇人冠帽而着小襦袄者(《通鉴·齐纪六》作'昨望见妇女犹服夹领小袖')，若为如此，尚书何为不察？澄曰：着犹少于不着者。高祖曰：深可怪也，任城意欲令全着乎？一言可以丧邦者，斯之谓欤，可命史官书之。又曰：王者不降佐于苍昊，皆拔才而用之，朕失于举人，任许一群妇人辈奇事，尝更诠简耳……于是留守群臣遂免冠谢罪"。可见改革一般民庶胡服在太和十八年以后。

〔37〕莫高窟第275窟菩萨裙边外撇不显著者居多，亦有少数外撇较显著者，但自第259窟以后裙边外撇似成定制。

〔38〕敦煌文物研究所同志认为从第259窟起，即属北朝第二期；第275、272、268三窟为北朝第一期。参看注〔4〕。

〔39〕帔帛端头下垂折作三角状，偶见于莫高窟第259、254、251等窟。

〔40〕参看注〔29〕。

〔41〕穆亮任敦煌镇都大将的时间，文献无征。"太和九年以前"，系据《魏书·高祖纪上》和《穆亮传》所记亮后任都督秦、梁、益三州诸军事、征南大将军、领护西戎校尉、仇池镇将时，表请纳宕昌王梁弥机兄子弥承，因拜弥承为其国王的时间所推测。

〔42〕《魏书·高祖纪下》和《册府元龟·外臣部·朝贡二》俱记：悉万斤遣使朝献。按悉万斤即康国，康国在粟特诸国中最称富盛。该国都城在今乌兹别克斯坦撒马尔罕之东。

〔43〕《魏书·世宗纪》："(景明)三年秋七月癸酉，于阗国遣使朝献……是岁，疏勒、罽宾、婆罗捺、乌苌、阿喻陁、罗婆、不仑、陁拔罗、弗波女提、斯罗、哒舍、伏耆奚那太、罗槃、乌稽、悉万斤、朱居槃、诃盘陁、拨斤、厌味、朱沴洛、南天竺、持沙那斯头诸国并遣使朝贡。""(四年夏四月)庚寅，南天竺国献辟支佛牙。""(正始)四年……三月丙子，叠伏罗国遣使朝贡……(夏四月)悉万斤诸国并遣使朝献……(六月)丁未，社兰达那罗、舍弥、比罗直诸国并遣使朝献……(九月)疏勒、车勒阿驹、南天竺、婆罗等诸国遣使朝献……冬十月丁巳……悉万斤、可流伽、

比沙、疏勒、于阗等诸国并遣使朝献……戊辰，疏勒国遣使朝贡……辛未，嚈哒、波斯、渴槃陁、渴文提不那杖忸杖提等诸国并遣使朝献……（十一月）己酉，阿与陁、呵罗槃、陁跋吐罗诸国并遣使朝献……（十二月）辛酉，特那杖提莎钵离阿失勒摩致钵诸国遣使朝贡……丁丑，钵仑、波利伏佛胄善、乾达诸国遣使朝贡。"以上诸国和地区可考知今地者：于阗、疏勒、朱居槃、诃盘陁等在葱岭东，今新疆西部；陁拔、嚈哒、悉万斤等在葱岭西，今中亚地区；乌苌、罽宾、不仑（钵仑）、婆罗捺、阿喻陀、南天竺等在巴基斯坦和印度。参看冯承钧等《西域地名》，1980。

〔44〕见《洛阳伽蓝记》卷五。

〔45〕参看夏鼐《北魏封和突墓出土萨珊银盘考》、马玉基《大同市小站村花圪塔台北魏墓清理简报》，两文俱刊《文物》1983 年第 8 期。

〔46〕见《洛阳伽蓝记》卷三。

〔47〕见《魏书·薛野賭传附子虎子传》。

〔48〕见《魏书·神元平文诸帝子孙传·东阳王丕传》。

〔49〕见《魏书·恩幸·赵修传》。《通鉴·梁纪一》系此事于天监二年即北魏景明四年，并记"促之（修）上道，出城不自胜，举缚置鞍中，急驱之，行八十里，乃死"，知修并未抵敦煌。

〔50〕见《魏书·世宗纪》。

〔51〕即敦煌文物研究所同志认为属于北朝第二期洞窟，共八座，其顺序是：第 259、254、251、257、263、260、487、265 窟。参看注〔4〕。我们认为其中的第 259、257、254、251 等四窟时间略早。此四窟俱属塔庙窟，它们与第 275、272、268 三窟的关系，只是时间早晚的问题呢？还是尚有不同类型的问题呢？值得进一步仔细研讨。

敦煌莫高窟密教遗迹札记

1962年组织石窟寺考古实习，1965年参加调查西夏洞窟，这两次于役莫高窟，曾较系统地记录了有关密教的各种遗迹，东归事繁，无暇整理，今年4月摆脱杂务，适有再访西藏之议，因取1982年敦煌文物研究所编辑的《敦煌莫高窟内容总录》，核对二十多年前的两次记录，并略辑有关文献和现存的其他遗迹，拉杂参比，勉成札记一篇，白不谙佛教，更不悉真言，虽力图客观地摘要描述，当亦难免讹误，希望得到各方面专家，特别是留心莫高窟晚期遗迹的同志们诸多指正。

一　盛唐以前的密教遗迹

释家杂咒，东汉魏晋已有传译[1]。降及东晋，《孔雀王咒经》帛尸梨蜜多译于建康[2]，鸠摩罗什翻于长安[3]。其后，诸神咒、陀罗尼的汉译不绝于南北[4]。北周保定四年（564）“摩伽陀国三藏禅师阇那耶舍……共二弟子耶舍崛多、阇那崛多等，为大冢宰晋荡公宇文护于长安旧城四天王寺译”，“《佛顶咒经并功能》一卷……学士鲍永笔受”（《历代三宝记》卷十一）。其时，耶舍崛多又共阇那崛多为宇文护译“《十一面观世音经咒并功能》一卷……上仪同城阳公萧吉笔受”（《历代三宝记》卷十一）。是为《佛顶尊胜陀罗尼经》与《十一面观世音神咒》传入之始。杂密东传，渊源久远，莫高窟西魏大统四年（538）以前开凿的第285窟西壁中龛两侧形象诡异的护法诸天[5]和隋开皇五年(585)开凿的第305窟窟室中部所设方坛[6]，如都与密教有关，并不是难以理解之事[7]。

7世纪以来，印度佛教密教兴起，显教渐衰，所以，隋迄唐贞观间，东来的著名僧人如阇那崛多、达磨笈多、毗尼多流支、伽梵达摩等都译有密典[8]。初唐杂密，盛于高宗、武后、中宗时。永徽三年(652)阿地瞿多应大乘琮、英公、鄂公等僧俗之请，“于(长安)慧日寺浮图院建陀罗尼普集会坛”(《开元释教录》卷八)，密籍汉译更为风行。影响后世较大的《佛顶尊胜陀罗尼经》，佛陀波利重译于永淳二年(683)[9]，早期密教重要经典——《大乘密严经》，地婆诃罗初译于垂拱元年(685)[10]。是时，不仅西僧翻密[11]，有名的东土高僧如玄奘、义净等也积极于密典的转梵为汉，其中见重于当时的有玄奘于显庆元年(656)重译的《十一面神咒心经》[12]，义净于长寿二年(693)重译的《不空羂索咒心经》、景龙三年(709)重译的《千手千眼观世音菩萨姥陀罗尼身经》《如意轮陀罗尼经》和新译的三十卷足本《不空羂索神变真言经》[13]。密籍汉译既盛，与之相配合的密教形象也开始流行。武后长安间(701～704)重建长安慈恩寺塔，《历代名画记》卷三记“塔下南门尉迟(乙僧)画西壁千钵文殊”[14]，《唐朝名画录》又记“(尉迟)乙僧今慈恩寺塔前功德。又凹凸花。面(画)中间千手眼大悲，精妙之状，不可名焉”。现存可以肯定的早期密教遗物，亦多武周时遗迹。盖武后既崇佛道，又尚神异[15]，诡奇的密教遗物的增多，当非偶然。《语石》卷四著录之龙门摩崖如意元年(692)史延福刻《尊胜陀罗尼经》，是现知最早的《佛顶尊胜陀罗尼》遗迹[16]，原藏西安宝庆寺一批石造像，其中有长安三年(703)铭十一面观音立像[17]，河南洛阳龙门某寺原藏的两尊螺髻饰有宝冠的大日如来石像[18]和龙门五处密像窟龛也都具有武周时期的风格特征。五处窟龛的具体情况略如下表(表一)：

表一　龙门五处密像窟龛简表

名称	位置	内容	年代
千臂观音像	东山万佛沟高平郡王窟东侧下方小窟。	平面方形，窟门南向。东壁浮雕千臂观音立像一躯（疑原每手掌各绘一目，现已脱落）[19]。	高平郡王窟开凿于天授元年迄神龙元年之间（690～705）[20]，此小窟雕造年代应与之接近。
千手千眼观音龛	东山万佛沟北崖。	龛内后壁浮雕千手千眼观音立像[21]。	该龛时间与上窟相近。
大日如来窟	即东山擂鼓台北洞。	平面马蹄形，窟门西向。主像大日如来位于窟内后壁前须弥座上。南壁前设莲座，座存像毁。北壁前须弥座上一坐佛。前壁南侧浮雕八臂观音立像，北侧浮雕十一面四臂观音[22]。窟门上方南端有八臂观音龛。	该窟窟楣北端有开元六年（718）刘合山造救苦观世音菩萨像龛，知此窟开凿在是年之前[23]。
大日如来小窟	东山擂鼓台北洞外北侧。	平面略作方形。后、左、右三壁前设坛，后壁坛上设莲座，其上贴壁雕大日如来坐像。左右壁面各雕十身菩萨装坐佛。	该窟外左上角有天授三年（692）阿弥陀龛[24]，此小窟雕造年代应与之接近。
十一面多臂观音像	西山惠简洞上方小窟。	平面略作方形，该像立于左（南）壁前，头正面残，侧面尚存残迹。	略与上两大日如来窟接近[25]。

擂鼓台北洞前壁所雕观音变相，给我们了解莫高窟早期密像的来源提供了重要线索。莫高窟现存较明确的最早的密教形象，也出现在武周时期窟室的前壁，如第321、331号[26]两窟窟门北侧和第334、340号[27]两窟窟门上方的十一面观音[28]以及第341号窟门上方坐佛两侧的八臂观音。值得注意的是，此时龙门的千手千眼观音龛和大日如来窟都是较完备的密教窟龛，而上述莫高窟诸窟仅是在窟室前壁布置密教形象，似乎只注意了观音变相与某些天部有相似的卫护释迦的作用[29]（参看图版92）。

二 盛唐时期的密教遗迹

完整系统的密教东传，始于开元初善无畏、金刚智、不空的相继东来。善无畏“以开元四年丙辰（716）大赍梵本来达长安……五年丁巳（717）于菩提院译《虚空藏求闻持法》……十二年（724）随驾入洛，于大福先寺安置，遂为沙门一行译《大毗卢遮那经》”(《开元释教录》卷九)。此经即《大毗卢遮那成佛神变加持经》，世称《大日经》，是密教胎藏界的本经。“又出《苏婆呼》(即《苏婆呼童子经》)、《苏悉地》(即《苏悉地羯罗经》)二种。”(《开元释教录》卷九)金刚智“开元八年（720）方届京邑，于是广弘秘教，建曼荼罗……以十一年癸亥（723）于资圣寺为译《瑜伽念诵法》(即《金刚顶瑜伽中略出念诵法》，该念诵法亦称经，简作《金刚顶经》，是密教金刚界本经）及《七俱胝陀罗尼》……至十八年庚午（730）于大荐福寺出《曼殊室利五字心》及《观自在瑜伽要》……又于旧《随求》中更续《新咒》……秘教流传，寔斯人矣”(《开元释教录》卷九)，开元“十九年（731）后，又译出《金刚顶经瑜伽修习毗卢遮那三摩地法》一卷、《千手千眼观世音菩萨大身咒本》一卷、《千手千眼观自在菩萨广大圆满无碍大悲心陀罗尼咒本》一卷、《不动使者陀罗尼秘密法》一卷(《贞元释教录》卷十四)，二十八年（740）又译《千臂千钵曼殊室利经》”(《续贞元录》)。传译密乘最多的是师事金刚智并与之同来的不空。开元二十九年（741）金刚智卒后，不空奉旨复往印度“重学秘密总持、三密护身、五部契印、曼荼罗法三十七尊、瑜伽护摩，备皆精练”(《贞元释教录》卷十五)，“天宝五载（746）却至上都。上皇诏入内立灌顶道场，所赍梵经尽许翻度……起于天宝迄今大历六年（771)，凡一百二十余卷，七十七部”(《宋高僧传》卷一)[30]，其中有密教金刚界本经——《金刚顶瑜伽真实大教王经》(亦简作《金刚顶经》)和数十种密教仪轨。从善无畏到不空，系统地汉译了密教经典，特别是不空还别出大量念诵仪轨，而后者的尊形与坛场部分，对东土密教修持与传播起了重要作用。佛教密典至此充斥中土，不空一代可谓唐密的大弘时期，而唐密图像的完备亦在此阶段。1959年西安唐安国寺遗址出土的不动明王等十件贴金敷彩的密教白石雕像，像高在52～88厘米之间，造型生动、丰满，雕工亦极精致，应是这个阶段该寺曼荼罗中物[31]。此阶段也正是敦煌与两京地区往还密切的时期；更重要的是，大师不空曾于天宝十二、十三载间（753～754），因河西节度使哥舒翰之奏请，“令河西边陲请福疆场，至武威住开元寺，节度使迎候，是物皆供，请译佛经，兼开灌顶，演瑜伽教，置曼荼罗，使幕官寮咸皆谘受五部三密灵往实归”，寻又因四镇伊西庭节度使安西副大都护和节度事封常清之请，不空西去安西，“安置于龙兴寺及报德寺，同崇译经”（《贞元释教录》卷十五），直迄天宝十五载（756）五月，始敕令东返。不空长期在西陲弘密，可以估计更直接刺激了敦煌密教的繁盛。莫高窟自盛唐以后，密教形象无论在种类、数量乃至所在位置等方面，持续了较长时期的发展趋势，大约都与此不无关系。莫高窟盛唐主要密像图画的情况例如右表（表二）[32]：

盛唐密像图画已不限于主室东壁（门壁），几乎扩展到窟内所有各壁，甚至如第165、169两窟在甬道顶布置了孔雀明王。顶部在密教建置中往往是安置坛场（曼荼罗）的所在，甬道顶绘制孔雀明王，可能是在不空译《佛说大孔雀明王画像坛场仪轨》的影响下出现的。天王形象的流行，特别是突出毗沙门天王，应与开元天宝间玄宗敕车政去于阗摹写真容和安西进摹写的天王神样有联系[33]。毗卢舍那与文殊、普贤虽与华严有关，但亦多涉密教[34]，地藏菩萨更为密教所重视[35]。第148窟是此阶段最值注意的一处，该窟除在主室东壁门上绘千手千眼观音之外，还在南壁设如意轮观音龛，在北壁设不空羂索龛。如意轮观音龛内主像原为如意轮观音塑像，龛后、左、右三壁皆绘如意轮陀罗尼咒诸愿屏风，龛顶画如意轮观音变四幅，其中有四臂（顶东坡）、八臂（顶南坡）和三头六臂（顶西坡）等观音变相。不空羂索观音龛内主像原为不空羂索观音塑像，龛后、左、右三壁皆绘不空羂索神咒诸品屏风，龛顶画欢喜藏摩尼宝胜佛、地藏菩萨和药王菩萨。这两个龛，是莫高窟出现最早的密教龛。据树立在该窟前室的《唐陇西李府君修功德碑》的记载，知此窟竣工于大历十一年（776）[36]。

表二 莫高窟盛唐窟密像例表

窟号	主室								前室				甬道		
	东壁			西壁龛外	南壁龛	北壁龛	南壁	北壁	西壁		南壁	北壁	南壁	北壁	顶
	门上	门南	门北						门上	门北					
32			1												
33									1						
214										2·					
165															3
169															3
170			4												
79											2·	5·			
148	2				6	7	11	10							
113	8	2	8												
45							8								
126		8													
205							9·, 8·								
74			9·	7，5											
444		8	8						9·						
176								9·							
194		9·													
115		9·	9·												
116			9·												
122			9												
166		9·	9·	9											
172		7 10	11·												
103										12			9	4	
109		12													
91		13（?）	4												
118		13	4												
120		13	4												
123		13	4												

1. 十一面观音 2. 千手千眼观音 3. 孔雀明王 4. 毗沙门天王 5. 毗卢舍那佛 6. 如意轮观音 7. 不空羂索观音 8. 观音经变 9. 地藏 10. 普贤变 11. 文殊变 12. 天王 13. 毗琉璃天王

附·号者，表示只占该壁面的一部分。

三 吐蕃统治时期的密教遗迹

中唐时期在敦煌大约相当于吐蕃占领时期，即公元781年至公元848年。这个阶段莫高窟有密教形象的窟室和密教形象的具体内容，举例见右表（表三）（参看图版96、97）：

和盛唐比较，吐蕃统治时期莫高窟密教形象的数量和所占壁面的位置都大大增多了；两身尊像成组的情况盛行，主室东壁窟门两侧流行布置如意轮观音和不空羂索观音组像，还有新出现的千手千眼观音和千手千钵文殊、双十一面观音、普贤变和文殊变以及双地藏、双天王等组像。主室西壁主龛两侧出现了普贤变、文殊变和双天王。上述这些组像，也分别出现在前室西壁两侧、前室南北壁和甬道的整幅南北壁面。约在这时期的较晚阶段，文殊变出现了五台山背景；观音的形象越来越繁多；天王也日益复杂，出现了毗沙门天王决海和东方提头赖吒天王。此外，主室顶心出现了羯摩杵（交杵），围绕羯摩杵，有的还绘出一匝金刚杵（单杵）。甬道顶出现了四臂观音和千手千眼观音，密教图像绘制于顶部正中的情况，这个时期也比盛唐有了发展。

8世纪，吐蕃赞普赤松德赞迎莲花生入藏传密法，但现存可以肯定的吐蕃前弘期藏密形象并不清楚[37]。就吐蕃侵据敦煌时期的莫高窟遗迹观察，似乎也分辨不出吐蕃本土影响。盖其时河西在政治上虽与中原隔绝，但僧人佛事间的往还并未中断，所以，中唐时期莫高窟的密教形象，无论因袭本地的盛唐因素，或是来自中原的新样，都是一派唐风。至于此时中原密教：从贞元十年（794）西京西明寺圆照纂集《大唐贞元续开元释教录》著录玄、肃、代、德四朝应制所译大多为密教经法，传密高僧仅就不空一脉言，青龙寺惠果、义操、义真和玄法寺法全四代相承，且自惠果起皆兼传两部，宣秘益盛[38]；再就当时受业于青龙诸寺的日本僧人如空海、常晓、圆行、圆仁等携归的密教经法目录[39]和近年河南方城佛沟摩崖[40]、荥阳大海寺遗址[41]发现的观音变相石刻等考察，俱可知其主要内容仍沿盛唐以来的密教传统，所以与吐蕃统治下敦煌莫高窟的密教遗迹并无参差枘凿。中唐末叶，公元838年，吐蕃赞普达磨灭法和公元845年唐武宗会昌废佛，前者莫高窟远处边陲，后者

表三　莫高窟吐蕃统治时期密像例表

窟号	主室																				前室				甬道		
	东壁			西壁												南壁	南壁龛外	北壁	北壁龛外	顶	西壁		南壁	北壁	南壁	北壁	顶
	门上	门南	门北	龛内	龛壁	龛顶	龛外南侧	龛外北侧	龛下	帐门南	帐门北	南侧帐壁	南侧帐顶	北侧帐壁	北侧帐顶						门南	门北					
×135		4	4																								
188 ☆		4˙	4˙																								
154								④								4˙, 4˙											
212 ☆																								4˙			
117 ☆		6	7																								
129 ☆		7	6																								
285 ☆																									7	6	
176 ☆	6˙, 2˙	9˙	9˙													9˙, 2˙		9˙, 9˙									
115 ☆		9˙	9˙													9˙		2˙, 9˙									
45 ☆			9˙					9˙																			
201 ☆																9˙		9˙, 9˙									
26 ☆																9˙											
32 ☆																9˙											
33 ☆	9˙																										
126 ☆			9˙																								
153					9˙																						
155											9																
197																9˙											
199 ☆		9˙																									
225 ☆																9˙											

续表

窟号	主室																				前室				甬道		
	东壁			西壁												南壁	南壁龛外	北壁	北壁龛外	顶	西壁		南壁	北壁	南壁	北壁	顶
	门上	门南	门北	龛内	龛壁	龛顶	龛外南侧	龛外北侧	龛下	帐门南	帐门北	南侧帐壁	南侧帐顶	北侧帐壁	北侧帐顶						门南	门北					
379 ☆		9˙																									
472		8	8							10																	
386 ☆	2	11˙	10˙																				6	7			
200		7	6							10	11																
185 ☆		10	11															8									
359 ☆										10	11																
468										10	11																
×134										11	10																
366		11	10																								
447											11,11																
234		6	7																		10 12	11 12					
92		11	10							12	12																
240						12˙				10˙	11˙																
53																							12	12			
363				⑫˙ ⑫˙																							
358		7	6																		13	4					
202 ☆		13	4				12˙	12˙																			
158	6						13˙	4												10˙ 11˙							

续表

窟号	主室																				前室				甬道		
	东壁			西壁												南壁	南壁龛外	北壁	北壁龛外	顶	西壁		南壁	北壁	南壁	北壁	顶
	门上	门南	门北	龛内	龛壁	龛顶	龛外南侧	龛外北侧	龛下	帐门南	帐门北	南侧帐壁	南侧帐顶	北侧帐壁	北侧帐顶						门南	门北					
370		1	1							10	11									14							
7					8·															14							
112			8						15·	10	11																
237										10	11,15																
159										10	11,15										12	12					
222		10	11							15/4	15/4																
236						16				10	11																
258		2	17	⑫·																							
144		2	17							11,15	10										13	4		16·			
361		17,7	1,?									10		11,5						14							
231		12·	12							18·,10	19·,11																2
238										10	11														2	17	20
360										10	11					21·		17·									
384																	7		6		13	22		10·			
449												6,9	23	7,24	25												

1～13. 见前表 14. 羯摩杵（交杵） 15. 五台山 16. 毗沙门决海 17. 千手千钵文殊 18. 东方不动佛 19. 西方无量寿佛 20. 四臂观音 21. 释迦曼陀罗（？） 22. 提头赖吒天王 23. 金刚杵观音 24. 宝幢香炉菩萨 25. 杨柳枝观音

附 • 号者，说明见前表。附 × 号者，该窟为坐北朝南窟。莫高诸窟一般皆坐东朝西。附☆号者，该窟开凿于中唐以前。框○者为塑像。

敦煌已是域外，因此，这里都未波及，所以，莫高窟此后的晚唐阶段，密教形象依旧继续发展，没有发生如吐蕃本土和唐代中原曾出现的一度衰微的情况。

四 张氏时期的密教遗迹

大中二年（848）张议潮收复敦煌，迄五代初曹氏继立，属莫高窟的晚唐阶段。大中复法后，都城长安密教恢复迅速，青龙寺法全[42]、大兴善寺般若斫迦（智慧轮）[43]各建大曼荼罗广传两部密法。当时日本入唐僧即多问益于两僧。此外，青龙寺弘悦、安国寺元简、慈恩寺造玄等亦为日僧所称道。大中九年（855），圆珍从青龙寺求得“胎藏、金刚两部经法等一百一十五卷、两部曼荼罗并道具等”（《圆珍青龙寺求法目录》）[44]，另一入唐僧宗睿于咸通六年（865）在西明寺求得“真言经并仪轨及杂法门等”，“合一百三十四部，一百四十三卷”，又求得各种尊像、契印十余种，曼荼罗苗子（白描图样）六七种和法具十六件（《宗睿新书写请来法门等目录》）[45]。中和二年（882），圆珍犹致书般若斫迦请求决疑，并购求未得经轨[46]。1987年，陕西扶风法门寺塔基地宫发现咸通十四年（874）皇室供奉的器物中，既多密教纹饰，又多密教尊像、法具，当时极尊奉的佛骨更珍藏于曼荼罗样的金函之内[47]，此外，西安西郊晚唐墓中还发现有绢本的墨书经咒[48]印本的陀罗尼咒[49]。从以上诸例，可以窥知晚唐长安密教之盛。晚唐益州与长安往还频繁，其地自惠果弟子受二部阿阇梨灌顶的成都惟尚[50]返川之后，遂多密迹，《益州名画记》卷上记：成都大圣慈寺有大中年间（847～859）画大悲变相，有左全画“文殊阁东畔水月观音、千手眼大悲变相”；“（普贤）阁里内如意轮菩萨，并（辛）澄之笔”；还有中和年间（881～885）张南本画“华严阁东畔大悲变相……兴善院大悲菩萨、八大明王、孔雀王变相”。又记圣兴寺有“大悲变相，并咸通（860～874）画”。《图画见闻志》卷六记：“唐僖宗幸蜀（881）……孙位扈从……于成都应天寺门左壁画坐天王及部从鬼神，笔锋狂纵，形制诡异，世莫与之比，历三十余载……至孟蜀时，有匡山处士景焕……激发高兴，遂画右壁天王以对之，二艺争锋，一时壮冠。”现存遗迹有“成都县□龙

表四　四川晚唐密像例表

名称	雕造年代	遗迹地点
地藏	咸通五年（864）	资中北岩（重龙山）第54窟 同地第47、48、87等窟，约与前窟同时
毗沙门天王	咸通六年（865）	资中北岩第49窟 同地第46、58两窟，约与前窟同时
	乾宁间（894～897）	大足北山佛湾第3龛
千手千眼观音	景福间（892～893）	大足北山佛湾第9龛
	乾宁间（894～897）	资中北岩第11、113窟
		安岳卧佛院第45龛
如意轮观音	乾宁四年（897）	大足北山佛湾第50龛
地藏与十王	光化间（898～901）	资中西岩第89龛
毗卢佛		广元千佛岩毗卢洞

池坊……卞……印卖”的印本陀罗尼咒〔51〕和四川资中、安岳、大足等地保存的一批晚唐雕造的密教窟龛，其中较重要的见上表四〔52〕：

长安、益州都是敦煌张氏时期联系密切的地点。张议潮收复瓜沙之后，即遣使奉图籍入朝，并不断派僧人至京，或勾当藏经，或请卫称，或进疏抄。咸通七年（866）议潮又亲自归阙，其兄议潭亦入陪龙鼎。黄巢之后，议潮之裔犹求节唐廷〔53〕。其时瓜沙与四川联系亦密，益州新发展的雕版印刷品远输莫高，藏经洞曾发现中和二年（882）《剑南西川成都府樊赏家历》和天复二年（902）过录的西川过家印本《金刚经》（斯5965）〔54〕。盛行密教的长安、益州，既都是敦煌张氏时期交往频繁的地点，因此，莫高窟这阶段的密教遗迹又有所发展，自是理所当然。莫高窟晚唐诸窟密画的具体情况，例如下表（表五）（参看图版98～100）。

由该表可知：晚唐张氏时期莫高开凿了许多新窟，中唐时期流行在主室东壁窟门两侧绘画成组的两身密教尊形的做法，此时仍在流行，并显著地向主室南北壁面扩展；扩展到南北壁面的组像中，出现了十一面观音与不空羂索观音、千手千眼观音与不空羂索观音等新的组合；中唐南北壁面列绘多种经变的布局中，晚唐开始增加密教经变——密严经变的新题材，且都安排在北壁的最里端，与其相对处于南壁里端的是金刚经变；前室流行了天王组像，有的在西壁门上绘出

表五　莫高窟张氏时期密像例表

窟号	主室 东壁 门上	主室 东壁 门南	主室 东壁 门北	主室 西壁	主室 西壁龛内外 龛内 西壁	龛内 南壁	龛内 北壁	龛顶 顶心	龛顶 四坡 东	四坡 西	四坡 南	四坡 北	龛外 南侧	龛外 北侧	帐门南	帐门北	主室 南壁	主室 北壁	坛上	主室 顶 顶心	顶 东坡	顶 南坡	前室 西壁 门上	前室 西壁 门南	前室 西壁 门北	前室 南壁	前室 北壁	甬道 南壁	甬道 北壁	甬道 顶 顶心	甬道 顶 南、北坡
10																				1											
82																	7	2													
×178																	6	7													
×336																	6	7													
×139	7																														
8													10								8										
106															10																
241															10																
198	1	6 11	7 10																												
163													10	11			1	7													
232	2	6	7												10	11															
+177					9·								10	11																	
20		6	7												10	11															
145		7	6												10	11															
147		7	6												10	11															
18					8·		8·	8·							10	11															
128		8													10	11															
19															10	11															

续表

窟号	主室																						前室					甬道			
	东壁			西壁	西壁龛内外												南壁	北壁	坛上	顶			西壁			南壁	北壁	南壁	北壁	顶	
	门上	门南	门北		龛内			龛顶					龛外		帐门南	帐门北				顶心	东坡	南坡	门上	门南	门北					顶心	南、北坡
					西壁	南壁	北壁	顶心	四坡 东	西	南	北	南侧	北侧																	
127															10	11															
111															11	10															
142																								11							
470															12	12	2˙														
192		6	7												10	11								12	12						
194		9˙			⑫˙⑫˙																			12	12		12	7	6		
195		7			9˙	12˙	12˙								10										12						
168		12	12																												
181														12																	
190																		12													
217 ☆																								12	12						
459					⑫˙																										
160		11	10														12˙	4˙												6	
138																	9˙							13	4						
12															10˙	11˙								13	4						
29																								13	4						
140		13	4																	14											

续表

窟号	主室																						前室					甬道			
	东壁			西壁	西壁龛内外												南壁	北壁	坛上	顶			西壁			南壁	北壁	南壁	北壁	顶	
	门上	门南	门北		龛内			龛顶					龛外		帐门南	帐门北				顶心	东坡	南坡	门上	门南	门北					顶心	南、北坡
					西壁	南壁	北壁	顶心	四坡 东	四坡 西	四坡 南	四坡 北	南侧	北侧																	
107		7	6					14							4	4															
54		6													10	11	2	17													
30		17	2																	14											
14		10	11														23,1,7,2	23,8,6,17		14					12						
196	9,23·	11	10																⑫·					13	4		4·				
340 ☆													11	12									26								
9		10	11			15																6	26		4					16·	
338 ☆																							1,26	12	12	2	17				
150													12	12	10	11		27·													
85																		27·													
156								2	28·	29·	7	6			10	11								13	4	30	22			31	
*161	32				8												11	10		2											

1～25．见前表　26．毗沙门赴那吒会　27．密严经变　28．金刚三昧菩萨　29．八臂宝幢菩萨　30．毗楼博叉天王　31．不知名曼陀罗　32．珞珈山观音

附·、× 号和框○者，说明见前表。附☆号者，该窟开凿于晚唐之前。附 + 号者，该窟为坐南朝北窟。* 第 161 窟主室窟顶密画内容较繁杂，未列入表内，详见下文。

了毗沙门天王赴会的场面。室顶画密像的数量增多，主室顶除了羯摩杵外，还出现了十一面观音，甬道顶出现了如意轮观音。密像在莫高窟的发展，这个阶段最应予以注目的是第 156、14 和第 161 窟。

第 156 窟，前室西壁窟门南侧画南方毗琉璃天王，北侧画北方毗沙门天王，前室南壁画西方毗楼博叉天王，前室北壁画东方提头赖吒天王。甬道顶画不知名曼荼罗一铺。主室西壁（主壁）开盝顶帐龛，龛顶正中画千手千眼观音，龛顶东坡画金刚三昧菩萨、金刚思惟菩萨，西坡画八臂宝幢菩萨、三面四臂菩萨，南坡画不空羂索观音，北坡画如意轮观音。龛外南侧画普贤变，北侧画文殊变。此窟系咸通六年（865）张议潮、淮深父子所建，故主室南壁下部画出《张议潮统军□除吐蕃收复河西一道行图》，北壁下部画《宋国河内郡夫人宋氏出行图》。张氏时期莫高诸窟与密教有关各种图像的增繁，第 156 窟应是较早的典型窟例。

第 14 窟，前室西壁窟门北侧画天王，南侧壁画已毁。前室南北壁和甬道壁面皆为宋画所掩。主室南北壁采用南北对应列绘多种经变的布置方式，排满了密教图像：

	自里（西）向外（东）排列
南壁	金刚藏菩萨、十一面观音、不空羂索观音、千手千眼观音（羯摩杵置于像前水池中）
北壁	金刚藏菩萨、观音经变、如意轮观音、千手千钵文殊（双手各持一金刚杵）

东壁窟门南侧画普贤变，北侧画文殊变。窟顶作盝式，中心画羯摩杵，内四坡各画说法图一铺，外四坡正中各画一木构单檐塔，南、东、北三坡塔周绕以千佛，西坡塔外画菩萨和树、盖。此窟主要壁画几乎都是与密教有关的内容。

第 161 窟，前室和甬道壁面皆为宋画所掩盖。主室正中建一坛，坛上原塑不存。盝式窟顶中心画千手千眼观音，北坡画十一面观音，东、南、西三坡正中画观音，环绕菩萨众；四坡观音下方有长方形榜题，南坡榜题文字作“大圣观音菩萨”。东壁窟门上方画珞珈山观音，窟门南、北侧各画菩萨众。西壁正中画十一面观音，南壁正中画文殊，北壁正中画普贤，四壁外围皆绕菩萨众。此窟位于附近崖面的最高处，当窟顶的崖面上方建一塔。该窟布局特殊，从窟内图像推测，极似一处密教观音坛场，如果推测不误，窟内坛上原塑亦应是观音形象。

五 曹氏时期的密教遗迹

五代初迄北宋仁宗初，百余年间，敦煌属曹氏统治时期。是时，内地密教承唐余绪，各地仍在继续。四川柳本尊之密，盛于弥蒙、广汉，后唐明宗“赐其（本尊）院额曰大轮”（刘畋人《重修宝顶山圣寿院记》）[55]。《宋高僧传》记，五代时，“陇坻道俗皆禀承密藏”，凤翔道贤“持讽孔雀王经以为日计，末则受瑜伽灌顶法……号阿阇梨”，宋初“两京传大教者，皆（道贤）法孙之曾玄”（卷二十五《后唐凤翔府道贤传》）。又记“释守真，永兴万年人……僖宗蒙尘，车驾避锋而西幸……因而徙家居于蜀矣。及冠也，偶游（成都）圣寿寺，见修进律师……而事之。……后礼演秘阇梨，授瑜伽教，并得心要，咸尽指归，自明达诸法，宣畅妙典，四十年间略无怠矣”，宋初于东京开宝寺“开灌顶道场五遍，约度僧尼士庶三千余人，开水陆道场二十遍。常五更轮结文殊五髻教法”（卷二十五《宋东京开宝寺守真传》）。北宋太宗尤重密教，太平兴国七年（982），诏建译经院，召印度僧天息灾、法天、施护等建大法曼拿（曼荼罗），译密乘经法，并入藏镂板流行[56]。有关密教遗迹的著录更为丰富，其例如《益州名画录》引宋之纯《大圣慈寿画记》记，寺多密画，有西蜀画院翰林待诏杜龊龟作毗卢佛、十一面观音，龊龟子敬安画北方天王等。《五代名画补遗》记，张图画十王地藏，王仁寿画八菩萨，荆浩“于京师双林院画宝陁落伽山观自在菩萨一壁”。《圣朝名画评》卷一记，王霭于定力院“大殿西壁画水月观音”，又记高文进画相国寺“后门里东西二壁五台山峨嵋文殊普贤变相”。《图画见闻志》记五代初“王乔士画佛道人物，尤爱画地藏菩萨十王像，凡有百余本传与世”（卷二）。又记：高从遇于后蜀大安楼下画天王队仗甚奇（卷二）。又记：画僧智蕴和杜子瑰分别于洛阳天宫寺讲堂、成都龙华寺东禅院画毗卢像（卷二）。又记：太宗时，内廷画家高益“被旨画大相国寺……十一面观音[57]（卷三），端拱二年（989）又遣内侍造地藏、不动尊佛阁于普安禅院[58]。遗迹之现存者亦多，除习见于各地的石、铁经幢外，主要遗物如开宝四年（971）重铸的镇州隆兴寺大悲阁千手观音[59]、杭州资延寺五代所开地藏与六趣轮回龛[60]和浙江、安徽等地发现的吴越王钱弘俶所造宝箧印塔和雕印《一切如来心秘密全身舍利宝箧印陀罗尼经》等各种经咒[61]。最为壮观的遗迹，是分布于四川各地的五代宋初雕凿的密教窟龛，其具体情况例如下表（表六）[62]：

表六　四川五代宋初密教窟龛例表

地点	窟龛号	主像	附记
大足北山佛湾	32	日光、月光菩萨	有前蜀永平三年（913）题记。以日光、月光菩萨为主像，北山佛湾还有第45、257号龛。
大足北山佛湾	53	阿弥陀、左为地藏、右为观音	有前蜀永平五年（915）题记。地藏、观音位于阿弥陀两侧，北山佛湾还有第40、57等龛。
大足北山佛湾	39	大威德金轮炽盛光佛	两侧壁雕九曜，有前蜀乾德四年（922）题记。
广元千佛岩	北菩提洞	毗卢佛	前蜀乾德六年（924）重修。
资中西岩	10	毗卢佛	
安岳庵堂寺	9	白衣观音	有前蜀咸康元年（925）题记。以白衣观音为主像，庵堂寺还有楚天成五年（930）题记的第11窟。
大足北山佛湾	213	白衣观音	以白衣观音为主像，北山佛湾还有第214龛。
资中西岩	34	毗沙门天王	有楚天成四年（929）题记。
资中西岩	29	毗沙门天王	有北宋开宝九年（976）题记。
大足北山佛湾	3	毗沙门天王	
大足佛耳岩	10	毗沙门天王	
大足北山佛湾	37	地藏	有后蜀广政三年（940）题记。以地藏为主像，北山佛湾还有第205、227、231、243、276等龛。
大足营盘坡	9	地藏	
大足北山佛湾	260	佛顶尊胜陀罗尼幢	有后蜀广政十八年（955）题记。龛中树经幢，北山佛湾还有第257、269等龛。
安岳卧佛院	51	佛顶尊胜陀罗尼幢	有后蜀广政廿四年（961）题记。
大足北山佛湾	191	地藏、观音	以地藏、观音为主像，北山佛湾还有第221、248、275、277、284等龛。

续表

地点	窟龛号	主像	附记
大足佛耳岩	4	地藏、观音	
大足北山佛湾	253	地藏、观音、十王	有北宋咸平四年（1001）题记。
安岳圆觉洞	84	地藏、十王与六趣轮回	
大足北山佛湾	56	不空羂索观音	以不空羂索观音为主像，北山佛湾还有第197、210等龛。
大足北山佛湾	60	千手千眼观音	以千手千眼观音为主像，北山佛湾还有第218、235、243、273等龛。
大足佛耳岩	13	千手千眼观音	
大足观音坡	27	千手千眼观音	
安岳庵堂寺	13	千手千眼观音	
安岳圆觉洞	42	千手千眼观音	
资中西岩	4	千手千眼观音	以千手千眼观音为主像，西岩还有第45龛。
资中月仙洞	10	十一面观音	
大足北山佛湾	208	六臂观音	主像右侧亦为六臂观音，左侧为观音。
大足北山佛湾	213	水月观音	
大足北山佛湾	47	不动明王	

与五代、北宋同时，于长城内外建立政权的辽，更崇密教，《辽史·地理志一》记："永州永昌军……兴王寺有白衣观音像。太宗援石晋主中国，自潞州回，入幽州。幸大悲阁，指此像曰：我梦神人令送石郎为中国帝，即此也。因移木叶山建庙，春秋告赛，尊为家神，兴军必告之。"此后，迄兴宗之初，契丹朝野多立《佛顶尊胜陀罗尼经》石幢和无垢净光塔〔63〕。分布于长城以北，约建于圣、兴之际的辽代早期密檐塔，其底层外壁流行雕饰与曼荼罗布局相似的各种尊像，如辽宁朝阳北塔、凤凰山大塔雕饰下具生灵座的四方佛、内蒙古宁城白塔雕饰大日如来、七佛和八大菩萨〔64〕，此外，统和二年（984）重塑的蓟县独乐寺十一面观音〔65〕和重熙七年（1038）建成的西京大同华严寺薄伽教藏内奉有生灵座的佛像〔66〕，都是辽代密教的重要遗迹。

瓜沙曹氏既奉中原正朔，又贡北方辽国，使节往还频繁，而佛事因缘亦甚密切。当时西去求法僧人多取道敦煌，其见诸记载者即有鄜州僧[67]、定州僧[68]、西川法宗[69]、继业等沙门三百人[70]和道猷等[71]，故五代之初，新样文殊即西传莫高[72]，川僧著述也多发现于藏经洞，有四川静真禅院于广政十年（947）书写的《维摩诘经讲经文》（伯2292），还有尾题“成都府大圣慈寺沙门藏川述”的附彩绘插图的《佛说十王经》（伯2870）。后者与莫高窟五代、宋初洞窟中出现的地藏与十王、地藏十王与六趣轮回相结合的图像，或许更有渊源[73]。曹氏又屡遣使者入宋除贡方物外，或乞新译密籍，或乞师号，或乞修像金箔，或乞铸钟工匠，而真宗更诏益州写金银字经一藏赐之[74]。藏经洞中发现的燕台悯忠寺僧诠明[75]科定的《妙法莲华经玄赞科文》，约是求之于辽，但亦不能排除间接来自宋境[76]。曹氏与东方关系较张氏时期尤为密切，而莫高有关密教遗迹亦转盛于前，因略考与曹氏同时五代、宋初和辽迄兴宗初期的密教事物如上，以备探讨曹氏密迹之参考。莫高曹氏时期密教遗迹的具体事例，略如下表（新样文殊可参看图版101）（表七）：

根据此表（表七）可以了解曹氏统治时期，莫高窟除新开洞窟外，还重装了大批以前开凿的洞窟。新开洞窟中与密教有关的画面，多与前期相同位于主室四壁；重绘的洞窟则多描绘于前室西壁、甬道壁面和此两处的顶部。新流行的题材，以多种形象的观音最突出。此外，窟顶四坡布置了不动、天鼓音等四佛，四隅布置了四天王；出现了后壁以满绘五台山为背景、主像奉文殊的文殊堂即第61窟（插图1，参看图版102）[77]。曹

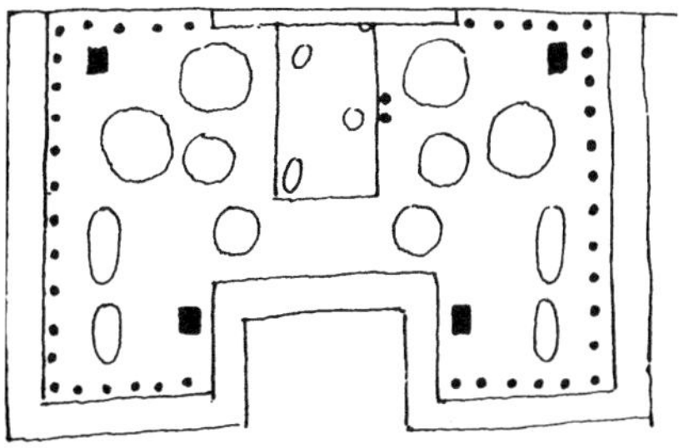

1 莫高窟第61窟佛坛平面

表七　莫高窟曹氏时期密像例表

	窟号	主室																前室						甬道				窟檐外南壁
		东壁			西壁	西壁龛内外					南壁	北壁	坛上	背屏两侧	顶			西壁			南壁	北壁	顶	南壁	北壁	顶		
						龛内			南帐西壁	北帐西壁																		
		门上	门南	门北		西壁	南、北壁	顶							顶心	四坡	四隅	门上	门南	门北						顶心	南、北壁	
五代	35																									1		
	281 ☆																			4								
	333 ☆																			4								
	83 ☆																					6						
	402 ☆																	2						7	6	1		
	303 ☆																							6	7			
	47 ☆										7	6																
	299 ☆																		7	6								
	468 ☆		7	6																								
	395 ☆										8	8													4			
	396 ☆																			8		8			6			
	126 ☆										8·																	
	301 ☆																	9	1									
	206 ☆																				10							
	321 ☆			1																				10	11			
	5								10	11																		
	26 ☆																		10	11								
	33 ☆																		10	11								
	36										11	10																
	39 ☆		11	10																								
	351																		11	10								
	123 ☆																					11						

续表

	窟号	主室																前室						甬道				窟檐外南壁
		东壁			西壁	西壁龛内外					南壁	北壁	坛上	背屏两侧	顶			西壁			南壁	北壁	顶	南壁	北壁	顶		
						龛内																						
		门上	门南	门北		西壁	南、北壁	顶	南帐西壁	北帐西壁					顶心	四坡	四隅	门上	门南	门北						顶心	南、北壁	
五代	220 ☆																								11			
	339 ☆																		12	4								
	330 ☆										12	4							6	1								
	225 ☆		9˙															1,6,7	12	12								
	305 ☆																		10	11		12		6	7	9		
	165 ☆																		12	12								
	297 ☆																		12	12								
	386 ☆																		12		12							
	38 ☆																			12								
	90				12																							
	347 ☆																					12						
	467 ☆				12																							
	218 ☆					⑫																						
	388 ☆																		13	4				7	6	1		
	258 ☆																		13	4	11	10	7,6			1		
	119 ☆																		13	4	11			7	6			
	296 ☆																		4	13	10	11						
	31 ☆																		13	4	11	10						
	32 ☆																		4	13								
	374 ☆		13	4																								
	334 ☆																										16˙	
	99		7	6		⑫			10	11											17	2						
	120 ☆																		13	4	11	10		2	17			

续表

	窟号	主室																前室						甬道				窟檐外南壁
		东壁			西壁	西壁龛内外					南壁	北壁	坛上	背屏两侧	顶			西壁			南壁	北壁	顶	南壁	北壁	顶		
						龛内			南帐西壁	北帐西壁																		
		门上	门南	门北		西壁	南、北壁	顶							顶心	四坡	四隅	门上	门南	门北						顶心	南、北壁	
五代	205 ☆																						17,7,6			3		
	125 ☆																						20		6			
	121 ☆								10	11								26										
	45 ☆																	26								2	6	
	72								26,10	26,11																		
	288 ☆																	26,26˙					8	7	6			
	208 ☆																	26	10	11						3		
	329 ☆																	26					7,2,6					
	311 ☆																	26										
	401 ☆																	26										
	261		11	10									⑫ ⑫˙				4,13,22,30						8					
	100								10	11							4,13,22,30		12	12								
	98													12˙			4,13,22,30											
	108																4,13,22,30											
	34 ☆																				4	31						
	428 ☆																									31		
	390 ☆																	26˙	7˙					10	11	33		
	392 ☆																	26˙								33		
	379 ☆																		13	4	11		7,2,6			33		
	387 ☆																		13	4	7	6		33				

续表

	窟号	主室																	前室						甬道				窟檐外南壁
		东壁			西壁	西壁龛内外					南壁	北壁	坛上	背屏两侧	顶			西壁			南壁	北壁	顶	南壁	北壁	顶		
		门上	门南	门北		龛内			南帐西壁	北帐西壁					顶心	四坡	四隅	门上	门南	门北						顶心	南、北壁	
						西壁	南、北壁	顶																				
五代	375 ☆																							10		33		
	384 ☆																									33		
	217 ☆																									33		
	294 ☆																	34,34	13	4		2	7,6	10	11			
	124																				2	12		34	34	9		
	6					25			10	11																34,33		
	331 ☆																	9,34								1		
	359 ☆																									36		
	332 ☆	32																					6,2	11	10	37		
	197 ☆																							6	7	37		
	341 ☆																		26	26			8˙			37		
	22						36,37																					
	162 ☆																				37							
	61				15							27˙		6,7		18,38,39	4,13,22,30											
	146															18,38,19,40												
北宋前期	444 ☆																											1
	141 ☆																									2		
	275 ☆																		6	7								
	235				2						8	8																
	25		6	7					10	11																		
	230		6						10	11																		

续表

	窟号	主室																前室						甬道				窟檐外南壁
		东壁			西壁	西壁龛内外					南壁	北壁	坛上	背屏两侧	顶			西壁			南壁	北壁	顶	南壁	北壁	顶		
						龛内			南帐西壁	北帐西壁																		
		门上	门南	门北		西壁	南、北壁	顶							顶心	四坡	四隅	门上	门南	门北						顶心	南、北壁	
北宋前期	256																		11	12								
	×174																							12	12			
	175		12	12																								
	198 ☆																		12	12								
	452								12	12																		
	201 ☆		13	4																					1			
	364			12																								
	177 ☆														14													
	289 ☆																									14		
	×178 ☆								13	16					14													
	220 ☆																			12						20		
	122 ☆		26	26							7	6																
	169 ☆																		26	26								
	172 ☆																	26			2	17						
	302 ☆																	26	6	7						2		
	152																4,13, 22,30											
	231 ☆																	32,32					7,2,6					
	202 ☆																	26˙	12	12						33		
	380 ☆																		10	11				2	17	33		
	431 ☆																	35	26˙	26˙						3		
	203 ☆																	26˙				35˙						

续表

	窟号	主室																前室						甬道				窟檐外南壁
		东壁			西壁	西壁龛内外					南壁	北壁	坛上	背屏两侧	顶			西壁			南壁	北壁	顶	南壁	北壁	顶		
		门上	门南	门北		龛内			南帐西壁	北帐西壁					顶心	四坡	四隅	门上	门南	门北						顶心	南、北壁	
						西壁	南、北壁	顶																				
北宋前期	427 ☆																	35,23										
	176 ☆																				11	10	35˙			33,34		
	171 ☆																		13	4				10	11	37		
	166 ☆																									37		
	377			37																								
	55		27								8˙	41					4,13,22,30											
	454											41					4,13,22,30		26˙	26˙								
	133 ☆																							3	42			
	170 ☆						14													43								
	456 ☆		36	33˙,34	2	7,6																				3		
	437 ☆																			6	18	44				36		
	446 ☆	45	11	10																								

1～32. 见前表 33. 地藏与十王 34. 六趣轮回 35. 水月观音 36. 八臂观音 37. 六臂观音 38. 天鼓音佛 39. 最胜音佛 40. 宝相佛 41. 佛顶尊胜陀罗尼经变 42. 迦楼罗王 43. 观音曼陀罗（？） 44. 金刚剑菩萨 45. 马头观音

附·、× 号和框○者，说明见前表。附☆号者，该窟开凿于曹氏之前。

表八　安西榆林窟曹氏时期第36、35两窟内容简表

窟号	主室							前室								后甬道			前甬道顶
	东壁		西壁	南壁	北壁	坛	顶	东壁		西壁			南壁	北壁	顶	南壁	北壁	顶	
	门南	门北						门南	门北	门上	门南	门北							
36	文殊变 供养人	普贤变 供养人	中：禅定坐佛 两侧：十弟子、八部天龙	中：千手千眼观音 东：如意轮观音 西：药师变 佛传	中：十一面观音 东：不空羂索观音 西：西方变 佛传	室正中建回坛 坛上七像皆经后世补塑	盝顶 画四方佛和千佛	法华变	弥勒变	中：发愿文 东、西：各绘摩利支天	男供养人行列	女供养人行列	毗沙门天王	画面为后开通道破坏	说法图三铺	男供养人二：前者为曹元忠，后者 为曹延禄	女供养人二：前者为凉国夫人翟氏， 后者为女延鼐	千佛	
35	画面漫漶 供养人	金刚界五佛 供养人	西方变	普贤变	文殊变	室正中建凵坛 坛上五像皆后世补塑	千佛				男供养人行列	炽盛光佛	供养人行列	供养人行列	中：千手千眼观音 东：如意轮观音 西：不空羂索观音	男供养人二：前者为曹延禄（衔敦 煌王），后者为弟延瑞	女供养人三：前者为于阗公主， 次为慕容氏，后者为阴氏	中：地藏 两侧：十王	地藏、千佛

氏晚期即相当于北宋前期，莫高窟还出现了佛顶尊胜陀罗尼经变、地藏十王与六道轮回和单独建的天王堂。

天王堂建在莫高窟崖体上方，其地适当从敦煌县城走近路抵莫高窟崖上的入口附近。土坯砌建，其外观作单檐方塔形式，门向东南，门前原接建木构抱厦，已坍毁。堂内部砌冋形土坛，坛上靠后壁正中建须弥座，上塑右袒、颈下有饰物的菩萨装坐像一躯（面部经后世重妆），两侧各立四菩萨，菩萨前方各立二天王。菩萨、天王上方壁面绘说法图四铺。东壁（即前壁）门南绘一僧和一着幞头的男供养像，门北一尼和一女供养像，门上署燉煌王衔的曹延禄和圣天公主发愿文[78]。穹窿顶，顶正中绘圆盖，盖心为外绕金刚杵一匝的菩萨坐像，其外流云、化佛各一匝，再外立四幢，幢间东绘金刚杵，南绘羯摩杵，西绘莲花，北绘摩尼。圆盖下方环列八菩萨，皆三面，有四臂、六臂、八臂三式，坐像与舒坐像相间布置。

与莫高窟临近的安西榆林窟所保存的曹氏时期密教遗迹，可以给莫高做不少重要补充。现以榆林窟第 36、35 两窟为例，略列其内容如上表（表八）。

第 36 窟绘于曹元忠时期，密画内容多早期题材。第 35 窟绘于曹延禄时期，密画已多新内容，如主室东壁门上画出具有五种生灵座（狮、象、马、孔雀、大鹏）的金刚界五佛和炽盛光佛等[79]。看来，曹氏时期密教似乎又出现了一个兴盛阶段，这应与曹延禄更密切了与内地的往还有一定关系。

六　西夏统治时期的密教遗迹

1035 年[80]迄 1227 年，瓜沙地区隶属西夏。西夏时期此地区的密教遗迹较显著的有两种情况：一是莫高窟所表现的已较前期为衰退；另一情况是密教兴盛于安西境内。莫高密迹的具体内容例如下表（表九）：

表九　莫高窟西夏时期密像例表

窟号	主室										前室		
	东壁		西壁	西壁龛				南壁	北壁	顶	西壁		
	门南	门北		龛内		龛外					门上	门南	门北
				南壁	北壁	南侧	北侧						
354	7	6											
355				7	6								
177 ☆						9							
154 ☆									9·				
165 ☆	10	11											
418 ☆												10	11
246 ☆												11	10
323 ☆												11	10
327												11	
356						12	12						
330									12				
87 ☆										14			
206 ☆										14			
291										14			
326										14			
328										14			
460 ☆	2	17											
314 ☆											33		
164 ☆	10	11				35	35						
237 ☆													35
464			8,12					8,12	8,12	46			
432 ☆											46		

1～45. 见前表　46. 五方佛

附·号者，说明见前表。附☆号者，该窟开凿于西夏之前。附～～，为塑像。

二十二座例窟中，六座主室室顶画羯摩杵。表中最后两窟，其一在主室室顶，另一在主室入口上方即前室西壁门上，皆绘五方佛。窟室重要位置安排与密教关系密切的图像，出现在密迹减少的时期，是深值注意的。又表中最后两窟中的第464窟，实际是一处禅窟群的中心窟（插图2）。此中心窟曾经元代改建，原来塑绘保存无多，这给进一步

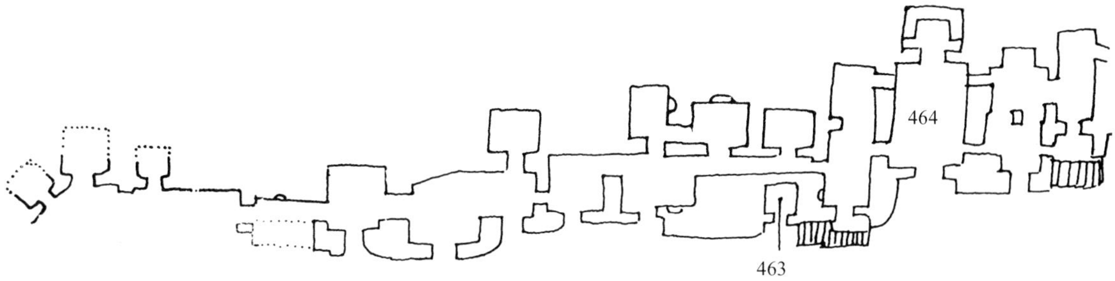

2 第464窟等禅窟群平面

探索莫高窟西夏时期的密教情况，增加了困难。

和莫高情况不同的另一种西夏时期的密教遗迹，主要分布在安西榆林窟和东千佛洞[81]，现于以上两处各择两窟略记其内容如下表（表一〇、一一）。

两表清楚地反映出安西榆林窟和东千佛洞的西夏洞窟既突出了窟室中央设多层佛坛的布局，又大量绘制了曼荼罗图像。这两个特征实际都是强调密教的坛场。窟中壁画虽仍显密并陈，但密画所据位置日益重要，更重要的是画面组织与风格，显然和莫高异趣。榆林窟第29窟、东千佛洞第2窟的水月观音和榆林窟第3窟、东千佛洞第5窟的文殊变、普贤变所表现的各类人物，疏朗灵活的布局，山峦、林木、流水、行云的自然情景以及衣冠服装、各色纹饰，特别是榆林窟第29窟和东千佛洞第2窟水月观音下方出现的唐僧偕行者、白马礼拜的形象[82]，还有榆林窟第3窟十一面观音背光中显现的各种生产、生活场面，比莫高遗迹都更鲜明地表现出东方影响。

10世纪末叶以还，中原地区伴随新出密籍，对佛教图像进行大规模更新，汴京大相国寺壁画在太宗朝的重新绘制和神宗时饶有新意的重描最具典型。所以，熙宁五年（1072）日僧成寻入宋，于东京显圣寺印经院等处购求新译经法和新样图像[83]，又详细记录了后苑瑶津亭中布置的法华曼陀罗及是年十一月神宗来亭烧香并以五杵加持皇帝事[84]。现存遗迹则以邻近西夏的陕北地区和12世纪中叶以后与西夏交往甚密的四川为多，特别是传柳本尊密印的赵智凤在大足宝顶营建的窟龛[85]，规模巨大且富新意。11世纪中叶以后的辽代，正值兴宗

表一〇　安西榆林窟西夏时期第 29、3 两窟内容简表

榆林窟窟号	窟室平面	坛	顶	前（西）壁		后（东）壁	左（南）壁	右（北）壁
				门南	门北			
29		方形坛基，上砌五层圆坛 最上层圆坛上置坐佛一，坐于莲座上。 其下第四层侍立菩萨。第三、二两层像 佚。最下层立护法像	盝顶，顶正中绘莲座 莲座外围八瓣莲瓣，每瓣各画一字头外 向的真言一 莲心画面已残 疑为胎藏界种子曼荼罗	西夏男僧俗供养人行列 第一身供养僧，西夏文题名汉译作『真 义国师普毕智海』 第二身供养人西夏文官衔汉译作『大瓜州监 军司……』	西夏女僧俗供养人行列	中：说法图 左：水月观音 右：水月观音	中：文殊变 前：净土变 后：曼荼罗	中：普贤变 前：净土变 后：曼荼罗
3	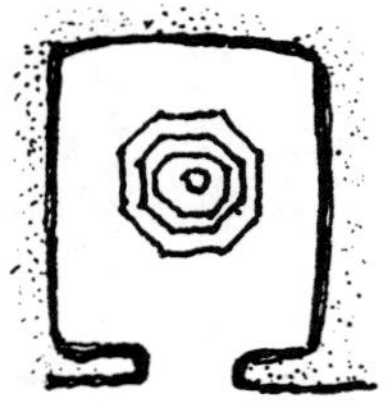	八角坛，四层 坛上原塑像已无存	平圆顶，正中绘曼荼罗 曼荼罗最内一匝绕绘五方佛 外四隅各绘一金刚杵尖端 疑为金刚界曼荼罗	普贤变	文殊变	中：千手千眼观音变、释迦降魔塔 左：十一面观音 右：曼荼罗	中：净土变 前：曼荼罗 后：曼荼罗	中：净土变 前：曼荼罗 后：曼荼罗

表一一 安西东千佛洞西夏时期第2、5两窟内空简表

东千佛洞窟号	窟室平面	窟室前部							窟室后部（礼拜道）									甬道	
		前（东）壁			后（西）壁	右（南）壁	左（北）壁	顶	右侧			后侧			左侧			右（南）壁	左（北）壁
		门上	门南	门北					南壁	北壁	顶	西壁	东壁	顶	北壁	南壁	顶		
2	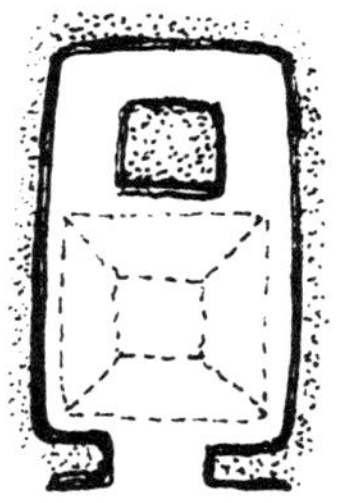	千佛	八臂观音	八臂观音	绘像二铺，每铺内各绘三排坐佛，每排三身，应是两部不知名的曼荼罗	外：八臂观音 内：药师变	外：八臂观音 内：净土变	盝顶，正中绘曼荼罗 四隅各显一金刚杵尖端	水月观音	观音（？）	平顶，中部绘坐佛一	中：说法图 左右皆画释迦	涅槃变	平顶，中部绘坐佛三	水月观音	观音（？）	平顶，中部绘坐佛一	西夏供养人	西夏供养人
5	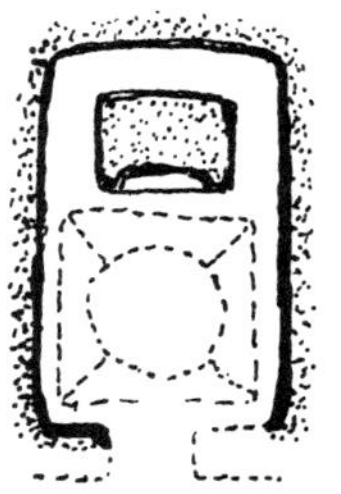	已塌毁	下：供养人 中：金刚菩萨 上：坐式菩萨	下：护法金刚三 中：五观音、佛塔 上：坐佛六	高僧说法	外：文殊变 中：八臂观音 内：如意轮观音	外：普贤变 中：观音 内：观音	壁画皆毁 正中为穹窿顶	观音	曼荼罗	平顶，花卉	已塌毁	涅槃变	券顶，花卉	四臂观音	曼荼罗	平顶，花卉	已塌毁	已塌毁

大兴密教之际，佛顶尊胜陀罗尼经幢之建立，朝野成风[86]。中天竺摩竭陀国慈贤任契丹国师，并译《一切如来白伞盖大佛顶陀罗尼》约即在此时[87]。道宗"肇居储邸，已学梵文"（赵孝严《神变加持经义释演密钞卷首引文》）[88]，即位后，又敕命高僧编撰密著，并入藏流通[89]，道宗、天祚时，辽国寺院多建坛场，有名的清宁二年（1056）应州宝宫寺木塔，系拟大日坛场[90]。咸雍八年（1072）所建义州静安寺，"中其殿则曼荼罗坛"[91]，乾统三年（1103）易州重修圣塔院，"于正堂内绘悬壁为毗卢之坛"[92]。辽代补刻的房山石经，自太康十年（1084）起，多雕密典，迄于辽亡[93]。辽人佞密，更甚于中原。1123年，金人灭辽。又三年（1126）亡北宋。有金密迹如房山刻密，陕北密像以及分布于各地的佛顶尊胜陀罗尼经幢和雕饰密像的密檐塔等，皆沿辽宋之旧。西夏与东方宋、辽、金的关系，《金史·西夏传赞》论之曰"偭乡无常，视三国之势强弱，以为异同焉"，可知都曾有彼此往还频繁的时期[94]，而佛教联系似更密切，其较著事例有：西夏王室曾一再修供五台[95]，五赎宋藏[96]，11世纪中期在都城兴庆敕建的高台寺和承天寺，相传都是为了贮藏宋藏。承天寺《大夏国葬舍利碣铭》记，所葬佛骨舍利系"东土名流"所致[97]，当是来自中原。西夏仁宗校藏经用南北藏，南藏即宋藏，北藏疑是契丹藏[98]。西夏遗址多出金代遗物。黑城发现雕印精美的"平阳姬家雕印"的版画[99]，可据以推测金代晋南新兴的雕印手工业对西夏仁宗时包括佛经在内的雕印事业的大发展，有一定影响。以上事迹，可以大抵说明西夏洞窟密迹之所以出现较多的新的东方因素，是与密教在东方传播的历史背景分不开的。

更值得注意的是安西东千佛洞第5窟东壁窟门北侧壁画，无论上部的坐佛、中部的菩萨和下部的护法形象，又都与上述两种密画情况不同，而具有现存早期藏式密像的特点；特别是中部南侧的佛塔，伞盖宽大，相轮粗短皆与乌思藏萨迦时期流行的所谓"噶当觉顿"颇多相似之处（插图3）。榆林窟第3、29等西夏晚期洞窟也出现了面部上宽下窄、肉髻高尖的藏式佛像。按西夏藏文文献或作"北方木雅"，木雅又译作弭药，属党项羌，据藏传佛教噶举教派高僧的著作《贤者喜宴》的

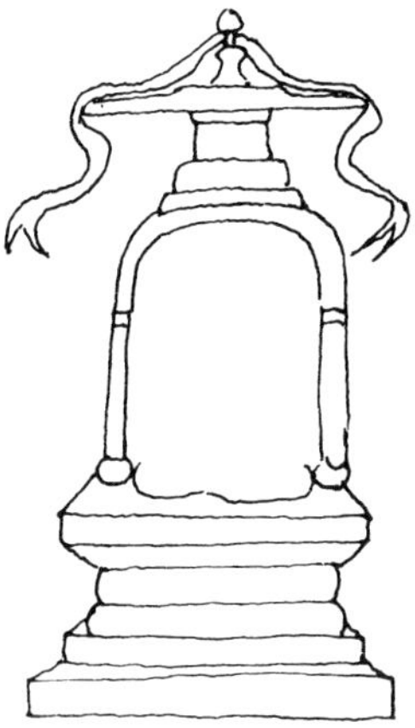

3 东千佛洞第 5 窟东壁佛塔

记载，吐蕃时期即多联系[100]。吐蕃势衰之后，散居于河西、会、灵一带的藏族甚众，所以当藏地后弘期噶举教派流行于康区以来，声誉远扬西夏领域。1159 年，西夏仁宗遂遣使往迎噶玛噶举初祖都松钦巴，都松钦巴命弟子藏索哇赍经像来兴庆，仁宗尊为上师，为之建译场，译藏文佛经；其后噶玛噶举本寺——楚普寺建白登哲蚌塔，仁宗又供奉赤金璎珞与幢盖。与此同时，西夏人多甸木雅恭仁去拉萨东北墨竹工卡建止贡寺。蔡巴噶举祥仁颇切弟子藏巴东沽哇等师徒七人经蒙地转道西夏译经并讲授三宝密咒；祥仁颇切又命查巴僧格去西夏弘法，亦被尊为上师[101]。又据传萨迦教派第三代祖师札巴坚赞弟子迥巴瓦国师觉本，也曾被西夏王奉为上师[102]。当时，乌斯藏密教二大教派的高僧都为西夏所重视，所以藏传密迹得以影响西夏。近年在宁夏银川市西北拜寺口发现的西夏或元初双塔，塔顶砌出噶当觉顿式的粗壮相轮，塔顶下装藏中出有上乐金刚唐卡、上师像唐卡各一帧，塔身外侧和基座四周又砌出各种密教护法形象的雕砖等[103]即是这种影响表现在西夏都城附近的一例。至于藏传密迹何以安西较敦煌为显著？这当和上述新型的东方因素仅见于安西原因相同，即都与西夏西境监军司——平西军司置于瓜州有关。榆林窟第 29 窟窟口南侧所绘西夏装供养像题名署“大瓜州监军司……”[104]，可见当时瓜州地位高于沙州，而监军司自较一般州官更多接近都城兴庆，该窟窟口南侧第一身供养僧像题名署“国师”，国师更能接近西夏王室。因此，佛教中的新派别和形象中的新式样皆率先流行于安西，当不足怪。榆林窟第 29 窟与一般洞窟不同，位于榆林窟东崖窟群的深密处，附近又多大小禅窟（插图 4），故被推定为乾祐二十四年（1193）甘州画师高崇德所绘之秘密堂[105]。乾祐二十四年已近

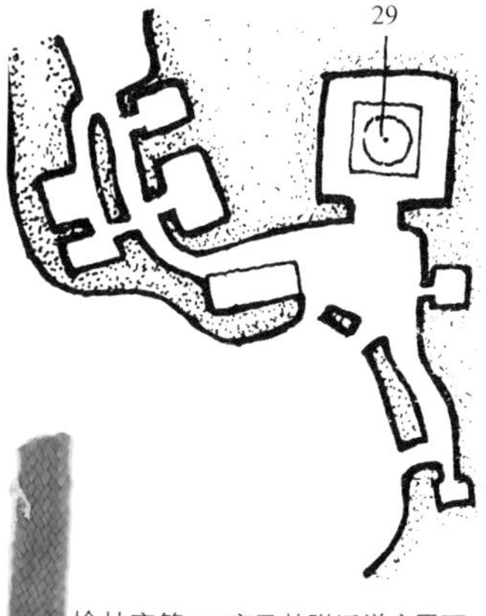

榆林窟第 29 窟及其附近禅窟平面

西夏灭亡之年——1227年。由此可推知安西榆林窟、东千佛洞的藏传密迹，在时间上已是西夏晚期，所以藏传密迹在河西地区进一步发展，即将属元代阶段的遗迹了（参看图版109、110）。

七　元代时期的密教遗迹

1227年，蒙古军队陷沙州，莫高窟第465窟前室西壁南侧有北元宣光三年（1373）游人划记，可知莫高窟隶属元朝约长近一个半世纪。至元十七年（1280）于瓜沙地区和今青海西北部置沙州路，总管府设于沙州。沙州南接宣政院所辖乌斯藏地，其治所又适当甘肃西部通向乌斯藏的重要孔道。大德间（1297～1307）八思巴弟子松江府僧录管主八曾向沙州文殊舍利塔寺施西夏文大藏经〔106〕。泰定元年（1324），又以世袭吐蕃封地的镇西武靖王搠思班子阿剌忒纳失里（此云宝吉祥）出镇沙州，而自11世纪后期孳息于此并逐渐笃信藏传密教的西夏人众并未还移〔107〕，因此瓜沙地区的藏传密教，有元一代更趋发展，莫高窟在此新形势下，遂出现了为元朝上层尊崇的纯粹的藏传密教的洞窟，即第465窟（参看图版104～106）。

莫高窟第465窟，具前后室，皆盝顶方形平面。前室西（后）壁两侧和左（北）、右（南）壁各绘一噶当觉顿式佛塔（插图5）。后室正中建四阶圆坛，坛上尊像现已无存；圆坛上方盝顶正中及四坡分画五方佛及其眷属。东壁即后室窟门所在的前壁，满壁皆绘护法像：门上横列五身，侧有供养比丘，门北（左）侧主尊为摩诃迦罗（大黑天），赭身，一头四臂，前两手一持颅钵，一持物不可辨，后两手一持三股叉，一持剑，腰系虎皮，轮王坐。主尊上下方各绘六像，左右侧各绘三像，共十八像，似皆主尊之化身。下方化身像之下列六像，似皆供养像。

5　莫高窟第465窟前室西壁佛塔

供养像侧贴附纸条，上书汉藏文合璧的名称，其中汉文有“……巴，此云食□□□师”“得□□□巴，此云□智师”“……此云□□食睡□师便师”等。门南（右）侧主像三，上方者三目蹲坐，双手捧一盛满供物的高足钵。下右侧者立，三目两臂，一手持颅钵，一手持月刀，并于手内横置六楞长木，髻上绕蛇，腰系虎皮。下左侧者为摩诃室利（大功德天），骑骡，三目四臂，前两手一持颅钵，一持细柄杵（？），后两手一持剑，一持三股叉，身挂骷髅璎珞，旁立兽首骡卒。三主像下方列六像，似皆供养像。西、南、北三壁各绘忿怒相护法三铺，内容略如下表（表一二）：

表一二　莫高窟元代第465窟后室西、南、北三壁壁画内容简表

位置		主像	化身像（？）	供养像
西壁	右（南）铺	单身女像。三目两臂，双手交持杵铃。挂骷髅璎珞，两足各踏一俯卧魔。	上方五像，左右两侧上部各三像，共十一像。	左右两侧下部各一像，下方列六像，共八像。像侧贴附书写汉藏文对译的题名纸条，其中汉文有书“□□里巴，此云陶□师”者。
	中铺	双身： 男身紫色。三目两臂，双手交持杵铃。两足分别踏一仰卧魔，一侧卧魔。 女身赭色。两臂，一手高举杵，一手抱持男身。 两像皆挂骷髅璎珞。	同上	左右两侧下部各一像，下方列六像，共八像。
	左（北）铺	单身女像。赭身，侧一猪首，三目两臂，一手上举月刀，一手捧颅钵，并夹持一细柄长杵。挂骷髅璎珞，二足各踏一仰卧魔。	上方六像，左右两侧上部各三像，共十二像。	同上 贴附纸条有书“□□鸡□巴，此云养飞禽师”“□□□□□巴，此云呼□师”者。
南壁	右（东）铺	双身： 男身红色。冠有化佛，三面六臂，前两手交持杵铃，中两手持细柄法器，后两手持人皮。挂骷髅璎珞，足下踏魔。 女身粉色，似二臂，作拥抱状。	上方六像，左右两侧上部各三像，共十二像。	左右两侧下部各一像，下方列六像，共八像。

续表

位置		主像	化身像（？）	供养像
南壁	中铺	双身： 男身红色。三面三目六臂，前两手交持月刀、颅钵，中两手一持花、一持剑，后两手一持杵、一持轮。足踏侧卧魔。 女身蓝色。六臂，前两手拥抱，中两手一持轮、一持杵，后两手一持花、一持剑。	同上	同上 贴附纸条有书“□□宜巴，此云踏碓师”“拶连嘞啰巴，此云持□□师”者。
	左（西）铺	双身： 男身蓝色。四面三目四臂，前两手交持杵铃，后两手拉弓。足踏仰面魔，魔手捧颅钵。 女身红色。四臂，前两手拥抱，后两手拉弓。	上方七像，左右两侧上部各三像，共十三像。	左右两侧下部各一像，下方列六像，共八像。
北壁	右（西）铺	已残。多臂，持物可辨者有颅钵、绳索等。	残存上方三像、左侧三像。	残存左侧下部各一像，下方三像。
	中铺	双身： 男身蓝色。冠有化佛，饰骷髅鬘，八面三目十六臂，前两手交持颅钵，其余各手皆右或左伸，持颅钵，钵内盛物，有各色神像和象、鹿、驴、牛、驼、猫等动物。挂骷髅璎珞。两足各踏两魔。 女身红色。三目两臂，一手上举月刀，一手抱持男身，挂骷髅璎珞。	上方六像，左右侧上部各三像，共十二像。	左右两侧下部各一像，下方六像，共八像。
	左（东）铺	单身男像。右半白色，二面。左半赭色，一面。皆三目。十二臂，前两手交持杵铃；次两手一持杵、一持颅钵；次两手一提人头，一持细柄法棒；次两手一持腰鼓状物，一持绳索；次两手持人皮；最后两手高举头上，作仰捧状。挂骷髅璎珞。两足各踏一捧颅钵之魔。	同上	同上 贴附纸条有书“□□哩捺巴，此云智足师”者。

西壁即后壁，中铺主像双身，左右铺主像皆单身女像。三铺主像皆一面两臂，左铺女像侧面一猪首，当是金刚亥母。金刚亥母为上乐金刚之明妃，因疑此壁中铺主像为上乐金刚之双身像。南壁即右壁，三铺主像皆双身像，俱多面多臂，中铺男女像所持物中皆有花、剑、轮、杵；右（东）铺男像持有杵、铃、细柄法器和人皮；左（西）铺男像持杵、铃，男女像皆持弓，以上三铺就所持物言，似皆具有时轮金刚之特征。北壁即左壁，中铺主像双身，左右铺主像皆单身，三铺主像皆多面多臂，尤以臂数繁多为该壁各铺主像的共同特征，中铺男身十六臂俱捧颅钵，应是喜金刚；女身两臂，项挂骷髅，疑是喜金刚之明妃金刚无我母。按此窟壁画分格布局，画面皆用竹笔作遒劲的细线描绘，平涂浓彩对比强烈，手心足掌皆施红色，背纹多画细密云气，这些都是13世纪迄15世纪藏画特点，而一壁三铺像，像下列小格位置供养像和喜用蓝白冷色等，又是14世纪藏画所习见〔108〕；前室所绘噶当觉顿式佛塔也是13、14世纪藏地流行的塔式；整个后室的设计与风格又极与萨迦北寺冈噶、宣旺两确康近似。莫高能够出现如此典型的13、14世纪左右的藏式密迹，显然是与自元世祖起既重萨迦教派领袖人物为帝师，又重当时寺庙最多、流布最广的噶当教派和实力甚大，且长期活动于旧西夏领域的噶举教派〔109〕有直接关系。此窟前室东壁南侧的白粉下，有朱书题记六行“……昌府□塔寺僧人」……逵吉祥秦州僧」……吉祥山丹□」……于天统三年（1335）」……八月到此秘密寺」……记耳」”，知此窟元时称秘密寺。又前室壁面有元人题记甚多，其中最早的是北壁白粉下刻画的“至大”纪元（1308～1311），因知此窟之建当在武宗至大之前；如再考虑游人刻画时，应距创窟之年已有较长时间，则第465窟的开凿，或可推测到13世纪后半〔110〕。此窟两侧各有禅窟多所，禅窟前方原凿通廊与第465窟前室相通（插图6）。原北侧廊内上方崖面涂抹白粉墙皮，绘赭色噶当觉顿式佛塔一座。塔南侧书“深入禅定”，再南有汉文六字真言。塔北侧书“见十方佛”，再北有八思巴文一行，汉文四行。塔上方墨书梵、藏、蒙文各一行。以上遗迹约皆元人专为此禅窟群而安排者。

与第465窟在整体布局上近似的另一处洞窟，是元代改建的第

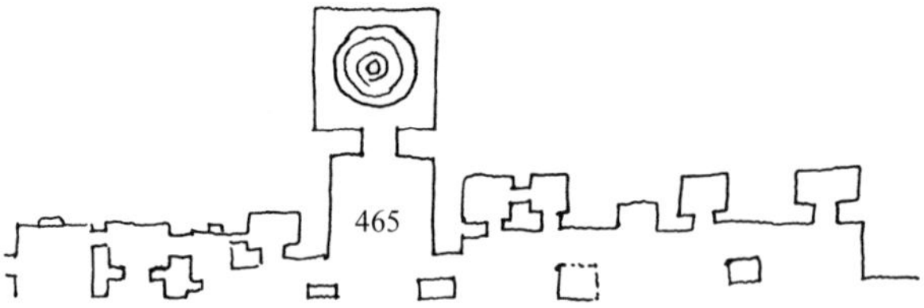

6 莫高窟第465窟及其附近禅窟平面

285窟，即有名的有西魏大统四年（538）、五年（539）两发愿文壁画的毗诃罗式窟室。元时于该窟左右壁的禅窟窟口建噶当觉顿式塔[111]，并于该窟内正中建五阶坛，下三阶为方坛，上二阶为圆坛，坛上尊像早已无存，即此五阶坛的上面四阶也于早年被拆除[112]（插图7），现存最下一阶阶面上尚残存细线刻画的双线圆形界道，双线圆形界道内划莲瓣一匝，界道外四隅划金刚杵尖端，圆界道内侧划双线方界道，方界道每面正中显一门，门两侧各划出一树立的三股叉，叉上端画出飘扬的长幡，方界道内侧即是原建第二阶方坛处，此部分只在正中画出三匝圆线（插图8）。

7 莫高窟第285窟元建五阶坛及禅窟窟口建噶当觉顿式塔

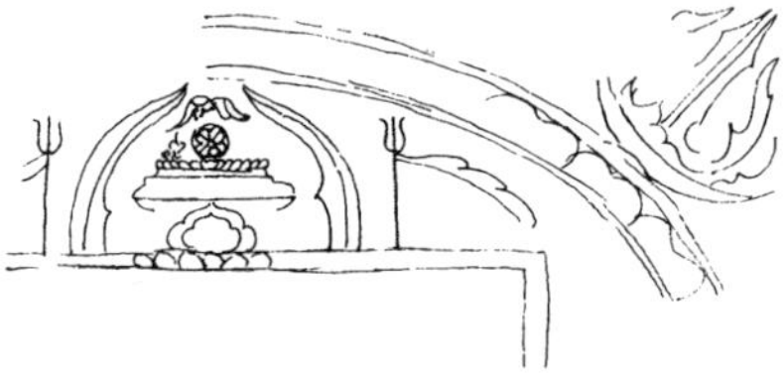

8 莫高窟第285窟元建五阶坛上细部

位于第465窟南方的第462、463两窟，也是元代的藏传密教窟室。第462窟是塔庙窟（插图9），具前后室，并附有前廊。后室方形平顶，后（西）壁上方原贴奉影塑千佛；壁前设佛座，像佚座亦残。前壁南侧有"至治三年（1323）五月初三日记耳"题记。前室方形，南北坡顶，室正中原建噶当觉顿式塔一座，已损毁，仅存残段，其中覆钵残块外敷金彩尚艳。南壁内侧有"七月十八日𠯈（作）塔工毕记耳"题记，题记之东和前廊东侧各凿一禅室。北壁画供养人四身，中间戴姑姑冠蒙古装的女像是主像。第463窟是小型佛殿窟，平面方形，后（西）壁绘一佛二菩萨，佛

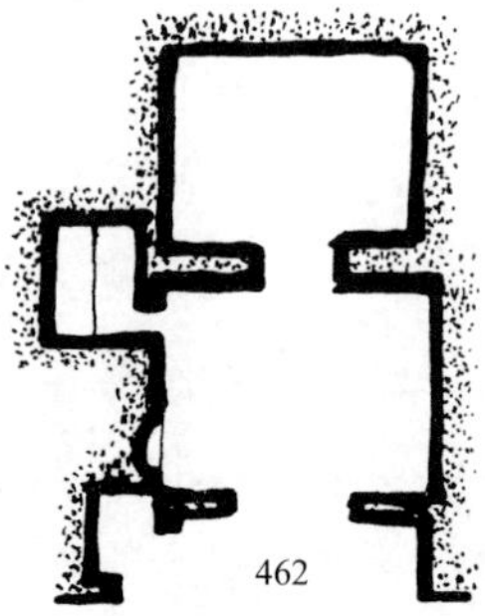

9 莫高窟第462窟平面

手掌涂红色；上方画五方佛，皆着冠饰。南壁画骑狮文殊，上方有二排着红色尖帽的藏僧供养像。北壁绘骑象普贤。东壁门上白描护法像，其前绘一披发供养人。门南四臂金刚，前两手一持颅钵，一漫漶，所持物不可辨，后两手一持细柄法具，一持剑，轮王座，下卧一魔。门北金刚口衔魔，一手持颅钵，一手持剑，轮王座。南北两壁下部绘蒙古装男供养人。顶绘莲花。

莫高窟元代密教遗迹除藏密遗迹外，另有多处受藏密影响的传统密教洞窟，第 95 窟应是较重要的实例。其内容如下表（表一三）。

表一三　莫高窟第 95 窟内容简表

窟号	主室											甬道顶
	中心柱					礼拜道			西壁	南壁	北壁	
	东面			南、北面	西面	南侧口上	北侧口上	顶				
	龛内	龛壁	龛顶									
95	两侧各一天王、二菩萨六壁观音塑像	观音、势至等菩萨	六字真言	罗汉	无画	水月观音	虎头	六字真言	罗汉	罗汉	罗汉	六字真言

元代改建西夏建造的第 464 窟也属这类。该窟原系西夏一处禅窟群中的中心窟，元代延长了前后室间的甬道。后室基本保持原状。延长的甬道顶部绘千佛，两壁绘供养菩萨，附有蒙文榜题。重装后的前室南北壁分别绘出小幅深色地的连续善财童子参见五十三知识而证入法界的故事，每幅中亦附有蒙文榜题。前室前方南壁通道上书梵、藏、回鹘、汉四种文字的六字真言，东侧有“至正卅年（1370）五月五日甘州乐阗”墨书题记。前室前方北壁通道上方书梵、回鹘、蒙、八思巴、汉五种文字的六字真言，东侧有宣光三年（1370）题记。两处纪年题记皆属北元时期，似可说明此窟改建的时间约在元代后期。善财童子故事流行于内地宋元间，南宋隆兴元年（1163）告成的有名的杭

州六和塔“环壁刻《金刚经》及塑五十三善知识，备尽庄严”(《西湖游览志》卷二四引曹勋《塔记》)，又南宋临安贾官人宅镂板的《佛国禅师文殊指南图赞》[113]，更是以图画为主叙述此事的通俗佛籍。善财童子故事与六字真言同处一窟，大约可以反映最迟在元代后期新的内地因素已影响到莫高的藏传密教了[114]。

莫高窟传统密教图像与内地密教新图像的结合，有迹象表明顺帝前期即已出现。至正八年（1348）在莫高窟立四臂观音并梵、藏、汉、西夏、八思巴、回鹘六种文字的六字真言石碣的西宁王速来蛮，又于五代曹氏开凿的第61窟前重建后接石窟的皇庆寺，至正十一年（1351）建成[115]。该寺窟前部分早已无存，窟内除坛上塑像外，五代绘制的壁画尚大体完好。速来蛮重修时新绘的甬道壁画也基本完整，甬道南壁画炽盛光佛出行，北壁画黄道十二宫，场面巨大，构图新颖，远较藏经洞发现的晚唐炽盛光佛绢画生动多彩，这应是摹自中原传来的宋元图样。时间再迟些，莫高窟还出现了全部根据内地新样绘制的洞窟，即第3窟。该窟是一座约3米见方的小型佛殿窟，盝顶，顶心影塑四龙，四坡绘球纹。前（东）壁门上画五方佛，门两侧各画观音一身，南、北壁各画十一面千手千眼观音一铺，后（西）壁开盝顶龛，龛内中部悬塑山石，处于山石间的原塑主像——水月观音已不存，山石两侧绘双勾墨竹，龛内外两侧各画菩萨四身。从龛内和全窟图像的布局推察，此窟应是一处观音堂。如此布置观音堂在莫高诸窟中极为特殊，不仅悬塑做法为莫高所仅见，当是新从东方传来；其壁画据艺术史家研究认为：“其线描纯熟，变化丰富，以圆润秀劲的铁线勾勒面部和肢体，用折芦描表现厚重的衣纹折襞，用顿挫分明的丁头鼠尾描表现力士隆起的肌肉，又用轻利飘逸的游丝描画出蓬松的须发，为了刻画出不同的质态，作者使用了多种线描，既使形象更加真切感人，也显示了元代绘画艺术的高度发展。”“壁画设色清淡典雅，纯然中原画风。”[116]该窟西壁有作画人题记：“甘州史小玉笔。”此史小玉，又见第444窟西壁龛内前北柱外侧题记：“至正十七年（1357）五月十四日甘州桥楼上史小玉烧香到此。”可知第3窟绘画时间已近元代末期；而这个绘制壁画的时间，就全窟情况看，应与该窟的开凿时代极为接近（参看图版107、108）。

自开元迄唐末是佛教密教流行的盛期，其源久远，杂咒之译始于东汉三国；其流绵长，不仅有北宋初中期的一度重振，且下及元代以来藏传密教的传播。密教传承，特重身授，经法之外，多凭图像。唐武、周宗和吐蕃达磨的废佛，政权更替和教派互讦之破坏，其最易毁灭者厥为图像。因此，系统的密教形象传世甚少。就汉地唐密系统言，现存最完整的遗迹，首推敦煌莫高窟，举凡玄宗以前的密教图像、密教与佛教其他派别图像长期并列的遗迹，以及较系统的密教窟室的情况，皆以莫高所保存者最为丰富、完备；而且还有藏经洞所出大量与密教有关的汉藏文献和各种绢、纸本图像，可供参比研究。藏传密迹，藏地现存多15世纪格鲁教派兴起以后的遗迹，15世纪初期以前的遗迹，特别是盛于元朝迄于明中期较为确切的萨迦、噶举两派遗迹，浅闻所及，似亦以敦煌、安西两地石窟所遗存者最称完整。因此，无论研讨汉地唐密，抑或考察藏传密教，皆应重视敦煌、安西的遗迹，尤其是莫高遗迹。白于密教为门外，此拉杂之简略记录，讹误孔多，所列对比资料亦极肤浅，之所以整理刊露者，除了便于求教外，主要目的是希望能引起留心莫高、榆林等窟各方面同志们对晚期遗迹之关注。

1988年10月30日

本文原载《文物》1989年第9、10期。
此次重排只做了个别字句和段落的改动。

注释

〔1〕《历代三宝记》卷四《后汉录》所录失译诸经中有《般若波罗蜜神咒经》等十余种。卷五《魏吴录》录支谦译《陀罗尼咒经》等五种，又失译附吴录者有《大总持神咒经》。卷六《西晋录》录昙摩罗察译《诸神咒经》、白法祖译《檀特陀罗尼经》《无量破魔陀罗尼经》。

〔2〕《出三藏记集》卷二："《大孔雀王神咒》一卷、《孔雀王杂神咒》一卷，右二部二卷，晋元皇帝时，西域高座沙门尸梨蜜所出。"同书卷十三《尸梨蜜传》："初江东未有咒法，蜜传出孔雀王诸神咒，又授弟子觅历，高声梵吹。传响于今。"

〔3〕《历代三宝记》卷八《前后二秦苻姚世录》记，姚秦鸠摩罗什译《善信摩诃神咒经》二卷、《大金色孔雀王经》一卷。

〔4〕参看《出三藏记集》卷四、《历代三宝记》卷七至卷十一。

〔5〕 参看《中国石窟·敦煌莫高窟》一，图版118、119，1981。密教护法诸天图像见于石窟，以山西大同云冈石窟第7、8两窟为最早。该两窟雕造年代约在北魏孝文帝初年。

〔6〕 第305窟原具前后室，现后室完整，方坛即设于后室正中。坛上现存清塑一组，原来布置已不清楚。参看《中国石窟·敦煌莫高窟》二，图版21，1984。

〔7〕 莫高窟藏经洞（第17窟）所出书写最早并有明确纪年的密籍是：1. 斯6727《大方等陀罗尼经》卷一，该卷尾题作“延昌三年（514）岁次甲午四月十二日敦煌镇经生张阿胜所写成竟”；2. 日本中村不折藏《诸尊陀罗尼经》，卷末有“大魏三年岁次丙子（556）五月辛酉朔赵保义写记”题记；3. 斯4494《杂咒集》，卷末尾题“大统十一年（545）乙丑岁五月廿日写讫”，该集收有《请观音咒》《除度毒陀罗尼咒》《观世音菩萨陀罗尼》《咒眼陀罗尼》《法华咒》《药王菩萨咒》和《勇施毕咒》等。

〔8〕 参看《历代三宝记》卷十二、《大唐内典录》卷五、《古今译经图纪》卷四和《续古今译经图纪》。

〔9〕 参看《开元释教录》卷九。

〔10〕 同上。

〔11〕 参看《开元释教录》卷八、卷九。

〔12〕 参看《开元释教录》卷八。

〔13〕 参看《开元释教录》卷九。

〔14〕《酉阳杂俎续集》卷六《寺塔记》下作：“（慈恩寺）塔西面画湿耳师子，仰摹蟠龙，尉迟画。及花、子（千）钵曼殊，皆一时绝妙。”

〔15〕 参看汤用彤《从一切道经谈到武则天》，刊《光明日报》1962年11月21日《史学》。

〔16〕《文物》1959年第8期刊陕西省文物管理委员会《陕西所见的唐代经幢》录陕西富平莲湖小学内《佛顶尊胜陀罗尼经幢》中的“永昌元年（689）八月”字样，系定觉寺沙门志静序佛陀波利译本之年月，非建幢之时。北京大学图书馆所藏景龙三年（709）《中州宁陵县令贾思玄造尊胜陀罗尼幢》拓本，是现知《尊胜陀罗尼幢》的最早遗迹。

〔17〕 该像30年代曾归日本细川氏，现藏东京博物馆。

〔18〕 参看李文生《龙门唐代的密宗造像》（未刊）。

〔19〕 此像具体情况，系承常青同志见告。

〔20〕 参看李玉昆《龙门杂考》，刊《文物》1980年第1期。

〔21〕 参看宫大中《龙门石窟艺术初探》，刊《文物》1980年第1期。

〔22〕 此像头部现存日本仓敷市大原美术馆，参看东山健吾《欧米·日本へ流出レた龍門石窟の石彫尊像》，该文收在《中国石窟·龙门石窟》二，日本平凡社，1988。

〔23〕 参看注〔18〕。

〔24〕 参看温玉成《龙门石窟造像的新发现》，刊《文物》1988年第4期。该文拟名刘天洞，似不确。

〔25〕 参看注〔21〕。

〔26〕 参看《中国石窟·敦煌莫高窟》三，图版55，1987。

〔27〕 参看《中国石窟·敦煌莫高窟》三，图版82。

〔28〕 高宗武周时期重视十一面观音，还可从文献得到印证。《宋高僧传》卷十八《唐泗州普

光王寺僧伽传》："释僧伽者……龙朔初年（661）……始露神异，初将弟子慧俨，同至临淮，就信义坊居人乞地下标志之，言决于此处建立伽蓝，遂穴土获古碑，乃齐国香积寺也……尝卧贺拔氏家……次现十一面观音形，其家举族欣庆，倍加信重，遂舍宅焉……中宗孝和帝景龙二年（708），遣使诏赴内道场……"又同书卷二十五《唐梓州慧义寺清虚传》："释清虚……（长安）四年（704）从少林寺坐夏，山顶有一佛堂，甚宽敞，人无敢到者……（虚）即往彼，如常诵经，夜闻堂东有声甚厉，即念《十一面观音咒》。"

〔29〕日本奈良法隆寺金堂左（东）壁门北侧画十一面观音，其取意大约与此相类。法隆寺金堂重建于日本持统天皇七年（693）顷，壁画绘制当在此后不久，是此十一面观音形象与我国现存早期遗迹的时间极为相近。参看《名宝日本の美術》二《法隆寺》，1968。

〔30〕《贞元释教录》卷十五作"一百一十部，一百四十三卷"。

〔31〕这批安国寺遗物现藏西安陕西省博物馆。参看程学华《唐贴金画彩石刻造像》，刊《文物》1961年第7期。

〔32〕本文所列各时代莫高窟密教遗迹简表，曾参考了敦煌文物研究所《敦煌莫高窟内容总录》，1982。

〔33〕玄宗敕车政去于阗摹写真容事，见《宋高僧传》卷二六《唐东京相国寺慧云传》。安西进天王神样事，参看不空译《毗沙门仪轨》。

〔34〕《宋高僧传》卷五《唐代州五台山清凉寺澄观传》："大历十一年（776）誓游五台……居大华严寺，专行方等忏法，时寺主贤林请讲大经，并演诸论，因慨华严旧疏文繁义约，惙然长想，况文殊主智，普贤主理，二圣合为毗卢遮那，万行兼通，即是华严之义也。"

〔35〕地藏原是释迦灭后教化众生的大悲菩萨，隋唐间为三阶教徒所崇奉，盛唐以来入两部密像，参看玄奘译《大乘大集地藏十轮经》。密像地藏作沙门像，参看《佛说地藏菩萨陀罗尼经》。

〔36〕参看《西陲石刻录》录文。

〔37〕确切的西藏前弘期密教形象的遗物极为罕见。位于拉萨布达拉宫西南药王山麓的札拉鲁浦石窟可能是现存前弘期的遗迹，但窟内与密像有关的雕像，皆后世补雕。参看西藏文管会文物普查队《拉萨查拉路甫石窟调查简报》，刊《文物》1985年第9期。

〔38〕参看大村西崖《密教发达志》卷五，1918。

〔39〕元和元年（806）空海撰《御请来目录》、开成四年（839）常晓撰《常晓和尚请来目录》、同年圆行撰《灵岩寺和尚请求法门道具等目录》、同年圆仁撰《日本国承和五年（838）入唐求法目录》、开成五年（840）圆仁撰《慈觉大师在唐送进录》、大中元年（847）圆仁撰《入唐新求圣教略录》。此外，尚有贞元二十年（804）最澄撰《传教大师将来台州录》《传教大师将来越州录》。以上诸录皆收入《大正新修大藏经》第五十五册《目录部》。

〔40〕参看注〔18〕。

〔41〕参看河南省郑州市博物馆《河南荥阳大海寺出土的石刻造像》，刊《文物》1980年第3期。

〔42〕参看注〔38〕，又同书附录《经轨章疏一览》。

〔43〕参看《宋高僧传》卷三《唐京师满月传附智慧轮传》。

〔44〕收入《大正新修大藏经》第五十五册《目录部》。

〔45〕同上。

〔46〕 参看《入唐五家传·上智慧轮三藏决疑表》。日本旧藏智慧轮译著多种，如高山寺藏古写本般若斫羯啰译《摩诃吠室啰末那野提婆喝啰阇陀罗尼仪轨》一卷、东寺宝菩提院三密藏所藏般若惹羯罗撰《圣欢喜天式法》一卷和《大日本佛教全书》所收智慧轮撰《明佛法根本碑》等，大约即是当时日僧所购求者。故智慧轮译著罕见于中土，而流传于东瀛。参看饶宗颐《法门寺遗物有关几件史事》(即刊)。

〔47〕 内有智慧轮供奉重廿八两金函一件、重五十两银函一件、重六十四两银阏伽瓶四件。银函上有刻铭云："上都大兴善寺传最上乘祖佛大教灌顶阿阇梨三藏苾刍智慧轮敬造银函。咸通十二年(871)闰八月……"

〔48〕 绢本经咒正中绘八臂菩萨，其外四周有墨书经咒，再外列供器，参看李域铮等《西安西郊出土唐代手写经咒绢画》，刊《文物》1984年第7期。印本陀罗尼经咒，见韩保全《世界最早的印刷品》，该文收入《中国考古学研究论集》，1988。韩文论两种出土的陀罗尼经咒为7世纪印本，显然过早。

〔49〕 参看拙文《唐五代时期雕版印刷手工业的发展》，刊《文物》1981年第5期。

〔50〕 见《大日经传法次第记》。空海《性灵集》卷二《大唐神都青龙寺故三朝国师灌顶阿阇梨惠果和尚之碑》作"剑南惟上"。

〔51〕 参看冯汉骥《记唐印本陀罗尼经咒的发现》，刊《文物参考资料》1957年第5期。

〔52〕 下表(表四)系参考四川省社会科学院等《大足石刻内容总录》、黎方银等《大足北山佛湾石窟的分期》、王熙祥等《四川资中重龙山摩崖造像》、彭家胜《四川安岳卧佛院调查》、丁明夷《四川石窟杂识》等文编制。后四文俱刊《文物》1988年第8期，《大足石刻内容总录》收入刘长久等《大足石刻研究》下编，1985。

〔53〕 参看向达《罗叔言"补唐书张议潮传"补正》，该文收入《唐代长安与西域文明》论文集，1957。

〔54〕 参看注〔49〕。

〔55〕 刘畋人，明洪熙间人，所撰《重修宝顶山圣寿院记》，现存大足宝顶大佛湾南岩。转引自胡昭曦《大足宝顶山石刻浅论·柳本尊与宝顶佛教宗派》，胡文收在《大足石刻研究》上编。

〔56〕 参看《宋会要辑稿》第二百册《道释》二。

〔57〕《圣朝名画评》卷一记高益壁画，后曾经高文进、王道真传移："王道真……入图书院为祗侯，与文进等传移相国寺高益壁画及于大殿西偏门南面东壁宝志化十一面观音相。"

〔58〕 参看注〔56〕。

〔59〕 参看梁思成《正定调查纪略》，刊《中国营造学社汇刊》第四卷二期，1933。

〔60〕 参看阎文儒《中国石窟艺术总论》第七章《五代宋初的石窟艺术》，1987。

〔61〕 参看注〔49〕。

〔62〕 参看注〔52〕。

〔63〕 参看陈述《全辽文》(1982)有关幢塔的铭刻录文。

〔64〕 参看关野贞《遼金時代の建築卜其仏像》图版下册，图版38～45、50～54、23～29，1935。

〔65〕 参看梁思成《蓟县独乐寺观音阁山门考》，刊《中国营造学社汇刊》第三卷二期，1932。又拙文《独乐寺观音阁与蓟州玉田韩家》，刊《文物》1985年第7期。

〔66〕参看梁思成等《大同古建筑调查报告》，刊《中国营造学社汇刊》第四卷三、四合期，1933。

〔67〕鄜州开元寺观音院临坛持律大德智严西天求法事，见《同光二年（924）智严往西天巡礼圣迹后记》（斯5981）。

〔68〕定州僧归文西行亦在同光二年，事见《定州开元寺僧归文牒》（斯529）。

〔69〕北京图书馆藏冬字62号《维摩诘所说经》背书："大周广顺八年（即显德五年，958）七月十一日西川善兴大寺西院法主大师法宗往西天取经流与郡主大传。"

〔70〕时在乾德二年（964），参看范成大《吴船录》卷上《峨嵋山牛心寺记》。

〔71〕时在至道元年（995），见北京图书馆藏收字4号《僧道猷等往西天取经牒》。

〔72〕参看荣新江《从敦煌的五台山绘画和文献看五代宋初中原与河西、于阗间的文化交往》，刊《文博》1987年第4期。

〔73〕参看丁明夷《四川石窟杂识》，见注〔52〕。

〔74〕以上俱见《宋会要辑稿》第一百九十八册《蕃夷》二。

〔75〕诠明，燕京悯忠寺高僧，号无碍大师，统和初，曾荐希麟撰《续一切经音义》，统和八年（990）于悯忠寺创建释迦太子之殿，统和二十三年（1005）又命弟子智光撰《重镌云居寺碑记》。高丽义天撰《新编诸宗教藏总录》收诠明著述六种七十五卷，其中有《续开元释教录》三卷，说明诠明曾重修圆照续录，并参与了契丹藏工作。

〔76〕成寻《参天台五台山记》卷六："［熙宁六年（1073）二月廿八日］入夜，三藏有请，即参向，储种种珍果，有酒茶。此地多学慈恩宗，予学玄赞，由被告示。小僧问：《摄释镜水抄》有无？答无由。给以契丹僧作诠明抄，释玄赞书也者。"可知诠明《玄赞科文》已传入宋地。

〔77〕第61窟内正中设二层回坛。下层前、左、右沿上现尚存有栏杆孔。上层外围存栏杆孔一匝，其内中部偏后设长方形低台，台上存狮足迹四，与背屏上残存之狮尾相应，知坛上主像是骑狮文殊。狮足迹两侧各有两圆形座痕，原当立有菩萨四身。狮足迹两侧和前方各有二较小座痕：前两痕当是供养菩萨座迹；后二痕左者当是于阗国王像迹，右者为驭狮者迹。上层坛上两侧的前方，各有两像痕，原当立有四天王。此坛上尊像布局与河北涞源阁院寺辽建文殊殿内塑像略同。

〔78〕发愿文第一行："燉煌王曹□□姬圣天公主□□□□□□□达昆□□□功德记。"第八行："粤有归义军节度使特进检校太师兼中书令燉煌王曹延□□□。"

〔79〕又如曹延禄时期开凿的另一窟——第38窟后甬道顶画多子塔。

〔80〕《宋史·外国·夏国传上》："（景祐）二年（1035）……（元昊）遂取瓜、沙、肃三州。"

〔81〕参看张伯元《东千佛洞调查简记》，刊《敦煌研究》创刊号，1983。

〔82〕参看王静如《敦煌莫高窟和安西榆林窟中的西夏壁画》，刊《文物》1980年第9期。

〔83〕参看成寻《参天台五台山记》，成寻书多记北宋密迹事，其购请密籍见该书卷六至卷八。

〔84〕参看成寻书卷七。

〔85〕参看胡昭曦《大足宝顶山石刻浅论》，见注〔55〕。

〔86〕据《全辽文》所收幢记统计，圣宗时为数尚少，兴宗时突然增多，幢记最迟纪年是天祚天庆十年（1120）松寿《为亡父特建法幢记》。后五年——即1125年，天祚被俘，辽亡。

〔87〕参看《全辽文》卷十二所收《房山石经丙寅岁季秋造经题记》。按此经见房山石经“丁”字经板，检丁字前面的“武”字和同属丁字经板的其他佛经，皆刻于“皇统六年（1146）岁次丙寅”，因知此经板刊刻之年亦是金皇统六年。

〔88〕《全辽文》卷九有录文。

〔89〕参看性嘉《显密圆通成佛心要集并供佛利生仪后序》、觉苑《神变加持经义释演密钞序》。两文录文见《全辽文》卷九。

〔90〕应州宝宫寺即今山西应县佛宫寺，木塔现存。该塔顶层（第五层）正中设方坛，坛中央奉智拳印大日如来坐像，环绕大日如来为八大菩萨坐像。第四层正中亦设方坛，坛后方中央奉坐佛，两侧各立一弟子，坐佛前方左侧为骑象普贤，右侧为骑狮文殊，象、狮内侧各立一驭奴。第三层正中为八角坛，奉四方佛，佛座下露出动物形象，示为生灵座。参看陈明达《应县木塔》，1966。

〔91〕参看耶律兴公《创建静安寺碑铭》，录文见《全辽文》卷八。

〔92〕参看惠察《易州重修圣塔院记》，录文见《全辽文》卷一〇。

〔93〕参看北京图书馆金石组等《房山石经题记汇编》第四部分，1987。

〔94〕西夏领域多出宋物，已不需缕述。所出辽物，有内蒙古东胜县东城塔村西夏城址发现辽“西京雍和坊马松砚瓦”，该城址和宁夏石嘴山市庙台公社西夏城址皆出金代铜钱，参看汪宇平《达拉特旗塔村古城》，刊《文物参考资料》1954年第8期；宁夏回族自治区展览馆《宁夏石嘴山市西夏城址试掘》，刊《考古》1981年第1期。宁夏西夏城址多出金元时代磁州窑风格的瓷器，而宁夏灵武磁窑堡窑址的调查发掘，更可证明该窑烧造的器物受有鲜明的金代磁州窑影响，参看马文宽《宁夏灵武县磁窑堡瓷窑址调查》，刊《考古》1986年第1期。以上资料，皆是西夏与东方交往频繁的物证。

〔95〕事在景德四年（1007）、宝元元年（1038），见《宋史·外国·夏国传上》。

〔96〕事在天圣八年（1030）、景祐元年（1034）、至和二年（1055）、熙宁六年（1073），见《续资治通鉴长编》。又熙宁元年（1068），见《西夏纪事本末》卷二十二。

〔97〕录文见《嘉靖宁夏新志》卷二。

〔98〕见北京图书馆藏西夏文《过去庄严劫千佛名经》卷末发愿文，参看史金波《西夏文〈过去庄严劫千佛名经发愿文〉译证》，刊《世界宗教研究》1981年第1期。

〔99〕参看《东洋文化史大系·宋元时代》，插图169，1940。

〔100〕参看黄颢《藏文史书中的弭药（西夏）》，刊《青海民族学院学报·社会科学版》1985年第4期。又《新红史》黄颢译注〔232〕，1984。《新红史》，班钦·索南查巴撰，1538年成书。《贤者喜宴》，巴俄祖拉陈瓦撰，1564年成书，该书第八品、第十二品多记西夏崇奉噶举教派事。

〔101〕参看《新红史》译注〔233〕。

〔102〕参看郭和卿译《西藏王臣记·北道一些杰出人物的政教事记》，1983。《西藏王臣记》，五世达赖昂旺罗桑嘉措撰，1643年成书。

〔103〕参看牛达生《宁夏贺兰山拜寺口西夏古塔》，刊《考古与文物》1986年第1期。又承于存海、何继英同志见告：该塔顶下部，近年曾发现装藏一处，内遗物甚多，其中有中统宝钞若干张，因疑该塔建成之年或晚至元初。

〔104〕参看注〔82〕，史金波等《莫高窟、榆林窟西夏文题记研究》，刊《考古学报》1982年第3期。

〔105〕该题记书于榆林窟第19窟后甬道北壁。题记全文："乾祐二十四年□□□日画师甘州住户高崇德小名那征到此画秘密堂记之。"参看刘玉权《敦煌莫高窟安西榆林窟西夏洞窟分期》，该文收入《敦煌研究文集》，1982。

〔106〕《沙州文录》录《西夏刻经后题记》："僧录广福大师管主八施大藏经于沙州文殊舍利塔寺，永远流通供养。"按此西夏文佛经藏日本天理图书馆。参看王静如《西夏文木活字版佛经与铜牌》，刊《文物》1972年第11期。

〔107〕元朝时期藏传密教在西夏人众中发展迅速，西夏僧俗南入藏地，除向藏密各派高僧请益求经外，有的还曾任萨迦本钦，建昂仁寺，参看《藏文史书中的弭药（西夏）》，见注〔100〕。

〔108〕参看 *Tibetan Painted Scrolls*, 3 vols., Rome, 1949。

〔109〕噶举教派见重于元朝，据《贤者喜宴》记载，先于萨迦教派的八思巴。该教派黑帽系祖师噶玛拔什，1253年即应忽必烈之召，去川西北绒域色都，后又去西夏故地传教建寺。1256年，又奉宪宗蒙哥命来和林，任上师。世祖即位，疑其叛己，遂不复用。但以噶举势盛，文宗、顺帝皆曾召噶举教派大师灌顶授密，所以，终元之世，元廷封藏传密教的萨迦、噶举两派并重。参看《新红史·蒙古王统》及译注〔233〕、〔234〕、〔238〕、〔240〕、〔254〕、〔255〕和郭和卿译《青史·大译师玛尔巴传承录及著名的噶举派》节。《青史》，廓诺·迅鲁伯撰，1478年成书。

〔110〕此窟后壁中铺主像上乐金刚，应是窟内壁画中重要形象。按藏传密教噶举教派多修此本尊。宁夏银川市拜子口西夏或元初所建双塔，塔顶装藏中出唐卡（幡画）两帧，一为上师像，另一即上乐金刚双身像。银川夏都所在，西夏重噶举，故塔顶奉此像唐卡，参看〔103〕。如此窟建年可与拜子口双塔相比较，则其时间亦当在13世纪后半。

〔111〕元于禅窟窟口建塔之前，西夏时曾在北壁西端禅窟内画佛塔和持花礼塔人四，下方墨书西夏文题记十行，题记中的纪年是西夏崇宗雍宁乙未二年（1115），参看注〔104〕。

〔112〕1908年，法人伯希和来莫高窟时，此坛尚存，*Les Grottes de Touen-Houang*, Paris, 1920～1924，图版 CCL ⅩⅧ即是该坛北半部的图像。

〔113〕《佛国禅师文殊指南图赞》宋刻本，罗振玉影印于《吉石庵丛书》初集。

〔114〕第464窟即伯希和编号第181窟。此窟曾出大批元代文书，其中有用回鹘字母书写的蒙文文件。

〔115〕第61窟窟前殿堂遗址，60年代曾进行清理，发现约于明代毁于火，参看潘玉闪、马世长《莫高窟窟前殿堂遗址》，1985。1951年承莫高窟易昌恕喇嘛见告，皇庆寺后移建于窟东，即今莫高窟之上下寺；下寺因王圆箓于1896年募资于下寺之南建道庙后，改称中寺。是自元以来，迄于1943年敦煌艺术研究所成立之前，莫高窟隶属藏传佛教系统竟长达五个世纪之久。至于皇庆寺改归格鲁派，应在1653年五世达赖被顺治册封"西天大善自在佛所领天下释教"之后。

〔116〕参看段文杰《莫高窟晚期的艺术》，该文收入《中国石窟·敦煌莫高窟》五，1987。

记西藏拉萨札拉鲁浦石窟寺

1984年，西藏自治区文物管理委员会文物普查队对札拉鲁浦石窟进行实测、记录和发表报告之后[1]，札拉鲁浦石窟始为学界所注目。

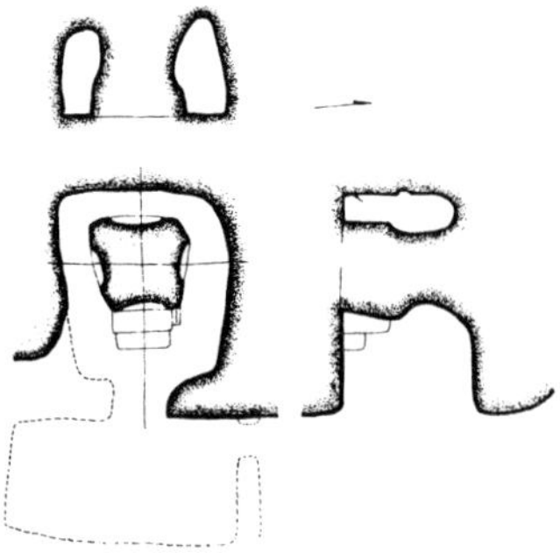

1　札拉鲁浦石窟平剖面

札拉鲁浦石窟寺系一塔庙窟（插图1），位于拉萨布达拉宫西南药王山东麓，下距地面约20米，依山开凿，窟口东向，窟右壁前部崩毁，窟前凿出一段平坦地面，疑原有后接窟口兴建之木构建筑。窟略作长方形，深约6米，宽约5米，高约2.6米。窟内中部偏后凿出接近方形的中心柱，环绕中心柱的礼拜道平均宽约1米。中心柱四面各开一浅龛。正面即东面龛内雕坐佛，两侧各雕一弟子一菩萨，佛座前右侧露狮首，左侧狮首似已崩毁。左右两面龛内各雕一佛二菩萨。后面龛内雕一佛二弟子。四面坐佛皆右袒，作触地印之降魔相。窟四壁雕像无统一规划，多后世补雕：其内容有佛、菩萨、弥勒菩萨、护法和一佛二菩萨、三世佛等组像；有松赞干布夫妇和吞米桑布札、禄东赞；还有莲花生和宁玛派祖师索尔迥喜饶札巴（1014～1074）像。窟上方有宽2.5米、深1.5米、高1.6米的僧房窟一处，该窟内左侧有凿出的石炕。

此石窟见录于索南坚赞（1312～1357）《西藏王统记》[2]：

（松赞干布）王又于札拉鲁浦修建神庙。此庙主

> 神为吐巴札拉贡布（释迦现明王身之神像），其右旁自现舍利弗，左旁目犍连，又右弥勒，左观世音，主从共五尊。虽然在岩石上已自然现出，但为未来众生培积福德，复由尼婆罗匠师将其刻镂更加显明。在转经堂岩壁上，所有雕刻均由藏民竣其事功[3]。斯时，盐价昂贵至六十倍，王许其雕岩粉一升即付以盐一升为酬。但仅雕得岩灰半升仍以一升与之交换。诸神殿彩绘工程完毕，亦为其作迎神开光云。

《王统记》所记的主要佛像——主从五尊与石窟中心柱正面龛内的组像相同；臣民等在崖上凿出的转经堂，应即是周绕礼拜道的中心柱石窟。《松赞干布遗训》[4]记有此寺的具体创建人：

> （松赞干布为波恭冬萨墀尊、香雄妃墀尊建寺奠基）此后，为茹雍冬妃彼奠定查拉衮布寺之基。

成书于1564年巴卧祖拉陈哇《贤者喜宴》又详述了茹雍妃的家世和该寺的形制：

> 松赞干布又娶……弥药王之女茹雍妃洁莫尊……茹雍妃在查拉路甫雕刻大梵天等佛像。当盐（已涨至）八十（倍）时，每（雕）崖粉一升，其代价即给盐一升，由是在崖上雕凿成转经堂[5]。

查拉衮布、查拉路甫皆札拉鲁浦之异译。弥药即《隋书》、两《唐书》所记之党项羌。6、7世纪党项羌游牧于今甘肃、四川、青海三省交界地带[6]。出身于党项羌的茹雍妃于札拉鲁浦崖上创建的转经堂，实际是一座在窟内雕凿出每面各开一龛的中心柱的塔庙窟。这类石窟不见于印度、中亚和我国新疆地区，在西藏也只此一例；但却多见于当时中原以迄河西一带[7]，因可怀疑它的来源或许与党项接壤的河西石窟有某种关联。

注释

〔1〕 西藏文管会1985年8月编印的《拉萨文物志》第四章有何周德执笔的《查拉路甫石窟》《药王山摩崖造像》两节。前节经补充发表，题《拉萨查拉路甫石窟调查简报》，刊于《文物》1985年第9期。

〔2〕 译文据刘立千译注本，1987，92～93页。索南坚赞是萨迦白钦岗拉章继承人，曾兼任萨迦寺座主。《王统记》后记云："岁次阳土龙年（1388），萨迦派索南坚赞详为撰写于桑耶大伽蓝。"按后记所记撰写之年，作者已殁十余岁，因知《王统记》整理成书在索南坚赞逝世之后，参看该书刘立千注〔813〕。

〔3〕《西藏王统记》另有陈庆英、仁庆札西译本，名《王统世系明鉴》，1985。陈等译本此句作"其转经堂则由吐蕃臣民等在岩上凿出"。

〔4〕《松赞干布遗训》传为1045～1054年间阿底峡于拉萨大昭寺殿柱中所发现。下引译文转引自黄颢《贤者喜宴摘译（三）》附注〔40〕，黄文刊《西藏民族学院学报》1981年第2期。

〔5〕 译文据黄颢《贤者喜宴摘译（三）》，参看注〔4〕。

〔6〕 参看《隋书·西域·党项传》《旧唐书·西戎·党项羌传》《新唐书·西域·党项传》。

〔7〕 中心柱四面各开一龛的石窟，始见于河南巩县北魏晚期第1、3两窟（《中国石窟·巩县石窟寺》，图版74～76、117、118、123、128，1983），又见宁夏固原须弥山北周开凿的第45、46、51、67、70诸窟（《须弥山石窟》，图版44、69、93、118、126，1988），又见甘肃敦煌莫高窟北周时开凿的第290、428、442窟和初唐开凿的第39窟（《中国石窟·敦煌莫高窟》一，图版160、174，1981；《中国石窟·敦煌莫高窟》三，163页图2，1987）。

元代杭州的藏传密教及其有关遗迹

一

至元十三年（1276）二月元军入临安，次年二月“诏以僧亢吉祥、怜真加加瓦并为江南总摄，掌释教”（《元史·世祖纪》卷六）。至元十八年（1281）冬，诏毁伪撰道书之后，江南释教都总统杨琏真加改道观为佛寺，张伯淳《大元至元辩伪录随函序》记其事云：

> 至元十八年冬，钦奉玉音颁降天下，除《道德经》外，其余说谎经文尽行烧毁。道士爱佛经者为僧，不为僧者娶妻为民。当是时也，江南释教都总统永福杨大师琏真佳大弘圣化，自至元二十二年（1285）春至二十四年（1287）春，凡三载，恢复佛寺三十余所。如四圣观者，昔孤山寺也。道士胡提点等舍邪归正、罢道为僧者，奚啻七八百人，挂冠于上永福帝师殿之梁拱间[1]。

又拆毁南宋陵寝、南郊，兴建佛寺，《元史·世祖纪》卷一〇：

> ［至元二十一年（1284）九月］丙申，以江南总摄杨琏真加发宋陵冢所收金银宝器，修天衣寺……二十二年春正月……庚辰……毁宋郊天台。桑哥言：杨琏真加云，会稽有泰宁寺，宋毁之以建宁宗等攒宫；钱塘有龙华寺，宋毁之以为南郊，皆胜地也，宜复为寺，以为皇上、东宫祈寿。时宁宗等攒宫已毁建寺，敕毁郊天台，亦建寺焉。

郭畀《客杭日记》记杨琏真加于旧宫建寺塔：

至大元年（1308）十月十八日……是日游大般若寺。寺在凤凰山之左，即旧宫地也。地势高下，不可辨其处所。次观杨总统所建西番佛塔[2]，突兀二十余丈，下以碑石甃之，有先朝进士题名并故宫诸样花石，亦有镌刻龙凤者，皆乱砌在地。山峻风寒，不欲细看而下。次游万寿尊胜塔寺，亦杨其姓者所建，正殿佛皆西番形象，赤体侍立，虽用金装，无自然意。门立四青石柱，镌凿盘龙，甚精致；上犹有前朝铜钟一口，上铸淳熙改元（1174）曾觌篆字铭在，皆故物也。

田汝成《西湖游览志》卷七《南山胜迹》记此事较详：

报国寺，元至元十三年（按"十"前脱"二"字，至元二十三年即1286年），从胡僧杨琏真伽请，即宋故内建五寺，曰报国、曰兴元、曰般若、曰仙林、曰尊胜。报国寺即垂拱殿，殿角有银杏树，其实无心……兴元寺即芙蓉殿，般若寺即和宁门，仙林寺即延和殿。尊胜寺即福宁殿，下有曲水流觞[3]。杨琏真伽发宋诸陵，建塔其上，其形如壶，俗称一瓶塔，高二百丈，内藏佛经数十万卷、佛菩萨像万躯，垩饰如雪。故又名白塔。至顺辛未（二年，1331）正月十四日黎明，雷震之。至正末，为张仕诚所毁。其寺钟，即故内禁物也。……四寺虽隘，而景致宏丽，延祐、至正间，诸寺递毁。

约与《游览志》同时纂修的《嘉靖仁和县志》卷一二所记宋宫五寺内容可补田文者有：

大报国禅寺……即垂拱殿基为之……至正末毁于兵，惟佛殿存……洪武二十四年（1391）立为丛林。兴元教寺……即宋芙蓉殿基为之，延祐六年（1319）寺毁，继建未完而罹兵革，遂废。

> 般若寺……在宋和宁门侧，亦毁于兵火，张氏筑城，遂以为城基。小仙林寺……即宋后殿基为之；初，仙林寺住持荣佐岩结杨琏真伽，请殿基为小仙林寺特建一塔，方半而止，俗称半橛塔；寺亦寻废，惟存半橛塔，七八十年前犹存，今亦废。尊胜寺……即宋寝宫基为之，基址高亢。……杨琏真伽发宋诸陵，建镇南塔于冈上，以镇王气。（尊胜）寺至正壬辰（十二年，1352）……废。[4]

“西番佛塔”“其形如壶”“俗称一瓶塔”者，即当时土蕃萨迦教派流行之噶当觉顿，若至元八年（1271）所建由八思巴弟益邻真设计之大都大圣寿万安寺白塔者[5]。“赤体侍立”的西番佛、菩萨像，即藏传密教所奉形象。元灭南宋，于江南所置总摄释教之主要僧官，多属帝师一系之萨迦派僧人，故所经营之塔寺佛像，亦多当时大都盛行之萨迦系统的藏密形象，现存西湖飞来峰一带之元代龛像[6]如第一一、一六、四五、五七、六五、六七龛坐佛，第一五龛倚坐佛，第二二、二四、四六、四八龛菩萨坐像，第六四龛尊胜佛母像，第五二龛尊胜塔龛[7]，第四、五、六四龛护法像等，皆较明显地具有萨迦形象的特点，可以为证[8]。建于西湖东岸吴山之宝成寺，其正殿后壁崖面东侧至治二年（1322）“朝廷差来官”雕造的“麻曷葛剌圣相一堂”[9]，更足证明当时杭州所雕藏传密像与大都关系密切。藏密麻曷葛剌形象之东传，源于八思巴。达仓宗巴·班觉桑布于1434年撰集之《汉藏史集》上篇第二十三节《伯颜丞相的故事》有云：

> 此时（至元十一年，1174），（忽必烈）皇帝又对上师八思巴道：如今遣伯颜领兵攻打蛮子地方如何？上师回答说：彼足以胜任，我将为其设法求得吉兆。上师遣尼泊尔人阿尼哥，犹如幻化之工匠般，出力在巨州[10]地方兴建一座神殿，内塑护法摩诃葛剌主从之像，由上师亲自为之开光。[11]

此后，元皇室屡建麻曷葛剌像于京城内外的重要佛寺，其见录于现存《经世大典·工典·画塑》[12]《佛像》条者有：

> 仁宗皇帝皇庆二年（1313）八月十六日，敕院使也纳，大圣寿万安寺内五间殿八角楼四座，令阿僧哥提调，其佛像……西南北[13]角楼马哈哥剌等一十五尊……东西角楼四背马哈哥剌等一十五尊。
>
> （延祐）七年（1320）四月十六日，诸色府总管朵儿只等奏，八思吉明里董阿二人传旨，于兴和路寺西南角楼内塑马哈哥剌佛及伴绕神圣，画十护神，全期至秋成。塑工命刘学士之徒张提举、画工命尚提举二人率诸工以往……秋间朕至时作庆赞，毋误也。马哈哥剌一，左右佛母二，伴绕神一十二圣。
>
> 泰定三年（1326）三月二十日，宣政院使满秃传敕，诸色府可依帝师指受，画大天源延圣寺……西南角楼马哈哥剌等佛一十五尊。[14]

该书又记泰定帝即位之初，于宫中塑麻曷葛剌像：

> 至治三年（1323）十二月三十日，敕功□使阔儿鲁、同知安童、诸色府杨总管、杜同知等，延华阁下徽青亭门内[15]，可塑带伴绕马哈哥剌佛像……正尊马哈哥剌佛一，左右佛母二尊，伴像神一十二尊。

《辍耕录》卷二《受佛戒》条更记元代皇帝即位前，须于供有麻曷葛剌像之戒坛受戒：

> 累朝皇帝先受佛戒九次，方正大宝……今上（顺帝）之初入戒坛时，见马哈剌佛前有物为供……

可见麻曷葛剌像与元皇室关系密切。以上所录元皇室塑造诸像皆已毁废，而吴山宝成寺雕镌之“麻曷葛剌圣相一堂”尚大体完好。按该堂圣像，既系“朝廷差来官”所造，其图样约亦来自大都，早已无存的元皇室所奉之麻曷葛剌，或可据此宝成寺造像仿佛其形制[16]。又《大清太宗皇帝实录》卷四三记清太宗讨元顺帝直系子孙察哈尔部林丹汗时，得元初八思巴所铸麻曷葛剌像故事：

［崇德三年（1638）八月］壬寅，实胜寺工成。先是，上征察哈尔国时，察哈尔汗惧，出奔图白忒[17]部落，至打草滩而卒。其国人咸来归顺。有墨尔根喇嘛载古帕斯八喇嘛所供嘛哈噶喇佛至[18]。上命于盛京城西三里外建寺供之，至是告成，赐名实胜寺……东西建石碑二。东一碑前镌满洲字，后镌汉字。西一碑前镌蒙古文，后镌图白忒字。碑文云……至大元世祖时，有喇嘛帕斯八，用千金铸护法嘛哈噶喇，奉祀于五台山，后请移于沙漠。又有喇嘛沙尔巴胡土克图复移于大元裔察哈尔林丹汗国祀之。我大清宽温仁圣皇帝征破其国，人民咸归，时有喇嘛墨尔根载佛像而来[19]。上闻之，乃命召喇嘛往迎，以礼舁至盛京西郊。因曰：有护法不可无大圣，犹之乎有大圣不可无护法也。乃命工部卜地建寺于城西三里许，构大殿五楹，装塑西方佛像三尊……东西庑各三楹，东藏如来一百八龛、托生画像并诸品经卷，西供嘛哈噶喇……营于崇德元年（1636）丙子岁孟秋，至崇德三年戊寅岁告成，名曰莲华净土实胜寺……大清崇德三年戊寅秋八月吉旦立。国史院大学士刚林撰满文，学士罗绣锦译汉文……

此故事如无大误，则麻曷葛剌形象东传源于八思巴和该像与元皇室关系密切两事又得佐证。此传自元代后为满清奉祀之麻曷葛剌像，其形制与宝成寺造像似亦有联系，唯此问题已超出本文范围，容另文考述。

二

吴山宝成寺创于五代吴越时，《乾隆杭州府志》卷二八引《吴山志》云：

宝成寺在宝莲山南，吴越王妃仰氏建，名释迦院。宋大中祥符间（1008～1016）改今额。

元人因寺石壁雕凿之龛像，似不见万历四十年（1612）以前的明人记载。盖入明后，寺久荒凉，故《西湖游览志》、吴之鲸《武林梵志》只记其地为黎氏园，有吴东升题字和建大观楼诸事。《游览志》卷一二《南山城内胜迹》云：

> 宝成寺，晋天福中（935～944）建释迦院。宋大中祥符间，改额宝成寺，有石观音、罗汉像。壁间有苏子瞻宝成院赏牡丹诗……诗镵石壁，笔法甚遒。其旁有“岁寒松竹”四字，乃成化间（1465～1487）吴东升题者。

《武林梵志》[20]卷一《城内梵刹》云：

> 宝成寺……宋大中祥符间改今额。岁久废为黎氏园[21]。万历壬子（四十年，1612），方伯吴公清复捐资建大观楼，开砌石径，焕然一新。

近年发现《宝成寺住持成实重修石碣》记万历四十三年（1615）十二月起功重修正殿和麻曷葛剌龛右侧所雕万历四十五年（1617）重妆铭记，始知宝成寺于万历四十年以后才再度重修。此重修之宝成寺，清初又形荒芜，康熙末倪璠撰《神州古史考》记此寺云：

> 吴山……稍南为石佛山，旧有宝成讲寺，今寺废，石佛尚存。

所记尚存之石佛，约即雍正五年（1727）厉鹗所咏之

1 宝成寺麻曷葛剌像

麻曷葛剌佛（插图1）。厉诗见《樊榭山房集》卷五。厉杭州人，多识两宋辽金元故事，所撰《麻曷葛剌佛并序》考述吟咏麻曷葛剌既确且详，因移录其全文如下：

> 麻曷葛剌佛在吴山宝成寺石壁上，覆之以屋。元至治二年（1322）骠骑卫上将军左卫亲军都指挥使伯家奴所凿。案《元史》泰定帝元年塑马合吃剌佛像于延春阁之徽清亭下。《辍耕录》亦称马吃剌佛，盖梵音无定字故也。元时最敬西僧，此其像设狞恶可怖，志乘不载，观者多昧其所自，故诗以著之：寺古释迦院，青滑石如饴，何年施斧凿，幻作梵相奇。五彩与涂饰，黯惨犹淋漓。一躯俨箕踞，努目雪两眉，赤脚踏魔女，二婢相夹侍，玉颅捧在手，岂是饮月支。有来左右侍，骑白象青狮，狮背匪锦幪，荐坐用人皮，髑髅乱系颈，珠贯何累累，其余不尽者，复置戟与铍。旁纪至治岁，喜舍庄严资，求福不唐捐，宰官多佞辞。我闻刘元塑，妙比元伽儿，搏换入紫闼，秘密无人知。此像琢山骨，要使千年垂，遍翻诸佛名，难解姚秦师。游人迹罕到，破殿虫网丝，来观尽毛戴，香火谁其尸。阴苔久凝立，想见初成时，高昌畏吾族，奔走倾城姿，施以观音钞，百锭鸦青披，题以朴樕笔。译写蟠虬螭，照以驼酥灯，深碗明流离，供以刲羊心，洁于大祀牺，红兜交膜拜，白伞纷葳蕤，琅琅组铃语，逢逢扇鼓驰，到今数百祀，眩惑生凄其，但受孔子戒，漫书胆巴碑（赵子昂延祐二年奉命书胆巴帝师碑。胆巴华言秘密），访古为此作，聊释怪谍疑。

明清易代，寺复荒废之后，“覆之以屋”者似只此一龛，故厉鹗以还，公私著录凡志宝成寺龛像者，如许承祖《雪庄西湖渔唱》卷六[22]、汪师韩《韩门缀学续编》[23]、《乾隆杭州府志》卷二八[24]等均仅及此龛。至近代，即此一龛又掩于民舍内，历有年所。1982年，杭州市决定整理宝成寺址。1988年，拆除寺内全部民房，于麻曷葛剌龛右侧又清出龛像两处。由布局位置与龛内造像，知此三龛像原为一组，俱雕凿于因岩结构之宝成寺正殿后岩壁（插图2）。麻曷葛剌龛原为东侧龛，龛内雕三像，中为麻曷葛剌倚坐像，左为骑狮侍者，右为骑象侍

2 宝成寺元龛平立面

者，三像形象略如厉诗所咏，唯麻曷葛剌两腋下各夹置之人头，是否是“二婢相夹侍”尚可置疑；仰卧之魔女下，新清出的莲座则系厉所不及见者。至治二年铭刊于龛左缘，文云：

> 朝廷差来官骠骑卫上将军左卫亲军都指挥使伯家奴发心喜舍净财庄严麻曷葛剌圣相一堂祈福保祐宅门光显禄位增高一切时中吉祥如意者至治二年月　　日立石[25]（插图3）。

中龛最大，内雕三世佛。三世佛皆具光焰，上服右袒，坐于十字折角式须弥座上。像头俱佚，手臂亦残，但细查遗迹可知正中和东侧坐佛均作触地印之降魔相，西侧坐佛为施定印之禅定相。西侧龛内像佚，只存像座，龛外缘雕山岩，表示已佚之像应是一禅居于山崖窟龛中之高僧像。山岩两侧各凿四小龛，现亦为空龛；对照有关遗物，知两侧诸小龛内原或置护法像，或置高僧像。前者如飞来峰第五二龛尊胜塔龛；后者如拉萨布达拉宫所藏约为13世纪织造的蔡巴噶举派创始人向蔡巴尊追札的缂丝唐卡[26]，此唐卡织造地点有可能即是当时织造工艺水平高超的杭州。三世佛是13世纪以还，藏传密教佛

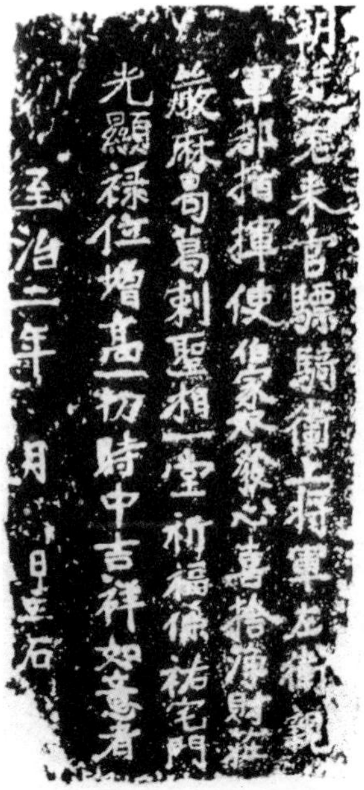
朝廷差來官驃騎衛上將軍左衛親
軍都指揮使伯家奴發心喜捨淨財莊
嚴麻曷葛剌聖相一堂祈福保祐宅門
光顯祿位增高一切時中吉祥如意者
至治二年　月　日立石

3 元至治二年铭拓片

堂中所奉的主要佛像[27]。宝成寺元代龛像最应注意的是东西两侧龛。东侧龛之麻曷葛剌，已如前述并非一般护法神像，然则与之对应的西侧龛中的高僧，当亦非一般高僧。按前引《汉藏史集》记八思巴亲自为巨（涿）州麻曷葛剌塑像开光之后云：

> 此依怙像（指麻曷葛剌像）之脸面，朝向南方蛮子地方，并命阿阇梨胆巴贡噶在此护法处修法。[28]

八思巴所以令胆巴于麻曷葛剌像处修法，除胆巴系因八思巴之荐为国师外，胆巴世奉此神，并曾屡致灵异，约亦为重要原因。《佛祖历代通载》卷二二记其一系列随祷而应之事迹：

> 师名功嘉葛剌里，此云普喜名闻。又名胆巴，此云微妙。西番突甘斯旦麻人。幼孤，依季父，闻经止啼，知其非凡，遣侍法王上师……上师令巴至西天竺国参礼古达麻室利，习梵典，尽得其要……巴入中国，诏居五台寿宁。壬申（至元九年，1272）留京师，王公咸禀妙戒。初，天兵南下，襄城居民祷真武，降笔云：有大黑神领兵西北方来，吾亦当避。于是列城望风款附，兵不血刃。至于破常州，多见黑神出入其家，民罔知故，实乃摩诃葛剌神也，此云大黑。盖师祖父七世事神甚谨，随祷而应，此助国之验也。乙亥（至元十二年，1275）师具以闻。有旨建神庙于涿之阳，结构横丽，神像威严，凡水旱蝗疫，民祷响应。己丑（至元二十六年，1289）……令往潮州……有枢使月的迷失奉旨南行，初不知佛，其妻得奇疾，医祷无验，闻师之道，礼请至再，师临其家，尽取其巫觋绘像焚之，以所持数珠加患者身，惊泣乃苏，且曰：梦中见一黑恶形人释我而去。使军中得报喜甚，遂能胜敌，由是倾心佛化。师谓门人曰：潮乃大颠韩子论道之处，宜建刹利生。因得城南净乐寺故基……枢使董工兴创，殿宇既完，师手塑梵相，斋万僧以庆赞之……元贞乙未（元年，1285）四月，奉诏住大护国仁王寺，敕太府具驾前仪仗，百官护送。寺乃昭睿

> 顺圣皇后所建，其严好若天宫内苑移下人间。是年，遣使诏师问曰：海都军马犯西番界，师于佛事中能退降否。奏曰：但祷摩诃葛剌自然有验。复问曰：于何处建坛。对曰：高粱河西北瓮山有寺，僻静可习禅觀（观）。敕省府供给严护……于是建曼拏罗依法作观。未几，捷报至。[29]

赵孟頫《大元敕赐龙兴寺大觉普慈广照无上帝师碑》记胆巴亦强调其祠祭麻曷葛剌屡彰神异事：

> 皇帝即位之元年（至大四年，1311）[30]，有诏金刚上师胆巴赐谥大觉普慈广照无上帝师，敕臣孟頫为文并书，刻石大都寺[31]。五年（延祐二年，1315）[32]，真定路龙兴寺僧迭瓦八奏，师本住其寺，乞刻石寺中，复敕臣孟頫为文并书……至元七年（1270），与帝师八思巴俱至中国，帝师者乃圣师之昆弟子也。帝师告归西蕃，以教门之事属之于师，始于五台山建立道场，行秘密咒法，作诸佛事，祠祭摩诃伽剌，持戒甚严，昼夜不懈，屡彰神异，赫然流闻，自是德业隆盛，人天归敬……皇元一统天下，西蕃上师至中国不绝，操行谨严且智慧神通，无如师者……延祐三年（1316）□月立石[33]。

胆巴与麻曷葛剌既有如此众多之因缘，因疑宝成寺与麻曷葛剌龛相对的西侧空龛，或即奉置胆巴造像处。前引厉鹗《麻曷葛剌诗》末章有讽赵孟頫撰胆巴帝师碑之句，“但受孔子戒，漫书胆巴碑”，并谓“访古为此作，聊释怪谍疑”，尽管樊榭先生当年没有注意西侧空龛，但似乎也在怀疑宝成寺龛像与胆巴有关！又元人龛像所在之吴山，位原南宋大内前朝天门北侧高地，逼近南宋宫禁，为形势之区。明人犹谓为城内诸山之首，“盖以地蟠中轴，为一城之镇也”（《神州古史考》引《旧志》），因可推知元代建像选地于此，应与就宋宫立塔寺同寓有压胜意。《汉藏史集》上篇第二十三节《伯颜丞相故事》记南宋少帝赵㬎等人 1276 年被押送大都，见巨州所建麻曷葛剌神殿事：

当蛮子国王及归降之众到来时，有人给他们指示巨州依怙殿。彼等说：在我们地方，望见军中出现一大黑人及其侍从，原来大黑人住在此处[34]。

此传闻一直流传到现在，王士伦、赵振汉所撰《西湖石窟探胜》第八回《大黑天显灵传神话》记：

解放前，这一带庙宇林立，香火缭绕，迷信色彩浓厚，神话传说很多，相传元兵攻城时，曾遭守城的官兵奋力抵抗。以后，由于大黑天显灵，带了许多天兵天将，腾空而行，在城内降临，于是守兵大败。这也就是元统治者对大黑天特别崇拜的原因，还派遣伯家奴到杭州雕造石像，供人们顶礼膜拜[35]。

为了降伏宋人，择旧都城中形势之地建立佛寺，内设曾协助元兵破杭的麻曷葛剌像龛和世奉此神并随祷而应的胆巴国师像龛，就元朝统治者深佞藏密的情况言，应是情理中事。

三

元代杭州有关藏密遗事，除前述诸项外，可补述者尚多，浅闻所及，似以西天寺——西天元兴寺遗迹、流放萨迦派重要人物于江南、织造西蕃幡画——唐卡和刊雕西蕃经咒、版画四事最应注意。

宋宫五寺有文献可进一步考述其历史者，仅一西天寺——西天元兴寺。清雍乾间，杭州学人记录宝成寺麻曷葛剌像同时，又注意到当时保存于宝成寺西南万松岭乌龙庙中之元兴寺铜钟。《樊榭山房文集》卷八《元西天元兴寺钟题名跋》云：

西天元兴寺在吴山西南，清平山之东，与凤凰山相接，宋故宫芙蓉殿也……贡礼部师泰《玩斋集》有建寺碑……可补此记之缺。夏大理时正《成化杭州府志》云：宋故宫寝殿基为尊胜寺，和宁门基为般若寺，后殿基为小仙林寺，垂拱殿基为报国寺，与元兴而五。至正壬辰（十二年，1352）七月，寇至郭万户屯，罗木桥东营与对敌，市民咸登望江亭以觇寇退，命军士焚之……（张）士信且拆白塔以筑城，五寺又递湮矣。今遗址已不可考，独钟存万松岭乌龙社庙中，题字阳文，在栾间，上下俱铸作蒙古书。吾友丁处士敬身拓得墨本，命予考证。予尝登凤山之原，空林眢井，触目苍凉，不谓钟虡尚留，两朝废兴之感备焉，故为之书。

铜钟铭记全文见录于《两浙金石志》卷七，文云：

太师开府仪同三司上柱国录军国重事中书右丞相和宁忠献王脱脱为江浙等处行中书省左丞相时，以开山住持僧西天高达摩实理板的达之请，于延祐己未（六年，1319）春三月，建西天寺。至正壬辰毁于火。戊戌（十八年，1358），王之子仪同三司江浙等处行中书省右丞相兼知行枢密使领行宣政院事节制诸军便宜行事达识贴睦迩顾瞻感慨，捐俸鼎创以继先志。更扁山曰清平，寺曰西天元兴，□蕲皇帝万岁，皇后齐年，皇太子千秋，风调雨顺，国泰民安。提点僧公哥古鲁、住持智明普照大师依仁屹剌识巴、讲主监造朝列大夫同知浙东道宣慰使司副都元帅于应辰。大元至正十八年十月初三日置。[36]

厉鹗所记贡师泰所撰寺碑，见《贡礼部玩斋集》卷九，题《重修清平山西天元兴寺碑》，文云：

杭之吴山西南行数百步，其势委而复起，曰清平山，右旋而东，浮图居焉，曰西天寺。延祐丙辰岁（三年，1316），赠太师中书右丞相和宁忠献王脱脱始来江浙为丞相，时会西天高达摩实理板的达师驻锡兹山，王见而异之曰：此佛祖上乘人也，涉流沙万里东来，而适与吾遇，非夙缘乎。乃厚出金帛施之，俾拓地创业，建大招提，且为修息之所。越二年，王还朝。师居山中益久，一日谓其徒曰：吾归西天矣。遂拂袖出，莫知所之。后有见之秦陇间者，时已百余岁矣。至正乙未（十五年，1355），天子以江浙用兵之久，民力凋弊，思复重臣治之，遂以王季子中书平章达实帖木尔阶金紫光禄为左丞相，凡招降讨逆赏功罚罪一切许以便宜。居数年，政大修举，上闻而嘉之，遣使锡劳，加仪同三司。因感叹曰：此皆先王之教，非臣之能也，其将何以报国家之恩宠而慰安先王哉。间以暇日，登览湖山，访求遗事，则寺毁已久，独旧钟存榛莽间，王之名识具在，徘徊顾望，惕然兴怀。乃出锡金，规复旧制，工师效能，民吏协劝，曾不逾月而穷堂邃宇、广殿重门、藏经之室、县钟之楼、香积之厨、栖禅之馆，罔不毕具。缭以周垣，甃以文石，朱楹雕题，宝幢珠络，佛菩萨天人之象，香花灯烛之供，钟鱼铙鼓之音，铿鍧炳耀，视昔益加盛焉。乃更号山曰清平，寺曰西天元兴。又于殿左创屋四楹，奉祠先王，割田以供祀事，余以饭其僧尼，所以尽心图报者，可谓无所不用其极矣。[37]

综上两元代金石铭刻及前引《西湖游览志》《嘉靖仁和县志》之有关纪事，知至元二十三年（1286）杨琏真加因宋芙蓉殿基所建之兴元寺或兴元教寺，延祐三年（1316）江浙等处行中书省右丞相脱脱又为开山住持僧西天高达摩实理板的达厚施金帛，拓地创业，兴建西天寺。延祐六年（1319）工竣。至正十二年（1352）毁于战火，十五年（1355）元廷又以脱脱子达识贴睦迩为左丞相莅江浙，许以便宜。十八年（1358）达识贴睦迩慨寺荒废，捐俸重建西天元兴寺[38]。时寺之提点僧为公哥古鲁，住持僧为智明普照大师依仁屹剌识巴。是该寺终元之世俱属与元朝统治者上层关系密切的藏传佛教寺院，而开山住持高达摩实理获有精通五明之板的达（Pandita）称号，可证是一位藏传佛教的高僧。现西天元兴寺之铜钟与碑石皆佚不存，乌龙社庙亦不详所在，但临安宋宫范围已大体测定，其中诸殿位置经过考古发掘当可推断，则就芙蓉殿基兴建之兴元教寺——西天寺的遗迹，约亦不难寻觅。

元世祖重萨迦，尤敬八思巴。萨迦派中凡与八思巴相忤者，世祖多流之于蛮子地方——江南。蔡巴贡噶多吉《红史》一二《萨迦世系简述》记至元十七年（1280）萨班及八思巴西部弟子情况：

法王伯侄的弟子分东、西、上三部……西部传承最初是伍由巴索南僧格大师投奔法王（萨班），桑察大师拨给他细脱拉章。他的一个弟弟的儿子喇嘛衮曼也投奔法王，他和他的弟弟贡噶则兄弟二人后来站在本勤贡噶桑波一边，与八思巴意见不合，故由薛禅皇帝下令将他们流放，哥哥衮曼死在蛮子地方。[39]

衮曼逝世的“蛮子地方”，《汉藏史集》作“江南蛮子地方”[40]。当时作为江南主要流放萨迦派人之地，应是杭州。至元十八年（1281）世祖流八思巴异母弟意希迥乃之子达尼钦波桑波贝于杭州，此事详见阿旺贡噶索南《萨迦世系史》：

法王八思巴的异母弟益希迥乃大师娶玛久喀麦玛又称觉摩本米为妻，生子名叫达尼钦波桑波贝……达尼钦波十九岁时，八思巴去世，此时因事先已决定由恰那多吉之子嗣继承世系，加以恰那多吉和益希迥乃声望地位的不同（恰那多吉是八思巴的同母弟，益希迥乃系侍女所生），尽管堂兄弟二人中达尼钦波年长，还是由恰那多吉之子达玛巴拉[41]继承了法座，达尼钦波则另住一处。当追荐八思巴的法会结束后，二十一岁的达尼钦波应大臣阿布之邀请前往朝廷。因此有人向朝廷控告他违反追荐八思巴之规矩，皇帝下令予以追查。达尼钦波遂被流放到蛮子地方。达尼钦波先是被流放到离京城海路二十多程站的一座大城苏州，后来又有圣旨将他流放到再离七程站的一座大城杭州，此后他又到离杭州十程站的普陀山，修习瑜伽行。他还曾娶有一汉女，生有一子[42]。……达尼钦波二十七岁时，达玛巴拉去世……自达玛巴拉死后到达尼钦波从朝廷返回萨迦寺之前的十八年中，由夏尔巴绛贝漾仁钦坚赞主持萨迦寺……据藏强巴著的《萨迦世系史》记载，帝师扎巴沃

4 帕玛顿月珠巴缂丝像

色[43]居于朝廷向皇帝递交呈文，帝师扎巴沃色之助手尼第瓦国师西饶贝和米钦奥布也一再向皇帝申诉……达尼钦波也是上师八思巴的侄子。皇帝听后，改变了心意，下令说，如是这样的话，请派人将他从蛮子地方找回来。……达尼钦波于三十五岁时，皇帝赏赐了大量物品，并承认他是八思巴帝师的侄子。在皇帝命他承袭萨迦昆氏家族世系的圣旨下达后，他即按照皇帝的旨意返回萨迦寺……四十五岁时担任萨迦寺住持……上师达尼钦波在世时，雪域吐蕃之教法极为兴盛。[44]

13世纪末叶，达尼钦波桑波贝已是萨迦昆氏世系之独苗，此后昆氏一系皆出自达尼钦波桑波贝。达尼钦波桑波贝十三子，据《萨迦世系》《红史》所记，有三子任帝师，二子尚主封王，二子曾封国公，五子曾任国师[45]。故《汉藏史集》谓“萨迦派的权势与财富也以此上师在位时最为兴盛”[46]。日后如此炫赫之萨迦首脑，二十至三十五岁时，寓居包括杭州在内的江南，虽属流放，实系特殊人物，与元世祖流放生于临安的南宋少帝赵㬎于萨迦相类似[47]。两者皆是汉藏关系史上之重要事迹，且又同为官修史籍所讳言者。

元时杭州工艺上承南宋繁荣，各色丝织和雕版印刷尤极兴盛。布达拉宫所藏向蔡巴尊追札缂丝像有可能为13世纪杭州织造，已如前述。同藏于布达拉宫的另外两幅——帕玛顿月珠缂丝像（插图4）和密集金刚织锦像[48]，也极可能是13、14世纪杭州所产。最近在美国纽约大都会博物馆承屈志仁先生之介，得睹一残幅缂丝，其下部列像中有清晰的蒙古装束之供养人像，该缂丝时代亦不晚于14世纪。以上丝织唐卡制作俱极精细，疑皆出自杭州“巧工”[49]，其原因除了杭州是当时丝织工艺水平最高的地点和其地与土蕃交往密切外，藏族地区从杭州定制丝织唐卡直迄近代犹未衰歇，札什伦布寺藏萨迦贡噶坚赞（1182～1251）织锦像，像下缘织出汉藏两种文字款识，汉文款识为“中华民国浙江杭州都锦生丝织厂织”即是一例[50]，有力地印证了此悠久之历史传统。

元代杭州雕版印刷，以刊印佛书为大宗。松江府僧录管主八主持雕印多种文字佛经，有名于大德间。民国二十五年（1936），上海影印宋版藏经会影印《碛砂藏》[51]，该藏第五八六册遵字九《大藏圣教法宝标目》卷九末录管主八愿文云：

> 上师三宝加持之德，皇帝太子福荫之恩，管主八累年发心，印施汉本、河西字大藏经八〔五〕[52]十余藏，华严诸经忏、佛图等西蕃字三十余件经文外，近〔“近”后增“见”字〕平江路碛砂延圣寺大藏经板未完，施中统钞贰佰锭及募缘雕刊，未及一年已满千有余卷，再发心于大都弘法寺取秘密经律论数百余卷，施财叁佰锭，仍募缘于杭州路，刊雕完备。续天下藏经悉令圆满，集于〔是〕功德，回向西方导师阿弥陀佛、观音、势至、海众菩萨；祝延皇帝万岁，太子诸王福寿千春，佛日增辉，法轮常转者。大德十年（1306）丙午腊八日，宣授松江府〔路〕僧录广福大师管主八谨题。

日本善福寺藏《碛砂藏》本《大宗地玄文本论》卷三末所刊管主八愿文记述雕印经图的内容更为详细：

> 上师三宝佛法加持之德，皇帝太子诸王覆护之恩，管主八誓报四恩，流通正教，累年发心印施汉本大藏经五十余藏，四大部经三十余部〔华严大经一千余部〕，经论律疏钞五百余部，华严道场忏仪百余部，焰口施食仪轨三千余部，梁皇宝忏、藏经目录、诸杂经典不计其数。金银字书写大华严、法华经等共计百卷，装严佛像金

> 彩供仪，刊施佛像图本，斋供十万余僧，开建传法讲席，逐日自诵大华严经一百部，心愿未周，钦睹圣旨，于江南浙西道杭州路大万寿寺雕刊河西字大藏经三千六百二十余卷、华严诸经忏板，至大德六年（1302）完备。管主八钦此胜缘，印造三十余藏及大华严经、梁皇宝忏、华严道场忏仪各百余部，焰口施食仪轨千有余部，施于宁夏、永昌等路寺院，永远流通。装印西蕃字乾陀般若白伞〔盖〕三十余件经咒各十〔千〕余部，散施土蕃等处流通读诵。今见平江路碛砂延圣寺大藏经板未完，遂于大德十年（1306）闰正月为始，施财募缘，节续雕刊，已及一千余卷，又见江南闽浙教藏经板，较直北教藏缺少秘密经论律数百卷，管主八发心，敬于大都弘法寺取到经本，就于杭州路立局，命工刊雕圆备，装印补足。直北、腹里、关西、四川大藏教典，悉令圆满。集斯片善，广大无为，回向真如实际，装严无上佛果菩提，西方教主无量寿佛、观音菩萨、势至菩萨、清净海众菩萨；祝延皇帝万岁，圣后齐年，太子诸王福寿千春，帝师法王福基巩固，时清道泰，三光明而品物亨；子孝臣忠，五谷熟而人民悦，上穷有顶，下及无边，法界怀生齐成佛道者。大德十年丙午腊月成道日，宣授松江府僧录管主八谨愿。〔53〕

两愿文所记西蕃字经文即藏文经文。此管主八所刊当是藏文经文之雕印和藏族地区流通印本佛经之始。相传皇庆元年（1312）至延祐七年（1320）藏地那塘寺札巴喜饶雕版的第一部藏文藏经印本，即所谓那塘古版大藏者〔54〕，应是在此影响下出现的。管主八事迹不详〔55〕，但从“管主八”（Bkahhgyur-Pa）三字是土蕃所称通经藏大师的译音〔56〕和管主八本人经历考察，不难推定他即使不是当时帝师直系的萨迦喇嘛，也是萨迦一派重要高僧。又前引管主八愿文中所记之“佛图”“佛像图本”，似可以《碛砂藏》之扉画当之。检影印《碛砂藏》，知该藏每帙之首册卷前皆装帧成四折，画框43.2～43.8厘米×23.8～24.7厘米的佛说法版画一幅，内容有八种样式，按《碛砂藏》每帙的千字文顺序，每八个字重复一次。现列千字文开头的八个字（天、地、玄、黄、宇、宙、洪、荒）帙号和所附扉画的具体情况如下页附表。

序号	扉画所在经帙	内容简况	刊记
1	天一《大唐三藏圣教序》	坐佛右向说法，周绕弟子、菩萨和诸天。上方两侧云端列化佛。	“陈升画” “□玉刊”
2	地一《大般若波罗蜜多经》卷一一（插图5）	左佛、右高僧对坐说法，天雨花。佛左、僧右各立两弟子。	
3	玄一《大般若波罗蜜多经》卷二一	分左右两栏： 左栏三折。坐佛右向说法，周绕弟子、菩萨、诸天和化佛，右上方一供养人，汉装官服，捧炉。 右栏一折。白伞盖坐像，下方列四护法，上方列三小白伞盖。	“陈升画”
4	黄一《大般若波罗蜜多经》卷三一	坐佛右向说法，周绕弟子、菩萨、诸天和化佛，佛座前右侧斜置供桌，桌上设五供：食物、法螺、灯、炉、花盘。	“杭州众安桥杨家印刷”“杨德春”
5	宇一《大般若波罗蜜多经》卷四一	略同2，但右侧高僧戴左右各垂长耳的萨迦帽[57]。	
6	宙一《大般若波罗蜜多经》卷五一（插图6）	分左右两栏： 左栏三折。佛坐菩提树下正向说法，周绕弟子、菩萨、诸天。天雨花。佛座左侧一供养人，汉装官服，捧炉。 右栏一折，四臂菩萨坐像，后两臂，右手持剑，左手持弓。前两臂，右手持矢，左手执花，花上着宝箧。	“雍庭礼李氏舍财”“孙祐刊”
7	洪一《大般若波罗蜜多经》卷六一	分左右两栏： 左栏三折。坐佛右向说法，周绕弟子、菩萨、诸天。佛座前置矮供桌，桌上设五供：花瓶、炉、灯、法螺，食物（？）。坐佛左侧一供养人，汉装官服合掌立。坐佛右侧一汉装道士合掌立。 右栏一折。合掌菩萨坐像，右侧有菩萨侍立，上部列诸天，诸天上方有山岩花树。	
8	荒一《大般若波罗蜜多经》卷七一（插图7）	坐佛右向说法。周绕弟子、菩萨、诸天，上两侧云端列化佛。佛座前左侧一供养人，汉装官服，手持行炉。坐佛右上方一汉装道士合掌立。	“陈升画” “陈宁刊”[58]

5 《碛砂藏》地一扉画

6 《碛砂藏》宙一扉画

7 《碛砂藏》荒一扉画

8 杨琏真加施刊之扉画

这八种版画所绘形象，除所记汉装供养人、汉装道士和部分天部外，皆所谓“梵式”的土蕃式样[59]：如佛髻上置宝严、广额方面、耳垂扁长、肩宽腰细、多作转法轮印；菩萨耳佩圆形优波罗花，体态窈窕；高僧内着覆肩背心，或戴左右各垂长耳的萨迦帽等。其中人物面相宽扁，表情板滞。佛背光文饰繁缛，背光之后的靠背设大鹏、鲸鱼、兽王、象王四拿[60]，菩萨白毫或作长形等，更具14世纪萨迦寺院形象的特征[61]。因此推测碛砂扉画主要部分来自萨迦，但经杭州汉族画工、刊工重摹雕木时，或有增改，故序号3、4、6、7、8扉画中杂有汉装人物[62]。

蒙古统治者肆虐江浙，义军兴起，与元朝统治者关系密切的藏传佛教寺院及其有关遗物，自难幸存。入明以后，更多被摧毁、湮没[63]，故清代学人虽勤于搜求，所获无多。按藏传佛教流行于上层，但作为宗教文化的各种遗迹，却是说明具有悠久历史传统的汉藏两大民族间文化交流与友好往来的物证。杭州西距藏族地区五千里而遥，且已逾中原而近东海之滨，其地所以出现各类藏传佛教遗迹，实多由于政治原因；此诸政治因素，正是藏族地区作为中国版图之一部分早已开始于六七百年之前的重要史实。

本文原载《文物》1990年第10期。此次重排，除于文中（页420）改引阿旺贡噶索南《萨迦世系史》和增补〔28〕、〔33〕、〔44〕、〔48〕、〔56〕五注之部分内容外，未做改动。

又此文发表后，获读《元史及北方民族史研究集刊》第十二、十三合期（1990）所刊沈卫荣《元朝国师胆巴非噶玛巴考》，沈文考述胆巴事迹甚详，谓“胆巴是萨迦第四祖（八思巴伯父萨斯迦班智达）的弟子”和据程钜夫《雪楼集》“《凉国敏慧公神道碑》记载，阿尼哥确于至元十三年（1276）建寺于涿州”、柳贯《柳侍制文集》所收《护国寺碑》记胆巴“立庙于都城之南涿州”两事，可补拙文所不及，固谨录程、柳两文有关文字如下。《雪楼集》卷七《凉国敏慧公神道碑》：“（至元）十一年（1274）建乾元寺于上都，制与仁王寺等……十三年建寺于涿州，如乾元制。”《柳侍制文集》卷九《护国寺碑》："延祐五年（1318），岁在戊午，皇姊鲁国大长公主新作护国寺于全宁路之西南八里，直大永庆寺之西。以为摩诃葛剌神专祠，亦既考成，命某篆其事于碑。某谨按摩诃葛剌神，汉言大黑天神也。初，太祖皇帝肇基龙朔，至于世祖皇帝绥华纠戎，卒成伐功，常隆事摩诃葛剌神，以其为国护赖，故又号大护神，列诸大祠，祷辄响应。而西域圣师大弟子胆巴亦以其法来国中，为上祈祠，因请立庙于都城之南涿州。祠既日严而神益以尊。方王师南下，有神降均州武当山，曰今大黑神领兵西北来，吾当谨避之。及渡江，人往往有见之者。武当山神即世所传玄武神，其知之矣。然则大黑者于方为北，于行为水，凝之为阴气，降为明灵，以翼相我国家亿万斯年之兴运，若商之辰星，晋之参星，耿耿祉哉，焉不诬也。全宁东北京师千二百里，其地当芦川之上，淮安、甘泉二山之间，阴幽之气，渟蓄萃结，其食兹土，非神孰宜。令大长公主之在藩首重是祀，使为其法者严事如式。夫以昭承圣主毖祀之宏猷导迎两宫钦祠之洪贶，而岂私福也哉。"涿州摩诃葛剌庙制比乾元，可见规格之高；选地芦川之上，既取面向南方，又具阴幽之气，渟蓄萃结，盖以自有因由也。

注释

〔1〕 田汝成《西湖游览志余》卷二五《委巷业谈》摘录此文，文末又记："而飞来峰石壁皆镌佛像。王元章诗云：'白石皆成佛，苍头半是僧。'鉴湖天长观有道士为僧者，献观于总统云：'贺知章倚托史弥远声势，将寺改观，乞原日寺额。'杨髡从其语，真可笑也。"

〔2〕 "西番"系指当时藏族居住区，又见本文"二"所引《佛祖历代通载》。本文"二"引延祐三年（1316）赵孟頫碑作"西蕃"，本文"三"引大德十年（1306）管主八愿文作"西番"或"西蕃"。按元时仍沿用吐蕃一词，但作"土蕃"，见前引管主八愿文；《元史》简作"土番"。又作西天，见本文"三"所引至元十八年（1358）钟铭和贡师泰所撰寺碑。

〔3〕《西湖游览志》卷一九《南山分脉城外胜迹》亦记尊胜寺云："寺在正阳门外尊胜巷，故宋福宁殿也。元僧杨琏真佳改殿为寺。有尊胜塔，俗称白塔。"

〔4〕 田汝成两志据《西湖游览志自叙》知校刻于嘉靖二十六年（1547），《嘉靖仁和县志》沈朝宣邻卫纂修于嘉靖二十八年（1549）。田、沈著录应多据其前方志。现存有关早期方志即《成化杭州府志》，待查。

〔5〕 参看拙作《元大都〈圣旨特建释迦舍利灵通之塔碑文〉校注》，刊《考古》1963 年第

1期。

〔6〕以下所列飞来峰造像龛号，系据黄涌泉《杭州元代石窟艺术》，1958。

〔7〕前引《西湖游览志》所记尊胜塔，其形制可据此塔龛推测。又元时土蕃地区萨迦派多建此塔，参看拙作《西藏寺院调查记》，待刊。

〔8〕关于飞来峰现存藏传密教造像的具体情况，参看洪惠镇《杭州飞来峰“梵式”造像初探》，刊《文物》1986年第1期。

〔9〕麻曷葛剌，梵文作Mahā-kāla。唐不空译《仁王护国般若波罗蜜多经》卷下作“摩诃迦罗”。良贲奉敕所撰疏云：“言摩诃者，此翻为大；言迦罗者，此云黑天也。上句梵语，下句唐言。大黑天神，斗战神也，恭祀彼神，增其威德，举事皆胜，故向祀也。”慧琳《一切经音义》卷一〇释“摩诃迦罗”云：“摩诃迦罗，梵语也。唐云大黑天神也。有大神力，寿无量千岁，八臂，身青黑云色……虎牙上出，作大忿怒形，雷电烟火以为威光，身形极大，足下有一地神女天，以两手承足者也。”神恺所记《大黑天法》云：“大黑天神者，大自在变身也。五天竺并吾朝诸伽蓝等皆所安置也。有人云：大黑天神者，坚牢地天（神）化身也……肤色悉作黑色，头令冠乌帽子，悉黑色也。令着袴驱褰不垂，令着狩衣裙短袖细……彼有大力，即加护人，所作勇猛斗战等法，皆得胜也，故大黑天神即斗战神也。”此唐密摩诃迦罗形象，曾见敦煌莫高窟藏经洞所出五代宋初之绢画或纸本中，如松本荣一《敦煌画研究·附图》所收之第167、第174和第188图，其形象虽与藏密麻曷葛剌略有差异，但其作用特别是“斗战神”这一项则与藏密完全相同。又麻曷葛剌汉译异文甚多，参看吴世昌《密宗塑像说略》，刊北平研究院《史学集刊》第三期，1937。

〔10〕元代无巨州。《佛祖历代通载》卷二二记“麻诃葛剌神……随祷而应……有旨建神庙于涿之阳”，因疑此巨州或系涿州之误译。

〔11〕译文系据陈庆英译本，172～173页，1986。

〔12〕《经世大典》已佚，此《工典·画塑》部分，系清末文廷式从《永乐大典》卷一八二八七中抄出。1916年，王国维据文氏抄本编入《广仓学窘丛书》时，题书名作《元代画塑记》。书中只记元成宗元贞元年（1295）至文宗至顺元年（1330）间画塑御容、儒道佛像所用材料等事，并非记述有元一代全部画塑事迹。

〔13〕此“北”字疑是衍文。按现存《经世大典·工典·画塑》部分记录麻曷葛剌所据位置，多在寺之西南角楼。此现象殊值注意。

〔14〕大圣寿万安寺西南角楼的布置亦作十五尊。按前引兴和路寺情况，知此十五尊即“麻曷葛剌主从之像”，其内容为“马哈哥剌一、左右佛母二、伴绕神一十二圣”，与宝成寺主从之像不同，参看本文“二”。又敦煌莫高窟第465号元窟后室东壁入口北侧画麻曷葛剌像一铺，主尊四臂轮王座，主尊上下方各绘六像，左右侧各绘三像，似皆主尊之化身，既与宝成寺主从之像不同，亦异于此之十五尊，参看《敦煌莫高窟密教遗迹札记》。该文已收入本论文集。

〔15〕此事又见《元史·泰定帝纪一》：“（至治三年）十二月……塑马哈吃剌佛像于延春阁之徽清亭。”《日下旧闻考》卷三〇据《禁扁》《昭俭录》《析津志》诸书，谓《元史》所记之延春阁系延华阁之误。《旧闻考》引《昭俭录》云：“延华阁在兴圣宫后，徽

清亭在延华阁后，圆亭之东，与芳碧相对。”按此奉麻曷葛剌像之地，疑即《析津志》所记位于“(延华)阁西有娑罗树，微(徽)清殿(亭)西有大威德殿，墙西有方碧亭”(《永乐大典》卷四六五○《顺天府》七引)之大威德殿。大威德梵语作“焰曼德迦”(Yamātaka)。《佛祖历代通载》卷二二记，世祖时“有上士名剌温卜，以焰曼德迦密乘之要，见称于世，帝师(八思巴)命公(积宁沙啰巴观照)往学此法”。麻曷葛剌与焰曼德迦皆作忿怒相之护法像，《析津志》作者所以误奉麻曷葛剌地为大威德殿，或即因此。

〔16〕“麻曷葛剌圣相一堂”的内容和布局虽与《经世大典》所记不同，但主尊麻曷葛剌的形象应无大差异。

〔17〕“图白忒”即“土伯特”之异译。《圣武记》卷五《国朝抚绥西藏记》上：“西藏古吐蕃，元明为乌斯藏，其人则谓之唐古特，亦曰土伯特……(康熙)三十三年(1694)达赖剌麻入贡，言已年迈，国事决第巴，乞锡之封爵。诏封第巴桑结为土伯特国王。”

〔18〕《大清太宗皇帝实录》卷二一：“天聪八年(1634)十二月丁酉……墨尔根喇嘛载护法嘛哈噶喇佛像至。”(“佛像”北京大学图书馆藏旧抄本作“金身”)

〔19〕《大清太宗皇帝实录》卷二四：“天聪九年(1635)秋七月癸酉……又蒙古大元世祖忽必烈时，帕斯八喇嘛以千金铸佛一尊，后汤古忒国沙尔巴胡土克图喇嘛携之归于元太祖成吉思汗后裔察哈尔林丹汗。今察哈尔国灭，阖属来归，此佛已至我国。”同书卷二七：“天聪十年(1636)春正月壬子……上命备陈诸祭物，祀嘛哈噶喇佛于佛寺(实胜寺)内。又以已故沙尔巴胡土克图自孟库地方送佛像至，命造银塔一座，涂以金，藏其骸骨于塔中，置佛殿左侧，礼祀之。”“汤古忒”即“唐古特”之异译，参看注〔17〕。据此知奉麻曷葛剌来盛京的主要喇嘛应是沙尔巴和墨尔根两人，又按沙尔巴胡土克图属萨迦派，1617年来林丹汗处，其后曾主持林丹汗之译经，转藏为蒙，完成了一百一十三部的蒙文大藏《甘珠尔》，康熙末年敕令刊布。参看海西希《蒙古的宗教》，耿升译，《西藏和蒙古的宗教》，390～391、394页，1989。

〔20〕《武林梵志》卷前有万历壬子(四十年，1612)吴用先序和吴之鲸所撰《纪略》，知该书纂成于万历四十年之前。

〔21〕许承祖《雪庄西湖渔唱》卷六《吴山路宝成寺》条引《武林梵志》此句作：“洪武后，寺废为黎氏园。万历间重新。”

〔22〕《雪庄西湖渔唱》卷前有乾隆十八年(1753)彭启丰序和乾隆十六年(1751)许承祖自序。

〔23〕汪师韩《韩门缀学续编》所收《麻曷葛剌佛铁四太尉》条，有“樊榭先生没于壬申(乾隆十七年，1752)，十余年矣，恨无从举此就正之”句，知汪文撰于18世纪60年代。汪氏此条征引文献虽增于厉文，但云“麻曷葛剌佛译言欢喜佛”，又谓元明文献所记诸淫亵之像“皆即麻曷葛剌佛也”，均有讹误。又云：“今宝成寺所凿，土人或称麻栗扢答佛，应是当时闻有此佛号，遂以是当之而实非也。”麻栗扢答即麻曷葛剌之音讹，非别有之另一新佛号。

〔24〕《乾隆杭州府志》乾隆四十四年(1779)修。卷二八《宝成寺》条引《清波杂志》记麻曷葛剌龛“旁有畏吾儿之文”。维吾尔文题记现已无存。厉鹗诗“想见初成时，高

昌畏吾族”，疑与此“畏吾儿文”有关。

〔25〕此造像铭记全文，以钱大昕《潜研堂金石文跋尾续》卷六贞所收录文为最早。

〔26〕此唐卡见录于西藏自治区文物管理委员会编辑之《西藏唐卡》图版62，1985。《西藏唐卡》题名作“贡塘喇嘛向像”。又近年宁夏银川市西北拜寺口元塔顶下发现一处装藏，内奉有13世纪所绘高僧唐卡一帧，其画面亦如此布置。

〔27〕《经世大典·工典·画塑》佛像条亦多记三世佛。如“武宗皇帝至大三年（1310）正月二十一日，敕虎坚帖木儿丞相，奉旨新建寺……正殿三世佛三尊……”；“（延祐）七年（1320）十二月六日，进呈玉德殿佛样，丞相拜住、诸色府总管朵儿只奉旨，正殿铸三世佛……”西藏寺院的情况，可参看拙作《西藏佛寺调查记》。

〔28〕译文据陈庆英译本，173页。同页陈附注②谓：“此阿阇黎胆巴似即《元史·释老传》中的胆巴国师。”

〔29〕《元史·释老传》所记胆巴事迹，较《通载》简略，如记海都犯界事云：“元贞间，海都犯西番界，成宗命（胆巴）祷于摩诃葛剌神，已而，捷书果至。”又胆巴于家乡今青海玉树自治州称多县所建之尕藏寺迄今尚口传胆巴故事甚多，参看周生文、陈庆英《大元帝师八思巴在玉树的活动》，刊《西藏研究》1990年第1期。

〔30〕赵碑所云之皇帝，系元仁宗。至大四年（1311）春正月庚辰武宗卒，三月庚辰仁宗即位，此“皇帝即位之元年”应是至大四年。

〔31〕《佛祖历代通载》卷二二记胆巴“元贞乙未（元年，1295）四月奉诏住大护国仁王寺……壬寅（大德六年，1302）……五月十八日……师即敛容端坐面西而逝。上闻悲悼不胜，赐沉檀众香，就上都庆安寺结塔荼毗……是月二十九日，敕丞相答失蛮开视焚塔，见师顶骨不坏，舍利不计其数，轮殊坐毡如故，回奏加叹，敕大都留守率承应伎乐迎舍利，归葬仁王寺之庆安塔焉”。知此大都寺即大护国仁王寺。《日下旧闻》卷二一录《大护国仁王寺恒产之碑》云：“初，至元七年（1210）秋，昭睿顺圣皇后于都城西、高粱河之滨，大建佛寺，三年而成。时裕宗在东宫，襄善赞美，所以奉慈闱，尊梵王，弘法海之盛心，无所不用其极。”乾隆三十九年（1774）朱筠等奉敕撰《日下旧闻考》，该书卷九八辑录此寺遗文时，即云“护国仁王寺今无考”，可知18世纪护国仁王寺已不可踪迹矣。

〔32〕此五年即仁宗即位之五年，应是延祐二年。

〔33〕真定路龙兴寺即今河北正定隆兴寺。此碑钱大昕撰跋时即已不存，《潜研堂金石文跋尾续》卷六：“今真定原石久失，此本乃后人翻刻入法帖者。”本录文系据北京图书馆所藏《壮陶阁帖》利五所收覆刻拓本。《壮陶阁帖》霍邱裴氏所刻，末有乙酉（光绪十一年，1885）潘祖荫跋，知非钱大昕所见法帖。此帖承北京图书馆徐自强同志检出，并寄来复印件，谨申谢忱。又按故宫博物院藏有此赵碑墨迹，文物出版社编入《历代碑帖法书选》，1982年影印行世。

〔34〕译文据陈庆英译本，176页。

〔35〕《西湖石窟探胜》，1981。

〔36〕《两浙金石志》，嘉庆间阮元辑录，道光四年（1824）校刊行世。录文后所附跋文对铜钟形制的描述，不如厉鹗所记清晰；所论历文差错，似亦多出误解。

〔37〕据北京大学图书馆藏明嘉靖刻本。

〔38〕达识贴睦迩于杭州曾广建寺观。《西湖游览志》卷一二《南山城内胜迹》记："至德观……元至正毁……行省丞相达识帖木儿重建，构星宿阁，塑三天帝真、五星九曜、周天星宿、后土神煞之像……元末毁。"同书卷一八《南山分脉城外胜迹》又记："灵寿寺在曲阜桥东，元至正二十一年（1361）江浙行省左丞相达识帖睦尔建。本畏吾氏世族，故称畏吾寺。"

〔39〕译文据陈庆英、周润年译东嘎·洛桑赤列校注本，47页，1988。"三部"或译作"三院"，三院情况参看王森《西藏佛教发展史略》第五篇《萨迦派》，1987。

〔40〕陈庆英译本，222页。

〔41〕达玛巴拉，《元史·世祖纪九》作"答耳麻八剌剌吉塔"。《至元法宝勘同总录序》作"达哩麻八罗阿罗吃答"。

〔42〕《红史》记此事云："他住在蛮子地方时，所生的儿子为索南桑布大师，年轻时在凉州被封为国公，格坚皇帝（英宗）在位时还俗，娶公主门达干，被封为王，返回蕃地在朵甘思去世。"译文据陈庆英、周润年译本，44～45页。

〔43〕扎巴沃色，《元史·释老传》作"乞剌斯八斡节儿"。

〔44〕译文据陈庆英、高禾福、周润年译本，173～177页，1989。《萨迦世系史》撰于崇祯二年（1629）。

〔45〕《萨迦世系》资料转引自《西藏佛教发展史略》第五篇《萨迦派》附表一。《红史》有关资料见陈庆英、周润年译本，44～45页。

〔46〕陈庆英译本，210页。

〔47〕参看王尧《南宋少帝赵㬎遗事考辨》，刊《西藏研究》1981年第1期（创刊号）。

〔48〕《西藏唐卡》图版102著录帕玛顿月珠巴缂丝。仁增多吉等撰说明云："上有梵文颂词，下是藏文题款，意思是说，这幅缂丝唐卡是由江尊追查做好送给其师札巴坚赞的。札巴坚赞是萨迦第五祖师第三位，曾任萨迦法台，说明这幅唐卡乃是宋朝末期在内地定做的。"按札巴坚赞卒于1216年，即成吉思汗即位之十一年。其时萨迦尚未与蒙古发生关联，遑论南宋。意者，该缂丝应是1279年临安陷落后的作品。其时代约与向蔡巴尊追札缂丝相近。密集金刚织锦著录于《西藏唐卡》图版85。此织锦从出现卷云地纹考察，应较帕玛顿月珠巴缂丝为晚，织造时间约在14世纪。织丝成像盛于元代。《经世大典·工典·画塑》叙录云："古之象物肖形者，以五采章施五色，曰绘曰绣而已，其后始有范金埏土而加之采饰焉。近代又有织丝以为象者，至于其功益精矣。"（《国朝文类》卷四二所收《经世大典·工典·画塑序录》作："绘事后素，此画之序也，而织以成像宛然如生，有非采色涂抹所能及者，以土像形又其次焉。然后知工人之巧，有夺造化之妙者也。"王国雄《元代画塑记跋》认为系大典"书成后，有所改易"之故。）据《经世大典》所载，知此种高级肖像工艺皆用之于皇室，如记"成宗皇帝大德十一年（1307）十一月二十七日，敕丞相脱脱、平章秃坚帖木儿等，成宗皇帝贞慈静懿皇后御影依大天寿万宁寺内御容织之"；又如"英宗皇帝至治三年（1323）十二月十一日，太传朵解、左丞善生、院使明理董瓦进呈太皇太后、英宗皇帝御容……即令画毕复织之"。又如程钜夫《雪楼集》卷七《凉国敏慧公神道碑》记："世祖上宾……（阿尼哥）追写世祖、顺

圣二御容织帧，奉安于仁王、万安之别殿……大德五年（1301）……又命织成裕宗、裕圣二御容奉安于万安寺之左殿。”可见织丝形象等级之高贵。

〔49〕《经世大典·工典·画塑》：“大德四年（1301）九月二十四日，速古儿赤、众家奴、合剌撒哈都奉旨，秘书监所蓄书画选其佳者……依张参政所言，驰驿杭州，取巧工裱褙。”按该书记工匠处甚多，但云巧工则只此一例。

〔50〕见《西藏唐卡》图版60。16世纪以后归属札什伦布寺之那塘寺，18世纪曾雕印萨迦贡噶坚赞版画，其布局全同此织锦，因知此织锦即据那塘寺版画所摹织者。刘艺斯《西藏佛教艺术》图版52录有察庯藏萨迦贡噶坚赞版画之复制品，1957。

〔51〕上海影印宋版藏经会据当时西安开元、卧龙两寺所藏《碛砂藏》影印。此原本《碛砂藏》，现藏陕西省图书馆。

〔52〕影印本《碛砂藏》第五六五册多字十《大乘理趣六波罗蜜多经》卷一〇末，亦刊有此愿文，文字略有差异，现将异文录于方括号内。以下同。

〔53〕影印本《碛砂藏》第五八一册践字三《大宗地玄文本论》卷三末无此刊记（影印本《碛砂藏》遗漏刊记颇多，不知此刊记是否影印时漏印，参看杨绳信《论碛砂藏》，刊《文物》1984年第8期）。此系引自王国维《两浙古本考》卷上《元杂本·河西字大藏经》条。王文撰于壬戌岁（1922）。方括号内的字，系据《佛书解说大辞典》别卷《佛典总论》小野玄妙所撰《钦定大藏经下刊本时代》引文增补，1978。

〔54〕参看杨茂森《论藏文大藏经的版本》，刊《西藏研究》1989年第2期。

〔55〕管主八或作管处八，其事迹诸书所载大抵不出上述管主八自撰愿文之内容。《碛砂藏》第五六五册多字七《大乘理趣六波罗蜜多经》卷七末有其子题记：“杭州路东北录事司安国坊太平巷居住，奉佛管永兴大师辇真吃剌，发心将故父管僧录遗下秘密经板一部，舍入平江路碛砂寺大藏经坊一处安顿，永远印造流通，祝延圣寿，愿大吉祥如意者。至正二十三年（1363）二月十六日奉佛管辇真吃剌谨施。”知管主八卒后，其子永兴大师管辇真吃剌直迄元末犹寓居杭州，并继承其父奉佛施舍诸功德。

〔56〕王静如《河西字藏经雕版考》注14：“管主八当为西藏Bkah hgyur-Pa（西藏读为Kan tsiəur Pa，蒙古读为Kantsut-Pa），意为通经藏大师，中国之三藏法师或足当之。今蒙、藏诸僧尚以此称高僧。Bkah意为‘语’，hgyur意为‘译’，西藏之Pa，犹中土之称父。此乃商之于吾友于道泉先生而得其指示者。”王文刊《西夏研究》第一辑，1932。最近（1991年2月）王尧先生函示：“管主八其人，其子名管永兴大师辇真吃剌。看来，管字应为其姓。拙见管为吐蕃大姓Mgos或Vgos，即管·法成的出身氏族。另有管·库巴拉则、管·熏奴贝等大译师，均为同一族人。”若然，则管主巴可对为Vgos-grub-Pa“管氏成就”。

〔57〕萨迦帽，参看图齐《西藏的宗教》插图8《萨迦巴的帽子》中的a。该图附说明云：“这是萨迦巴们的帽子，与译师们的帽子很相似，但没有尖端。由于俄尔巴也戴这种帽子，所以大家也以俄尔帽之名称呼它。”耿升译《西藏和蒙古的宗教》，163～164页。

〔58〕张新广《陈宁其人及回鹘文八阳经版刻地》曾统计现存陈宁所刊书籍版画的年代以此藏扉画为最早，其次有《至大（1308～1311）重修宣和博古图》附图、《回鹘文佛说天地八阳神咒经》扉画和元官刻大藏的扉画。元官刻大藏刊竣的时间，已迟至顺帝至

元二年（1336）。张文刊《世界宗教研究》1988年第1期。

〔59〕工布查布《造像量度经引》："所谓梵式者，世祖混一海宇之初，你波罗国匠人阿尼哥善为西域梵像，从帝师八思巴来，奉敕修明堂针灸铜像，以工巧称，而其门人刘正奉以塑艺驰名天下，因特设梵像提举司，专董绘画佛像及土木刻削之工，故其艺绝于古今，遂称为梵像，此则所谓梵式者也。"

〔60〕工布查布《造像量度经解》谓："背光制，有云六拿具者。一曰伽噌拿。华云大鹏。……二曰布啰拿，华云鲸鱼……三曰那啰拿，华云龙子……四曰婆啰拿，华云童男……五曰舍啰拿，华云兽王……六曰救啰拿，华云象王……是六件之尾语，俱是拿字，故曰六拿具。"扉画佛像靠背只具大鹏、鲸鱼、兽王、象王，故拟之为四拿。

〔61〕参看《西藏佛寺调查记》。

〔62〕郑振铎《中国版画史图录·唐宋元版画集》收有杨琏真加施刻之扉画一帧（插图8），画框24.7×40.4厘米，五折，分左右两栏。左栏坐佛右向说法；左栏似在殿前译经的场面，殿有榜曰万寿殿。右缘雕"都功德主江淮诸路释教都总统永福大师杨琏真佳"一行。此帧扉画纯为汉式。因知亡宋不久，在杭所雕佛经扉画尚因宋旧。大德六年（1302）管主八开雕佛像图本时，已去宋亡二十余年，其时杭州已多萨迦僧俗，故扉画设计遂以萨迦式样为主；八幅中序号为1、2、5三帧是较标准的萨迦图画。

〔63〕参看《西湖游览志余》卷六和《武林掌故丛编》第六集所收张岱《岣嵝山房小记》。

附录一　北魏石窟与禅

刘慧达

北魏时期是我国佛教史上一个重要的发展阶段。当时僧人的宗教行为特别重视修禅。这个问题汤锡予先生在他所著的《汉魏两晋南北朝佛教史》中，已经做了详细的论述。值得注意的是：与盛禅的情况相应，这一时期大量修造石窟，这些石窟寺遗址至今大多保存下来。当时修造石窟的目的，除了像一般所讲的是为了进行礼拜、供养等宗教仪式和修福田、修功德，乃至一些个人的造像愿望和要求以外，修禅很可能也是僧人造窟的重要目的之一。本文就是想从石窟所在的环境和石窟造像的题材入手，来探索当时僧人修窟与习禅的关系。

本文撰写过程中，曾多次请教汤锡予先生。先生正在养病期间，热心为我讲授北魏佛学上的问题，并指导阅读有关的文献资料，谨此致谢。

一　北魏盛禅与开窟

北魏的佛教，继承姚秦和北凉。姚秦和北凉的佛教都重修禅[1]。姚秦鸠摩罗什精于禅法，并且翻译禅经[2]，教授门徒[3]。北凉昙无识曾受业于白头禅师[4]，释玄高也专业禅法[5]。上述几人都是西北佛教的大师，他们的宗教活动，直接影响着北魏佛教的性质[6]。

北魏的皇帝多尊重禅僧，对他们特别加以优礼，太武帝甚重世号白脚禅师的惠始，“每加礼敬”[7]。灭凉之后，迎接玄高到平城，太子晃事玄高为师[8]。太武帝毁佛后，听了禅师惠始的话而有些后悔[9]。至文成复法时，起用师贤和昙曜[10]，他们都来自凉州。而昙曜又以禅业见称[11]。另一致力于复法的高僧僧亮，受业于僧周，僧周常在嵩山头陀坐禅[12]。献文帝造招隐寺，召坐禅僧[13]。孝文帝时佛陀禅师至北台，孝文“敬隆诚至”，“国家资供，倍加余部”[14]。禅师僧达、僧实也都被礼遇，谘问禅秘，从受禅法，“无有加焉”[15]。太和二十一年（497），下诏为鸠摩罗什建浮图[16]，而罗什是北禅的大师。其后，孝明、孝武也都敬礼禅僧。僧稠在怀州马头山，孝明帝三召不出，乃就山送供。孝武帝又在尚书谷中为之立禅室，集僧徒供养[17]。从上面皇帝尊重禅僧的事例，也可以看出北魏佛教重禅的特点是很明显的[18]。

就目前所知，我国北部许多著名的石窟群，如敦煌、麦积、炳灵等处，保存下来的早期重要洞窟，多属北魏时期。云冈和龙门石窟则是北魏所开凿。现存的北魏石窟的数量，在各时代造窟的总数中，占有相当大的比重。特别是北魏开凿的石窟规模宏大，为后世石窟所不及。

开窟与重禅，是北魏佛教信仰上同时存在的两个特点，凿窟人往往就是禅僧，据敦煌武周圣历元年《李君莫高〔窟佛〕龛碑》所记，莫高窟最早石窟就是禅僧开造的。“莫高窟者，厥𡉏（前）秦建元二年有沙门乐僔戒行清虚，执心恬静。甞杖锡林野，行至此山，忽见金光，状有千佛，□□□□□造窟一龛。次有法良禅师从东届此，又于僔师窟侧更即营建。伽蓝之起，滥觞于二僧。”[19]著名的云冈石窟，也是在禅僧昙曜的主持下雕凿的[20]。麦积山石窟，虽然没有确实是禅僧开凿的明文记载，但业禅的玄高曾和麦积有密切的关系[21]。北魏晚期的禅僧僧稠，入北齐后为石窟寺主[22]。根据以上情况，我们推测北魏佛教的重禅和盛行凿窟二者之间，应当存在着一定的联系。

二　石窟的地理环境和禅僧窟居

莫高窟的位置，在敦煌东南25公里，大泉西岸的鸣沙山麓。云冈石窟，在大同城西16公里的武周山，前临武周川。龙门石窟，在洛阳城南10公里余，伊水从窟前北流。这些石窟在地理环境上的共同点是：避开喧嚣的城市，远居山区，在石窟的附近有山泉或河流（插图1）。其他石窟的位置，也常具有上述特点[23]。

1　敦煌莫高窟地理位置

僧人习禅，是一种思维修法，要进行禅思，需要有安静的环境，《坐禅三昧经》卷上云："闲静修寂志，结跏坐林间。"《禅秘要法经》卷中云："出定之时，应于静处，若在冢间，若在树下，若阿练若处。"同书卷下亦云："佛告阿难，佛灭度后，佛四部众弟子，若修禅定，求解脱者……当于静处，若冢间，若林树下，若阿练若处，修行甚深，诸圣贤道。"经文说明，修禅定的人应当住在郊外山林静处〔24〕。《观佛三昧海经》〔25〕和《付法藏因缘传》〔26〕对于在山间修禅的环境，叙述得更为详细。《观佛三昧海经》卷七《观四威仪品之余》云："摩诃迦叶，徒众五百，化作琉璃山。山上有流泉浴池，七宝行树。树下皆有金床银光，光化为窟。摩诃迦叶，坐此窟中，常坐不卧，教诸弟子，行十二头陀。"《付法藏因缘传》卷一云："于是迦叶即辞如来，往耆阇崛山宾钵罗窟。其山多有流泉浴池，树林蓊郁，华果茂盛，百兽游集，吉鸟翔鸣，金银琉璃罗布其地，迦叶在斯，经行禅思。宣畅妙法，度诸众生。"〔27〕这种环境，正和北魏开凿石窟选择造窟地点的地理环境相同〔28〕。

经文不仅说明坐禅要山居，而且明确地指出应在石窟中坐禅。《付法藏因缘传》卷二："山岩空谷间，坐禅而龛定，风寒诸勤苦，悉能忍受之。"同书卷四又云："有一比丘名达摩蜜多。……南天竺国有二比丘，心意柔和，深乐善法。素闻尊者坐禅第一，即共相将往诣其所。于其住处有三重窟。……尔时二人进至上窟，见向比丘已于中坐。”

史传记载北魏禅僧居山岩石窟坐禅的情况，和上述的情况也极相似，《魏书·释老志》云：“高祖践位，显祖移御北苑崇光宫，览习玄籍，建鹿野佛图于苑中之西山，去崇光右十里，岩房禅堂，禅僧居其中焉。”高允《鹿苑赋》[29]亦有“凿仙窟以居禅，辟重阶以通术”之句。此外，《高僧传·宋伪魏平城释玄高传》[30]《续高僧传·魏嵩岳少林寺天竺僧佛陀传》[31]，又《齐邺西龙山云门寺释僧稠传》[32]以及《名僧传抄·伪魏敦煌释道韶传》[33]均有记述。

这种禅窟[34]，在北魏石窟群中已经发现的，大致可分为三种类型：

（一）在石窟群附近，离开造像窟一定距离，选择更幽静的地方，单独开凿的小窟。窟门拱形。窟内平面略呈方形。长和宽都在 1 米左右。窟顶高约 1 米余，平顶或穹窿顶。窟内壁面没有造像和雕饰。如云冈石窟群附近和敦煌莫高窟北部的许多小石窟，就是这种形式。

2 敦煌第 285 窟北壁上部壁画中的禅窟和下部小龛

3　敦煌第285窟南顶壁画——山间石窟坐禅僧人

（二）石窟群中的一些小型窟，形制大小略同（一）型。石窟内四壁雕有造像。云冈石窟西部和中部上方有许多属于这一类型的小窟。

（三）附属于造像窟中的小窟，即所谓毗诃罗中的小僧房。这种小僧房凿在毗诃罗的左右壁下部，形制大小和（一）型相近，其中也没有造像。敦煌第268窟中的第267、269、270、271窟和第285窟[35]左右壁下部的八个小窟就是这种类型的。敦煌第285窟窟顶周围，画有正在石窟中坐禅的禅僧图像（插图2），画上的小窟附近山峦起伏，窟门也画作拱形，窟室大小"仅容膝头"[36]。我们把这种图像和本窟下部的小窟对照来看（插图3），它的含义就十分明显了[37]。

三　禅僧观像和石窟造像题材

在石窟群中，保存数量最多的，是雕塑有佛像的造像窟。这种像窟，也和修禅有关。

禅经中说，修禅须先观像，《坐禅三昧经》卷上云："若初习行人，将至佛像所，或教令自往，谛观佛像相好。"《五门禅经要用法》[38]云："若行人有善心已来，未念佛三昧者，教令一心观佛。"因为，观像就如同见佛。《思维略要法·观佛三昧法》云："人之自信无过于眼，当观好像便如真佛。"释迦牟尼佛前生为精进王子时，即曾跏坐观像，并且因此而得成佛道。《法苑珠林·敬佛篇·观佛部》引《迦叶经》云："有一国王子，名大精进。……有一比丘于白氎上画佛形象，持与精进，精进见像，心大欢喜。……既得出家，持像入山，取草为坐，在画像前，结跏趺坐，一心谛观此画像，不异如来。……

佛告迦叶，昔大精进，今我身是，由此观像，今得成佛，若有人能学如此观，未来必当成无上道。”可见观像是修禅的一个必经步骤。

禅经又说，习禅所见的各种化佛形象，多在石窟中。《观佛三昧海经》卷三《观相品》：“是时世尊欲令大众见佛色身，……佛即化精舍如白玉山，高妙大小犹如须弥，百千龛窟，于众龛窟影现诸像与佛无异。”同书卷七《观四威仪品之余》：“尔时世尊告龙王曰：‘……汝今但以罗刹石窟持以施我。’时梵天王无数天子先入窟中，时彼龙王以诸杂宝以庄校窟。佛告阿难：‘汝教龙王净扫石窟。’诸天闻已，各脱宝衣竞以拂窟。尔时如来还摄身光，卷诸化佛来入佛顶。尔时如来敕诸比丘皆在窟外，唯佛独入，自敷坐具。敷坐具时，令此石山暂为七宝。”又云：“观佛影者，先观佛像，作丈六想，结跏趺坐，敷草为坐，请像令坐。见坐了了，复当作想作一石窟，高一丈八尺，深二十四步，清白石想。此想成已，见坐佛像住虚空中，足下雨花。复见行像入石窟中。入已，复令石窟作七宝山想。”以上都说明佛的影像是在石窟中〔39〕。晋释慧远在庐山营筑龛室，图写佛影。在他所写的《万佛影铭》中有“深怀冥托，霄想神游，毕命一对，长谢百扰”〔40〕。这段话说明他造佛影的目的之一在于对佛影坐禅。高允《鹿苑赋》亦云：“命匠选工，刊兹西岭，注诚端思，仰模神影。”据此推测，玄高之于麦积，昙曜之于云冈，以及鹿苑石窟中的禅僧等，他们大概都是对佛像坐禅的。

在云冈石窟第7、8窟和第12窟的窟门上部，明窗口左右，有浮雕的禅定僧像，这种形象大概就是当时的僧人在石窟内或石窟附近观像坐禅的

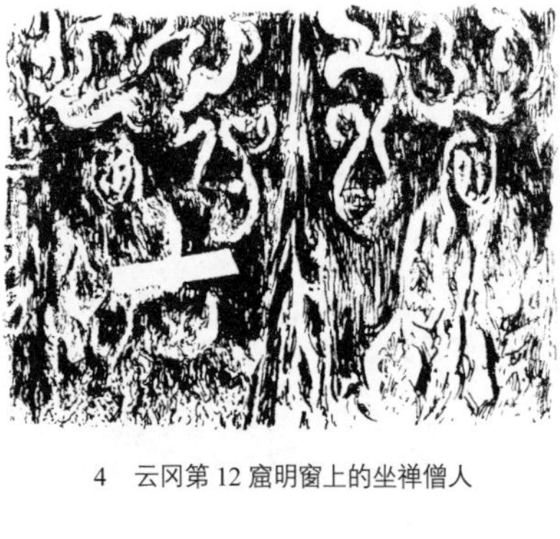

4 云冈第12窟明窗上的坐禅僧人

具体写照（插图 4）。

禅经记载，禅僧观像的种类大致有以下数种：释迦牟尼佛、释迦与多宝佛、十方三世诸佛、无量寿佛、四方佛、七佛和弥勒菩萨等。这些佛和菩萨的形象，正是北魏石窟中的主要造像题材。现在，我们把禅经所见的观像经文和石窟中的同类造像，对比列表如下：

（一）观释迦牟尼佛像（表一）

观释迦像是从观佛的“相好”开始，谛观佛的立像和坐像。

表一

<table>
<tr><th>观的内容</th><th>经名</th><th>经文摘要</th><th>石窟造像特征</th><th>实例</th></tr>
<tr><td rowspan="6">相好</td><td>禅秘要法经卷中</td><td>应当谛观顶上肉髻
次观像面，像面圆满，如十五日月
复观额广平正
眉间毫相，白如珂雪，如颇梨珠</td><td>高肉髻
面形丰满
额部方广平正
眉间有圆形白毫</td><td rowspan="6">云冈第20窟大佛（插图5）</td></tr>
<tr><td>观佛三昧海经序</td><td>或有欲系心观佛眉者
或有欲系心观佛牛王眼相者</td><td>眉修长而清晰
眼相分明</td></tr>
<tr><td>禅秘要法经卷中</td><td>复观像鼻，如铸金铤，似鹰王嘴，当于面门</td><td>高鼻端正</td></tr>
<tr><td>观佛三昧海经卷一</td><td>自有众生乐观如来髭须如蝌蚪形，流出光明者
自有众生乐观如来唇上腭际者</td><td>髭须刻画如蝌蚪纹
唇上颚际轮廓清楚</td></tr>
<tr><td>禅秘要法经卷中</td><td>复观像口，唇色赤好，如频婆罗果
次观像颈，如琉璃筒，显发金颜
次观佛像臂，如象王鼻，柔软可爱
次观像手，十指参差，不失其所
次观像身，方坐安稳，如真金山，不前不却，中坐得所
次观像胫，如鹿王腨，臁直圆满
次观足趺，平满安庠
脚指齐整，参差得中
足下莲华，千幅具足
如是诸事及与身光、圆光项光光有化佛，诸大比丘，众化菩萨，如是化人，如旋火轮，旋逐光走</td><td>口唇端好
颈项圆润
臂修长而圆柔
手指长短参差适度
像身端坐，庄严而又稳定
像胫圆满
跏趺平满
足指整齐
坐像或立像足下大都有莲华座有莲瓣形身光及圆形项光
身光项光中有化佛、比丘及化菩萨，作飞旋状，光焰雕成火焰纹</td></tr>
<tr><td>观佛三昧海经序</td><td>自有众生乐观如来说法时瑞应相者</td><td>佛手作施无畏印</td></tr>
</table>

续表

观的内容	经名	经文摘要	石窟造像特征	实例
立像	观佛三昧海经卷九观像品	佛告阿难，佛灭度后，现前无佛，当观佛像：乐逆观者，从像足指，次第仰观；顺观相者，从顶上诸蠡文间，具足观身，渐下至足。如是往返，凡十四遍。谛观一像极令了了，观一成已，出定入定恒见立像在行者前，此念想成，名观立像	相好分明之释迦立像	云冈第16窟大佛
坐像	观佛三昧海经卷九观像品	尔时世尊复为来世诸众生故，更说观像坐法。观像坐者，至心系念，令前立像，足下生华，作此想时，有宝莲华，千叶具足，应想而现，即见华已，请诸想象，令坐宝华[41]	释迦结跏趺坐莲华座像	云冈第20窟大佛（插图6）
	禅秘要法经卷中	唯见一像独坐华台，结跏趺坐。谛观此像，三十二相，八十种好，皆使明了。见此像已，名观像法		

5 “相好”分明的释迦像

6 云冈第20窟坐佛像

《法苑珠林·放生篇·感应缘》记秦沙门释冏事："夜四更尽，众僧皆眠，冏起礼拜，还欲坐禅，忽见四壁有无数沙门，悉半身出，见一佛螺髻分明了了。……俄而霍然无所复见。当尔之时，都不见众会诸僧，唯睹所置释迦文行像而已。"释冏大概就是在观释迦像之后坐禅，因而出现了见佛的幻境。

观立像和观坐像之外，还有观佛卧像（表二）。

表二

观的内容	经名	经文摘要	石窟造像特征	实例
卧像	观佛三昧海经卷七观四威仪品之余	作是观者名，名观如来卧。观如来卧者，先当观卧像，见卧像已，当作是念，佛在世时所以现卧，或为慈愍诸比丘故现右胁卧，如是卧者，是大悲卧	佛枕右肘，右胁累足而卧，身下有宝床	炳灵寺第82窟卧佛（插图7）
	禅秘要法经卷中	世尊在世，教诸比丘右胁而卧，我今亦当观诸像卧，寻见诸像牒僧伽梨，枕右肘右胁而卧，胁下自然生金色床，金光栴檀，种种杂色，众妙莲华以为敷具，上有宝帐垂诸璎珞		

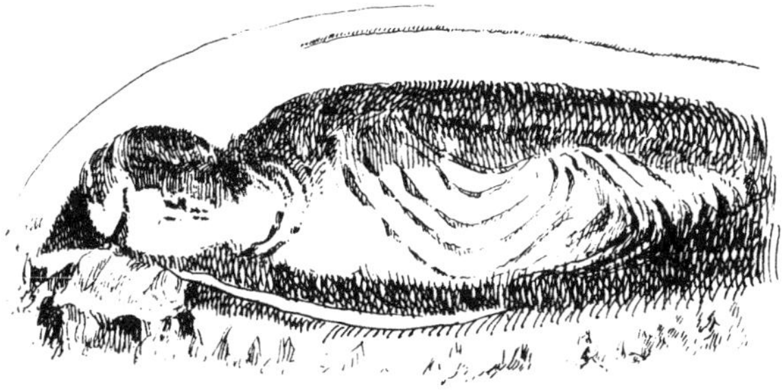

7　炳灵寺第82窟卧佛像

《观佛三昧海经》卷七《观四威仪品之余》：“佛告阿难：‘若有众生乐观佛卧者，若有众生闻佛卧法及诸比丘随顺佛语不坏威仪，右胁卧者，如此比丘现世坐禅，见十方佛为说大法。”《高僧传·齐始丰赤城山释慧明传》：“释慧明，姓康，康居人，……齐建元中，与沙门共登赤城山石室，见猷公尸骸不朽，而禅室荒芜，高踪不继。乃雇人开翦，更立堂室。造卧佛并猷公像，于是栖心禅诵，毕命枯槁。”慧明当是观佛卧像坐禅。

在观释迦像时，伴随释迦佛像而出现的，又有化佛和护法诸天等形象（表三）。

表三

观的内容	经名	经文摘要	石窟造像特征	实例
化佛	观佛三昧海经卷一观相品	云何名为如来成佛时大人相见无量无数百亿千万化释迦文，眉间白毫正长丈五——毛中出无量光——光中无量化佛，化佛眉间亦复如是	主尊造释迦大像 大佛遍身刻小化佛像	云冈第18窟（插图8）
化佛	观佛三昧海经卷四观相品	云何名为观于如来眉间光明时佛眉间即放白毫大人相光，其光分为八万四千支，亦八万四千色，遍照十方无量世界——光色化一金山——金山无量龛窟——窟中有一化佛，结跏趺坐，入深禅定[42]	眉间有白毫 窟内窟外壁面雕无数龛窟——窟中有一化佛，结跏趺坐，手结定印	
摩醯首罗天	治禅病秘要法卷下	复当想一摩醯首罗，乘金色牛，持宝水瓶，至行者前	摩醯首罗骑牛像	云冈第8窟拱门东侧
金刚	观佛三昧海经卷七观四威仪品之余	时金刚神，手把大杵，化身无数……时诸光中一切皆是执金刚神，奋金刚杵	力士形象，梳发髻，手执金刚杵，举手用力，作奋金刚杵状	云冈第10窟前室北壁门侧（插图9）
伎乐天人	坐禅三昧经卷上	诸天空中弦歌供养，散花雨香，一切众生，咸敬无量	演奏乐器、歌舞散花之飞仙	云冈第34窟窟顶（插图10）

8　云冈第18窟本尊身上的化佛

9　云冈第10窟前室北壁入口东侧金刚像

10　云冈第34窟窟顶伎乐天人

石窟中的诸天伎乐等形象，大都刻画在窟门和明窗左右，或是龛楣和窟顶部分。可以看出它们在石窟中是居于从属地位。

观佛“本生”和“佛传”，也是观释迦像的一个组成部分（表四）。

表四

观的内容	经名	经文摘要	石窟造像特征	实例
本生	观佛三昧海经卷七观四威仪品之余	尔时世尊还摄神足，从石窟出，与诸比丘游履先时为菩萨时，两儿布施处	须大那太子本生	龙门宾阳洞前壁右方
		投身饿虎处	萨埵那太子本生	敦煌第254窟南壁（插图11）
		割肉代鸽处	萨波达太子本生	同上北壁
佛传	观佛三昧海经卷一序观地品	佛告父王，若有众生，欲观佛者，欲知佛生时相者	乘白象投胎 树下降生，初行七步，口演法言	云冈第20窟以西小窟 云冈第6窟
		欲知佛纳妃时者	纳妃	
		欲知佛出家时者	出家逾城	
		欲知佛苦行时者	苦行像[43]	云冈第12窟前室南壁（插图12）
		欲知佛降魔时者	降魔	
		欲知佛得阿耨多罗三藐三菩提时者	成道	
		欲知如来转法轮时相者	鹿野苑初转法轮	云冈第6窟东壁（插图13）

11 敦煌第254窟南壁萨埵那太子本生

12　云冈第 12 窟前室南壁上部苦行像

13　云冈第 6 窟东壁鹿野苑初转法轮

《观佛三昧海经》卷一《序观地品》，在讲若有众生欲观佛传之后，云："佛告父王，佛涅槃后，若四部众及诸天龙夜叉，欲系念者，欲思维者，欲行禅者，欲得三昧正受者，应当次第教其系念。"

在石窟中表现"本生"和"佛传"，大都是浮雕或绘画成连环图画的形式（见插图 11），有时也采用某些故事重要情节，作成单独的小龛（见插图 13）。

（二）观"释迦牟尼佛于耆阇崛山与多宝佛在七宝塔共坐"像

这种观法在《思维略要法》中名之为"法华三昧观法"。修这种观，可以见十方分身化佛，并有普贤菩萨乘白象来现。这种题材在北魏石窟中很多见，可以证明它是当时非常流行的观法之一（表五）。

表五

观的内容	经名	经文摘要	石窟造像特征	实例
释迦多宝共坐	思维略要法 法华三昧观法	三七日一心精进如说修行，正忆念法华经者，当念释迦牟尼佛于耆阇崛山与多宝佛在七宝塔共坐	有四种形式： 1. 中心柱窟，心柱雕成七宝塔，塔内造释迦与多宝共坐像 2. 以释迦多宝共坐像作为一窟的主尊造像 3. 窟壁浮雕宝塔形龛，龛内造释迦多宝共坐像 4. 释迦多宝共坐的小龛	云冈第2窟中心塔柱下层正中龛 敦煌第259窟 云冈第11窟南壁（插图14） 云冈第19窟西小窟（插图15）
十方化佛	同上	十方分身化佛遍满众生所移国土之中	在雕造三世佛和十方诸佛的石窟中，有释迦多宝共坐龛[44]	云冈第20窟
普贤菩萨	同上	如是三七日中，则普贤菩萨乘六牙白象至	普贤菩萨骑象	云冈第9窟明窗西侧（插图16）

14 云冈第11窟南壁释迦多宝在七宝塔中共坐像

15 云冈第19窟西小龛释迦多宝共坐像龛

16　云冈第 9 窟明窗西壁普贤像

17　云冈第 15 窟西南角十方诸佛像

（三）观三世佛和十方诸佛

三世佛是过去佛、现在佛和未来佛。修习这种观，名为“菩萨念佛三昧”（表六）。

表六

观的内容	经名	经文摘要	石窟造像特征	实例
三世佛和十方诸佛	坐禅三昧海经卷下	若行者求佛道，入禅先当系心专念十方三世诸佛生身，……佛身如是，有三十二相，八十种好，……常念佛身相，如是行者便得十方三世诸佛悉在心目前一切悉见三昧，……是时便见东方三百千万千万亿种无量诸佛，如是南方、西方、北方四维上下，随所念方，见一切佛，……是为菩萨念佛三昧	窟内正、左、右三面造三尊大佛像，作为一窟的主要造像 窟内和窟外壁面密雕小佛像	云冈第 20 窟、云冈第 15 窟南壁、西壁（插图 17）

《禅秘要法经》卷下云："佛告阿难，我灭度后，若有比丘比丘尼，式义摩尼、沙弥沙弥尼、优婆塞优婆夷，若有欲学三世佛法，断生死种，度烦恼河，竭生死海，免爱种子，断诸使流，厌五欲乐，乐涅槃者，学是观。"可见修禅实际上就是修三世佛之法。而三世佛又可以为修禅的人说念佛三昧。《观佛三昧海经》卷九《本行品》云："佛告阿难：此观佛三昧，是一切众生犯罪者药。……汝今善持慎勿忘失。过去、未来三世诸佛，是诸世尊皆说如是念佛三昧。我与贤劫诸大菩萨，因是念佛三昧力故，得一切智威神自在。如是十方无量诸佛，皆由此法成三菩提。"这些，大概也是北魏石窟中出现这种题材的重要原因之一。

《高僧传·宋伪魏平城释玄高传》云："释玄高……进游凉土，沮渠蒙逊深相敬事，集会英宾，发高胜解。时西海有樊僧印，亦从高受学，志狭量褊，得少为足，便谓已得罗汉，顿尽禅门。高乃密以神力，令印于定中备见十方无极世界诸佛，所说法门不同。印于一夏寻其所见，永不能尽，方知定水无底，大生愧惧。"是所谓在定中见十方诸佛，并且闻佛说法的例子。

（四）观无量寿佛（表七）

表七

观的内容	经名	经文摘要	石窟造像特征	实例
无量寿佛	思维略要法·观无量寿佛法	无量寿佛，其身姝大，光明亦妙，西向端坐，结跏趺坐，颜容巍巍如紫金山，行者若欲生于无量寿佛国者，当作如是观无量寿佛也	无量寿佛像与释迦牟尼像相似	龙门古阳洞北魏神龟二年杜永安造无量寿佛
	观无量寿经（宋西域畺良耶舍译）	无量寿佛住立云中，观世音、大势至是二大士侍立左右，光明炽盛不可具见 是故智者应当系心谛观无量寿佛，观无量寿佛者从一相好入，但观眉间白毫，极令明了，见眉间白毫相者，八万四千相好自然当见 次亦应观观世音菩萨，其天冠中有一立化佛 次观大势至菩萨，此菩萨天冠有五百宝莲华，顶上肉髻如钵头摩花，于肉髻上有一宝瓶	左右侍立观世音、大势至二菩萨 观世音戴化佛冠 大势至宝冠有宝瓶	云冈第17窟前壁

《高僧传·晋江左竺僧显传》："竺僧显，本姓傅氏，北地人……业禅为务，常独处山林。……后遇疾绵笃，乃属想西方，心甚苦至，见无量寿佛，降以真容，光照其身，所苦都愈。是夕，便起澡浴，为同住及侍疾者说己所见。……至明清晨，平坐而化。"同书《宋长安太后寺释慧通传》："释慧通，关中人……初从凉州禅师慧绍，咨受禅业，法门观行，多所游刃。常祈心安养，而欲栖神彼国。微疾，乃于禅中见一人来，形甚端严，语通言：'良时至矣！'须臾，见无量寿佛光相晖然，通因觉禅。具告同学所见，言讫便化。"这两人当都是观无量寿佛，而愿往生彼国者。

（五）观四方佛（表八）

表八

观的内容	经名	经文摘要	石窟造像特征	实例
四方佛	禅秘要法经卷中	如前系念，观琉璃人，琉璃地上，于四方面生四莲华，其华金色，亦有千叶，金刚为台，有一金像结跏趺坐，身相俱足，光明无缺，在于东方，南、西、北方亦复如是	中心柱窟，心柱四面各开一龛，龛内各造一佛，有身光和项光，足下有莲华	云冈第11窟中心柱下龛

（六）观七佛像（表九）

从表中所引经文可以看出，禅僧观七佛像的目的是为见七佛，祈求七佛为他修禅作证，并听七佛说法〔45〕。

表九

观的内容	经名	经文摘要	石窟造像特征	实例
七佛	观佛三昧海经卷十念七佛品	佛告阿难，若有众生观想心成，次当复观过去七佛像 毗婆尸佛偏袒右肩，出金色臂摩行者顶，告言："法子！汝行观佛三昧，得念佛心故，我来证汝。"尔时毗婆尸佛慰行人已，即时化作大实莲华，如须弥山，佛在华上结跏趺坐，为于行者说念佛念法 佛告阿难，尔时行者见毗婆尸心欢喜故，我与六佛现其人前，如是诸佛各入普现色身三昧现其人前，令其行者，心得欢喜	七尊并列的立佛像 七尊并列的坐佛像，佛结跏趺坐莲华座，手作施无畏印或结定印 七佛的位置多在石窟内的窟门上方，或在佛龛的龛楣上	云冈第13窟南壁窟门上部（插图18） 云冈第10窟主室南壁（插图19） 云冈第10窟南壁

18 云冈第13窟南壁入口上部七佛像

19 云冈第10窟主室南壁入口上部七佛像

续表

观的内容	经名	经文摘要	石窟造像特征	实例
七佛	治禅病秘要法卷下	复当谛观毗婆尸佛眉间白毫、尸弃佛眉间白毫、提舍佛眉间白毫、拘楼孙佛眉间白毫、迦那含牟尼佛眉间白毫、迦叶佛眉间白毫、释迦牟尼佛眉间白毫，见七佛眉间白毫如颇梨色	七佛眉间白毫分明	

（七）观弥勒像

弥勒也是北魏石窟中较多见的造像题材之一〔46〕。因为他是未来世佛，所以他的形象，有时被雕塑成菩萨像，有时又被雕塑成佛像（表一〇）。

表一〇

观的内容	经名	经文摘要	石窟造像特征	实例
弥勒	观弥勒菩萨上生兜率天经（宋沮渠京声译）	应当系念，念佛形象，称彼佛名佛灭度后，四部弟子、天龙鬼神若有欲生兜率陀天者，当作是观，系念思维，念兜率陀天持佛禁戒，一日至七日，思念十善，行十善道，以此功德回向，愿生弥勒前者，当作是观	弥勒像大都被作成交脚像。头部有高肉髻的是佛像，戴宝冠，作菩萨装束的是菩萨像	云冈第9窟前室西壁上层 敦煌第275窟本尊（插图20）

20　敦煌第275窟弥勒像

《观佛三昧海经》卷七《观四威仪品之余》云："此人观像因缘功德，弥勒出世见弥勒佛，初始坐于龙华树下，结跏趺坐，见已欢喜，三种菩提，随愿觉了。"《禅秘要法经》卷下："佛告阿难：若有四众修系念法，……当知此人世世所生不离见佛，于未来世值遇弥勒，龙华初会，必先闻法，得证解脱。"说明修禅和观像可以值遇弥勒，闻佛说法。《名僧传抄·宋城（成）都香积寺释道法传》："道法本姓遭（曹）氏，敦煌人，禅思出于人表，苦行照见三涂。……坐禅习诵，昼夜无废。每至夕，辄脱衣于弥勤（勒）像前，养饴蚊虻，如此多年，后见弥勒放种种光。"道法应就是观弥勒像坐禅。《付法藏因缘传》卷四云："尔时罗汉即入三昧，深谛思维不能觉了，便以神力分身飞往兜率陀天，至弥勒所，具宣上事，请决所疑。"《名僧传抄·宋枳园寺释智严传》："智严西凉州人也。……儿童时曾受五戒，有所犯。后受具足，恐不得戒。积年禅观，不能自决，大为忧苦。遂更与弟子智羽、智达汛海重至天竺，以事问罗汉，罗汉复不能决，乃为入定，往兜率问弥勒。弥勒答云：'得戒。'严大欢喜。于是步还至罽宾，无疾而卒。"〔47〕可见所谓僧人入定见弥勒，还想解决疑难问题。《观佛三昧海经》卷二《观相品》云："观如来眼睫相……命终之后，生兜率天，面弥勒菩萨，身色端严，应感化导，既得见已，身心欢喜，入正法位。"《五门禅经要用法》亦云："行者志求大乘，若命终随意所欲，生诸佛前，若不尔者，必生兜率天，得见弥勒，定无有疑也。"《名僧传抄·伪魏长安大寺释僧印传》："僧印姓樊氏，金城榆中人。释玄高弟子。……修大乘观，所得境界为禅学之宗。……尝在江陵教一比丘受禅。……此僧欣然曰：'由来愿生西方。'得应之后，或有劝往兜率者，此僧嗟疑良久，至三更方决云：'定向兜率。'言意就卧，同学起看，命已逝矣。"这些见佛闻法，请佛决疑和死后往生兜率值遇弥勒的事例，大概是当时许多禅僧所向往的〔48〕。

从以上各表来看，当时居住在石窟寺中的僧人，很可能就是以石窟里的许多造像，作为禅观的对象〔49〕。

《观佛三昧海经》卷二《观相品》还这样指出："若比囚犯不如罪，观白毫光暗黑不见，应当入塔观像眉间，一至三日，合掌谛泣一心谛观。然后入塔说前罪事。”“云何观如来眼睫相？……若坐不见，当入塔观。入塔观时，亦当作此诸光明想。至心合掌胡跪谛观，一日至三日心不错乱。”同书卷七《观四威仪品之余》：“观如来坐者，如见佛身等无有异，除百千劫生死之罪。若不能见，当入塔观一切坐像，见坐像已忏悔障罪。”北魏石窟的中心柱式窟，心柱大都作成塔形，如云冈第1、2、6窟等。有的在石窟门外还凿出双塔，如云冈第5、6窟，第7、8窟和第3窟。东魏至北齐的北响堂山石窟第2、3、5、7等窟，更把窟门及其上部都雕成塔形。因此，我们推测当时僧人进入这类石窟中去观像，也就等于“入塔观像”。

四 禅僧造像和礼佛供养

禅僧造像的目的，当然不仅仅是为了观像，因为造像这件事情本身，就是一种功德。《观佛三昧海经》卷六《观四威仪品》：“佛告阿难：‘汝从今日持如来语，遍告弟子！佛灭度后，造好形象，令身相足，亦作无量化佛色像，及通身光及画佛迹，以微妙彩及颇梨珠安白毫处，令诸众生得见是相，但见此相心生欢喜，此人除却百亿那由他恒河沙劫生死之罪。’”〔50〕昙曜等的造像〔51〕，必然也包含了这种目的。

造像和观像之外，禅僧还要礼拜和供养佛像。《观佛三昧海经》卷六《观四威仪品》：“若有众生于佛灭后，造立形像，幡花众香持用供养，是人来世必得念佛清净三昧。”

在观像的仪式中，也规定有礼佛的供养。《观佛三昧海经》卷九《观像品》：“观佛像者，若比丘比丘尼、优婆塞优婆夷、天龙八部、一切众生欲观像者，先入佛塔以好香泥及诸瓦土涂地令净，随其力能烧香散华供养佛像，说已过恶，礼佛忏悔。如是伏心，经一七日，……心柔顺已，住于靖处，烧众名香，礼释迦文，而作是言：‘南无大德，我大和上应正遍知大悲世尊，愿以慈云复护弟子。’作是语已，五体投地，泣泪像前，从地面起，齐整衣服，结跏趺坐。”

入定之前和出定之后也都要礼佛。《法苑珠林·救厄篇·感应缘》记秦沙门释冏事：“夜四更尽，众僧皆眠，冏起礼拜，还欲坐禅。”《禅法要解》卷上云："或从定起，礼佛法众，赞叹供养，亦得心喜。"

礼拜供养的对象，大致也不出前述观像的范围。如《达摩多罗禅经》卷上所记："前礼牟尼尊，炽然烦恼灭，流转退住者，度以升进道。修行微妙法，能离退住过，亦灭一切恶，成就诸功德。"[52]即是礼释迦牟尼。《观佛三昧海经》卷三《观相品》云："佛告诸释子：'汝今可称过去佛名，为佛作礼，并称汝父，礼过去佛。亦称我名，敬礼于我。未来有佛，号曰弥勒，亦当敬礼，说汝先世，邪见之罪。'"即礼三世佛。同书卷十《念十方佛品》云："佛告阿难：'此念佛三昧若成就者，……应当供养十方诸佛。云何供养？是人出定，入塔见像，念持经时，若礼一佛，当作是念，正遍知，诸佛心智无有限碍，我今礼一佛，即礼一切佛，若思维一佛，即见一切佛。'"即礼十方诸佛。《观弥勒菩萨上生兜率天经》云："未来世中诸众生等，闻是菩萨大悲名称，造立形象，香花衣服，缯盖幢幡，礼拜系念，此人命欲终时，弥勒菩萨放眉间白毫大人相光，与诸天子，雨曼陀罗华，来迎此人。此人须臾即得往生，值遇弥勒。头面礼敬，未举头顷，便得闻法。"即谓造弥勒像礼拜供养者。可见观像的对象，也就是礼拜供养的对象。东魏天平二年四月《中岳嵩阳寺碑》云："有大德沙门生禅师……于太和八年岁次甲子，建造伽蓝，筑立塔殿，……虔礼禅寂，六时靡辍。"

《高僧传·宋余杭方显寺释僧诠传》："释僧诠，姓张，辽西海阳人，……为北土学者之宗，后过江止京师……平昌孟顗于余杭立方显寺，请诠居之，率众翘勤，禅礼无辍。"同书《齐永兴柏林寺释弘明传》："释弘明，本姓嬴，会稽山阴人。……止山阴云门寺，诵法华，习禅定，精勤礼忏，六时不辍。"这些也都证明禅僧不仅要观像，同时还要礼佛。

由此可见，造像、观像、礼佛和供养，都是禅僧修持的课题，亦即北魏时期禅僧们大行开窟造像的重要原因[53]。

五　余论

上述性质的凿窟，开始于北魏以前，北魏最盛，历东魏、西魏、北齐、北周，一直延续到隋。

著名的响堂山石窟，有禅僧造像和供养佛的铭文。南响堂第2窟中心柱西侧南壁："……统定禅师造六十佛。"〔54〕小响堂第2窟南壁西侧："昭玄统定禅师供养佛时。"〔55〕《续高僧传·齐相州鼓山寺释道丰传》："释道丰，未详氏族，世称得道之流，与弟子三人居相州鼓山中。……时石窟寺有一坐禅僧，每日至西则东望山颠，有丈八金像现，此僧私喜，谓睹灵瑞，日日礼拜，如此可经两月，后在房卧，忽闻枕间有语，谓之曰：'天下更何处有佛？汝今道成，即是佛也。尔当好作佛身，莫自轻脱。'此僧闻已，便起特重，傍视群僧犹如草芥，于大众前侧手指胸云：'尔辈颇识真佛不？泥龛画像，语不能出唇，智虑何如？尔见真佛不知礼敬，犹作本日欺我，悉堕阿鼻。'又眼睛已赤，呼叫无常，合寺知是惊禅。"鼓山石窟，就是现今的响堂山石窟。可知响堂山石窟在当时也是住禅僧的。

北齐的天龙山石窟为宏礼禅师所开凿〔56〕。

东魏至隋，邺西宝山寺释道凭〔57〕和相州演空寺释灵裕〔58〕，都和宝山石窟有关，而且他们也都修禅。

《续高僧传·齐邺西龙山云门寺释僧稠传》记北齐天保三年敕为禅僧僧稠建精舍，并请他作石窟大寺主。《北齐书·文宣纪》云："（天保十年）帝如辽阳甘露寺。……帝于甘露寺，禅居深观，唯军国大政奏闻。"仍是北魏皇室重禅的继续。

这一时期，禅僧造像、观像的，也还有不少。《续高僧传·齐大统合水寺释法上传》："释法上，姓刘氏，朝歌人也……至年十二投禅师道药而出家焉。……所得世利造一山寺，本名合水，即邺之西山，今所谓修定寺是也。山之极顶造弥勒堂，众所庄严，备殚华丽，四事供养百五十僧。及齐破法湮僧，不及山寺，上私隐俗服，习业如常，愿若终后觐睹慈尊，如有残年，愿见隆法，更一顶礼慈氏如来。"同书《隋国师智者天台山国清寺释智𫖮传》："……（智𫖮）旋归台岳，躬率禅门。……不久告众曰：'吾当卒此地矣！……命学士智越往石城寺扫洒，吾于彼佛前命终。'施床东壁，面向西方，称阿弥陀佛波若观音。……言已端坐如定，而卒于天台山大石像前。"同书《隋东都上林园翻经馆沙门释彦琮传》："……（彦琮）问弟子曰：'斋时至未？……

斋时已至，吾其终矣！’索水盥手焚香，迎弥勒画像，合掌谛观，开目闭目，乃经三四，如入禅定，奄尔而终。”同书《唐京师延兴寺释吉藏传》：“……（吉藏）每日持钵将还，跣足入塔，遍献佛像，而后分施。……隋历告终，造二十五尊像，舍房安置，自处卑室，昏晓相仍，竭诚礼忏，又别置普贤菩萨像，帐设如前，躬对坐禅，观实相理，镇累年纪，不替于兹。”这些事例，都和北魏僧人造像修禅的意义相同。

初唐以后，佛教分宗，在我国佛教史上进入一个新的历史阶段，石窟的性质也随着产生了新的变化。因为已经越出本文讨论的范围，在这里就不多赘述了。

1962年7月27日于燕园

本文原刊《考古学报》1978年第3期时，曾被删去引文多处。
此次重排，除改正脱误外，还补入了较重要的引文五处。

注释

〔1〕 参阅汤用彤《汉魏两晋南北朝佛教史》第十四章《佛教之北统》。

〔2〕 姚秦鸠摩罗什所译禅经有《坐禅三昧经》二卷，《禅法要解》二卷，《禅秘要法经》三卷，《思维略要法》一卷。

〔3〕《续高僧传·习禅篇后论》云“昙影、道融厉精于淮北”，二人俱为罗什弟子，见《高僧传·晋彭城郡道融传》《晋长安释昙影传》。僧睿亦从罗什受禅法，见《高僧传·晋长安僧睿传》和《出三藏记集》卷三所录的僧睿《关中出禅经序》。又《晋书·姚兴载记》上：“兴如逍遥园，引诸沙门于澄玄堂，听鸠摩罗什演说佛经……兴既托意于佛道，公卿已下莫不钦附，沙门自远而至者五千余人，起浮图于（长安）永贵里，立波若台于中宫，沙门坐禅者恒有千数，州郡化之，事佛者十室而九矣。”

〔4〕《高僧传·晋河西昙无谶传》。

〔5〕《高僧传·宋伪魏平城释玄高传》。

〔6〕 汤用彤《汉魏两晋南北朝佛教史》第十四章《佛教之北统》。

〔7〕《魏书·释老志》。

〔8〕《高僧传·宋伪魏平城释玄高传》。

〔9〕《续高僧传·魏北台石窟寺恒安沙门释云曜传》。

〔10〕《魏书·释老志》。

〔11〕《高僧传·宋伪魏平城释玄高传附昙曜传》。

〔12〕《高僧传·宋长安寒山释僧周传附僧亮传》。

〔13〕《法苑珠林·传记篇·兴福部》。

〔14〕《续高僧传·魏嵩岳少林寺天竺僧佛陀传》。

〔15〕《续高僧传·齐林虑山洪谷寺释僧达传》《周京师大追远寺释僧实传》。

〔16〕《魏书·释老志》。

〔17〕《续高僧传·齐邺西龙山云门寺释僧稠传》。

〔18〕关于禅法流行的原因，参阅《汉魏两晋南北朝佛教史》第十九章《北方之禅法净土与戒律》。

〔19〕据北京大学图书馆藏刘燕庭旧藏拓本。

〔20〕《魏书·释老志》。

〔21〕《高僧传·宋伪魏平城释玄高传》："高乃杖策西秦，隐居麦积山，从学百余人，崇其义训，禀其禅道。"《庾子山集》卷十二《秦州天水郡麦积崖佛龛铭》："方之鹫岛，迹遁三禅。"都说明麦积与禅僧有关。

〔22〕《续高僧传·齐邺西龙山云门寺释僧稠传》。

〔23〕如永靖炳灵寺石窟前临大寺沟，敦煌西千佛洞前临党河，安西榆林窟前临踏实河，酒泉文殊山石窟位于一条开阔的河床西岸，张掖马蹄寺石窟位于马蹄河西岸，金塔寺石窟前临大马渡河西岸的大剌沟，武威天梯山石窟前临黄羊川，庆阳寺沟石窟（北石窟寺）前临蒲河，泾州王家沟石窟（南石窟寺）前临泾水。

〔24〕北魏王朝对当时离开山林修禅的僧人也给以严厉的斥责，见《魏书·释老志》。

〔25〕《佛说观佛三昧海经》，东晋天竺佛陀跋陀罗译。

〔26〕《付法藏因缘传》，元魏西域吉迦夜共昙曜译。

〔27〕昙曜在复法当时，一面参与翻译像《付法藏因缘传》这样的佛经，一面主持云冈开窟，推测他可能是以云冈石窟来仿效迦叶在耆阇崛山宾钵罗窟的"经行禅思"和"宣畅妙法，度诸众生"的。

〔28〕参阅《汉魏两晋南北朝佛教史》第十九章《北方之禅法净土与戒律》的《禅窟与山居》节。

〔29〕高允《鹿苑赋》，录入《广弘明集》卷二九上。

〔30〕"是夜三更，忽见光绕高先所住处塔三匝，还入禅窟中。"

〔31〕"佛陀禅师，此云觉者，北天竺人……游历诸国，遂至魏北台之恒安焉。时值孝文，敬隆诚至，别设禅林，凿石为龛，结徒定念。"

〔32〕"释僧稠……初从道房禅师受行止观……后诣怀州西王屋山修习前法……又移怀州马头山，魏孝明帝……就山送供。魏孝武永熙元年，既召不出……亦于尚书谷中为立禅室，集徒供养……又（于云门山寺）所住禅窟前有深渊。"

〔33〕"道韶本姓讯（氾），敦煌人也，少出家……备学诸禅，头陀为事业披服弊衣，或冢间而坐，年过知命，操节愈明，每至独处山林，单行兽窟，遍入诸门，历观生死，尝夜坐树下……"

〔34〕禅窟凿在石山中的事例甚多，参看《高僧传·晋洛阳娄至山诃罗竭传》《晋始丰赤城

山竺昙猷传》《晋蜀石室山释法诸传》《齐京师后冈释僧侯传》。

〔35〕敦煌第285窟的北壁小幅说法壁画下部有西魏大统三、四年的发愿文。大统三、四年上距北魏分裂不过四五年，估计该窟开凿的时间应在北魏末年。

〔36〕《续高僧传·后梁荆州玉泉山释法忍传》所记法忍在覆舟岩下“所止龛室，才容膝头”的龛室，大概就是这种小窟。

〔37〕上述这三种类型的禅窟，《义楚六帖》名之曰“定窟”，见该书卷七。定窟一词出北凉天竺三藏昙无谶译《大般涅槃经》卷三十《师子吼菩萨品》。

〔38〕《五门禅经要用法》，宋罽宾昙摩蜜多译。

〔39〕参看北凉沮渠京声译《治禅病秘要法》卷上《治利养疮法》。

〔40〕慧远《万佛影铭》，录入《广弘明集》卷十五。

〔41〕禅经讲观像，有的是观真正的造像，如上文的观“相好”和观立佛，有的则是作理想观，如观坐像。然而理想观也是在现实像的基础上才有可能产生的。所以禅经中有一些想象中的像，在石窟里也被雕造出来。

〔42〕参看《观佛三昧海经》卷七《观四威仪品之余》、卷九《本行品》的有关经文。

〔43〕石窟中苦行像的小龛是比较多见的。苦行是释迦坐禅时的形象，这种形象对于禅僧可能有更大的感染力。

〔44〕参见《北魏石窟中的三佛》，刊《考古学报》1958年第4期。

〔45〕关于观七佛问题，参看《禅秘要法经》卷中。另外，据说坐禅的人念七佛名，还可以医治禅病，使不能得定的人入定，见《治禅病秘要法》卷下。

〔46〕参阅冢本善隆《支那仏教史研究·北魏篇·龍門石窟に現れたゐ北魏佛教》三《龍門造像の盛衰と尊像の变化》。

〔47〕定中见弥勒事例，又见《名僧传抄·宋中兴寺释慧槛传》。

〔48〕另外，医治修禅的许多病症。也需要念弥勒，见《治禅病秘要法》。

〔49〕五窟中的另外一些题材，如维摩文殊问答像等，就目前所知似乎与修禅没有直接关系。

〔50〕参看姚秦鸠摩罗什译《妙法莲华经·方便品》。

〔51〕《高僧传》中记习禅并画像或造像或协助造像的高僧，有宋京师祇洹寺求那跋摩、上定林寺昙摩蜜多、蜀武担寺释道汪、齐蜀后山释玄畅、山阴法华山释慧基、梁京师正觉寺释法悦等。《续高僧传·魏嵩岳少林寺天竺僧佛陀传》也记佛陀“在房门之壁，手画神像”。

〔52〕《达摩多罗禅经》，东晋天竺佛陀跋陀罗译。

〔53〕北魏毁佛以后的复法时期，僧人为了弘扬佛法，并为皇帝修福田，当然也是当时造像凿窟的重要原因。至于“清信士女”造像，他们的目的虽各有不同，但大致不出王昶《金石萃编》卷三十九《王女晖等造像记》末附《北朝造像诸碑总论》所记：“综观造像诸记，其祈祷之词，上及国家，下及父子，以至来生，愿望甚赊，其余鄙俚不经……然其幸生畏死，伤离乱而想太平，迫于不得已，而不暇计其妄诞者。”本文主要在于探讨北魏石窟和当时僧人习禅的关系，所以对这一问题不多赘述。

〔54〕水野清一、长广敏雄《响堂山石窟》。

〔55〕鼓山水浴寺石窟，俗名小响堂石窟，与南北响堂属于同一区域。1957年12月，北京

大学历史系考古专业学生实习，曾前往调查，这段铭文就是在调查中发现的。铭中所记的定禅师，当与上述南响堂第2窟的定禅师为一人。

〔56〕常盘大定《支那佛教史迹踏查记》、《支那文化史迹》第八辑《解说》。

〔57〕安阳宝山灵泉寺有魏武定四年《道凭法师造碑记》。《续高僧传·齐邺西宝山寺释道凭传》云："八夏即登，遂行禅境，漳滏伊洛，遍讨嘉猷，后于少林寺摄心夏坐，问道之僧，披榛而至……以齐天保十年三月七日卒于邺城西南宝山寺。"参阅常盘大定、关野贞《支那文化史迹》第五辑《解说》。

〔58〕灵裕塔现存宝山石窟侧。灵裕在宝山造大住圣窟，窟内有隋开皇九年《造窟铭》。《续高僧传·隋相州演空寺释灵裕传》云："年十五，潜欲逃世……默往赵郡应觉寺，投明、宝二禅师而出家焉……年四十有七，将邻知命，便即澄一心想禅虑岩阿……宝山一寺裕之经始……（大业元年）奄终于演空寺焉……即殡于宝山灵泉寺侧，起塔崇焉……（灵裕）又营诸福业，寺宇灵仪，后于宝山造石龛一所，名为金刚性力住持那罗延窟，面别镌法天之相。"参阅《支那文化史迹》第五辑《解说》。

附录二　北朝造型艺术中人物形象的变化

一

公元5世纪末和6世纪中叶，中原北方地区在造型艺术中有两次变化，表现在人物形象上尤其明显。这两次变化和中原北方统治集团锐意汉化，模拟南朝制度风尚有直接关系，因此，变化的源头要追踪到东晋（319～420）、刘宋（420～479）和萧梁（502～557）。

北魏和平初（460），平城开凿昙曜五窟后，一种以今山西大同云冈石窟第20窟造像为代表的雄劲的佛、菩萨形象在北方流行开来，大约伴随文明太皇太后冯氏和孝文帝汉化政策的不断深化，不仅给释迦穿上了褒衣博带的服装，面容、体形也逐渐向清秀转变。这种新式佛像，有纪年可考的早期实例，是云冈第11窟窟外东侧上方的第11:14龛（即水野清一、长广敏雄在《云冈石窟》中编号的11d）造像，该龛下方镌刻铭记中的年代是太和十三年（489）。此后，服饰繁缛、造型清秀成为时尚，风行北魏领域，迁洛（494）以后的宣武时期（499～514）以迄孝明正光末（524）这一阶段的云冈窟龛造像最为典型。以河南洛阳龙门石窟的古阳洞为例，洞中孝文、宣武纪年诸龛，同样反映出这个时代特征。其时，不仅佛教造像如此，上述云冈、龙门窟龛的供养人像和洛阳历年北魏墓所出陶俑和画像石刻上的人物，也都提供了较好的例证。在这种世俗人像中，已知的最早实例是大同石家寨村发现的延兴四年至太和八年（474～484）司马金龙夫妇墓中所出漆画屏风上的人物形象[1]。

清秀形象是东晋刘宋时期造型艺术的特征，唐大中初（847），张彦远撰《历代名画记》[2]列晋宋为中世时期，该书卷二云：

中古可齐上古，顾、陆是也。

他举出顾恺之和陆探微作为中古画家的代表。该书卷六他又明确赞赏唐开元间（713～741）张怀瓘[3]对陆探微的评论：

陆公参灵酌妙，动与神合，笔迹劲利，如锥刀焉。秀骨清像，似觉生动，令人懔懔，若对神明，虽妙极像中而思不融乎墨外。夫象人风骨……陆得其骨，顾（恺之）得其神……彦远以此论为当。

由此可知晋宋时期代表画家的画风，重在神、骨。传世宋摹顾恺之的《女史箴图》《洛神赋图卷》[4]中的人物，确实都重神、重骨。四川成都万佛寺所出宋元嘉二年（425）净土变石刻和传世元嘉十四年（437）、二十八年（451）两尊鎏金释迦铜坐像也确实都属秀骨清像。这种造型特征也同样表现在近年长江下游六朝墓葬中发现的各种人物形象上。大约属于刘宋时期的南京西善桥宫山北麓下画像砖墓墓壁所嵌竹林七贤、荣启期画像和该墓所出的男女陶俑造型显著清瘦[5]。清瘦造型的人物，宋齐间犹是风尚，故当时吴人谢赫《古画品录》第一品首举陆探微云：

穷理尽性，事绝言象，包前孕后，古今独立，非复激扬所能称赞，但价重之极乎。上上品之外无他寄言，故屈标第一等。[6]

长江中游的清瘦形象更可流行到萧梁时期，如位于汉水支流湍河西岸的河南邓县学庄村画像砖墓的画像和陶俑的形象仍以清瘦为主[7]，但再晚一点的如湖北襄樊市贾家冲画像砖墓的画像形象有的即向丰壮发展，该墓所出陶俑的丰壮造型尤为显著[8]。

二

萧衍建梁（502～549在位），裁革齐制[9]，“五十年中江表无事”[10]，南朝风尚乃一变化，反映在造型艺术上，即是张僧繇画派的流行。张彦远称赞张僧繇绘人物“妙极”“神妙”，并云：

> 张家父子（僧繇子善果，善果弟儒童）品第居最。（《历代名画记》卷九）

又引高宗时（649～683）“多艺数”[11]，撰有《画品》[12]的李嗣真（？～696）的评论云：

> 顾陆已往，郁为冠冕，盛称后叶，独有僧繇，今之学者望其尘躅如周孔焉……且顾陆人物衣冠信称绝作，未睹其余，至于张公骨气奇伟，师模宏远，岂唯六法精备，实亦万类皆妙，千变万化，诡状殊形，经诸目，运诸掌，得之心，应之手，意者天降圣人为后生则，何以制作之妙，拟于阴阳者乎，请与顾陆同居上品。（《历代名画记》卷七引）

李、张两氏推崇僧繇，可称备至[13]，但具体描述张氏风格特征，只李氏所论“骨气奇伟”一语。如何理解这句话？《历代名画记》接上文又引张怀瓘云“像人之妙，张得其肉”，最为关键。《历代名画记》在另一处更明确地说：

> 夫像人风骨，张亚于顾陆也，张得其肉。（卷六）

对比僧繇以前的大家及其所开创的风气，僧繇之所以“骨气奇伟”者，主要之点应是变重神骨为“得其肉”，即变清瘦为丰壮，这种“得其肉”的丰壮形象，在四川茂县所出齐永明元年（483）无量寿、弥勒两像石雕中，且见端倪，而成都万佛寺发现刻有普通四年（523）、中大通元年（529）、大同三年（537）、中大同三年（548）等梁武纪年铭的石刻造像和江苏常州戚家村南朝晚期画像砖墓所雕造的侍女形象，都清晰地具有丰腴健壮的特点[14]，同时表现服饰也一反前此之繁缛而盛行简洁。

以张僧繇为代表的南朝新风，大约在梁武帝中期，其影响已及于北魏新都洛阳。当时，中原人士似又掀起一次南方热，唐释道宣《续高僧传》卷六《释法贞传》：

释法贞……善成实论，深得其趣，修讲之业卓荦标奇，在于伊洛无所推下，与僧建齐名……会魏德衰陵，女人居上，毁论日兴，猜忌逾积，嫉德过常，难免今世。贞谓建曰：大梁正朝礼义之国，又有菩萨应行风教，宣流道法，相与去乎……建曰：时不可失，亦先有此怀。以梁普通二年（521）相率南迈。贞为追骑所及，祸灭其身……（建则）南游帝室，达于江阴，住何园寺。

在这种情况下，模拟南朝新式样，自然又成为北朝艺坛的时尚。于是，北魏皇室营建的永宁寺塔内，在神龟二年（519）八月以后不久，兴造了头部长7厘米、身高15厘米等与萧梁人物形象[15]极为接近的一批塑像[16]。时代略迟一些的巩县大力山石窟第1、4、3窟的供养人像，向简洁丰壮发展的趋势日益明显。魏末以来，这种趋势愈形强烈，《北齐书》卷二十四《杜弼传》记高欢平京洛（532）之后与杜弼的一段对话：

弼以文武在位，罕有廉洁，言之于高祖。高祖曰：弼来，我语尔，天下浊乱，习俗已久，今督将家属多在关西，黑獭常相招诱，人情去留未定；江东复有一吴儿老翁萧衍者，专事衣冠礼乐，中原士大夫望之以为正朔所在[17]。我若急作法网，不相饶借，恐督将尽投黑獭，士子悉奔萧衍，则人物流散，何以为国。

这样的历史背景，可以估计东魏、北齐文物制度楷模南朝，实势所必然，所以河北邯郸鼓山石窟（即南北响堂山石窟）、水浴寺石窟造像和近年河南、河北、山西等地东魏、北齐墓所出陶俑都是丰壮造型。山西太原北齐武平元年（570）东安王娄睿墓壁画中大量的鞍马人物更突出了这个体形特征[18]。娄睿墓壁画迹简而笔健，生气盎然，结合娄睿当时的贵戚权势[19]，很多同志认为有可能出自北齐宫廷画家杨子华之手[20]，杨子华名重高齐[21]，唐初画家阎立本犹誉其作品云：

自像人已来，曲尽其妙，简易标美，多不可灭（减），少不可逾，其唯子华乎！（《历代名画记》卷八引）

娄睿墓壁画虽不敢必为杨作，但视之为盛行于北齐的杨派作品，或无大误。张彦远论齐梁迄陈周为下古，其议下古之画云：

下古可齐中古，僧繇、子华是也。（《历代名画记》卷二）

张僧繇、杨子华并列，犹如前引中古可齐上古之顾陆同举，当是由于他们画风相似而又在时间上前后相续的缘故。《历代名画记》卷二又记包括杨子华在内的北齐以来的中原画家大都师法顾、陆、僧繇：

田僧亮、杨子华、杨契丹、郑法士、董伯仁、展子虔、孙尚子、阎立德、阎立本并祖述顾、陆、僧繇。[22]

其中田僧亮、杨子华、郑法士、董伯仁、展子虔皆有名于齐周[23]，孙尚子、杨契丹作画于隋，阎氏兄弟已及唐初。所谓“并祖述顾、陆、僧繇”一语中之僧繇，应是田、杨诸人所直接取法者，顾陆云者，盖只上溯渊源而已。所以，《历代名画记》另引前人论郑法士、孙尚子、二阎皆谓师于张僧繇：

郑法士……僧悰[24]云：取法张公，备该万物……李（嗣真）云：伏道张门，谓之高足。（卷八）

李云：孙（尚子）、郑（法士）共师于张，郑则人物楼台当霸雄伯，孙则魑魅魍魉参灵酌妙。（卷八）

裴（孝源）云：阎（立德、立本）师张，青出于蓝，人物衣冠车马台阁并得其妙。[25]（卷九）

此外，师于张氏者，张彦远尚记有李雅、范长寿、何长寿等人：

> （隋之）李雅师于张僧繇。（卷二）
>
> （国初）范长寿师法于张僧繇……何长寿与范同师法，但微劣于范。范、何并有《醉道士图》传于代，人云是僧繇所作，非也。（卷九）

可见“得其肉”的僧繇特点，对自齐周以后的中原影响之深远；而现存遗迹如甘肃天水麦积崖、敦煌莫高窟、宁夏固原须弥山等地的周、隋画塑，陕西渭北盛唐以前诸陵石雕、乾陵陪葬墓壁画、线雕以及传世宋摹初唐人绘《历代帝王图》[26]等，皆沿袭丰腴形象；至若盛唐大家吴道子所创人物之洒落丰姿，据《历代名画记》所记亦源于僧繇：

> 吴道玄师于张僧繇。（卷二）

张怀瓘亦云：

> 吴道玄穷丹青之妙，大约宗师张僧繇。（《太平御览》卷七五一引《画断》[27]）

又云：

> 吴生之画下笔有神，是张僧繇后身也。（《历代名画记》卷九引）

是僧繇影响又可下及玄宗时期。

三

绘画雕塑原极相近，我国雕塑又都赋以彩色，故雕塑之工必具作画基础。北宋刘道醇《五代名画补遗》记与吴道子同时师法张僧繇者，尚有以塑名的杨惠之：

> 杨惠之不知何许人。唐开元中（713～741）与吴道子同师张僧繇笔迹，号为画友，巧艺并著。而道子声光独显，惠之遂焚笔砚，毅然发忿专事塑作，能夺僧繇画相，乃与道子争衡。时人语曰：道子画，惠之塑，夺得僧繇神笔路。其为人称叹也如此。[28]

《历代名画记》卷九记当时雕塑大家皆工绘事：

> 时有张爱儿学其（吴道子）画不成，便为捏塑，玄宗御笔改名仙乔，杂画虫豸亦妙。时又有杨惠之亦善塑像。员名、程进雕刻石作。隋韩伯通善塑像。天后时，尚方丞窦弘果、毛婆罗，苑东监孙仁贵；德宗朝将军全忠义，皆巧绝过人。此辈并李（学）画迹，皆精妙，格不甚高。

按雕塑大家兼擅作画，自古已然，《历代名画记》所记：

> （晋）戴逵，字安道，谯郡铚人，幼有巧慧，聪悟博学，善鼓琴，工书画……其画古人山水极妙。十余岁时，于瓦棺寺中画，王长史（蒙）见之云：此儿非独能画，终享大名……又善铸佛像及雕刻，曾造无量寿木像，高丈六并菩萨，逵以古制朴拙，至于开敬不足动心，乃潜坐帷中，密听众论，所听褒贬，辄加详研，积思三年，刻像乃成……又戴安道中年画行像甚精妙。[29]（卷五）
>
> （逵子）颙，字仲若，巧思亦逵之流……传父之琴书丹青……宋太子铸丈六金像于瓦棺寺，像成而恨面瘦，工人不能理，乃迎颙问之，曰非面瘦乃臂胛肥，既锯减臂胛，像乃相称，时人服其精思。[30]（卷五）
>
> （后魏）蒋少游，乐安博昌人，敏慧机巧，工书画，善画人物及雕刻。[31]（卷八）

（隋）天竺僧昙摩拙叉，亦善画，隋文帝时，自本国来，遍礼中夏阿育王塔，至成都雒县大石寺，空中见十二神形，便一一貌之，乃刻木为十二神形于寺塔下，至今在焉。[32]（卷八）

以上皆是著名之例。证诸遗迹，如敦煌莫高窟所示，自现存最早的洞窟始，其绘塑布置不仅自然构成一体，造型、风格亦初无二致，如非同出一手，则难以如此契合。晚唐以前，我国雕塑绘画发展变化之所以大体同步，源即于此。北宋以来，绘画分科愈演愈厉，宫廷，文士之作，已不屑于雕塑[33]；民间艺术虽尚保持画塑并举的旧传统，但格调流俗，已难反映时代之所尚了。

本文原收入《中国古佛雕》，刊台湾《艺术家》杂志社，1989。
此次重排未做改动。

注释

〔1〕《“文化大革命”期间出土文物》第一辑，143～144页，1990。

〔2〕本文所引《历代名画记》，皆据北京大学图书馆所藏《王氏画苑》万历初郧阳原刊本。该本讹误虽较毛氏汲古阁《津逮秘书》本为多，但确是覆刻南宋临安书棚半叶十一行本，是《历代名画记》现存的最早刻本。

〔3〕张怀瓘撰有《书断》三卷，见《新唐书》卷五七《艺文志一》。又撰《画断》，见北宋郭若虚《图书见闻志》卷一。

〔4〕参看徐邦达《古书画伪讹考释》卷上《顾恺之洛神赋图卷》，1984。

〔5〕姚迁等《六朝艺术》，162～179页，1981。

〔6〕《历代名画记》卷六引文作：“穷理尽性，事绝言象，包前孕后，古今独立，非激扬可至，诠量之极乎。上品之上，无地寄言，故屈（居）标第一。第一品第一人。”

〔7〕河南省文化局文物工作队《邓县彩色画像砖墓》，1958。

〔8〕襄樊市文物管理处《襄阳贾家冲画像砖墓》，刊《江汉考古》1986年第1期。

〔9〕《通典》卷四十一《礼典序》：“齐武帝永明二年（484）诏，尚书令王俭制定五礼，至梁武帝命群儒又裁成焉。陈武帝受禅，多准梁旧。”

〔10〕庾信《哀江南赋》，见《周书》卷四十一《庾信传》。

〔11〕《新唐书》卷九十一《李嗣真传》。

〔12〕《旧唐书》卷一九〇《方伎·李嗣真传》记嗣真撰“《书品》《画品》各一卷”。《新唐书》卷五十七《艺文志一》和同书卷五十九《艺文志三》，分别作《书后品》《画后

品》。《图画见闻志》卷一著录："《后画品录》，李嗣真撰。"南宋晁公武《郡齐读书志》卷三下著录李嗣真"《续画记》一卷"（袁州本）。今传本作《续画品录》。

〔13〕《历代名画记》卷六引张怀瓘云："顾陆及张僧繇，评者各重其一，皆为当矣。"此评似可理解东晋、宋齐和萧梁以来三个时期流行的风尚不同，因而所重亦异。

〔14〕参看林树中《常州画像砖墓的年代与画像砖的艺术》，刊《文物》1979年第3期。

〔15〕《魏书》卷六十七《崔光传》："（神龟）二年八月，灵太后幸永宁寺，躬登九层佛图。光表谏曰……今虽容像未建，已为神明之宅。"可知塔内容像建于神龟二年八月以后。

〔16〕中国社会科学院考古研究所洛阳工作队《北魏永宁寺塔基发掘简报》，刊《考古》1981年第3期。

〔17〕《北齐书》卷三《文襄纪》记武定四年（546）"（侯）景将蔡遵道北归，称景有悔过之心，王（文襄）以为信然，谓可诱而致，乃遗景书……景报书曰：……今梁道邕熙，招携以礼，被我虎文，縻以好爵……去危就安，今归正朔；转祸为福，已脱网罗。"此正朔亦指萧梁而言。

〔18〕山西省考古研究所等《太原市北齐娄睿墓发掘简报》，刊《文物》1983年第10期。

〔19〕《北齐书》卷四十八《外戚·娄睿传》、《北史》卷五十四《娄昭传附兄子睿传》。

〔20〕参看《笔谈太原北齐娄睿墓》，刊《文物》1983年第10期。

〔21〕《历代名画记》卷八记杨子华云："（北齐）世祖（高湛）重之，使居禁中，天下号为画圣。非有诏不得与外人画。时有王子冲善棋通神，号为二绝。见北齐史。"

〔22〕裴孝源《贞观公私画史》记："自（杨）子华下，皆北地画手。"杨下所列有曹仲达、董伯仁、郑法士、杨契丹、展子虔、孙尚子等六人。

〔23〕以上五人除杨子华外，据《历代名画记》卷八所记"田僧亮，（齐时）官至三公中郎将，入周为常侍。当时之名高于董、展"；"郑法士，在周为大都督左员外侍郎、建中将军，封长社县子，入隋授中散大夫"，有"《北齐畋游像》……传于代"；"董伯仁，汝南人也，多才艺……（隋时）官至光禄大夫、殿中将军……初董与展同召入隋室，一自河北，一自江南，初则见轻，后乃颇采其意"，有"《周明帝畋游图》……传于代"；"展子虔，历北齐、周、隋，为朝散大夫帐内都督"，有"《北齐后主幸晋阳图》……传于代"。可知皆有名于齐周。

〔24〕僧悰即唐僧彦悰，撰有《后画录》，见《图画见闻志》卷一、《郡斋读书志》卷三下。

〔25〕《新唐书》卷五十九《艺文志三》："裴孝源《画品录》一卷，中书舍人，记贞观、显庆年事。"《图画见闻志》卷一作《公私画录》。今传本作《贞观公私画史》。此段文字，传本较张氏引文为详，文云："阎本师祖张公，可谓青出于蓝矣。至于人物衣冠车马台阁并得南北之妙。"

〔26〕参看金维诺《古帝王图的时代与作者》，该文收在《中国美术史论集》（1981）中。

〔27〕参看注〔3〕。

〔28〕吴道子、杨惠之为当时所并重，《太平广记》卷二一二引唐康骈《剧谈录》记："东都北邙山有玄元观，观南有老君庙，台殿高敞，下瞰伊洛，神仙泥塑之像皆开元中杨惠之所制，奇巧精严，见者增敬。壁有吴道玄画五圣真容及《老子化胡经》事，丹青妙绝，古今无比。"

〔29〕张彦远录戴逵事迹之末附注云："见《晋书》及《宋书》及《逵别传》、徐广《晋记》、《会稽记》、《郭子》、刘义庆《世说》、宋朝临川王《冥验记》。"

〔30〕张彦远录戴颙事迹之末附注云："见《宋书·隐逸传》及王智深《宋记》。"

〔31〕张彦远录蒋少游事迹之末附注云："见《后魏书》。"

〔32〕张彦远录昙摩拙叉事迹之末附注云："具（见）《三宝感通记》。"

〔33〕亦偶有例外，如北宋末知越州兼浙东安抚使翟汝文。《忠惠集》附录《翟氏公巽埋铭》记汝文"洞晓画法，自画《三境高真图》《十极列圣图》《九天朝元图》《四圣降魔图》凡六十轴……又妙于刻塑，授法工师刻三清、玉帝、真武像于会稽之告成观，尽端严温慈之相，神气虚闲如与人接，见者肃然。郡人谓之木宝。常州广孝寺僧伽留衣化也，公以旧制不工，亲为易塑，得如来悯世援弱之状，虽戴安道、杨惠之复出，殆无以过"。翟汝文事迹，见《宋史》卷一三一本传。

附录三 《李君莫高窟佛龛碑》三种拓本与两种录文合抄

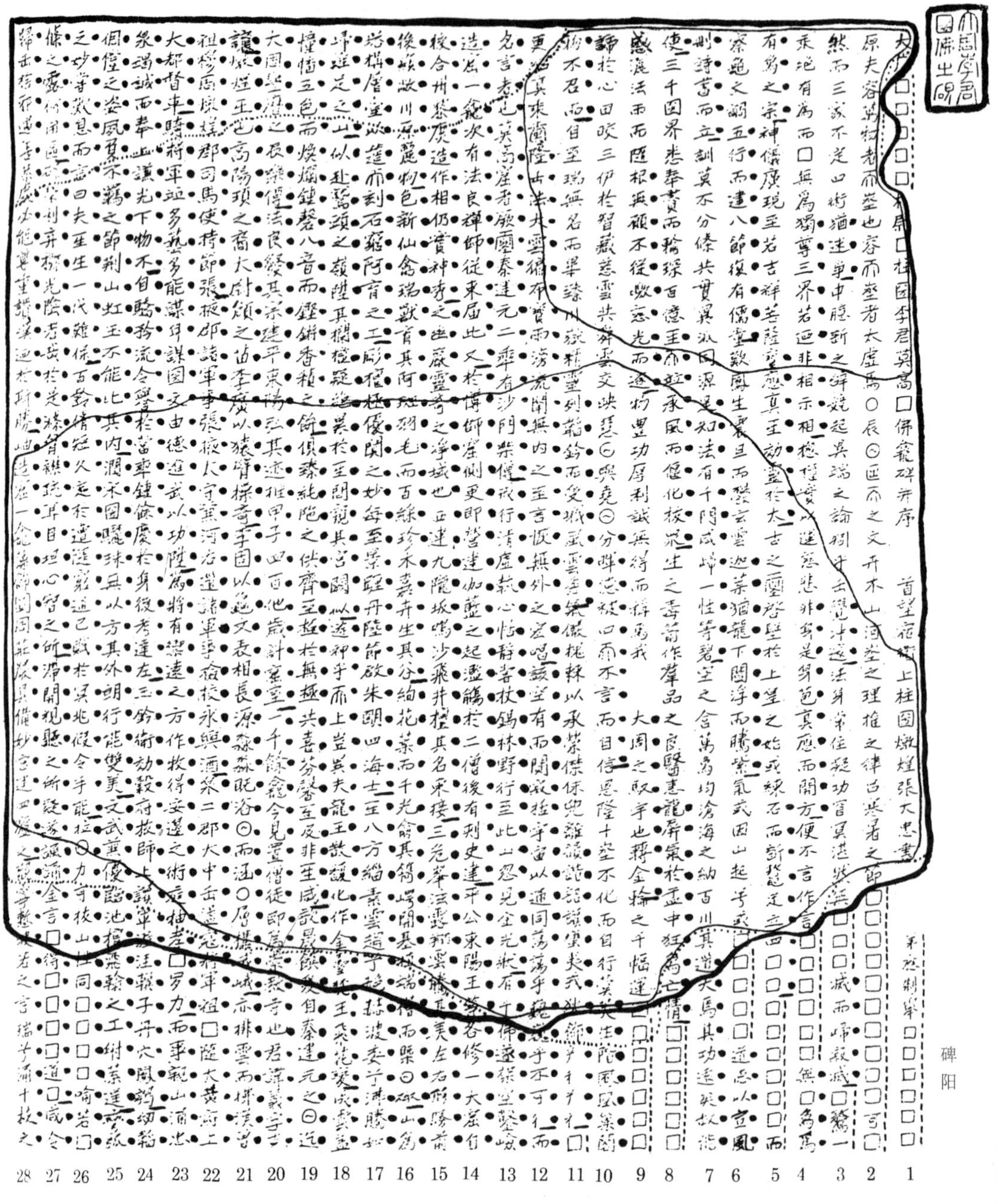

符号说明

- 粗黑线　刘喜海缪荃孙递藏拓本（北京大学图书馆藏）
- 小黑点多处与粗黑线相重合　柳风堂张氏旧藏拓本（北京大学图书馆藏）
- 细黑线　现存残石拓本（向达1944年手拓）
- 文旁附黑点和横线　伯2551唐卷录文和录文每行截止处（据晁华山摹本）
- 文旁附细黑断线　据《西域水道记》录文补

碑阳

碑阴

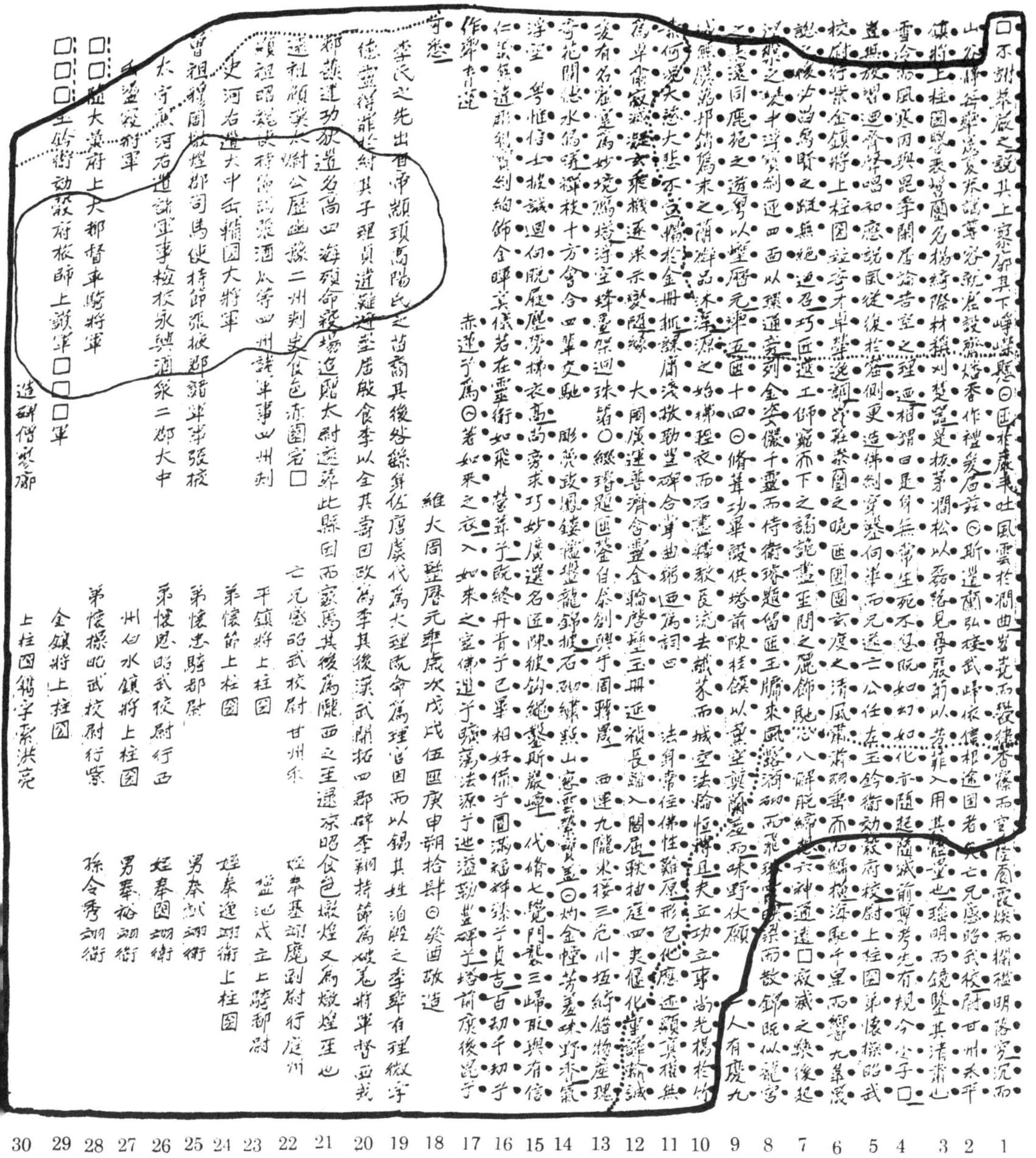

碑阴

本文是写《武周圣历李君莫高窟佛龛碑合校》时的“副产品”，原未刊露。近来有些同仁认为对了解原碑和阅读碑文都有用处，但已不便阑入正文，因列为附录三。

图　版

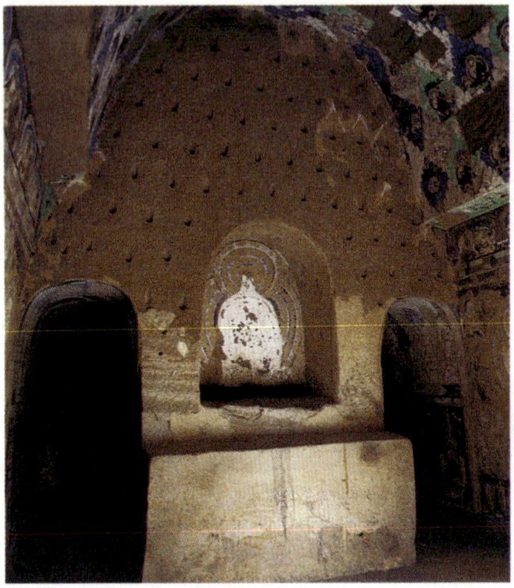

1　克孜尔第 38 窟主室后壁和东壁

2　克孜尔第 38 窟主室前壁和西壁

3　克孜尔第 38 窟主室券顶西侧

4 克孜尔第38窟主室东壁上部伎乐龛

5 克孜尔第47窟后室

6 克孜尔第80窟主室后壁上方

7　克孜尔第 17 窟主室前壁上方和顶部

8　克孜尔第 100 窟主室后壁

9 克孜尔第 77 窟西礼拜道西壁和部分顶部

10 克孜尔第180窟东礼拜道

11　克孜尔第 8 窟主室后壁

12　克孜尔第 8 窟主室前壁

13 库木吐喇新 2 窟主室顶部供养天

14 库木吐喇新1窟西禅窟主像

15 天梯山第 4 窟中心柱供养菩萨

16 天梯山第 4 窟中心柱供养菩萨

17 天梯山第 4 窟中心柱供养菩萨

18 炳灵寺第169窟窟口及其附近

19 炳灵寺第169窟第6号——无量寿佛龛

20 炳灵寺第 169 窟第 6 号龛主像

21 炳灵寺第 169 窟第 11、12 号壁画

22 炳灵寺第 169 窟第 22、23 号塑像

23 炳灵寺第 169 窟第 3 号龛

24 金塔寺东窟中心柱西面中层

25 金塔寺西窟中心柱西面中层

26 文殊山千佛洞主室西壁

27 云冈第 20 窟

28 云冈第 20 窟正中坐佛上部

29 云冈第 17 窟正中交脚菩萨

30 鹿野苑第 6 窟

31　云冈第 8 窟后室东壁和后壁东侧

32 云冈第8窟后室前壁和东壁南侧

33 云冈第7窟后室前壁西侧、明窗西壁

34 云冈第 9、10 窟外观

35 云冈第 10 窟后室室门南侧和门内顶部

36 云冈第10窟前室东壁及后壁

37 云冈第6窟后室前壁和东壁前侧

38 云冈第6窟后室中心柱东面下层龛

39 云冈第 6 窟后室中心柱南面上层

40 云冈第5窟西壁和前壁

41 云冈第17窟明窗东壁
太和十三年(489)龛

42 云冈第11窟附号14窟

43 云冈第4窟附号1窟东壁

44 云冈第30窟西壁上层龛

45 云冈第38窟西壁

46 云冈第 3 窟后室后壁西侧

47 龙门宾阳中洞正中坐像

48 龙门古阳洞后壁主像

49　龙门古阳洞南壁

50　龙门古阳洞北壁太和十九年（495）长乐王丘穆陵亮夫人尉迟氏龛

51　龙门古阳洞南壁景明四年（503）比丘法生为孝文皇帝并北海王母子所造龛

52　龙门古阳洞南壁熙平二年（517）齐郡王元祐龛

53 龙门慈香洞后壁

54　龙门魏字洞后壁

55　龙门皇甫公窟后壁

56　龙门皇甫公窟南壁

57 龙门路洞后壁

58 龙门路洞南壁歇山顶殿堂龛

59 龙门莲花洞南壁龛

60 龙门汴州洞后壁

61 巩县第1窟南壁东侧和中心柱东面

62　巩县第 3 窟中心柱西面

63 鸿庆寺第1窟后壁西侧

64 鸿庆寺第1窟东壁内侧

65 水泉石窟后壁

66 水泉石窟窟口北侧

67 天龙山第 3 窟后壁

68 大留圣窟窟内东南隅

69 北响堂第 1、2 窟

70 南响堂第 1 窟中心柱南面

71 麦积山第78窟主像

72　麦积山第 44 窟后壁

73 须弥山第46窟东南隅

74 须弥山第51窟后壁东侧

75　莫高窟第 275 窟后壁主像

76 莫高窟第 275 窟南壁

77 莫高窟第 272 窟后部

78 莫高窟第268窟后壁

79 莫高窟第259窟后壁

80 莫高窟第254窟北壁前部和中心柱东面

81 莫高窟第251窟南壁前部和中心柱东面

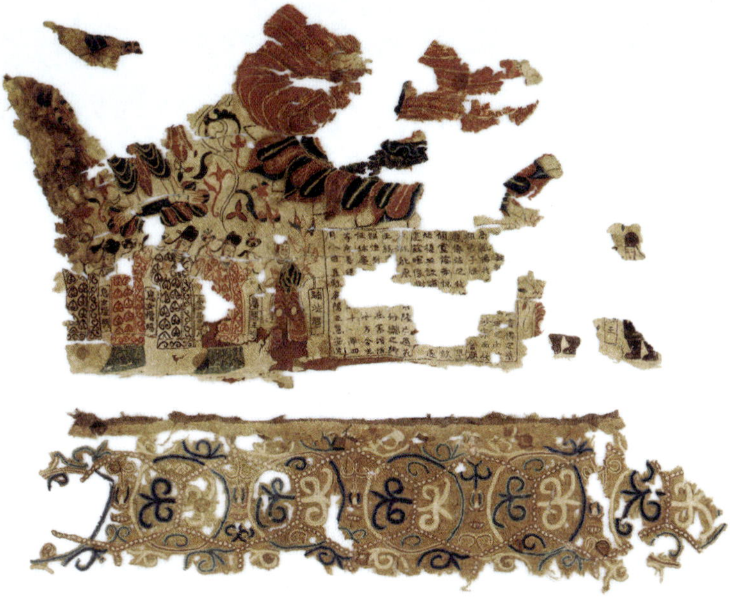

82 莫高窟新发现的太和十一年（487）刺绣说法图残件

83 莫高窟第 249 窟后壁

84 莫高窟第285窟后壁

85 莫高窟第 285 窟前壁

86 莫高窟第 285 窟北壁

87 莫高窟第 439 窟后壁

88 莫高窟第 428 窟北壁中部和中心柱东面

89 莫高窟第302窟北壁后部

90 莫高窟第427窟中心柱前北壁组像

91 莫高窟第322窟后壁

92 莫高窟第334窟前壁上方

93 莫高窟第332窟南壁前部和中心柱前面

94 莫高窟第130窟主像

95 莫高窟第 45 窟后壁龛上部

96 莫高窟第 159 窟后壁

97 莫高窟第361窟前壁南侧

98 莫高窟第 14 窟北壁前部

99 莫高窟第 161 窟顶部

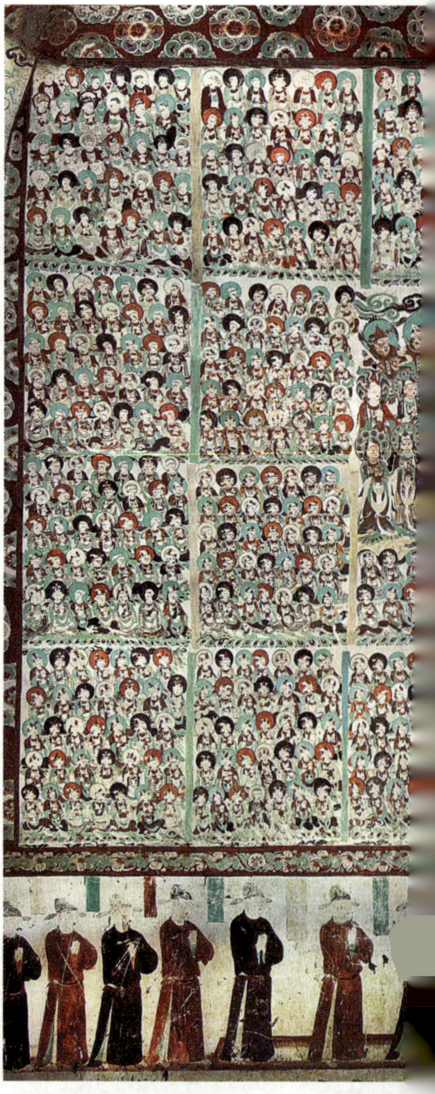

100 莫高窟第 196 窟前壁北侧

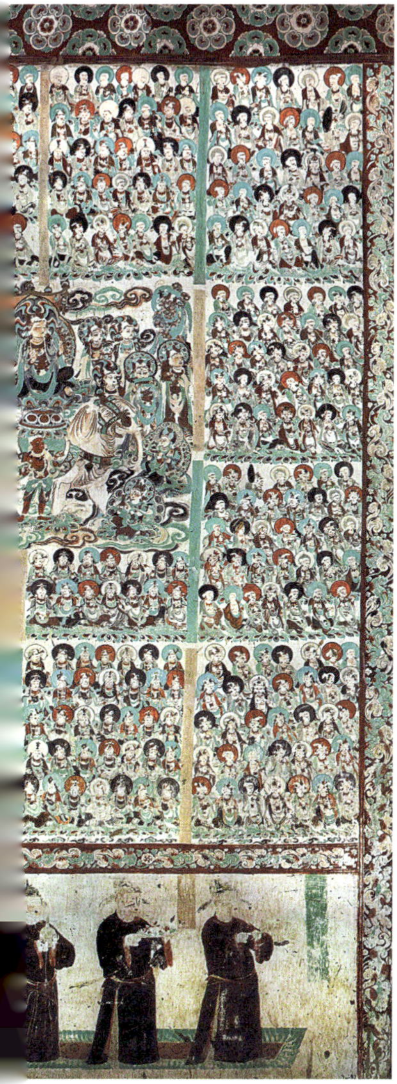

101　莫高窟第220窟甬道北壁

102 莫高窟第61窟后壁、南壁和背屏

103 莫高窟第 245 窟北壁

104 莫高窟第 465 窟后室窟顶前坡

105 莫高窟第465窟后室窟顶右（南）坡供养菩萨

106 莫高窟第 465 窟后室北壁中铺

107 莫高窟第 61 窟甬道南壁

108 莫高窟第 3 窟北壁

109　榆林窟第 29 窟顶部

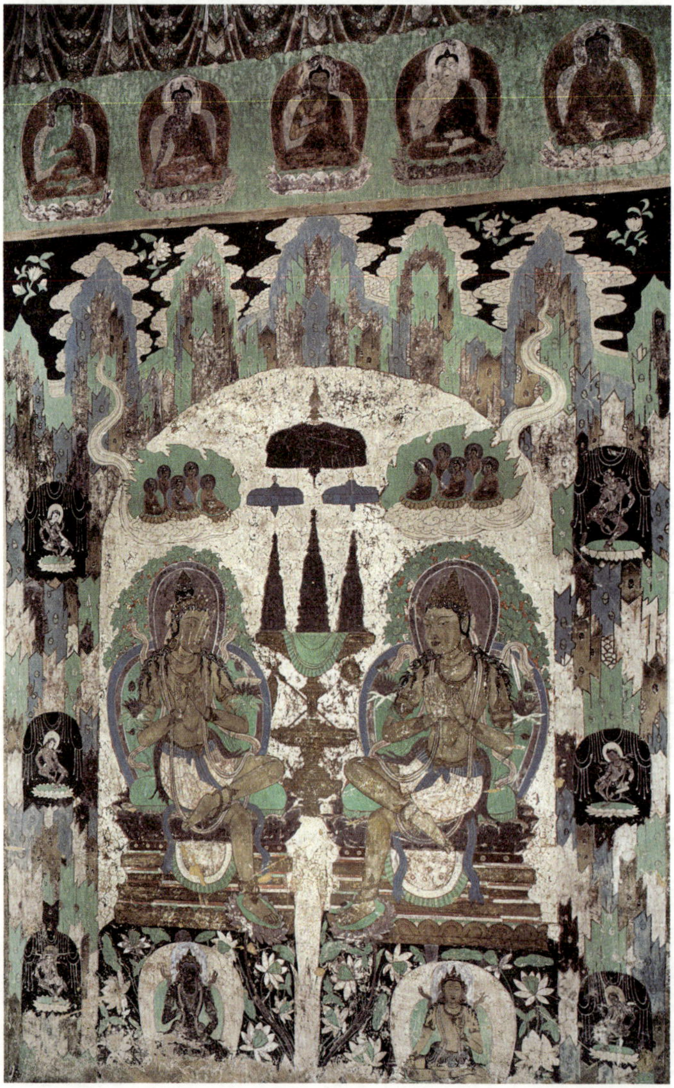

110　榆林窟第 4 窟北壁

图版说明

1　克孜尔第38窟主室后壁和东壁

第38窟是克孜尔早期洞窟之一，属中心柱窟。该窟经过树轮校正的C^{14}测定的年代是公元310±80。主室后壁即中心柱前壁，全壁画面已脱落，正中龛内原置之坐像已佚失，龛上方分布之众多的长圆形插孔，原是作为正龛背景的悬塑菱形山峦的遗迹。中心柱前壁下方两侧通道券口即围绕中心柱礼拜道的出入口，圆券无装饰；此出入口上方券顶与左右侧壁相接处，界以简单的叠涩出檐。

2　克孜尔第38窟主室前壁和西壁

前壁下方窟门崩毁，两侧各残存一龛，龛像已佚失；上方半圆形壁面画兜率天说法，此处与券顶菱格本生、因缘壁画有多处于1913年被德人揭毁，毁迹尚清晰可辨。

3　克孜尔第38窟主室券顶西侧

窟顶所绘菱格系山峦的图案化，所绘各种本生、因缘故事皆以山峦为背景。人物形象和喜用冷色是过去德人所谓西域第二种画风的代表作。

4　克孜尔第38窟主室东壁上部伎乐龛

东西两壁上部各绘伎乐龛七，每龛露出伎乐二身。此东壁左起第一龛，左者弹琵琶，右者吹横笛。伎乐圆颜，小口长鼻，两目距离较近，疑是龟兹人形象。

5　克孜尔第47窟后室

第47窟属大像窟。后室即扩大了的礼拜道后部。后室后壁下方凿出涅槃台，围绕涅槃台上方壁面成列的长方形插孔，原为安置举哀诸像而设。举哀诸像与涅槃像皆已不存。后室壁画多次重绘，现外露画面已非早期画迹。自该窟下层壁面取样，经树轮校正的C^{14}测定的年代是350±60。

6　克孜尔第80窟主室后壁上方

第80窟属中心柱窟。该窟是改造并扩大了原属僧房窟甬道右侧的僧房部分。改造扩大后，原僧房窟的僧房部分后壁成为第80窟主室后壁即中心柱前壁。壁正中下方龛内像已佚，龛上即中心柱前壁上方画释迦说法。从现存遗迹观察，可推测改僧房为中心柱窟的时间较早，上述壁画的绘制约在克孜尔早中期之际。

7　克孜尔第17窟主室前壁上方和顶部

第17窟属中心柱窟。主室前壁上方画兜率天说法。顶部作为本生、因缘背景的菱格山峦，其边线出现了整齐的画法。该窟据树轮校正后的 C^{14} 测定的年代是465±65。

8　克孜尔第100窟主室后壁

第100窟属中心柱窟，是克孜尔中期出现的多中心柱窟＋方形窟组合窟中的一座中心柱窟。主室后壁即中心柱前壁，正中大龛两侧，各另开一龛。三龛内造像俱佚。前壁下方左右通道口即礼拜道的出入口上部，绘塑出线条柔曲的券面装饰，通道内顶部又较出入口处凸起。以上皆与克孜尔早期洞窟情况不同。

9　克孜尔第77窟西礼拜道西壁和部分顶部

第77窟属大像窟。礼拜道较宽阔。西礼拜道西壁上部画兜率天宫，正中为交脚菩萨，两侧各绘伎乐天。顶部菱格山峦，形象较早期生动多彩，奔兽飞禽奇花异树之外，且多有在菱格之中又布置池沼作背景者。

10　克孜尔第180窟东礼拜道

第180窟属中心柱窟。该窟主室、后室和礼拜道各壁面俱绘千佛。千佛是克孜尔后期石窟流行的壁画题材。

11　克孜尔第8窟主室后壁

第8窟属中心柱窟。主室后壁即中心柱前壁。中心柱前壁壁画面全部脱毁，龛内造像佚失，壁面所存凿孔，系悬塑山峦的遗迹。左壁上方一列插孔，系为原置木构件所设。窟顶菱格山峦除最下一列半个菱格的内容为本生外，余皆画因缘故事。因缘故事的画面变化较少，是克孜尔晚期菱格的特征。此窟经过树轮校正后的 C^{14} 测定的年代是685±65。

12　克孜尔第8窟主室前壁

前壁大部崩圮，残存右侧立佛龛的右部和部分壁画。据前者可知该窟主室前壁窟口两侧原各设立佛龛；后者存上方供养天四身和右侧菩萨两身，已崩圮的主像如是兜率天说法的交脚菩萨，则较克孜尔早、中期同一题材的壁画，增加了供养天的新内容。

13　库木吐喇新2窟主室顶部供养天

1975年，库木吐喇沟口区发现早年塌圮的一组洞窟，其中新2窟主室穹窿顶部壁画较完整。该窟属库木吐喇早期洞窟。壁画人物丰颜宽鼻，两目距离较远和多用暖色，是过去德人所谓西域第一种画风的代表作。此种画风的壁画原亦为克孜尔所习见，唯清晰者多被德人揭毁，因举此库木吐喇的新发现为例，取其形象未损、颜色未变也。

14 库木吐喇新1窟西禅窟主像

新1窟位新2窟东侧，是上述新发现的一组洞窟中的最东边的一座。该窟主室前方甬道两侧各开一小禅窟，西侧禅窟内塑一禅定坐佛，是国内现存龟兹早期塑像中之最完整者；像左右侧壁绘众魔进扰诸相，因知此禅窟系一塑绘配合之降魔变窟。又坐像座前面悬塑出山峦和双狮。

15 天梯山第4窟中心柱供养菩萨

1958年，为了修建水库，防止塌毁，对第4窟中心柱残存塑绘进行揭取，发现最下层尚存有早期壁画若干处。此供养菩萨壁画即其中较完整的一处。菩萨圆面宽准，双目细长，与自5世纪后半以来中原地区习见的形象有显著差异。又菩萨双手手指间连以缦网，亦是较早的画法。

16 天梯山第4窟中心柱供养菩萨

第4窟中心柱下层壁画。菩萨形体健壮，圆颜细目，右袒合掌在散花中作胡跪姿态；面向敬礼之佛像已不存。

17 天梯山第4窟中心柱供养菩萨

第4窟中心柱下层壁画。菩萨形体特征略同上图，唯备具项饰、臂钏、手镯等饰物与上述菩萨有异。

图15、16、17是已发表的三幅天梯山早期壁画，有可能是5世纪前期凉州石窟的遗迹。因此，也是目前判定北凉遗迹比较可靠的样本。

18 炳灵寺第169窟窟口及其附近

1963年，炳灵寺发现有西秦建弘元年（420）题记的第169窟，该窟系利用崖体上部的天然洞穴设龛置像的一处洞窟。窟外左下侧的倚坐大佛（第171号）是唐开元十九年（731）凉州观察使薄承祧凿建。窟口下部的多层梯道和窟外上下的天桥、栈道皆近年重修。

19 炳灵寺第169窟第6号——无量寿佛龛

第6号龛位第169窟北壁后部。该龛平面半圆形，深0.96米，内塑一禅定坐佛二胁侍菩萨。坐佛榜题“无量寿佛”，右菩萨榜题“观世音菩萨”，左菩萨榜题“得大势志菩萨”。龛上方左侧画十方佛，再左为西秦建弘元年（420）长篇题记。题记之下画供养人三列，上列自右第一身榜题作“□国大禅师昙摩毗之像”。此龛是现知存世最早的佛龛。

20 炳灵寺第169窟第6号龛主像

第169窟第6号龛主像右上方有

“无量寿佛”墨书榜题和西秦建弘元年（420）墨书造像题记，是现知有明确纪年的最早石窟造像。该像作禅定姿态，其面相特征与图15天梯山第4窟供养菩萨接近。值得注意的是背光中画出生动的供养天，项光中画有规整的化佛等形象，俱为5世纪后半中原、北方的造像所继承。

21 炳灵寺第169窟第11、12号壁画

第11、12号壁画绘于第6号龛左下方崖面。第11号居右，第12号居左。第11号壁画可分上下两部分：上部分，一禅定坐佛及左右胁侍菩萨，左胁侍榜题作“日光菩萨”，右胁侍榜题作“华严菩萨”，右胁侍之右画供养僧俗四身，其上绘一供养天；下部分，中间一说法坐佛，下方奉一炉，坐佛榜题“无量寿佛”，右侧一说法坐佛并二胁侍，下方有题记六行，字迹已漫漶，左侧上绘二菩萨装者，其一半卧床帐中，另一侍立床前，其间榜题书“维摩诘之像，侍者之像”；下绘上竖三组相轮的多宝塔一座，塔面并列两倚坐佛像，其间有榜题书“释迦牟尼佛、多宝佛”。第12号壁画画面较大，一说法坐佛并二胁侍，右下侧一胡人礼佛。

22 炳灵寺第169窟第22、23号塑像

第22、23号塑像位第6号龛右方，第169窟的南壁上部。第23号塑像位于上方，现存一列五座通肩禅定坐佛，中间坐佛头毁。第22号塑像位第23号塑像下方，原是一组一佛两菩萨，佛作立姿，内露僧祇支，外着右袒大衣，大衣右上角覆盖右肩上，两腿下部残毁。右胁侍已佚。左胁侍袒上身，合掌立。第22、23两组塑像俱晚于本窟第6号龛。

23 炳灵寺第169窟第3号龛

第3号龛位第6号龛左方崖壁斜坡上。平面半圆形，深0.65米。内塑一禅定坐佛，左侧侍立一上身着甲、右手持金刚杵的天王，右侧侍立一袒上身、左手举尘尾的菩萨。右菩萨右肘处有北魏大代延昌四年（515）题记。

24 金塔寺东窟中心柱西面中层

西面中层龛像为交脚佛像及左右胁侍菩萨。早期交脚佛像又见于云冈第7、8、9、10诸窟和莫高窟第268、254窟。

25 金塔寺西窟中心柱西面中层

西面中层主像为坐藤几上的思惟菩萨。此种思惟菩萨形象出现的时间，略同于图24的交脚佛像。又西面下层龛楣中部塑出的六角形摩尼，亦是自5世纪后期流行供奉的宝珠形式。

26 文殊山千佛洞主室西壁

主室正中凿中心柱。围绕中心柱

的主室四壁上部画千佛。顶、壁相接处画供养天人一匝，天人飘舞于满散花朵的空际；如是布置供养天人和天人自由之姿态俱与克孜尔第二阶段偏晚的洞窟如第48窟同类壁画有相似处。

27 云冈第20窟

云冈第20窟是北魏和平初（460）开凿的昙曜五窟中最西面的一窟。该窟平面椭圆形，穹窿顶，前壁和顶的前部早年崩毁。窟内主要造像为三世佛，正中禅定坐佛，左侧立佛作说法姿态，右侧立佛亦崩毁。坐佛与左右立佛之间原各有一胁侍菩萨，现仅存残迹。此窟与第18窟位第19窟西、东两侧，又皆布置五尊像，此种情况，似又为第18、19、20三窟在昙曜五窟中自成一组增一佐证。

28 云冈第20窟正中坐佛上部

第20窟正中禅定坐佛形体巨大，高13.7米。该像面相丰满，两肩宽厚，造型雄健，衣纹凸起，是云冈早期造像的代表作。

29 云冈第17窟正中交脚菩萨

云冈第17窟平面椭圆形，穹窿顶。窟内三世佛：左禅定坐佛；右说法立佛；正中交脚菩萨大像，高15.6米。云冈另一座交脚菩萨窟是第13窟，该窟像高13米。此云冈两大交脚菩萨座俱未雕饰狮子。

30 鹿野苑第6窟

1980年，大同市普查文物时，于市西北小石寺村北山发现北魏皇兴四年（470）十二月前不久完工的鹿野苑石窟遗迹。遗迹现存洞窟一列，计十一窟。位于正中的第6窟面积较大，平面略作椭圆形，内雕坐佛并左右胁侍菩萨，俱残损，窟外两侧的护法力士仅存凿迹。第1～5窟位第6窟之东，第7～11窟位第6窟之西，皆无雕饰之小型禅窟。从此列窟上方崖面残存之梁孔和列窟皆无前壁作敞口形式以及附近多出北魏式黑色板瓦等情况，约可推知此列窟前方原曾接连木结构。

31 云冈第8窟后室东壁和后壁东侧

32 云冈第8窟后室前壁和东壁南侧

云冈第7、8窟是一组双窟，雕凿的时间在云冈仅晚于昙曜五窟。云冈壁面上下分栏的龛像布局和窟顶雕出斗四结构的平棊宝盖，都首先出现在此组窟中；许多新的造像题材和装饰、供具等形象也最早见于此双窟，前者如交脚佛像、具狮子座的交脚菩萨、思惟菩萨和佛传龛、摩醯首罗天等，后者如盝顶帷幕龛楣、鸟兽形龛尾、多层塔、六角摩尼、博山炉等等。

33 云冈第7窟后室前壁西侧、明窗西壁

前壁西侧上部的交脚菩萨和明窗

转角处立于藤座上的供养菩萨，是云冈第一期向第二期过渡时的形象。

明窗壁面雕树下坐禅、后室最上方雕坐禅比丘和明窗上缘雕饰的交龙纹都是云冈新出现的题材和装饰。

34 云冈第9、10窟外观

云冈第9、10窟是另一组双窟。该双窟前室前壁原系雕出列柱式的窟檐形式，辽金时期又在列柱窟檐之前接建木结构，列柱上方遗留的巨大梁孔即是接建木建筑时所开凿。

此组双窟雕饰巧丽，云冈出现施用斗拱的汉式建筑亦以此双窟为最早，第9窟后室室门上面雕出的一斗三升和叉手的门楼即是一例。

35 云冈第10窟后室室门南侧和门内顶部

边饰花纹复杂化，是第9、10双窟雕饰巧丽的重要内容之一，后室门楣、门颊和门框的花纹又是双窟边饰中最华丽的部分。

36 云冈第10窟前室东壁及后壁

壁面上两栏为龛像，其下为分段本生浮雕，再下为已剥蚀之供养人行列。在东壁供养人行列内侧开凿出通向第9窟的甬道。

后壁后室门与明窗之间雕有交龙缠绕的须弥山，山两侧有多臂多面的阿修罗、提婆达多两天部卫护。

37 云冈第6窟后室前壁和东壁前侧

第5、6窟是云冈双窟中规模最大的一组。第6窟属中心柱窟。该窟后室壁面布置略同第9、19窟，但较之尤为壮观。中心柱边际和壁面龛像雕出一系列佛传，壁面佛传龛像之下分段浮雕佛传栏，再下雕施用一斗三升和叉手的回廊建筑，廊内雕供养人行列。

此窟按原设计全部完工。从佛像着褒衣博带式服饰考察，其雕造时代较第9、10双窟为晚。

38 云冈第6窟后室中心柱东面下层龛

中心柱前、东、西三面下层龛内部主像两侧皆作内弟子、外菩萨之布局，其中东面交脚菩萨龛内的形象较为清晰。一佛二弟子二菩萨五尊像，云冈首见于此窟；也是现知最早的五尊像例。

39 云冈第6窟后室中心柱南面上层

中心柱上层外四隅各立仿木结构的九层塔，内四面各一着褒衣博带式服饰的作说法姿态的立佛。此南面立佛面部近代贴金，略失原貌。

40 云冈第5窟西壁和前壁

云冈第5窟椭圆形平面、穹窿顶。窟内主要造像是三世佛。正中禅定坐佛高17米，是云冈最大的佛像，两侧各一说法立佛。该窟壁面未按原计划完工，故多后期补雕的小龛；窟门侧壁树下坐禅和明窗壁面千佛中现释迦多宝雕造的时间较早。

41 云冈第17窟明窗东壁太和十三年（489）龛

该龛上栏雕主像交脚菩萨和左右思惟像，下栏雕主像释迦多宝和供养菩萨众，龛楣现七佛。释迦多宝像下方刻铭十行："大代太和十三年岁在己巳九月壬寅朔」十九日庚申比丘尼惠」定身遇重患发愿造」释迦多宝弥勒像三」区愿患消除愿现世」安隐戒行福利道心」日增誓不退转以此」造像功德逮及七世」父母累劫诸师无边」众生咸同斯庆」。"铭记两侧各雕比丘尼供养像四身。上下栏造像服饰俱是旧式。

42 云冈第11窟附号14窟

第11窟附号14窟即日人编号11d，位第11窟崖面左上方。该窟早年崩塌，仅存后壁和左壁里端。后壁雕释迦多宝龛，龛楣现七佛，龛楣上方两侧列供养菩萨众。左壁残存龛里缘，里缘内侧有刻铭存二行："太和十三年七月十二日」敬造」。"该窟早于17窟太和十三年龛（图41），但造像已着双领下垂的新式服饰。

43 云冈第4窟附号1窟东壁

第4窟附号1窟即日人编号4A，位第4窟崖面右上方。前壁崩毁。东壁开盝顶华绳龛，主像交脚菩萨。龛式与造像形制俱是云冈第三期流行的式样。

44 云冈第30窟西壁上层龛

龛内说法坐佛长颜削肩，造型清秀，褒衣下摆密褶平行下垂，凡此皆云冈第三期佛像特征。

45 云冈第38窟西壁

第38窟是云冈第三期开凿的一座平面方形的小型窟，位第39窟（即西方塔洞）左上方。其面积仅可容一僧尼坐禅。窟内布局是三壁三龛式。西壁主像是身着大衣的倚坐佛像，盝顶帷幕龛楣化佛现于折叠式方框中和龛下清秀的男女供养人，以及供养人行列中间的二株音乐树等，都是云冈晚期出现的新样式。

46 云冈第3窟后室后壁西侧

第3窟系云冈第二期开系，但终魏之世并未完工。此后室后壁西侧补雕的倚坐大佛和二胁侍过去推测为隋像，后在文献和碑刻中发现唐初曾在云冈有重建和修治故像的记载，因改订为初唐雕造。

47 龙门宾阳中洞正中坐像

龙门宾阳中洞是北魏景明初（500）准云冈石窟开始开凿的石窟二所之一。坐像作说法姿态。该像整体造型较云冈早期为清秀，与云冈晚期形象接近。一佛二弟子二菩萨五尊像的造像组合，此铺是较早之例。

48 龙门古阳洞后壁主像

古阳洞主像长期为后世泥塑所掩，近年始清理出原来面貌。原像多崩毁，但颜面长圆、禅定坐姿、形体清秀和着双领下垂大衣等尚清晰可辨。大部崩毁的敷于高座前面的下摆衣纹只存右缘一窄边，座下两侧石狮亦仅存左者。左右胁侍除部分残损外，大体完好，二菩萨披巾俱于腹部交叉穿璧。

49 龙门古阳洞南壁

古阳洞南北两壁皆作上下分栏布置列龛的布局。根据列龛铭记和形制，知其开凿顺序是：先上栏，次上栏龛间、边际和中栏，次中栏龛间、边际和下栏。

50 龙门古阳洞北壁太和十九年（495）长乐王丘穆陵亮夫人尉迟氏龛

该龛位古阳洞北壁上栏东侧，古阳洞诸龛中之最早者。主像交脚菩萨头部、右胁侍、右狮头俱被凿毁。交脚菩萨双足有地神承托。龛内全部造像皆较古阳洞主像造型健壮，龛外左侧供养人尚着窄袖胡服。

51 龙门古阳洞南壁景明四年（503）比丘法生为孝文皇帝并北海王母子所造龛

该龛位古阳洞南壁上栏中部。全龛造像头部俱毁。主像释迦作禅定姿态，上身虽仍右袒，但秀颈斜肩，躯体渐趋清秀。铭记两侧供养人已着褒衣博带装。

52 龙门古阳洞南壁熙平二年（517）齐郡王元祐龛

该龛位古阳洞南壁上栏西隅。全龛造像头部皆毁。主像交脚菩萨形体已瘦削，帔帛已交叉穿璧于腹际。此龛像与图 50、51 对比，可略窥龙门北朝第一、二两阶段龛像演变的趋势。

53 龙门慈香洞后壁

三壁设坛式中小型方形窟。后壁坛上禅定坐佛、右侧弟子、菩萨和双狮头部俱被凿毁。主像背光两侧浮雕维摩文殊问答情景。主像座右有“大魏神龟三年（520）三月廿囗日比丘尼慈香慧政造窟一区记”。

54 龙门魏字洞后壁

三壁三龛式中型方形窟。后壁龛五尊像中说法坐佛（右手毁）是龙门北朝第二阶段前段保存较好的形象之一。

55 龙门皇甫公窟后壁

南壁龛内五尊像头皆毁。主像交脚菩萨背光两侧浮雕维摩文殊，龛外下沿浮雕礼佛供养行列。

56 龙门皇甫公窟南壁

皇甫公窟旧名石窟寺。三壁三龛中型方形窟。后壁大龛七尊像头部俱毁，最外二像是树下思惟菩萨像。该窟窟外南侧崖面雕出“太尉公皇甫公石窟碑”，碑著纪年是“大魏孝昌三年岁次丁未”（529）。此窟是龙门北朝第二阶段后段的代表窟。

57 龙门路洞后壁

平面椭圆形中大型窟，只后壁开一大龛。龛内七尊像，一佛二菩萨二弟子二菩萨。主像说法坐佛头、手俱毁，其余六尊大部被凿毁。此窟是龙门北朝第三阶段较重要的例窟。

58 龙门路洞南壁歇山顶殿堂龛

路洞南北壁面皆浮雕龛像，此北壁诸龛内主像皆为禅定坐佛，龛内有胁侍菩萨，龛外有供养菩萨。殿堂台基面雕饰莲荷，似在表示殿堂建于水畔。殿堂檐下雕出一斗三升和叉手，叉手两脚已出现弯度。

59 龙门莲花洞南壁龛

该龛位南壁外侧下栏，左半被凿毁，右半诸像头亦毁。此龛造像不雕细部，风格突变，应是洛阳离乱之后，接受了东方邺下兴起的东魏、北齐艺术影响而出现的新形制。

60 龙门汴州洞后壁

汴州洞为龙门北朝第三阶段所开凿，但后壁和南壁龛像皆系补雕者。此后壁龛五尊像头部已毁，作说法姿态的主像形体较图 57 路洞造像更为健壮；座前双狮间雕出博山炉和龛内不雕细部的做法与图 59 情况相似。

61 巩县第1窟南壁东侧和中心柱东面

南壁即前壁，上部雕千佛，下部为供养人行列，最下为供养天人行列。中心柱四面各开一帷幕龛，每龛皆五尊像。东面龛主像菩萨装弥勒，半垂右脚。巩县第 1 窟造像约相当于龙门北朝第二阶段前段。

62 巩县第3窟中心柱西面

中心柱西面龛五尊像，主像说法坐佛和左右胁侍头部皆被凿毁。坐佛大衣下摆重叠，衣纹皆雕双线。此窟造像约相当于龙门北朝第二阶段后段。

63 鸿庆寺第1窟后壁西侧

鸿庆寺第 1 窟属中心柱窟。该窟后壁上部西侧雕帷幕浅龛，内雕立佛与弟子、菩萨众，造像形体健壮，接近龙门北朝第二阶段后段。

64 鸿庆寺第1窟东壁内侧

东壁上部大面积浮雕已多风化，唯内侧“城垣”一角保存较好。四注顶城门楼檐下所施斜直之叉手，尚是叉手的早期形制。

65 水泉石窟后壁

水泉石窟系敞口纵长方形大型窟。

后壁前并立二佛，南立佛腹部以上崩毁，北立佛除髻、手残损外大体完好。窟外左侧上方雕出上具螭首的摩崖碑，文字多剥蚀，内有“比丘昙覆……敬造”字样。窟外右侧有小禅窟一。

66 水泉石窟窟口北侧

窟口右侧小龛密集，下部雕千佛，上部列龛像，其上列中间的大型盝顶帷幕龛下方有铭云：“石窟主昙覆敬念造。”该龛右下方即下列龛像最右小型华绳龛和次右中型盝顶帷幕龛下方俱有熙平二年（517）铭记，以上三龛的主像皆为交脚菩萨。

67 天龙山第3窟后壁

第3窟位天龙山东峰。后壁说法坐佛并二胁侍头、手俱残，造型与衣纹尚沿魏末形制，但线条流畅，壁面少雕饰，应是东魏、北齐雕刻的时尚。

68 大留圣窟窟内东南隅

大留圣窟位邺城西南，今安阳市岚峰山东麓，是东魏北齐宝山寺高僧道凭于东魏武定四年（546）所开凿。窟内坛上奉坐佛三身，俱作说法相。头、手皆残。像宽肩突胸，形体丰壮，刀刻较浅，时用双线，衣裙短仅散敷于座面。

69 北响堂第1、2窟

北响堂主要洞窟外观皆雕作佛塔状。第1窟系第2窟的覆钵部分，但为第2窟前廊前面清代所砌石台所掩，原状不可遽辨。覆钵正中建龛室，内雕释迦多宝。覆钵上雕三短刹柱，柱端饰宝珠，覆钵两侧刻佛名、经名。第2窟即塔身部分，前建前廊，廊壁满雕经文。廊后为三壁三龛方形窟，三龛各雕一坐佛、二弟子、四菩萨七尊像，前壁雕经文。前廊外西壁雕有北齐武平三年（572）晋昌郡开国公唐邕写经记。

70 南响堂第1窟中心柱南面

中心柱南、东、西三面皆雕一帷幕龛，南面龛坐佛似原作说法姿态，头略残，刀刻浅，衣裙简洁，未下垂，覆于圆莲座上。

71 麦积山第78窟主像

第78窟位麦积西崖，是麦积现存最早的洞窟之一。窟内主要造像是三座坐佛。以三佛为造像题材的石窟，盛行于北魏文成兴安元年（452）复法之后；该窟三座坐佛的造型又与图27云冈第20窟大佛相似。因此，麦积现存早期洞窟开凿的时间大约也在5世纪后半。又此窟后壁右上方有交脚菩萨龛，左上方有思惟菩萨龛。

72 麦积山第44窟后壁

第44窟平面方形，前壁崩毁，后壁龛内说法坐佛和龛外胁侍保存较好，是麦积西魏塑像的代表作。

73 须弥山第46窟东南隅

第46窟位须弥山圆光寺区，是北周时期兴凿的东西毗连两座中心柱窟的东窟。窟内造像多经后代妆銮，此东南隅诸胁侍菩萨尚存当时菩萨造像的一般特征。

74 须弥山第51窟后壁东侧

第51窟俗称相国寺，北周时期开凿的大型中心柱窟。该窟前壁和中心柱部分崩毁。后壁开大龛，并列禅定坐佛三身。三佛造型相似，俱低肉髻，颜面方圆，形体丰壮，大衣下垂甚短，衣纹简略。此系东侧佛像。

75 莫高窟第275窟后壁主像

第275窟是莫高窟现存最早的洞窟之一。以交脚菩萨为本尊的洞窟，不见于莫高窟以西和甘肃其他石窟；现知此类石窟以云冈中期最为盛行。交脚菩萨后面上部的壁画和项光皆宋代所补绘。

76 莫高窟第275窟南壁

第275窟左右壁面分栏布局，上栏列龛塑出内地门阙形式，檐下并绘有檐椽、横枋、方窗和一斗二升、一斗三升、叉手等木结构。下栏绘长卷式分段的本生、佛传，其间有白色长条状榜题。再下为窄袖胡服供养人行列和三角纹垂饰。南壁左侧有后世开凿通向第272窟的甬道口，现已封阻。

77 莫高窟第272窟后部

第272窟是莫高窟现存最早洞窟之一。平面方形，穹窿顶，顶正中塑出斗四结构。后壁龛内主像为说法倚坐佛像。像后背光、项光内画供养天和化佛以及左右壁遍绘千佛，俱是内地5世纪后期造像和窟龛同部位常见的题材。窟外左右崖面各建禅僧龛一。左龛已编号即第273窟，龛内尚存禅僧像；右龛像已佚，未编号。

78 莫高窟第268窟后壁

第268窟系长方形小窟。窟顶塑出斗四平棋。左右壁各辟二禅窟，右壁二窟即第267、269窟，左壁二窟即第270、271窟。后壁龛内主像为交脚佛像。交脚佛像和该龛柱头作出卷云装饰在内地都出现在5世纪后期。此组洞窟，即第267～271窟，亦是莫高窟现存最早洞窟之一。

79 莫高窟第259窟后壁

第259窟从后壁向前塑出半个单层塔，塔龛内塑释迦多宝并坐像。塔两侧绘千佛。窟左壁上下分栏俱列龛像，右壁、前壁崩毁。此窟亦属现存莫高窟的早期洞窟，开凿时代应与上述三窟最为接近。

80 莫高窟第254窟北壁前部和中心柱东面

第254窟是莫高窟较完整的早期

中心柱窟。中心柱正面即东面开一大龛，主像是交脚佛像。该龛龛梁塑出交龙纹，龙前肢立于束帛龛柱上。中心柱左、右、后三面皆具上下龛。中心柱上方四周绕设斗四平棋。平棋前接前后坡顶（即敦煌研究所定名之“人字披”）。此窟左、右壁分上下栏，上栏列龛像，龛间绘千佛；下栏后部绘千佛和小型说法图，前部绘佛传、本生。右壁萨埵本生中所绘塔作三层楼阁式，再下为护法诸天。前壁绘千佛，窟口上方辟明窗。第254窟的年代，在莫高窟现存洞窟中仅晚于以上诸窟。

81 莫高窟第251窟南壁前部和中心柱东面

莫高窟现存早期洞窟的排年顺序，第251窟紧接第254窟之后。两窟形制相似。此窟中心柱正面龛主像为倚坐佛像，头、手有修补。左右壁已不分栏，前部绘大型说法图；后部绘千佛，中有小型说法图。

82 莫高窟新发现的太和十一年（487）刺绣说法图残件

1963年，清理第125、126窟间崖缝积沙时，发现残刺绣说法图的下部一件。据残存部分观察，其内容、布局和艺术风格俱与第251、260等窟小型说法图相似。图下绣出太和十一年（487）广阳王慧安发愿文。

83 莫高窟第249窟后壁

第249窟较上述早期洞窟为晚，洞窟形制、壁画内容和用色都出现了新情况。

该窟前壁已崩毁。方形平面、盝顶。仅后壁开一龛，主像为倚坐佛，头经修补，手已残。左右壁千佛中现立佛说法，其下为着大衣形体清秀之供养人行列和护法诸天。窟顶壁画系表现天际，下缘绘山峦一匝，其上正（西）面画阿修罗天与须弥山，对面（东）为摩尼、百戏供养，左（北）、右（南）面画帝释和帝释妃乘龙、凤车驶向忉利天宫。此窟绘塑多青色，与第285窟同。

84 莫高窟第285窟后壁

85 莫高窟第285窟前壁

86 莫高窟第285窟北壁

第285窟是一座方形盝顶禅窟。后壁中龛主像是倚坐佛像，两侧各一禅僧龛。窟顶下缘绘一匝比丘于山间营龛坐禅的形象。前壁北侧说法图中坐佛左上方榜题作“无量寿佛”。南北壁下部各开四座小禅窟。北壁小禅窟上方画七铺说法坐佛。此七铺坐佛的发愿文中的纪年有西魏大统四年（538）和五年（539），可知此窟兴建约在西魏之初。

87 莫高窟第439窟后壁

第439窟大部崩毁，仅存后壁。

后壁开一龛，龛内主像为倚坐佛像并二弟子，龛外有左右胁侍菩萨。一铺五尊像和弟子左老者、右少年在莫高俱始于此窟。又龛梁交龙纹两端各自一莲瓣状物中穿出和龛柱缠绕莲枝叶、柱端做出莲实等亦自此窟始。

88 莫高窟第428窟北壁中部和中心柱东面

第428窟是北周窟中的最大窟，一般推测此窟即建平公于义所创。中心柱四面皆开一龛，正（东）面五尊像，主像是说法坐佛。四壁分栏布置壁画，中栏题材有首见莫高者，如左（南）壁卢舍那立像和后（西）壁金刚宝座塔等。

89 莫高窟第302窟北壁后部

第302窟窟内中部偏后凿出须弥山形的中心柱，柱基座北面有开皇四年（584）发愿文。该窟北壁后部千佛壁画中现坐佛说法，佛坐于须弥座上，上覆华盖，盖下两侧有榜题，左右胁侍菩萨外侧各绘一树，背景空间布满散花，这是莫高窟隋初洞窟所画说法图的常见布局。

90 莫高窟第427窟中心柱前北壁组像

第427窟是莫高窟隋窟中最大的一座。窟前有前庭、立天王四、力士二。窟内设中心柱，中心柱左、右、后三面各开一龛，前面和中心柱前南北壁下各塑一佛二菩萨立像一组。北壁下一组保存较好，颜面方圆，形体丰壮，头部比例嫌大，下肢嫌短，此诸隋像特征与内地基本相同。又此窟塑像服饰的纹样描绘精细，其中多忍冬和框以联珠圈或菱格的禽兽等中亚一带流行的图案，殊值注目。

91 莫高窟第322窟后壁

第322窟初唐开窟。方形平面，仅后壁一龛。龛内说法坐佛两侧弟子、菩萨、天王各一身。坐佛螺髻，其姿态、衣纹和多角佛座俱与传世唐贞观十三年（639）马周造像相似。左右壁小型千佛中现大幅西方净土变和说法图，是以后不久整壁绘单一经变的先声。

92 莫高窟第334窟前壁上方

第334窟亦初唐开窟，洞窟形制和绘塑布局俱略同第322窟。前壁窟口上方所绘十一面观音坐像及其两侧的供养菩萨，是莫高窟隋唐密教形象中最早的一铺。

93 莫高窟第332窟南壁前部和中心柱前面

第332窟武周圣历元年（698）李义兴建。该窟后壁开涅槃龛，中立中心柱，中心柱前面和窟左右壁前部下方各立一佛二菩萨三尊像。窟口外有前庭，前庭后壁左右原各立一天王，右天王之右原树《大周李君□佛之碑》。此窟前庭和中心柱以及三组立像俱仿第427隋窟；但后壁奉涅槃则源于龟兹石窟，盖武周长寿元年（692）收复安西四镇常设驻军、龟兹地区与河西联系密切后，始克出现的新情况。

94 莫高窟第130窟主像

第130窟主像为大型弥勒倚坐像。此像俗呼南大像，据唐人记录知建于“辛酉开元九年”（721）。

95 莫高窟第45窟后壁龛上部

第45窟后壁龛内塑释迦说法坐像，两侧立弟子、菩萨、天王各一身，龛内壁即塑像之后绘菩萨六身，龛顶画法华经变见宝塔品。此窟绘塑造型丰满，装饰华丽，是莫高盛唐的代表洞窟之一。

96 莫高窟第159窟后壁

第159窟后壁开盝顶龛，龛内冂形床上塑像七尊，主像佚。龛壁屏风画十幅。龛外两侧绘文殊变（左）、普贤变（右）。龛下正中画供养僧俗，两侧各画五台山条幅二。窟左右壁各列经变画三幅，前壁窟口两侧画维摩诘经变。此窟是莫高中唐代表窟之一。

97 莫高窟第361窟前壁南侧

第361窟系中唐洞窟，窟顶和前壁窟口两侧画密教形象，此千手千钵文殊变相绘于窟口南侧。

98 莫高窟第14窟北壁前部

第14窟系晚唐中心柱窟，中心柱东（正）面开盝顶龛，龛内塑像皆清代重修。该窟南北壁列绘密教画，南壁有千手千眼观音、不空羂索观音、十一面观音、金刚杵观音，北壁前部有千手千钵文殊、如意轮观音，后部有金刚杵观音。密教壁画数量在莫高洞窟中的增多，说明密教在敦煌地区发展的迅速。

99 莫高窟第161窟顶部

第161窟是晚唐兴建的一座密教洞窟，全窟皆画密教形象。窟正中设坛，坛上原像已佚。此千手千眼观音坐像绘于覆斗窟顶心。该窟多观音及弟子菩萨众成组壁画，此类组画内容组织相似，似摹自几个接近的粉本。

100 莫高窟第196窟前壁北侧

第196窟兴建于唐景福间（892～893）。窟正中设坛，坛后沿建背屏上接窟顶。前壁窟门两侧各绘如图99所述之若干组内容相似的菩萨组画。此北侧菩萨组画，正中现骑象普贤及其眷属。

101 莫高窟第220窟甬道北壁

第220窟原建于初唐，后屡经重修。1975年于甬道北壁西夏壁画下层发现后唐同光三年（925）绘“新样大圣文殊师利菩萨一躯并侍从兼供养菩萨一躯及救苦观世音菩萨一躯”其下列供养人七身，自内第三身榜题“施主节度押衙行随军参谋兼御史中丞翟奉达供养”。

102 莫高窟第61窟后壁、南壁和背屏

第61窟系五代曹元忠夫妇所建，是曹氏诸窟中之最大窟。窟正中设坛，坛上诸像已无存，但背屏完好，屏中间尚存此窟主像文殊菩萨坐骑之尾部。窟左、右、前壁遍绘经变，右壁经变下供养人行列中有曹元忠妻“施主敕授浔阳郡夫人翟氏”题名，知此窟壁画绘于后周显德二年（995）晋封翟氏凉国夫人之前。后壁画大幅五台山图，图中有后晋天福十二年（949）“湖南送供使”图像，因知该图绘于此年之后。

103 莫高窟第245窟北壁

第245窟系西夏时兴建。方形覆斗顶，后壁开龛，塑倚坐佛像。左右壁画说法图，布局紧凑，线条敷彩俱颇细致，是西夏壁画中的佳作。

104 莫高窟第465窟后室窟顶前坡

第465窟是元朝时期兴建的藏传佛教秘密寺。窟有前后室，俱平面方形、盝顶。前室左、右、后壁画四塔。后室正中建圆坛，坛上方盝顶正中及四坡分画五方佛及其眷属，此东坡主像应是阿閦佛；四壁分段画护法，计共十一铺。

105 莫高窟第465窟后室窟顶右（南）坡供养菩萨

第465窟壁画除竹笔勾勒、平涂颜色、手掌足心遍施红色等一般藏密绘画特点外，若此窟壁画大卷云纹铺地和不对称的莲瓣端部纹饰等则是13世纪迄14世纪藏画的流行画法。

106 莫高窟第465窟后室北壁中铺

第465窟后室北壁三铺护法的中铺是13、14世纪藏传佛教盛行的喜金刚双身像。

107 莫高窟第61窟甬道南壁

第61窟甬道两侧壁画系元代西宁王速来蛮于窟前重建后接石窟的皇庆寺时所绘。此南壁绘炽盛光佛出行，周绕黄道十二宫诸星，前后有九曜，上方列二十八宿。

108 莫高窟第3窟北壁

第3窟是元代晚期的一座盝顶方形小型窟。窟后壁悬塑山石，其中原塑水月观音坐像已不存。左右壁各画十一面千手千眼观音系传统密教的形象。此窟后壁有画工“甘州史小玉笔”题记。史在莫高作画是至正十七年（1357）五月，见莫高窟第444窟史小玉题记。

109 榆林窟第29窟顶部

安西榆林窟西夏密教遗迹多于莫

高。第29窟有可能是西夏乾祐二十四年（1193）甘州画师高崇德所绘之秘密堂。该窟前壁所绘供养僧俗有西夏文榜题，窟门南侧第一身供养僧榜题汉译为真义国师普毕智海。该窟盝顶、平面方形，窟正中设坛，坛上方盝顶画书有梵文真言的莲座图像，疑是胎藏界种子曼荼罗。

110 榆林窟第4窟北壁

第4窟平面方形盝顶，窟正中设方坛，坛上方窟顶满绘千佛。前壁窟口两侧画文殊、普贤变，其下为蒙古装男女供养人。左右壁画坐佛与曼荼罗。佛像颇有藏密画风。此铺二像对坐中现三塔和左右山峦间画出作舞姿的供养菩萨，更具藏画风格。

图版目录

1 克孜尔第38窟主室后壁和东壁
2 克孜尔第38窟主室前壁和西壁
3 克孜尔第38窟主室券顶西侧
4 克孜尔第38窟主室东壁上部伎乐龛
5 克孜尔第47窟后室
6 克孜尔第80窟主室后壁上方
7 克孜尔第17窟主室前壁上方和顶部
8 克孜尔第100窟主室后壁
9 克孜尔第77窟西礼拜道西壁和部分顶部
10 克孜尔第180窟东礼拜道
11 克孜尔第8窟主室后壁
12 克孜尔第8窟主室前壁
13 库木吐喇新2窟主室顶部供养天
14 库木吐喇新1窟西禅窟主像
15 天梯山第4窟中心柱供养菩萨
16 天梯山第4窟中心柱供养菩萨
17 天梯山第4窟中心柱供养菩萨
18 炳灵寺第169窟窟口及其附近
19 炳灵寺第169窟第6号——无量寿佛龛
20 炳灵寺第169窟第6号龛主像
21 炳灵寺第169窟第11、12号壁画
22 炳灵寺第169窟第22、23号塑像

23 炳灵寺第169窟第3号龛
24 金塔寺东窟中心柱西面中层
25 金塔寺西窟中心柱西面中层
26 文殊山千佛洞主室西壁
27 云冈第20窟
28 云冈第20窟正中坐佛上部
29 云冈第17窟正中交脚菩萨
30 鹿野苑第6窟
31 云冈第8窟后室东壁和后壁东侧
32 云冈第8窟后室前壁和东壁南侧
33 云冈第7窟后室前壁西侧、明窗西壁
34 云冈第9、10窟外观
35 云冈第10窟后室室门南侧和门内顶部
36 云冈第10窟前室东壁及后壁
37 云冈第6窟后室前壁和东壁前侧
38 云冈第6窟后室中心柱东面下层龛
39 云冈第6窟后室中心柱南面上层
40 云冈第5窟西壁和前壁
41 云冈第17窟明窗东壁太和十三年（489）龛
42 云冈第11窟附号14窟
43 云冈第4窟附号1窟东壁
44 云冈第30窟西壁上层龛
45 云冈第38窟西壁
46 云冈第3窟后室后壁西侧
47 龙门宾阳中洞正中坐像
48 龙门古阳洞后壁主像
49 龙门古阳洞南壁
50 龙门古阳洞北壁太和十九年（495）长乐王丘穆陵亮夫人尉迟氏龛
51 龙门古阳洞南壁景明四年（503）比丘法生为孝文皇帝并北海王母子所造龛

52 龙门古阳洞南壁熙平二年（517）齐郡王元祐龛
53 龙门慈香洞后壁
54 龙门魏字洞后壁
55 龙门皇甫公窟后壁
56 龙门皇甫公窟南壁
57 龙门路洞后壁
58 龙门路洞南壁歇山顶殿堂龛
59 龙门莲花洞南壁龛
60 龙门汴州洞后壁
61 巩县第1窟南壁东侧和中心柱东面
62 巩县第3窟中心柱西面
63 鸿庆寺第1窟后壁西侧
64 鸿庆寺第1窟东壁内侧
65 水泉石窟后壁
66 水泉石窟窟口北侧
67 天龙山第3窟后壁
68 大留圣窟窟内东南隅
69 北响堂第1、2窟
70 南响堂第1窟中心柱南面
71 麦积山第78窟主像
72 麦积山第44窟后壁
73 须弥山第46窟东南隅
74 须弥山第51窟后壁东侧
75 莫高窟第275窟后壁主像
76 莫高窟第275窟南壁
77 莫高窟第272窟后部
78 莫高窟第268窟后壁
79 莫高窟第259窟后壁
80 莫高窟第254窟北壁前部和中心柱东面
81 莫高窟第251窟南壁前部和中心柱东面

82 莫高窟新发现的太和十一年（487）刺绣说法图残件
83 莫高窟第249窟后壁
84 莫高窟第285窟后壁
85 莫高窟第285窟前壁
86 莫高窟第285窟北壁
87 莫高窟第439窟后壁
88 莫高窟第428窟北壁中部和中心柱东面
89 莫高窟第302窟北壁后部
90 莫高窟第427窟中心柱前北壁组像
91 莫高窟第322窟后壁
92 莫高窟第334窟前壁上方
93 莫高窟第332窟南壁前部和中心柱前面
94 莫高窟第130窟主像
95 莫高窟第45窟后壁龛上部
96 莫高窟第159窟后壁
97 莫高窟第361窟前壁南侧
98 莫高窟第14窟北壁前部
99 莫高窟第161窟顶部
100 莫高窟第196窟前壁北侧
101 莫高窟第220窟甬道北壁
102 莫高窟第61窟后壁、南壁和背屏
103 莫高窟第245窟北壁
104 莫高窟第465窟后室窟顶前坡
105 莫高窟第465窟后室窟顶右（南）坡供养菩萨
106 莫高窟第465窟后室北壁中铺
107 莫高窟第61窟甬道南壁
108 莫高窟第3窟北壁
109 榆林窟第29窟顶部
110 榆林窟第4窟北壁

插图目录

新疆拜城克孜尔石窟部分洞窟的类型与年代

1　第 38 窟平面

2　第 13 窟平面及主室正壁立面

3　第 47 窟平面及主室正壁立面

4　第 6 窟平面

5　第 80 窟平面

6　第 171 窟平面

7　第 104 窟平面及主室正壁立面

8　第 17 窟平面

9　第 77 窟平面

10　第 139 窟平面及主室正壁立面

11　第 119 窟平面

12　第 35 窟（实线）与第 36 窟（虚线）平面

13　第 92 窟平面

14　第 118 窟平面

15　第 39 窟平面

16　第 49 窟平面

17　第 14 窟平面

18　第 171、172 窟平面

19　第 2～4 窟平面

20　第 38～40 窟平面及外崖立面

21 第 222～224 窟平面
22 第 96～105 窟平面及外崖立面
23 第 34 窟平面
24 第 198 窟平面
25 第 135 窟平面
26 通道入口上部龛面装饰（实线）及断面（虚线）
27 第 207 窟主室窟顶平面
28 第 123 窟主室窟顶平面
29 第 27 窟主室窟顶平面
30 第 99 窟主室窟顶平面
31 第 116 窟主室窟顶平面
32 第 225 窟主室窟顶平面
33 第 132 窟主室窟顶平面
34 第 9 窟主室窟顶平面及立面
35 第 117 窟主室窟顶平面
36 第 76 窟平面
37 第 180 窟平面
38 第 107A、B 窟平面
39 第 197 窟平面及主室正壁立面
40 第 8 窟平面
41 第 201 窟平面
42 第 8 窟后室东端壁供养人联珠纹服饰
43 第 70 窟平面、侧面及主室正壁立面
44 第 148 窟平面、侧面及主室正壁立面
45 第 234 窟平面
46 第 181、183～191 窟平面
47 森木赛姆第 11 窟平面及主室正壁立面
48 库木吐喇窟群区第 63 窟平面及主室正壁立面
49 克孜尔尕哈第 23 窟平面

凉州石窟遗迹与“凉州模式”
1 武威天梯山第1窟平、立面
2 武威天梯山第1窟下层边饰
3 酒泉高善穆石塔

《大金西京武州山重修大石窟寺碑》校注
1 第5、6窟前石佛古寺
2 第6窟前清初所建木建筑外观
3 第3窟崖面梁孔
4 第7、8窟崖面上的椽眼和人字形沟槽
5 第9、10窟崖石上的梁孔
6 第19窟崖石上的人字形沟槽
7 第7、8窟平面与第7窟剖面
8 第7、8窟前室东壁壁面布局
9 第7、8窟前室外丰碑残迹立面与侧面
10 第9、10窟平面与第9窟剖面
11 第9窟后室入口上部石门雕饰
12 第10窟后室入口上部须弥山雕饰
13 第9窟前室东端楹柱雕饰
14 第12窟入口上部交龙雕饰
15 第39窟多宝塔
16 第8窟后室入口西侧鸠摩罗伽天
17 第8窟后室入口东侧摩醯湿伐罗
18 第9窟前室上部“弥勒之宫”
19 第9窟前室北壁上部“色楯连延”
20 抗战时期日人在龙神庙附近掘出辽代瓦当、板瓦的堆积情况
21 第20窟释迦坐像背光上部的梁孔
22 第37窟东壁辽塑释迦坐像和辽彩绘背光
23 第11窟西壁七佛，最末二尊为辽塑
24 第11窟中心柱南壁辽刻胁侍像

25　云冈冈上城东北隅万历十九年开山历代祖师墓塔

云冈石窟分期试论

1　第 5～6、7～8、9～10、11～13 四组石窟原窟前立面遗迹

2　第 3 窟原窟前立面遗迹及其平面

3　第 7、5、12 窟“树下坐禅”

4　第 38 窟南壁雕鹫怖阿难入定因缘

《大金西京武州山重修大石窟寺碑》的发现与研究

1　《艺风老人戊子日记》中记抄校《大典·顺天府》残本段落

2　缪氏抄校《大典·顺天府》中《金碑》全文

3　北魏司马金龙墓出土器物与云冈第 9、10 双窟纹饰比较举例

4　齐永明元年造立佛像

5　齐永明元年造坐佛像

平城实力的集聚和“云冈模式”的形成与发展

1　昙曜五窟（第 16～20 窟）平面

2　鹿野苑石窟主窟平面（第 6 窟）

3　鹿野苑石窟平、立面

4　云冈石窟第二期中小型窟室

5　云冈石窟第二期开凿的双窟平面

6　云冈石窟第三期窟室

7　第 5:39 窟

8　景明四年昙媚造像铭记

9　第 35 窟窟口东侧延昌四年龛

10　第 35 窟东壁交脚弥勒像龛

11　龙门古阳洞景明四年造像铭记

恒安镇与恒安石窟

1　第 3 窟主室倚坐大佛及右胁侍像

2 第11窟中心柱南壁右胁侍像
3 第37窟东壁补塑释迦坐像

洛阳地区北朝石窟的初步考察

1 洛阳地区北朝洞窟分期
2 洛阳地区北朝石窟分布图
3 巩县第1窟中心柱东壁弥勒像
4 龙门魏字洞南壁弥勒像
5 龙门皇甫公窟南龛弥勒像
6 龙门与巩县石窟坐像衣带与偏衫衣角的比较
7 巩县第1窟中心柱西龛坐佛像
8 巩县第1窟中心柱北龛坐佛像
9 巩县第4窟中心柱南龛下层坐佛像
10 巩县第4窟中心柱南龛坐佛像
11 巩县第3窟南壁坐佛像
12 龙门宾阳中洞坐佛像
13 龙门魏字洞正壁坐佛像
14 龙门普泰洞正壁坐佛像
15 龙门皇甫公窟正壁坐佛像
16 龙门路洞正壁坐佛像
17 鸿庆寺石窟平面
18 鸿庆寺第1窟正壁上部佛传
19 鸿庆寺第1窟正壁上部佛传
20 鸿庆寺第1窟正壁上部佛传
21 鸿庆寺第1窟正壁西侧浅龛造像
22 鸿庆寺第1窟东壁内侧上部造像
23 鸿庆寺第1窟西壁内侧上部佛传
24 鸿庆寺第2窟平面
25 鸿庆寺第4窟平面
26 鸿庆寺第2窟西壁尖拱龛

27 鸿庆寺第2窟本尊衣纹
28 鸿庆寺第3窟平面
29 鸿庆寺第3窟正壁右胁侍菩萨像
30 水泉石窟平面
31 水泉石窟立佛像
32 水泉石窟南壁第3龛
33 水泉石窟拱形龛楣雕饰
34 水泉石窟北侧外壁小龛第4龛
35 水泉石窟小龛及千佛
36 万佛山石窟正壁维摩文殊像
37 古阳洞尉迟龛右侧供养人像
38 洛阳永宁寺塔基遗址
39 洛阳永宁寺塔基遗址出土塑像

南朝龛像遗迹初探

1 南京摄山龛像平面
2 南京摄山无量寿佛坐像
3 南京摄山释迦多宝龛
4 新昌石城宝相寺弥勒大佛龛像附前接阁殿平面
5 新昌石城宝相寺弥勒大佛像
6 新昌石城宝相寺弥勒大佛像前之五层阁殿
7 新昌石城千佛院大岩洞左侧护法神像
8 新昌石城千佛院大岩洞右侧护法神像
9 晋阳蒙山开化寺北齐倚坐大佛像遗迹
10 浚县大伾山大佛像头部
11 南京摄山栖霞寺大殿左侧龛大像
12 新昌石城千佛院大小岩洞平面及后壁立面展开

《莫高窟记》跋

1 第96窟佛像发髻

2 第 130 窟弥勒倚像上部
3 敦煌莫高窟两大像窟间主要洞窟开凿年代初步估定

参观敦煌莫高窟第 285 号窟札记
1 第 285 窟平剖面，第 287、288 窟平面和有禅窟的晚唐窟平面
2 敦煌魏窟塑像膝部衣纹侧面
3 龛楣和草庐
4 比丘砻化发愿文

敦煌莫高窟早期洞窟杂考
1 第 285 窟西壁和南壁西部
2 第 249 窟北壁说法图
3 第 285 窟东壁供养菩萨像
4 第 428 窟中心柱正壁
5 北周时期壁画
6 和东阳王所修窟有关洞窟的连续平面
7 第 263 窟剖面
8 第 263 窟东壁拆除宋建土坯后显露的魏供养僧人壁画
9 第 263 窟南壁剥离宋画后的魏供养人壁画
10 第 246 窟剖面（复原虚线据初唐第 371 窟情况拟定）
11 和建平公所修有关洞窟的连续平面
12 第 428 窟南壁东段北周供养僧人壁画

东阳王与建平公（二稿）
1 第 249 窟平面

《武周圣历李君莫高窟佛龛碑》合校
1 第 332 窟平面
2 北京大学图书馆藏刘燕庭旧藏《大周李君□佛之碑》拓本

莫高窟现存早期洞窟的年代问题

1 莫高窟第 268～275 窟平面、仰视、剖面

敦煌莫高窟密教遗迹札记

1 莫高窟第 61 窟佛坛平面

2 第 464 窟等禅窟群平面

3 东千佛洞第 5 窟东壁佛塔

4 榆林窟第 29 窟及其附近禅窟平面

5 莫高窟第 465 窟前室西壁佛塔

6 莫高窟第 465 窟及其附近禅窟平面

7 莫高窟第 285 窟元建五阶坛及禅窟窟口建噶当觉顿式塔

8 莫高窟第 285 窟元建五阶坛上细部

9 莫高窟第 462 窟平面

记西藏拉萨札拉鲁浦石窟寺

1 札拉鲁浦石窟平剖面

元代杭州的藏传密教及其有关遗迹

1 宝成寺麻曷葛剌像

2 宝成寺元龛平立面

3 元至治二年铭拓片

4 帕玛顿月珠巴缂丝像

5 《碛砂藏》地一扉画

6 《碛砂藏》宙一扉画

7 《碛砂藏》荒一扉画

8 杨琏真加施刊之扉画

北魏石窟与禅

1 敦煌莫高窟地理位置

2 敦煌第 285 窟北壁上部壁画中的禅窟和下部小龛
3 敦煌第 285 窟南顶壁画——山间石窟坐禅僧人
4 云冈第 12 窟明窗上的坐禅僧人
5 “相好”分明的释迦像
6 云冈第 20 窟坐佛像
7 炳灵寺第 82 窟卧佛像
8 云冈第 18 窟本尊身上的化佛
9 云冈第 10 窟前室北壁入口东侧金刚像
10 云冈第 34 窟窟顶伎乐天人
11 敦煌第 254 窟南壁萨埵那太子本生
12 云冈第 12 窟前室南壁上部苦行像
13 云冈第 6 窟东壁鹿野苑初转法轮
14 云冈第 11 窟南壁释迦多宝在七宝塔中共坐像
15 云冈第 19 窟西小龛释迦多宝共坐像龛
16 云冈第 9 窟明窗西壁普贤像
17 云冈第 15 窟西南角十方诸佛像
18 云冈第 13 窟南壁入口上部七佛像
19 云冈第 10 窟主室南壁入口上部七佛像
20 敦煌第 275 窟弥勒像

索　引

李崇峰　编

凡　例

1. 本索引分为四部分：一、人名索引（包括人名、僧名、佛名、菩萨名等）；二、地名索引（包括国名、地名、洞窟名、寺院名、墓葬名、塔名、部落名以及单位名称等）；三、书名索引（包括书名、期刊名、画名、墓志、碑铭、造像记等）；四、重要术语索引。至于朝代、年号、官名、制度名等，限于篇幅，不在本索引之内。书刊中出现的人名、地名亦不单列。

2. 各项条目按现行汉语拼音字母次序排列。多字条目，依第二字的拼音字母次序排列；第二字相同的，依第三字排列，以下类推。同音多字条目，按首字笔画排列；首字笔画相同者，按该字条目的多少排列，条目少者排前。

3. 各项条目以常用的称谓做主目，其他称谓以及对主目的补充说明附于主目之后的括号之内。为节省篇幅，全部异称皆排在一起，不另立参见条目。

4. 西文人名、地名、书名等放在每类之后另排。日本人名和用日本汉字书写的书名按现行的汉字读音排列；而用日语片假名书写的论文和书刊，同西文一样，放在每类之后另排。

一、人名索引

A

阿布　420

阿閦佛　553

阿底峡　406

阿地瞿多　357

阿伏至罗　299

阿剌忒纳失里（宝吉祥）390

阿弥陀　2, 4, 5, 358, 373, 422, 457

阿那瑰（朔方公）160, 300

阿难　92, 95, 437, 440, 442, 444, 450, 451, 454, 455, 456

阿尼哥　409, 428, 433, 434

阿容　208

阿僧哥提调　410

阿旺贡噶索南　420, 427

阿修罗　313, 314, 544, 550

阿育轮王（阿育王）219, 241, 469

安定王元燮　210

安颉　133

安金槐　209

安世高（安公）46, 227, 228, 229, 243, 244, 271, 320

安童　410

安文惠　292

安玄　244

昂旺罗桑嘉措（五世达赖）402, 403

B

八臂宝幢菩萨　370, 371

八臂观音　358, 381, 387

八臂菩萨　400

八部天龙　382

八大明王　5, 366

八大菩萨　374, 402

八思巴（帕斯巴）390, 393, 395, 396, 403, 409, 411, 415, 416, 420, 421, 428, 430, 431, 434

八思吉明里董阿　410

巴俄祖拉陈瓦（巴卧祖拉陈哇）402, 405

巴陵王昭　225

拔汗那　28

白纯　26

白法祖　397

白虎　266

白钦岗拉章　406

白双且　37

白天王　313

白头禅师　435

白延　228, 243, 244

白衣大士　28, 29

白衣观音　373, 374

白整　64, 95, 128, 159, 206

白志谦　126

班超　288, 290

班钦·索南查巴　402

宝禅师　461

宝唱　31, 215, 233, 240, 245

宝亮　227

宝陀落伽山观自在菩萨　372

宝相佛　381

宝意　295

宝应　333

宝云　33, 44, 47, 49, 226, 241

宝志化十一面观音　400

宝幢香炉菩萨　365

鲍永　356

卑君　289

北海王（元详）185, 277, 503

北海王母子　129, 158, 503, 546, 556

北平王（刘知远）235, 246

北齐高祖神武帝（高欢、高祖）187, 208, 211, 312, 465

北齐后主（高纬）470

北齐世宗文襄帝（高澄、文襄帝）

北齐世祖武成帝（高湛）470

北齐显祖文宣帝（高洋、高杨、文宣帝）168

北宋徽宗　74

北宋钦宗　74

北宋仁宗　372

北宋神宗　385

北宋太宗　372, 374, 385

北宋真宗　375

北魏高宗文成帝（文成帝）51, 52, 53, 59, 79, 80, 81, 86, 94, 120, 124, 136, 139, 141, 142, 149, 273, 301, 319

北魏高祖孝文帝（孝文帝、高祖、拓跋宏、元宏）32, 51, 52, 53, 59,

64, 65, 75, 81, 82, 83, 87, 88, 93, 94, 95, 108, 110, 114, 115, 116, 118, 120, 121, 123, 124, 127, 128, 129, 130, 132, 135, 147, 148, 149, 150, 153, 154, 157, 158, 159, 163, 166, 175, 185, 301, 302, 303, 344, 350, 398, 436, 462
北魏恭宗景穆帝（景穆帝） 79, 80, 139
北魏敬宗孝庄帝 187
北魏穆帝（穆皇帝、拓跋猗卢） 132
北魏平文帝（太祖） 94, 307
北魏神元帝（神元皇帝） 304
北魏世宗宣武帝（世宗） 60, 61, 64, 95, 128, 157, 158, 159, 184, 185, 186, 206, 207, 299, 300, 354, 355
北魏世祖太武帝（太武帝、世祖、拓跋焘） 25, 32, 52, 65, 79, 94, 127, 128, 133, 134, 135, 138, 139, 140, 152, 163, 165, 231, 245, 295, 297, 300, 301, 317, 319, 349
北魏肃宗孝明帝（孝明帝、肃宗） 53, 89, 95, 136, 158, 160, 164, 167, 184, 185, 186, 193, 207, 209, 210, 300, 347, 349, 354, 436, 459
北魏太宗明元帝（明元帝、太宗） 52, 66, 75, 79, 120, 132, 133, 135, 138, 173, 274, 303, 319
北魏太祖道武帝（太祖、烈祖、魏王、拓跋珪） 52, 53, 62, 63, 79, 80, 94, 120, 130, 131, 132, 135, 138, 139, 151, 163, 304
北魏显祖献文帝（献文帝、显祖、拓跋弘） 51, 52, 59, 87, 88, 94, 115, 121, 120, 122, 123, 127, 128, 134, 138, 139, 149, 180, 245, 273, 298, 301, 436, 438
北魏孝武帝（孝武帝、出帝） 52, 187, 208, 225, 313, 324, 436
北魏昭成帝（什翼犍） 132
北魏文成文明皇后冯氏（文明皇太后、太皇太后） 61, 110, 115, 116, 120, 123, 128, 149, 154, 433, 462
北魏孝文废皇后冯氏（废皇后） 149
北魏孝文幽皇后冯氏（幽皇后） 149
北魏孝文昭皇后高氏（文昭皇太后、高英） 64, 95, 128, 159, 184, 186, 206, 207
北魏宣武灵皇后胡氏（灵太后、胡充华、胡太后） 93, 182, 184, 185, 186, 187, 192, 193, 197, 199, 200, 202, 203, 205, 207, 208, 209, 210, 470
北野正男 210
北周高祖武帝（周武帝） 192, 209, 268, 276, 317, 325
北周世宗明帝（明帝） 315, 317, 318, 328, 470
北周孝闵帝（闵帝） 276, 315, 316
北周宣帝 326
北周明帝独孤皇后（周明帝后、周明敬后） 328, 329
北周宣帝杨皇后（周宣帝后） 328
本勤贡噶桑波 420
卞（氏） 367
詧化 261, 262, 267, 350, 565
辩端 221, 222, 223
禀惠（禀慧、本姓王） 55, 60, 75, 76, 100
波恭冬萨墀尊 405
般若斫迦（般若斫羯啰、般若惹羯罗、智慧轮） 366, 399, 400
帛尸梨蜜多（帛尸梨蜜多罗、尸梨蜜） 229, 356, 397
帛元信 292
伯家奴 413, 414, 417
伯颜 409, 416
薄承祧 541
薄承祚 179
不动明王 360, 374
不动尊佛 373
不忽术 247
不空 357, 359, 360, 361, 362, 367, 371, 374, 382, 399, 429, 552
不空羂索观音 360, 361, 362, 367, 371, 374, 382, 552
布袋和尚 4
步堆 245

C

蔡巴贡噶多吉 420
蔡伯雨 124
蔡遵道 211, 470
仓慈 289, 290, 303
查巴僧格 389

察庸　433
曹比丘　129, 228
曹氏　296, 366, 372, 374, 375, 376, 381, 382, 383, 396, 553
曹勋　396
曹衍　55, 56, 76, 100, 136, 171, 177, 180
曹延鼐　382
曹延禄（敦煌王曹延禄）382, 383, 401
曹延瑞　382
曹（鹰师）151
曹元忠（西平王）252, 255, 256, 284, 382, 383, 553
曹元　252, 255, 256, 284, 382, 383, 553
曹仲达　470
昌乐公主（元法英）267, 308, 311
长广敏雄　96, 121, 125, 145, 164, 165, 174, 179, 206, 209, 353, 460, 462
常青　398
常惠　28
常那耶舍　149
常盘大定　164, 178, 246, 461
常山王元邵　205，211
常山王（遵）132, 157
常书鸿　8
常晓　362, 399
常元祖　242
晁崇　135, 163
晁公武　470
晁华山　333, 472
超辨　225，242
超化大师　255
车政　360, 399
车伊洛（车夷落）140, 165
岑仲勉　303, 326
陈夫人　225
陈慧猛　300
陈嘉谟　180
陈立信　209
陈留王绍　131
陈梦家　303
陈明达　209, 402
陈宁　427, 434
陈绮园　28
陈庆和　300
陈庆英　406, 429, 431, 432
陈升　424, 427
陈述　400
陈汤　28
陈天　30
陈万里　267, 283, 324, 332
陈武帝（陈霸先）469
陈显达　304
陈寅恪　211
陈垣　59, 63, 67, 164, 178, 245, 337
陈知存　247
陈子良　171
陈祚龙　324, 333
成吉思汗（元太祖）179, 430, 432
成郡君（郑睿妻）192
成庆　274, 318
成廷珪　124
成寻　385, 401
城门腾　267, 307
程段儿　38
程进　468
程钜夫　428, 433
程骏　128, 154
程学华　399
承索乌子　292
慈贤　388
慈香　181, 182, 185, 187, 198, 200, 201, 207, 504, 546, 557
赤松德赞　362
持□纲师（拶连嘣啰巴）392
叱吕勤　299
炽盛光佛　382, 383, 396, 553
处谚　249, 251
崔绰　135
崔道固　134
崔光　94, 205, 470
崔皓　65
崔慧景　234
崔鸿　141
崔庆远　150
崔氏（郑恒夫人）65, 209
崔慰祖　234, 245
崔元祖　152
淳于伯隗　289
Chavannes，Édouard（沙畹）1, 164, 186, 207

D

达仓宗巴·班觉桑布　409

达赖剌麻 430
达麻室利 415
达玛巴拉（达哩麻八罗阿罗吃答、答耳麻八剌剌吉塔） 420, 432
达摩 26, 295, 357, 418, 419, 437, 456, 460
达摩笈多（达磨笈多、法密） 26, 357
达摩蜜多 437
达尼钦波桑波贝 420, 421
达识贴睦迩（达实帖木尔） 418, 419, 432
达奚甚 316
答失蛮 431
大悲菩萨 366, 399
大乘琮 357
大村西崖 164, 165, 241, 399
大梵天 405
大日如来 357, 358, 374, 402
大势至菩萨（大势至） 450
大威德（焰曼德迦、Yamantaka） 373, 430
大威德金轮炽盛光佛 373
大禹 54, 69
戴逵（字安道） 224, 226, 227, 234, 468, 471
戴颙（字仲若） 468, 471
膽巴（膽巴贡噶、功嘉葛剌里、普喜多闻、微妙、大觉普慈广照无上帝师） 415, 416, 455, 456
道安 31, 33, 46, 47, 50, 169, 212, 227, 229, 230, 243, 244, 271, 272, 284
道登 150
道法（本姓曹） 206, 242, 296, 454, 465
道房禅师 459
道辅 295
道龚 48
道贵尼 226
道慧 233, 245
道矫 222, 242
道静 225
道朗 47
道凭（释道凭） 457, 461, 548
道普 47
道琼尼 227
道融 45, 50, 458
道韶（本姓氾氏） 295, 438, 459
道生 45, 50, 93, 133, 230
道世 34, 35, 101, 125, 173, 224, 241
道泰 47, 48, 423
道挺 47
道汪（释道汪） 225, 460
道温 230
道贤 372
道兴 188
道宣 34, 35, 48, 63, 70, 101, 108, 125, 171, 172, 173, 178, 220, 272, 296, 418, 465
道药 457
道猷 375, 401
道真 255, 400
道珍 225
德国人（德人） 1, 7, 8, 10, 11, 16, 17, 30, 48, 49, 244, 284, 539, 541
德性 295
德祐 295
邓彦（邓季彦、刘彦） 267, 274, 308, 310, 311, 312, 318, 321
地婆诃罗 357
地藏 4, 360, 361, 362, 367, 372, 373, 374, 375, 381, 382, 383, 399
第巴桑结 430
帝释天（帝释天王、释提桓因） 83, 306, 312, 313, 314, 324
帝释妃 313, 314, 550
电神 313
迭瓦八 416
丁敬（字敬身） 418
丁明夷 400, 401
丁文光 247
定禅师 457, 461
东方不动佛 365
东方提头赖吒天王 362, 371
东嘎·洛桑赤列 432
东汉显宗孝明帝（明帝） 245
东汉孝和帝（和帝） 288, 399, 550
东汉孝桓帝（桓帝） 289
东汉孝灵帝（灵帝） 244
东汉孝顺帝（顺帝） 76, 97, 115, 289, 396, 403, 410, 411, 434
东晋安帝 35, 53, 63
东晋太宗简文帝 25, 226
东晋孝武帝（武帝） 52, 53, 225
东晋孝宗穆帝（穆帝） 79, 80, 139, 270

东晋中宗元帝（元皇帝） 267, 304, 307, 326, 397
东山健吾 398
东魏孝静帝（元善见） 207, 209
东阳王元荣（元太荣） 262, 267, 274, 306, 307, 308, 309, 310, 311, 318, 319, 323
东阳王元丕 299, 352
董伯仁 466, 470
董工 415
董琬 140
董玉祥 40, 46, 48, 95
豆卢勣 317, 325
窦轨 235
窦弘果 468
窦华 180
都松钦巴 389
独孤 327, 328, 329
独孤夫人（于义妻） 327, 328
独孤信 329
独楼那 29
杜弼 211, 465
杜敬安 372
杜同知 410
杜龇龟 372
杜永安 208, 245, 450
杜子瑰 372
度拔 298
渡边哲信 29
端方 242
段文杰 352, 403
多甸木雅恭仁 389
朵觧 433
朵儿只 410, 431

E

俄尔巴 434
俄人（沙俄） 30, 283, 324, 332
鄂公 357
尔绵永（段永） 318
尔朱度 188
尔朱荣 157, 187, 188, 209
尔朱（氏） 157, 187, 188, 193, 209, 312
尔朱兆 188, 312

F

法爱 243
法宝 292, 422, 432
法场 271
法成 231, 434, 450
法乘 292
法度 123, 213, 215, 216, 227, 239, 241
法果 138
法国人 1, 293
法和 17, 24, 117, 229, 362, 385, 404
法惠 31, 47
法经 95, 314, 437, 441, 442, 443, 450, 451, 454, 458, 460
法矩 49
法朗 25
法良 248, 249, 250, 254, 269, 270, 271, 278, 305, 334, 436
法亮 244
法琳 101, 122, 125, 171, 173, 178
法明 225, 242, 243
法庆 95, 167
法全 362, 366
法忍 460
法生 129, 158, 503, 546, 556
法盛 47, 48, 225
法盛尼 225
法天 372, 461
法显 33, 95, 140, 141, 226
法秀 25, 127, 129, 149, 231, 296
法颖（本姓索） 231, 241
法遇 229
法轸 53, 54, 108
法众 48, 456
法宗 375, 401
幡颓 131
梵摩（梵天） 218, 312, 314, 405, 440
梵释四天 314
梵释天王 306, 309, 312
梵天王（梵王） 219, 312, 431, 440
樊国强 30
樊锦诗 325, 352
樊僧印（僧印） 450, 454
范长寿 467
范成大 401
范云 234
房崇吉 232
费长房 292
封常清 360

封沓 134
冯跋（燕王） 123, 129, 133, 149, 165
冯承钧 50, 355
冯诞 114
冯国瑞 35, 311, 322
冯汉骥 243, 400
冯弘 123, 149
冯家 123, 124, 149
冯朗 149
冯时可 240
冯文通 133
冯熙（冯晋国、昌黎王） 96, 115, 123, 129, 149, 151, 152
冯衍（字敬通） 246
冯邕 266
冯仲文 246
佛图舌弥 25, 47
佛陀跋陀罗（佛驮跋陀罗） 48, 95, 224, 226, 230, 241, 459, 460
佛陀禅师（觉者） 88, 153, 436, 459
佛陀波利 357, 398
佛陀耶舍 32, 33, 44, 47, 49
伏名敦可汗 299
伏羲 260, 266
浮陀跋摩（觉铠） 47, 48
浮陀难提 139
苻坚 229, 243, 271, 272, 293
苻丕 229
苻氏 33
福彭 28

G

噶玛拔什 403
刚林 411
高长 131
高崇德（小名那征） 389, 403, 554
高楚 277
高从遇 372
高达摩实理（板的达） 418, 419
高羔子 299, 301
高贵乡公 243
高禾福 432
高湝 166
高君雅 169
高闾 114, 154
高满政 170, 177
高明 140
高谦之 34
高善穆 37, 230, 244, 561
高同根 247
高文进 372, 400
高益 372, 400
高允 88, 122, 134, 135, 231, 438, 440, 459
高肇 184, 206, 207
高正臣 239
哥舒翰 360
葛济之 225
葛稚川 225
耿光禄 76
耿升 430, 434
耿氏 75, 76
耿银青 76
耿昭勇 76
工布查布 434
公哥古鲁 418, 419
公上琏 226, 242
公孙伯城 222, 243
公孙兴姬 245
宫大中 206, 398
宫治昭 32
贡噶坚赞 422, 433
贡噶则 420
贡师泰 418, 429
苟仁端 129
顾阿瑛 97
顾恺之 463, 469
顾炎武 325
顾胤祖 241
关天相 267
关野贞 73, 164, 178, 239, 246, 400, 461
观音（观世音） 4, 5, 42, 71, 72, 166, 208, 210, 306, 307, 308, 356, 357, 358, 359, 360, 361, 362, 365, 366, 367, 370, 371, 372, 373, 374, 375, 381, 382, 385, 386, 387, 395, 396, 398, 399, 400, 401, 405, 412, 413, 422, 423, 450, 541, 551, 552, 553
管·法成 433
管·库巴拉则 433
管·熏奴贝 433
管輂真吃剌（永兴大师） 433
管氏成就（Vgosgrub Pa） 434

管姓（Mgos 或 Vgos） 434
管主八（管处八、广福大师） 390, 403, 422, 423, 428, 429, 433, 434
灌顶　246, 359, 360, 366, 372, 400, 403
光静尼　242
广阳王嘉　403, 422
广阳王惠安　128, 154
归文　401
郭畀　408
郭和卿　402, 403
郭廑　293
郭璞　266
郭若虚　469
郭子威　170
郭祖深　212
廓诺·迅鲁伯　403
过家　367
衮曼喇嘛　420
Giles，Lionel（翟理斯） 255, 256, 308, 310
Gropp，Gerd（格罗甫） 32, 49, 50
Grünwedel，A（格伦威德尔） 29

H

海都　416, 431
韩拔（交趾公、鄯善王） 50, 68, 140, 288, 289, 297
韩保全　400
韩伯通　468
韩法胜　198
韩乐然　7, 30
韩令姜　244
韩万德　139
韩秀　153, 298
韩羊皮　141
合剌撒哈都　433
何长寿　467
何继英　402
何尚书　76, 97
何尚之　33
何正璜　254
何周德　406
河东吕　179
河间王颙　250, 255
河内公主　127
纥奚勿六跋　299
贺拔氏　399
贺昌群　31, 50, 324
贺若谊　317
贺姓　304
贺知章　428
贺踪　234
赫连勃勃　35, 163, 212, 230
赫连昌　133, 163
赫连定　133
赫连度洛孤　133
赫连屈丐　244
赫连社于　133
赫尼克　290
桓崇祖　152
桓朗子　47
衡谭　132
宏礼　457
弘悦　366
洪晉　258
洪惠镇　429
侯景　193, 209, 211
侯文和　152
后唐明宗　372
后唐太祖武皇帝（李克用） 168
呼衍王　289
呼□师　391
胡妃　207, 208
胡国珍（胡相国、文宣公） 207, 208
胡覲　245
胡宁　208
胡群耘　323
胡人　43, 288, 542
胡沙门　139, 141, 273
胡琛　323
胡提点　407
胡文华　180
胡俨　97
胡昭曦　400, 401
胡智（清河王妃） 187, 188, 207
虎坚帖木儿　431
华严菩萨　542
滑黑奴　62, 261, 262, 350
化佛　88, 235, 383, 391, 392, 424, 427, 440, 441, 444, 445, 447, 448, 450, 455, 542, 545, 549, 567
怀则　239
淮南王他　153
欢喜佛　431

欢喜藏摩尼宝胜佛　360
皇甫度　186
皇甫公　181, 182, 186, 188, 189, 190, 191, 192, 201, 207, 505, 546, 547, 557, 563
皇甫集　186
皇甫隆　291
皇甫氏　186, 207
黄巢　367
黄颢　402, 406
黄明兰　353
黄文弼　28
黄涌泉　429
惠察　402
惠定　67, 86
惠观　295
惠果　362, 366, 400
惠精　227
惠敬　225
惠凝（慧嶷）93, 244
惠奴　90
惠蔚　94
惠严（惠岩）226, 242
惠御　295
惠遵　258
慧成　277
慧逞　218
慧持　229
慧崇　139
慧芬　231
慧观　45, 50, 230
慧榄（慧览、本姓成）231, 295, 296, 460
慧记（慧纪）150
慧皎　35, 123, 124, 215, 233, 245
慧琳　429
慧木尼　225
慧睿　230
慧绍　230, 451
慧思　228
慧嵩　47, 48
慧通（释慧通）230, 451
慧祥　101, 125, 173
慧询　230
慧严　230
慧隐　231
慧影　237
慧远　123, 224, 227, 229, 440, 460
慧振（慧震）215, 240
Hambis，L.（韩伯诗）49
Hedin, Sven Anders（斯文赫定）290
Heissig，Walther（海西希）430

J

姬家　388
嵇（姓）304
积宁沙啰巴观照　430
吉川小一郎　29
吉迦夜　66, 149, 233, 459
吉祥菩萨　333
吉宣　180
吉藏　458
纪氏（葛济之妻）225
继业　375
计蒙　266
加藤九祚　30
伽梵达摩　357
迦陵频伽　72
迦楼罗王　381
迦那含牟尼佛　453
迦叶（摩诃迦叶）261, 267, 333, 350, 437, 439, 440, 453, 459
迦叶佛　261, 267, 350, 453
贾官人　396
贾闰　135
贾彝　163
坚牢地天神　429
建安王伟（南平王、南平元襄王）220, 221, 240
建平公于义（建平郡公、建平刚公、广都县公、平昌县伯、字慈恭）275, 276, 281, 285, 315, 316, 317, 319, 321, 327, 551
江夏王霍姬　216
江夷　226
江总　213, 214, 215, 216, 238, 239
江尊追札　432
姜宝　240
姜景（建平公）256, 270, 274, 275, 276, 278, 279, 281, 282, 283, 305, 315, 316, 317, 319, 321, 322, 323, 325, 326, 327, 334, 551, 565
姜瓌　71
畺良耶舍　50, 224, 450
蒋少游　114, 115, 151, 152, 273, 468, 471

颉利可汗 170
金刚（金刚神） 169, 207, 223, 281, 282, 359, 362, 365, 366, 367, 370, 371, 381, 382, 383, 386, 387, 389, 393, 394, 395, 396, 403, 416, 421, 432, 444, 445, 451, 461, 542, 551, 552, 553, 567
金刚杵观音 365, 552
金刚亥母 393
金刚剑菩萨 381
金刚界五佛 382, 383
金刚菩萨 387
金刚三昧菩萨 370, 371
金刚思惟菩萨 371
金刚无我母 393
金刚智 359
金维诺 95, 111, 127, 209, 255, 470
靳之林 354
晋恭王 235
晋国王 55, 74
晋灼 266
荆浩 372
精进王子（大精进） 439, 440
景焕 366
净秀 227, 242
竟陵文宣王（竟陵王萧子良） 34, 227, 242
静蔼 210
静端 328, 329
静泰 48, 49
迥巴瓦国师觉本 389
究槃荼 313
鸠摩罗伽天 68
鸠摩罗什（鸠摩罗、罗什、童寿） 24, 25, 26, 31, 32, 33, 44, 45, 47, 50, 68, 95, 123, 165, 212, 229, 230, 243, 244, 356, 397, 435, 436, 458, 460, 561
咎繇 336
拘楼孙佛 453
拘那含牟尼 258
沮渠安周 230, 244, 297, 301, 353
祖渠京声（安阳侯） 44, 47, 48, 49, 272
沮渠蒙逊 33, 34, 35, 42, 44, 230, 272, 295, 296, 304, 349, 353, 450
沮渠牧犍（沮渠茂虔） 48, 353
沮渠氏 127, 272, 296, 297
沮渠天周 134
沮渠无讳 284, 297
沮渠兴国 48
橘瑞超 293
崛贤雄 29
觉苑 402

K

阚伯周 297, 301
康（家） 153
康骈 470
康僧铠 50, 228, 243, 244
康僧渊 229
康（姓） 141
亢吉祥 407
空海 362, 399, 400
孔雀明王 360, 361
孔延之 217
孔子 148, 413, 416
寇谦之 65, 231
库狄干 166
逵吉祥 393
阔儿鲁 410

L

剌温卜 430
兰陵公主 300
老庄 81
乐安王腾 320
乐安王范 267, 307, 319
乐洛生 298, 301
乐平王丕 133, 319
乐生 291
乐阗 395
乐廷瑰 256, 262
乐僔 248, 249, 250, 253, 254, 269, 270, 271, 272, 278, 283, 294, 305, 330, 332, 334, 436, 570
黎方银 400
李柏 293
李宝 295, 297, 300
李彪（字道固） 135, 152, 154
李冲 114, 152
李达 335
李大恩 170
李德宝 210
李奉诚 336
李奉图 336
李奉基 336

李奉逸 336
李奉裕 336
李怀操 336-337
李怀恩 336
李怀节 336
李怀忠 336
李感 336
李固 334
李广 288, 334
李广利 288
李暠 294, 295, 297, 349
李贵 97
李靖 170, 178
李灵 135
李令秀 337
李穆 317
李平 158
李润 60
李善 233, 246
李盛铎（号木斋） 100, 125, 310, 323
李氏 51, 100, 254, 336, 338, 424, 464
李世勣 170
李嗣真 464, 469, 470
李颀 334, 336
李文生 206, 208, 210, 398
李文信 267
李贤 318, 325
李翔 336
李雅 467
李延寿 100
李义（李克让、李君、李氏） 249, 250, 252, 253, 254, 264, 269, 270, 271, 272, 276, 278, 282, 283, 294, 304, 305, 307, 308, 314, 315, 322, 324, 325, 327, 330, 331, 332, 333, 337, 338, 436, 472, 473, 551, 565
李应荣 292
李永宁 333
李玉昆 398
李域铮 400
李昭 336
李桢祥 240
李仲文 169
李子娇 179
李自成 77
理微（字德灵） 336
理贞 336
厉鹗（号樊榭） 413, 416, 418, 431, 432
郦道元 136
莲花生 5, 362, 404
良贲 429
梁郡王元嘉 134
梁弥机（宕昌王） 110, 354
梁弥承 354
梁思成 71, 72, 73, 125, 164, 165, 178, 400, 401
梁武帝（高祖、萧衍） 193, 208, 211, 212, 463, 465, 469
梁昕 317
辽道宗 73
辽圣宗 374, 401
辽太祖（耶律阿保机） 177
辽天祚皇帝（天祚帝） 71, 74
辽兴宗 71, 102
寥廓 188, 201, 335, 337
林徽因 164, 178
林烈夫 28
林树中 470
怜真加加瓦 407
临川王（刘义庆） 215, 226, 237, 238, 471
临川王宏（临川靖惠王） 215, 237
临川王郁 226
灵隐 249, 251
令狐德棻 325
令狐丰 291
令狐宏 291
令狐立政 325
令狐氏 291
令狐整 268, 307, 318, 321
令王 210, 469
刘伯林 179
刘长久 400
刘昶（字休道、宋王） 114, 115, 300
刘道醇 468
刘敦桢 164, 178
刘国 226
刘合山 358
刘辉 300
刘慧达 48, 94, 164, 244, 435
刘建军 164
刘峻（刘法武〔虎〕、字孝标、玄靖

先生） 233, 234, 245, 246
刘亢泥 131
刘库仁 131
刘立千 406
刘铭恕 256
刘乃 180
刘汝醴 206
刘世让 177
刘恕 58, 100
刘腾 159, 185, 186, 204, 206, 207
刘天 358, 398
刘畋人 372, 400
刘未 347
刘闻慰 232
刘武周（定扬可汗） 59, 169, 170, 177
刘喜海（字燕庭） 331, 338, 472
刘显 131
刘孝庆（刘法凤、字仲昌） 233
刘孝仪 226
刘勰（慧地） 217, 219, 220, 221, 222, 223, 240
刘休宾 135, 232, 233, 245
刘姓 304
刘雄 317
刘旋之 233
刘义隆 245
刘艺斯 433
刘玉权 403
刘裕 230
刘元 413
刘造 228
刘昭 290
刘正奉 434
刘志远 128, 208, 241
刘转运 54, 102
刘族 158
柳本尊 372, 385, 400
柳謩（字顾言） 220, 221
六臂观音 374, 381
六丁 54, 69
六韩拔陵 68
龙万育 283, 337
娄睿（东安王） 465, 466, 470
楼姓 304
卢舍那（佛） 12, 26, 32, 281, 282, 360, 361, 551
卢玄 135
鲁爽 245
鲁秀 245
陆峻岭 124
陆睿 299
陆探微 463
陆咸 218, 220, 221
陆姓 304
陆真 315
禄东赞 404
吕采芷 167
吕覆 293
吕光 25, 44, 293
吕令问 175, 179
吕品 210
吕休璟 28
罗绣锦 411
罗振玉 254, 332, 337, 403
珞珈山观音 370, 371
Le Coq，A.von（勒科克、勒柯克、勒考克） 29, 30, 48, 284

M

麻曷葛剌（麻诃葛剌、麻栗扢答佛、嘛哈噶喇、摩诃葛剌、摩诃迦罗、马哈哥剌、马哈吃剌、马哈剌佛、大黑天、大黑天神、Mahākāla） 390, 417, 409, 410, 411, 412, 413, 414, 415, 416, 417, 428, 429, 430, 431, 566
马达 289
马德惠 37
马衡 240
马去非 236
马儒 299
马世长 237, 244, 403, 640
马思忠 249, 251, 252
马头观音 381
马玉基 355
马文宽 402
马周 551
玛久喀麦玛（觉摩本米） 420
满秃 410
毛婆罗 468
毛氏（毛晋） 469
毛修之 133
毛奕 288
美国人 1
门达干 432

孟浩然 240
孟姜 244
孟敏 293
孟頵 416, 456
弥勒（慈氏） 2, 4, 5, 11, 38, 39, 41, 42, 43, 44, 48, 54, 58, 61, 62, 67, 68, 69, 80, 81, 82, 83, 84, 85, 86, 87, 88, 90, 92, 93, 94, 95, 103, 118, 119, 129, 137, 142, 143, 145, 146, 147, 156, 157, 159, 162, 167, 181, 182, 184, 185, 187, 188, 189, 190, 193, 197, 198, 199, 200, 201, 207, 208, 209, 210, 212, 217, 218, 219, 220, 221, 222, 223, 224, 226, 227, 228, 229, 230, 231, 232, 236, 237, 239, 240, 241, 242, 243, 244, 245, 247, 251, 252, 256, 259, 264, 271, 295, 296, 303, 382, 404, 405, 441, 453, 454, 456, 457, 458, 460, 464, 545, 547, 552, 561, 562, 563, 564, 565, 569
米钦奥布 421
觅历 397
密集金刚 421, 432
妙光 226
缪荃孙 51, 94, 97, 323, 331, 472
闵正玄 242
明禅师 461
明理董瓦 433
明僧绍 213, 214, 215, 238, 239, 241
明仲璋 213, 214, 215
摩诃室利（大功德天） 391, 409, 415, 416, 428, 431
摩利支天 382
摩醯湿伐罗（摩醯首罗天） 69, 444, 543, 561
魔王波旬 95
莫多娄敬显 166
墨尔根喇嘛 411, 430
木易于（没奕于、高平公） 132
目犍连 405
目凌 129
慕容白曜 135
慕容宝 131
慕容垂 135
慕容贺麟 131
慕容氏 131, 382
慕容熙 129
穆亮（丘穆陵亮、长乐王） 185, 200, 277, 299, 301, 303, 304, 352, 354, 503, 546, 556
穆氏（丘穆陵氏） 303, 304
穆泰 119, 129

N

南安王桢 298
南方毗琉璃天王 371
南海王（子罕） 234
能仁菩萨 95
年富 180
鸟居龙藏 266
聂承远 292
牛达生 402
女娲 260, 266

O

欧阳玄（字原功） 97, 124, 125
Oldenburg, S. F.（奥登堡） 30

P

帕玛顿月珠巴（不动明王） 360, 374, 421, 432, 566
潘玉闪 403
潘祖荫 432
裴岑 289
裴氏 432
裴孝源 470
彭家胜 400
彭启丰 430
皮豹子 284
毗卢舍那佛（毗卢佛） 361, 367, 372, 373
毗尼多流支 357
毗婆尸佛 451, 453
毗沙门天王（北方毗沙门天王） 5, 306, 309, 312, 360, 361, 362, 367, 371, 373, 382
菩提法勇 241
菩提流支 207, 211
普毕智海（真义国师） 386, 554
普贤 4, 82, 87, 173, 231, 296, 360, 361, 362, 366, 371, 372, 382, 385, 386, 387, 395, 399, 402, 447, 448, 449, 458, 552, 554, 567
Pelliot，Paul（伯希和） 1, 30, 49, 255, 256, 265, 266, 278, 283, 285,

293, 310, 332, 403
Peroz（卑路斯） 153

Q

七十一（字椿园） 28, 338
祁宏　284
（萧）齐武帝（萧颐） 129, 205, 469
齐王宪　321
齐献武王　208
乞伏暮末　35
乞伏炽槃（乞佛炽槃） 42, 230
乞伏□　43
恰那多吉　420
千臂观音　358
千钵文殊　357, 362, 365, 371, 552
千手观音　373
千手千钵文殊　362, 365, 371, 552
千手千眼观音　358, 360, 361, 362, 367, 371, 374, 382, 386, 396, 552, 553
千手眼大悲　357, 366
乾智　192
钳耳庆时（王遇〔字庆时，本名他恶〕、王庆时、宕昌公） 53, 60, 61, 62, 82, 83, 86, 103, 108, 109, 110, 111, 115, 123, 125, 126, 127, 128, 129, 147, 151, 152, 154, 277
钱大昕　431, 432
钱镠（吴越王） 223, 373, 411
钱俶（钱弘俶、吴越王） 373
钱氏　223
羌子侯　292
憍尸迦　313
谯王　241
契先　239
秦始皇　261, 266
秦世英　171
清河王亶　207, 208
清河王绍　120
清河王元怿　204
清静海众菩萨（清众菩萨）
清高宗（乾隆皇帝） 62, 78, 270, 283, 326, 330, 430, 431
清世祖（顺治皇帝） 71, 77, 78, 403
清太宗　411, 430
穷奇　299
丘颓　129
秋仁（中於王） 141
秋山光和　30
龟兹人　31, 33, 539
求那跋摩　460
求那跋陀多（求那跋陀罗、求那跋陀） 224, 241
屈丐　132, 244
屈志仁　422
麹嘉　299
全忠义　468
诠明（号无碍大师） 401
阙公则　228

R

饶宗颐　400
仁庆札西　406
仁增多吉　432
任城王澄　128, 160, 354
任昉　234, 245
日本人　1, 29, 293, 570
日比野丈夫　255
日光菩萨　542
荣启期　118, 128, 463
荣新江　401
荣佐岩　409
如来　32, 52, 79, 93, 95, 138, 139, 142, 214, 219, 231, 235, 283, 307, 313, 336, 357, 358, 373, 374, 388, 402, 411, 437, 440, 441, 443, 444, 446, 454, 455, 457, 471
如意轮观音　360, 361, 362, 367, 371, 382, 387, 552
如意轮菩萨　366
茹雍冬妃（茹雍妃、茹雍妃洁莫尊） 405
儒童　156, 162, 333, 464
阮孝绪　245
阮裕　234
阮元　432
若罗严　49

S

萨班　420
萨迦巴　434
萨迦昆氏家族　421
三面四臂菩萨　371
三头八臂观音　384
三头六臂观音　360, 384
桑察　420
桑哥　407

僧苞 230
僧保 299, 310
僧宝 44, 225, 227
僧弼 230
僧辩 214, 215, 221, 239
僧表 44, 47, 231
僧畅 225
僧逞 150
僧稠 436, 438, 457, 459
僧纯 25, 44, 47
僧达 151, 436, 459
僧导 231
僧光 241, 271
僧含 224
僧弘 225
僧洪 225
僧侯 231, 460
僧护（释僧护） 179, 218, 219, 220, 221, 223, 241
僧济 224
僧伽提婆 244
僧伽陁 48
僧建 206, 465
僧亮 225, 241, 436, 459, 466, 470
僧旻 243
僧明 160, 166, 167
僧诠（释僧诠、本姓张） 123, 225, 375, 456
僧睿 229, 230, 458
僧实 276, 436, 459
僧受 226, 242
僧淑 218, 220, 221
僧嵩 150
僧陁 54
僧欣 347, 454
僧业 230
僧异 230
僧因 230
僧祐 174, 179, 215, 220, 221, 223, 227, 228, 233, 234, 237, 240, 241, 246, 292, 314, 570
僧远 231
僧肇 33, 45, 47, 50, 246
僧周 436, 459
僧咨 242
沙尔巴胡土克图 411, 430
沙彦珣 179
剡迟时 292
单道开（俗姓孟） 294
善财童子 395, 396
善生 433
善无畏 359
善喜 249, 252, 253, 256
善藏 256
上乐金刚 389, 393, 403
尚提举 410
阇那崛多 356, 357
阇那耶舍 356
舍利弗 405
申徽 267, 268, 274, 307, 308, 311, 318, 320, 321
神恺 429
神田喜一郎 309
沈朝宣 429
沈约 225, 227, 233, 234
生禅师 456
圣天公主 383, 401
尸弃佛 453
施护 372
施娉婷 315
师贤 59, 136, 139, 435
十一面多臂观音 358
十一面观音 5, 357, 358, 361, 362, 367, 371, 372, 374, 382, 385, 386, 398, 399, 400, 551, 552
十一面千手千眼观音 396, 553
十一面四臂观音 358
石弘载 256
石虎 271, 294
石晋 374
石敬瑭 179
石郎 374
石勒 247, 284
石永兴 208
时轮金刚 393
史金波 402, 403
史弥远 428
史小玉 396, 553
史岩 35, 36, 39, 48, 254, 284, 353
史延福 357
始安王（遥光） 214, 215
是云宝 208
释宝（尼） 225, 241
释宝云 241
释道丰 457
释道光 225

释道广 225
释道海 225
释法上（本姓刘） 457
释法祥 242
释法悦 460
释法贞 205, 206, 465
释弘明（本姓嬴） 456
释惠恭 225
释惠龛 225
释慧基 460
释慧明（本姓康） 444
释迦（释迦牟尼、释迦牟尼佛） 2, 4, 5, 11, 41, 42, 43, 44, 45, 53, 61, 62, 65, 67, 72, 73, 79, 80, 81, 82, 83, 84, 85, 86, 87, 88, 89, 90, 92, 94, 111, 113, 114, 117, 119, 122, 129, 137, 139, 141, 143, 145, 146, 147, 156, 162, 165, 167, 172, 173, 174, 178, 188, 198, 200, 201, 208, 210, 216, 223, 226, 230, 231, 235, 237, 238, 241, 245, 247, 252, 256, 259, 264, 266, 282, 313, 358, 365, 386, 387, 399, 401, 405, 411, 412, 413, 429, 439, 441, 442, 443, 444, 446, 447, 448, 450, 453, 455, 456, 460, 462, 463, 540, 542, 545, 546, 548, 549, 552, 561, 563, 564, 567
释迦多宝（释迦多宝二佛并坐） 4, 43, 45, 82, 83, 84, 85, 86, 87, 89, 90, 92, 94, 117, 119, 143, 145, 146, 147, 156, 162, 165, 167, 201, 216, 264, 282, 448, 545, 548, 549, 564, 567
释冏 443, 455
释灵裕 457, 461
释清虚 399
释僧成 228
释僧伽 399
释僧朗 231, 244
释僧渊 150
释守真 372
释昙弘 226, 230
释昙弘（长安沙门） 226, 230
释昙泓 225
释玄嵩 129
释玄赞 401
释宗性 31, 47, 240
守屋孝藏 311, 324
叔和 306, 310, 311, 323
水野清一 58, 63, 66, 72, 73, 95, 104, 125, 145, 164, 165, 174, 179, 206, 209, 284, 353, 460, 462
水月观音 366, 372, 374, 381, 385, 386, 387, 395, 396, 553
司马楚之 127
司马德宗 133
司马金龙 111, 112, 113, 127, 151, 166, 462, 562
司马景 62
司马迁 261
四臂观音 358, 362, 365, 387, 396
四臂金刚 395
松本荣一 256, 266
松本文三郎 164, 165
松寿 401
松原三郎 165, 210, 244
松赞干布 404, 405, 406
（刘）宋明帝 66, 149
（刘）宋文帝（刘义隆） 33, 114, 241, 245
（刘）宋孝武帝（刘骏） 241, 242
（刘）宋顺帝（刘准） 115
宋金刚 169
宋亮 289
宋敏求 327, 329
宋祺 236
宋庆 38, 48, 244, 284
宋昱 101, 123, 125, 176, 180
宋之纯 372
苏履吉 284, 338
苏棠 128
苏禹珪 235, 246
苏子瞻 412
素目伽 141
速古儿赤 433
速来蛮（西宁王） 396, 553
（宿）白 357, 397
粟特人 290
隋高祖文帝（隋文帝） 328, 469
隋炀帝 169
隋文献独孤皇后（献皇后、独孤后） 327, 328, 329
孙必栋 30
孙亮 243, 299
孙权 243
孙仁贵 468
孙尚子 466, 470

孙休达　292
孙秀　255
孙祐　424
索班　289
索尔迥喜饶札巴　404
索洪亮　337
索靖（字幼安）248, 250, 255, 269, 283, 291, 303
索劢（字彦义）288
索南坚赞　404, 406
索南桑布　432
Sirén，Osvald（喜龙仁）208
Stein，Mark Aurel（斯坦因）1, 30, 48, 49, 50, 255, 256, 287, 290, 295, 308, 324

T

他汗可汗（伏图）299, 300
他稽　298
踏碓师　392
太悉佛　131
昙爱　225
昙斌　242
昙超　123, 231
昙充　44, 47
昙纂　44, 48
昙度　150
昙副　228, 242
昙覆　197, 548
昙光　217, 220, 221, 241, 246
昙弘　123, 226, 230, 273
昙徽　229
昙会　208, 210
昙鉴　225, 230
昙戒　226, 243
昙敬　225
昙静（昙靖）165, 166
昙媚　64, 67, 78, 157, 562
昙无成　123, 230
昙无谶（昙摩谶）34, 35, 42, 44, 47, 48, 49, 458, 460
昙无竭（法勇）123, 241
昙摩毗　41, 42, 273, 541
昙摩流支　230
昙摩罗察　397
昙摩蜜多（法秀）25, 44, 49, 95, 127, 129, 149, 231, 296, 460
昙摩难提　47, 244
昙摩拙叉　469, 471
昙始（惠始、白足禅师、白足和上、白足高僧、白脚禅师）65, 138, 176, 435
昙顺　123
昙学（昙觉）44, 48
昙翼　229
昙曜（昙明）5, 27, 51, 53, 55, 56, 59, 61, 63, 64, 65, 66, 67, 70, 72, 76, 79, 81, 82, 83, 87, 94, 109, 116, 117, 120, 121, 122, 123, 124, 136, 137, 139, 142, 149, 155, 159, 164, 165, 172, 176, 209, 232, 233, 234, 245, 264, 268, 273, 284, 285, 302, 344, 353, 435, 436, 440, 455, 459, 462, 543, 562
昙影　45, 50, 458
汤用彤（字锡予）31, 46, 94, 129, 164, 165, 166, 243, 284, 325, 329, 398, 458
唐长孺　165
唐代宗　362
唐德宗　362, 468
唐高宗　234, 237
唐高祖（李渊）169, 171, 178, 235, 246, 329
唐肃宗　362
唐太宗（太宗文皇帝、敦煌郡公）188, 321
唐武宗　362
唐僖宗　366
唐玄宗（李隆基）179, 180, 360, 362, 399, 467, 468
唐则天皇后（武后）233, 278, 332, 357, 430
唐中宗（孝和帝）399
唐氏　325
唐述　41, 42
唐文祖　325
唐旭（字保光）325
唐翼　325
唐邕　548
唐仲璨（安乐公）325
陶迁　243
陶□师　391
提婆达多　544
提舍佛　453
天鼓音佛　381

天息灾　372
田边三郎助　207, 208
田村实造　73
田弘　37
田奂　216
田汝成　408, 428, 429
田僧亮　466, 470
田文虎　90
田中俊逸　208
铁弗刘卫辰　131
通慧大德　55
通武　292
通一（刘明渊）　95
樋口隆康　32
佟养量　71, 78
秃坚帖木儿　433
涂鸿占　240
吐巴札拉贡布　405
吐蕃达磨　397
吞米桑布札　404
脱脱（忠献王）　418, 419, 433
拓跋晃　81
拓跋氏（拓跋民族）　103, 165
Trinkler，E.（特灵克勒）　49
Tucci，G.（图齐）　434

W

菀申　244
万俟丑奴　323
万度归（成周公）　32, 140, 141, 295, 297
汪琳　225
汪师韩　413, 431
汪宇平　402
汪宗瀚（字栗庵）　338
王霭　372
王安都　140
王安国　58
王昶　460
王忱　226
王澄　128, 160, 354
王达善　180
王道真　400
王恩生　140
王国维　429, 433
王洪轨　298
王好古　235
王俭　469
王剑霓　247
王建　131, 140, 164, 256, 314, 325
王景仁　295
王敬　289
王静如　401, 403, 433
王浚　284
王买　133
王蒙　468
王谦　316
王乔士　372
王庆祐　55
王去非　95, 640
王仁波　126
王仁恭　169
王仁寿　372
王融　129
王森　432
王劭　252
王实　207
王史平吴　210
王士良　295, 297
王士伦　417
王士祯　240
王肃　127
王体玄　299
王熙祥　400
王逊　64, 72, 73, 95, 125
王琰　225
王尧　432, 433
（王）治秋　284
王毅　48, 244, 304, 353
王逸　266
王元轨　208
王元祐　503, 546, 557
王元章　428
王圆箓　403
王恽　236, 247
王知敬　239
王智深　471
王质　159, 206, 288
王重民　248, 255, 256, 278, 310, 324, 332, 333
王子冲　470
王子云　29
王子直　318
威德　29, 44, 48, 49, 373, 429, 430
韦澳　179
韦霈　239

韦述 327, 329
韦偃 180
韦瑱 318
惟尚（惟上） 366, 400
维摩诘 43, 45, 50, 208, 375, 401, 542, 552
尉多侯 298, 301
尉眷（渔阳公） 133, 297, 301
尉屠耆 288
尉（姓） 304
卫瓘 255
卫王仪 132
魏灵藏 198, 211
魏明帝（曹睿） 94, 289, 318
魏收 94, 100
魏文帝（曹丕） 243, 289, 318
温玉成 167, 186, 210, 398
文惠太子长懋 215
文殊 3, 4, 39, 40, 41, 43, 44, 45, 46, 48, 82, 83, 85, 90, 91, 143, 145, 147, 173, 178, 198, 199, 201, 211, 255, 284, 357, 360, 361, 362, 365, 366, 371, 372, 375, 382, 385, 386, 387, 390, 395, 396, 399, 401, 402, 403, 459, 460, 487, 542, 546, 552, 553, 554, 556, 564
文廷式 429
乌羯目提 141
吴伯与 77
吴道玄（字道子） 467, 471
吴东升 412
吴公清 412
吴昆 180
吴峦 179
吴曼公 255
吴士杰 240
吴世昌 429
吴天恩 90, 245
吴用先 430
吴之鲸 412, 430
吴织 323
吴忠伟 90
无量寿佛（阿弥陀佛） 3, 5, 42, 43, 62, 208, 213, 214, 215, 216, 217, 224, 225, 226, 229, 230, 231, 232, 243, 261, 350, 365, 422, 423, 441, 450, 451, 457, 484, 541, 542, 550, 555, 564
无卢真 298
伍由巴索南僧格 420
武伯纶 29
武昌王 62
武敏 31
武威公主 127

X

西方毗楼博叉天王 371
西汉武帝 287, 288, 336
西汉宣帝 288
西汉元帝 288
西汉昭帝（刘弗陵） 288
西晋世祖武帝（武帝） 228, 291
西晋孝怀帝（怀帝） 49
西晋孝惠帝（惠帝） 49, 250
西饶贝（尼第瓦国师） 421
西天大善自在佛 403
西魏废帝 318
西魏恭帝 318
西魏文帝 318
西夏崇宗 403
西夏仁宗 388, 389
奚斤 132
奚眷 134
悉达太子 95
郗超 227
喜金刚 393, 553
细川氏 398
夏尔巴绛贝漾仁钦坚赞 420
夏鼐 355
夏时正 417
鲜于阿胡 68, 160, 168
咸阳王禧 129, 149
宪宗蒙哥 403
香雄妃墀尊 405
祥公 45
祥仁颇切 389
向蔡巴尊追札 414, 421, 432
向达（字觉明） 30, 35, 48, 240, 254, 267, 283, 291, 303, 308, 322, 324, 332, 338, 400, 472
萧查剌 177
萧詧 193
萧道成 114, 163
萧姓 210
萧遥欣 234
萧子显 233, 245
萧宗 215

小川晴旸 126
小野胜年 212
小野玄妙 164, 433
邪奢遗多 139
谢赫 463
谢济世 28
谢灵运 224
谢晓钟 28
谢稚柳 352
辛澄 366
新样文殊 375
邢颖 135
省学 74
性嘉 402
性庄丘 129, 243
熊自得（字梦祥、号松云道人） 75, 76, 94, 97, 100, 102
熊谷宣夫 29
修进律师 372
须利耶苏摩 32
徐邦达 469
徐达 176, 179
徐广 471
徐苹芳 125
徐松（字星伯） 28, 270, 283, 284, 305, 329, 330, 337, 338
徐孝嗣 234
徐由 289
徐自强 338, 432
许承祖 413, 430
许纲 140
许乃谷 283, 338
许氏（刘旋之妻） 233
许宛音 29, 237
宣王范 326
玄畅（释玄畅） 139, 231, 460
玄高（释玄高） 42, 81, 139, 164, 230, 273, 295, 353, 435, 436, 438, 440, 450, 454, 458, 459
玄觉 325
玄奘（唐僧） 27, 32, 173, 357, 366, 385, 399, 470
薛超 133
薛奴 298
雪烦 237

Y

延一 125, 176
阎进 304
阎立本 466
阎立德 466
阎罗王 93
阎庆 301
阎提 301, 304
阎文儒 8, 95, 353, 400
颜师古 288
俨禅师 71, 173, 174
严佛调 244
严观 239
演秘阇梨 372
彦琮（僧琮） 457
阳平王颐 299
杨檦 317
杨播 128, 154, 158, 160
杨椿 128, 154
杨大眼 184, 210
杨德春 424
杨洞芊 252, 256
杨国忠 101, 125, 176, 180
杨弘忠 33, 47
杨泓 129
杨惠之 468, 470, 471
杨髡 428
杨琏真加（杨琏真伽、杨琏真佳、杨辇真加、永福大师） 407, 408, 409, 419, 426, 429, 434, 566
杨柳枝观音 365
杨茂森 433
杨契丹 466, 470
杨庆明 28
杨绳信 433
杨叔女 242
杨思礼 29
杨宣 49, 293
杨炫之 188
杨子华 466, 470
仰氏（吴越王妃） 411
姚迁 211, 469
姚（氏） 33
姚兴 132, 212, 229, 230, 458
姚薇元 126
姚崇 285
岳邦湖 40, 48
药师佛 4, 208, 309
药王菩萨 360, 398
耶律兴公 402

耶律余睹 177
耶舍崛多 356
野村荣三郎 29
也纳 410
叶昌炽 338
业易于 131
一行 9, 12, 13, 19, 243, 331, 338, 359, 393, 401, 434, 469
伊东忠太 1, 164, 165
依仁屹刺识巴（智明普照大师） 418, 419
易昌恕喇嘛 403
益邻真 409
义操 362
义楚 176, 460
义净 357
义天 401
义阳公平 132
义真 244, 362
意希迥乃 420
阴澹 293
阴守忠 255
阴氏 255, 382
阴循已 255
阴循义 255
阴祖 249, 251, 255
银朮可 75
尹波 306, 307, 308, 323
尹先生 213
英公 357
英国人（英人） 1, 30, 48, 49, 287, 290, 308
应劭 288
雍庭礼 424
永昌王健 133
优阗王（优填王） 52, 215, 334
游明根 114
游雅 135
有朋 239
于存海 402
于道泉 433
于法开 229
于法兰（于兰） 217, 221, 229, 234
于冀 95, 167
于谨 285, 316, 321, 326
于景 307
于寔（燕国公） 285, 319
于士恭（字履揖） 322
于氏 275, 285, 315, 316, 321, 322, 326
于栗磾 276, 285
于阗公主 382
于希宁 95, 210
于姓 326
于宜道 322, 327, 328
于永宁（建平公） 322
于右任 326
于元祚（建平公） 322
于知微 285, 315, 326
于志宁（燕国公） 285, 315, 321, 325, 326
于智（齐国公） 321, 334
于仲文（字次武） 327
于子安 315
于子提（于提、建平公、建平郡公、建平郡开国公） 276, 285, 315, 316, 317
余嘉锡 246
俞浩 28
俞剑华 210
宇文护（大冢宰、晋荡公） 320, 356
宇文泰（黑獭、北周太祖文帝） 187, 193, 208, 211, 312, 465
羽田亨 255, 306, 324
羽溪了谛 31, 50
庾诜 226, 242
庾信 469
庾仲容 234, 246
尉迟敬德 178
尉迟迥 178
尉迟氏（长乐王） 185, 277, 301, 303, 304, 352, 503, 546, 556
尉迟乙僧 357
玉帝 471
豫章文献王嶷 214, 215
元弼 320
元叉 186, 207
元察微 321
元超 399
元纂 68, 160, 168
元成宗 429
元宁宗 407
元仁宗 431
元世祖（忽必烈） 393, 403, 409, 411, 420, 421, 430

元顺帝 76, 411
元太祖 179, 430
元泰定帝 410
元文宗 403, 429
元武宗 431
元英宗（格坚皇帝） 432
元裕宗 431, 433
元徽仁裕圣皇后（裕圣） 433
元昭睿顺圣皇后（顺圣） 416, 431, 433
元贞慈静懿皇后 432
元庄懿慈圣皇后（太皇太后） 61, 110, 115, 116, 120, 123, 128, 149, 154, 433, 462
元亘 320
元德祇 321
元德秀 320
元端 320
元昊 401
元颢 188
元洪超 300
元华光（金城郡君） 267, 300, 307, 318, 323
元晖 157
元祎 320, 321
元简 366
元诫 321
元敬愻 207
元静 320
元均 300, 320, 326
元均之 300, 320, 326
元康 255, 318
元隆 399
元谧 353
元穆 188
元倪 299
元钦 320
元若林 320
元三 28, 63, 90, 92, 173, 214, 245, 247
元慎 320
元时中 320
元氏 53, 63, 164, 192, 266, 284, 298, 306
元氏（冯邕夫人） 53, 63, 164, 192, 266, 284, 298, 306
元氏（尉多侯妻） 53, 63, 164, 192, 266, 284, 298, 306
元舒温 321
元思温（平阴公） 320
元天穆 210
元腾 319
元文遥 317
元姓 320
元萸 320
元询 321
元彦英 320
元諲 321
元贞皇后（唐高祖母） 329
元志俭（成安公） 320
元仲华 207, 208
袁翻（字景翔） 207, 300, 303
袁某（天津） 51, 311
袁曙光 243
袁镇 180
原田淑人 211
员名 279, 468
圆湛 237
圆照 179, 217, 362, 401
圆珍 366
圆仁 362, 399
圆行 362, 399
源贺 297, 298
源怀 158
苑君璋（芮国公） 169, 170, 171, 177
月的迷失 415
月光菩萨 373
悦意 313
Yazdegerd Ⅱ（伊斯提泽德二世） 153

Z

藏巴东沽哇 389
藏川 375
藏强巴 421
藏索哇 389
曾巩 58
札巴坚赞 389, 432
札巴沃色（乞剌斯八斡节儿） 432
札巴喜饶 423
翟奉达 553
翟汝文 471
翟氏（凉国夫人、浔阳郡夫人、曹元忠妻） 256, 382, 471, 553
翟姓 291

翟璋 179
展子虔 466, 470
张阿胜 398
张爱儿（仙桥） 468
张邦基 267
张保 263, 268
张伯淳 407
张伯元 401
张参政 433
张春树 303
张大千 256, 326, 343
张大忠 324, 331, 333, 337, 338
张岱 434
张道义 318
张夫人（善藏母） 256
张公 77, 464, 466, 470
张轨 33, 49
张黑脸 78
张怀瓘 463, 464, 467, 469, 470
张淮深 255
张家 464
张间□ 174
张渐 180
张骏 293, 294, 304
张朗 289
张穆 321
张南本 366
张攀 299, 352
张骞 287
张容妃 300
张儒童 464
张僧 151, 463, 464, 465, 466, 467, 468, 470
张僧达 151
张僧繇 463, 464, 465, 466, 467, 468, 470
张善果 464
张士恒 210
张氏（张议潮家族） 253, 256, 366, 367
张氏（宋庆妻） 284
张仕诚 408
张嵩（张子） 175, 179
张潭 139, 353
张提举 410
张天琳（过天星） 77, 78
张天锡 33, 46, 272, 294
张图 372
张万岁 169
张维 315, 325, 338
张伟 135
张文 207, 325, 434
张祥水 237
张孝嵩 28
张新广 434
张玄泊 292
张彦远 462, 463, 466, 467, 471
张宜相（张真人） 97, 125
张彝 210
张议潮（张义潮，太保） 75, 253, 254, 255, 256, 270, 366, 367, 371, 400
张议潭 367
张殷 47
张玙 178
张元祖 277
张芝 337
张智本 337
张智寿 300
张重华 49, 270, 293
张翥（字仲举） 124, 125
张族 337
张□□ 256
长孙道生 133
造玄 366
赵阿欢 208
赵宝麟 30
赵保义 398
赵吉 270, 283, 330
赵孟頫（字子昂） 416, 428
赵仁爽 238
赵慎畛 323
赵万里（字斐云） 267, 285, 307, 353
赵王伦 255
赵望云 30
赵㬎（南宋少帝） 416, 421, 432
赵孝严 388
赵修 299, 352, 355
赵彦若 329
赵屿 326
赵振汉 417
赵正（赵政、赵整、道整、字文业） 33, 47, 229
赵智凤 385
真达 140
真武 415, 471

郑昂　180
郑伯猷　193
郑长猷　193, 210
郑僧　209
郑道忠　209
郑德玄　193, 210
郑法士　466, 470
郑恒　209
郑浚常　124
郑睿　192, 193
郑氏　124, 193, 209, 210
郑氏（荥阳郑氏）124, 193, 209, 210
郑伟（襄城郡公）193
郑孝穆　193, 210, 325
郑诩　193，325
郑俨　193
郑演　193, 210
郑振铎　434
支遁　224, 227, 234, 246
支晋　292
支晋宝　292
支娄迦谶（支谶）50, 271
支谦（支公）226, 227, 243, 244, 397
支僧载　141
直月　25
直力鞮　131
祇多罗（祇多蜜）45, 50
志静　398
智达　428, 454
智光　401
智猛　44, 48, 49, 214, 231
智生　227
智升　179
智胜　216
智嵩　94
智严　33, 47, 49, 226, 230, 401, 454
智嶷　256
智颚　246, 457
智羽　454
智越　457
智蕴　372
智足师　392
中村不折　306, 308, 310, 314, 323, 398
中山王元熙　211
冢本善隆　207, 460
众家奴　433
周公　140, 295, 297
周润年　432
周生文　431
周氏　67
周一良　310
周颙　227
纣王　336
朱弁　74
朱舛孙　222
朱筠　431
朱序　47
朱选之　150
竺道邻　224
竺道曼　33, 44, 47
竺道潜　229, 234
竺道生　50, 230
竺道祖　243
竺法护（竺昙摩罗刹、法护、敦煌菩萨）33, 46, 219, 228, 229, 230, 241, 243, 244, 292
竺法旷　224, 241
竺法汰　229, 243
竺佛念　33, 229, 272
竺侯征　292
竺僧敷　229
竺僧辅　226, 229
竺僧显（本姓傅氏）224, 451
竺昙猷（法猷）294, 460
颛顼（号高阳氏）339
宗翰（粘罕）74, 75
宗懔　227
宗睿　366
宗望　75
祖暅　234
最澄　399
最胜音佛　381
尊胜佛母　409

二、地名索引

A

阿富汗　20, 26, 27, 165
阿羯田山　28
阿克特勒克　45, 50
阿里　5
阿丽跋蓝　25
阿了达干　28
阿姆河（妫水）287
阿斯塔那墓　31
阿育王寺　241
阿育王塔　469
阿喻陁（阿与陁）354, 355
爱敬寺　128, 154
安大略博物馆（加拿大）211
安定　132, 133, 151, 186, 210, 291, 352
安国坊　433
安国寺　360, 366, 399
安徽　373
安乐寺　225, 226, 228, 242
安丘县　321
安武郡　285
安西（都护、安西镇）3, 28, 53, 60, 61, 63, 103, 108, 110, 128, 161, 172, 178, 183, 207, 360, 382, 383, 385, 386, 387, 388, 389, 390, 397, 399, 401, 403, 459, 552, 553
安阳　3, 44, 47, 48, 49, 272, 461, 548
安养（安养国）224, 225, 227, 230, 231, 451
安远　169
安岳　367, 373, 374, 400
安岳·庵堂寺　373, 374
安岳·卧佛院　367, 373, 400
安岳·圆觉洞　374
安州　177
鞍山　266
昂仁寺　403
沃野（镇）68, 168

B

巴楚　45
巴基斯坦　355
巴拉瓦斯特　49
巴黎　278, 283, 309, 310, 311, 323, 324, 332
巴黎国家图书馆　283, 309, 310, 311, 323
巴里坤湖　289
巴林左旗　3
巴米安（巴米羊）20, 26, 27, 32
跋那山　132
拔其城　297
白道　168, 170, 171
白登山　169
白登哲蚌塔　389
白灵淖　166, 211
白鹿洞书院　75, 97
白鹿山　193
白马寺　47, 183, 208, 228
白水镇　336, 342
白塔寺　150
白屋　288
白衣洞　28
白玉山　440
百眼窑石窟　3
拜城（拜城县）1, 2, 7, 8, 28, 29, 44, 46, 142, 289, 559
拜寺口　389, 402, 431
半概塔　409
棒台子屯　261
宝成寺（宝成讲寺、释迦院）409, 410, 411, 412, 413, 414, 415, 416, 417, 430, 431, 566
宝顶大佛湾　400
宝宫寺（佛宫寺）388, 402
宝莲山　411
宝菩提院三密藏　400
宝庆寺　357
宝山　3, 52, 440, 457, 461, 548
宝山石窟　3, 457, 461
宝山石窟·大留圣窟　511, 548
宝山石窟·大住圣窟　461
宝山寺　457, 461, 548
宝相寺　179, 217, 223, 238, 240, 564
宝岩寺石窟　3, 4
报德寺　151, 360
报国寺（大报国禅寺）408, 418
北地　385, 451, 470

北都（平城） 27, 32, 52, 58, 60, 61, 64, 68, 70, 79, 80, 81, 83, 88, 90, 92, 93, 94, 110, 111, 114, 118, 122, 127, 128, 130, 132, 134, 135, 136, 138, 139, 141, 150, 151, 152, 153, 157, 158, 159, 160, 161, 164, 165, 168, 175, 178, 202, 209, 211, 231, 232, 233, 234, 244, 245, 273, 274, 277, 278, 295, 299, 301, 302, 344, 349, 350, 351, 352, 353, 435, 438, 450, 458, 459, 462, 562
北方 2, 3, 4, 5, 32, 48, 92, 93, 94, 123, 157, 160, 212, 230, 231, 232, 234, 236, 237, 240, 241, 244, 245, 264, 284, 286, 325, 343, 344, 346, 349, 350, 371, 372, 374, 388, 415, 427, 449, 451, 459, 462, 542
北方木雅（北方弭药） 388
北府渠 293
北国（北魏） 3, 27, 32, 41, 48, 51, 56, 58, 61, 63, 64, 66, 67, 70, 71, 72, 73, 79, 80, 81, 82, 83, 85, 86, 87, 88, 89, 90, 92, 93, 94, 95, 96, 101, 106, 110, 113, 117, 118, 120, 125, 126, 127, 130, 132, 134, 135, 136, 138, 140, 142, 147, 149, 150, 151, 152, 153, 154, 157, 160, 161, 162, 163, 164, 166, 167, 168, 171, 175, 177, 178, 180, 181, 184, 185, 186, 187, 192, 193, 196, 198, 199, 201, 202, 203, 204, 205, 206, 207, 208, 209, 211, 212, 223, 230, 231, 232, 233, 234, 244, 245, 263, 264, 266, 270, 271, 273, 274, 276, 278, 279, 281, 284, 285, 290, 292, 293, 295, 300, 301, 302, 304, 306, 307, 310, 312, 318, 319, 320, 324, 325, 343, 344, 348, 349, 350, 352, 353, 354, 355, 398, 406, 435, 436, 437, 438, 441, 447, 450, 453, 455, 456, 457, 458, 459, 460, 462, 465, 470, 542, 543, 545, 548, 562, 566
北恒州 59, 70, 169, 170
北京 8, 23, 31, 51, 56, 77, 78, 94, 96, 100, 110, 124, 125, 127, 128, 130, 150, 152, 154, 158, 160, 237, 254, 267, 283, 285, 286, 305, 308, 309, 310, 311, 321, 331, 332, 338, 398, 401, 402, 428, 430, 432, 459, 460, 469, 472, 565, 639
北京大学出版社 51, 125
北京大学考古陈列室 127
北京大学考古系汉唐教研室 130
北京大学考古专业（北京大学历史系考古专业） 110, 130, 460
北京大学历史系 8, 23, 31, 267, 460
北京大学历史系考古教研室实验室 8, 23, 31
北京大学历史系石窟考古实习组 8, 31
北京大学图书馆 51, 77, 94, 100, 125, 254, 283, 285, 305, 321, 331, 332, 398, 430, 432, 459, 469, 472, 565
北京大学图书馆善本室 332
北京大学文科研究所 331
北京图书馆 51, 56, 308, 309, 310, 311, 338, 401, 402, 432
北京图书馆金石部（北京图书馆金石组） 402
北平研究院 1, 429
北山 25, 46, 367, 373, 374, 400, 543
北山佛湾 367, 373, 374, 400
北台 63, 66, 67, 125, 160, 165, 166, 172, 173, 209, 233, 245, 436, 458, 459
北天竺 459
北土 241, 456
北响堂山石窟 455, 465
北响堂山石窟·北洞 209
北新城 134
北徐州 163
北扬州 209
北雍州 326
北园 65
北苑 87, 122, 150, 438
北州 225
本立堂 338
本尊院（大轮） 372
比罗直 354
比沙 355
汴（汴城、汴京） 75, 182, 184, 188, 193, 194, 385, 507, 547, 557
彬县（邠县） 3, 178
宾钵罗窟 437, 459
并郡 221, 240
并州 170, 177, 234, 235
炳灵寺石窟 3, 41, 48, 49, 230, 273,

284, 459
波利伏佛胄善 355
波士顿美术馆 208
波斯 141, 153, 352, 355
波若台 458
般若寺 408, 409, 418
般若云台精舍 224
拨斤 354
柏林民族学博物馆 29
柏肆坞 131
柏孜克里克石窟 2
渤海 135
博昌 468
博陵 135
博山 144, 145, 147, 179, 194, 198, 210, 219, 543, 547
薄伽教藏 73, 74, 374
不列颠博物馆（大不列颠博物馆）129, 255, 309
不仑（钵仑）354, 355
布达拉宫 399, 404, 414, 421

C

参合陂 131
仓敷市（日本）1, 29, 95, 96, 179, 208, 242, 266, 293, 306, 311, 314, 329, 338, 362, 366, 398, 399, 400, 403, 422, 570
曹国 325
曹州 317, 325
察哈尔国（察哈尔部）411, 430
柴壁 132
禅定寺（大庄严寺）328, 329
禅定寺（大禅定寺、大总持寺）328, 329
禅林寺 227, 242
昌黎 149, 151, 209
昌马石窟 3
长安（长安城）26, 31, 33, 45, 47, 48, 65, 133, 134, 149, 171, 178, 228, 229, 230, 231, 239, 243, 244, 271, 272, 273, 276, 283, 287, 292, 303, 312, 319, 321, 324, 326, 327, 328, 329, 338, 356, 357, 359, 366, 367, 399, 400, 451, 454, 458, 459
长城 2, 102, 103, 168, 245, 287, 288, 290, 374
长江 205, 212, 237, 463
长乐 149, 185, 207, 266, 277, 301, 303, 304, 352, 503, 546, 556
长秋寺 207
长沙 54, 226, 237
长沙寺 226
常州 211, 415, 464, 470, 471
常州市博物馆 211
朝歌 457
朝那 186
朝鲜 7, 208
朝阳北塔 374
潮州 415
车勒阿驹 354
车轮（车轮山）120
车师 50, 140, 289, 297, 301
陈州 192, 209
称多县 431
成都 118, 128, 205, 208, 211, 226, 237, 241, 242, 243, 247, 296, 366, 367, 372, 375, 463, 464, 469
成都府 367, 375
承天寺 388
城台石窟 3
澄城 60, 109, 126
澄玄堂 458
持沙那斯头 354
赤城山石窟（赤城山石室）294, 444
翅头东城 227
冲觉寺 203
崇福寺（朔县）302
崇光宫 122, 438
崇教里 124
崇教寺（崇福寺、云冈）34, 52, 53, 54, 56, 60, 61, 62, 82, 101, 102, 103, 106, 108, 109, 110, 111, 115, 126, 127, 302
崇教寺（崇敬寺、敦煌）252, 253, 256, 278, 305
崇真寺 93, 244
仇池镇 284, 354
出土文物展览工作组 166
楚 45, 227, 266, 320, 335, 373
楚普寺 389
垂拱殿 408, 418
纯真山 169
慈恩寺 357, 366, 398
慈恩寺塔 357

磁窑堡　402
葱河　226
葱岭　25, 26, 27, 130, 142, 301, 352, 355

D

哒舍　354
达玛沟　49
达慕蓝　25
鞑靼部　102
打草滩　411
大安楼　372
大悲阁　373, 374
大般若寺　408
大刺沟　459
大都（元大都）1, 3, 5, 9, 68, 75, 89, 90, 97, 124, 125, 160, 287, 293, 318, 320, 322, 334, 336, 360, 409, 410, 416, 417, 421, 422, 423, 429, 431, 441, 446, 447, 453, 455, 466, 470
大都会博物馆（美国）1, 48, 111, 127, 208, 421
大肚崖　236
大方盘城　291
大佛寺石窟　3
大佛湾　4, 400
大福先寺　359
大谷考察队（大谷探险队）1, 29
大观楼　412
大海寺　362, 399
大和宫　171
大护国仁王寺（仁王寺、大都寺）399, 416, 431
大华严寺　399
大黄府　334, 336
大荐福寺　359
大理　5, 336, 418
大力山　189, 350, 465
大马渡河　459
大宁川　132
大伾山　178, 236, 247, 564
大秦　26, 352
大青山　287
大泉（河）436
大日坛场　388
大沙沟　138
大圣慈寺　366, 375
大圣寿万安寺　409, 410, 430
大圣寿万安寺白塔　409
大寺沟　459
大索城　209
大天寿万宁寺　433
大天源延圣寺　410
大同（大同市、大同府、大同军、大同路）1, 3, 27, 32, 51, 56, 59, 67, 69, 71, 73, 74, 76, 77, 78, 79, 96, 102, 103, 110, 111, 121, 125, 126, 127, 136, 138, 151, 153, 164, 165, 166, 168, 175, 176, 177, 179, 180, 209, 211, 214, 228, 232, 237, 239, 241, 242, 243, 244, 247, 258, 263, 264, 267, 268, 273, 285, 302, 344, 352, 353, 355, 374, 398, 401, 436, 462, 464, 543, 639
大同市博物馆（山西省大同市博物馆）110, 127, 166
大万寿寺　423
大威德殿　430
大相国寺　372, 385
大兴善寺　292, 366, 400
大宛　288, 303
大昭寺　406
大足　4, 367, 373, 374, 385, 400, 401
代北（云代、北代）53, 73, 108, 125, 171, 178, 275, 303, 321
代京（代都）58, 64, 95, 128, 159, 131, 132, 135, 158, 161, 206
代郡　157, 175
代州　170, 176, 399
丹丹　45, 49, 50, 241
丹丹乌里克　45, 49, 50
丹阳　114, 128, 205, 211
党河　302, 459
党项羌（弥药）388, 405, 406
忉利天（忉利天宫）313, 550
道场寺　226, 241
德国　1, 7, 8, 11, 29, 30
德州　320
登州　321
邓县　205, 211, 463, 469
邸山寺　226
地迦婆缚那伽蓝　32
帝师殿　407
雕鹫窟　92, 562
叠伏罗国　354
丁谷山　28, 29

丁零 134
定觉寺 398
定力院 372
定林上寺 218, 225
定陶城 317
定县 153, 166
定襄城 70, 170, 178
定襄县 70, 170, 178
定真院 125
定州 134, 375, 401
东北 27, 45, 77, 134, 181, 199, 206, 211, 247, 267, 287, 288, 289, 316, 389, 428, 433, 562
东北博物馆 267
东城 168, 177, 227, 402
东城塔村 402
东方 3, 7, 26, 39, 45, 58, 59, 82, 96, 124, 125, 130, 134, 147, 151, 163, 164, 179, 214, 239, 254, 267, 271, 273, 274, 292, 295, 302, 311, 324, 349, 352, 362, 365, 371, 375, 385, 388, 389, 396, 402, 449, 451, 547
东关 45, 326
东京（日本） 306
东京博物馆（日本） 398
东陵 73
东千佛洞 3, 385, 387, 388, 389, 390, 401, 566
东胜县（东胜） 76, 97, 102, 402
东寺（日本） 400
东土 232, 357, 359, 388
东武 338
东阳 129, 233, 234, 246, 256, 262, 267, 270, 274, 276, 278, 279, 280, 281, 282, 283, 285, 299, 305, 306, 307, 308, 309, 310, 311, 312, 314, 315, 319, 320, 322, 323, 324, 325, 326, 332, 334, 352, 355, 565
东辕山 225
东苑 33, 46
东州（东州城） 58, 168, 225
洞山石窟 3
兜率寺 52, 56, 101, 102
兜率天（兜率术天、兜率陀天） 9, 11, 12, 13, 14, 19, 87, 226, 227, 242, 453, 454, 456, 539, 540
都元帅府（本路都总管府） 74, 78
都锦生丝织厂 422
独乐寺 374, 400
段清墓 291
对曼 126
敦煌（燉煌、敦煌郡、敦煌镇、敦煌县） 1, 3, 4, 8, 24, 36, 37, 38, 39, 40, 41, 43, 46, 47, 48, 62, 94, 111, 112, 113, 127, 129, 153, 163, 165, 167, 178, 179, 193, 209, 228, 230, 241, 248, 249, 250, 251, 252, 253, 254, 255, 256, 257, 258, 259, 260, 262, 263, 264, 265, 266, 267, 268, 269, 270, 271, 272, 273, 274, 276, 277, 278, 279, 282, 283, 284, 285, 286, 287, 288, 289, 290, 291, 292, 293, 294, 295, 296, 297, 298, 299, 300, 301, 302, 303, 304, 305, 306, 307, 308, 309, 310, 311, 312, 314, 315, 317, 319, 321, 322, 323, 324, 325, 326, 331, 332, 333, 334, 336, 337, 338, 343, 344, 347, 349, 350, 351, 352, 353, 354, 355, 356, 360, 362, 366, 367, 372, 374, 383, 389, 397, 398, 399, 401, 403, 406, 429, 430, 436, 437, 438, 439, 446, 448, 453, 454, 459, 460, 467, 469, 550, 552, 565, 566, 567, 639
敦煌窟檐修建委员会 250, 251, 254
敦煌石窟 1, 8, 258, 260, 262, 263, 267, 273, 352
敦煌文物研究所（敦煌艺术研究所） 8, 36, 46, 111, 127, 209, 248, 250, 251, 254, 255, 265, 267, 276, 283, 284, 285, 286, 302, 304, 315, 324, 326, 352, 353, 354, 355, 356, 399, 403
敦煌文物研究所陈列室 254, 283, 324
敦煌县博物馆 304
敦煌县文化馆 287
多伦多 211
朵甘思 432

E

峨嵋山 401
恶阳岭 170
鄂托克旗 3
贰师 288

F

法国　1, 293, 309, 310, 323, 324
法华山　460
法隆寺（日本）208, 266, 399
法隆寺金堂　399
法轮寺　208
法门寺　366, 400
番禺　123
范阳　135
方城　362
方山　32, 59, 61, 110, 111, 120, 126, 127, 151, 152, 211
方山石窟寺　110, 120, 127
方显寺　456
芳碧（方碧亭）430
飞来峰　409, 414, 428, 429
飞龙山（封龙山）271, 284
汾州　169, 175
封和突墓　352, 355
丰城　75, 97
丰德寺　178
奉国寺　73
奉先寺　206
凤凰山　374, 408, 417
凤凰山大塔　374
凤翔　372
佛耳岩　373, 374
佛沟摩崖　362
佛爷庙　291, 293
佛字湾　71
鄜州（富县）3, 4, 320, 375, 401
弗利尔博物馆　242
弗楼沙国　33
伏耆奚那太　354
扶风　366
扶南　241
芙蓉殿　408, 417, 419
枹罕　35, 41
福宁殿（寝宫）408, 409, 429
鲟溪　237
滏水　461
富平　60, 398
复宿堆（夏屋山）177
腹里　423
覆舟岩　460

G

尕藏寺　431
甘露寺　457
甘泉水　293
甘肃（甘）1, 3, 35, 36, 46, 48, 130, 138, 142, 163, 178, 179, 201, 230, 273, 275, 284, 287, 303, 322, 325, 338, 344, 353, 354, 390, 405, 406, 467, 549
甘肃省博物馆　287, 303, 353
甘肃省文物工作队（甘肃省文化局文物工作队、甘肃省博物馆文物队、甘肃省文物考古研究所）46, 48, 284, 287, 354
甘肃省文物工作管理委员会　325
甘肃省文献征集委员会　325
甘州　335, 336, 389, 395, 396, 403, 553, 554
甘州桥楼　396
冈噶（确康）393
高昌　2, 25, 230, 244, 284, 288, 293, 297, 299, 301, 353, 413, 431
高车　50, 131, 132, 299, 300, 301, 349
高句丽墓　261, 266, 267
高丽　108, 126, 131, 401
高粱河　416, 431
高密郡　321
高平　132, 227, 358
高山寺（日本）1, 29, 95, 96, 179, 208, 242, 266, 293, 306, 311, 314, 329, 338, 362, 366, 398, 399, 400, 403, 422, 570
高山镇　64, 67
高台寺　388
告成观　471
割肉代鸽处　446
阁院寺文殊殿　401
宫沐头　241
宫山　128, 463
巩县　3, 182, 183, 188, 189, 190, 191, 192, 193, 194, 200, 201, 204, 207, 208, 209, 210, 216, 274, 350, 354, 406, 465, 508, 509, 547, 557, 563
巩县石窟（巩县大力山石窟）3, 183, 189, 190, 192, 193, 207, 208, 209, 210, 274, 350, 354, 406, 465, 563
巩县石窟保管所　192
姑臧　33, 34, 35, 44, 46, 47, 134,

141, 290, 293, 343
孤山寺　407
古城村　168
古汉桥牌坊　281
鼓山　457, 460, 465
固原　3, 201, 348, 353, 406, 467
固原县文物工作站　353
故宫博物院　431
瓜步　163
瓜州（沠州、瓜土）　253, 256, 263, 267, 274, 276, 281, 285, 300, 303, 306, 307, 308, 309, 310, 311, 312, 315, 316, 317, 318, 319, 320, 321, 323, 325, 386, 389
关东　193
关林　181, 183
关陇　319, 323
关内道　326
关西　211, 423, 465
关右　230, 285, 326
关中　42, 45, 47, 65, 70, 133, 134, 212, 276, 284, 326, 451, 458
观音坡　374
观音堂　71, 72, 396
观音院　401
灌顶道场　359, 372
光宅寺　226, 242
广德寺　206
广汉　372
广陵　157, 163, 242
广宁　131
广平　135, 441
广孝寺　471
广元　4, 367, 373
广州　123, 177
贵德军　177
会稽　217, 219, 221, 224, 226, 239, 240, 407, 456, 471
崞城　177
崞山　120
郭万户屯　418
国家文物事业管理局（中央文化部文物局）　125
国子监　97, 100
Gandhāra（犍陀罗）　7, 142, 165
Gröβstè Höhle（克孜尔·最大窟）　31

H

哈佛大学福格博物馆　111
哈喇淖尔　330
海阳　456
邯郸　3, 201, 208, 209, 210, 465
捍麼大寺　352
汉代长城调查组　287
汉地　147, 397
汉水　205, 463
杭州　4, 373, 395, 407, 409, 411, 413, 415, 417, 418, 420, 421, 422, 423, 424, 427, 429, 431, 432, 433, 434, 566
杭州路　422, 423, 433
浩州　169
禾平镇　335
何园寺　206, 245, 465
和林　403
和龙（龙城）　123, 124, 129, 133, 134, 138, 139, 149, 181, 189, 357, 436
和宁　201, 402, 404, 408, 409, 418
和宁门　408, 409, 418
河北　7, 153, 166, 201, 271, 275, 284, 401, 431, 465, 470
河北省文化局文物工作队　166
河表（七州）　135, 164
河仓城　291
河道巷　326
河东道　58, 70, 168, 170, 175
河间　135, 250, 255
河陇　270
河南（指西秦）　1, 42, 62, 100, 135, 167, 178, 205, 209, 210, 211, 213, 229, 230, 233, 236, 247, 275, 307, 316, 317, 321, 322, 325, 329, 357, 362, 399, 406, 462, 463, 465, 469
河南（河南省、豫）　3, 47, 97, 125, 129, 152, 163, 164, 208, 214, 215, 228, 229, 234, 273, 285, 315, 316, 317, 325, 336
河南道　209, 210, 211, 247, 399, 469
河南省文化局文物工作队　209, 211, 469
河套　286, 287
河西（河西区）　3, 5, 17, 33, 35, 46, 48, 134, 163, 254, 255, 262, 272, 287, 289, 297, 302, 303, 321, 322, 343, 350, 353, 354, 360, 362, 371, 389,

390, 401, 405, 416, 422, 423, 433, 458, 459, 463, 552
河西国 353
河西四郡 287, 289, 303
河西走廊 46, 163, 287, 297, 343
河阳 317
河阴县 300
河右道 334, 336, 342
河州 273
黑城 388
恒安 52, 53, 58, 59, 63, 66, 68, 70, 71, 86, 125, 153, 164, 168, 169, 170, 171, 172, 173, 175, 176, 177, 178, 179, 458, 459, 562
恒安都 52, 53, 58, 59
恒安石窟 52, 63, 66, 168, 171, 172, 173, 175, 176, 178, 179, 562
恒安镇 58, 59, 70, 71, 168, 169, 170, 173, 175, 178, 562
恒河 455
恒岳 120
恒州 58, 59, 68, 70, 119, 157, 158, 160, 168, 169, 170
弘法寺 422, 423
弘农 225
弘州 55
鸿庆寺石窟 3, 183, 189, 193, 194, 210, 563
鸿雁池 132
后银山 261
后苑瑶津亭 385
胡桥 128, 211
胡统寺 203
湖北 205, 463
湖南 56, 255, 553
湖南省图书馆 56
虎伏山 199
虎丘 225
虎头寺石窟 183, 189, 199, 210
护国寺 82, 103, 428
花严寺 225
华林殿 152
华林园 226
华盛顿（美国） 1, 48, 111, 127, 208, 242, 421
华严阁 366
华严寺（大同） 73, 74, 374
华严寺（五台山） 176
华严寺（云冈石窟） 52, 56, 101, 102
滑城 317
华州 60
淮北 241, 458
淮河（淮河流域） 2, 4, 163
淮南 134, 153, 193, 209, 225, 230, 266
淮阴 124
怀州 74, 436, 459
怀荒 68
怀朔镇 151, 211, 299
怀州 74, 436, 459
欢喜园 313
皇舅寺 151
皇庆寺 396, 403, 553
皇信堂 151, 166
黄瓜堆 168
黄河 3, 198, 247
黄花崖石窟 3
黄陵 3
黄龙（黄龙城、黄龙国、北燕） 123, 124, 129, 133, 135, 139, 213, 241
黄羊川 272, 459
晖福寺 53, 60, 108, 109, 110, 115, 126, 128, 129, 154
徽清亭（徽清殿） 413, 430
会州 389
慧日寺 357
浑水 122
霍邱 432
获鹿县 284
Hippokampen Höhle（克孜尔·鱼尾飞马窟） 14
Hochliegende Höhle（克孜尔·小河谷高处窟） 21
Höhle der sechzehn Schwertträger（克孜尔·十六佩剑者窟） 18
Höhle der Statuen（克孜尔·塑像窟） 13
Höhle mit der Äffin（克孜尔·母猴窟） 14
Höhle mit dem Bodhisattvagewö1be（克孜尔·菩萨顶窟） 12
Höhle mit dem Musikerchor（克孜尔·伎乐窟） 9
Höllentopf Höhle（克孜尔·地狱油锅窟）

J

汲古阁 469
汲郡 247
汲县 247
姞栗陀罗矩吒山（鹫峰） 95
鸡足山 334
吉克地里克沟佛洞 29
吉林 261, 266
集安县（集安） 46, 243, 261, 266, 267
济法寺 171
济南 3
济阳 226, 239
蓟门 245
蓟县 374, 400
冀州 68, 95, 149, 160, 165, 167, 168, 297
罽宾 25, 32, 33, 139, 140, 141, 226, 292, 295, 296, 354, 355, 454, 460
加拿大 211
加州大学伯克利分校东方图书馆 311
迦兰陀竹林 313
嘉陵 4, 221, 240
嘉陵江 4
嘉平里 307
贾家冲 211, 463, 469
建初寺 229
建福寺 216, 225, 227
建康 152, 163, 212, 213, 222, 224, 226, 230, 231, 233, 356
建明寺 151
建山 128, 211
建忠郡 326
剑川 5
剑阁 316
剑慕王新蓝 25
剑南 180, 367, 400
鉴湖 428
江表 246, 463
江乘县 213
江东 205, 211, 241, 256, 397, 465
江汉 135, 211, 293, 295, 469
江淮 434
江陵 47, 225, 228, 229, 242, 454
江南 5, 123, 152, 212, 224, 227, 233, 234, 241, 245, 407, 409, 417, 420, 421, 423, 469, 470
江苏 128, 205, 211, 213, 267, 464
江西 97, 124
江夏 216, 320
江阴 206, 465
江右 296
江浙 418, 419, 427, 432
江州 218
江左 33, 212, 223, 224, 232, 294, 451
交趾 123, 140, 297
郊天台 407
焦山 52, 54, 64, 67, 71, 73, 88
焦山寺 64, 71, 73
捷拉夫善河 290
羯若鞠阇国 32
金城 307, 318, 323, 454
金刚界 359, 382, 383, 386
金刚性力住持那罗延窟 461
金华山 246
金华寺 25
金家屯 128
金陵 127, 213, 320
金塔寺石窟 3, 39, 40, 41, 43, 44, 45, 46, 272, 459
金塔寺石窟·东窟 39, 40, 43
金塔寺石窟·西窟 39, 40, 43
金墉 152, 184
金泽文库（日本） 329
晋 3
晋昌（晋昌郡） 293, 298, 548
晋南 31, 46, 48, 94, 129, 164, 165, 166, 212, 241, 243, 244, 284, 286, 324, 325, 354, 388, 435, 458, 459
晋水 235
晋阳 168, 234, 236, 240, 247, 470, 564
京都（日本） 1, 58, 95, 96, 125, 138, 311, 338
京都大学人文科学研究所 95
京都帝国大学 1
京都国立博物馆 311
京兆府 326
荆山 61, 335
荆州 225, 226, 229, 230, 241, 320, 460
泾水 459
泾州 285, 315, 316, 459

鲸崇 52, 101
井陉口（土门） 284
景安陵 205
景陵 307
景明寺 203
静安寺 388
静真禅院 375
净乐寺 415
殑伽河伽蓝 32
竟陵 34, 173, 214, 215, 225, 227, 234, 240, 242
九陇县 322
九陇坂 334
酒泉（酒泉郡） 3, 36, 37, 38, 39, 40, 41, 43, 44, 46, 47, 48, 94, 134, 230, 272, 284, 287, 288, 289, 290, 291, 293, 294, 295, 296, 297, 300, 303, 334, 336, 344, 349, 459, 561
鹫头岭 334
居延 287
拘毗罗国 313
拘弥 289
巨州 409, 417, 429
句容 225
巨鹿 128, 131

K

喀拉达格山 289
喀什（喀什噶尔） 2, 28
开宝寺 372
开化寺（净明寺） 178, 234, 235, 236, 246, 564
开元寺（鄜州） 320, 360, 375, 401
开元寺（武威） 3, 33, 35, 36, 41, 47, 127, 272, 293, 295, 344, 360, 401, 459, 561
开元寺（西安） 126, 357, 360, 366, 399, 400, 401, 433
开远 316
康国（康居、悉万斤、悉居半） 126, 141, 153, 166, 290, 354, 355, 444
康区 389
呵罗槃 355
可流伽 354
渴槃陀（渴槃陁、诃盘陁） 126, 140, 141, 354, 355
渴文提不那杖忸杖提 355
克孜尔尕哈石窟 2, 27, 28
克孜尔千佛洞文物保管所 8, 31
克孜尔石窟（克子尔、克子尔千佛洞、克子尔名屋、和色尔、赫色尔） 2, 7, 8, 11, 20, 21, 22, 24, 25, 26, 28, 29, 30, 31, 32, 44, 46, 49, 165, 559
克孜尔石窟·谷东区 18
克孜尔石窟·谷内区 16, 24
克孜尔石窟·谷西区 8
克孜尔石窟·后山区 24
克孜尔镇 7
孔雀河 288
寇店村 196
库车 1, 2, 7, 20, 24, 26, 27, 28, 29, 142, 288, 300
库车县文物保管所 24
库尔勒 288
库鲁克塔格山 288
库莫奚 131
库木吐喇石窟（库木吐拉千佛洞、丁谷山千佛洞） 2, 20, 24, 27, 28, 29
库木吐喇石窟·沟口区 20, 540
库木吐喇石窟·窟群区 20, 27
库木吐喇石窟·降魔变窟（新 1 窟） 29, 49, 481, 541, 555
匡山 366
昆仑南渊 266
昆仑丘山 266
Kleiner Tempel nebenan（克孜尔·附窟） 21

L

拉萨 5, 389, 399, 404, 406, 414, 566
拉瓦克 45
涞源 401
岚峰山 548
岚州 286, 311
蓝谷 173
兰州 286, 311
兰州大学历史系 286
琅琊郡 213, 239, 241
老君堂 470
老君庙 284
乐安 151, 152, 267, 307, 319, 320, 468
乐城县 306, 308
乐都 134
乐林寺 225

乐山 178, 240
雷音寺 330
黎氏园 412, 430
黎阳 236
离石 134
李和墓 31
醴阳 304
历城 134, 135
历阳郡 320
丽蓝 25
郦山 266
莲池庵 237
莲湖小学 398
莲花洞石窟 183, 189
凉州（凉土） 3, 33, 34, 35, 36, 41, 42, 44, 45, 46, 47, 48, 49, 81, 124, 134, 139, 140, 141, 153, 163, 165, 230, 231, 232, 244, 253, 272, 273, 284, 289, 290, 295, 296, 297, 298, 300, 301, 303, 319, 321, 322, 344, 349, 353, 432, 435, 450, 451, 454, 541, 561
凉州石窟（凉州石崖瑞像、南山石窟） 3, 33, 34, 36, 42, 165, 244, 272, 296, 353, 541, 561
梁郡 62, 134, 225
梁山县 261
梁州 315
两儿布施处 446
辽东 100, 123
辽宁 73, 163, 346, 374
辽西 74, 353, 456
辽阳 261, 267, 457
辽州 175
林丹汗（林丹汗国） 411, 430
林西 73
临安 396, 407, 419, 421, 432, 469
临淮 160, 399
临泾 186, 459
临塞（郡） 169
临夏 41
临阳（郡） 169
临沂 214, 215
凌云寺 178, 240
灵宝寺 227
灵光寺 56, 102
灵基寺 225
灵建寺 225
灵泉 61, 110, 152, 461
灵泉寺 461
灵寿寺（畏吾寺） 432
灵味寺 225, 227
灵武 402
灵岩寺（崧高石窟） 187, 208
灵岩寺（云冈石窟） 64, 85, 95, 128, 159, 161, 206
灵裕塔 461
灵州 389
琉璃山 437
刘家峡市 41
柳风堂 332, 333, 338, 339, 472
六合山寺 241
六和塔 396
六州 131, 132, 134, 273
龙城 123, 124, 129, 133, 134, 138, 149
龙花寺 242
龙华寺（成都） 372
龙华寺（会稽） 226
龙华寺（钱塘） 407
龙华寺（泗水） 226
龙华寺（欣平） 225
龙华寺 222
龙华园 226
龙门 1, 3, 54, 64, 69, 95, 121, 128, 129, 158, 159, 160, 161, 162, 164, 166, 167, 181, 183, 184, 185, 186, 187, 188, 189, 190, 191, 192, 193, 194, 196, 197, 198, 199, 200, 201, 206, 207, 208, 209, 210, 211, 213, 216, 232, 245, 258, 263, 267, 274, 277, 278, 303, 347, 353, 357, 358, 398, 436, 446, 450, 460, 462, 500, 501, 502, 503, 504, 505, 506, 507, 545, 546, 547, 556, 557, 562, 563
龙门摩崖 357
龙门山 181
龙门山·东山 181, 358
龙门山·西山 358
龙门石窟（伊阙石窟寺、南石窟寺、崧高石窟） 1, 3, 95, 128, 129, 158, 160, 166, 181, 183, 184, 185, 186, 188, 189, 206, 207, 208, 209, 277, 347, 353, 398, 436, 459, 460, 462
龙门石窟·汴州洞 184, 188, 194, 207

龙门石窟·宾阳北洞　181, 182, 184, 185, 186, 187, 207
龙门石窟·宾阳洞（宾阳中洞）159, 181, 184, 185, 190, 191, 196, 199, 200, 207, 210, 500, 545, 556, 563
龙门石窟·宾阳南洞　95, 128, 181, 182, 184, 186, 187, 207
龙门石窟·慈香洞　181, 185, 198, 201, 207
龙门石窟·大日如来小窟（东山）181, 236, 250, 358, 398
龙门石窟·地花洞　184, 187, 189, 190, 192
龙门石窟·高平郡王窟（东山）358
龙门石窟·古阳洞　127, 158, 159, 161, 181, 184, 185, 193, 197, 198, 200, 206, 207, 208, 210, 211, 245, 277, 278, 303, 347, 450, 462, 501, 502, 503
龙门石窟·皇甫公窟（石窟寺）181, 186, 188, 189
龙门石窟·火烧洞　95, 181, 185, 187, 207, 245
龙门石窟·惠简洞　358
龙门石窟·来思九洞　184, 187, 190
龙门石窟·擂鼓台北洞（大日如来窟，东山）358
龙门石窟·莲花洞　95, 161, 181, 183, 184, 188, 189, 198, 200
龙门石窟·刘天洞　398
龙门石窟·六狮洞　184, 187, 189, 190, 192, 194
龙门石窟·驼骧将军洞　184, 190
龙门石窟·路洞　181, 182, 187, 189, 190, 191, 192, 194, 198, 201, 208
龙门石窟·弥勒洞　162, 167, 181, 185, 201
龙门石窟·弥勒洞北二洞　184, 187, 190, 198
龙门石窟·弥勒洞北一洞　184, 187, 189, 190, 198
龙门石窟·普泰洞　181, 185, 189, 190, 191, 192, 207
龙门石窟·唐字洞　181, 187, 201, 207
龙门石窟·天统洞　187
龙门石窟·万佛沟（东山）358
龙门石窟·魏字洞　95, 181, 185, 188, 189, 190, 191, 192, 201, 207, 210
龙门石窟·药方洞　181, 187, 188, 207
龙门石窟·赵客师洞　181, 187, 188
龙门文物保管所（龙门石窟保管所）129, 166, 181, 184, 186, 206
龙山　1, 3, 4, 201, 208, 209, 210, 246, 271, 284, 367, 400, 438, 457, 459, 511, 548, 557
龙神庙　72, 75, 106, 561
龙田寺　171
龙兴寺　360, 416, 431
隆兴寺大悲阁　373
龙渊寺　226
陇　419
陇坻　372
陇东　336, 350, 354
陇西　34, 36, 42, 152, 230, 254, 272, 315, 316, 324, 336, 338, 360
陇西郡　315, 316
陇右　165, 273, 297, 315, 317, 321, 322
陇右道　165, 297, 317
陇州　320
娄睿墓　465, 466, 470
庐阜　229
庐山　224, 225, 241, 440
泸南　180
鲁班窑　64, 72
鲁山　320
鲁斋　247
鹿浑海　131
鹿野苑（鹿苑）88, 122, 129, 132, 137, 138, 150, 164, 231, 232, 335, 438, 440, 446, 447, 459, 489, 543, 556, 562, 567
鹿野苑佛图（鹿野苑石窟寺、鹿苑石窟）122, 129, 138
潞州　320, 321, 374
伦敦　129, 309
轮台　288
罗布泊　290, 293
罗刹石窟　440
罗木桥　418
罗槃　354, 355
罗婆　354
洛河　199, 209

洛杉矶 254, 333
洛水 189
洛阳（洛阳市、洛阳地区） 1, 3, 33, 50, 52, 62, 64, 81, 93, 95, 128, 129, 132, 158, 159, 160, 161, 162, 166, 167, 181, 182, 183, 185, 186, 187, 188, 189, 193, 196, 197, 198, 199, 200, 201, 202, 203, 204, 205, 206, 207, 208, 209, 211, 213, 228, 230, 244, 255, 258, 263, 267, 274, 275, 289, 290, 299, 300, 303, 306, 307, 316, 324, 347, 349, 350, 351, 353, 355, 357, 372, 436, 459, 462, 465, 470, 547, 563, 564
洛阳博物馆 211
洛阳石刻艺术馆 181
洛阳市文物工作队 181
洛州 129
雒县大石寺 469

M

马迷兔 287
马圈湾 287, 303
马射坛殿 61
马蹄河 459
马蹄寺石窟 459
马头山 436, 459
马邑川 168
马邑郡（善阳） 70, 169, 170, 178
麦积勘查团 284
麦积山石窟（麦积崖石窟） 3, 209, 284, 354, 436
麦积山石窟·上七佛阁（第4窟） 3, 36, 46, 58, 64, 67, 72, 76, 106, 155, 189, 190, 191, 192, 194, 195, 209, 245, 284, 344, 354, 436, 482, 483, 498, 538, 541, 542, 545, 554, 555, 556, 558, 563
麦积山文物保管所 284
满洲 28, 411
邙山（芒山） 183, 189, 206, 208, 470
茂汶土司衙署 243
茂县（茂汶羌族自治县） 118, 228, 464
郿县 241
美国 1, 48, 111, 127, 208, 421
蒙古（族） 3, 28, 73, 111, 127, 166, 211, 374, 390, 394, 395, 402, 403, 411, 418, 422, 427, 430, 432, 433, 434, 554
蒙古人民共和国 28
蒙山 235, 236, 564
孟津 183, 189, 199
孟库 430
孟授渠 293
孟县 62, 183, 189, 198, 210, 211
弥勒精舍 226, 242
弥勒堂 457
弥蒙 372
渑池 3, 183, 189, 193, 210
庙台公社 402
妙明□□墓塔 77
民丰 235, 290
民乐 39
岷江 4
岷州庙 38, 284
闽 423
悯忠寺 375, 401
明堂 94, 148, 152, 434
鸣沙山 436
摩揭陀国（摩竭陀国、摩竭提国、摩伽陀） 95, 219, 356, 388
莫高窟（敦煌千佛洞、敦煌石室） 1, 3, 4, 24, 36, 39, 40, 41, 43, 62, 94, 111, 112, 113, 129, 163, 165, 167, 178, 193, 209, 248, 249, 250, 251, 252, 253, 254, 255, 256, 257, 264, 268, 269, 270, 271, 272, 273, 274, 275, 276, 277, 278, 280, 281, 282, 283, 284, 285, 286, 293, 294, 296, 297, 299, 301, 302, 303, 304, 305, 308, 309, 312, 313, 314, 315, 318, 319, 322, 324, 325, 326, 327, 330, 331, 332, 333, 334, 337, 338, 343, 344, 345, 346, 347, 348, 349, 350, 351, 352, 353, 354, 356, 358, 360, 361, 362, 363, 366, 367, 368, 371, 375, 376, 383, 384, 385, 390, 391, 394, 395, 396, 397, 398, 399, 401, 403, 406, 429, 430, 436, 437, 438, 467, 469, 472, 473, 515, 516, 517, 518, 519, 520, 521, 522, 523, 524, 525, 526, 527, 528, 529, 530, 531, 532, 533, 534, 535, 536, 537, 542, 549, 550, 551, 552, 553, 557, 558,

564, 565, 566, 639
莫高窟·北大像（第 96 窟） 178, 249, 251, 252, 255, 256
莫高窟·藏经洞（第 17 窟） 12, 17, 56, 61, 62, 67, 105, 109, 117, 119, 137, 264, 269, 346, 398, 450, 476, 489, 497, 540, 543, 545, 555, 556, 559
莫高窟·九层楼（第 96 窟） 255
莫高窟·乐廷瑰窟（第 130 窟） 178, 251, 526, 552, 558, 565
莫高窟·秘密寺（第 456 窟） 393
莫高窟·南大像（第 130 窟） 178, 249, 250, 251, 252, 256
莫高窟·如来窟（第 427 窟） 283, 524, 551, 558
莫高窟·天王堂 383
莫高窟·文殊堂（第 61 窟） 255, 375, 396, 403, 532, 536, 553, 558, 566
莫高窟·上寺 403
莫高窟·翟家窟（第 220 窟） 24, 29, 30, 193, 209, 531, 552, 558
莫高窟·中寺 403
莫高窟·下寺 403
莫高乡 326
漠南 133, 160
墨竹工卡 389
木犀轩 51
木叶山 374
木札提河 7
Mathurā（秣菟罗） 142
Māyā höhle der 3 Anlage（克孜尔·三区佛母窟） 15

N

那塘寺 423, 433
乃东 5
奈良 179, 208, 399
奈良橿原考古学研究所 179
南北石窟寺 3
南方（南方地区） 2, 4, 5, 45, 124, 138, 212, 224, 225, 226, 227, 228, 232, 241, 245, 287, 362, 371, 394, 415, 428, 449, 465
南涧河 193
南京 4, 118, 128, 205, 211, 213, 214, 216, 237, 240, 463, 564
南京博物院 128, 211
南京古物保存所 240
南京艺术学院 237
南梁郡 62
南陆 226
南沙山 37
南山 3, 34, 42, 171, 178, 272, 298, 408, 412, 429, 432
南台 177, 209
南天竺（南天竺国） 354, 355, 437
南响堂山石窟 208, 210, 457, 461
南徐州 213, 239
南亚 138
南阳 207
南诏 5
内地 24, 25, 249, 288, 350, 352, 372, 383, 395, 396, 432, 549, 551
内蒙古 3, 73, 111, 127, 166, 211, 374, 402
内蒙古自治区文物工作队 127
能仁寺 56, 102
尼泊尔（尼婆罗、你波罗国） 405, 409, 434
尼寺 25, 53, 63, 64, 159, 172, 176
宁城白塔 374
宁夏（宁） 130, 201, 348, 353, 389, 402, 403, 406, 423, 431, 467
宁夏回族自治区展览馆 402
宁州 321
纽约 421
女水 131
女真 74

P

裴峪渡（小平津） 209
彭城 151, 321, 458
彭城郡 321, 458
频佳里 239
平昌 276, 316, 456
平城 27, 32, 52, 58, 60, 64, 68, 70, 79, 80, 81, 83, 88, 90, 92, 93, 94, 111, 114, 118, 122, 127, 128, 130, 132, 134, 135, 136, 138, 139, 141, 150, 151, 153, 157, 158, 159, 160, 161, 164, 165, 168, 175, 178, 202, 209, 211, 231, 232, 233, 234, 244, 245, 273, 274, 277, 278, 295, 299, 301, 302, 344, 349, 350, 351, 352, 353, 435, 438, 450, 458, 459, 462, 562

平城镇 157
平地松林 74
平定川石窟 3, 4
平凡社（日） 208, 209, 398
平江府 267
平江路 422, 423, 433
平康坊 327, 329
平凉 133, 163
平齐郡 134, 163, 169
平顺 3, 4
平西军司 389
平阳 208, 388
平原 90, 213, 214, 239, 241, 245, 246
平章 419, 433
平州 298
婆罗 7, 29, 38, 140, 284, 292, 300, 354, 355, 405, 441, 468
婆罗捺 354, 355
破洛那 140
菩提院 359, 400
蒲河 459
蒲类海 289
浦江 124
普安禅院 373
普恩寺（善化寺） 74
普鲁士皇家吐鲁番考察队 29
普陀山 420
普贤阁 366
铺沟村 199
铺沟石窟 183, 189, 199, 210
Pfauen Höhle（克孜尔·孔雀窟） 17

Q

七宝山 440
七宝宫 313
七佛殿 73
七格星石窟（锡科沁明屋） 2, 29
戚家村 211, 464
栖霞山（摄山、伞山） 4, 123, 212, 213, 214, 215, 216, 223, 224, 225, 228, 232, 233, 234, 237, 239, 240, 241, 246, 564
栖霞山千佛岩 213
栖霞寺 213, 214, 237, 239, 564
祁连 286
岐州 164
耆阇 54, 69, 103, 138, 437, 447, 448, 459
耆阇崛山 138, 437, 447, 448, 459
齐国 321, 399
齐化门（朝阳门） 125
齐郡 134, 163, 169, 503, 546, 557
齐州（齐） 164
契丹 73, 179, 374, 388, 401, 466, 470
契啮 126
碛砂寺大藏经坊 433
碛砂延圣寺 422, 423
千佛灵岩 284, 338
千佛岩（千佛院、七宝院、刹溪） 4, 212, 213, 217, 218, 221, 223, 234, 237, 238, 239, 240, 247, 283, 330, 338, 367, 373, 564
千佛岩·北菩提洞（广元） 4, 367, 373
千佛岩·毗卢洞（广元） 4, 367, 373
前部 49
前后昭庙石窟 3
前山千佛洞（文殊山千佛洞） 39, 40, 41, 43, 44, 46, 487, 542, 556
乾达 355
乾陵 467
钱塘 407
桥楼 396
谯郡 468
且末 50
秦始皇陵 261
秦太上公寺 203, 207
秦太上君寺 203, 207
秦州（秦） 255, 273, 301, 325, 393, 459
青海 179, 390, 402, 405, 431
青龙寺 362, 366, 400
青要山 198
青州（青） 152, 226
清河 47, 120, 152, 204, 207, 208, 234
清凉山 178
清平山（扁山） 417, 418
清水县 255
庆安寺 431
庆安塔 431
庆陵 73, 247
庆尚北道（朝鲜） 208
庆寿寺 178
庆阳 3, 4, 128, 459

龟兹（丘慈、拘夷、屈支） 2, 5, 7, 8, 20, 24, 25, 26, 27, 30, 31, 32, 33, 44, 47, 45, 49, 140, 141, 142, 153, 166, 288, 289, 292, 293, 297, 301, 539, 541, 552
龟兹石窟　5, 7, 20, 44, 45, 142, 552
曲阜桥　432
曲阳　244

R

仁王寺　416, 428, 431
茌平县　316
日本（东瀛） 1, 29, 95, 96, 179, 208, 242, 266, 293, 306, 311, 314, 329, 338, 362, 366, 398, 399, 400, 403, 422, 570
绒域色都　403
荣水郡（朝鲜） 7, 208
柔然（大茹茹、芮芮、蠕蠕） 68, 92, 133, 141, 152, 160, 168, 297, 298, 299, 300, 301, 302, 349, 352, 353
月支　33, 292, 413
濡源　133
汝南　207, 470
瑞典　290
若羌　48, 50
弱水　287
Rotkuppel Höhle A（克孜尔·红穹顶窟 A） 7

S

撒马尔罕　290, 354
萨迦北寺　5, 393
萨迦寺　406, 420, 421, 427
三城　131, 298
三道壕　261, 267
三都　238
三家店　326
三圣殿　213
三十里铺村　206
三危大庙　302
三危山（三危峰） 38, 248, 269, 334
三原（三原县） 31, 246, 325, 326
桑干　134
桑耶大伽蓝　406
森木赛姆石窟（克内什佛洞） 27
沙河　196, 297
沙勒（疏勒、竭叉） 31, 32, 126, 139, 140, 141, 287, 289, 354, 355
沙州　253, 255, 264, 270, 283, 293, 296, 317, 337, 389, 390, 403
莎车　32
山丹　393
山东　52, 67, 131, 132, 134, 178, 189, 236, 261, 273, 330, 404, 548
山南　5, 7, 29, 73, 88, 131, 189, 286, 411
山西（山西省、晋） 1, 27, 28, 32, 51, 56, 75, 79, 96, 102, 127, 132, 136, 166, 178, 201, 209, 211, 232, 250, 273, 302, 344, 347, 354, 398, 402, 417, 418, 462, 465, 470
山西省考古研究所　470
山西省文物工作委员会　32
山阴　227, 456, 460
陕北　350, 385, 388
陕西（陕西区、陕） 3, 31, 60, 126, 163, 164, 178, 244, 266, 350, 366, 385, 388, 398, 399, 433, 467
陕西省博物馆　126, 244, 399
陕西省图书馆　433
陕西省文物管理委员会　31, 398
陕州　164
剡山　217
剡溪　4, 212, 217, 218, 221, 234, 237, 238, 247
剡溪大佛（石城大佛） 4, 222, 234, 237, 247
剡县　174, 212, 218, 220, 228, 239, 240, 241
善法堂　313
善福寺（日本） 422
善兴大寺　401
鄯善　49, 50, 140, 165, 288, 289, 294, 295, 297, 300
鄯善镇（鄯州、西平郡） 140, 165
商洛山　47
商务印书馆　324
商州　322
上党　179, 320
上都　79, 153, 266, 271, 359, 400, 428, 431, 440
上海　237, 247, 323, 422, 433
上海大学历史系　237
上海市博物馆　247
上海图书馆　323

上定林寺 460
上明寺 226, 229
尚书谷 436, 459
少林寺 183, 399, 438, 459, 460, 461
邵郡 317
邵州 317, 318, 325
舍弥 354
舍卫 141, 166
社兰达那罗 354
摄山寺 216
盛京 411, 430
盛乐 52, 132
盛乐宫 132
圣寿寺 372
圣塔院 388, 402
圣兴寺 366
师子国 139
湿水 169
石城（石城山） 179, 212, 217, 218, 219, 220, 221, 222, 223, 224, 227, 228, 229, 232, 233, 234, 236, 237, 238, 239, 240, 241, 246, 247, 457, 564
石城千佛院 223, 238, 564
石城寺 212, 217, 220, 239, 240, 241, 457
石佛古寺（云冈） 56, 57, 77, 78, 104, 561
石佛寺堡 180
石佛山 412
石浮屠 28
石泓寺石窟（石泓寺） 3, 4
石家寨村 462
石家庄市 271
石那 126
石钟山石窟 5
石州 175
石篆山 4
石咀山市 402
实胜寺（莲华净土实胜寺） 411, 430
始丰 218, 219, 220, 221, 294, 444, 459
释迦太子之殿 401
寿春 150, 231
寿宁 415
疏勒河 287
输若干蓝 25
蜀道 54, 69
蜀郡 225, 226
双林院 372
水泉石窟 183, 189, 196, 197, 210, 510, 547, 548, 557, 564
水浴寺石窟（小响堂石窟） 460, 465
朔方 132, 300
朔县 302
朔州 59, 63, 68, 70, 71, 160, 168, 169, 170, 173, 175, 178, 179
司马金龙墓 111, 112, 113, 127, 166, 562
司州 58, 157, 169
思诚坊 125
思厌于师 126
思燕佛图 123, 149
思远佛寺 110, 127
斯罗 354
丝绸之路考察队 286
四川（蜀） 1, 4, 5, 118, 178, 205, 208, 223, 228, 237, 239, 240, 243, 266, 367, 372, 373, 375, 385, 400, 401, 405, 423, 463, 464
四川省博物馆（四川民众教育馆） 118, 243
四川省社会科学院 400
四圣观 407
四天王寺 356
寺沟石窟（北石窟寺） 3, 459
泗水 226
肆州 168
松江府 390, 422, 423
嵩山 436
嵩县 183, 189, 199
苏巴什 29
苏巴什克城（雀梨大寺）佛洞 29
苏州 237, 320, 420
宿水寺（朝鲜） 7, 208
粟特 140, 141, 153, 166, 290, 352, 354
肃南（肃南裕固族自治县） 3, 39, 40, 41, 43, 44, 272
肃州 322, 401

T

塔里木盆地 2, 7, 28, 29, 32, 44
踏实河 459
台北 125, 127, 355, 358

台北故宫博物院编辑委员会 127
台湾 324, 469
台岳 457
太行 132, 158
太和庙 94
太华殿 148
太极殿 61, 151
太庙 94, 127, 148, 151, 152, 299
太平县 169
太平巷 433
太一山 178
太原 1, 3, 4, 55, 75, 135, 169, 175, 178, 179, 201, 207, 208, 209, 235, 237, 246, 465, 470
太祖原殿 74
泰宁寺 407
泰平 132
檀溪 47, 229
檀溪寺 229
唐述窟 42
唐述山（堂术山、小积石山） 41, 42, 273
唐虞 336
特特尔佛洞（台台尔石窟） 29
特那杖提莎钵离阿失勒摩致钵 355
天长观 428
天成县 55
天德军 74, 177, 180
天宫内苑 416
天宫寺（云冈） 53, 65, 83, 114, 139, 372
天宫寺讲堂 372
天津 51, 311
天乐山 217
天理图书馆（日本） 403
天龙山石窟 1, 3, 201, 208, 209, 210, 246, 457
天宁寺 247
天山 7, 28, 29, 30, 286
天水 3, 178, 201, 208, 209, 273, 274, 311, 459, 467
天台山 246, 457
天台山大石像 246, 457
天梯山石窟（天梯山大佛寺） 3, 46, 48, 272, 284, 353, 459
天衣寺 407
天竺 33, 34, 48, 54, 66, 149, 165, 166, 226, 230, 241, 292, 354, 355, 388, 415, 429, 437, 438, 454, 459, 460, 469
铁围山 241
庭州 336
通示寺（通乐寺） 52, 63, 66, 172, 176
同升寺 56, 102
童子寺 56, 102
潼州 285, 315, 316
统万城 133
投身饿虎处 446
突甘斯旦麻 415
徒河 131, 133
图白忒（土伯特、唐古特、汤古忒） 411, 430
图书院 400
土山 179
吐蕃（土蕃、土番、西天） 5, 28, 166, 253, 254, 256, 262, 270, 283, 362, 363, 366, 371, 389, 390, 397, 401, 403, 406, 409, 415, 417, 418, 419, 420, 421, 422, 423, 427, 429, 430, 434
吐谷浑 35
吐鲁番（吐鲁番县） 1, 2, 29, 31, 36, 37, 38, 41, 48, 244, 266, 284, 288, 293, 322, 337, 344
吐峪沟石窟 2
湍河 463
托和拉旦达坂 28
托克托古城 111, 127
脱库孜萨 45
陀历国 226
陀罗尼普集会坛 357
陁跋吐罗 355
陁拔罗 354
驼山石窟 3
拓国 53, 59, 107, 108
Teufelshöhle mit Annexen B（克孜尔·妖魔窟 B） 16
Teufelshöhle mit Annexen C（克孜尔·妖魔窟 C） 16

W

瓦官寺（瓦棺寺） 225, 227, 229, 468
瓦剌部 102
万安寺 409, 410, 430, 433

万安山 196
万佛洞石窟 3
万佛山石窟 198, 211, 564
万佛寺（成都） 3, 118, 128, 205, 208, 211, 226, 237, 241, 242, 243, 247, 296, 366, 367, 372, 375, 463, 464, 469
万佛寺石窟 3
万佛堂石窟 3, 163, 353
万年 372
万平 138
万松岭 417, 418
万寿殿 434
万寿尊胜塔寺 408
王家沟石窟（南石窟寺） 160, 186, 209, 459
王舍城（印度） 1, 7, 32, 67, 142, 166, 241, 265, 266, 313, 352, 355, 357, 359, 372, 405
王屋山 459
王新僧伽蓝 25
望都 131
望江亭 418
威远郡 169
畏吾族 413, 431
渭干河 28
渭水 273
蔚州 175
卫州 247
温宿王蓝 25
温州 320
文化部社会文化事业管理局 209
文青文库（日本） 242
文石室 110
文殊阁 366
文殊舍利塔寺 390, 403
文殊山石窟 3, 459
文物出版社 432, 639
瓮山 416
卧龙寺 433
渥洼水 335
乌苌 354, 355
乌稽 354
乌垒城 288
乌里雅苏台 28
乌龙庙（乌龙社庙） 417, 418, 419
乌鲁木齐（乌噜木齐） 28
乌斯藏（乌思藏） 388, 389, 390, 430
乌孙 140, 286
乌兹别克斯坦 354
吴官屯 64
吴会 234, 246
吴家屯 128
吴郡 218, 220
吴山 409, 410, 411, 412, 413, 416, 417, 418, 430
吴县 267
吴兴 178, 224
无量寿国 225, 226, 242
五级大寺 79, 80, 139
五台（五台山） 125, 176, 178, 255, 362, 365, 372, 375, 388, 399, 401, 411, 415, 416, 552, 553
五天竺 429
五原 133, 135
武担寺 460
武梁祠 266
武山 178
武威 3, 33, 35, 36, 41, 47, 127, 272, 293, 295, 344, 360, 459, 561
武州川 64, 75, 79, 81, 106, 136, 171
武州塞 59, 64, 79, 94, 136, 171, 177
武州山（武周山） 51, 52, 53, 59, 63, 70, 75, 82, 94, 95, 96, 109, 116, 120, 127, 136, 164, 165, 169, 171, 172, 176, 177, 178, 180, 209, 232, 233, 234, 285, 302, 344, 350, 436, 561, 562
武周城 170
婺州 124

X

西安 126, 357, 360, 366, 399, 400, 433
西北科学考察团 1
西北文化局新疆文物调查组 8, 29
西川 214, 367, 375, 401
西蕃（西番） 28, 408, 409, 415, 416, 417, 422, 423, 428, 429, 431
西方 29, 45, 90, 94, 95, 123, 142, 147, 149, 152, 153, 164, 165, 224, 225, 226, 227, 228, 245, 271, 288, 298, 301, 344, 352, 365, 371, 382, 411, 422, 423, 449, 451, 454, 457, 545, 551

西海 450, 456
西河 134, 322
西湖 4, 396, 408, 409, 412, 413, 417, 419, 428, 429, 430, 432, 434
西江 76
西京（金西京） 51, 52, 55, 56, 74, 75, 76, 78, 82, 94, 95, 96, 100, 101, 103, 136, 164, 165, 168, 171, 175, 178, 179, 180, 285, 350, 374, 402, 561, 562
西京（唐西京） 329, 362
西京路 74
西凉州 134, 454
西明寺 171, 173, 178, 362, 366
西宁 179, 396, 553
西千佛洞 459
西山 87, 94, 97, 122, 125, 139, 178, 234, 235, 240, 247, 358, 438, 457
西山大佛 240, 247
西善桥 128, 211, 463
西蜀 372
西天寺（西天元兴寺、元兴寺） 417, 418, 419, 420
西天竺 166, 415
西湾 90
西沃石窟 167, 183, 189, 198, 210
西亚 7, 83, 153
西兖州 316, 317, 318, 325
西域 25, 26, 27, 28, 29, 30, 31, 32, 44, 45, 47, 48, 49, 50, 55, 66, 95, 139, 140, 141, 142, 149, 152, 153, 165, 166, 226, 231, 232, 233, 239, 243, 270, 276, 278, 279, 283, 286, 287, 288, 289, 290, 293, 294, 295, 297, 298, 300, 301, 303, 305, 324, 330, 331, 332, 333, 337, 338, 343, 349, 353, 355, 397, 400, 406, 428, 434, 450, 459, 472, 539, 541
西苑 46
西藏（西藏地区） 2, 5, 6, 7, 356, 399, 402, 404, 405, 406, 429, 430, 431, 432, 433, 434, 566
西藏自治区文物管理委员会（西藏文管会） 399, 406
西藏自治区文物管理委员会 404, 431
文物普查队（西藏文管会文物普查队） 399, 404
西州 255, 316
隰州 170
喜见城 313
徙河 131, 133
葰王国 126
下邳 299, 352
夏尔拉康 5
夏口 168
仙林寺（小仙林寺） 408, 409, 418
仙山 226
仙塘湾 128
仙岩寺 248, 250, 269, 283
鲜卑 130, 277, 284
咸阳 129, 149, 266
闲豫宫 47
显圣寺印经院 385
香港 352
香积寺 242, 296, 399, 454
襄城 70, 170, 178, 193, 415
襄樊（襄樊市） 205, 211, 463, 469
襄樊市文物管理处 211, 469
襄阳（襄） 33, 47, 211, 229, 321, 469
襄阳郡 321
响堂山石窟（鼓山石窟） 1, 3, 201, 209, 210, 455, 457, 460, 465
相国寺 372, 385, 399, 400, 549
相州 128, 148, 457
项城 209
逍遥园 458
萧县 321
洨水 284
小方盘城 287
小索城 209
小石寺村 138, 543
小站村 352, 355
孝敬寺 226, 242
孝文石窟 71, 173
效谷 335, 337
谢寺 225
谢庄 182, 183, 189, 199, 210
谢庄石窟 183, 189, 199, 210
辛寺 225, 241, 242
忻州 175
欣平 225
新安 161, 167, 183, 189, 198, 201, 210
新昌（新昌县） 4, 179, 212, 217,

221, 222, 223, 238, 239, 240, 564
新昌县（文物）保管所 217
新疆（新疆地区） 1, 2, 5, 7, 8, 17, 22, 26, 27, 28, 29, 30, 31, 32, 33, 34, 40, 41, 44, 46, 48, 130, 138, 142, 162, 232, 244, 265, 266, 284, 286, 288, 289, 290, 293, 300, 303, 332, 343, 355, 405, 559
新疆石窟 1, 2, 8, 22, 30, 343
新疆石窟调查组 8, 30
新疆维吾尔自治区博物馆 31, 303
新疆维吾尔自治区文管会 8
新疆维吾尔自治区文化局 8
新州 320
信都 149
信义坊 399
信州 209
兴光寺 151
兴和路寺 410, 430
兴庆 388, 389
兴善院 366
兴圣宫 430
兴王寺 374
兴元寺（兴元教寺） 408, 419
荥阳（荥阳郡） 193, 209, 210, 362, 399
匈奴 286, 287, 289
修定寺（合水寺） 457
须弥山 3, 61, 62, 68, 83, 138, 143, 144, 201, 313, 406, 451, 467, 514, 544, 549, 550, 551, 557, 561
须弥山石窟 3, 406
须弥山石窟·相国寺（第 51 窟） 514, 549, 557
须弥山石窟·圆光寺 549
徐州 128, 150, 151, 213, 239, 352
宣旺确康 393
宣光殿 184
宣政院 390, 410, 418
玄法寺 362
玄元观 470
悬空寺 52, 54, 67
学庄村 463
浔阳 256, 553
浚县 178, 236, 237, 247, 564
浚州 247

Y

雅尔干河 28
焉耆（焉耆国、焉耆县） 2, 29, 32, 48, 49, 140, 288, 289, 293, 297, 300, 301
焉耆镇 140
焉耆回族自治县 2
燕京 67, 97, 245, 401
燕园 458
燕台 375
延安 3, 354
延春阁 413, 430
延和殿（后殿） 408, 409, 418
延华阁 410, 430
阎浮 333
盐池 336, 342
兖州 163, 233, 285, 316, 317, 318, 325
偃师 183, 189, 196, 210
偃师县文管会 210
演空寺 457, 461
厌味 354
雁北 64, 66, 78, 95, 125
雁北文物勘查团 64, 66, 95, 125
雁门 175, 179
阳和 78
阳化寺 327, 329
阳开渠 293
阳述山 35
扬都 243
扬州 62, 209, 229
尧山 131
瑶光佛寺 149
药王山 3, 5, 399, 404, 406
药王山石窟 3
耀县 3
邺城（邺都） 33, 127, 271, 294, 461, 548
嚈哒 355
一瓶塔（白塔） 408, 409
伊犁 28, 283, 323, 330, 337
伊阙（伊阙山） 64, 95, 128, 158, 159, 160, 185, 206, 209
伊水 181, 199, 436
伊吾 289, 295, 297, 298, 299, 301
伊西庭 360
依怙殿 417
沂南 266
宜禾 287

宜阳 62, 183, 189, 199
易州 388, 402
益都 3
益州 316, 322, 366, 367, 372, 375
义马市 183, 193
义台坞 131
义县 3, 73, 163, 346, 353
义州 388
艺风堂 97, 100, 323, 331, 337
殷 62, 135
阴安渠 293
阴馆县 163
阴山 120, 133
银川 389, 403, 431
隐岳寺 219
印度 1, 7, 32, 67, 142, 166, 241, 265, 266, 352, 355, 357, 359, 372, 405
英国 1, 255, 287, 290
营盘坡 373
影印宋版藏经会 422, 433
颖川 171
应觉寺 461
应天寺 366
应州（应县） 388, 402
雍和坊 402
雍州 47, 216, 226, 319, 326
永昌军 374
永昌路 423
永福 407, 434
永固陵（永固石室） 109, 110, 120, 126, 211
永贵里 458
永靖 3, 165, 179, 230, 244, 273, 344, 353, 354, 459
永宁 55, 88, 122, 139, 150, 159, 181, 202, 203, 204, 205, 207, 211, 322, 333, 465, 470, 564
永宁寺 88, 122, 139, 150, 159, 181, 202, 203, 204, 205, 207, 211, 465, 470, 564
永宁寺塔 202, 203, 204, 205, 211, 465, 470, 564
永兴郡 334, 336
永阳坊 328, 329
永州 374
幽峰院 55
幽州 74, 168, 179, 374
于阗（瞿萨旦那） 32, 44, 45, 49, 50, 140, 141, 152, 272, 289, 294, 296, 298, 301, 352, 354, 355, 360, 382, 399, 401
于谨墓 326
虞州 320
榆林窟 3, 4, 178, 382, 383, 385, 386, 388, 389, 390, 401, 403, 459, 538, 553, 554, 558, 566
榆林窟·秘密堂（第 19 窟） 4, 389, 403, 554
榆中 454
余杭 456
禹山 218
玉德殿 431
玉门 3, 287, 289, 290, 292, 293
玉门关 287, 289, 290
玉树自治州 431
尉迟部 132
豫章 97, 125, 214, 215, 229
豫州 152, 234, 285, 315, 316
鸳鸯泊 74
元花寺 217
元谧墓 353
元氏县 284
袁纥部 131
袁州 470
圆亭 430
悦般 140
越州 217, 399, 471
越勤倍泥部落 132
云冈堡 75, 77, 103, 180
云冈调查班（日本） 1
云冈古迹保养所（山西云冈文物保管所、云冈石窟文物保管所） 32, 64, 72, 76, 95, 166
云冈石窟（云冈石窟寺、云冈、北台石窟、佛窑山、恒安石窟、灵岩寺石窟、平城石窟、通乐石窟、武州山石窟、武州山石窟寺、西京大石窟寺、云州石窟寺） 1, 3, 32, 51, 52, 53, 55, 56, 58, 59, 60, 61, 63, 64, 65, 66, 67, 68, 71, 72, 73, 79, 80, 81, 95, 96, 100, 101, 102, 103, 104, 105, 107, 108, 109, 111, 112, 113, 116, 120, 121, 124, 125, 126, 128, 130, 136, 137, 142, 145, 146, 155, 159, 160, 161, 162, 163, 164, 165, 166, 167, 168, 171, 172,

173, 175, 176, 177, 178, 179, 180, 206, 209, 233, 245, 273, 277, 285, 302, 344, 348, 353, 354, 398, 436, 438, 439, 440, 459, 462, 545, 562, 639
云冈石窟·寒泉洞（第 2 窟） 69
云冈石窟·寄骨洞 70
云冈石窟·昙曜五窟（第 16～20 窟） 5, 27, 61, 63, 64, 72, 76, 79, 82, 83, 109, 116, 117, 120, 121, 122, 124, 137, 142, 155, 232, 233, 264, 268, 284, 302, 344, 353, 462, 543
云冈石窟·五花洞（第 9～13 窟） 349
云冈石窟·西方塔洞（第 39 窟） 14, 66, 68, 69, 70, 75, 106, 406, 545, 559, 561
云门山石窟 3
云门山寺 459
云门寺 438, 456, 457, 459
云南 1
云内县 71, 169, 178
云慎（镇） 78
云中府 74, 177, 180
云中郡 56, 67, 70, 75, 78, 178
云中县 175, 179
云州 58, 70, 125, 168, 170, 175, 176, 177, 178, 179
郧阳 469

Z

藏族地区 422, 423, 427
查央宗山 5
扎囊 5
扎布汗省 28
札拉鲁浦石窟（查拉路甫石窟、查拉衮布寺） 5, 399, 404, 405, 406, 566
札什伦布寺 422, 433
斋堂村 97, 125
翟宗盈墓 291
张掖 35, 39, 272, 289, 290, 293, 295, 320, 334, 336, 459
张义堡 35, 272
张芝墨池 337
漳河 461
招提寺 234
招隐寺 122, 436
赵郡 135, 138, 461
照明里 299
遮拘槃国（遮拘迦、斫句迦） 45, 50
者舍（石国） 141
浙（浙江） 124, 179, 212, 217, 218, 239, 241, 256, 373, 418, 419, 422, 423, 427, 432, 433, 471
浙东 418, 471
浙西道 423
真定路 416, 431
震旦 333
镇城 78, 151, 211
镇国寺 52, 56, 101, 102
镇南塔 409
镇州 284, 373
正定 400, 431
正觉寺 460
正蓝旗 28
正阳门 429
郑 193
郑州市博物馆 399
郑州铁路局招待所 209
祇洹舍 60, 64, 81, 136, 151
祇洹寺 225, 296, 460
直北 423
止贡寺 389
枳园寺 242, 454
轵关 317
至德观 432
志丹 3
致隶蓝 25
铚县 468
中国（中华人民共和国） 1, 2, 3, 5, 6, 7, 8, 28, 30, 31, 34, 46, 49, 71, 82, 95, 116, 124, 125, 127, 130, 134, 135, 138, 140, 162, 163, 164, 165, 167, 177, 178, 181, 202, 206, 207, 208, 170, 208, 209, 210, 237, 244, 260, 261, 274, 277, 278, 284, 324, 325, 337, 352, 353, 354, 374, 398, 400, 401, 403, 406, 415, 416, 427, 433, 434, 469, 470, 639
中国佛教协会 8
中国考古学会 237
中国科学院考古研究所 31, 324
中国科学院考古研究所实验室 31
中国社会科学院考古研究所 181,

202, 470
洛阳工作站（队） 1, 29, 30, 48, 95, 127, 166, 180, 181, 202, 209, 211, 284, 286, 287, 354, 372, 390, 399, 404, 469, 470
中国石窟　1, 3, 7, 28, 30, 46, 49, 116, 163, 164, 165, 167, 177, 181, 207, 208, 209, 206, 210, 244, 325, 352, 353, 354, 398, 400, 403, 406, 639
中华民国　422
中华书局　163, 165, 166, 240, 245
中街　47, 48
中京　177
中山　59, 124, 131, 139, 153, 164, 211, 266
中寺（广陵） 25, 157, 163, 242, 403
中台　71, 173, 178
中天竺　34, 388
中土　55, 237, 296, 329, 359, 400, 433
中亚（中央亚细亚） 7, 26, 83, 138, 142, 249, 265, 283, 286, 290, 352, 355, 405, 551
中印度　241
中原（中原地区） 2, 3, 4, 5, 10, 20, 33, 44, 58, 93, 94, 100, 124, 130, 135, 161, 162, 205, 211, 212, 216, 228, 229, 231, 232, 236, 237, 241, 247, 258, 271, 272, 275, 276, 290, 302, 343, 344, 346, 349, 350, 362, 366, 374, 385, 388, 394, 396, 401, 405, 427, 462, 465, 466, 467, 541, 542, 553
中原北方（中原北方地区、北方、北中国） 2, 3, 4, 5, 32, 48, 82, 92, 93, 94, 123, 124, 130, 134, 135, 138, 157, 160, 162, 164, 207, 212, 230, 231, 232, 234, 236, 237, 240, 241, 244, 245, 264, 274, 277, 284, 286, 325, 343, 344, 346, 349, 350, 371, 372, 374, 388, 415, 427, 449, 451, 459, 462, 542
中原北方石窟　2, 3, 343, 346
中夏　226, 228, 469
中州　135, 293, 295, 398
终南山　178
众安桥　424
朱居槃　354, 355
朱沴洛　354
朱雀街　327
注滨河　288
转经堂　405, 406
庄严寺　243, 245, 328, 329
涿　428
涿州（巨州） 409, 415, 417, 428, 429
资圣寺　359
资延寺　373
资中　367, 373, 374, 400
资中・北岩（重龙山） 367
资中・西岩　367, 373, 374
资中・月仙洞　374
紫金山　450
紫岩山　234, 246
尊经阁文库（日本） 1, 29, 95, 96, 179, 208, 242, 266, 293, 306, 311, 314, 329, 338, 362, 366, 398, 399, 400, 403, 422, 570
尊胜寺　408, 409, 418, 429
尊胜塔（白塔） 150, 374, 408, 409, 414, 418, 429
尊胜巷　429
左云县　69, 77, 102, 103

三、书名索引

A

《阿含口解（十二因缘）经》 244
《阿弥陀佛赞序》 224
《阿弥陀佛偈》 225
《阿弥陀经》 224, 243
《阿维越遮致经记》 304
《哀江南赋》 469
《安和上传》 246
Along the Ancient Silk Routes
AltBuddhistische KuItstätten in Chinesische Turkistan
Ancient Khotan 49
Archäologische Fundeaus Khotan Chinesische-Ostturkestan 49

B

《八琼室金石补正》 207, 208, 247
《八十年代的敦煌石窟研究》 352
《跋敦煌秘籍留真》 310
《宝成寺住持成实重修石碣》 412
《宝雨经》 334
《北朝胡姓考》 126
《北朝造像诸碑总论》 460
《北京大学图书馆藏善本丛书》 125
《北京大学学报·人文科学》 96
《北凉石塔》 48, 244, 304, 353
《北齐后主幸晋阳图》 470
《北齐书·杜弼传》 211
《北齐书·封隆之传》 167
《北齐书·库狄干传》 166
《北齐书·莫多娄贷文传》 166
《北齐书·外戚·娄睿传》 470
《北齐书·文襄纪》 211
《北齐书·文宣纪》 166, 168, 457
《北齐畋游像》 470
《北清建筑调查报告》 164, 165
《北史》 52, 58, 59, 100, 101, 177, 180, 234, 245, 276, 285, 306, 308, 315, 316, 470
《北史·段永传》 318
《北史·高祖纪》 180
《北史·后妃传》 149
《北史·后妃·宣武灵皇后胡氏传》 186
《北史·郦苑传附子道元传》 164
《北史·令狐整传》 268
《北史·刘休宾传》 245
《北史·娄昭传附兄子睿传》 470
《北史·卢同传附兄子辩传》 209
《北史·明元六王传》 319
《北史·齐本纪》 234
《北史·齐宗室诸王·任城王湝传》 166
《北史·蠕蠕传》 160, 168, 299, 300
《北史·申徽传》 268
《北史·外戚·高肇传》 206
《北史·外戚·皇甫集传》 186
《北史·外戚·冯熙传》 149
《北史·魏本纪》 134, 180
《北史·魏景穆十二王传·京兆王子推传附子暹传》 95
《北史·魏诸宗室·太武五王·广阳王建传附孙深传》 164
《北史·西域传》 140, 141, 152, 165, 297, 298, 300
《北史·西域·高昌传》 353
《北史·显祖纪》 180
《北史·孝文六王·废太子恂传》 157
《北史·艺术传》 151
《北史·艺术·蒋少游传》 273
《北史·于栗磾传》 276, 285
《北史·元文遥传》 317
《北史·郑羲传》 209
《北史·郑羲传附伟传》 193
《北史·周本纪》 268
《北魏封和突墓出土萨珊银盘考》 355
《北魏后期的三壁三龛式窟》 167
《北魏の鄘県様式石彫》 244
《北魏石窟与禅》 48, 244
《北魏石窟中的“三佛”》 94, 164
《北魏太和金銅仏の諸問題》 244
《北魏永宁寺塔基发掘简报》 211, 470
《北魏正光様式の金銅仏》 244
《本世纪初德人对克孜尔石窟的考察与研究》 30
《比丘大戒二百六十事》 47
《比丘法生为孝文帝并北海王母子造

像铭》 158
《比丘尼大戒》 25
《比丘尼戒本所出本末序》 25, 27, 31, 141
《比丘尼传》 25, 216, 225, 227, 242
《比丘尼传·建福寺智胜尼传》 216
《笔谈太原北齐娄睿墓》 470
《辩意经》 271
《辩意长者经》 271
《辩正论》 122, 125, 128, 154, 171
《辩正论·信毁交报篇》 171
《炳灵寺石窟》 48, 49
《般若波罗密神咒经》 357
《般若三昧经》 271
《伯希和劫经录》 255, 256, 278, 285, 310, 332
《博古要览》 247
《驳宿白氏的云冈石窟分期论》(《宿白氏の雲岡石窟分期論を駁す》) 96
《不动使者陀罗尼秘密法》 96, 359
《不空羂索神变真言经》 357
《不空羂索咒心经》 357
《不退转法轮经》 292
《バーミヤーン研究史》 32
《バーミヤーンの石窟》 32
Bulletin of the School of Oriental Studies 256, 308

C

《参观敦煌莫高窟第 285 号窟札记》 285, 354
《参天台五台山记》 401
《曹元忠夫妇重修北大像楼阁记》 252, 255
《草书状》 291
《草堂雅集》 97
《册府元龟》 166, 179
《册府元龟·外臣部·朝贡》 166, 354
《禅法要解》 455, 458
《禅经》 88, 92
《禅秘要法经》 95, 437, 450, 454, 458, 460
《禅要》 272
《长安志》(《河南·长安志》) 327, 328, 329
《常晓和尚请来目录》 399
《常州画像砖墓的年代与画像砖的艺术》 470
《常州南郊戚家村画像砖墓》 211
《陈宁其人及回鹘文八阳经版刻地》 434
《陈书》 239
《陈书·江总传》 239
《陈垣学术论文集》 245, 337
《称扬诸佛功德经》 233
《成都万佛寺石刻艺术》 128, 208, 211, 226, 241, 243, 247
《成实论》 150, 465
《重答刘秣陵沼书》 233, 246
《重镌云居寺碑记》 401
《重修宝顶山圣寿院记》 372, 400
《重修薄伽教藏记》 74
《重修蒙山开化寺庄严阁记》 235
《重修清平山西天元兴寺碑》 418
《重修云冈堡碑》(《重修云冈堡记》) 77, 180
《崇法师窟铭》 254
《出塞》 245
《出三藏记集》(《祐录》) 24, 25, 31, 46, 47, 48, 49, 50, 66, 141, 149, 215, 225, 227, 229, 230, 233, 241, 242, 243, 244, 245, 292, 304, 314, 397, 458
《出三藏记集·宝云法师传》 47, 49
《出三藏记集·佛念法师传》 47, 49
《出三藏记集·佛陀耶舍传》 47, 49
《出三藏记集·鸠摩罗什传》 31, 229
《出三藏记集·沮渠安阳侯传》 47, 48, 49
《出三藏记集·尸梨蜜传》 397
《出三藏记集·昙无谶传》 48, 49
《出三藏记集·昙摩难提传》 47
《出三藏记集·新集安公凉土异经录》 46
《出三藏记集·新集安公失译经录》 243
《出三藏记集·新集经论录》 47, 48, 241, 243
《出三藏记集·新集续撰失译杂经录》 225, 227
《出三藏记集·新集疑经伪撰杂录》 227
《出三藏记集·智猛法师传》 48, 49

《出三藏记集·竺法护传》 46
《除度毒陀罗尼咒》 398
《楚辞·九辩》 266
《楚辞·离骚》 266
《楚辞·天问》 266
《传教大师将来台州录》 399
《传教大师将来越州录》 399
《创建静安寺碑铭》 402
《辍耕录·受佛戒》 410
《慈觉大师在唐送进录》 399
《辞赐地奏》 285
《次韵圭斋先生寄赠松云隐君》 125
《从敦煌的五台山绘画和文献看五代宋初中原与河西、于阗间的文化交往》 401
《从一切道经谈到武则天》 398
Chotscho 48, 244, 284

D

《答宋文帝赞扬佛教事》 33
《达拉特旗塔村古城》 402
《达摩多罗禅经》 456, 460
《大比丘尼羯磨经》 325
《大般涅槃经》 48, 256, 309, 312, 460
《大般涅槃经·师子吼菩萨品》 460
《大般若波罗蜜多经》 424, 427
《大乘大集地藏十轮经》 399
《大乘理趣六波罗蜜多经》 433
《大乘密严经》 357
《大代华岳庙碑》 62
《大代宕昌公晖福寺碑》 60, 108, 126, 128, 154
《大方等陀罗尼经》 398
《大方广菩萨十地经》 233
《大公报》 269
《大公报在港复刊三十周年纪念文集》 282, 315
《大黑天法》 429
《大护国仁王寺恒产之碑》 431
《大金色孔雀王经》 397
《大金西京武州山重修大石窟寺碑》(《金碑》) 51, 82, 83, 85, 86, 88, 93, 96, 97, 99, 100, 101, 102, 103, 105, 106, 107, 108, 109, 114, 121, 123, 125, 126, 136, 147, 154, 157, 160, 164, 165, 171, 350, 561, 562
《〈大金西京武州山重修大石窟寺碑〉的发现与研究》 165
《〈大金西京武州山重修大石窟寺碑〉校注》 94, 95, 96, 164, 165, 178, 180, 285
《大孔雀王神咒》 397
《大涅槃》 45
《大伾山天宁寺》 247
《大伾山天宁寺重修三殿碑记》 247
《大毗卢遮那成佛神变加持经》(《大毗卢遮那经》《大日经》) 359
《大清太宗皇帝实录》 410, 430
《大日本佛教全书》 400
《大日经传法次第记》 400
《大圣慈寿画记》 372
《大唐创业起居注》 169
《大唐内典录》 48, 52, 53, 59, 63, 66, 70, 86, 108, 164, 172, 178, 398
《大唐内典录·后魏元氏翻传佛经录》(《元氏录》) 53, 63
《大唐三藏圣教序》 424
《大唐神都青龙寺故三朝国师灌顶阿阇梨惠果和尚之碑》 400
《大唐西域记》 27, 32, 95
《大唐贞元续开元释教录》 362
《大同方山北魏永固陵》 126
《(嘉靖)大同府志》 56
《(乾隆)大同府志》 56
《(正德)大同府志》 56
《大同古建筑调查报告》 401
《大同石佛艺术论》(日文) 353
《大同市小站村花圪塔台北魏墓清理简报》 355
《大同云冈石窟寺记》 126
《大同雲岡の石窟》 126
《大魏神龟三年三月廿七日比丘尼慈香、慧政造窟一区记》 207
《大夏国葬舍利碣铭》 388
《大元敕赐龙兴寺大觉普慈广照无上帝师碑》(《赵碑》) 416
《大元帝师八思巴在玉树的活动》 431
《大元至元辩伪录随函序》 407
《大云经》 306, 309, 334
《大藏圣教法宝标目》 422
《大正新修大藏经》(《大正藏》) 314, 399
《大正新修大藏经·目录部》 399
《大智第廿六卷释论》 310, 323

《大智度论》 308, 310, 311
《大宗地玄文本论》 422, 433
《大总持神咒经》 397
《大足宝顶山石刻浅论·柳本尊与宝顶佛教宗派》 400
《大足北山佛湾石窟的分期》 400
《大足石刻内容总录》 400
《大足石刻研究》 400
《道德经》 407
《道凭法师造碑记》 461
《邓县彩色画像砖墓》 211, 469
《地名知识》 247
《调查炳灵寺石窟的新收获》 284
《调查新疆佛教遗迹应予注意的几个问题》 32
《定州开元寺僧归文牒》 401
《东方石窟群の特徵》 179
《东方学》（日本） 96
《东方学报》（日本） 58, 125
《东方杂志》 59, 164, 239, 324
《东千佛洞调查简记》 401
《东洋文化史大系·宋元时代》（日文） 402
《东阳金华山栖志》 246
《东阳王与建平公（二稿）》 323
《独乐寺观音阁与蓟州玉田韩家》 400
《断十二因缘经》 244
《对〈延安地区的石窟寺〉一文的订正》 354
《敦煌大事记》 252
《敦煌佛教艺术的系统》 324
《敦煌古钞内典尾记汇校初编》 324
《敦煌画研究·图像篇》 266
《敦煌窟龛名数考》 209, 255
《敦煌两千年》 286
《敦煌录》 250, 291
《敦煌马圈湾汉代烽燧遗址发掘报告》 303
《敦煌秘籍留真》 322
《敦煌莫高窟安西榆林窟西夏洞窟分期》 403
《敦煌莫高窟碑文录及有关问题》 338
《敦煌莫高窟北朝洞窟的分期》 325, 352
《敦煌莫高窟第 220 窟新发现的复壁壁画》 209
《敦煌莫高窟和安西榆林窟中的西夏壁画》 401
《敦煌莫高窟密教遗迹札记》 430
《敦煌莫高窟内容总录》 356, 399
《敦煌莫高窟现存佛洞概况之调查》 254
《敦煌莫高窟早期洞窟杂考》 167, 256, 304, 324, 325, 326
《敦煌莫高窟早期洞窟杂考·从新发现的绣佛估计现存最早洞窟的年代》 167
《敦煌莫高窟早期洞窟杂考·东阳王建平公时代的莫高窟》 325
《敦煌莫高窟早期洞窟杂考·东阳王建平公所开大窟的估计》 256
《敦煌千佛洞の營造に就きこ》 324
《敦煌千佛洞新发现的洞窟内容调查》 255
《敦煌石窟勘察报告》 352
《敦煌石室画像题识》 254
《敦煌太守裴岑纪功碑》 289
《敦煌文物随笔》 324, 338
《敦煌の五臺山圖について》 255
《敦煌县志》（《（道光）敦煌县志》） 284
《敦煌研究》 323, 338, 401
《敦煌研究文集》 403
《敦煌遗书》 255
《敦煌遗书总目索引》 255, 256, 285, 310, 324, 332
《敦煌艺术叙录》 352
Dated Chinese Manuscripts in the Stein Collection（《斯坦因特藏中有纪年的汉文写本目录》） 255, 256, 308
Die Buddhistische Spätantike in Mittelasien 30

E

《尔雅》 54, 69

F

《发愿文》 274, 275, 276, 282
《法华经》 45, 83, 150, 153, 309, 422, 448, 456
《法华经传记》 45, 50
《法华咒》 398
《法门寺遗物有关几件史事》 400

《法显传》 95, 140, 141
《法苑杂缘原始集·龙华像会集目》 242
《法苑杂缘原始集·杂图像目》 215, 225, 242
《法苑珠林》 47, 173, 178, 224, 225, 226, 227, 228, 229, 234, 239, 241, 242, 243, 244
《法苑珠林·放佛篇·感应缘》 443
《法苑珠林·敬佛篇·观佛部》 439
《法苑珠林·敬佛篇·观佛部感应缘》 35
《法苑珠林·敬僧篇·感应缘》 34
《法苑珠林·救厄篇·感应缘》 455
《法苑珠林·传记篇·兴福部》 459
《法轸寺记》 52, 65
《凡将斋金石丛稿》 240
《樊榭山房集》 413
《樊榭山房集·元西天元兴寺钟题名跋》 417
《方便心论》 66, 149, 233
《方等》 399
《房山石经丙寅岁季秋造经题记》 402
《房山石经题记汇编》 402
《放光经》 50
《(康熙)丰城县志》 75
《丰乘》 97
《佛典总论》(日文) 433
《佛顶咒经并功能》 356
《佛顶尊胜陀罗尼经》 356, 357, 374
《佛顶尊胜陀罗尼经幢》 398
《佛国禅师文殊指南图赞》 396, 403
《佛教艺术》(日文) 239, 255, 284
《佛书解说大辞典》(日文) 433
《佛说般若波罗蜜经》 313
《佛说大孔雀明王画像坛场仪轨》 360
《佛说地藏菩萨陀罗尼经》 399
《佛说观佛三昧海经》 48, 459
《佛说决定罪福经》 314
《佛说仁王护国般若波罗蜜经》(《佛说仁王般若经》《仁王护国般若波罗蜜经》《仁王般若经》) 309, 311, 312, 324
《佛说十二因缘经》 38, 244, 284
《佛说十王经》 375
《佛祖历代通载》 415, 428, 429, 430, 431
《仏教美術の東流》 165
《仏像の美術史研究》 164
《辅仁学志》 50
《付法藏因缘经》(《付法藏传》《付法藏因缘传》《付法传》) 66, 67, 81, 149, 165, 233, 437, 454, 459

G

《陔余丛考》 127
《甘珠尔》 430
《感通记》 178
《高车之西徙与车师鄯善国人之分散》 50
《高僧传》 25, 26, 31, 34, 35, 42, 46, 47, 48, 49, 50, 54, 65, 123, 141, 150, 164, 179, 215, 219, 222, 224, 225, 226, 227, 228, 229, 230, 231, 233, 239, 240, 241, 242, 243, 244, 245, 292, 294, 295, 296, 304, 460
《高僧传·宝亮传》 227
《高僧传·帛僧光传》 241
《高僧传·道融传》 50, 458
《高僧传·法度传》 215, 241
《高僧传·法朗传》 25
《高僧传·法颖传》 241
《高僧传·法悦传》 226
《高僧传·佛驮跋陀罗传》 226
《高僧传·浮陀跋摩传》 47, 48
《高僧传·慧观传》 50
《高僧传·慧隆传》 239
《高僧传·慧远传》 224
《高僧传·畺良耶舍传》 224
《高僧传·鸠摩罗什传》 26, 31, 47, 50
《高僧传·诃罗竭传》 459
《高僧传·僧导传》 231
《高僧传·僧护传》 179, 219, 241
《高僧传·僧济传》 224
《高僧传·僧亮传》 241, 459
《高僧传·僧睿传》 458
《高僧传·僧祐传》 215, 228, 240
《高僧传·僧肇传》 47, 50
《高僧传·单道开传》 494
《高僧传·释道安传》(《道安传》) 47, 229, 243
《高僧传·释法诸传》 460
《高僧传·释弘明传》 456

《高僧传·释慧明传》 444
《高僧传·释慧通传》 451
《高僧传·释僧侯传》 460
《高僧传·释僧诠传》 456
《高僧传·释僧渊传》 150
《高僧传·释僧周传附僧亮传》 459
《高僧传·释昙度传》 150
《高僧传·释昙始传》 65
《高僧传·释昙影传》(《昙影传》) 50, 458
《高僧传·释玄高传》(《玄高传》) 42, 164, 230, 438, 450, 458
《高僧传·释玄高传附昙曜传》 459
《高僧传·释智严传》 47, 49
《高僧传·昙鉴传》 225
《高僧传·昙无谶传》 34, 35, 47, 458
《高僧传·昙摩流支传》 230
《高僧传·昙摩蜜多传》 25, 49
《高僧传·昙摩难提传附赵正传》 47
《高僧传·昙翼传》 243
《高僧传·竺道生传》 50
《高僧传·竺法乘传》 292
《高僧传·竺法旷传》 224
《高僧传·竺法汰传》 243
《高僧传·竺佛图澄传》 271
《高僧传·竺僧辅传》 226
《高僧传·竺僧显传》 224, 451
《高僧传·竺昙摩罗刹传》 46
《高僧传·竺昙猷传》 294, 460
《高逸沙门传》 246
《巩县石窟》(日文) 210
《巩县石窟寺》 209
《巩县石窟寺的雕凿年代及特点》 209
《巩县石窟寺序说》 209
《鞏県石窟の北魏造像と飛鳥彫刻》 207, 208
《贡礼部玩斋集》(《玩斋集》) 417, 418
《岣嵝山房小记》 434
《古帝王图的时代与作者》 470
《古画品录》 463
《古今图书集成·方舆汇编·职方典》 56
《古今译经图记》 52, 55, 66, 78
《古刻丛钞》 242
《古清凉传》 71, 123, 173
《古书画伪讹考释·顾恺之洛神赋图卷》 469
《瓜沙两郡大事记》 256
《关于龙门三窟》 206
《关于龙门石窟的几种新发现及其有关问题》 95
《关中出禅经序》 458
《观佛三昧》 306
《观佛三昧海经》 95, 313, 437, 440, 444, 447, 450, 454, 455, 456, 460
《观佛三昧海经·本行品》 450, 460
《观佛三昧海经·观四威仪品》 455
《观佛三昧海经·观四威仪品之余》 436, 440, 443, 444, 446, 454, 435, 460
《观佛三昧海经·观相品》 440, 444, 454, 456
《观佛三昧海经·观像品》 442, 455
《观佛三昧海经·念七佛品》 451
《观佛三昧海经·念十方佛品》 456
《观佛三昧海经序》 441
《观佛三昧海经·序观地品》 446, 447
《观弥勒菩萨上生兜率天经》 456
《观世音经》 306, 307, 308
《观世音菩萨陀罗尼》 398
《观无量寿经》 50, 225
《观自在瑜伽要》 359
《光明日报·史学》 398
《广仓学窘丛书·元代画塑记》 429
《广弘明集》 47, 48, 53, 63, 64, 65, 70, 88, 150, 151, 172, 173, 178, 212, 224, 225, 226, 227, 231, 234, 239, 242, 245, 246, 252, 459, 460
《广弘明集·列代王臣滞惑解》 47
《广弘明集·列塔像神瑞迹》 48
《广弘明集·寺刹佛塔诸铭颂》 242
《广绝交书》 246
《广清凉传》 125, 176, 178, 255
《会稽掇英总集》 217, 221, 240
《会稽记》 471
《(嘉泰)会稽志》 240
《郭子》 471
《国朝文类》 433
《国朝郑氏麟溪集》 124
《国华》(日文) 246
《国清百录》 220

《图秀集·姓氏总目》 179
《国学季刊》 48, 337
《过去庄严劫千佛名经》 402

H

《海潮音》 324
《海外遗珍》 127
《韩门缀学续编》 413, 431
《汉代河西四郡从建置年代与开拓过程的推测》 303
《汉高祖实录》 177
《汉简缀述》 303
《汉书·地理志》 288
《汉书·武帝纪》 266, 287
《汉书·西域传》 31
《汉书西域传地理校释》 206, 207, 210, 299, 300, 307, 319, 320, 324, 326, 353
《汉魏两晋南北朝佛教史》(《佛教史》) 31, 46, 48, 94, 129, 164, 165, 166, 243, 244, 284, 325, 435, 458, 459
《汉魏两晋南北朝佛教史·北朝之佛学》 166
《汉魏两晋南北朝佛教史·北方之禅法净土与戒律》 94, 284, 459
《汉魏两晋南北朝佛教史·北方之禅法净土与戒律·禅窟与山居》 459
《汉魏两晋南北朝佛教史·北方之禅法净土与戒律·延寿益算之信仰》 325
《汉魏两晋南北朝佛教史·佛教之北统》 94, 129, 164, 165, 458
《汉魏两晋南北朝佛教史·鸠摩罗什及其门下》 31, 165
《汉魏两晋南北朝佛教史·鸠摩罗什及其门下·罗什在长安》 243
《汉魏两晋南北朝佛教史·鸠摩罗什及其门下·义学之南趋》 244
《汉魏两晋南北朝佛教史·两晋之名僧与名士》 31
《汉魏两晋南北朝佛教史·两晋之名僧与名士·竺法护》 243
《汉魏两晋南北朝佛教史·释道安》 284
《汉魏两晋南北朝佛教史·释道安·经典之整理》 243
《汉魏南北朝墓志集释》 206, 207, 210, 299, 230, 307, 319, 320, 324, 326, 352
《汉藏史集》 409, 415, 416, 420, 421
《汉藏史集·伯颜丞相的故事》 409, 416
《漢六朝の服飾》 211
《杭州飞来峰“梵式”造像初探》 429
《(成化)杭州府志》 417
《(乾隆)杭州府志》 411, 413
《(乾隆)杭州府志·宝成寺》 430
《杭州元代石窟艺术》 429
《合放光光赞略解序》 46, 50
《和从弟惠连无量寿颂》 225
《和石窟寺韵》 180
《河北定县出土北魏石函》 166
《河南省文物志选稿》 210, 247
《河南新安县西沃石窟》 167, 210
《河南荥阳大海寺出土的石刻造像》 399
《河南志》 100
《河西石窟》 46, 354
《河西四郡的设置年代》 303
《河西字大藏经》 422, 423, 433
《河西字藏经雕版考》 433
《弘明集》 47
《弘前大学教养部文化纪要》 32
《红史》 420, 421, 432
《红史·萨迦世系简述》 420
《后汉书·西域传》 289, 303
《后画录》 470
《后画品录》 470
《虎头寺石窟》 210
《虎头寺石窟调查记》 210
《华夏考古》 209
《华严道场忏仪》 422, 423
《华严经》 55
《华严经·菩萨住处品》 178
《华严灵记》 178
《滑黑奴发愿文》 62
《画断》 467, 469
《画后品》 470
《画品》 464, 470
《画品录》(《公私画录》《贞观公私画史》) 470
《淮南子·俶真篇》 266
《回鹘文佛说天地八阳神咒经》 434
Innermost Asia 30

J

《汲郡图志》 247
《畿辅通志》 51
《吉石庵丛书》 403
《极东三大艺术》(日文) 164
《集古今佛道论衡》 231
《集古录跋尾》 62
《集神州三宝感通录》 34, 220, 272, 296
《记大同武州山石窟寺》 59, 164
《记敦煌出土六朝婆罗谜字因缘经经幢残石》 284
《记唐印本陀罗尼经咒的发现》 400
《记徐松遗戌事》 337
《蓟县独乐寺观音阁山门考》 400
《迦叶经》 439
《驾幸天安宫赋》 179
《建筑杂志》(日文) 164
《建康实录》 163
《渐备经十住胡名并书叙》 46
《剑南西川成都府樊赏家历》 367
《江汉考古》 211, 469
《江宁金石记》 239
《江上波夫教授古稀纪念论集·历史编》(日文) 239
《江苏丹阳胡桥南朝大墓及砖刻壁画》 128, 211
《江苏丹阳县胡桥、建山两座南朝墓葬》 128
《(雍正)江西通志》 97
《介绍新疆文物调查工作组发现的几件文物古迹》 29
《金刚顶经》 359
《金刚顶经瑜伽修习毗卢遮那三摩地法》 359
《金刚顶瑜伽真实大教王经》(《金刚顶经》) 359
《金刚经》 207, 367, 396
《金陵摄山栖霞寺碑》(《江总碑》) 213, 215, 216, 238
《金石萃编》 285, 315, 321, 322, 326, 460
《金石录》 62
《金石文字记》 325
《金石杂记》 240
《金史·百官志》 74
《金史·地理志》 74, 179
《金史·太宗纪》 75
《金史·太祖纪》 75
《金史·西夏传赞》 388
《金史·熙宗纪》 75
《金史·选举志》 100
《金史·宗翰传》 75
《津逮秘书》 469
《晋纪》 255, 269, 471
《晋世杂录》 243
《晋书》 225, 250, 269, 471
《晋书·凉武昭王李玄盛传》(《晋书·李玄盛传》) 293, 304
《晋书·李玄盛传附子士业传》 304, 353
《晋书·四夷·龟兹传》 49
《晋书·索靖传》 303
《晋书·武帝纪》 291
《晋书·姚兴载记》 458
《晋书·张轨传附孙骏传》 49
《晋阳西山大佛遗迹找到了》 247
《禁扁》 430
《京师诸邑造弥勒像三会记》 227
《荆楚岁时记》 227
《荆州沙门释僧亮造无量寿丈八金像记》 225
《经录》(《安录》) 272
《经世大典·工典·画塑》 409, 429, 431, 432, 433
《经世大典·工典·画塑序录》 433
《经叙》 246
《净度三昧经》(《净土(度)经》) 66, 67
《净土论》 271
《净住子净行法门》 34
《净住子净行法门·奉养僧田门》 227
《净住子净行法门·敬重正法门》 173
《九天朝元图》 471
《酒泉文殊山的石窟寺院遗迹》 48, 284
《旧唐书·地理志》 175, 179
《旧唐书·方伎·李嗣真传》 469
《旧唐书·郭虔瓘传》 179
《旧唐书·李靖传》 178
《旧唐书·刘乃传》 125
《旧唐书·刘武周传》 169, 177
《旧唐书·韦见素传》 180

《旧唐书·西戎·党项羌传》 406
《旧唐书·杨国忠传》 180
《旧唐书·于志宁传》 285
《旧唐书·尉迟敬德传》 178
《旧五代史·晋书·高祖纪》 179
《居庸关过街塔考稿》 124, 125
《居庸关过街塔考稿·析津志、松云见闻录著者熊梦祥事辑》 124
《居竹轩诗集·熊松云画秋林诗意图送蔡伯雨道士归上清，松云在淮阴，今其来因见题以赠之，就以柬方壶隐者》 124
《剧谈录》 470
《决定毗尼经》 48
《郡斋读书志》 58, 100, 470

K

《开元释教录》 46, 48, 49, 52, 55, 56, 67, 71, 179, 357, 359, 398
《开元释教录·总括群经录·北凉录》 48
《开元释教录·总括群经录·前凉录》 46
《开元释教录·总括群经录·西晋录》 49
《考古》 31, 129, 166, 167, 210, 211, 402, 429, 470
《考古学报》 46, 48, 93, 94, 96, 164, 239, 403, 458, 460
《考古学论考》(日文) 179
《考古与文物》 402
《克孜尔洞窟形制的研究》 29
《克孜尔石窟考古报告》 31
《客杭日记》 408
《孔雀王经》 372
《孔雀王杂神咒》 397
《孔雀王咒经》 356
《孔雀王诸神咒》 397
《逵别传》 471

L

《拉萨文物志》 406
《拉萨查拉路甫石窟调查简报》 399, 406
《腊月八日于剡县石城寺礼拜》 240
《老子化胡经》 471
《乐僔碑》 270, 271, 283
《类苑》 234, 246
《李木斋旧藏敦煌名迹目录》 310
《李君莫高窟佛龛碑》(《大忠碑》《大周李君修功德记》《大周李君□佛之碑》《李克让修莫高窟佛龛碑》《李君碑》《李君重修莫高窟佛龛碑》《李君□□□□龛碑》《李氏旧龛碑》《李义修佛龛碑文》《莫高窟碑》《莫高窟李君碑》《圣历碑》《武周圣历李君莫高窟佛龛碑》《周李君重修莫高窟佛龛碑》《周李君修佛龛碑》《周李义所修佛龛碑》) 249, 250, 252, 253, 254, 269, 270, 271, 272, 276, 278, 282, 283, 305, 307, 314, 315, 322, 324, 325, 327, 330, 331, 332, 333, 337, 472, 551, 565
《历代碑帖法书选》 432
《历代帝王图》 467
《历代名画记》 357, 462, 464, 466, 467, 468, 469, 470
《历代三宝记》 48, 50, 233, 243, 244, 245, 356, 397, 398
《历代三宝记·东晋录》 50
《历代三宝记·后汉录》 397
《历代三宝记·前后二秦苻姚世录》 50, 397
《历代三宝记·魏吴录》 397
《历代三宝记·西晋录》 292
《历史研究》 248
《歴史と地理》 324
《凉国敏慧公神道碑》 428, 433
《凉书》 34
《凉土异经录》 33, 272
《凉王大沮渠安周造像记》 244
《凉州石窟遗迹与“凉州模式”》 244, 353
《凉州天梯山石窟的现存状况和保存问题》 284
《梁皇宝忏》 422, 423
《梁建安王造剡山石城寺石像碑》(《刘勰碑》《梁刘勰剡县石城寺弥勒石像碑铭》) 217, 219, 222, 223, 240
《梁京寺记》 239
《梁书》 221, 234, 240, 241, 242, 245, 246
《梁书·处士·庾诜传》 242
《梁书·海南诸国传》 241
《梁书·任昉传》 245
《梁书·太祖五王·安城王秀

传》 246
《梁书·太祖五王·南平元襄王伟传》 240
《梁书·文学·刘峻传》 246
《梁书·文学·刘勰传》 240
《梁书·文学·庾仲容传》 246
《梁书·武帝纪》 221
《梁书·西北诸戎传》 141
《梁中大同元年造释迦石像》 247
《两关杂考》 303
《两汉魏晋南北朝时期的敦煌》 48, 354
《两京新记》 327, 328, 329
《两浙古本考》 433
《两浙金石志》 418, 432
《辽代画像石墓》 266
《辽东行部志》 100
《辽史·地理志》 168, 179, 374
《辽史·太宗纪》 179
《辽西义县万佛堂石窟调查及其研究》 353
《辽阳发现的三座壁画古墓》 267
《辽阳三道壕两座壁画墓的清理简报》 267
《遼金時代の建築ト其仏像》 73,400
《灵岩寺和尚请求法门道具等目录》 399
《刘遗民文》 224
《刘之遴与刘孝标书》 246
《六朝艺术》 211, 469
《六臣注文选》 233, 246
《龙门石窟》 129, 166
《龙门石窟艺术》 206
《龙门石窟艺术初探》 398
《龙门石窟造像的新发现》 398
《龙门唐代的密宗造像》 398
《龙门杂考》 398
《龍門石窟の研究》 128, 129, 206, 207, 208
《龍門石窟に現れたる北魏佛教·龍門造像の盛衰と尊像の变化》 460
《陇东石窟》 354
《陇西李氏再修功德记碑》 254
《陇右金石录补》 315
《渌水亭杂识》 97
《鹿野苑石窟》 164
《鹿苑赋》 88, 122, 231, 438, 440, 459
《律戒本疏》 325
《律藏初分》 306, 308, 310, 312, 323
《轮回经》 28, 29
《论衡》 266
《论衡·雷虚篇》 266
《论碛砂藏》 433
《论藏文大藏经的版本》 433
《罗叔言“补唐书张议潮传”补正》 400
《洛神赋图卷》 463
《洛阳北魏世俗石刻线画集》 353
《洛阳北魏元邵墓》 211
《洛阳地区北朝石窟的初步考察》 166, 167, 181, 353
《洛阳地区北朝石窟的初步考察·龙门北朝洞窟开凿次第》 167
《洛阳地区北朝石窟的初步考察·洛阳地区北朝石窟特征及窟龛造像演变》 166
《洛阳伽蓝记》 93, 160, 203, 207, 244, 274, 355
《洛阳伽蓝记序》 188, 202
《ロシアの东トルキスタン探險とォルデンブルグの仏教遺跡調査》 30
Le Sculpture Chinoise du Ve au XIVe Siécle（《五至十四世纪中国雕刻》） 208
Les Grottes de Touen-Houang（《敦煌图录》） 403, 265, 266

M

《麻曷葛剌佛并序》(《麻曷葛剌诗》) 413, 416
《麻曷葛剌佛铁四太尉》 431
《马蹄寺、文殊山、昌马诸石窟调查简报》 48, 284
《麦积山石窟》 209
《麦积山石窟的新通洞窟》 284
《麦积山石窟内容总录》 284
《曼殊室利五字心》 359
《美术研究》(日文) 210
《蒙古的宗教》 430
《孟县小型水库及石窟调查》 210
《弥勒》 228
《弥勒本愿经》 228
《弥勒成佛经》 228, 229, 244
《弥勒当来生经》 229
《弥勒经》 229
《弥勒菩萨本愿待时成佛经》 227

《弥勒受决经》 227
《弥勒下教》 227
《弥勒下生经》 227, 229
《弥勒赞》 226, 227
《弥勒作佛时经》 227
《弥陀佛铭》 225
《弥陀佛像铭》 226
《密教发达志》 399
《密教发达志·经轨章疏一览》 399
《密宗塑像说略》 429
《渑池鸿庆寺石窟》 210
《妙法莲花观世音经》 307
《妙法莲华经·从地涌出品》 87
《妙法莲华经·方便品》 460
《妙法莲华经·见宝塔品》 95
《妙莲华经玄赞科文》 375
《名宝日本の美術·法隆寺》 399
《名德沙门题目》 246
《名古屋大学文学部研究论集》(日文) 32
《名僧传》(《名僧传抄》) 31, 47, 49, 123, 222, 225, 226, 227, 228, 229, 233, 240, 241, 242, 243, 245, 295
《名僧传·法惠(传)》 31, 47
《名僧传·法盛(传)》 47
《名僧传·(释)惠榄(传)》 47
《名僧传·僧表(传)》 47
《名僧传·释道法(传)》 296
《名僧传·释道韶(传)》 295
《名僧传·释僧印(传)》 454
《名僧传·释智严(传)》 454
《明佛法根本碑》 400
《明实录》 125
《明史·鞑靼传》 125
《明史纪事本末·俺答封贡》 103, 125
《明史纪事本末·设立三卫》 125
《明史·瓦剌传》 125
《冥报拾遗》 234
《冥祥记》 225, 228, 242, 243
《冥验记》 471
《摩诃吠室啰末那野提婆喝啰阇陀罗尼仪轨》 400
《摩诃衍经》 267, 308, 311, 318
《摩诃衍论》 55
《莫高窟各家编号对照表》 352
《莫高窟记》 248, 249, 250, 251, 253, 254, 255, 256, 269, 271, 564
《〈莫高窟记〉跋》 268, 285
《莫高窟窟前殿堂遗址》 403
《莫高窟晚期的艺术》 403
《莫高窟、榆林窟西夏文题记研究》 403
《莫高、榆林二窟杂考》 267, 283, 285, 308, 338
《莫高、榆林二窟杂考·武周李君修佛龛记中之东阳王事迹考》 308
《墨庄漫录》 267
Mission Archéologiques dans la Chine Septentrionale(《北中国考古图录》), Tome Ⅱ 164, 207

N

《南北朝时期西域与南朝的陆路交通》 165
《(乾隆)南昌府志》 97
《南朝龛像遗迹初探》 179
《南朝龛像遗迹初探·南朝龛像与北方窟像关系的探讨》 240
《南京西善桥南朝墓及其砖刻壁画》 128, 211
《南京西善桥油坊村南朝大墓的发掘》 211
《南京尧化门南朝梁墓发掘简报》 211
《南齐禅林寺尼净秀行状》 227
《南齐书》(《齐书》) 233, 240, 241, 245
《南齐书·高逸·明僧绍传》 241
《南齐书·芮芮虏传》 298
《南齐书·王融传》 129
《南齐书·魏虏传》 129, 149, 151, 152, 166, 233
《南齐书·文学·崔慰祖传》 245
《南齐书·宗室·遥昌传》 150
《南史》 100, 212, 233, 246
《南史·刘怀珍传附从父弟峻传》 246
《南史·循吏·郭祖深传》 212
《南宋少帝赵㬎遗事考辨》 432
《内律》 306
《内蒙古出土文物选集》 127
《内蒙古白灵淖城圐圙北魏古城遗址调查与试掘》 166, 211
《涅槃》 150
《涅槃中分》 44

《宁夏贺兰山拜寺口西夏古塔》 402
《宁夏灵武县磁窑堡瓷窑址调查》 402
《宁夏石嘴山市西夏城址试掘》 402
《(嘉靖)宁夏新志》 402
《女史箴图》 463

O

《欧米·日本へ流出レた龍門石窟の石彫尊像》 398
《藕香拾零》 100

P

《毗摩罗诘提经义疏序》 229
《毗婆沙》 47
《毗沙门仪轨》 399
《毗昙》 150
《平城实力的集聚和“云冈模式”的形成与发展》 245, 353
《婆须蜜经序》(《婆须蜜集序》) 271, 229
《铺沟石窟》 210
《铺沟石窟调查记》 210
《ペリオ調査團の中央アジア旅程とその考古學的成果》 30

Q

《七俱胝陀罗尼》 359
《七录序》 245
《耆旧记》 290
《齐竟陵王世子抚军巴陵王法集·自写经目录》 242
《齐竟陵文宣王龙华会记》 227
《齐太宰竟陵文宣王法集录·自书经目录》 242
《契丹藏》(《北藏》) 388, 401
《碛砂藏》 422, 423, 425, 426, 433, 566
《千臂千钵曼殊室利经》 359
《千佛构成》(日文) 353
《千佛灵岩图》 284
《千佛岩歌并序》 283
《千佛岩诗》 338
《千手千眼观世音菩萨大身咒本》 359
《千手千眼观世音菩萨姥陀罗尼身经》 357
《千手千眼观自在菩萨广大圆满无碍大悲心陀罗尼咒本》 359
《乾隆大清一统志》 56
《乾陀般若白伞》 423
《潜研堂金石文跋尾续》 431
《钦定大藏经下刊本时代》 433
《秦州天水郡麦积崖佛龛铭》 459
《青海民族学院学报》 402
《青史》 403
《青史·大译师玛尔巴传承录及著名的噶举派》 403
《清波杂志》 431
《清华学报》 324
《请观音咒》 398
《庆国颂》 128, 154
《庆陵》 73
《秋涧先生大全文集》 236, 247
《秋涧先生大全文集·拜奠宣圣林墓》 247
《秋涧先生大全文集·唐建昌陵石麟记》 247
《秋涧先生大全文集·昭庆陵》 247
《秋涧先生大全文集·赵州石梁》 247
《龟兹左将军刘平国等作列亭诵》 289
《全辽文》 400, 401, 402

R

《人民日报》 127
《(嘉靖)仁和县志》 408, 419, 428
《仁王护国般若波罗蜜多经》 429
《日本国承和五年入唐求法目录》 399
《日下旧闻考》 97, 430, 431
《戎幕随笔》 28
《如意轮陀罗尼经》 357
《入唐五家传·上智慧轮三藏决疑表》 400
《入唐新求圣教略录》 399
《瑞芍轩诗钞》 283, 338

S

《萨迦世系》 421, 432
《萨迦世系史》(阿旺贡噶索南著) 420, 421, 427, 432
《萨迦世系史》(藏强巴著) 420, 421, 427, 432

《三宝感通记》 471
《三朝北盟会编》 74, 177, 180
《三国志·魏志·仓慈传》 303
《三国志·魏志·苏则传》 303
《三境高真图》 471
《僧道猷等往西天取经牒》 401
《僧伽经》 241
《僧伽罗刹集经后记》 47
《僧伽罗刹经序》 229
《僧肇注维摩经》 246
《沙州都督府图经》 293, 337
《沙州土镜》 255, 270, 283
《沙州文录》 403
《山海经》 266
《山海经·海内西经》 266
《山海经·中山经》 266
《山西大同南郊出土北魏鎏金铜器》 166
《山西大同石家寨北魏司马金龙墓》 127, 166
《(成化)山西通志》(《山西通志》《(成化)通志》《成化志》) 56, 102
《(康熙)山西通志》 75
《陕西省三原县双盛村隋李和墓清理简报》 31
《陕西所见的唐代经幢》 398
《善财童子参见五十三知识而证入法界》 395
《善信摩诃神咒经》 397
《上海图书馆藏敦煌遗书目录》 323
《舍利感应记》 252
《摄论疏》 256
《摄论章》 256
《摄山佛教石刻补纪》 212, 239, 240
《摄山佛教石刻小纪》 212, 239, 240
《摄山栖霞寺明徵君碑》(《高宗碑》《明徵君碑》) 214, 216, 237, 238
《摄山志》 240
《摄释镜水抄》 401
《神变加持经义释演密钞卷首引文》 388
《神变加持经义释演密钞序》 402
《神州古史考》 412, 416
《神州国光集》 242
《生西方斋经》 225
《圣朝名画评》 372, 400
《圣欢喜天式法》 400
《圣武记·国朝抚绥西藏记》 430
《十二月八日夜……社人遍窟燃灯分配窟龛名数》 251
《十二砚斋金石过眼录》 247
《十极列圣图》 471
《十驾斋养新录》 127
《十六国春秋·北凉录》 47, 48
《十六国春秋·后凉录》 141
《十六国春秋·前凉录》 46
《十诵比丘戒本》 295
《十一面观世音经咒并功能》 356
《十一面观世音神咒》 356
《十一面观音咒》 399
《十一面神咒心经》 357
《石佛寺碑》 77
《石交录》 60, 129, 243
《石窟寺寒泉》 180
《石墨镌华》 326
《时非时经》 44, 49
《史记·大宛传》 303
《史记·秦始皇本纪》 266
《史学集刊》 429
《世界の文化史蹟·中国の石窟》 210
《世界宗教研究》 402, 434
《世界最早的印刷品》 400
《世说》 234, 471
《世说新语·德行》 246
《世说新语·栖逸》 246
《世说新语·文学》 246
《世说新语·言语》 246
《世说新语笺疏》 246
《世说注》 246
《试论南北朝前期佛像服饰的主要变化》 129
《释迦方志》 172, 178
《释前论》(《念破论》《如实论》) 26
《守屋孝藏氏搜集古经图录》 311
《首楞严后记》 46
《书断》 469
《书画目录》 247
《书后品》 470
《书品》 470
《水经注》 51, 53, 60, 64, 154, 177, 284
《水经注·河水》 41, 95, 288
《水经注·瀔水》 81, 122, 136, 151, 163
《水经注·泗水》 226
《水泉石窟》 210

《顺天府志》 51, 97, 125
《(雍正)朔平府志》 56, 59, 77, 180
《说文月刊》 254
《司马景和妻墓志》 62
《思惟略要法》 95
《思惟略要法·观佛三昧法》 95
《思惟略要法·观无量寿佛法》 450
《斯坦因劫经录》 256, 324
《四川安岳卧佛院调查》 400
《四川石窟杂识》 400, 401
《四川资中重龙山摩崖造像》 400
《四圣降魔图》 471
《四天王遗教》 228
《松赞干布遗训》 405, 406
《宋高僧传》 178, 359, 372, 398, 399
《宋高僧传·澄观传》 399
《宋高僧传·道贤传》 372
《宋高僧传·道宣传》 178
《宋高僧传·慧云传》 399
《宋高僧传·满月传附智慧轮传》 399
《宋高僧传·清虚传》 399
《宋高僧传·僧伽传》 399
《宋高僧传·守真传》 372
《宋国河内郡夫人宋氏出行图》(《司空夫人宋氏行李车马》) 254, 371
《宋会要辑稿·道释》 400
《宋会要辑稿·蕃夷》 401
《宋记》 471
《宋略》 163
《宋明皇帝初造龙华誓愿文》 227
《宋齐录》 233, 245
《宋史》 471
《宋史·外国·夏国传》 401
《宋书》 233, 245, 471
《宋书·大沮渠蒙逊传》 304, 353
《宋书·东夷高句骊国传》 129
《宋书·文帝纪》 163
《宋书·隐逸传》 471
《宋昱诗》 123
《宋藏》(《南藏》) 388
《苏婆呼》(《苏婆呼童子经》) 359
《苏悉地》(《苏悉地羯罗经》) 359
《隋唐城址の類型》 179
《隋唐佛教史稿·隋唐佛教势力之消长》 329
《隋唐制度渊源略论稿》 211
《隋书》 285, 315, 316, 405
《隋书·地理志》 165, 169, 177
《隋书·豆卢勣传》 317
《隋书·高祖纪》 285
《隋书·贺若谊传》 317
《隋书·后妃·文献独孤皇后传》 328
《隋书·权武传》 317
《隋书·西域·党项传》 406
《隋书·于义传》 275, 285, 315, 316, 317, 318, 321, 325, 328
《隋书·于义传附子宣道传》 327
《隋书·于仲文传》 327
《隋天台智者大师别传》 246
《随求》 359
《岁华纪丽》 227
Serindia 48

T

《塔记》 396
《塔里木盆地考古记》 28, 29
《太平广记》 178, 180, 470
《太平寰宇记·河北道镇州》 284
《太平御览》 46, 47, 48, 141, 467
《太上业报因缘经》 332
《太尉公皇甫公石窟碑》 186
《太尉临川王成就摄山龛大石佛记》 215
《太原市北齐娄睿墓发掘简报》 470
《(道光)太原县志·艺文》 246
《(嘉靖)太原县志》 235, 246
《(嘉靖)太原县志·集文》 235
《(嘉靖)太原县志·寺观》 235
《太原志》 246
《檀特陀罗尼经》 397
《谭宾录》 180
《碳十四年代的误差问题》 31
《碳十四年代测定报告》 31
《碳十四测定年代的误差》 31
《唐朝名画录》 357
《唐代长安与西域文明》 48, 239, 283, 303, 324, 338, 400
《唐故河东节度使荥阳郑公(儋)神道碑文》 209
《唐护法沙门法琳别传》 171
《唐李氏再修功德碑》 338
《唐两京城坊考》 329
《唐陇西李府君修功德碑》 254, 324, 360

《唐书》 125, 405
《唐太祖纪年录》 177
《唐贴金画彩石刻造像》 399
《唐五代时期雕版印刷手工业的发展》 400
《唐余录》 177
《陶斋藏石记》 242, 243
《提谓波利经》 165
《题名》 247
《题石窟寺，即魏孝文之所置》 101, 176
《天龙山石窟》(关野贞著) 208, 209, 210, 246
《天龙山石窟》(田中俊逸著) 208, 209, 210, 246
《铁网珊瑚·书品·元人诸帖》 125
《听诸法师一月三入殿诏》 151
《通典·礼典序》 469
《通典·州郡典》 178
《同光二年智严往西天巡礼圣迹后记》 401
《同听秋声图》 97
《图书见闻志》 469
《陀罗尼咒经》 397
Tibetan Painted Scrolls 430
Toumchouq 49

W

《外国事》 141
《万佛影铭》 440, 460
《亡辽录》 74, 177
《王夫人元华光墓志》[《金城郡君(王夫人华光)墓志》《元华光墓志》] 300, 307, 323
《王公孺秋涧先生大全文集后序》 247
《王女晖等造像记》 460
《王氏画苑》 469
《往生论》 271
《维摩诘经》 45, 50
《维摩诘经讲经文》 375
《维摩诘所说经》 401
《维摩经疏》 310, 323
《(孝文)为慧纪法师亡施帛设斋诏》 150
《为亡父特建法幢记》 401
《魏纪》 53, 59
《魏晋南北朝史论集》 324
《魏晋南北朝史论拾遗》 165
《魏略》 303
《魏书》(《后魏书》) 51, 53, 55, 56, 58, 59, 60, 61, 62, 64, 65, 66, 68, 94, 95, 100, 114, 116, 128, 129, 135, 136, 147, 153, 163, 165, 167, 207, 209, 231, 232, 233, 244, 245, 276, 303, 306, 470, 471
《魏书·车伊洛传》 140
《魏书·程骏传》 128
《魏书·崔逞传》 163
《魏书·崔光传》 205
《魏书·崔浩传》 62
《魏书·崔玄伯传附道固传》 134
《魏书·道武七王传·京兆王传》 207
《魏书·地形志》 58, 68, 168
《魏书·帝纪》 109, 120, 129, 141
《魏书·恩幸·王睿传附孙翔传》 123
《魏书·恩幸·赵修传》 299, 355
《魏书·恩幸·郑俨传》 193
《魏书·尔朱荣传》 157, 187
《魏书·房法寿传附从弟崇吉传》 232
《魏书·费于传附子穆传》 209
《魏书·废出三帝纪》 187
《魏书·废出三帝纪·出帝平阳王纪》 208
《魏书·高崇传附子谦之传》 34, 210
《魏书·高闾传》 154
《魏书·高允传》 134
《魏书·高宗纪》 126, 141, 297
《魏书·高祖纪》 166
《魏书·官氏志》 304
《魏书·海夷冯跋传》 129, 165
《魏书·韩秀传》 153, 298
《魏书·皇后传》 129
《魏书·皇后·文成文明皇后冯氏传》 110, 123
《魏书·贾彝传》 163
《魏书·蒋少游传》 114
《魏书·节义传》 316
《魏书·景穆十二王·乐陵王胡儿传附子思誉传》 157
《魏书·景穆十二王·南安王传》 298

《魏书·景穆十二王·任城王云传附子澄传》 128
《魏书·酷吏·郦道元传》 136
《魏书·李宝传》 297
《魏书·李彪传》 135
《魏书·李冲传》 152
《魏书·李平传》 158
《魏书·李孝伯传附从孙玚传》 93
《魏书·礼志》 94, 120, 127, 129
《魏书·灵征志》 150, 298
《魏书·刘昺传》 163
《魏书·刘昶传》 114, 300
《魏书·刘芳传附郑演传》 210
《魏书·刘休宾传》 135
《魏书·刘休宾传附从弟法凤法武传》 135
《魏书·刘休宾传附子文晔传》 232
《魏书·陆俟传附孙睿传》 157
《魏书·罗结传》 163
《魏书·穆崇传附四世孙亮传》 299
《魏书·穆崇传附孙泰传》 129
《魏书·岛夷萧道成传》 163
《魏书·儒林·孙惠蔚传》 94
《魏书·神元平文诸帝子孙·东阳王丕传》 129
《魏书·神元平文诸帝子孙·高凉王孤传附六世孙天穆传》 160
《魏书·食货志》 163, 185
《魏书·世宗纪》 158, 300, 354, 355
《魏书·世祖纪》 133, 134, 135, 140, 165, 231, 245, 297, 319
《魏书·释老志》 46, 47, 63, 65, 70, 79, 87, 93, 94, 95, 116, 122, 127, 128, 136, 138, 141, 142, 149, 150, 151, 159, 160, 161, 164, 172, 184, 185, 202, 203, 206, 273, 295, 343, 353, 438, 458, 459
《魏书·术艺·晁崇传》 163
《魏书·司马楚之传附子金龙传》 127
《魏书·肃宗纪》 95, 158, 160, 164, 167, 184, 185, 186, 207, 209, 300
《魏书·太武五王·临淮王谭传附孙孚传》 160
《魏书·太宗纪》 132, 133, 135
《魏书·太祖纪》 131, 132, 135, 163
《魏书·天象志》 123, 133, 206
《魏书·铁弗刘虎传附赫连昌传》 163
《魏书·外戚·常英传》 298
《魏书·外戚·胡国珍传》 207, 208
《魏书·王建传附安都传》 140
《魏书·韦阆传附族子缵传》 151
《魏书·尉古真传附侄眷传》 133, 297
《魏书·尉古真传附侄孙多侯传》 298
《魏书·显祖纪》 122, 138
《魏书·献文纪》 53, 59
《魏书·献文六王·广陵王羽传》 157
《魏书·孝静纪》 208
《魏书·孝庄纪》 274, 306, 307, 323
《魏书·刑罚志》 187, 297, 300
《魏书·序记》 132
《魏书·薛野賭传附子虎子传》 299, 355
《魏书·阉官·刘腾传》 207
《魏书·阉官·王遇传》 110, 152, 277
《魏书·杨播传附弟椿传》 128, 154
《魏书·杨播传附弟津传》 160
《魏书·于栗磾传》 276
《魏书·袁翻传》 300
《魏书·乐志》 148
《魏书·昭成子孙·常山王遵传附三世孙晖传》 157
《魏书·张济传》 163
《魏书·张骏传》 304
《魏书·张彝传》 210
《魏书·郑羲传》 209, 210
《魏土地记》 64, 177
《魏瑶光寺尼慈义墓志》 206
《魏宗室东阳王荣与敦煌写经》 267, 285, 307
《文博》 401
《“文化大革命”期间出土文物》 112, 113, 166, 469
《文物》(《文物参考资料》) 29, 30, 31, 48, 64, 95, 113, 124, 125, 126, 127, 128, 166, 206, 209, 210, 211, 247, 254, 255, 265, 267, 283, 284, 285, 299, 303, 304, 324, 338, 352, 353, 354, 355, 397, 398, 399, 400, 401, 402, 403, 406, 427, 429, 433, 470
《文物与考古》 31

《文物资料丛刊》 48, 244, 304, 353
《文苑英华》 101, 175, 176, 179, 240, 245
《吴船录·峨嵋山牛心寺记》 401
《吴僧统碑》 254, 283
《吴山志》 411
《无量乐佛土经》 225
《无量清净平等觉经》 50, 243
《无量破魔陀罗尼经》 397
《无量寿观》 224
《无量寿经》 45, 50, 224, 225, 228, 229, 243, 310, 323
《五代名画补遗》 372, 468
《五代史记·四夷附录》 177
《五门禅经要用法》 95, 439, 454, 460
《五台山图》 255
《武经总要前集·蕃界有名山川》 74
《武经总要前集·亡辽录》 74
《武林梵志》 412, 430
《武林梵志·城内梵刹》 412
《武林梵志纪略》 430
《武林掌故丛编》 434

X

《西安西郊出土唐代手写经咒绢画》 400
《西陲石刻录》 244, 254, 332, 333, 337, 338, 339, 399
《西湖石窟探胜》 417, 432
《西湖石窟探胜·大黑天显灵传神话》 417
《西湖游览志》 396, 408, 412, 419, 429, 432
《西湖游览志·南山城内胜迹》 432
《西湖游览志·南山分脉城外胜迹》 428, 432
《西湖游览志·委巷丛谈》 428
《西湖游览志余》 428, 434
《西湖游览志自叙》 429
《西京大普恩寺重修大殿碑记》 74
《西夏纪事本末》 402
《西夏刻经后题记》 403
《西夏文〈过去庄严劫千佛名经发愿文〉译证》 402
《西夏文木活字版佛经与铜牌》 403
《西夏研究》 433
《西行日记》 267, 283, 324, 332
《西游杂信·摄山栖霞寺南朝石窟》 239
《西域地名》 355
《西域考古记》 30
《西域考古录》 28
《西域旅行日记》(日文) 29
《西域の美術》 29
《西域南海史地考证论著汇辑》 50
《西域水道记》 28, 270, 278, 279, 283, 305, 324, 330, 331, 332, 333, 337, 338, 472
《西域水道记序》 337
《西域文化研究》(日文) 29
《西域之佛教》 31, 50
《西域之佛教·龟兹国之佛教》 31
《西域之佛教·于阗国之佛教》 50
《西域志》 45, 50
《西藏的宗教·萨迦巴的帽子》 433
《西藏佛教发展史略·萨迦派》 432
《西藏佛教艺术》 433
《西藏和蒙古的宗教》 430, 434
《西藏民族学院学报》 406
《西藏寺院调查记》 429
《西藏唐卡》 431, 432, 433
《西藏王臣记》 402
《西藏王臣记·北道一些杰出人物的政教事记》 402
《西藏王统记》(《王统世系明鉴》) 404, 406
《西藏研究》 431, 432, 433
《西征小记》 48
《析津志》(《燕京志》) 51, 75, 76, 94, 97, 100, 101, 102, 125, 430
《贤劫经》 45
《贤愚经》 310
《贤愚经记》 48, 49
《贤者喜宴》 388, 402, 403, 405
《贤者喜宴摘译》 406
《显密圆通成佛心要集并供佛利生仪后序》 402
《现代佛学》 95, 284
《襄阳贾家冲画像砖墓》 211, 469
《响堂山石窟》(日文) 209, 210, 460
《孝标与举法师书》 234
《孝敬寺志》 242
《谢庄石窟》 210

《新编诸宗教藏总录》 401
《新昌石城寺とその弥勒像》 212, 239
《新昌县石城山大佛身量记》(《量记》) 221, 222, 223
《(民国)新昌县志·金石》 240
《(民国)新昌县志·南明山图》 222
《(万历)新昌县志》 222, 238
《(万历)新昌县志·杂传志·寺》 222
《新发现的北魏刺绣》 127, 285, 304, 354
《新红史》 402
《新红史·蒙古王统》 403
《新疆拜城克孜尔石窟》 29
《新疆拜城克孜尔石窟部分洞窟的类型与年代》 49, 165
《新疆出土汉——唐丝织品初探》 31
《新疆出土文物》 31
《新疆石窟艺术》 30
《新疆史学》 32
《新疆天山南路的文物调查》 29
《新疆天山以南的石窟》 30
《新疆文化宝库》 30
《新疆游记》 28
《新唐书·地理志》 70, 179
《新唐书·方镇表》 175
《新唐书·李嗣真传》 469
《新唐书·刘乃传》 125, 180
《新唐书·吐蕃传》 256
《新唐书·韦见素传》 125
《新唐书·西域·党项传》 406
《新唐书·玄宗纪》 175
《新唐书·杨国忠传》 125, 176, 180
《新唐书·艺文志》 469, 470
《新唐书·宰相世系表》 209, 285, 304, 315, 316, 325, 326
《新无量寿经》 241
《新西域记》(日文) 29
《新元史》 97
《新咒》 359
《(乾隆)荥阳县志》 209
《性灵集》 400
《修行道地经》 292
《修行道地经后记》 304
《绣像题赞》 225
《虚空藏求闻持法》 359
《须弥山石窟》 406
《须真天子经》 292
《徐星伯先生事辑》 323, 337
《续高僧传》 26, 51, 52, 53, 55, 56, 63, 64, 65, 66, 70, 71, 107, 108, 153, 171, 172, 176, 178, 179, 205, 209, 210, 211, 228, 242, 243, 245, 246, 256, 328, 329, 465
《续高僧传·宝唱传》 245
《续高僧传·达摩笈多传》 26
《续高僧传·佛陀禅师传》 88, 153
《续高僧传·菩提流支传》 211
《续高僧传·释超达传附僧明传》 160, 166
《续高僧传·释道丰传》 457
《续高僧传·释道凭传》 461
《续高僧传·释法琳传》 171
《续高僧传·释法忍传》 460
《续高僧传·释法上传》 457
《续高僧传·释法贞传》 465
《续高僧传·释慧思传》 228
《续高僧传·释慧瓒传》 329
《续高僧传·释吉藏传》 450
《续高僧传·释静端传》 329
《续高僧传·释灵裕传》 461
《续高僧传·释僧稠传》 438, 457, 459
《续高僧传·释僧达传》 459
《续高僧传·释僧实传》 459
《续高僧传·释彦琮传》 457
《续高僧传·释智嶷传》 256
《续高僧传·释智顗传》 457
《续高僧传·昙曜传》 51, 55, 56, 63, 65, 66, 70, 87, 165, 172, 209, 459
《续高僧传·习禅篇后论》 458
《续古今译经图纪》 398
《续汉书·地理志》 290
《续画记》 470
《续画品录》 470
《续开元释教录》 401
《续贞元录》 359
《续资治通鉴长编》 402
《玄赞科文》 401
《选集百缘经·观顶王请佛缘》 313
《雪楼集》 428, 433
《雪庄西湖渔唱》 413, 430
《雪庄西湖渔唱·吴山路宝成寺》 430

《荀学斋日记》 247
《浚县金石录》 247
《(嘉靖)浚县志》 247
《(万历)浚县志》 247
《続シルクロードと仏教文化》 30

Y

《燕京学报》 67, 245
《兖州都督于知微碑》 285
《焰口施食仪轨》 422, 423
《雁北文物勘查团报告》 64, 95, 125
《药王菩萨咒》 398
《药王山摩崖造像》 406
《夜读偶记》 284
《谒弥勒像题名》 247
《一切经音义》 429
《一切如来白伞盖大佛顶陀罗尼》 388
《一切如来心秘密全身舍利宝箧印陀罗尼经》 373
《易州重修圣塔院记》 402
《益州名画录》 372
《异域琐谈》 28
《义楚六帖》 176, 460
《艺风老人戊子日记》 99, 125, 562
《艺风堂藏书记》 100
《艺风堂文集》 323, 337
《艺风堂文续集·永乐大典考》 97
《艺文类聚》 141, 166, 240, 241, 242, 246
《艺文类聚·内典部》 166
《阴处士修功德记》 254
《银山汉墓》 267
《应县木塔》 402
《雍州金像寺无量寿佛像碑》 226
《永乐大典》 51, 94, 97, 124, 246, 429, 430
《永乐大典·顺天府》(《顺天府志》) 51, 97, 125
《永乐大典·太原府·寺观》 246
《勇施毕咒》 398
《优婆塞戒经后记》 230
《游东山记》 236
《游石窟寺》 180
《酉阳杂俎续集·寺塔记》 398
《于大猷碑》 322, 326
《于士恭墓志》 322
《于孝显碑》 317
《于志宁碑》 285, 315, 321, 326
《瑜伽念诵法》(《金刚顶瑜伽中略出念诵法》) 359
《逾陀卫经》 245
《羽田博士史学论文集·历史篇》(日文) 324
《庾子山集》 318, 459
《语石》 207, 357
《玉海》 329
《御请来目录》 399
《豫章熊君自得携所著书入都城西山斋堂村，山深民淳，地僻俗美，隐者之所宜居。崇真张宜相真人偕往，作诗送自得兼柬宜相》 125
《元弼墓志》 320
《元大都〈圣旨特建释迦舍利灵通之塔碑文〉校注》 429
《元代画塑记跋》 433
《元和郡县志》 58, 70, 71, 78, 165, 168, 170, 175, 209, 297, 300, 317, 325
《元和郡县志·陇右道》 165, 297, 300
《元和姓纂》 179, 307, 320, 326
《元和姓纂四校记》 326
《元鉴墓志》 62
《元均之墓志》[《元君（均之）之墓铭》] 300, 320, 326
《元君（倪）墓志铭》 299
《元谧墓志》 353
《元史》 97, 247, 413, 429, 430
《元史·地理志》 179
《元史·刘伯林传》 179
《元史·欧阳玄传》 124
《元史·世祖纪》 407
《元史·释老传》 431, 432
《元史·泰定帝纪》 413, 429
《元史·王恽传》 247
《元史·张翥传》 124
《元舒温墓志》 321
《元腾墓志》 319
《元仙墓志》 326
《元绪墓志》 326
《元一统志》 246
《元祎墓志》 320, 321
《圆珍青龙寺求法目录》 366
《缘督庐日记抄》 338
《云窗丛刻》 338
《云冈第五〇窟的造像艺术》 95

《云冈金石录》 179
《云冈旅行记》（日文） 164
《云冈と龙门》 121
《云冈石窟》 32
《云冈石窟》（日文） 95, 104, 112, 113, 125, 126, 145, 164, 165, 179, 353, 462
《云冈石窟调查记》（日文） 58, 125
《云冈石窟分期》 96
《云冈石窟分期试论》 96, 164, 285, 353
《云冈石窟建筑遗迹的新发现》 95, 125
《云冈石窟寺之译经与刘孝标》 67, 245
《云冈石窟造像中一些题材的考释》 95
《云冈石窟中所表现的北魏建筑》 71, 125, 164, 178
《云冈拾遗》 95
《云冈新发现的一块北魏石刻》 64, 166
《云冈一带勘查记》 64, 95, 125
《云冈造窟次第》（日文） 164
《云中古城赋》 175
《（顺治）云中郡志》 56, 67, 75, 78
《云中图》 53, 59
《雲岡彫刻の西方様式》 164, 165
《雲岡石窟の旅》 165
《雲岡石窟の系譜》 164
《雲岡様式から龍門様式へ》 164
《雲岡以前の造像》 164

Z

《杂阿毗昙心经》 129
《杂宝藏经》 66, 149, 233
《杂咒集》 398
《藏文史书中的弭药（西夏）》 402, 403
《造窟铭》 461
《造像量度经解》 434
《造像量度经引》 434
《曾公遗录》 100
《增一阿含·结禁品》 37, 38, 284, 296
《增一阿含序》 47
《（孝文）赠徐州僧统并设斋诏》 150
《查拉路甫石窟》 406
《翟家碑》 254
《翟氏公巽埋铭》 471
《张淮深修功德记》（《张氏勋德记》） 255
《张野远法师铭》 246
《张议潮统军□除吐蕃收复河西一道行图》（《河西节度使检校司空兼御史大夫张议潮统军□除吐蕃收复河西一道行图》） 254, 371
《昭俭录》 430
《哲学研究》（日文） 164
《浙江剡県の石城寺とその弥勒像》 212, 239, 241
《贞元新定释教目录》（《贞元释教录》） 55, 56, 71, 179, 359, 360, 399
《正定调查纪略》 400
《郑州发现北魏石刻》 209
《支遁别传》 246
《支那佛教史迹》（日文） 164
《支那佛教史迹评解》（日文） 178
《支那佛教史迹踏查记》（日文） 461
《支那佛教史研究·北魏篇》（日文） 460
《支那の建築と芸術》 239, 247
《支那美术史·雕塑篇》（日文） 164, 165, 241, 243
《支那文化史迹·解说》（日文） 461
《祇洹碑》 60
《至大重修宣和博古图》 433
《至元法宝勘同总录序》 432
《治禅病秘要法》 48, 460
《治禅病秘要法·治利养疮法》 460
《智者禅师碑》 220
《中德学志》 267, 285, 307, 324
《中国版画史图录·唐宋元版画集》 434
《中国佛教雕刻史研究》 165, 244
《中国佛教雕刻史研究·绪言》 165
《中国の仏教美術》 284
《中国佛教史籍概论》 178
《中国仏像様式の南北再考》 210
《中国考古学研究论集》 400
《中国美术史论集》 470
《中国美术史稿》 95, 127

《中国石窟·敦煌莫高窟》 165, 325, 352, 353, 398, 403, 406
《中国石窟·巩县石窟寺》 207, 208, 209, 210, 354, 406
《中国石窟·克孜尔石窟》(《中国石窟·キジル石窟》) 28, 30, 49, 165, 353
《中国石窟·クムトラ石窟》 353
《中国石窟·龙门石窟》 181, 206, 353, 398
《中国石窟·麦积山石窟》 354
《中国石窟·永靖炳灵寺》 165, 244, 353, 354
《中国石窟·云冈石窟》 163, 164, 167, 177
《中国石窟艺术总论》 400
《中国文物报》(《文物报》) 210, 352
《中国营造学社汇刊》 71, 125, 164, 178, 400, 401
《中国における仏像のはじまり》 284
《中国における石窟寺院》 164
《中兴战功录》 100
《"中央研究院"历史语言研究所集刊》 303
《中岳嵩阳寺碑》 456
《中州宁陵县令贾思玄造尊胜陀罗尼幢》 398
《忠惠集》 471
《众经目录》 48, 49, 314
《周黎阳大伾山寺准敕不停废记》 236
《周明帝畋游图》 470
《周书》 58, 268, 306, 308, 315, 469
《周书·独孤信传》 329
《周书·贺拔胜传》 298
《周书·静帝纪》 326
《周书·李贤传》 318
《周书·梁昕传》 317
《周书·令狐整传》 307, 318, 321
《周书·刘雄传》 317
《周书·明帝纪》 317
《周书·申徽传》 267, 274, 307, 311, 318, 320
《周书·王士良传》 295, 297
《周书·王子直传》 318
《周书·韦瑱传》 318
《周书·文帝纪》 208
《周书·武帝纪》 209, 318, 319, 321, 325
《周书·宣帝纪》 326
《周书·阎庆传》 301
《周书·杨檦传》 317
《周书·异域传》 140
《周书·于谨传》 316
《周书·于谨传附子寔传》 285, 321
《周书·庾信传》 469
《周书·郑孝穆传》 193, 210
《周书·郑孝穆传附子诩传》 325
《周柱国大将军大都督同州刺史尔绵永神道碑》 318
《咒眼陀罗尼》 398
《朱文公校昌黎先生集》 209
《诸道山河地名要略》 179
《诸神咒经》 397
《诸尊陀罗尼经》 398
《庄宗列传》 177
《壮陶阁帖》 431
《资治通鉴》 35, 68, 160, 164, 166, 186
《资治通鉴·后晋纪》 179
《资治通鉴·胡注》 164, 178
《资治通鉴·梁纪》 93, 168, 299, 300, 355
《资治通鉴·齐纪》 115, 127, 231, 298, 299, 354
《资治通鉴·宋纪》 123, 126, 284, 297, 298, 304
《资治通鉴·唐纪》 169, 170, 175, 177, 178, 253
《资治通鉴考异》 163, 177
《资治通鉴考异·十六国春秋钞》 163
《自叙》 246
《宗睿新书写请来法门等目录》 366
《综理众经目录》 33, 243
《醉道士图》 467
《(光绪)左云县志》 77, 102, 103
《(光绪)左云县志·重修云冈石佛寺碑记》 78
《坐禅三昧经》 95, 437, 439, 458

四、重要术语索引

A

阿阇梨 366, 372, 400, 415

阿输迦输土因缘（アショカ王施土因缘） 156, 162

B

八国国王争分舍利 29

褒衣博带式 82, 114, 116, 118, 120, 124, 274, 275, 544

宝盖 37, 38, 39, 194, 228, 260, 261, 336, 543

宝帐 162, 189, 192, 196, 200, 209, 443

北朝石窟 166, 167, 181, 183, 188, 189, 200, 353, 563

北凉石塔 36, 37, 38, 39, 41, 44, 48, 230, 232, 244, 302, 304, 344, 353

本生 2, 4, 9, 12, 13, 16, 19, 82, 87, 113, 126, 156, 162, 281, 282, 302, 347, 446, 447, 539, 540, 544, 549, 550, 567

博山炉 144, 145, 194, 198, 210, 543, 547

不空羂索神咒诸品 360

C

蔡巴噶举派 414

禅道 42, 123, 230, 296, 459

禅定 34, 37, 38, 42, 43, 87, 117, 213, 216, 217, 222, 230, 271, 272, 294, 328, 329, 382, 393, 414, 437, 440, 444, 456, 458, 541, 542, 543, 544, 546, 547, 549

禅法 48, 81, 94, 271, 272, 284, 296, 325, 435, 436, 455, 458, 459

禅观 86, 87, 92, 93, 212, 231, 454

禅寂 88, 456

禅居（居禅） 87, 92, 93, 122, 231, 273, 414, 438, 457

禅窟（定窟） 2, 4, 5, 48, 87, 182, 193, 196, 197, 257, 258, 265, 343, 345, 384, 385, 389, 393, 394, 395, 403, 438, 459, 460, 481, 541, 543, 548, 549, 550, 555, 565, 566, 567

禅窟群 2, 4, 384, 385, 393, 395, 566

禅僧 34, 42, 81, 88, 92, 93, 122, 123, 139, 224, 243, 265, 273, 346, 348, 353, 435, 436, 438, 439, 440, 441, 451, 454, 455, 456, 457, 459, 460, 549, 550, 567

禅室（禅堂） 61, 122, 128, 138, 139, 217, 221, 241, 394, 436, 438, 444, 459

禅诵 93, 95, 231, 444

禅行（习禅、坐禅） 2, 34, 42, 48, 81, 87, 88, 92, 93, 95, 122, 241, 243, 271, 272, 273, 294, 295, 296, 416, 435, 436, 437, 438, 439, 440, 443, 444, 449, 454, 455, 456, 457, 458, 460, 544, 545, 550, 562, 567

禅业 81, 241, 296, 353, 435, 451

成道 81, 226, 232, 423, 446

乘白象投胎（乘象入胎） 91, 95, 446

出家逾城（逾城出家） 91, 95, 446

初行七步 446

D

大悲变相 366

大乘 25, 26, 32, 34, 44, 45, 167, 295, 357, 399, 433, 454

大像窟 2, 4, 5, 8, 10, 12, 13, 20, 21, 26, 27, 30, 44, 142, 252, 539, 540, 565

殿堂窟 193, 196, 198, 199, 200

东方化 3, 82, 124, 147

兜率天说法 9, 11, 12, 13, 14, 19, 539, 540

多宝塔 68, 69, 86, 87, 302, 542, 561

多子塔 401

E

二帝 53, 75, 210

二皇 115, 128, 154

二圣 61, 110, 115, 116, 128, 153, 154, 210, 211, 306, 307, 399, 410, 430

F

法华变 382

法华经变·见宝塔品 552

法华曼陀罗 385
法华三昧观 87, 92, 95, 447, 448
方形窟 8, 11, 14, 15, 16, 17, 21, 22, 30, 147, 167, 184, 185, 187, 188, 194, 200, 325, 326, 345, 349, 540, 546, 548
房山石经 388, 402
飞廉（蜚廉、风伯） 260, 266
佛殿窟 2, 4, 5, 35, 41, 189, 313, 345, 394, 396
佛顶尊胜陀罗尼经变 381, 383
佛坛窟 2, 4
佛传 2, 4, 9, 12, 14, 16, 19, 82, 83, 87, 90, 95, 156, 194, 195, 197, 201, 266, 347, 382, 446, 447, 543, 544, 549, 550, 563
覆钵 37, 296, 302, 344, 394, 548

G

噶当觉顿式塔 394, 566
噶当教派 393
噶举教派 388, 389, 393, 402, 403
噶玛噶举 389
格鲁教派 397
供养人（供养僧人） 7, 9, 12, 19, 31, 37, 38, 39, 40, 41, 42, 43, 44, 60, 82, 94, 107, 108, 111, 143, 144, 200, 205, 208, 262, 265, 267, 277, 280, 282, 284, 344, 346, 347, 351, 382, 386, 387, 394, 395, 422, 424, 427, 462, 465, 541, 544, 545, 546, 547, 549, 550, 553, 554, 560, 564, 565
过去佛 79, 81, 82, 313, 449, 456
观音经变 361, 371
观音曼陀罗 381
观音坛场 372

H

汉风 147
汉化 118, 124, 129, 142, 147, 149, 152, 153, 161, 162, 205, 462
汉式 82, 83, 94, 124, 147, 347, 348, 349, 350, 434, 544
黄老 39, 65, 207, 296, 344

J

讲堂 14, 138, 249, 250, 252, 253, 256, 313, 372
羯摩杵（交杵） 362, 365, 371, 383, 384
金刚宝座塔 281, 282, 551
金刚杵（单杵） 223, 362, 365, 371, 383, 386, 387, 394, 444, 542, 552
金刚界曼荼罗 286
金刚经变 367

K

开明兽 266
孔雀王变相 366
口演法言 446
苦行像 446, 447, 460, 567

L

雷神（雷公） 260, 266
"凉州模式"（凉州式样） 33, 41, 44, 244, 353, 561
菱格本生 13, 16, 539
菱格山峦（菱格） 9, 12, 13, 16, 19, 208, 539, 540, 551
菱格因缘佛传（菱格因缘） 9, 12, 16, 19
六趣轮回 373, 374, 375, 381
龙华会 227
龙门样式 164, 181
龙王 334, 440
鹿野苑初转法轮 446, 447, 567
盝顶（盝形帷帐） 17, 22, 144, 145, 194, 197, 201, 208, 257, 265, 279, 312, 324, 371, 382, 386, 387, 390, 396, 543, 545, 548, 550, 552, 553, 554
罗汉 2, 4, 5, 125, 218, 219, 313, 395, 412, 450, 454
罗睺罗实子因缘 142

M

曼陀罗（大法曼拿） 365, 370, 372, 381, 385, 456
曼陀罗坛 388
弥勒变 259, 382
密檐塔 374, 388
密严经变 367, 370
明窗 62, 67, 82, 83, 85, 87, 90, 94, 104, 105, 117, 118, 119, 129, 137, 143, 144, 145, 156, 346, 440, 446, 448, 449, 491, 497, 543, 544, 545,

550, 556, 567
明王　5, 360, 361, 366, 374, 405

N

纳妃　446
涅槃（涅槃台、涅槃像）9, 10, 12, 13, 18, 19, 20, 23, 44, 45, 48, 145, 150, 199, 219, 256, 276, 281, 282, 309, 312, 387, 447, 450, 460, 539, 551, 552
涅槃变　387
宁玛派　404

P

蟠龙　398
毗诃罗式窟　394
毗沙门天王赴那吒会
毗沙门天王决海　362
偏衫大衣　189, 190, 208
平顶　11, 19, 21, 143, 144, 146, 155, 196, 279, 281, 387, 394, 438
平棋顶　17, 143, 144, 145, 147
婆罗门　29, 140, 292, 300
普贤变　361, 362, 371, 372, 382, 385, 386, 387, 552, 554

Q

七宝塔　447, 448, 567
七佛　4, 38, 43, 58, 67, 73, 84, 87, 88, 92, 93, 209, 230, 231, 232, 344, 374, 441, 451, 452, 453, 460, 545, 561, 567
千佛　1, 2, 3, 4, 5, 8, 19, 21, 26, 28, 29, 31, 32, 39, 40, 41, 43, 44, 45, 46, 61, 80, 81, 82, 83, 85, 86, 87, 88, 89, 90, 92, 126, 137, 143, 144, 155, 197, 199, 208, 213, 216, 223, 237, 238, 239, 240, 243, 247, 248, 249, 255, 264, 270, 271, 272, 280, 282, 283, 284, 294, 305, 313, 324, 330, 334, 338, 346, 348, 353, 367, 371, 373, 382, 385, 387, 388, 389, 390, 394, 395, 401, 402, 436, 459, 487, 540, 542, 543, 544, 547, 548, 549, 550, 551, 554, 556, 564, 566
千佛洞　1, 3, 8, 28, 29, 31, 39, 40, 41, 43, 44, 46, 89, 90, 92, 255, 283, 324, 385, 387, 388, 389, 390, 401, 459, 487, 542, 556, 566
千手千眼观世音变　366
千手眼大悲变相　366
穹窿顶　79, 137, 143, 144, 146, 198, 199, 383, 387, 438, 540, 543, 544, 549
券顶　9, 10, 11, 12, 17, 19, 20, 21, 387, 474, 539, 555

R

日神　9
如意轮观音变　360
如意轮陀罗尼咒诸愿　360
儒童本生　156, 162

S

萨波达太子本生　446
萨迦教派　389, 393, 403, 409
萨迦帽（俄尔帽）424, 427, 434
萨埵本生（萨埵那太子本生）302, 446, 550, 567
三壁三龛窟　156, 161, 162, 166
三壁设坛窟　161, 162
三世佛（三佛）4, 79, 80, 81, 82, 83, 85, 87, 94, 137, 142, 145, 164, 200, 231, 273, 280, 285, 404, 414, 415, 431, 448, 449, 450, 456, 460, 543, 544, 548, 549
僧房窟　2, 5, 8, 11, 14, 15, 16, 17, 21, 22, 25, 30, 265, 404, 539, 540
僧房群窟　265
沙弥守戒自焚　302
善事太子故事　276
舍利　9, 12, 19, 29, 235, 241, 252, 253, 256, 373, 388, 390, 403, 405, 429, 431
舍利塔　9, 12, 19, 235, 253, 256, 390, 403
十方佛（十方诸佛）40, 41, 42, 43, 271, 272, 284, 393, 444, 448, 449, 450, 456, 541, 567
释迦曼陀罗　365
释迦降魔塔　386
树下降生　446
双领下垂式袈裟（垂领大衣）38, 39, 239, 545, 546
水陆道场　4, 372
四壁重龛式窟　89, 90, 92
四壁三龛式窟　89, 90, 92, 166

四方佛　374, 382, 402, 441, 451
四注顶　210, 547

T

塔（佛塔、佛图、浮图、塔庙）　2, 4, 5, 25, 30, 36, 39, 41, 44, 47, 48, 61, 65, 87, 94, 110, 116, 122, 123, 126, 127, 128, 138, 139, 141, 149, 151, 153, 154, 155, 159, 182, 189, 200, 203, 204, 205, 210, 233, 241, 242, 257, 265, 271, 296, 302, 325, 344, 345, 355, 357, 387, 388, 389, 390, 393, 394, 403, 404, 405, 408, 409, 418, 422, 423, 436, 438, 455, 458, 470, 548, 566
塔基　36, 39, 202, 203, 204, 211, 296, 366, 470, 564
塔身　37, 38, 85, 389, 548
塔座　296
胎藏界　359, 386, 554
唐密　359, 360, 367, 397, 429, 551
天王　4, 5, 43, 144, 178, 228, 280, 306, 309, 312, 313, 314, 324, 356, 360, 361, 362, 365, 366, 367, 370, 371, 372, 373, 375, 382, 383, 395, 399, 401, 440, 542, 551, 552
通肩式袈裟　19, 37, 38, 39, 40, 42, 43, 62, 80, 110, 116, 137, 142, 143, 216, 223, 239, 264
陀罗尼咒　359, 360, 366, 367, 397, 398

W

维摩诘经变　552
未来佛　79, 80, 81, 82, 137, 142, 449
文殊变　361, 362, 371, 382, 385, 386, 387, 552
文殊窟　4
屋形龛　194, 200, 210
无垢净光塔　374
五方佛　384, 386, 390, 395, 396, 553
五观音　387

X

西方净土变（西方变）　382, 551
现在佛　449
降魔变　194, 201, 280, 282, 541
相轮　37, 38, 48, 296, 302, 344, 388, 389, 542
小乘　25, 32, 44, 140, 141
歇山顶　201, 506, 547, 557
斜披络腋　137, 143
须大拿太子本生　281
须弥座　37, 38, 39, 266, 358, 383, 414, 551

Y

样式论　116, 119, 120
药师变　382, 387
一切经　128, 129, 149, 154, 401, 429
因缘（因缘佛传）　2, 9, 12, 14, 16, 19, 38, 66, 92, 95, 137, 142, 149, 156, 162, 215, 230, 233, 234, 241, 244, 284, 332, 374, 416, 437, 454, 459, 539, 540
右袒式袈裟（袒右袈裟）　37, 38, 39, 40, 42, 43, 62, 80, 94, 110, 116, 117, 119, 129, 137, 142, 143, 145, 146, 216, 230, 237, 383, 404, 414
雨神　313
圆拱龛　37, 156
“云冈模式”　130, 245, 349, 353, 562

Z

藏传佛教（藏传密教、藏密）　4, 5, 362, 388, 389, 390, 394, 395, 396, 397, 403, 407, 409, 415, 417, 419, 427, 429, 553, 554, 566
藏画　393, 553, 554
藏式　388, 393
“丈六石像”　35
中国化　260
中心柱（宝刹、刹柱、方柱、塔柱、心柱、中心方柱）　2, 5, 8, 9, 10, 11, 12, 13, 14, 15, 16, 17, 18, 19, 20, 22, 26, 29, 36, 37, 39, 40, 41, 44, 46, 73, 82, 83, 84, 89, 128, 143, 144, 145, 146, 167, 174, 182, 188, 189, 191, 192, 193, 194, 200, 201, 202, 203, 204, 209, 210, 211, 230, 244, 252, 275, 279, 280, 281, 282, 302, 325, 335, 336, 344, 345, 395, 404, 405, 406, 448, 451, 455, 457, 482, 483, 487, 494, 495, 508,

511, 518, 522, 524, 526, 539, 540, 541, 542, 543, 544, 547, 548, 549, 550, 551, 552, 555, 556, 557, 558, 561, 563, 565

中心柱窟（塔洞、塔庙窟） 2, 4, 5, 8, 9, 10, 11, 12, 13, 14, 15, 16, 17, 18, 22, 26, 29, 30, 36, 39, 41, 44, 66, 85, 89, 90, 92, 106, 155, 189, 193, 200, 201, 204, 265, 325, 344, 345, 355, 394, 404, 405, 448, 451, 539, 540, 544, 545, 547, 549, 550, 552

种子曼荼罗　386, 554

朱雀　145, 260, 266, 327

竹林七贤　118, 128, 463

STUDIES ON THE CAVE TEMPLES OF CHINA

Su Bai

SUMMARY

Studies on the Cave Temples of China consists of 23 articles and papers.

The first paper, *An Archaeological Survey of Chinese Cave Temples*, which was originally written as an entry for the *Great Encyclopaedia of China; Archaeological Volume*, is revised here as an introduction to the cave temples of China. The papers after this can be roughly divided into six groups on the basis of their contents.

The first group comprises of two papers which are the result of studies on the earliest existing remains of cave temples, i.e.Kizil Caves the in Xinjiang and Liangzhou Caves (taking Tiantishan Caves of Wuwei as the centre) in Gansu. The first of these two papers stresses the types and dating of some caves in Kizil, the second analyses the features and characteristics of the Liangzhou Caves.

Being constituted by five papers, the second group all relate to the Wuzhoushan Cave Temples in Datong, Shanxi, generally known as the Yünkang Caves, which began to be built in the second half of the fifth century A. D.. Owing to the written evidence found in the 1940s, I readjusted the periodization of the Yünkang Caves. As a result, a debate between Professor Nagahiro Toshio and me arose, and it seems to me that this debate has not been declared completely closed. The last two papers in this group, which were written recently, attempt to make a comprehensive study of the historical problems of the Yünkang Caves.

The third group includes two papers. One is a study of the Northern Dynasties (420～581 A.D.) caves in the Luoyang area of Henan Province, which follow the style of the Yunkang Caves.The other inquires into two niche-image sites of the Southern Dynasties (420～589 A. D.): the Thousand-Buddha-Niches at Qixiashan in Nanjing, Jiangsu Province; and Baoxiangsi Niche-images at Shanxi in Xinchang, Zhejiang Province. The dates of these two Buddhist remains are all later than the construction of the Yünkang caves and were built almost at the same time as the Northerm Wei (420～534 A.D.) caves at Longmen. Furthermore, two niche-images of the Northern Qi Dynasty (550～577 A.D.) which are very similar to those of the Southern Dynasties are also discussed.

There are nine articles in the fourth group. Most of them are related to the debate concerning some of the early stage caves as well as the later ones at Mogao Ku, Dunhuang,

Gansu Province. The majority of the arguments were set forth in the 1950s and 1960s, but systematic research work has been finished recently and is presented in the last two papers of this group.

Although the content of *A Further Study on Duke Jianping*, written recently, does not have a direct relation with the Mogao Caves of Dunhuang, Duke Jianping, Yuyi, was an important person who rendered outstanding service in the construction of the Mogao Caves of the Northern Zhou Dynasty (557～581 A. D.). It is, therefore, included here as an appendix to *Prince Dongyang and Duke Jianping*.

The fifth group comprises two papers. One is a note on Khra-la-lu-phu Cave in Lhasa, which is the only chētiyaghara in Tibet and was first paid attention by the Tibetan Administrative Committee for Cultural Relics. The other is a study on the niche-images belonging to the Esoteric Sect of Tibetan Buddhism in Baochengsi Temple at Wushan, which were rediscovered and cleaned recently by the Hangzhou Administrative Committee for Cultural Relics. The niche-images used to be set in the Hall of Lord Buddha at Baochengsi are different from those carved on the cliff of Feilaifeng Hills in front of Lingyinsi Temple.

The sixth group includes three appendices. The first is an article written by the late Prof. Liu Huida, which inquires into the relation between Dhyāna and the caves of the Northern Dynasties. This article which I have cited time and again from the early 1960s, before its formal publication, was the first study on the nature of the Northern Dynasties cave temples. Liu's main arguments have greatly influenced the scholars who have attempted to go further into the function of the cave temples of the Northern Dynasties. The second appendix is a note which was initially part of the essay *A Preliminary Investigation into the Cave Temples of the Northern Dynasties in the Luoyang Area*, but it was taken out and published separately because of its length. It is included here since it involves all the cave temples of the Northern Dynasties. The third appendix is two figures or drawings reproduced on the copies and rubbings from *General Li's Tablet on the Mogao Caves*. Of which, one is the replica of the front of the tablet and the other is that of the back. Although the two figures were originally a work for *Annotation and Textual Research of General Li's Tablet on the Mogao Caves*, they are of great benefit for scholars who attempt to go further into the inscription of the tablet. Thus, they are appendixed at the end of this collection.

As for the time of writing, the articles in the second and fourth groups were all written during the last 30 years. Some of them were written as discussion papers, and others have given prominence to particular problems. Thus, there are several repetitions between the papers written in the earlier stage and those in the later period.

The majority of the papers in the above six groups have been revised for republication in this collection. A brief note, however, has been added at the end of every revised paper. Any revision only involves materials and the argument of each paper remains the same.

The last 30 years passed quickly. As everyone knows, the research work of Chinese

Buddhist archaeology, including work on the cave temples, had to be stopped from the late 1950s to the middle 1970s and only resumed at the end of the 1970s. It was already the 1980s when the conditions were ready to make a comprehensive investigation and study of the remains of the cave temples. Thus, steady work on the cave temples of China did not begin until the 1980s. Looking back over these years, on the basis of summing up our predecessors' work and from the angle of historical archaeology, not only have we thought over a basic method of archaeology on the cave temples but have also considered the types and evolution of some cave temples as well as the relation between cave temples and wooden temples of the later periods.The most important problems involved in this collection can be summarized as follows:

1. To be engaged in cave temple archaeology, one has to start with the chronology, periodization and the nature of the caves before going further and considering their social significance. Thus, not only must we pay attention to the structure, layout and combination of the caves, but also take notice of the composition of the subject, as well as artistic features of various figures. At the same time, a study on variously related documents and historical background must also be made.

2. Because the economic condition was not alike in each region, and people in different area had different cultural traditions and living customs, there was disparity in the spread of Buddhism. Although cave temples have religious features in common, they are also charactcrized by a distinct local style like other archaeological finds. For example, the occurence and development of the cave temples in the middle of the Xinjiang region whose centre was ancient Kucīna (modern Kuche) are neither like those in Central Asia and South Asia nor the same as those interior to the east of Dunhuang. They vividly reflect the highly developed culture at ancient Kucīna.

3. The cave temples and niche-images scattered in the Liangzhou area, east of Dunhuang, are important Buddhist monuments and first came into being before the first half of the fifth century A. D.. It is possible that the Buddhist tradition of Luoyang as well as areas at the west of Luoyang since the Wei (220～265 A.D.) and Jin (265～420 A. D.) Dynasties had been adopted here and combined with those in the middle of Xinjiang (Khotan and Kucīna) as well.

4. With encouragment and financial support from the upper-class society of the ancient Xianbei nation, the Wuzhoushan Cave Temples (modern Yunkang Caves in Datong) started to build in the capital of the Northern Wei Dynasty, Pingcheng, from the second half of the fifth century to the early sixth century A.D.. They formed the largest and most significant cave temple site in eastern China. Although the construction of the caves was influenced by those in the Liangzhou area whose date is earlier, they have their own particular features in the structure and combination of the caves as well as composition and plastic characteristics of the figures. They represented a series of newly developed trends which were related to the continuously deep Hanization of the Northern Wei Dynasty. However, the direct reference used for the construction of the caves might

have been drawn from wooden temples built in Pingcheng at that time, which absorbed distinct features from the Central Plains and south China. Since Pingcheng was the political and cultural centre of the Northern Wei Dynasty before 494 A.D., the new ideas and creations brought forth by the artists and craftmen in the Wuzhoushan Cave Temples soon became a model imitated by the people in all parts of the country in the Northern Wei Dynasty who wanted to build niche-images and cave temples in each area.

5. The artistry and skill created by the people in Pingcheng was brought southwards over a period of more than 20 years after the capital of the Northern Wei Dynasty moved to Luoyang. Thus, the caves built around Luoyang can be considered, for the most part, as a continuity of the Wuzhoushan style. From the begining of the sixth century A.D., some new features appeared in the cave temples scattered in the Luoyang area. Their appearance followed the same pattern as that of the new trends and creations which had previously emerged in the Wuzhoushan cave temples. In other words, the new features probably stemmed out of the Buddhist wooden temples in Luoyang City, the capital of the Northern Wei Dynasty, whereas the wooden temples in Luoyang were much influenced by those in south China, especially in the shape of figures and decorative designs. It is noteworthy that a phenomenon of building chētiyagharas (stūpa-caves) and Buddha-halls in separate sites appeared in the Luoyang area, and in other areas in the succesive Eastern Wei and the Northern Qi Dynasties. For example, the majority of Gushan Cave Temples including Southern and Northern Xiangtangshan Caves as well as Shuiyusi Caves which are near to the capital, Ye, of the Eastern Wei (534～550 A.D.) and Northern Qi (550～577 A.D.) are chētiyagharas, whereas the Buddha-halls were carved into the cliff at the Western Hill in Jinyang (modern Taiyuan in Shanxi), polical centre of the Eastern Wei and another capital of the Northern Qi Dynasty. Moreover, there seems to be a similar case in the Western Wei (535～556 A.D.) and the Northern Zhou (557～581 A.D.) . The caves built at Maijishan, Qinzhou (modern Tianshui in Gansu) are all Buddha-halls, whereas those at the Semeru Hills of Yuanzhou (modern Guyuan in Ningxia) are mostly chētiyagharas.

6. The Mogao Caves of Dunhuang are located near to the Xinjiang region, but as for the existing early stage caves at the site, their style are closer to the Yunkang Caves and the Northern Dynasties Caves around the Luoyang area. If we make a comparison, the existing early stage caves at Mogao Ku seem to be no earlier than the Yunkang caves of the early second period and close to those of the middle second period. This probably has something to do with the fact that the emperors of the Northern Wei Dynasty had gradually consolidated their control over Dunhuang from the late fifth century A.D. to the early sixth century A.D..

7. The Geographical condition of Dunhuang is that of a typical oasis. Although Dunhuang is not rich in natural resources, it was the communications hub between the East and the West. The existing ancient remains there, especially the splendid and magnificant Buddhist art, were created under the influence of the interior, being mainly passed on from the political, economic and cultural centres in the east China. The ancient remains,

including Buddhist art, of those political, economic and cultural centres in east China vanished long ago. However, intact copies, close to the originals, have survived. This is the reason why the remains in Dunhuang are so important. The large amounts of Buddhist esoteric remains in the Mogao Cave Temples illustrate this point.

8. Not only do the niche-images of the Southern Dynasties in the two sites indicate a relation with those that belong to the early stage in the Central Plains but also influenced the niche-images and caves of the late Northern Dynasties.

9. A study on the form and nature of the Tibetan caves is a new project among recent archaeological works on cave temples in China, and a more detailed understanding of the site should be pursued. Along with the spread of Tibetan esoteric Buddhism eastwards, niche-images of the Tibetan style also emerged in the interior of China. The Buddhist remains at Feilaifeng and Wushan Hills of Hangzhou should be the most important examples to allow us to understand what had been worshipped by the Sa-skya-pa believers.

10. Very few remains and traces of Tibetan esoteric Buddhism dating before the fifteenth century have survived in Tibet. The Mogao Cave Temples and Yülin Cave Temples, so far as we know, are the most important sites that preserve a large amount of remains of Tibetan esoteric Buddhism. Since the existing remains of Tibetan esoteric Buddhism link up directly with those that belong to the esoteric sect of the Han Chinese Buddhism of the Tang Dynasty, they are very rare materials that can be used to inquire into the relation between the esoteric Buddhism of Tang China and that of Tibet.

These points are only preliminary views of mine. The aim of collecting these views together is to give scholars and colleagues at home and abroad an opportunity to examine and evaluate them. I look forward to your comments.

Su Bai
October, 1989
Beijing

后　记

1995年4月，看完本书清样后，需要补充说明编辑、付印过程中一些有关情况：

一、本书所收大同云冈石窟、敦煌莫高窟两组文章，初期和后来撰写的文字，时间距离较长，前后论点有的颇有差异，为了维持原文的完整和表明作者修正看法的趋势，尽管繁琐、重复，也没有做大的变动。

二、书末所附图版部分，是接受出版社编辑部的意见补入的。原意是要既与前面文字部分相应，又希望它本身自成系统。最后不仅远远达不到上述要求，还出现了十多幅不见于本书文字内容的参考图版；这些图版或是由于在整个附图中年代先后需要有些联系，或是因为征集不易，因而就保留下来了。

三、图版绝大部分采自《中国石窟》。该书图版是由文物出版社组织力量拍摄的；书内许多钢笔插画出自白朴等同志的妙手；照片制作是请陈志安同志协助的；王去非同志通读了全书；英文目录和提要系李崇峰同志译制；马世长同志也为此书刊印做了不少工作，特一并致谢。

宿白

1995年4月19日于北京大学朗润园